Alois Schmid / Katharina Weigand

DIE HERRSCHER BAYERNS

DIE HERRSCHER BAYERNS

25 historische Portraits von Tassilo III. bis Ludwig III.

Herausgegeben von
Alois Schmid und Katharina Weigand

Verlag C.H. Beck

Mit vier Karten (gefertigt von Gesine Bachmann, Darmstadt)
und acht Stammtafeln

Die Deutsche Bibliothek – CIP-Einheitsaufnahme

Die Herrscher Bayerns :
25 historische Portraits von Tassilo III. bis Ludwig III.
/ hrsg. von Alois Schmid und Katharina Weigand.
– München : Beck, 2001
ISBN 3-406-48230-9

ISBN 3 406 48230 9

Satz: Fotosatz Otto Gutfreund GmbH, Darmstadt
Druck und Bindung: Ebner, Ulm
Gedruckt auf säurefreiem, alterungsbeständigem Papier
(hergestellt aus chlorfrei gebleichtem Zellstoff)
Printed in Germany

www.beck.de

Inhalt

Anhang

Einleitung

Im Jahre 1966 veröffentlichte der Münchner Historiker Ludwig Schrott (gestorben 1976) sein sehr populär gehaltenes Buch über «Die Herrscher Bayerns». Es erfreute sich großer Beliebtheit und erlebte in den Jahren 1967 und 1974 immerhin zwei weitere Auflagen. Der handliche, gefällige und vielgelesene Band ist seit langem vergriffen.

Das hiermit vorgelegte Buch ist hervorgegangen aus einer Ringvorlesung an der Ludwig-Maximilians-Universität München während des Sommersemesters 2000 und des Wintersemesters 2000/2001. Sie erwies sich durch das anhaltende Interesse einer großen Zuhörerschaft als unerwarteter Erfolg. Gestaltet wurde die Vorlesungsserie vom Lehrkörper des Instituts für Bayerische Geschichte und den Fachkollegen in dessen näherem Umkreis, die ohnehin im dort angesiedelten Bavaristischen Arbeitskreis verbunden sind. Alle Mitwirkenden haben ihre damaligen Vorträge auch für die Veröffentlichung in Buchform zur Verfügung gestellt. In der Druckfassung können die Vorlesungen nun einem erweiterten Interessentenkreis auf Dauer zugänglich gemacht werden.

Auch der überraschende Zuspruch, den das Thema der Herrscher Bayerns im Rahmen der Ringvorlesung fand, darf als Beleg des wiedererwachten Interesses an der Biographie gewertet werden. In diesem Sinne bietet das Buch Einzelbiographien von Herrschergestalten der bayerischen Geschichte seit ihren Anfängen im 6. Jahrhundert bis an die Schwelle des 20. Jahrhunderts sowie Sammelbiographien für einzelne Abschnitte, die zweckmäßigerweise zusammengefaßt werden mußten. Dieser Zugang zur Geschichte von den Herrscherpersönlichkeiten her ist der sich in jüngster Zeit wandelnden Einstellung zur politischen Biographie verpflichtet. Nachdem sie über mehrere Jahrzehnte hinweg von einer einseitig überbetonten Gesellschafts- und Strukturgeschichte ungebührlich in den Hintergrund gedrängt worden war, gewinnt sie unverkennbar an Bedeutung zurück. Das Verhältnis von Persönlichkeit und Geschichte wird im Sinne einer ausgewogeneren Zusammenschau neu bestimmt. Sie zwingt die modernen Biographen vor allem zur verstärkten Verankerung der vorgestellten Personen im politischen, gesellschaftlichen und kulturellen Kontext ihrer jeweiligen Gegenwart.

Diese Umbewertung trägt auch den hier vorgelegten Band. Er behandelt die Herrscher Bayerns nicht als Einzelpersonen im Sinne der älteren dynastischen Geschichtsschreibung, die gerade in Bayern eine bis ins 15. Jahrhundert zurückreichende lange Tradition hat. Beginnend bei Andreas von Regensburg weist sie über Johannes Aventin, Andreas Brunner, Christoph Gewold, Johannes Vervaux, Johann Georg von Lori oder Lorenz von Westenrieder viele glanzvolle Namen und Höhepunkte auf. Anders als in diesen älteren, zu sehr der Panegyrik verpflichteten Grundwerken der bayerischen Geschichte werden hier die Herrscher Bayerns als Akteure in ihre jeweilige Epoche hineingestellt. Es wird in jedem Fall danach gefragt, wie der einzelne Herrscher seine Epoche mitgestaltet, vielleicht sogar bestimmt hat. Andererseits soll deutlich gemacht werden, inwiefern die Zeitumstände den jeweiligen Regenten geprägt haben. In der Regierungstätigkeit der Herrscher sollen wesentliche Grundzüge ihrer Gegenwart eingefangen und zur Darstellung gebracht werden. Dabei gilt es zu klären, welcher Anteil dem Regenten zukam. Eine gewisse Teilhabe ist durch alle Epochen gegeben, unabhängig davon, ob diese Herrscher den Rang von Herzögen, Kurfürsten, Königen oder auch Kaisern hatten. Sie im Einzelfall sachgerecht festzulegen, mußte die vornehmliche Aufgabe des jeweiligen Bearbeiters sein.

Die Artikel sind nicht als abgerundete Lebensbilder konzipiert. Sie streben keine biographischen Abrisse an, die nach einem vorgegebenen Frageraster möglichst viele Facetten der Einzelperson abdecken möchten. Statt dessen bemühen sich die Aufsätze, innerhalb des auf einen vorgegebenen Umfang beschränkten Gesamtportraits der behandelten Persönlichkeit jeweils einen Aspekt besonders herauszustellen und in den Mittelpunkt zu rücken; von ihm aus sollen die Regierung und die Zeit des betreffenden Herrschers beleuchtet werden. Der hervorgehobene Einzelaspekt wird oftmals der bereits herkömmlicherweise betonte Grundzug sein. Der Herrschaft der Herzöge Wilhelm IV. und Ludwig X. ist eben am ehesten durch die Betrachtung ihres Verhältnisses zur evangelischen Bewegung beizukommen. Albrecht V. gewinnt am deutlichsten Profil als Renaissancefürst, Wilhelm V. als Vertreter der Gegenreformation, König Ludwig I. durch die Betonung seiner Kunstpolitik. Insofern mußten die Bearbeiter zumindest zum Teil ihre eigene Spur auf ausgetretenen Bahnen finden. In Einzelfällen werden aber auch neue Wege beschritten, indem bisher wenig beachtete Handlungsfelder in den Vordergrund gerückt werden. So erscheint der Luitpoldingerherzog Arnulf erstmals als der Begründer des hochmittelalterlichen Herzogtums in Bayern und erhält dadurch eine bisher kaum gesehene Bedeutung für die Verfassungsentwicklung. Als Hauptleistung der frühen Wittelsbacher werden ihre zahlreichen Städte- und Märktegründungen hervorgehoben. In ähnlicher Weise wird Karl Theodor weniger als letzter Kurfürst und damit Schlußpunkt der Epoche des Alten Bayern, sondern als Kulturfürst von europäischem Rang herausgestellt. König Maximilian II. wird hier einmal nicht als verhinderter Professor, sondern als keineswegs unbedeutender Sozialreformer behandelt. Insofern werden durchaus auch ungewohnte Akzente gesetzt und zum Teil überraschende Bilder der Herrschergestalten Bayerns gezeichnet.

Für die einzelnen Abschnitte konnten die entscheidenden Fachleute als Bearbeiter gewonnen werden. Diese sind aufgrund oft jahrzehntelanger Beschäftigung mit dem betreffenden Arbeitsfeld sowie durch eigene Untersuchungen ausgewiesen. Sie sind nicht nur mit den Quellen und der einschlägigen Literatur bestens vertraut, sondern auch befähigt, neue Wege zu gehen. In jedem Fall bauen sie die bayerische Geschichte in den zugehörigen Kontext der fränkischen, der deutschen und schließlich europäischen Geschichte ein. Die bayerische Geschichte wird also immer in einen größeren Rahmen gestellt. Die europäische Dimension wird am deutlichsten bei Kaiser Ludwig dem Bayern, Kurfürst Maximilian I. und König Ludwig I., gibt aber auch in den übrigen Kapiteln den entscheidenden und für die vergleichende Betrachtung erforderlichen Hintergrund ab. Diese Blickweite verhilft den Erörterungen zu den erwünschten profilierenden Konturen. Doch betrifft die angestrebte Weite nicht nur den für die Betrachtung zugrunde gelegten Raum, sondern auch den methodischen Zugriff. Der Band ist das Gemeinschaftswerk von Vertretern der politischen Geschichte, der Kirchen-, Kultur- und Kunstgeschichte. Er versteht sich als Ergebnis eines zeitgemäßen interdisziplinären Zuganges zur bayerischen Geschichte, die nicht erst mit der Einsetzung der Wittelsbacher ins Herzogsamt beginnt, sondern bis ins früheste Mittelalter zurückreicht.

Der hiermit vorgelegte Band verfolgt mehrere Zielsetzungen. Er wendet sich in erster Linie an eine breitere Leserschaft, deren anhaltendem Interesse an der Geschichte des eigenen Landes Rechnung getragen wird. Sie soll, ausgehend von der Abfolge der Herrscherpersönlichkeiten als der entscheidenden Träger des Geschehens, an die Vergangenheit Bayerns in heutiger Sicht herangeführt werden. Allein aus der Geschichte lassen sich die bestimmenden Grundzüge der politischen, gesellschaftlichen und kulturellen Physiognomie Bayerns hinreichend erklären. Der Band nimmt sich damit einer Aufgabe an, die der Schulunterricht heutzutage nicht mehr in ausreichendem Ausmaß leistet und die deswegen auch in den Medien weithin zu kurz kommt. Daß für die Vergangenheit des eigenen Landes und seiner früheren Herrscher auch im Zeitalter der Europäisierung und Internationalisierung noch immer – oder vielleicht gerade wieder erhöhtes – Interesse besteht, hat die Vorlesungsreihe in überwältigender Eindringlichkeit bewiesen. Dieser andauernden Aufgeschlossenheit für die Geschichte des unmittelbaren Lebenskreises, die bei der jungen Generation nicht weniger ausgeprägt ist als bei den Menschen im fortgeschrittenen Alter, möchte das Buch Rechnung tragen. Wegen der angestrebten Breitenwirkung wurde eine gute, von Fachterminologie und Fremdsprachigkeit weithin unbeschwerte Lesbarkeit angestrebt. Eine möglichst große Leserschaft soll auf dem gegenwärtigen Wissensstand in ansprechender Weise informiert werden. Zu diesem Zweck mußte in erster Linie der auch von den Fachleuten kaum mehr zu überblickende anwachsende Berg von Forschungsliteratur zusammengefaßt werden. Insofern kommt dem Band auch wissenschaftliche Bedeutung zu. Er will wieder einmal ein Resümee ziehen, das der künftigen Weiterarbeit zugrunde gelegt werden kann. Den wissenschaftlichen Benutzern zuliebe wurden den biographischen Artikeln im Anhang ein freilich äußerst knapp gehaltener Anmerkungsapparat und ein kurzes Literaturverzeichnis beigegeben. Sie sollen den an weiterer Information Interessierten den Einstieg in die vertiefte Beschäftigung mit dem Thema erleichtern.

Am Zustandekommen dieses Bandes waren viele Personen beteiligt. Die Herausgeber haben ihnen allen verbindlichsten Dank abzustatten. Dieser Dank gilt zum ersten Herrn Kollegen Prof. Dr. Hans-Michael Körner, der die Ringvorlesung an der Universität organisiert hatte. Er erfuhr dabei vielfältige Unterstützung von seiten der Universitätsleitung wie der Universitätsverwaltung, wofür Seiner Magnifizenz, Herrn Prof. Dr. Andreas Heldrich, sowie dem Kanzler der Universität, Herrn Dr. Hendrik Rust, herzlich zu danken ist. Dank ist weiterhin dem Bayerischen Rundfunk zu sagen, der die Vortragsreihe in die Sendeprogramme sowohl des Hörfunks als auch des Fernsehens aufnahm. Für diese Beachtung ist wie für viele weitere Hilfestellungen den zuständigen Redakteuren Peter Laemmle und Dr. Michael Zehetmair, vor allem aber dem Intendanten des Bayerischen Rundfunks, Herrn Prof. Dr. h.c. Albert Scharf, zu danken. Sie haben der Verpflichtung ihres Hauses zur Pflege der bayerischen Geschichte einmal mehr verantwortlichen Ausdruck verliehen. Besonderer Dank gebührt dem Haus Wittelsbach und an seiner Spitze Seiner Königlichen Hoheit Franz Herzog von Bayern, der dem Unternehmen durch seine Schirmherrschaft und persönliche Anwesenheit zusätzliche Anerkennung verschaffte. Dessen Ausführung oblag den Autoren. Ihnen ist für disziplinierte und in allen Arbeitsabschnitten erfreuliche Kooperation zu danken. Die Erstellung des Typoskripts machte sich Frau Hannelore Putz M.A. zur Aufgabe. Die Drucklegung hat das Verlagshaus C.H. Beck, München, übernommen, das seine Reihe von thematisch vergleichbaren Bänden zu anderen Staaten nun mit einem Band für Bayern fortsetzen kann. Dessen redaktionelle Betreuung lag bei Dr. Stefan von der Lahr, der in ihn seine hohe Lektoratskompetenz einbrachte. Wenn «Die Herrscher Bayerns» in anspruchsvoller Aufmachung bereits ein halbes Jahr nach dem Abschluß der Ringvorlesung der Öffentlichkeit vorgelegt werden können, ist das vor allem dem erfolgreichen Zusammenwirken der genannten Personen zuzuschreiben. Dafür sei am Ende der Arbeiten aufrichtig Dank gesagt.

Die Herausgeber wünschen dem Band eine gute Aufnahme in der Öffentlichkeit wie in der Fachwelt; möge er die Beachtung finden, welche die Vortragsreihe an der Universität erfahren hat. Sie verleihen der Hoffnung Ausdruck, daß sie damit auch einen erfolgreichen Beitrag dazu leisten, die Forschung über die Universität hinaus in die Öffentlichkeit hineinzutragen und diese weiter an die Wissenschaften heranzuführen.

Juni 2001

Alois Schmid
Katharina Weigand

Die Agilolfinger

Bayerns erstes Herzogsgeschlecht

Von Friedrich Prinz

Für die Geschichte Bayerns wie für die Geschichte anderer Länder Europas mit langer Tradition gilt die alte Erfahrung, daß man deren Entwicklung und kulturelle Individualität nur dann richtig einschätzen und würdigen kann, wenn man sie im gesamteuropäischen Zusammenhang sieht. Auch Bayern war niemals gleichsam eine Monade im Leibnizschen Sinne, und man würde den Charakter der bayerischen Geschichte arg mißverstehen, wenn man dieses bedeutende Land mit seinen langzeitig wirkenden Traditionen nur aus sich selbst heraus deuten wollte. Vielmehr stehen Substanz und Akzidenz seiner Geschichte in einem engen Wechselverhältnis. Das gilt auch für Bayerns Frühzeit, die auf lebendiger antiker Grundlage mit dem Herzogtum der Agilolfinger im 6. Jahrhundert begann.

Wer über Herkunft und Wesen der Bajuwaren der Frühzeit und ihrer ersten Fürstenfamilie, der Agilolfinger, spricht, muß schon zu Beginn heilige Kühe schlachten. Um es gleich vorwegzunehmen: Die unbestreitbare innere Stimmigkeit altbayerischer Art, die in all ihren Schattierungen bis heute lebendig ist, kommt nicht aus den Tiefen der Zeiten; sie ist Ergebnis einer langen prägenden Geschichte, an der Land und Leute ebenso Anteil hatten wie die Fürsten und wie die Kirche. Das genuin Bayerische steht nicht am Anfang, sondern hat sich in mannigfacher Weise erst ausgebildet. Um an einem Beispiel zu verdeutlichen, was gemeint ist, sei die altbayerische Sprachgeschichte herangezogen. Es sollte Historiker nachdenklich stimmen, wenn die Altgermanistik feststellt, daß es bis ins 12. Jahrhundert kaum möglich ist, bayerische Texte von alamannischen zu unterscheiden. Das heißt aber nichts anderes, als daß Altbayern viel länger, als allgemein angenommen wird, im weiteren kulturellen Verbund der althochdeutschen Kultur verweilte, ohne noch eine eigene sprachliche Sonderart auszubilden.

Man kann diesen Befund vom anderen Ende der Geschichte, von den Ergebnissen der Vor- und Frühgeschichte her, ergänzen. Es ist nämlich ebenso unmöglich wie im sprachlichen Bereich, nach der archäologischen Hinterlassenschaft des 6., 7. und 8. Jahrhunderts zwischen bajuwarischen und alamannischen Grabinventaren, also anhand von Bewaffnung, Kleidung und Schmuck, zu unterscheiden; das heißt, man kann bestenfalls von einem süddeutschen Großraum nördlich der Alpen sprechen, wenn nicht sogar von einem westeuropäisch-reichsfränkischen Kulturzusammenhang, der in der sogenannten Reihengräberzivilisation seinen archäologischen Niederschlag gefunden hat. Nimmt man hinzu – woran nicht zu zweifeln ist –, daß die Agilolfinger ursprünglich eine der bedeutendsten großfränkischen Familien des Merowingerreiches waren, denen im 8. Jahrhundert am Ende nur noch Bayern als letzte Bastion blieb, die sie 788 dann endgültig an die karolingischen Machtkonkurrenten verloren, dann wird wohl klar, was es mit der anfangs gemachten Feststellung auf sich hat, daß Land und Leute Bayerns kein «ethnisches Naturprodukt», sondern in ihrer nun wahrlich vorhandenen Eigenart das Ergebnis einer reichen Geschichte sind.

Was nun die agilolfingische Herzogsfamilie selbst anbelangt, deren Recht, in Bayern zu herrschen, ausdrücklich vom fränkisch-merowingischen König in der «Lex Baiuvariorum», dem Stammesrecht der Bayern, festgeschrieben worden ist, so gibt es hier eine alte, oft unfruchtbare Kontroverse über die Stellung der agilolfingischen Bayernherzöge und ihres Landes innerhalb des fränkischen Großreiches. Die Frage lautet: Waren die Agilolfinger vom König eingesetzte Amtsherzöge oder Herzöge aus autogenem Herrschaftsrecht? Es ist dies eine im Grunde falsch formulierte Alternative, denn die Agilolfinger waren ursprünglich eine mächtige, weitverzweigte, sogar multiethnische Adelsfamilie in Königsnähe, die große Besitzkomplexe in Westfranken, in Aquitanien, also in Südfrankreich, in Burgund und östlich des Rheins ihr eigen nannte. Dort – östlich des Rheins – besaßen sie bis ins 8. Jahrhundert die Herzogtümer Alamannien und Bayern und mußten erst spät – in Bayern 788 – den siegreichen arnulfingisch-pippinischen Machtkonkurrenten, also den Frühkarolingern, das Feld räumen. Daß Bayern als Herzogtum der Agilolfinger seit dem 6. Jahrhundert Teil des fränkischen Großreiches gewesen ist, bezeugen mehrere zeitgenössische Nachrichten und überdies die zeitgenössischen Landesbezeichnungen, in denen Bayern als «ducatus», aber ebenso als «provincia» bezeichnet wird, so etwa bei Arbeo von Freising und in den Briefen des heiligen Bonifatius. «Provincia» bedeutet aber Teil einer größeren politischen Einheit. Der Merowingerkönig Theudebert I., nach Chlodwig I. wohl der mächtigste Frankenkönig des 6. Jahrhunderts, der sogar Byzanz militärisch bedrohte, schrieb an den oströmischen Kaiser Justinian einen auftrumpfenden Brief und teilte darin mit, daß sich seine Herrschaft von der Donau und der Grenze Pannoniens (Westungarns) bis an die Küsten des

Ozeans erstrecke. Indirekt wird damit bestätigt, daß Bayern Teil seiner Königsherrschaft gewesen ist.

Ein weiteres kommt hinzu: Der Merowingerkönig Chlothar I. mußte sich nach dem Bericht des langobardischen Historikers Paulus Diaconus auf kirchliches Drängen von seiner langobardischen Gattin Walderada trennen, weil er nach dem Kirchenrecht zu nahe mit ihr verwandt war, und gab sie «einem der Seinen, der Garipald hieß» («uni ex suis, qui dicebatur Garipald»), zur Ehe. Man kann daraus schließen, daß Garibald, der erste namentlich bekannte Agilolfinger, der als Herzog in Bayern bezeugt ist, dem Merowingerkönig zwar untergeordnet war, aber andererseits eine Persönlichkeit von hohem Rang in der Umgebung des Merowingers gewesen sein muß. Anderenfalls hätte es Chlothar kaum gewagt, Walderada, eine langobardische Königstochter, einem völlig Abhängigen als Gattin zu überlassen. Den hohen Rang Garibalds bezeugt im 6. Jahrhundert der zeitgenössische fränkische Geschichtsschreiber und Bischof Gregor von Tours, der in gleichem Sinne davon spricht, daß König Chlothar I. auf bischöfliches Drängen sich von Walderada trennte und sie dem «dux Garivaldus» zur Frau gab.[1] Hält man sich vor Augen, daß die Agilolfinger schon seit dem 6. Jahrhundert eine überregionale reichsfränkische Adelsfamilie in Königsnähe, also von hervorragendem Rang gewesen sind, die hohe Ämter innehatte, dann erübrigt es sich, bei der extrem personalen Herrschaftsform des Frühmittelalters darüber zu streiten, ob das bayerische Herzogtum ein Amt gewesen ist oder eine Würde aus genuinem adeligen Herrschaftsrecht, die der König an mächtige Standesgenossen vergeben konnte. Beides widerspricht sich nicht.

Wie dem auch sei, über kein frühmittelalterliches Herzogtum sind wir quellenmäßig besser unterrichtet als über das agilolfingische Bayern. Das gilt in der hohen Politik, etwa für die erfolgreiche Abwehr slawischer Vorstöße seit Herzog Garibald, aber auch für die Verschwägerung der Agilolfinger mit den langobardischen Königen im 7. und 8. Jahrhundert. Theodolinde, die aus der Ehe Garibalds mit der Langobardin Walderada hervorgegangen war, spielte später als Langobardenkönigin eine wichtige Rolle. Sie stand als offenbar kirchlich gebildete Germanin mit Papst Gregor dem Großen in brieflicher Verbindung und setzte sich als Förderin des irofränkischen columbanischen Mönchtums sehr dafür ein, daß die Langobarden vom arianischen zum römischen Christentum übertraten. An der Gründung des irofränkischen Großklosters Bobbio in Oberitalien hatte sie maßgeblichen Anteil. Damit gehört sie zu den bedeutenden germanischen Königinnen des 6. und 7. Jahrhunderts wie die heilige Radegunde von Poitiers und wie Balthilde, die in gleicher Weise als Klostergründerinnen hervorgetreten sind. Theodolindes Krone und ihr silbernes Tablett mit Henne und Küken im Domschatz von Monza erinnern an diese bedeutende Fürstin aus agilolfingischer und langobardischer Familie.

Was die innere Stellung der Agilolfinger im bayerischen Herzogtum anbetrifft, so gibt die «Lex Baiuvariorum» darüber genauere Auskunft. Die Präambel des bayerischen Stammesrechts nennt nämlich den Merowingerkönig Dagobert I. als Gesetzgeber, und in der Tat war jener Herrscher der einzige Merowinger, der noch im 7. Jahrhundert in den Randgebieten des Frankenreiches eine effektive Herrschaft ausüben konnte. Dagobert I. verbesserte, wie es im Text heißt, nach dem Vorbild früherer Frankenkönige die älteren Gesetze und gab jedem Stamm sein geschriebenes Recht. Mit den älteren Frankenkönigen wird vor allem der machtvolle Theudebert I. gemeint sein, der im 6. Jahrhundert von der Donau aus sogar das byzantinische Reich angegriffen hatte. Die Endredaktion des bayerischen Stammesrechts erfolgte aber erst nach 743, als der damalige Bayernherzog Odilo aus dem Zweig der alamannischen Agilolfinger von seinen Schwägern, den karolingischen Hausmeiern Pippin und Karlmann, militärisch besiegt worden war. Damit wurde eine rechtliche Neuordnung erforderlich, die vor allem die Beziehungen zwischen Bayern und dem nunmehr schon karolingischen Frankenreich betraf. Dabei zeigte sich, daß man offenbar, trotz der militärischen Niederlage des Agilolfingers Odilo, einen Kompromißfrieden geschlossen hatte, der sich hinsichtlich der Stellung des Bayernherzogs in Titel III der «Lex Baiuvariorum» folgendermaßen manifestierte: «Der Herzog aber, der an der Spitze des [Bayern-]Volkes steht, war immer aus dem Geschlecht der Agilolfinger und soll es weiterhin sein, weil es die Könige, unsere Vorfahren, ihnen so zugestanden haben» («Dux vero, qui preest in populo, ille semper de genere Agilolfingarum fuit et debet esse, quia sic reges antecessores nostri concesserunt eis»). Daß in diesem Passus auf «die Könige, unsere Vorfahren» Bezug genommen wird, hängt damit zusammen, daß die faktisch bereits regierenden karolingischen Hausmeier immer noch für die bereits machtlosen Merowingerkönige Herrschaft ausübten, Recht setzten und Urkunden ausstellten, denn es dauerte noch mehr als fünfzehn Jahre, ehe Pippin mit päpstlicher Hilfe die Königsmacht auch offiziell an sich reißen konnte. Dieser vorläufige Stand der Dinge war auch daran schuld, daß man mit dem agilolfingischen Herzog Odilo 744/745 bei der Neuformulierung des bayerischen Stammesrechts, das eigentlich ein Königsrecht war, weil vom König erlassen, doch recht glimpflich verfuhr. Das gilt allerdings nur bis zu Herzog Odilos Tod 748, als die Karolinger in Bayern für ihre Schwester, die Herzogin Hiltrud, eine Tochter Karl Martells, die Herrschaft in

Bayern unmittelbar ausübten, nämlich so lange, bis Hiltruds Sohn Tassilo III. volljährig war und nun selbst die Herrschaft in Bayern übernahm.

Genealogisch gesehen war Tassilo III. ohnehin ein halber Karolinger und ein Enkel des mächtigen Karl Martell, der in jahrelangen schweren Kämpfen die Machtstellung der karolingischen Adelsfamilie im «regnum Francorum» endgültig begründet hatte. Vor Karl Martell war das Frankenreich in einer ausgesprochenen Schwächeperiode begriffen, während der sich die Randregionen weitgehend der fränkischen Zentralgewalt entzogen und Hausmeier-Dynastien gegeneinander um die Macht gekämpft hatten. Das gilt für das Herzogtum Aquitanien, das heißt für Südfrankreich, und ebenso für die Herzogtümer östlich des Rheins, also für Alamannien und Bayern, die beide noch in agilolfingischer Hand waren. Bayern war damals unter dem kraftvollen Herzog Theodo so gut wie selbständig. Theodo konnte ohne Rücksicht auf das Königtum 715 in Rom einen Organisationsplan für die bayerische Kirche aushandeln. Ob dieser allerdings durchgeführt wurde, ist ungewiß, da die spätere Bistumsorganisation Bayerns, die 739 mit Hilfe des Angelsachsen Winfrid-Bonifatius erfolgte, die älteren Pläne überholte. Immerhin konnte dieser Herzog drei oder sogar vier Missions- und Hofbischöfe aus eigener Macht ins Land berufen, nämlich Emmeram von Regensburg, Rupert von Salzburg und Korbinian von Freising sowie vermutlich auch Erhard von Regensburg. Alle vier Berufenen kamen aus dem Frankenreich nach Bayern. Wie ein selbständiger Herrscher konnte Theodo außerdem Bayern 715 unter seine Söhne aufteilen, die sich aber nach seinem Tod, wie nicht anders zu erwarten, bekämpften. Inzwischen war allerdings die Schwächeperiode des Frankenreichs durch Karl Martell in harten Kämpfen beendet worden, womit auch die relative Selbständigkeit Bayerns und seines agilolfingischen Herrscherhauses wieder zu schwinden begann. Blickt man auf dieses fast ständige Auf und Ab des Kräftespiels zwischen Zentralgewalt und Herzogtum, das erst mit dem Sturz Herzog Tassilos III. 788 ein vorläufiges Ende nahm, dann könnte man sagen, daß mit den Agilolfingern gewissermaßen das Föderalismusproblem in der deutschen Geschichte beginnt; doch mag dies vielleicht eine allzu anachronistische Auffassung sein.

Auf jeden Fall gab es Epochen in der Frühgeschichte Bayerns, in denen die Agilolfinger eine fast königsgleiche Herrschaft auszuüben vermochten. Das gilt besonders für die Epoche Herzog Tassilos III., dem es nach dem Ende seiner Unmündigkeit, seit 757, Schritt für Schritt gelang, sich der karolingischen Bevormundung zu entziehen, und der 772 nach militärischen Siegen über die slawischen Karantanen seinen Machtbereich beträchtlich nach Osten ausdehnen konnte. Dabei wuchs ihm eine Machtfülle zu, die den karolingischen Herrschern ein Dorn im Auge sein mußte. Es war eine Epoche königsgleicher Herrschaft, die durch Tassilos Bündnis mit dem Langobardenkönig Desiderius, dessen Tochter Liutpirc er heiratete, außenpolitisch abgesichert war; das galt so lange, als das Langobardenreich noch selbständig war, also bis 774.

Folgende Rechte konnte der Bayernherzog im einzelnen ausüben: Er darf Kriege führen, Verträge abschließen, er ist Heerführer und «dux», solange er, wie es im Stammesrecht heißt, «mit dem Heer ins Feld ziehen und das Volk richten kann.» Ebenso darf er die Nachfolge regeln und, wie der Fall des Herzogs Theodo zeigt, das bayerische Herzogtum unter seinen Söhnen aufteilen. Desgleichen übt er Kirchenherrschaft aus, steht den Landessynoden vor, die wohl in Verbindung mit Landtagen abgehalten wurden: in Dingolfing um 770 und in Neuching 772; beide Versammlungen fanden unter dem Vorsitz Herzog Tassilos statt. Wahrscheinlich gab es aber schon unter seinem Vater Odilo zwischen 740 und 748 ein gesamtbayerisches «concilium Bavaricum» und ein weiteres «concilium» 756 in Aschheim. In Neuching wird Tassilo III. mit dem Titel «princeps» erwähnt, was seinen Rang wie auch sein herrscherliches Selbstbewußtsein gegenüber den karolingischen Vettern demonstriert. Nicht zufällig wird für den Herzog und «princeps» in der «Lex Baiuvariorum» ein besonders hohes Wergeld festgelegt[2], das ihn auch von der Oberschicht des bayerischen Adels, den berühmten fünf «genealogiae» der Huosi, Draozza, Fagana, Hahilinga und Anniona deutlich unterscheidet. Herrschaftszentren der Agilolfinger waren Freising, Regensburg, Passau, Salzburg, Altötting, Osterhofen und Ranshofen bei Braunau am Inn, doch weiß man, im Gegensatz zur entwickelten karolingischen Reichsverwaltung, trotz zahlreicher erhaltener Urkunden, relativ wenig über die Herrschaftsorganisation des agilolfingischen Bayern. Mit einiger Sicherheit darf man aber annehmen, daß die großen Klöster Bayerns, etwa St. Emmeram in Regensburg und Kremsmünster, die bedeutendste Klostergründung Herzog Tassilos III., ebenfalls Pfalzorte waren. Hier folgten die Agilolfinger dem Vorbild der Karolinger, die in großen Klöstern wie St. Denis bei Paris oder Lorsch wichtige Pfalzen hatten. Man kann auch davon ausgehen, daß die agilolfingischen Herzöge, wie die Karolinger, spätestens seit Tassilo III. eine Kanzlei zur Ausstellung von Urkunden aufbauten. Auf jeden Fall sind herzogliche Urkunden vorhanden, die von den ebenfalls bezeugten «cancellarii» und «capellani» geschrieben wurden, die vermutlich in den Hauptpfalzen ihren Sitz hatten.

Doch ginge man völlig fehl in der Annahme, daß das agilolfingische Herzogtum gewissermaßen wie ein moderner Zentralverwaltungsstaat eine homogene Herrschaftsstruktur gehabt habe. Dagegen spricht schon die Tatsache, daß vor Beginn des hochmittelalterlichen Landesausbaus überall in Europa das besiedelte Gebiet inselförmig und von Wäldern und Ödland umgeben war und sich zumeist in den fruchtbaren Landstrichen etwa Niederbayerns konzentrierte oder entlang der Flußtäler zu finden war. Dennoch läßt sich feststellen, daß die herzogliche Macht sich vor allem im Osten Bayerns stark mit Pfalzen und Klöstern manifestierte, während etwa westlich der Inn-Salzach-Linie die Herzogsmacht wesentlich schwächer präsent war. Dafür trat dort der Adel als selbständiger Klostergründer und Landbesitzer weitaus stärker als die Agilolfinger hervor. Scharnitz-Schlehdorf, Benediktbeuern, Tegernsee und Schäftlarn waren solche Adelsklöster, deren Kirchenpatrozinien sich deutlich von den Klosterpatrozinien der agilolfingischen Herzöge unterschieden. Im westlichen Bayern finden sich nämlich vor allem römische Katakombenreliquien und Patrozinien des karolingischen Großklosters St. Denis. Mit anderen Worten: Es stand Herzogslandschaft gegen Adelslandschaft, und das deutet, trotz mancher Überlappungen beider Bereiche, auf eine unterschiedliche Herrschaftsstruktur dieser beiden Regionen. In vergrößertem Maßstab findet sich dieses Phänomen schon seit dem 7. und besonders seit dem 8. Jahrhundert im Frankenreich, wo man anhand der Klostergründungen feststellen kann, daß es schon relativ früh einen Großraum gab, in dem die Merowingerkönige als Klostergründer, und das heißt als Schenker von Land und Leuten, kaum mehr in Erscheinung traten. Denn dort hatten die Karolinger eine autogene Herrschaftsregion aufgebaut, in der ihre eigenen Klostergründungen lagen, die sie mit reichem Grundbesitz ausstatteten. Es ist also methodisch problematisch, diese starke Differenziertheit mittelalterlicher Macht- und Besitzverhältnisse aufgrund anachronistischer Prämissen zu ignorieren.

Fragt man sich nun, ob und in welcher Weise einzelne Persönlichkeiten der agilolfingischen Herzogsdynastie in den zeitgenössischen Quellen zu erfassen sind, dann wird man beim Vergleich mit den Charakterbildern des karolingischen Hauses, mit Bischof Arnulf von Metz, dem Hausmeier Grimoald, dem «princeps» Karl Martell, einer klar umrissenen Figur, und den Hausmeiern Pippin und Karlmann, im Falle der Agilolfinger eher enttäuscht. Ganz zu schweigen von dem gewaltigen historiographischen Widerhall, den das Leben Karls des Großen aus guten Gründen gefunden hat. Eine gewisse Ausnahme machen hier allein Leben und Schicksal Tassilos III., einer wahrhaft tragischen Gestalt, bei der man – einen

Dramentitel Franz Grillparzers sinngemäß abwandelnd – von «Herzog Tassilos Glück und Ende» sprechen möchte.

Im Jahre 1977, anläßlich eines großen wissenschaftlichen Kongresses zum 1200jährigen Jubiläum in Tassilos wichtigster Klostergründung Kremsmünster, äußerte sich der verdiente Historiker des Klosters, Pater Willibrord Neumüller, in kleinem Kreise folgendermaßen: Es sei ein Jammer, daß Tassilo III. nicht das Glück hatte, einen bedeutenden Biographen zu finden, wie dies Einhard für Karl den Großen gewesen ist. Seine kurze Pfeife nachdenklich und ein wenig melancholisch stopfend, fuhr Pater Willibrord fort, es wäre sein allerhöchster Wunsch in diesem Leben, doch noch in einem barocken Bucheinband der Klosterbibliothek Kremsmünster eine «Vita Tassilonis» zu finden, denn so gründlich könne doch die «damnatio memoriae» nicht gewesen sein, die Karl der Große seinem Vetter Tassilo zufügte, daß es keine Lebensbeschreibung des berühmten Bayernherzogs gegeben hätte. Schließlich hatten die bayerischen Klöster bedeutende Schreibschulen, aus denen viele Handschriften des 8. und 9. Jahrhunderts auf uns gekommen sind. Pater Willibrords Herzenswunsch ging leider nicht in Erfüllung, so daß wir uns das Bild der eindrucksvollen Gestalt Tassilos III. aus der Frühzeit Bayerns aus vielen Mosaiksteinchen von Quellennachrichten selbst schaffen müssen. Aber dieses Bestreben, die Quellen sprechen zu lassen, stößt schnell an Grenzen, weil wir, von den Urkunden Tassilos III. abgesehen, über ihn nur Nachrichten der feindlichen karolingischen Seite besitzen. Vor allem sind hier die hochoffiziellen Berichte der karolingischen «Reichsannalen» zu nennen, die mit Sicherheit ein parteiisch verzerrtes Bild des Agilolfingers geben, wie noch zu zeigen sein wird.

Geboren wurde Tassilo III. sehr wahrscheinlich 741, gestorben ist er in karolingischer Klosterhaft nach 794; bekanntlich dienten die großen Reichsklöster, und zwar nicht nur in der Karolingerzeit, auch als Staatsgefängnisse für politische Gegner. Das war immerhin ein Fortschritt gegenüber der Zeit des ersten Frankenkönigs Chlodwig I., der seine Gegner reihenweise und oft eigenhändig liquidierte. Nach dem frühen Tod Herzog Odilos übernahm Tassilos Mutter Hiltrud 748 nominell die Vormundschaft, faktisch übte aber deren Bruder Pippin, der allmächtige fränkische Hausmeier, die Herrschaft in Bayern aus, der bald darauf, nämlich 751, mit päpstlicher Hilfe anstelle eines merowingischen Schattenkönigs «rex Francorum» werden sollte. Der siebenjährige Tassilo hatte sein Herzogtum Bayern, wie die offiziösen «Reichsannalen» berichten, als «beneficium» erhalten, was nichts anderes heißt, daß er es als «Lehen» vom Frankenherrscher, dessen Lehensmann er damit war, bekommen hatte. So jedenfalls lautete die karolingisch-reichsfränkische Interpretation, und dies lief auf eine strenge lehnsrechtliche Abhängigkeit Tassilos hinaus. Daß dieser Zustand nicht unbedingt von Nachteil für das Herzogskind sein mußte, sollte sich bald erweisen. Grifo, ein Sohn Karl Martells aus dessen wohl legitimer zweiter Ehe mit der Agilolfingerin Swanahilt, suchte in mehr als zehnjährigen Kämpfen gegen seine älteren Halbbrüder Karlmann und Pippin, die ihn weitgehend vom Erbanteil ausgeschlossen hatten, Bayern als Erbe seiner Mutter zu erobern; das ist ihm auch vorübergehend gelungen. Damit wäre freilich die Erbfolge des jungen Tassilo in Frage gestellt worden, wenn ihm nicht sein Onkel Pippin zu Hilfe gekommen wäre. Grifo, vom Alamannenherzog Lantfrid II. sowie von aufrührerischen fränkischen Großen unterstützt, hatte sich handstreichartig Hiltruds und des unmündigen Tassilo bemächtigt, scheiterte aber am militärischen Eingreifen Pippins. Das weitere, wahrhaft tragische Schicksal Grifos, das mit seiner Ermordung 753 endete – man vermutet, daß dabei der neue Frankenkönig die Hand im Spiel hatte –, kann hier außer acht bleiben. Auf jeden Fall war damit die Herzogsherrschaft Tassilos III. wieder gesichert, wenn auch unter strenger karolingischer Kontrolle.

Wie wichtig den Karolingern diese lehnsrechtliche Bindung des Agilolfingerherzogs war, zeigt der Bericht der «Reichsannalen» zum Jahr 757, wonach Tassilo III. auf dem politisch-militärisch wichtigen Maifeld in Compiègne erschien, einer jährlichen Heerschau zur Demonstration karolingischer Königsmacht, und daß er dort Pippin, zusammen mit zahlreichen bayerischen Adeligen, den Vasalleneid leistete. Nach heutiger Auffassung ging es aber damals nur darum, Tassilo aus der Vormundschaft des königlichen Oheims offiziell zu entlassen. Tassilo war schon 755 pflichtgemäß auf dem jährlichen Maifeld erschienen und hatte 756 an einem Feldzug König Pippins gegen den Langobardenkönig teilgenommen. Soweit schienen also die Dinge bis 757 im Lot zu sein. Aber schon 763 sollte sich zeigen, daß dies nicht der Fall war. Wiederum die «Reichsannalen» berichten anläßlich eines Feldzugs Pippins nach Aquitanien, bei dem offenbar Tassilo anfangs noch anwesend war, Folgendes: «Da schob Herzog Tassilo von Baiern die Eide und Versprechungen, die er gemacht hatte, alle beiseite und entfernte sich böswillig; alles, was sein Oheim König Pippin ihm Gutes getan hatte, setzte er beiseite. Indem er sich arglistig entfernte, zog er nach Bayern und wollte nie mehr den genannten König von Angesicht sehen.»[3] Der Vorwurf ist schwerwiegend: Bruch des Vasalleneides, Desertion vom Heer am Beginn des Feldzuges. Dieser zu 763 berichtete Vorgang sollte 788 eine entscheidende Rolle bei der Absetzung und Internierung Tassilos spielen. Es war das vielzitierte «harisliz», ein germanisches Wort, das man auch mit «Heereszerreißung» übersetzt hat. Scheinbar war dies eine klare Aussage, die zu Tassilos Absetzung und Klosterhaft auf Lebenszeit führte. Man hat aber neuerdings mit gewichtigen Argumenten erwogen, ob nicht diese Darstellung zum Jahr 788 eine bewußt falsche Version der «Reichsannalen» ist, denn es fällt bei sorgfältiger Analyse aller zeitgenössischen Quellen auf, daß außer den offiziösen «Reichsannalen» nirgendwo Tassilos Verlassen des Heeres bezeugt ist. Aber ganz gleich, ob es sich hier um einen von karolingischer Seite präparierten, bewußt denunziatorischen Text handelt, mit dem man das Vernichtungsurteil von 788 untermauern wollte, oder ob der Tatbestand des «harisliz» wahr gewesen ist: Die folgenden Jahre gaben auf jeden Fall der karolingischen Seite zu Neid und Mißgunst Anlaß, denn nun begann ein kometenhafter Aufstieg des Agilolfingers.

Der Bayernherzog nutzte die nächsten Jahre zum inneren Ausbau wie zur äußeren Festigung seiner Herrschaft. Bis in die siebziger Jahre hinein kann er seine Macht entlang der Donau nach Osten bis an die Enns ausdehnen und durch wichtige Klostergründungen sichern. Die bedeutendste Stiftung war 777 das Kloster Kremsmünster, ein Zentrum der Slawenmission, wie Kloster Innichen im Südtiroler Pustertal; wenige Jahre später schenkten Tassilo und seine Gemahlin Liutpirc an Kremsmünster eine berühmt gewordene Weihegabe: den Tassilo-Kelch, auf dem sich das Herzogspaar namentlich verewigt hat. Abt des Klosters wurde Tassilos Kanzler Fater. Kremsmünster war sowohl Kloster, Missionszentrum wie auch geistliche Herzogsresidenz. Auf jeden Fall nutzte Tassilo die Jahre zur Erweiterung seiner Macht in den Osten hinein, wo er als Eroberer faktisch der alleinige Herr wurde. Das stärkte sein Prestige. 772 errang er seinen größten Sieg über die slawischen Karantanen, die späteren Kärntner; er war damals auf dem Gipfel seiner Macht. Karantanische Fürstensöhne erhielten im Kloster Chiemsee eine christliche Erziehung. Bayern selbst entwickelte sich kulturell erstaunlich rasch: In Salzburg, Freising und Regensburg entstanden in den Domklöstern leistungsstarke Schreibschulen und Zentren der Buchmalerei, ebenso in Mondsee, Tegernsee und Benediktbeuern.

Auch «außenpolitisch» – wenn man dies so modern benennen darf – entwickelten sich die Dinge vorderhand günstig. Die Königinmutter Bertrada, die Witwe Pippins, besuchte Tassilo in Bayern – schließlich war der Herzog mütterlicherseits selbst ein Karolinger! – und knüpfte für ihren Sohn Karl, den späteren gewaltigen Kaiser, ein Ehebündnis mit einer langobardischen Prinzessin. Durch diese allerdings nur kurze Zeit währende Ehe, schon 771 verstieß er seine langobardische Gattin wieder, wurde Karl der Schwager Tassilos, sein Vetter war er ohnehin schon. Für kurze Zeit schien es so, als ob sich das Frankenreich mit dem Langobardenreich fest zusammenschließen würde und Tassilo III. ein wichtiges Bindeglied dieser Koalition sein könnte; dies zum Entsetzen des Papstes, der die hundert Jahre andauernde Bedrohung Roms seitens langobardischer Heere nun durch eine zusätzliche Bedrohung durch den Bündnispartner der Langobarden, den mächtigen Frankenkönig, verdoppelt sah. Karls Bruch mit der langobardenfreundlichen Politik seiner Mutter Bertrada änderte jedoch schlagartig die Gesamtsituation: Der Frankenkönig eroberte 773/774 das Langobardenreich, Herzog Tassilo III. kam seinem Schwiegervater Desiderius nicht zu Hilfe, schlug sich aber auch nicht auf die fränkische Seite. Das war ein schwerer außenpolitischer Fehler, denn nun begab sich das Papsttum, das bislang Tassilo III. wohlwollend begegnet war, völlig auf die fränkische Seite: Der Bayernherzog stand jetzt politisch isoliert da und war dem Zugriff des fränkischen Großreiches preisgegeben. Das Herzogtum selbst schien damals aber noch fest gegründet. Im Jahre 772, nach seinem Sieg über die Karantanen, hatte Tassilo seinen Sohn Theodo in Rom durch Papst Hadrian I. taufen und salben lassen; man hat dies wohl zu Recht als «geistliche Legitimierung» der agilolfingischen Familie und Herrschaft gedeutet, nämlich als eine Parallele zu der 781 erfolgenden Taufe und Salbung von Karls des Großen Sohn Pippin. Tassilo gestaltete damals seinen Herzogstitel in Anlehnung an die karolingische Königstitulatur opulent aus; er nannte sich selbst «der glanzvollste und herausragendste Tassilo, Herzog der Bayern und erlauchter Herr» («gloriosissimus atque praecellentissimus Tassilo dux Baiuvariorum vir illuster»), ein anspruchsvoller Titel, dem nur noch das Wort «rex» (König) fehlte.

Der Bayernherzog hielt zu Beginn der siebziger Jahre eigene Synoden seiner bayerischen Landeskirche ab, deren Protokolle ihn, nach fränkischem wie nach byzantinischem Vorbild, an der Spitze der Versammlung zeigen. Er baute in Salzburg seit 767 den Virgildom, dessen Ausmaße die merowingisch-karolingische Krönungskirche St. Denis bei Paris übertreffen, so daß man sowohl von einer Metropolitankirche der bayerischen Kirchenprovinz wie auch von einer Krönungskirche der Agilolfinger sprechen kann. Ein irischer Mönch pries den Herzog nach dem Karantanensieg von 772 als «neuen Konstantin», weshalb man gemeint hat, daß Tassilo damit «in die Reihe der höchsten christlichen Herrscher» aufrückte und auf diesem Gebiet mit dem Frankenkönig gleichzog. Aber diese Einschätzung übertreibt.

Man kann nicht sagen, daß Tassilo III. von seinem Aufstieg und Glück geblendet wurde, denn anders als der trotzige Herzogsjüngling von 763, der das fränkische Heerlager mit seinen Truppen verlassen haben soll, anerkannte er immer noch Karl als militärischen Oberbefehlshaber, wie dies die «Lex Baiuvariorum», das Bayern-Gesetz, vorschrieb und wie dies – nach dem Fall des Langobardenreiches 773/774 – auch politische Klugheit nahelegte. Noch 784 nahmen bayerische Kontingente pflichtgemäß an einem Spanienfeldzug Karls des Großen teil. Allein diese Tatsache zeigt, auf welch schwachen Füßen die späteren karolingischen Anschuldigungen standen, die sich auf Tassilos angebliches Verlassen des fränkischen Heeres 763 bezogen.

Dies alles konnte jedoch Abstieg und Katastrophe des königsgleichen Bayernherrschers nicht mehr aufhalten. Es war gleichsam eine außerhalb Bayerns beginnende Kettenreaktion von Ereignissen, die Tassilo und seine Familie in den Strudel des Untergangs zog, eine Kettenreaktion, deren auslösendes Moment paradoxerweise in der karolingischen Königsfamilie selbst lag. Zwischen Karl und seinem Bruder Karlmann – König Pippin hatte sein Reich unter diese beiden Söhne geteilt – kam es zu wachsenden Spannungen, die nach dem frühen Tod Karlmanns im Jahre 771 dadurch offenbar wurden, daß Karlmanns Witwe mit ihren Kindern zum Langobardenkönig Desiderius floh und Karl das Teilreich seines verstorbenen Bruders einfach an sich riß, ohne Rücksicht auf dessen Leibeserben. Damals verstieß Karl auch seine langobardische Gemahlin, die ebenso wie Karlmanns Familie an den langobardischen Königshof floh. Die Residenz Pavia wurde damit zu einem Sammelplatz aller Gegner Karls, und das wird sicherlich den Entschluß des Frankenkönigs gefördert haben, das Langobardenreich zu erobern. Herzog Tassilo hielt sich – trotz seiner langobardischen Gattin – aus dem fränkisch-langobardischen Krieg heraus, vielleicht hatte ihm sein Vetter Karl Zusicherungen gemacht, die eigene Stellung betreffend. Nach der Eroberung des Langobardenreiches – die Königsfamilie war ins Exil geflüchtet – stellten sich jedoch die Dinge plötzlich anders dar. Tassilo war jetzt politisch isoliert, und wenn ihn Karl auch noch nicht angriff, so wohl nur deshalb, weil er in den folgenden Jahren sowohl an der spanischen Grenze wie in Sachsen in schwere und teilweise verlustreiche Kämpfe verwickelt war. Nach der Niederwerfung des Sachsenstammes, die mit der Taufe des tapferen Sachsenherzogs Widukind im Jahre 785 im großen und ganzen abgeschlossen war, bekam der Bayernherzog bald den eisigen Wind der neuen Lage zu spüren. Er suchte dem nach Möglichkeit zu begegnen und bat 787 den Papst um Vermittlung zwischen ihm und König

Karl, aber das Oberhaupt der Kirche war inzwischen so sehr in Karls Abhängigkeit geraten, daß Tassilo statt päpstlicher Hilfe nur Ermahnungen erhielt, seine Eide gegenüber dem Frankenherrscher zu halten, andernfalls ihm – Tassilo – der päpstliche Bannfluch sicher sei. So jedenfalls stellen die fränkischen «Reichsannalen» den Stand der Dinge dar. Karl war offenbar zum Entscheidungsschlag gegen seinen bayerischen Vetter entschlossen. Es gibt eine andere zeitgenössische Quelle von hohem Rang, die dies indirekt bestätigt. Der Biograph Karls des Großen, Einhard, Hofbaumeister des Kaisers, Diplomat und als Gelehrter Mitglied der sogenannten «Hofakademie» Karls, berichtet nämlich über den Sturz Tassilos Folgendes: «Der bayerische Krieg wurde gleichermaßen durch den Übermut wie durch den Unverstand des Herzogs Tassilo veranlaßt: Auf Anraten seiner Gemahlin nämlich, die eine Tochter des Königs Desiderius war und die des Vaters Verbannung durch ihren Gatten rächen zu können meinte, schloß er – Tassilo – ein Bündnis mit den Awaren, den östlichen Nachbarn Bayerns, ab und versuchte nun nicht nur des Königs Befehle unerfüllt zu lassen, sondern ihn auch zum Krieg herauszufordern. Des Königs Hochherzigkeit ertrug Tassilos Widersetzlichkeit nicht, da sie doch gar zu weit zu gehen schien. Er bot also allenthalben seine Truppen zum Zuge gegen das Bayernland auf und erschien selbst mit einem großen Heer am Lech. Dieser Fluß bildet die Grenze zwischen den Bayern und den Alamannen.»[4]

Noch 787 organisierte Karl – nach hinhaltenden Scheinverhandlungen mit Tassilo III. – den Angriff dreier Heeressäulen vom Norden, Westen und Süden (aus Italien) auf Bayern: für den völlig isolierten, auch vom Papst im Stich gelassenen Herzog eine hoffnungslose Situation. Dazu vermelden die «Reichsannalen»: «Wie nun Tassilo erkannte, daß er von allen Seiten umschlossen war, und mit ansah, wie die Bayern alle dem König Karl treuer waren als ihm und das Recht des erwähnten Königs anerkannten und lieber ihm sein Recht zubilligen als sich widersetzen wollten, da kam er, von allen Seiten gezwungen, persönlich [auf das Lechfeld], gab sich dem König als Vasall in die Hände, erstattete ihm das von König Pippin übertragene Herzogtum zurück und gestand, in allem gefehlt und übel getan zu haben. Dann erneuerte er wieder den Eid, stellte zwölf auserlesene Geiseln und seinen Sohn Theodo als Dreizehnten.»[5]

Eine Quelle aus dem benachbarten Alamannien weiß noch zu berichten, Tassilo habe sein Land symbolisch mit einem Herrscherstab ausgeliefert, der oben mit einer Menschenfigur bekrönt war. Man vermutet, daß es sich um ein Heiltum der agilolfingischen Herzogsfamilie gehandelt habe und daß die Menschenfigur wohl den agilolfingischen Spitzenahnen symbolisierte. Auch bringt man dieses Herrschaftszeichen mit zwei Leuchtern im Kloster Kremsmünster in Verbindung, die in rasch umgeschmiedeter Form ebenfalls agilolfingische Herrschaftszeichen gewesen seien und vor dem karolingischen Zugriff gerettet bzw. zu kirchlichen Leuchtern umfunktioniert worden seien; eine interessante Hypothese, die manches für sich hat. Wie dem auch sei, die Übergabe des Stabes an Karl besiegelte die völlige Unterwerfung Tassilos und den Verzicht seiner Familie auf jedes eigenständige Herrschaftsrecht. Aufschlußreich am Bericht der «Reichsannalen» ist aber auch jene Stelle, die gleichsam die «innenpolitische» Situation Bayerns schlaglichtartig beleuchtet: Tassilo sah auf dem Lechfeld, «wie die Bayern alle dem König Karl treuer waren als ihm».

Wichtig ist die unbestreitbare Tatsache, daß Tassilo III. auch «innenpolitisch» an einer frankenfreundlichen und königstreuen Adelsopposition scheiterte, die seinen kampflosen Untergang wenigstens teilweise zu erklären vermag. Andernfalls müßte man sich nämlich fragen, warum der sächsische Stammesbund unter Herzog Widukind viele Jahre kämpfend dem Frankenkönig Paroli bieten konnte, während das bayerische Herzogtum scheinbar sang- und klanglos unterging.

Dieser Vorgang vollzog sich nach der Kapitulation Tassilos auf dem Lechfeld mit erschreckender Schnelligkeit und Konsequenz. Karl war nach der öffentlichen Demütigung des Herzogs mit dessen Geiseln – darunter dem Sohn Theodo – in die karolingische Königspfalz Ingelheim am Mittelrhein gezogen, hatte dort das Weihnachts- und Osterfest gefeiert und lud danach Herzog Tassilo zu einer Reichsversammlung, bei der sich das Schicksal des Agilolfingers erfüllte. Die massiven Vorwürfe wurden wiederum von «zuverlässigen Bayern» vorgebracht: Er halte seinen Vasalleneid nicht – und zwar auf Betreiben seiner Gattin Liutpirc. Außerdem konspiriere er mit den feindlichen Awaren. Schließlich gruben die Ankläger auch die alte Geschichte von 763 wieder aus: Das eigenmächtige Verlassen des fränkischen Heeres in Nevers, damals unter König Pippin. Mit anderen Worten: Es war ein wohlarrangierter Schauprozeß. Tassilo wurde einstimmig zum Tode verurteilt, von König Karl jedoch, «weil er sein Vetter war» und «aus Liebe zu Gott» zu lebenslänglicher Klosterhaft im Kloster Jumièges an der Seine «begnadigt», ebenso sein Sohn und die gesamte Familie. Einige herzogstreue Adelige mußten mit ihm in die Verbannung gehen.

Was den Vorwurf der Konspiration mit den Awaren anbetrifft, so war es zweifellos so, daß Tassilo III. mit diesen damals noch mächtigen heidnischen Grenznachbarn im Osten Bayerns Abmachungen politischer Art getroffen hatte. Dies war jedoch nichts Ungewöhnliches, schließlich hatte sich auch der christliche Frankenkönig Karl mit heidnischen Slawenvölkern verbündet, um im Zangenangriff die Sachsen niederzuwerfen.

Ganz wohl scheint es der fränkischen Seite bei diesem Justizskandal offenbar nicht gewesen zu sein, denn einige Jahre später, im Juni 794, als Bayern längst fränkische Königsprovinz war, wurde Tassilo III. noch einmal auf einer Reichssynode in Frankfurt öffentlich vorgeführt. Offenbar hatte man ihn für diesen demütigenden Auftritt entsprechend präpariert, denn er bat – wiederum nach dem Muster von Schauprozessen – seinen Vetter Karl um die Wiedererlangung der königlichen Huld und verzichtete dafür auf alles, was ihm, seinen Söhnen und Töchtern im Herzogtum der Bayern rechtmäßig zustand. Man fertigte darüber für die Nachwelt ein Schriftstück in dreifacher Ausführung an. Ein Exemplar erhielt Tassilo, die beiden anderen wurden in der Hofkapelle, dem wichtigen Verwaltungsorgan der Karolinger, und beim Pfalzrichter hinterlegt; dann kehrte Tassilo in sein Kloster zurück, dürfte aber später in ein Kloster im Süden des Frankenreiches, also weit von Bayern entfernt, verbracht worden sein. In diesem innersten klösterlichen Bereich wird Tassilo III., wie seine Angehörigen in anderen Klöstern, seine letzten Lebensjahre verbracht haben – verbittert, verdüstert oder durch Gebet und Gottesdienst ausgesöhnt mit dem Gang seines Lebens? Wir wissen es nicht.

Was Tassilo III. seinem siegreichen Verwandten und Widersacher hinterließ, war ein blühendes Kulturland. Nirgends – abgesehen vom Pariser Becken und dem Unterlauf der Seine – gab es im Frühmittelalter zwischen Pyrenäen und Elbe so viele Klöster wie in Altbayern; dies wurde ein Wesenszug der bayerischen Geschichte, den ihr Tassilo aufgeprägt hat und der bis zur Säkularisation von 1803 weithin bestimmend blieb: Mehr als die Hälfte von Grund und Boden Altbayerns war bis zu diesem Zeitpunkt in der Hand der Kirche und der Klöster, den Zentren von Gottesdienst, Bildung, Wissenschaft und Kunst. Wie rasch sich seit dem 8. Jahrhundert das geistige Leben im Herzogtum entfaltete, geht ebenso aus der Vielzahl frühmittelalterlicher Handschriften aus Altbayern und Österreich ob der Enns hervor wie aus der Tatsache, daß ein bedeutender Teil der althochdeutschen Literatur bayerischen Ursprungs ist. Unter Ludwig dem Deutschen, dem Enkel Karls des Großen, wird der Königshof in Regensburg ein Zentrum deutscher Literatur, und dies war nur möglich auf den kulturellen Grundlagen, die Herzog Tassilo und seine Vorgänger in Bayern geschaffen hatten. Auch in dieser Hinsicht ist der königsgleiche Titel, den sich der Herzog selbst gegeben hat, keine Überhebung, sondern vom Lauf der Geschichte bestätigt worden als: «der glanzvollste und herausragendste Tassilo, Herzog der Bayern und erlauchter Herr» («gloriosissimus atque praecellentissimus Tassilo dux Baiuvariorum vir illuster»); denn er war – trotz des tragischen Endes – wirklich glorreich, hervorragend und berühmt. Seiner zu gedenken ist keine nostalgische Mode, sondern eine geschichtliche Pflicht. Und auch die Tatsache, daß Karl der Große Tassilos Herzogtum nicht zertrümmerte, sondern einige Jahre später durch die Erhebung Salzburgs zum Erzbistum dessen kirchliche Einheit noch wesentlich verstärkte, wirkt wie eine respektvolle Weiterführung des Werkes der Agilolfinger und seines Vetters Tassilo: Bayern wurde schließlich nicht umsonst im Laufe des 9. Jahrhunderts das Kernland des Ostfränkischen Reiches, aus dem dann das mittelalterliche deutsche Reich erwachsen ist.

Was aber blieb uns an greifbaren, sichtbaren Dingen von den Persönlichkeiten der einst so mächtigen Familie der Agilolfinger erhalten? Sicher ihre Klostergründungen sowie Hofkirche und Dom Tassilos III. in Salzburg, wenn auch in völlig veränderter architektonischer Form. Übrig blieben im Domschatz von Monza als Kostbarkeiten die Theodolindenkrone und – vermutlich – das kunstvoll-spielerische Silbertablett mit Henne und Küken. Dort befinden sich auch die prachtvollen goldenen Buchdeckel mit Edelsteinen und antiken Gemmen, die Papst Gregor der Große der Königin 603 zur Taufe ihres Sohnes mit anderen Kostbarkeiten sandte. Aus dem engsten agilolfingisch-bayerischen Bereich stammen aber zwei Kunstwerke, die unmittelbar mit dem Schicksal des letzten bayerischen Agilolfingerherzogs und seiner Gattin Liutpirc verbunden sind: der heute in Kremsmünster aufbewahrte kostbare Tassilokelch, die Stiftung des Herzogpaars an ihr Kloster auf dem Gipfelpunkt ihrer glücklichen Jahre, sowie eine Handschrift aus dem Kloster Mondsee, das Tassilos Vater Odilo gegründet hatte. Diese wundervoll illuminierte, künstlerisch hervorragende Handschrift, die schon im 9. Jahrhundert in Auxerre bezeugt ist – heute liegt sie in der Universitätsbibliothek von Montpellier –, ein Psalter von höchster künstlerischer Qualität, war mit größter Wahrscheinlichkeit das Gebetbuch des unglücklichen Herzogs, das er in die Verbannung und Klosterhaft mitgenommen hat. Ein wohl bitternötiges Trostbuch für den Gefangenen, der – von Gattin und Kindern getrennt, die in andere Klöster eingewiesen worden waren – ein einsames Leben fristen mußte. Man kann diese kostbare Handschrift nicht ohne tiefe Rührung betrachten. Symbolisiert der Kelch Tassilos Glück, so gibt der Mondseer Psalter Zeugnis von seinen letzten Lebensjahren im Unglück. Ob der letzte Herzog der Agilolfinger bei dessen Lektüre Trost und Erbauung gefunden hat? Wir hoffen es.

Die Karolinger in Bayern

Herrscher im Zentrum des Ostfrankenreiches

Von Peter Schmid

«Mit Hilfe Gottes, des Sachwalters und Verteidigers der Gerechtigkeit, haben wir den bayerischen Dukat, den vor einiger Zeit die Bösewichter Odilo und Tassilo unter Verletzung ihrer Treuepflicht dem Königreich der Franken entrissen und entfremdet hatten, wieder unserer Herrschaft unterworfen.»[1] Dies ist die erste offizielle Verlautbarung Karls des Großen zum Verhältnis zwischen Bayern und dem Reich der Franken anläßlich der Inbesitznahme Bayerns im Oktober 788 in Regensburg, sie bringt die Dinge aus der Sicht des fränkischen Siegers auf den Punkt: Demnach war Bayern seit jeher Teil des fränkischen Herrschaftsbereichs, und die von Odilo und Tassilo III. beanspruchte Unabhängigkeit des bayerischen Herzogtums stellte einen Verstoß gegen die Rechtsordnung dar, der jetzt durch ein Gottesurteil wieder Geltung verschafft worden sei. Diese Stellungnahme, die den Auftakt der karolingischen Herrschaft über Bayern begleitete, schien für die Zukunft nichts Gutes zu verheißen.

Eine wenig günstige Zukunftsprognose für das unterworfene Bayern klang auch in dem Resümee an, mit dem die offiziösen fränkischen «Reichsannalen» das Kapitel der Auseinandersetzungen mit Herzog Tassilo III. bilanzierten. Mit dürren Worten vermerken sie: «Nach der Absetzung Tassilos kam König Karl persönlich nach Regensburg und bestimmte dort die Grenzen oder Marken, wie sie mit des Herrn Schutz gegen die genannten Awaren unverletzt sein könnten. Dann aber kehrte er zurück und feierte Weihnachten in der Pfalz Aachen und Ostern ebenso. Und die Jahreszahl änderte sich in 789.»[2] Man kann sich des Eindrucks nicht erwehren, daß für den fränkischen Königshof, als dessen Sprachrohr die «Reichsannalen» zu werten sind, die Angelegenheit Bayern damit erledigt war, daß man wieder zu den üblichen Tagesgeschäften übergehen konnte. Der Weg Bayerns in die Bedeutungslosigkeit schien unter karolingischer Herrschaft somit vorgezeichnet zu sein.

In der Tat mußten die Ereignisse von 788 jeden Beobachter nahezu zwangsläufig zu diesem Schluß kommen lassen. Mit der Absetzung Herzog Tassilos III. und der Klosterhaft für seine gesamte Familie war Bayern seines angestammten Herrscherhauses beraubt worden. Gleichzeitig war die Position des Herzogs beseitigt und durch das Amt eines fränkischen Präfekten ersetzt worden. Diese Maßnahmen stellten einen Eingriff in die bayerischen Verfassungsverhältnisse dar, wie man ihn sich massiver nicht denken konnte. Denn das Herzogsamt war in der Geschichte des bajuwarischen Stammes bislang niemals in Frage gestellt worden, es war durch die «Lex Baiuvariorum» in besonderer Weise geschützt und der agilolfingischen Familie förmlich als Besitz garantiert. Bayern, das unter Tassilo III. eigenständig eine kraftvolle Außenpolitik betrieben hatte und für eine gewisse Zeit selbst vom Papsttum als Partner anerkannt und hofiert worden war, fand sich unversehens im Rang einer Provinz an der Peripherie des fränkischen Reiches wieder. Einen radikaleren Umsturz der Verhältnisse kann man sich kaum vorstellen. Alles deutete darauf hin, daß Bayern am Tiefpunkt seiner bisher etwa 250 Jahre währenden Geschichte angekommen war. Anhaltspunkte für eine Besserung der Lage waren nirgends zu erkennen. Niemand konnte in der Situation von 788 ahnen, daß die tiefe Zäsur, die das Ende des agilolfingischen Stammesherzogtums darstellte, nach wenigen Jahrzehnten in eine Ära einmünden würde, die für Bayern eine bedeutende Funktion in einem größeren Ganzen bereithalten und ihm zu einem politischen Gewicht verhelfen sollte, das unvergleichlich bedeutender war, als es Bayern jemals zur Agilolfingerzeit besessen hatte. Bayern sollte unter den sogenannten ostfränkischen Karolingern zu dem Zentrum werden, von dem aus das Ostfränkische Reich Gestalt angenommen hat und von dem aus die karolingische Ostpolitik in den Donauraum hinein in Szene gesetzt worden ist.

Es war bereits Karl der Große selbst, der durch seine Politik, die er in den Jahren nach 788 gegenüber Bayern verfolgte, die schlimmsten Befürchtungen zerstreute, die 788 aufkommen konnten. Obwohl an der Peripherie des fränkischen Großreiches gelegen, fiel Bayern im Rahmen der karolingischen Großmachtpolitik dieser Jahre gerade wegen seiner geographischen Lage eine strategische Schlüsselposition zu. Durch Bayern führten die wichtigsten Alpenpässe nach Italien. Wollten die Franken ihre auf die Erneuerung des Kaisertums abzielende Politik zum Erfolg bringen, dann mußten sie ihre Position in Italien gegen Byzanz und die Einfälle der Awaren behaupten. Aus diesem Grund war es zwingend notwendig, Bayern als Deckung der italienischen Flanke und als Ausgangsbasis für Aktionen gegen die Awaren zu beherrschen. So rückte Bayern in den Mittelpunkt der fränkischen Politik, die sich in den folgenden Jahren konzentriert gegen die Awaren richtete.

Diese Interessenlage war sicherlich mit dafür verantwortlich, daß Karl der Große Bayern nicht in einzelne Grafschaften zerschlug, sondern als Einheit erhielt, um dessen natürliches Schwergewicht in den Diensten des Karolingerreiches wirkungsvoll hervortreten zu lassen. Im August 791 kehrte Karl der Große nach Bayern zurück und nahm bis Herbst 793 seinen Aufenthalt in Regensburg. Diese Anwesenheit Karls verdient deshalb besondere Beachtung, weil er sich an keinem anderen Ort seines Reiches zusammen mit seiner Familie und dem Hofstaat jemals so lange ohne Unterbrechung aufhielt. Während dieser Zeit wurde die bayerische Metropole zum Zentrum der fränkischen Politik. Von hier leitete Karl die Feldzüge, die der Donau folgend weit ins Awarengebiet vorstießen, hielt zur Vorbereitung der Kriegszüge mehrere Reichsversammlungen ab und ließ von einer Kirchensynode den Adoptianismus als Irrlehre verwerfen. Ende 793 zwangen Aufstände der Sachsen Karl, Bayern für zehn Jahre zu verlassen. Wieder waren es die Awarenkriege, die sein Kommen veranlaßten. Im Jahr 803 empfing er in Regensburg die siegreich aus dem Awarenland zurückkehrenden Heere, nahm die Huldigung eines Awarenfürsten und mehrerer slawischer Großer entgegen und traf Maßnahmen zur Sicherung der unterworfenen Gebiete.[3]

Die Anwesenheit Karls des Großen in Bayern war also vornehmlich durch die strategische Bedeutung des Landes für die Awarenkriege motiviert. Dennoch beschränkte sich sein Interesse an Bayern nicht allein auf diesen Aspekt. Ihm war zweifellos auch daran gelegen, Bayern auf Dauer als wertvollen Bestandteil in sein Reich zu integrieren. Dies wird zum einen dadurch verdeutlicht, daß er mit seinem Schwager Gerold ein prominentes Mitglied der Königsfamilie als seinen Stellvertreter an die Spitze Bayerns stellte, und zum anderen auch dadurch sinnfällig unterstrichen, daß er mit dem Versuch, die Flußsysteme von Rhein, Main und Donau durch den sogenannten Karlsgraben miteinander zu verbinden, ein gigantisches technisches Großprojekt in Angriff nehmen ließ, das allerdings die Möglichkeiten der Zeit überforderte. Die Einbeziehung Bayerns in ein die Kernlande des Reiches verbindendes System von Wasserstraßen war es ihm offenbar wert, einen derartig gewaltigen Aufwand zu betreiben. Die Besichtigung der Baustelle im Herbst 793 bestätigt seine persönliche Anteilnahme an dem Vorhaben.

Diese Ouvertüre zur karolingischen Herrschaft über Bayern unter Karl dem Großen ließ also nach anfänglichen Befürchtungen durchaus einen gewissen Optimismus hinsichtlich der künftigen Rolle Bayerns aufkeimen. Konkrete Konturen gewannen diese Perspektiven in der Regierungszeit Ludwigs des Frommen, des Sohnes Karls des Großen. Er wies im Jahr 814 seinem ältesten Sohn Lothar Bayern als selbständige Herrschaft zu und gab damit zu verstehen, daß Bayern in Zukunft nicht mehr von einem Präfekten, sondern von einem König verwaltet werden sollte. Das war eine richtungweisende Entscheidung, denn sie ließ erkennen, daß Bayern auch im Karolingerreich eine eigenständige Größe geblieben war, der es Rechnung zu tragen galt.

Die für die künftige Rolle Bayerns im karolingischen Reich entscheidende Weichenstellung erfolgte schließlich im Jahr 817 mit der «Ordinatio Imperii».[4] Bei dieser Erbfolgeregelung wurde Bayern mit dem Nordgau sowie mit den Karantanen, Böhmen und den im Osten Bayerns wohnenden Awaren und Slawen dem jüngsten, noch minderjährigen Sohn Ludwig zugedacht, der von der nationalen Geschichtsschreibung des 19. Jahrhunderts den Beinamen «der Deutsche» erhalten hat. Bayern erscheint bei dieser Erbregelung als Zentrum eines kleinen Imperiums mit angegliederten Völkerschaften. Im Jahr 826 trat Ludwig mit der Aufgabe, die Verhältnisse im Südosten des Reiches zu stabilisieren, die Herrschaft in Bayern an und brachte seine neue Würde mit dem Titel «Ludwig von Gottes Gnaden König der Bayern» («rex Baiuvariorum») zum Ausdruck. Mit ihm bekam Bayern den Herrscher, der auf Jahrzehnte seine Geschicke bestimmen sollte.[5] Für das bisherige Herzogtum brach damit eine neue Ära als Kronland unter einem karolingischen König an.

Der junge König ging zielstrebig daran, seine Herrschaft in Bayern mit Hilfe fränkischer Adeliger zu etablieren, die er mit ins Land brachte. Dieser Schachzug, seine Stellung im Land auf eine fränkische Adelsgruppe zu stützen, bewährte sich zunächst, wurde aber zu Beginn der sechziger Jahre problematisch. Führende Vertreter dieser Adelsgruppe, darunter Graf Ernst, der Höchste unter den Edlen des Landes und Schwiegervater des Königssohns Karlmann, beteiligten sich nämlich an der Rebellion Karlmanns, die zu einer ernsten Gefahr für Ludwig zu werden drohte. Entsprechend hart schritt Ludwig ein. Im Jahr 861 enthob er in Regensburg Ernst sowie weitere Grafen, von denen einige im Westreich Zuflucht suchten, wegen Untreue ihrer Ämter und warf in den folgenden Jahren seinen Sohn Karlmann nieder. Damit war der bedrohliche Einfluß der fränkischen Adeligen in Bayern weitgehend beseitigt.

In materieller Hinsicht beruhte Ludwigs Herrschaft insofern auf einer tragfähigen Basis, als ihm die Masse des ehemaligen agilolfingischen Herzogsguts zur Verfügung stand. Dadurch war nicht nur seine Hofhaltung auskömmlich gesichert, er erhielt darüber hinaus die Möglichkeit, sich durch entsprechende Gunsterweise für Kirche und Adel einen Rückhalt zu schaffen. Neben den beiden Königshöfen Lauterhofen und Ingolstadt, die in der «Ordinatio Imperii» von 817 eigens aufgeführt sind, kam dabei im Rahmen der Herrschaftsausübung den Pfalzorten Ötting, Osterhofen und Ranshofen sowie den königlichen Villenbezirken Aibling, Mattighofen, Ostermiething und Roding besondere Bedeutung zu, wo er sich wiederholt aufhielt und Urkunden ausfertigen ließ. Zum Zentrum seiner Königsherrschaft nicht nur in Bayern, sondern auch zu einem herausragenden Mittelpunkt im Ostfränkischen Reich gestaltete er Regensburg aus. Nach dem Vorbild des Aachener Marienstiftes errichtete er vor 850 die Alte Kapelle als seine Pfalzkapelle mit angegliedertem Kanonikerstift. Zur gleichen Zeit ließ er eine große Königspfalz erbauen, die den Alten Kornmarkt als Innenhof umschloß und mit einem königlichen «vicarius» an der Spitze die Verwaltungszentrale eines großen Königsgutsbezirks im Regensburger Umland war. Damit hatte er vorzügliche Voraussetzungen für die Anwesenheit des Königshofs geschaffen. Mit 33 Aufenthalten stand Regensburg gemeinsam mit Frankfurt an der Spitze des Königsitinerars. Auch was die Einberufung von Reichsversammlungen betrifft, teilten sich Regensburg mit drei und Frankfurt mit fünf Versammlungen die Führungsposition unter den Tagungsorten. Als Winter- und Festresidenz lag Regensburg unangefochten an der Spitze aller Pfalzorte. Darüber hinaus war Regensburg Vorort für die diplomatischen Beziehungen zum Osten. Hier empfing Ludwig öfters Gesandtschaften des byzantinischen Kaisers, der Bulgaren, der Böhmen, Mährer und anderer slawischer Fürstentümer.

Ludwig der Deutsche fühlte sich offenbar auch privat in Regensburg zu Hause. Hierher kehrte er, selbst wenn es keinen aktuellen Anlaß dafür gab, nach der Erledigung von Regierungsgeschäften aus den verschiedenen Teilen des Ostfränkischen Reiches immer wieder zurück. Während seiner gesamten Regierungszeit blieb er lediglich in drei Jahren der Stadt fern. In Regensburg wohnte auch die Königsfamilie. Seine Gemahlin Hemma gilt als die Begründerin des Damenstifts Obermünster. In der Regensburger Pfalz wurde der Königsschatz aufbewahrt, und in der Stadt wurden die Siege des Königs mit Glockengeläut gefeiert. Neben diesen äußerlichen Beziehungen stellte Ludwig eine außergewöhnlich enge ideelle Verbindung zwischen der bayerischen Hauptstadt und seinem Königtum im Ostfränkischen Reich her. Für ihn war Regensburg die «civitas regia», die königliche Stadt, wie er sie seit 845 in seinen Königsurkunden nahezu regelmäßig titulierte. Außerdem räumte er dem in Bayern und Regensburg gepflegten Emmeramskult eine besondere Bedeutung für sein Königtum ein.

Er und sein Sohn Karlmann ließen ihre Vasallen den Treueeid über den Reliquien des Heiligen schwören, führten seine Gebeine auf ihren Feldzügen in Böhmen und Mähren mit, und der König pilgerte in den Bittwochen barfuß von der Pfalz zum Grab des Heiligen. Der heilige Emmeram war offenkundig zum Patron des Königshauses aufgestiegen, und sein Kloster, wo der königliche Notar Adalleod seine Kanzlei einrichtete und wo auch die Königin Hemma ihre letzte Ruhestätte fand, sollte offenbar zum ideellen Mittelpunkt des ostfränkischen Königtums werden.[6]

Sosehr Ludwig der Deutsche auch Bayern zugetan war, so begnügte er sich dennoch nicht damit, zeit seines Lebens «König der Bayern» zu bleiben. Seine Ambitionen gingen schon früh über Bayern hinaus und hatten alle Gebiete rechts des Rheins im Auge. Der Prozeß der Ausbildung des angestrebten Ostfränkischen Reiches vollzog sich in den Jahren zwischen 830 und 843 in dramatischen Auseinandersetzungen zwischen Kaiser Ludwig dem Frommen und seinen Söhnen und schließlich in erbitterten Kämpfen der Brüder untereinander, ehe er im Vertrag von Verdun im Jahr 843 seinen Abschluß fand. In diesen turbulenten Zeiten erwies sich Bayern für Ludwig den Deutschen als der große Rückhalt, der ihm zunächst das politische Überleben und schließlich die Durchsetzung seiner Ziele ermöglichte. Bei allen Rückschlägen, die Ludwig in den Erbstreitigkeiten immer wieder hinnehmen mußte, konnte ihm weder von seinem Vater noch von seinen Brüdern die Herrschaft über Bayern streitig gemacht werden. Im Unterschied zu den anderen Stämmen fielen die Bayern in diesen Auseinandersetzungen auch niemals von ihm ab. Gestützt auf seine bayerischen und slawischen Truppen konnte er sich in den Jahren von 830 bis 833 gegen seinen Vater auflehnen und in den Kämpfen mit seinen Brüdern in den Jahren bis 843 seine Ansprüche auf die gesamten rechtsrheinischen Gebiete erfolgreich durchsetzen. Der zuverlässige Rückhalt, den ihm Bayern als großer und geschlossener Herrschaftsbereich stets bot, war sicherlich auch ein ausschlaggebender Faktor, daß er nach dem Vertrag von Verdun 843 seine Herrschaft im Ostfränkischen Reich mit großer Stabilität auf Dauer durchzusetzen vermochte.

Auch in dem neuen, größeren Reich fiel Bayern der Rang eines Kernraumes zu, wenngleich Ludwig bereits 833, als er sich auf dem Lügenfeld bei Colmar in den Besitz der rechtsrheinischen Gebiete gesetzt hatte, den Titel «rex Baioariorum» durch den Titel «rex in orientali Francia» ersetzte und seine Regierungsjahre neu zu zählen begann. Regensburg behielt als Königsstadt auch im neuen Reich seinen besonderen Rang. Außerdem lag mit mehr als der Hälfte aller rechtsrheinischen Reichsklöster der Schwerpunkt dieser für das Königtum so wichtigen kirchlichen Einrichtungen unverkennbar in Bayern. Eine Übersicht über die Orte, an denen der König Urkunden ausfertigte, läßt diese bayerische Dominanz gleichermaßen erkennen, denn zehn dieser insgesamt 36 Orte sind bayerische Orte. An ihnen wurde nahezu ein Drittel der seit dem Jahr 843 datierenden Urkunden ausgestellt.

Es läßt sich somit festhalten, daß das Königtum Ludwigs seine Basis in Bayern hatte und daß sich daran auch dann nichts grundlegend änderte, als sich seine Königsmacht über Bayern hinaus auf das Ostfränkische Reich erstreckte.

Als der bayerische König unter den Karolingern schlechthin – vielleicht wider Willen – darf ohne Zweifel Karlmann, der Sohn Ludwigs des Deutschen, bezeichnet werden, der von 876 bis 880 in Bayern regierte. Er legte seinen Titel «rex Bawariorum» auch dann nicht ab, als er im Jahr 877 das Königreich Italien hinzugewann, sondern urkundete fortan als «rex in Bauuaria et in Italia». Seit 856 als Herrscher des bayerischen Ostlandes eng mit den bayerischen Angelegenheiten verbunden, wurde ihm bei der Erbregelung des Jahres 865 als dem ältesten und kriegserprobten Sohn Bayern mit den slawischen Völkern im Osten als Königreich in Aussicht gestellt. Im Jahr 876 konnte er diese Herrschaft antreten, die seinem Vater als Ausgangsposition für eine weitreichende Politik gedient hatte. Ob er in dieser Hinsicht in die Fußstapfen seines Vaters zu treten gedachte, läßt sich wegen seiner lähmenden Erkrankung bereits Ende 877 und seines frühen Todes im Jahr 880 nicht abschließend beurteilen. Sein Streben nach der Kaiserkrone im Jahr 875 und sein Ausgreifen nach Italien lassen höhere Ziele vermuten, sein persönliches Schicksal fesselte ihn aber an Bayern, wo er Altötting zu seiner Hauptpfalz ausbaute. Dort liegt er auch begraben. Seine Regierungstätigkeit war durch seine Erkrankung so stark beeinträchtigt, daß er die vorgesehene Nachfolge seines illegitimen Sohnes Arnulf von Kärnten in Bayern nicht durchzusetzen vermochte.[7]

Die Anfänge Arnulfs von Kärnten[8] waren ganz anders als die seiner beiden Vorgänger gelagert. Sein Ausgangspunkt war das bayerische Ostland, zu dessen Präfekt er 876 bestellt worden war, wo er sich aber erst gegen verschiedene Adelsparteien zu behaupten hatte. Der Griff nach dem «regnum Bavariae» seines Vaters wurde ihm in den Jahren 880 und 882 von seinen beiden Onkeln, Ludwig dem Jüngeren und Karl III., in Zusammenspiel mit dem bayerischen Adel verwehrt. Nur mühsam gelang es ihm unter der Herrschaft Karls III., der Bayern als Nebenland betrachtete, seinen Einfluß Schritt für Schritt in Bayern auszuweiten, ohne dabei allerdings eine unangefochtene Stellung erlangen zu können. Als sich abzeichnete, daß er bei den von Karl III. geplanten Nachfolgeregelungen erneut übergangen werden sollte, setzte er im Jahr 887 alles auf eine Karte. Mit einer starken Schar, die sich hauptsächlich aus dem bayerischen Ostland und den slawischen Gebieten rekrutierte, zog Arnulf in den Frankfurter Raum, wo sich Karl und die Großen des Reiches aufhielten, um seine Ansprüche als einziger, wenn auch illegitimer Sproß des karolingischen Mannesstammes auf die Herrschaft im Ostfränkischen Reich durchzusetzen. Nach erfolgreichem Putsch kehrte er als Herr des Ostfränkischen Reiches unverzüglich von Frankfurt nach Bayern zurück, nahm in Regensburg die Huldigung der bayerischen Großen entgegen und ließ sich dort zu Weihnachten im Beisein der Großen des Reiches zum König krönen. Danach brach er zum Umritt durch das «regnum Bavariae» auf, um als ostfränkischer König seine Herrschaft in Bayern endgültig durchzusetzen.

Im Vergleich mit Ludwig dem Deutschen fand hier der umgekehrte Vorgang statt: Nicht die sichere Herrschaft in Bayern bildete die Voraussetzung für den Griff nach der Herrschaft im Ostfränkischen Reich, sondern die Anerkennung als ostfränkischer König ermöglichte die Durchsetzung auch der Herrschaft in Bayern. Durch die sofortige Rückkehr nach Bayern gab Arnulf aber zu verstehen, daß er Bayern sehr wohl als die Basis seiner Königsherrschaft im Ostfränkischen Reich betrachtete, und dies in noch viel stärkerem Maße als sein Großvater Ludwig der Deutsche. Hatten unter Ludwig dem Deutschen Frankfurt und das Rheinland im Zuge der Ausweitung der Herrschaft auf das Ostfränkische Reich neben Regensburg und Bayern spürbar an Gewicht gewonnen, so läßt sich eine solche Verschiebung der Machtschwerpunkte für die Regierungszeit Arnulfs nicht feststellen. Ganz im Gegenteil wurde Regensburg seine Hauptresidenz. Mit 22 Königsaufenthalten stand es weit an der Spitze vor allen anderen Pfalzorten, von denen Frankfurt mit elf und damit in deutlichem Abstand an zweiter Stelle folgte. Zudem bevorzugte er Regensburg eindeutig als Fest- und Winterpfalz. Darüber hinaus hielt er hier vier Reichsversammlungen – mehr als anderswo – ab, stellte ein Drittel seiner Urkunden aus und empfing Gesandtschaften des griechischen Kaisers und des Papstes. Dies zeigt, daß Regensburg nicht nur bevorzugte Residenz, sondern auch herausragendes Zentrum des politischen Lebens war.

Diese Vorliebe für Regensburg konkretisierte sich in einer besonderen Hinwendung Arnulfs zum heiligen Emmeram, den er zum Patron seines Lebens und seines Reiches erhob. Beim Kloster des Heiligen errichtete er seine Königspfalz und übergab ihm einen Teil des Schatzes der Pfalz, darunter den «Codex Aureus» und das

Arnulfsziborium. Die Kirche des Heiligen sollte allem Anschein nach karolingische Grablege werden, wo Arnulf selbst wie seine Großmutter Hemma, Ludwig, der Sohn König Ludwigs des Jüngeren, und sein eigener Sohn Ludwig das Kind seine letzte Ruhestätte fand.

Wie stark das Königtum Arnulfs mit Bayern verwurzelt war, läßt sich an einer Reihe weiterer Beispiele verdeutlichen. So brach Arnulf von Bayern aus zu seinen Zügen in die anderen Reichsteile auf und kehrte hierher nach deren Abschluß wieder zurück. Seine Hofkapelle war deutlich bayerisch bestimmt. Das Amt des Erzkapellans übernahm wiederum Thiotmar von Salzburg, der es bereits unter Karlmann, dem «rex Baiuuariorum», versehen hatte. Zu seinem Kanzler bestellte Arnulf den Regensburger Diakon Aspert und verhalf ihm 891 zur Regensburger Bischofswürde. Zur Feier hoher kirchlicher Feste, denen im Rahmen des Königskults eine besondere Bedeutung zukam, wählte Arnulf mit Vorliebe bayerische Pfalzorte: neben Regensburg vor allem Ötting, Karnburg und Aibling. Auch unter den Urkundenempfängern zeigt sich ein deutliches bayerisches Übergewicht. Nahezu die Hälfte seiner Urkunden ging an bayerische Empfänger.

Bayern war zum Kernland der Königsmacht im Ostfränkischen Reich geworden. Bei diesem Stellenwert Bayerns mußte es eines der vordringlichen Anliegen Arnulfs sein, die Verhältnisse im Land in seinem Sinn zu gestalten. Dazu bediente er sich zu Beginn seiner Herrschaft des erprobten Mittels der Gunsterweise. Hoch in seiner Gunst stand dabei die Kirche, die er offenkundig als die wichtigste Stütze seiner Macht betrachtete. Den bayerischen Adel ließ er bereits im Dezember 887 Treue schwören und förderte seine Parteigänger für ihre bisher geleisteten Dienste. Besonderes Vertrauen setzte Arnulf dabei in die Wilhelminer Ruodpert und Engelschalk II., die er als seine Nachfolger in Kärnten sowie in Ober- und Unterpannonien mit Schlüsselpositionen im krisengeschüttelten Osten betraute. Bemerkenswert ist, daß er auffallend oft Vasallen von Grafen mit Gunsterweisen bedachte, also auch den Niederadel an sich band, und so den Handlungsspielraum der Dynastengeschlechter einschränkte. Auch wenn er durch diese Maßnahmen seine Herrschaft in Bayern auf eine solide Basis stellen konnte, so war er dennoch nicht imstande, die innerhalb der bayerischen Adelssippen bestehenden Rivalitäten im Keim zu ersticken. Vielmehr konnten ihm diese Konflikte durchaus gefährlich werden, so etwa die alte Feindschaft zwischen den Wilhelminern und Aribo, dem Grafen an der Donau, die im Jahr 893 neu aufflammte, das Ostland erschütterte und Arnulf in Bedrängnis brachte. Eine ernste Gefahr beschwor die Konspiration seiner Cousine

Hildegard und Engildeos, des «marchensis Baioariorum», des nach dem König mächtigsten Gewalthabers in Bayern, im Jahr 895 herauf. Um die Verschwörer zu entmachten, bedurfte es der Mitwirkung der Großen des Ostfränkischen Reiches.

Die Vorgänge der Jahre 893 und 895 boten Arnulf aber auch die Gelegenheit, die Verhältnisse im Land zur Stärkung seiner Herrschaft neu zu gestalten. In die Positionen der ums Leben gekommenen Wilhelminer und Engildeos beförderte er seinen Verwandten Luitpold, den Stammvater der Luitpoldinger. Mit ihm hatte Arnulf eine ausgezeichnete Wahl getroffen. Obwohl Luitpold über eine beträchtliche Machtfülle verfügte und binnen kurzer Zeit die Führungsrolle im bayerischen Adel übernehmen konnte, wahrte er dem karolingischen Königshaus gegenüber stets absolute Loyalität.[9] Mit der Bestellung Luitpolds war es Arnulf somit gelungen, die Verhältnisse in Bayern nachhaltig zu seinen Gunsten zu bereinigen und das Land als zuverlässigen machtpolitischen Rückhalt für seine weitreichenden politischen Ziele verfügbar zu haben, die auf eine Oberhoheit über die übrigen Könige im fränkischen Reich abzielten.

Bayern kam also unter Arnulf von Kärnten ebenso wie unter Ludwig dem Deutschen der Rang der Kristallisations- und Stabilitätszelle des Ostfränkischen Reiches zu, aus dem das mittelalterliche Deutsche Reich hervorgegangen ist. Insofern war die karolingische Epoche Bayerns von nachhaltiger Wichtigkeit auch für die deutsche Geschichte.

Bayern war aber nicht nur für die Ausbildung und innere Stabilität des Ostfränkischen Reiches von maßgeblicher Bedeutung, es rückte aufgrund seiner geographischen Lage auch ins Zentrum der karolingischen Ostpolitik. Bayerns Ostgrenze war ein weiter Raum vorgelagert, in dem seit der Mitte des 6. Jahrhunderts die Trennlinie zwischen byzantinischer und fränkischer Hemisphäre verlief, in dem aber keine der Großmächte auf Dauer eine dominierende Rolle spielen oder ein festgefügtes Bündnissystem aufbauen konnte. Dieser Raum war vielmehr von großer Instabilität gekennzeichnet, in dem immer wieder einzelne Gruppen für eine gewisse Zeit zu beherrschenden Mächten aufzusteigen vermochten. Bayern lag also an einer machtpolitisch höchst sensiblen Nahtstelle, der die expansive karolingische Großmachtpolitik besondere Aufmerksamkeit schenken mußte. In diesem Gebiet stand die karolingische Politik auch in einer bayerischen Tradition. Denn bereits die agilolfingischen Herzöge hatten versucht, in diesen Raum hineinzuwirken, sowohl politisch und militärisch als auch missionarisch, und sie konnten mit der Annexion und Christianisierung Karantaniens einen beachtlichen Erfolg vorweisen.[10] Dennoch reichte ihre Macht offenkundig nicht aus, um die Situation zu beherrschen.

Mit der Einverleibung ins Frankenreich veränderte sich die Lage Bayerns in ambivalenter Weise. Zum einen wurden nun die Probleme im Osten, mit denen Bayern bislang allein konfrontiert war, zu einer Aufgabe des fränkischen Reiches mit seinen ungleich größeren Machtmitteln. Zum anderen wurde Bayern aber auch in die sich aus der expansiven Politik ergebenden Konflikte hineingezogen. Zunächst profitierte Bayern von der Ostpolitik, die Karl der Große in Angriff nahm.[11] Er schob in den Kämpfen mit den Awaren die bayerische Grenze über die Raab hinaus und brachte den böhmischen Raum in Abhängigkeit von Bayern. Zum Schutz dieses gewonnenen Ostlandes, dessen Machtzentrum an der Donau und im Gebiet zwischen Enns und Wienerwald lag, schuf er mit Marken und vorgelagerten slawischen Satellitenfürstentümern ein ausgefeiltes Sicherungssystem, das die Awaren als Machtfaktor eliminierte. Bayern hatte auf diese Weise eine beträchtliche Erweiterung seines Gebietes und seines politischen wie kirchlichen und kulturellen Einflusses nach Osten erfahren. Ins Stocken geriet die Expansionspolitik während der Regierungszeit Ludwigs des Deutschen, als sich seit den zwanziger Jahren des 9. Jahrhunderts mit Mähren ein neuer Gefahrenherd ausbildete und bulgarische Angriffe Pannonien erschütterten. Ludwig den Deutschen hinderten zunächst die Nachfolgekämpfe im Reich daran, seine Aufmerksamkeit den Problemen im Osten seines bayerischen Königreichs zu schenken. Er mußte sich auf Maßnahmen zur Sicherung des Erreichten beschränken. Erst nach der Durchsetzung seiner Herrschaft im Ostfränkischen Reich im Jahr 843 konnte er sich mit Nachdruck einer expansiven Ostpolitik mit dem Ziel einer stärkeren Einbindung Böhmens und Mährens in den bayerischen Einflußbereich zuwenden.

Als erstes Ergebnis dieser neuen Ostpolitik darf die Taufe von vierzehn böhmischen Fürsten in Regensburg im Jahr 845 gewertet werden, denn sie zeugt nicht nur vom Erfolg der von Bayern ausgehenden Missionstätigkeit, sondern kam auch einem Akt politischer Unterwerfung gleich. Diesem Erfolg in Böhmen standen allerdings wachsende Schwierigkeiten in Mähren gegenüber, das zu dieser Zeit zu einem eigenständigen Machtfaktor aufstieg, der das gesamte Ostland zu einer Zone der Instabilität werden ließ. Unbeabsichtigt gab Ludwig der Deutsche selbst den Anstoß zu dieser Entwicklung, als er im Jahr 846 als Ordnungsmacht in innermährische Wirren eingriff und Herzog Moimir durch Rastislav ersetzte. Diese Entscheidung erwies sich jedoch alsbald als Mißgriff, denn Rastislav verfolgte eine Politik, die darauf abzielte, sich dem Einfluß des karolingischen Reiches sowohl im politischen wie kirchlichen Bereich zu entziehen. Dadurch wurde er in den folgenden Jahrzehnten aus der Sicht der Karolinger zum großen Unruhestifter, der ihre höchste Aufmerksamkeit beanspruchte. Die Vorgänge im Osten Bayerns nahmen durchaus kritische Ausmaße an, wurden zu einer Gefahr für den territorialen Bestand Bayerns und zeigten die Grenzen der karolingischen Expansionspolitik auf. Die bayerischen Grenzgrafen waren auf sich allein gestellt nicht in der Lage, die Situation zu meistern, rivalisierten zudem untereinander und suchten dabei nicht selten Anlehnung an das in diesem Gebiet zur tonangebenden Macht aufsteigende Reich der Mährer. Selbst auf den von Ludwig dem Deutschen im Jahr 833 eingesetzten Ostlandpräfekten Ratpod war kein Verlaß, denn er zettelte im Jahr 854 im Zusammenspiel mit Rastislav einen Aufstand an, der Ludwig zum Eingreifen zwang, wollte er verhindern, daß das bayerische Ostland seiner Herrschaft verlorenging. Um der Lage Herr zu werden und die Oberhoheit über die Mährer durchzusetzen, griff Ludwig zu einer außerordentlichen Maßnahme. Im Jahr 856 verlieh er die Ostmark («marca orientalis») nicht mehr einem Angehörigen eines Adelsgeschlechts, sondern seinem ältesten und kriegserfahrenen Sohn Karlmann. Das gefährdete Ostland war damit der Obhut eines Mitglieds der Königsfamilie anvertraut, ein Zeichen dafür, daß Ludwig dem Osten höchste Beachtung schenkte.

Die Erwartungen, die Ludwig mit diesem Schritt verband, erfüllten sich allerdings nur sehr bedingt. Karlmann gelang es zwar, die sich bekämpfenden Grenzgrafen zu bändigen und eine Verständigung mit Rastislav von Mähren herbeizuführen, lehnte sich aber wenig später im Jahr 861 selbst im Verein mit Rastislav gegen seinen Vater auf. Ludwig konnte zwar im Jahr 863 seinen Sohn zur Unterwerfung zwingen, sein Kriegszug gegen Mähren verlief jedoch ergebnislos. Erst im Jahr 870 erhielt Ludwig die Gelegenheit, den politischen wie kirchlichen Verselbständigungsbestrebungen des Mährerreiches Einhalt zu gebieten, aber weniger aus eigener Kraft als vielmehr begünstigt durch innermährische Zwistigkeiten, in deren Verlauf ihm Rastislav ausgeliefert wurde. Rastislav wurde 870 in Regensburg abgeurteilt und geblendet. Methodius, der seit 863 gemeinsam mit Kyrill in Mähren missionierte und auf Wunsch Rastislavs eine von der bayerischen Kirche unabhängige Kirchenprovinz errichten sollte, wurde ebenfalls in Regensburg auf Betreiben der bayerischen Bischöfe, die sich um die Früchte ihrer Missionstätigkeit gebracht sahen, für eine gewisse Zeit in die Verbannung geschickt. Aber auch diese Maßnahmen und militärischen Erfolge Karlmanns, der wieder die Gnade seines Vaters gefunden hatte, zeitigten nicht das erhoffte Ergebnis. Vielmehr mußten bayerische Heere in den folgenden Jahren bittere Niederlagen dort und in Böhmen hinnehmen, ehe 874 ein Friedensschluß zustande kam, der Mähren weitgehende Unabhängigkeit einräumte.

Es mochte den Anschein haben, daß damit die Verhältnisse bereinigt waren, zumal im Jahr 876 mit Arnulf von Kärnten erneut ein Königssohn an die Spitze des Ostlandes trat, der mit dem Mährerfürsten Zwentibald I., dem Taufpaten seines Sohnes Zwentibold, im besten Einvernehmen stand. Dennoch konnten auch dadurch die Spannungen nicht auf Dauer entschärft werden. Vielmehr wurde Arnulf seit 882 in Auseinandersetzungen zwischen bayerischen Grenzgrafen hineingezogen, die sich durch die Intervention der Mährer zu einem Flächenbrand ausweiteten, der erst 884 durch das militärische Eingreifen Kaiser Karls III. beigelegt werden konnte. Bis 892 herrschte Ruhe, als Arnulf von Kärnten, der karolingische König, mit Unterstützung slawischer Fürsten und der Ungarn den Kampf gegen die Mährer wiederaufnahm, der im Jahr 901 mit der Niederwerfung des Mährerreiches endete. Dieser Erfolg führte allerdings nur zu einer kurzen Atempause, ehe die Ungarn das Ostland überrannten und für ein halbes Jahrhundert zu einer schweren Heimsuchung für das Reich wurden.

Obwohl Bayern geographisch gesehen an der Peripherie des Ostfränkischen Reiches lag, so darf es dennoch mit Fug und Recht als eine zentrale Drehscheibe der Politik der ostfränkischen Karolinger bezeichnet werden. Von Bayern aus konnten sie ihren politischen Willen sowohl ins Reich hinein wie nach Osten hin zur Geltung bringen und auch Italien im Auge behalten. Das «regnum Bavariae» stellte ihnen aufgrund seiner Größe und Geschlossenheit die Machtmittel in ausreichender Weise zur Verfügung, die sie für die Durchsetzung ihrer Politik nötig hatten. Umgekehrt war Bayern freilich auch auf die Unterstützung durch das Reich angewiesen, um die Probleme im Osten bewältigen zu können. Ludwig der Deutsche, Karlmann und Arnulf von Kärnten dürfen mit gutem Grund als bayerische Könige bezeichnet werden. Sie haben Bayern aber gleichzeitig aufs engste mit dem karolingischen Königtum und dem Ostfränkischen Reich verbunden. In dieser unmittelbaren Wechselbeziehung ist zweifellos auch ein Grund dafür zu sehen, daß Bayern nach dem Ende der karolingischen Dynastie im Jahr 911 unter der neu entstandenen Herzogswürde nicht seinen eigenen Weg gegangen, sondern trotz aller Schwierigkeiten letztlich doch im Reichsverband geblieben ist. Es soll allerdings nicht übersehen werden, daß sich in der Karolingerzeit die Möglichkeit eines bayerischen Sonderwegs wenigstens kurzzeitig andeutete, als Karlmann im Jahr 877 zu seinem «regnum Bavariae» das italienische Königreich hinzuerwarb und damit einen Herrschaftskomplex schuf, der sich durch Geographie und Tradition gut zusammenfügte. Diese möglicherweise durchaus zukunftsträchtige Option, die noch einmal unter dem Luitpoldinger Herzog Arnulf kurz aufschien, blieb allerdings aufgrund von Karlmanns frühem Tod nur eine Episode. Die Karolinger haben Bayern ins Reich integriert und wiesen ihm darin seinen Weg in die Zukunft.

Die Luitpoldinger

Der Beginn des hochmittelalterlichen Bayern

Von Ludwig Holzfurtner

Das Jahr 907 ist als markanter Zeitpunkt der bayerischen Geschichte nur schwach im historischen Gedächtnis verwurzelt. Wer mit den Daten bayerischer Vergangenheit vertraut ist, wird es vielleicht als das Jahr der katastrophalen Niederlage der Bayern vor Preßburg kennen; nur selten aber wird es als ein regelrechtes Wendejahr der bayerischen Geschichte genannt, das für die weitere Entwicklung Bayerns kaum weniger bedeutend war als etwa die Jahre 788 oder 1180. Tatsächlich begann in diesem Jahr mit dem luitpoldingischen Herzogtum ein neuer Abschnitt der bayerischen Geschichte. Denn dieses Herzogtum entwickelte eine große Tragweite, und zwar weit über die vier Jahrzehnte hinaus, die ihm beschieden waren. In vieler Hinsicht gründete das Herzogtum Bayern des hohen und sogar noch des frühen Spätmittelalters auf dem, was in den Jahren nach 907 in Bayern durch seinen Herrscher aufgebaut worden war.

Wenn die Epoche der Luitpoldinger im breiteren historischen Bewußtsein nur eine unbedeutende Rolle spielt, liegt dies möglicherweise auch daran, daß die Bezeichnung jenes Zeitabschnitts von Anfang an eine sekundäre Rolle gegenüber der Bildung des Deutschen Reiches suggeriert und daher eher als Beginn einer kontinuierlichen Entwicklung in einem Gesamtprozeß denn als ein Einzelereignis von herausragender Bedeutung betrachtet wird. Es ist indessen nicht zu übersehen, daß gerade diese kontinuierliche Entwicklung unterbrochen war. Das agilolfingische Herzogtum hatte im Jahre 788 ein jähes Ende genommen; ihm war eine immerhin mehr als ein Jahrhundert währende Epoche unmittelbarer karolingischer Herrschaft in Bayern gefolgt. Damit konnte das hochmittelalterliche Herzogtum Bayern kaum eine Kontinuität seit den Agilolfingern beanspruchen, denn allem Anschein nach wurden in den Bezeichnungen der offiziellen oder inoffiziellen Stellvertreter der Karolinger in Bayern die Begriffe «Herzog» oder «Herzogtum» über diese ganze lange Zeit hinweg strikt vermieden. Mehr noch, es fehlt für diesen Zeitraum nicht nur der Begriff, es gab in Bayern auch kein Amt mit vergleichbaren Funktionen. Mit dem ersten Auftreten des Luitpoldingers Arnulf unter dem

Titel Herzog («dux») begegnet nun wieder ein Organ an der Spitze des bayerischen Herzogtums, das nicht nur auf die Bezeichnung für den agilolfingischen Herrscher zurückgriff, sondern auch mit Kompetenzen und in einem Selbstverständnis regierte, die sich von denen der karolingischen Präfekten und denen der Vertreter des Königs in spätkarolingischer Zeit ebenso unterschieden wie von denen der karolingischen Könige, die über Bayern herrschten. Das Land und sein Fürst erhielten in dieser Epoche die Bezeichnungen, unter denen sie den weiteren Weg durch die Geschichte bis zum Ende des Alten Reichs gehen sollten: Herzogtum und Herzog fanden in den Jahrzehnten des luitpoldingischen Herzogtums ihren Platz im Gefüge des sich nach 911 neu formierenden Reiches, wenn dieser auch nicht da liegen sollte, wo ihn der erste luitpoldingische Herzog vermutlich hatte sehen wollen. Man kann also durchaus feststellen, daß mit der Regierungsübernahme durch Arnulf im Jahr 907 die Geschichte des hochmittelalterlichen Herzogtums Bayern beginnt und daß mithin die Herzöge aus dieser Herrscherfamilie zu dessen Grundlegung einen wesentlichen, vermutlich sogar den entscheidenden Beitrag geleistet haben.

Für die Entstehung dieses sogenannten «jüngeren Stammesherzogtums»[1] waren freilich zahlreiche Voraussetzungen erforderlich, die die Luitpoldinger schon vorgefunden hatten und aus denen sie großen politischen Nutzen ziehen konnten. Karl der Große hatte bei der Beseitigung des agilolfingischen Herzogtums die letzte Konsequenz vermieden und Bayern zwar als Reichsprovinz behandelt, in der er durch einen Präfekten vertreten wurde, dem Land seinen Charakter als politische Einheit jedoch belassen. Es wurde bei den Reichsteilungen nach seinem Tod unter der angestammten Bezeichnung und in der überkommenen territorialen Ausdehnung behandelt; die «Lex Baiuvariorum» – als herkömmliches Volksrecht – galt weiterhin, ausgenommen freilich die den Herzog betreffenden Artikel, die förmlich zu tilgen man sich die Mühe jedoch nicht machte. Schon bald, unter Kaiser Lothar I. und dann vor allem unter Ludwig dem Deutschen, wurde dieser Charakter einer politischen Einheit noch mehr betont, indem der König – nicht als König eines unabhängigen Reichs zwar, aber doch als Teilkönig im karolingischen Gesamtreich – den Namen Bayern zu einem Element seiner Titulatur machte. Solange sich die Herrschaft Ludwigs des Deutschen auf diesen Reichsteil beschränkte, und nachdem sich sein Königtum über das ganze Ostreich ausgedehnt hatte, blieb das bayerische Teilkönigtum erhalten, da sein Sohn Karlmann in die Stellung des bayerischen Teilkönigs einrückte. Schon in dieser kurzen Zeitspanne war damit eine Tradition begründet, die offensichtlich zu einem Selbstverständnis des bayerischen Adels führte, das ausgeprägt genug war, um es dem Friedelsohn König Karlmanns, Arnulf von Kärnten, zu ermöglichen, mit seiner Hilfe Karl III., einen König immerhin aus der Königsfamilie («stirps regia»), aus Bayern zu vertreiben. Das gelang möglicherweise auch deshalb, weil dieser Bayern nur als Nebenland betrachtete, das es aber seit den ersten Tagen Ludwigs des Deutschen nie gewesen war. Der Adel des Landes sollte in der näheren Zukunft stets die wichtigste Stütze des Herrschers sein, auch der luitpoldingischen Herzöge.

Beim Tod Kaiser Arnulfs im Jahre 899 drohte diese Tradition jedoch abzureißen. Der letzte bedeutende ostfränkische Karolinger hatte keinen Sohn, dem er – wie zuvor sein Großvater – Bayern als Grundlage eines Unterkönigtums hätte übergeben können. Sein Sohn Ludwig das Kind – er starb bereits mit siebzehn Jahren – war beim Tod des Vaters erst sechs Jahre alt. Wohl wurde der Knabe zum König erwählt, aber die politische Führung des Reichs, sofern von einer solchen noch die Rede sein konnte, lag in den Händen eines durch keine Gesetzgebung grundgelegten Reichsregiments, namentlich der Bischöfe Hatto von Mainz und Adalbero von Augsburg sowie, mit einigen Abstrichen, Salomo von Konstanz.

Daß eine solche Situation, die sich unter der beständigen Bedrohung durch die räuberischen Überfälle der Ungarn noch weiter verschärfte, regionalen Machthabern – und das nicht nur in Bayern – in die Hände spielen mußte, liegt auf der Hand; das Funktionieren der militärischen Organisation und eine entsprechende Führung des Heeres waren überlebensnotwendig. In den Jahren bis zum Tod Ludwigs des Kindes 911 konnte sich unter diesen Umständen neben den anderen «jüngeren» Stammesherzogtümern jenes ausbilden, das fortan als ein politischer Begriff Bestand haben sollte: das Herzogtum Bayern. An dessen Beginn stand ein Geschlecht, das nach seinem ersten in den Quellen greifbaren Vertreter Luitpold die Luitpoldinger genannt wird.

Die Geschichte des Herzogtums dieser Familie ist kurz. Sie beginnt im Jahre 907 mit der Regierungsübernahme Arnulfs und umfaßt nicht einmal zwei Generationen. Auf Arnulf folgte nach seinem Tod im Jahre 937 gemäß dem Willen des verstorbenen Herzogs sein Sohn Eberhard, und es schien, als sei damit die dynastische Weitergabe des Herzogtums gesichert. Doch Eberhard regierte nur ein Jahr, ehe er in Gegensatz zu König Otto I. geriet, von diesem besiegt und in die Verbannung geschickt wurde. Ihm folgte mit Berthold zwar wieder ein Luitpoldinger, jedoch kein Sohn, sondern der Bruder Arnulfs, der für seine Einsetzung erhebliche Schmälerungen seiner Machtposition in Kauf nehmen mußte. Nach seinem Tod 947 begann für das bayerische Herzogtum bereits die bis in den Anfang des zweiten Jahrtausends hinein dauernde Zeit der sächsischen Sekundogenitur, wenn man von den zwei Jahren von 983 bis 985 absieht, in denen mit Heinrich III. noch einmal ein Luitpoldinger Herzog von Bayern wurde. Das Herzogtum der Luitpoldinger war im Jahre 947 bereits beendet, auch wenn das Geschlecht noch bis 989 bestehen sollte und in der Politik Bayerns durchaus weiter eine Rolle spielte. Die Geschichte Herzog Bertholds stellt also ungeachtet der großen Tatkraft, die diesen Herzog auszeichnete, bereits eine Übergangsphase dar, in der sich die weitergehende Eingliederung Bayerns in das Reich vollzog, nachdem sie unter Heinrich I. als König und Arnulf als Herzog noch in einem sehr weit gesteckten Rahmen begonnen hatte.

Der entscheidende Teil der Geschichte des luitpoldingischen Herzogtums umfaßt die Zeit Herzog Arnulfs, des ersten bayerischen Herzogs nach den Agilolfingern. Er ist damit zu den markantesten Persönlichkeiten der bayerischen Geschichte zu zählen und gehört auch zu den am meisten beachteten Gestalten der bayerischen Historiographie, ungeachtet seiner überwiegend negativen Beurteilung. Das Bild des Herzogs Arnulf und seine Entwicklung in der Literatur eines vollen Jahrtausends kann und muß hier nicht weiter verfolgt werden. Es sei hier nur zusammengefaßt, daß der im Sprachgebrauch bis heute gängige Beiname Arnulfs, «der Böse»[2], ein Überbegriff ist für unterschiedliche abwertende Attribute, die allesamt erst nach seinem Tod aufkamen. Unter ihnen erscheint der lateinische Terminus «malus», der noch unter die harmloseren zu rechnen ist, sogar als einer der letzten. Dieses schlechte Andenken an Herzog Arnulf findet sich zunächst in Quellen, die die ottonische Reichsideologie vertreten. Es prägte sich infolge einer örtlichen Konzentration der Klagen über nahezu existenzvernichtende Güterverluste im 10. Jahrhundert auf seine Person in der Geschichtsschreibung der Klöster des Hohen Mittelalters weiter aus, bis Arnulf im 19. und frühen 20. Jahrhundert in einer Interpretation seiner Politik als Hemmschuh einer frühen deutschen Reichsbildung festgeschrieben wurde. Die Zeitgenossen, auch solche, die seiner möglichen Rache wie auch seinen Belohnungen entzogen waren und daher nicht der literarischen Liebedienerei verdächtigt werden können, wußten davon noch nichts. Was spätere Generationen Herzog Arnulf zur Last legten, war dem Frühen Mittelalter eine banale Alltäglichkeit und ist es dem Hohen Mittelalter nicht minder gewesen. Die mit seiner Beurteilung verbundene Schuldprojektion allein auf seine Gestalt entsprang jedoch nicht dem Streben nach Wiedergabe historischer Tatsachen, sondern war den Traditionen einer literarischen Gattung unterworfen, die spezifische Ziele und eigene Gesetze hatte.

Vor dem Hintergrund der eben erwähnten Alltäglichkeit der Vorwürfe und des modernen Erkenntnisstandes über die Zweckgebundenheit der hochmittelalterlichen Historiographie läge es eigentlich auf der Hand, daß heute die anderen Seiten der Regierungstätigkeit Arnulfs im Zentrum des Interesses stehen müßten. Nur selten aber erheben sich selbst in Bayern Stimmen, die solche Aspekte seines Wirkens herausstreichen, wie dies etwa schon Johannes Aventin oder Lorenz von Westenrieder getan haben. Es ist indessen eine erstaunliche Tatsache, daß selbst in der Gegenwart, von wenigen Ausnahmen abgesehen, das herkömmliche Bild Arnulfs völlig verfestigt erscheint. Dies mag vielleicht auch darauf zurückzuführen sein, daß seit vielen Jahren das frühe 10. Jahrhundert, der allgemein als dürftig eingestuften Quellenlage wegen als «dunkles Jahrhundert» bezeichnet, aus dem Zentrum des landesgeschichtlichen Interesses gerückt zu sein scheint. Tatsächlich steht auch ein quellenkundiger und mit den Hintergründen der Zeit vertrauter Historiker bei der Behandlung des luitpoldingischen Herzogtums vor zahllosen Fragen. Und die gemessen am Standard des frühen 10. Jahrhunderts gar nicht so wenigen Aussagen der für das «jüngere Stammesherzogtum» einschlägigen Quellen geben in erster Linie Anlaß, wieder neue Fragen zu stellen. Selbst hypothetische Erklärungsmodelle ergeben sich zuweilen erst aus Sachverhalten, die viele Jahrzehnte nach dem Ende des luitpoldingischen Herzogtums zutage treten, ebenso wie es mitunter notwendig ist, einige Jahrzehnte vor seinen Beginn zurückzugreifen, um nach den Grundlagen zu suchen. Deswegen kann die Erforschung der Geschichte Herzog Arnulfs nicht erst bei ihm selbst ansetzen, sondern muß in der Zeit seines Vaters, des Markgrafen Luitpold, der der Familie den heute gebräuchlichen Namen gab, beginnen.

Ein veritables Problem stellt die Herkunft der Luitpoldinger dar. Markgraf Luitpold, der Vater Herzog Arnulfs, ist zwar seit 893 als erster einwandfrei greifbarer Vertreter der Familie belegt, über seine Eltern ist jedoch nichts bekannt. Verläßliche Quellen zeigen, daß Markgraf Luitpold ein Blutsverwandter Kaiser Arnulfs von Kärnten und damit auch Ludwigs des Kindes war. Auf diese Verwandtschaft weist auch die Tatsache hin, daß Luitpolds Sohn den Namen des Kaisers Arnulf trug. Aus den in diesem Zusammenhang gebrauchten Begriffen sind aber weder für Luitpold noch für seinen Sohn Art und Grad der Verwandtschaft zu erkennen. Die verbreitete Annahme, die verwandtschaftliche Verbindung laufe über die Mutter Kaiser Arnulfs, ist ebensowenig zu beweisen wie zu widerlegen. An dieser Frage hängt weit mehr als schiere Neugier oder der naive Wunsch, die Luitpoldinger im Glanz karolingischer Kaisernähe zu sehen. Wäre nämlich eine Abstammung von den Karolingern im Mannesstamm gegeben, so würde dies die Stellung Luitpolds in Bayern und erst recht die seines Sohnes Arnulf sehr viel leichter erklären, als dies sonst möglich ist. Denn im Falle einer agnatischen Verwandtschaft wäre die Frage nach den Ursprüngen der luitpoldingischen Macht aus einer Analogie zur Praxis der in Bayern ihren Ausgang nehmenden karolingischen Könige praktisch beantwortet. Eine solche ist aufgrund der bekannten Fakten jedoch nicht schlüssig anzunehmen, so daß die Problematik der Stellung Luitpolds in Bayern und damit der Ausgangsbasis Arnulfs nur mit Hilfe von Indizien anzugehen ist.

Luitpold erscheint in den Quellen nie ausdrücklich in der Statthalterfunktion, wie sie etwa die Präfekten zur Zeit Kaiser Karls des Großen innegehabt hatten. Das sagt insofern allerdings wenig aus, als nach dem Regierungsantritt Ludwigs des Deutschen in Bayern für die offiziellen oder inoffiziellen Vertreter des Königs überhaupt keine konkreten Bezeichnungen mehr erkennbar sind. Sie erscheinen in den relevanten Quellen nur als Inhaber mehrerer Grafschaften, häufig in strategisch wichtigen Räumen – das heißt im Osten des Herzogtums oder um den bayerischen Vorort Regensburg –, und gelegentlich unter allgemeinen Floskeln, die eine dem König besonders nahe Stellung andeuten, nie aber unter Titeln oder in Funktionen, die ihre tatsächliche Position erkennen lassen. Luitpold hatte aber nach Aussage der einschlägigen Quellen Kompetenzen, die aus den nachweislichen Machtpositionen in dieser Fülle nicht abgeleitet werden können: Als Graf in wenigstens vier Grafschaften besaß er wohl eine starke Stellung, aber keineswegs bereits eine solche, die ihn aus eigener Macht zum unumstrittenen Leiter der bayerischen Politik machen mußte. Dazu waren seine Grafschaften schon aufgrund ihrer geographischen Lage im Osten und Nordosten Bayerns nicht geeignet, auch wenn er mit ihnen den Vorort Regensburg in der Hand hatte.

Entscheidender dürfte Luitpolds Position als Markgraf gewesen sein, in der er oft genug belegt ist, um dieser Bezeichnung eine entsprechende Bedeutung zuzubilligen. Diesen Titel erlangte er, indem er Engildeo nach dessen Sturz 895 in seinen «ehrenvollen Ämtern» («honores»), wie es in den «Fuldaer Annalen», der einzigen Quelle für diesen Vorgang, heißt, nachfolgte. Wenn diese Nachricht zutreffen sollte, kann man bei Luitpold aber nicht von einer faktischen Durchsetzung der Macht ausgehen, sondern von einer Einsetzung in ein Amt durch die Autorität des Königs. Nun ist dieses Amt eines Markgrafen («marchio»), unter dem er in den folgenden Jahren gelegentlich, aber keineswegs durchgehend erscheint, ein eher vager und in den Quellen nicht genauer definierter Begriff; oft tritt Luitpold nur unter dem Titel «Graf» («comes») auf. Eine vielleicht auch nur auf bestimmte Kompetenzen beschränkte Stellvertretung des Königs in Bayern läßt sich daraus wieder lediglich erschließen. Es wird mit guten Gründen vermutet, daß Luitpold in dieser Funktion zumindest der militärische Befehlshaber über die bayerischen Grafen war, deren Amtssprengel das Grundgerüst der Wehrverfassung darstellten. Immerhin weisen die vermutlich unter seinem Kommando stehende militärische Unternehmung 898 gegen das Großmährische Reich und die unglücklich endende Offensive 907 gegen die Ungarn auf eine solche Funktion hin, wobei letztere – im Gegensatz zur erstgenannten – wahrscheinlich nicht auf königliche Weisung erfolgte, sondern aus eigener Initiative.

Doch beschränken sich die Hinweise, die die Quellen liefern, nicht allein auf eine militärische Funktion. Im Jahr 900 erscheint Luitpold an der Spitze einer zu Reisbach abgehaltenen Synode («conventus et colloquium principum»), bei der sowohl kirchenpolitische als auch weltliche Angelegenheiten besprochen wurden. Selbst wenn nicht definitiv ausgesagt wird, daß er dieser Synode vorstand, ist dies doch anzunehmen. Hierin würde sich nun eine Amtsgewalt, die über die eines rein militärischen Befehlshabers hinausgeht, äußern. Es muß allerdings auch in diesem Fall offengelassen werden, ob sie seiner ursprünglichen Kompetenz entsprach. Auffallend ist nämlich der Zeitpunkt dieser Versammlung: Er liegt nur kurz nach dem Tod Kaiser Arnulfs und fällt damit in die bereits angesprochene Situation, in der es zur Führung durch regionale Amtsträger keine Alternative mehr gab. Es kann nicht ausgeschlossen werden, daß sich Luitpold eine solche Position bereits in den letzten Lebensjahren des Kaisers aufgebaut hatte, in denen dieser an den Folgen eines Schlaganfalls litt, denn es ist nicht weniger auffallend, daß Luitpold vom Tode Kaiser Arnulfs an zum engsten Gefolge von König Ludwig dem Kind gehörte und auch mit der Regentschaft engere Beziehungen unterhielt.

Was hinsichtlich der Stellung Luitpolds in Bayern aber noch mehr zu denken geben sollte, ist die Art und Weise, in der ihm sein Sohn Arnulf nach seinem Tod 907 in der Schlacht bei Preßburg nachfolgte. Wenn man die Datierung der berühmten ersten Herzogsurkunde Arnulfs in das Jahr 908 auch anzweifeln mag, so ist doch unübersehbar, daß er sich in ungewöhnlich kurzer Zeit in Bayern durchsetzen konnte. Keine Quelle berichtet von Kämpfen mit anderen Adelsgeschlechtern, von denen einige an Macht den Luitpoldingern keineswegs so weit unterlegen waren, wie dies zuweilen angenommen wird, und noch weniger wäre Arnulf diesen Adelsgeschlechtern in ihrer Gesamtheit überlegen gewesen. Von den Grafschaften seines Vaters aus, in denen er ihm nachweislich unmittelbar nachfolgte, hätte er Bayern so wenig beherrschen können wie dieser[3]; und daß der bayerische Adel nach der katastrophalen Niederlage von Preßburg so weit vernichtet war, daß es einem jeden ein leichtes sein konnte, Bayern unter seine Gewalt zu bringen, ist durch die wenige Jahre später zurückerlangte militärische Stärke des Landes widerlegt. Außerdem ist zu bedenken, daß Arnulf zum Zeitpunkt des Todes seines Vaters vermutlich noch sehr jung war, worauf sowohl die 913 erfolgte Vermählung seiner Mutter mit König Konrad I. als auch seine eigene lange Regierungszeit bis 937 schließen lassen. Es kann also nicht genügen, seine Machtübernahme allein damit zu erklären, daß sich nach der Niederlage von 907 die Übriggebliebenen unter dem Druck der Gefahr um ihren großen Kriegshelden scharten, denn ein charismatischer Anführer mußte er, obwohl er sich in den kommenden Jahrzehnten als militärisch hochbegabt erweisen sollte, erst noch werden. Seine Stellung, in die er so rasch gelangte, hatte also auf einer weiteren Komponente zu beruhen. Diese konnte er nur von seinem Vater herleiten, denn an eine Einsetzung durch die Zentralgewalt in die Stellung, die er schon kurze Zeit später innehatte, ist nicht zu denken, so wenig wie eine spontane Schilderhebung durch den bayerischen Adel vermutet werden darf; daß dieser Adel bei der Machtübernahme Arnulfs dennoch eine entscheidende Rolle gespielt hat, soll damit nicht in Frage gestellt werden.

Tatsache ist, daß Arnulf in den folgenden Jahren den militärischen Befehl in Bayern ausübte, und zwar unabhängig von jeder übergeordneten Macht. Schon 909 konnte er die wieder in Bayern eingefallenen Ungarn schlagen, wenn auch zunächst nur in kleineren Treffen. In den kommenden Jahren fügte er weitere Siege hinzu, und 913 brachte er den Ungarn am Inn die bis dahin schwerste Niederlage bei. Dies führte zu einem Frieden, der Bayern zwanzig Jahre Ruhe vor ihnen bescheren sollte.

Tatsache ist zudem, daß Arnulf Bayern über den militärischen Bereich hinaus regierte. Offensichtlich war er nämlich schon in den Jahren nach 907 auch Herr über die bayerische Kirche; die ihm später so übel ausgelegte Enteignung von Kirchenbesitz – was immer man sich nun darunter auch vorzustellen hat – wäre auf anderem Wege kaum möglich gewesen. Daß sich die Bischöfe des Landes jedoch bis 916 nicht gegen Arnulf zur Wehr setzten, kann nicht allein auf das Fehlen eines handlungsfähigen Königtums bis zur Wahl Konrads I. im Jahre 911 zurückgeführt werden. Es muß nämlich auffallen, daß die bayerischen Bischöfe nach 907 kaum mehr in der Umgebung Ludwigs des Kindes nachweisbar sind, und es fehlen dort auch die bayerischen Grafen, von denen sich vorher etliche in den Königsdiplomen als Intervenienten finden lassen. Selbst wenn viele von ihnen bei Preßburg den Tod gefunden haben dürften, so mußten sie doch ersetzt werden; für die drei in dieser Schlacht gefallenen Bischöfe ist eine rasche Nachfolge sogar nachweisbar. Es ist also durchaus denkbar, daß Arnulf Bayern zu diesem Zeitpunkt schon so sicher im Griff hatte, daß die Bischöfe und Grafen niemand anderem als ihm verpflichtet waren.

Zumindest die Bischöfe fügten sich jedoch, wenn diese Annahme zutreffen sollte, offensichtlich nur widerwillig unter seine Herrschaft. Nach ihrem Selbstverständnis waren sie weiterhin Amtsträger des Königs, und sobald sich das Königtum wieder als eine wirksame Kraft erweisen konnte, schwenkten sie auch zu diesem um. Sie bildeten damit die einzige nennenswerte Opposition gegen den Herzog, die freilich der Hilfe des Königs bedurfte, um handlungsfähig zu werden. Dies sollte sich zeigen, als Arnulf mit dem 911 gewählten Konrad I. in Konflikt geriet, was ihm die schwersten Jahre seiner Regierung einbrachte.

Es gehört angesichts seiner früh ausgeprägten Position in Bayern zu den schwierigsten Fragen in der Geschichte Arnulfs, warum die Königswahl des Jahres 911 an ihm vorbeiging, obwohl er unter den Kandidaten sicher einer der mächtigsten war. Unter den vielen Erklärungen hierfür, die bereits gesucht wurden, ist die wahrscheinlichste die, daß Arnulf an einem Königtum zu diesem Zeitpunkt kein Interesse hatte, ja daß er vielleicht einem Königtum auf ostfränkischem Boden überhaupt keine große Zukunft mehr gab und ihm die Festigung seiner wie immer gearteten eigenen Herrschaft in Bayern näher lag – eine angesichts seiner späteren Politik im Bereich des Wahrscheinlichen liegende Annahme. Es ist allerdings auch zu bedenken, daß schon seit 907 der Einfluß einer ostfränkischen Partei am Hof Ludwigs des Kindes zunahm, die den jugendlichen König von Bayern möglicherweise absichtlich fernhielt. Bayern und sein Herzog sollten ausgespielt werden, um den Schwerpunkt des Reichs hier wegzuverlagern. Der frühe Tod des Königs ergab schließlich die Möglichkeit, diese Verschiebung nun noch schneller abzuschließen; diese These hat durchaus einiges für sich, aber sie vermag das anscheinend völlig passive Verhalten Arnulfs kaum zu erklären.

Arnulf hat sich nämlich gegen die Politik des neuen Königs, Konrads I., zunächst in keiner Weise zur Wehr gesetzt, im Gegenteil, er suchte offenbar sogar die Verständigung mit ihm. Konrad heiratete Arnulfs Mutter, wozu dieser sicherlich seine Zustimmung gegeben hatte, und wovon sich beide Seiten – mit verschiedenen Interpretationen allerdings, wie zu vermuten ist – eine Stabilisierung des Verhältnisses erhofften. Es ist nicht klar erkennbar, was dann zum Konflikt zwischen Konrad I. und Arnulf führte, der nach 914 offen ausbrach und in dessen Verlauf Arnulf zunächst unterlag.[4] Möglicherweise prallten schon jetzt unterschiedliche Vorstellungen von den Beziehungen Bayerns zum jungen Königtum aufeinander. Arnulf gab sich nicht geschlagen, obwohl er nun auf den Widerstand der bayerischen Bischöfe stieß, die auf der Synode von Hohenaltheim eindeutig gegen ihn Stellung bezogen. 917 gelang ihm aber schließlich die Wende. Nachdem er den bayerischen Adel auf seine Seite hatte ziehen können, vertrieb er den von Konrad I. eingesetzten Herzog Eberhard, und im folgenden Jahr schlug er einen Angriff Konrads zurück, der dabei so schwer verwundet worden sein soll, daß er wenig später der Verletzung erlag. Arnulf hatte Bayern nun unangefochten in der Hand, auch von den Bischöfen erfolgte keine Gegenwehr mehr.

Nun wäre für Arnulf der Zeitpunkt gekommen gewesen, um selbst nach der Würde des Königtums zu greifen. In der Tat berichtet eine Quelle davon, daß Arnulf «im Königreich der Deutschen» («in regno Teutonicorum») zum König ausgerufen wurde, allerdings allein von den Bayern. Als dann 919 Heinrich I. von den Ostfranken und den Sachsen gewählt wurde, standen Arnulf und der schwäbische Herzog abseits. Es wäre dabei durchaus an ein Gegenkönigtum zu denken, wobei die Quellen keinen Schluß darauf zulassen, ob Arnulf oder Heinrich früher gewählt wurde und damit auch, wer als König oder Gegenkönig zu betrachten wäre. Vermutlich ist aber weder das eine noch das andere der Fall.[5] Der Wert der singulären Nachricht, daß sich das Königtum Arnulfs über das ganze Ostfränkische Reich erstreckte, wurde vielfach angezweifelt[6], und die historischen Tatsachen stehen dem insofern auch entgegen, als Arnulf keinen aktiven Versuch unternahm, einen solchen Anspruch durchzusetzen; er wartete vielmehr eine mögliche Initiative König Heinrichs I. in Bayern ab. Offensichtlich hatte Arnulf seine Einstellung zu einem ostfränkischen Königtum seit 911 nicht geändert. Seine Absichten gingen in eine andere Richtung: Er sah Bayern eher in der Reihe der übrigen Nachfolgestaaten des Karolingerreichs unter den sogenannten «reguli». Das Königreich Arnulfs, wenn er denn den Begriff «regnum», unter dem Bayern erscheint, überhaupt jemals mit dem Begriff «rex» in Verbindung gebracht hat[7], war Bayern. Er selbst gebrauchte den Königstitel allem Anschein nach nicht, und auch in den wohlwollendsten zeitgenössischen Quellen erscheint er nicht unter dieser Bezeichnung. Gerade die ihm am nächsten stehende Quelle, das «Fragmentum de Arnulfo duce», ein Preisgedicht auf den Herzog, das mit dessen Gegnern recht unfreundlich umgeht – selbst mit Heinrich I., mit dem er sich zu seinem eigenen Vorteil in Güte zu einigen verstehen sollte –, legt Arnulf den Königstitel nicht direkt bei. Wichtiger als der Titel schien ihm wohl die Sache, eine Herrschaft, die der eines Königs gleichkam.

Tatsächlich gelang es ihm, sich eine solche zu sichern. Dies ist zum einen auf Arnulfs inzwischen erlangte Stärke zurückzuführen, die es für Heinrich I. nach zwei mißglückten Angriffen offenbar zu schwierig erscheinen ließ, Arnulf mit Waffengewalt zu unterwerfen. Zum anderen war dies der politischen Klugheit Heinrichs zu verdanken, der eine ihm erträgliche Vereinbarung einem im Ausgang nicht absehbaren militärischen Ringen vorzog – nicht nur Bayern, sondern auch Schwaben gegenüber, wo er sich den Frieden ebenfalls auf diese Weise gesichert hatte. 921 kam es vor Regensburg zu einer persönlichen Begegnung zwischen den Kontrahenten, unter vier Augen («cum solo solus loquatur»), wie Liudprand, hierin durchaus glaubhaft, berichtet. Der Verlauf des Gesprächs im einzelnen ist durch diesen Chronisten weithin erfunden, ebenso wie die wohl absichtsvolle Ausschmückung, daß Arnulf der Einladung in dem Glauben gefolgt war, der König fordere ihn zu einem Zweikampf. Klar ist jedoch das Ergebnis dieses Gesprächs: König und Herzog trennten sich im Einvernehmen, ein jeder ließ dem anderen das Seine. Arnulf verzichtete auf den Königstitel, an dem ihm nach allem, was angesichts seiner Politik zu erkennen ist, wohl zu wenig gelegen war, um deshalb Krieg zu führen. Er erkannte damit das Königtum Heinrichs I. an. Heinrich beließ Arnulf dafür aber seine königsähnliche Stellung. Der Herzog erhielt ausdrücklich das Recht, selbständig die bayerischen Bischöfe zu ernennen – ein Recht, das er in der Folgezeit nachweislich ausüben sollte –, und die Möglichkeit einer unabhängigen Außenpolitik. Dies erleichterte ihm einerseits die Erfüllung seiner natürlichen Aufgaben an der Südostgrenze des Reiches und gab ihm andererseits innenpolitisch freie Hand. Darüber hinaus gewannen beide etwas, nämlich den Frieden miteinander, der bis zu beider Tod – das heißt ein Vierteljahrhundert lang – halten sollte.

Königsgleiche Herrschaft, wenn auch unter dem Titel eines Herzogs – für Arnulf bedeutete dies weiterhin die Hoheit über die Kirche, deren Oberhirten er ernennen konnte; es bedeutete das Schlagen eigener Münzen, vermutlich den Aufbau einer Kanzlei sowie das Führen eines Siegels und die Regierung des Landes mit Hilfe von Herzogsboten («missi»), derer sich schon die Agilolfinger wie auch die Karolinger bedient hatten. Bischöfe, Äbte und Grafen sowie der Adel des Landes trafen sich 932 unter dem Präsidium des Herzogs zu Synoden, Landtagen, auf denen kirchliche und politische Entscheidungen getroffen wurden. 935 konnte er aus eigenem Recht und ohne den König zu fragen, seinen Sohn Eberhard zu seinem Nachfolger bestimmen; wer sicherlich hinzugezogen wurde, war der bayerische Adel, und offensichtlich war dessen Zustimmung ohne Probleme zu gewinnen. Stolz wandte sich der Herzog in der Anrede einer Urkunde an die Träger der wichtigsten Ämter: «Arnulf, durch die göttliche Vorsehung Herzog der Bayern und der angrenzenden Länder an alle Bischöfe, Grafen und Vornehmen seines Reichs» («Arnolfus divina ordinante providentia dux Baioariorum et etiam adiacentium regionum omnibus episcopis comitibus et regni huius principibus»). Den zeitgenössischen Quellen gilt er als ein großer Fürst, dem «Fragmentum» sogar als ein «glorreicher Herzog, geboren aus dem Geschlecht der Kaiser und Könige» («dux gloriosus, ex progenie imperatorum et regum ortus»). Seinem Ruhm taten auch die Mißerfolge, die er erlitt, keinen Abbruch. Selbst das mißglückte Unternehmen, 933/934 für seinen Sohn Eberhard die langobardische Königskrone zu erwerben, was langfristig für Bayern glänzende Aussichten versprochen hätte, konnte seine Stellung im Lande keineswegs erschüttern.

Gegenüber dem Königtum hielt er, der «Freund des Königs» («amicus regis»), wie Widukind ihn nennt, Wort. Auch wenn gelegentlich vielleicht außenpolitische Rivalitäten bestanden, blieb das Verhältnis zu Heinrich I. gut. Als dieser 936 starb, beteiligte sich Arnulf an der Wahl Ottos I. und versah bei dessen Krönung das Hofamt des Erzmarschalls. Er fügte sich damit, ohne etwas von seiner Stellung in Bayern preiszugeben, in das Reich ein. Wer hingegen nicht Wort hielt, war der neue König. Otto I. war nicht gesonnen, die Zusagen seines Vaters an den Herzog von Bayern für sich als bindend anzusehen, wobei die entscheidende Frage nicht die sein kann, ob diese nur für Arnulf persönlich gegolten hatten. Die offensichtlich von Heinrich I. als Recht des bayerischen Herzogs anerkannte Nachfolgeregelung durch Arnulf spricht gegen eine solche Beschränkung. Es ist jedoch nicht einmal sicher, ob Otto I. sich an die Zusagen seines Vaters gegenüber Arnulf gehalten hätte und mit der Durchsetzung seiner eigenen Pläne, in denen ein Herzogtum wie das von Arnulf keinen Platz haben konnte, bis zu dessen Tod zu warten geneigt war, denn schon ein Jahr später starb Arnulf, nachdem er dreißig Jahre lang über Bayern geherrscht hatte. Zwar gab es, wie schon zu Zeiten Konrads I., wieder eine eheliche Verbindung: Eine Tochter Arnulfs, Judith, heiratete den Bruder Ottos I., Heinrich, und Otto I. erkannte zunächst auch die Nachfolge von Arnulfs Sohn Eberhard im Herzogtum Bayern an. Was Otto I. dagegen offensichtlich nicht dulden wollte, war das Einrücken des jungen Herzogs in alle Machtpositionen Arnulfs. Eberhard wurde militärisch geschlagen und verbannt, und Berthold, der Bruder Arnulfs, folgte ihm nach. Berthold mußte jedoch einerseits auf wichtige Rechte seines Bruders verzichten – darunter das, die Bischöfe zu ernennen, dem Otto I. aus seinen eigenen Interessen heraus unter keinen Umständen entsagen konnte – und andererseits von einer eigenständigen Nachfolgeregelung des bayerischen Herzogs Abstand nehmen. Die Ehe von Bertholds Nichte Judith mit dem Bruder des Königs nutzte vor allem Otto, legitimierte sie doch die liudolfingische Sekundogenitur in Bayern; Bayern war damit mit den anderen Herzogtümern des Reichs in dieser Beziehung auf eine Ebene gestellt.

Die Quellen über Arnulf und sein Herzogtum verschweigen jedoch vieles, was des Wissens wert wäre. Es ist – um mit etwas Peripherem, aber für das Andenken Arnulfs Typischem zu beginnen – nicht einmal bekannt, wo er begraben liegt. Das sogenannte Arnulfgrab im Kloster St. Emmeram zu Regensburg ist mit großer Wahrscheinlichkeit nicht seine wirkliche Grabstätte. Vielleicht darf sein Grab in Niederalteich gesucht werden, zu diesem Kloster unterhielt er gute Beziehungen und einen seiner Äbte erhob er zum Bischof. Hier sollen nach einer mündlichen Haustradition mehrere Luitpoldingergräber gefunden worden sein.[8] Zu diesem Zeitpunkt war allerdings das Andenken Arnulfs bereits in nachhaltiger Weise getrübt, wozu die Niederalteicher Geschichtsschreibung nicht wenig beigetragen hatte. Hat möglicherweise die Rolle, die Arnulf in der hochmittelalterlichen Historiographie zugeschrieben wurde, weiteres und vor allem historisch korrektes Wissen über diesen Fürsten zugedeckt und verschwinden lassen? Es sollen im Zusammenhang mit dem Herzogtum der Luitpoldinger daher abschließend noch einige Fragen gestellt werden, die durchaus Grundtatsachen der bayerischen Geschichte berühren.

Eines der drängendsten Probleme der mittelalterlichen Verfassungsgeschichte ist das Verhältnis der Grafen zum Herzog.[9] Im Rahmen der Regensburger Vereinbarungen war von den Grafen im Gegensatz zur Kirche nicht die Rede, und über ihre Stellung im Herzogtum werden auch in den Jahrzehnten nach Arnulf offensichtlich keine Regelungen getroffen. Dabei war gerade diese von besonderer Wichtigkeit, denn die Grafschaften bildeten nicht nur das Rückgrat der Wehrorganisation, sondern auch die Grundstruktur der Gerichtsordnung. Hinsichtlich des militärischen Oberbefehls über die Grafen kann ohne Bedenken angenommen werden, daß Arnulf diesen aus der Stellung seines Vaters auf sich abgeleitet hatte. Möglich ist auch, daß seine Hoheit über den Oberbefehl hinausging. Die Anrede in der schon angeführten Herzogsurkunde läßt so etwas vermuten, und noch mehr sagt die nachweisliche Teilnahme der Grafen an den großen Landtagen aus. Doch läßt dies alles noch keine konkreten Schlüsse darüber zu, ob Arnulf auch im Bereich der Gerichtsbarkeit disziplinare Gewalt über die Grafen hatte oder ob Arnulf die Grafen gar selbst ernennen konnte. Die Quellen der Zeit schweigen sich darüber aus; erst lange nach dem Tod Arnulfs, gegen Ende des 10. Jahrhunderts, spiegeln sich in den Ranshofener Gesetzen Herzog Heinrichs II. die Verhältnisse: Der Herzog übt eindeutig die Aufsicht über die Grafen aus und kann sie bei nachlässiger Amtsführung ihres Amtes entheben. Ob sich daraus ableiten läßt, daß er die Grafen auch einsetzte, bleibt eine Interpretationsfrage. Es ist nicht sehr wahrscheinlich, daß unter der Regierung Heinrichs II., des «Zänkers», dieses an sich dem König zustehende wichtige Recht an den Herzog gelangt ist, ebensowenig wie man dabei an Herzog Berthold denken kann. Es ist wohl am ehesten anzunehmen, daß es sich hier um eine Zuständigkeit handelt, die sich aus der königsgleichen Herrschaft Arnulfs ableitete. Auch im weiteren Verlauf der bayerischen Geschichte stellt sich das Verhältnis zwischen Herzog und Grafen immer wieder rätselhaft dar[10], worauf hier nicht weiter eingegangen werden kann. Doch wird man sich beim Versuch einer Klärung immer wieder mit Arnulf befassen müssen, dessen Machtfülle bis in das 13. Jahrhundert kein anderer bayerischer Herzog mehr erreichen sollte.

Und da wäre zum zweiten, und dies ist aus heutiger Sicht auf einer allgemeineren Ebene von Interesse, die Frage nach der ideellen Basis für das Herzogtum Arnulfs: Wie kam der Sohn und Nachfolger des Markgrafen Luitpold, der füglich zunächst nichts anderes sein konnte als sein Vater und auch das nicht einmal aus eigenem Recht, sondern nur durch Einsetzung, dazu, sich Herzog zu nennen? Der Begriff Herzog war in Bayern seit 788 ungebräuchlich geworden und hatte zu Beginn des 10. Jahrhunderts keinen fest umrissenen Inhalt. Aus seiner karolingischen Abkunft hätte Arnulf eher den Königs- denn den Herzogstitel ableiten können. Daß er fest umrissene Vorstellungen vom Inhalt seines Amtes hatte, steht fest, dies bezeugen Arnulfs Intitulatio mit ihrer Beanspruchung des Gottesgnadentums ebenso wie die Kämpfe, die er zur Wahrung dieser Rechte auszufechten bereit war. Möglicherweise spielt in der überschwenglichen Titulatur des «Fragmentum» («gloriosus dux») das erste Wort – «gloriosus» – unausgesprochen die größere Rolle; dieses Attribut stellt eine entschiedene Distanz her zu einem fränkischen Amtsherzog, es knüpft – und das vermutlich sogar bewußt – an die bedeutendsten unter den Agilolfingern an. Die Frage wäre einfacher zu klären, könnten wir den Zeitpunkt des ersten Gebrauchs des Titels durch Arnulf genauer datieren, was aber mit der nötigen Verläßlichkeit nicht möglich ist. Die königsähnliche Stellung, unter der Bezeichnung eines königlichen Amtsträgers, die Arnulf mit Sicherheit nicht erst nach 911 oder nach 921 beanspruchte, sondern schon in den ersten Jahren nach 907, könnte eine Reminiszenz an das 907 noch bestehende Königtum der ostfränkischen Karolinger darstellen, deren Aussterben damals noch nicht absehbar war. Es ist deswegen auch wahrscheinlich, daß er den Titel «dux» schon zu diesem Zeitpunkt gebrauchte, denn nach 911 hätte es für eine solche Rücksicht keinen Grund mehr gegeben. Oder drückt sich in der Wahl dieses Titels ein großer Plan für die Neuordnung des Reichs aus, in dem Arnulf den Anspruch auf die erste Stelle bewußt nicht erheben wollte? Wenn Arnulf einen solchen Plan auch von sich aus betrieb, so stellte er sich immerhin nie gegen einen Zusammenschluß der deutschen Stämme unter einem Königtum; aber er hatte offensichtlich seine eigenen Vorstellungen von dessen Verfassung, und die waren eher am Reich Kaiser Arnulfs orientiert als am Reich Konrads I. bzw. Ottos I.

Herzog Arnulf als politischer Theoretiker – das mag vielleicht etwas verwegen klingen, aber so außergewöhnlich wäre es nicht. Es gibt keinen Grund, ihm ein geringeres Herrscherformat zuzubilligen als etwa Otto I. oder Otto III., und seine Politik läßt eher auf einen klugen und realistisch denkenden Menschen schließen als auf den einfältigen Haudegen, den die Historiographie absichtsvoll aus ihm machte. Und er hinterließ bei alledem Bedeutendes. Auch wenn vieles von jenem Bayern, das er sich nicht nur vorgestellt, sondern auch geschaffen hatte, schon wenige Jahre nach seinem Tod wieder Geschichte werden sollte, es blieb noch genug übrig, um Arnulf in erster Linie als das zu sehen, was er gewesen ist: der Begründer des hochmittelalterlichen Herzogtums Bayern, das auch nach ihm eine politische Größe bleiben sollte, ungeachtet der Verluste am territorialen Bestand des Landes in den folgenden Jahrhunderten. Er ist damit einer der Begründer der historischen Kontinuität, die Bayern auszeichnet und einen erheblichen Teil seines spezifischen Selbstverständnisses ausmacht – bis heute.

Wir leben nicht mehr in einer Epoche, die die Fürsten vergangener Jahrhunderte mit klangvollen Beinamen versieht; eher wird ein solcher außer Gebrauch gesetzt, wenn die Kriterien für seine Verleihung nach dem – keineswegs immer über jeden Zweifel erhabenen – Empfinden unserer Zeit fragwürdig geworden sind. Vielleicht sollte das auch einmal bei einem abwertenden Beinamen geschehen; man muß Arnulf vielleicht nicht gleich «den Großen» nennen, aber der Beiname «der Böse» charakterisiert diesen Herrscher in keiner Weise treffend, er wird weder seiner historischen Bedeutung gerecht noch seiner Persönlichkeit.

Ottonen und Salier in Bayern

Das Herzogtum zwischen Königsnähe und Königsferne

Von Rudolf Schieffer

In der langen Reihe der Herrscher Bayerns nehmen die Ottonen und Salier einen Platz von eigener Art ein. Allenfalls einer von ihnen war auf dem Boden des damaligen Bayern geboren, keiner hat dort sein Grab gefunden. Als Könige und Kaiser erhoben und verwirklichten sie alle einen Herrschaftsanspruch, der weit über Bayern hinausreichte, so daß sich immer wieder die Frage stellen wird, was ihnen die Hoheit gerade über dieses Teilgebiet, verglichen mit anderen, bedeutete. Bei der Antwort ist zu berücksichtigen, daß es die ganze Zeit hindurch neben oder unter dem Reichsoberhaupt auch noch einen spezifischen Repräsentanten Bayerns gab, den Herzog, und daß das Verhältnis der beiden zueinander dramatischen Schwankungen unterlag. Sie gehören schon deshalb zum Thema, weil nicht wenige dieser Herzöge ihrerseits Ottonen oder Salier gewesen sind.

Bevor die wechselnden Konstellationen vom frühen 10. bis zum frühen 12. Jahrhundert zur Sprache kommen, wollen wir uns bewußt machen, welche Möglichkeiten die Historiker haben, in so ferner Vergangenheit die räumliche Erstreckung und Intensität von Herrschaft faßbar und sogar meßbar zu machen. Wesentlichen Aufschluß vermittelt die Rekonstruktion des königlichen Reiseweges, der sich dadurch ergab, daß nicht von einer festen Residenz oder Hauptstadt aus, sondern gewissermaßen aus dem Sattel regiert wurde, um überall machtvoll in Erscheinung zu treten, an Ort und Stelle Informationen zu gewinnen und Entscheidungen zu treffen, auch um dezentral die Naturalerträge der Fiskalgüter und die Gastfreundschaft der geistlichen und weltlichen Großen zu nutzen. Es liegt auf der Hand, daß häufige und ausgedehnte Anwesenheit an einem Platz oder in einer Region darauf schließen läßt, daß gesicherte Vorräte und loyale Gastgeber vorhanden waren, während umgekehrt Gegenden gemieden wurden, in denen die materielle Basis und das politische Klima für die Aufnahme des Monarchen fehlten, womöglich gar offener Widerstand drohte. Die verschiedenen Aufenthaltsorte entnehmen wir zum großen Teil den exakt datierten Herrscherurkunden, die auch sonst für unsere Thematik von großem Wert sind. Sie lassen nämlich überdies erkennen, aus welcher Entfernung sich Bittsteller, die ein Privileg erlangten, zum König bemühten und in welchen Gebieten dieser sich zutraute, mit seinen Urkunden wirksame Verfügungen zu treffen, schließlich auch wer sich bei ihm für das beurkundete Anliegen verwandte, also an einem bestimmten Tag und Ort zu seiner Umgebung gestoßen war. Der Radius der königlichen Autorität spiegelt sich neben der Beurkundungspraxis auch in der von mancherlei Quellen erhellten kirchlichen Personalpolitik, in Beobachtungen darüber also, woher der Herrscher vornehme Kleriker für seine Hofkapelle gewann, in welchen Gegenden er bestimmenden Einfluß auf die Bischofserhebungen nahm und ob er gar landfremde Geistliche dabei zu plazieren vermochte. Es sind solche Kriterien, aus denen die Forschung die Unterscheidung von königsnahen und königsfernen Landschaften des Reiches herleitet.

Bayerns Geschichte unter den Ottonen beginnt äußerst königsfern, denn das mittelalterliche Reich der Deutschen ist nicht vom Süden her auf den Weg gebracht worden, sondern vom Norden, wo die Dynastie König Heinrichs I. zwischen Leine und Harz beheimatet war. Bei diesem komplexen Vorgang ging es nach heutigem Urteil nicht darum, daß sich ein schon vorhandenes deutsches Volk zwischen Nordsee und Alpen einen eigenen staatlichen Rahmen geschaffen hätte. Auf dem Boden des 911 herrenlos gewordenen östlichen Teilreichs der Karolinger rivalisierten vielmehr verschiedene Magnaten mit regionalem Rückhalt um einen möglichst großen Machtanteil für sich und ihre Familien. Sie ahnten freilich nicht, daß dem Sieger und seinen Erben auf sehr weite Sicht die Chance winken würde, bei den Beherrschten insgesamt ein neues politisches Bewußtsein zu erzeugen, das sich erst nach 1000 in der Bezeichnung als Deutsche ausdrückte. Daß gerade Heinrich, dem Herzog der einst von Karl dem Großen unterworfenen Sachsen, dabei die Führungsrolle zufallen sollte, war vom 9. Jahrhundert her nicht unbedingt zu erwarten gewesen, hatten doch die Spätkarolinger des östlichen Teilreichs ihren Schwerpunkt eindeutig auf der Achse von Frankfurt nach Regensburg gehabt und in Bayern auch noch weit in den Südosten bis nach (Alt-) Ötting, Ranshofen und Aibling ausgegriffen.

Indes, in den entscheidenden Jahren bald nach 900 war die bayerische Führungsschicht fühlbar geschwächt durch die verheerenden Einfälle der Ungarn, gegen die im Sommer 907 bei Preßburg Markgraf Luitpold, der Erzbischof von Salzburg, die Bischöfe von Freising und Säben sowie zahlreiche Grafen im Abwehrkampf gefallen sind. Den Hof des letzten Karolingers Ludwig veranlaßte dies, sich ganz auf Rhein- und Mainfranken sowie Schwaben zurückzuziehen. Sachsen dagegen hatte, angeführt von den ottonischen Vorfahren und gleichfalls unter hohem Blutzoll, seine Bedrohung durch die Normannen schon seit den 880er Jahren gemeistert und stand gefestigter da, als nach dem Scheitern König Konrads I., der von Franken aus sein Glück versucht hatte, 919 das Ringen um die Nachfolge entbrannte. Allem Anschein nach hat damals auch Luitpolds Sohn, Herzog Arnulf, von Bayern aus Anspruch auf ein Königtum von ungewisser Größenordnung erhoben, doch wurde er bald überspielt, eben durch Heinrich I., der seine Macht auf Sachsen und Franken stützte. Nachdem er sich auch in Schwaben Anerkennung verschafft hatte, rückte er 921 mit Heeresmacht vor Regensburg und brachte Arnulf von Bayern zum Einlenken: Gegen die prinzipielle Unterwerfung unter sein Königtum erkannte er ihn als «Freund» an[1], dem er in seinem Herzogtum weithin freie Hand ließ. Daher erschien Heinrich I. während der folgenden fünfzehn Jahre höchstens noch einmal auf bayerischem Boden, als er nämlich 929 vor oder nach einem gemeinsam mit Arnulf unternommenen Feldzug nach Böhmen eine Urkunde in Nabburg ausstellte, verzichtete im übrigen aber auf jede Nutzung des bayerischen Fiskalguts zugunsten des Herzogs und überließ ihm sogar die Bestimmung der Bischöfe und den Vorsitz gesonderter bayerischer Synoden.

Zu diesen günstigen Bedingungen war Arnulf bereit, 936 auch Heinrichs Sohn Otto I. als Nachfolger anzuerkennen, doch hielt der Friede nicht über seinen Tod 937 hinaus. Otto schritt wie der Vater militärisch in Bayern ein, verwarf den Erbanspruch von Arnulfs ältestem Sohn Eberhard und gestand das Herzogtum lieber dem jüngeren Bruder Berthold zu, dem er die Bischofseinsetzungen entzog, im übrigen aber durchaus noch ein weiteres Jahrzehnt der Handlungsfreiheit gestattete. Erst als auch er Ende 947 gestorben war, wurde sein unmündiger Sohn übergangen und dafür Ottos eigener Bruder Heinrich, ein Sachse also, der indes schon seit Jahren mit Arnulfs Tochter Judith verheiratet war, zum Herzog in Bayern eingesetzt. Das Ottonenhaus faßte jetzt unmittelbar im Süden Fuß, allerdings in Gestalt eines Prinzen, der zuvor zweimal gegen das alleinige Königtum Ottos rebelliert hatte und nun in Bayern eine Art von Abfindung erhielt, die nur wirksam war, wenn sich König Otto weiterhin von direktem Eingreifen fernhielt. Tatsächlich hat er zwar anders als Heinrich I. bayerischen Empfängern in den ersten beiden Jahrzehnten seiner Herrschaft Urkunden ausstellen lassen, doch mußten die Begünstigten dafür nach Mainz, ins Harzumland oder nach Thüringen kommen. Nach Bayern selbst, zumal nach Regensburg, ist Otto I. zwischen 953 und 955 mehrfach wiederum nur kriegerisch vorgedrungen, als es zunächst um die Niederschlagung des auch gegen Herzog Heinrich gerichteten Aufstandes des Königssohns Liudolf, später um die Verfolgung der auf dem Lechfeld vor Augsburg geschlagenen Ungarn ging.

Die Rücksicht auf eine eigenständige Sphäre des bayerischen Herzogtums blieb auch dann noch gewahrt, als Heinrich Ende 955 unversehens starb und die Nachfolge seinem erst vierjährigen gleichnamigen Sohn zufiel, für den die bayerische Mutter Judith eine jahrelange Regentschaft führte. Ihren Herzogshof in Regensburg hat Otto I. nur einmal, von Weihnachten 960 bis zum Februar 961, besucht, bei seinem einzigen völlig friedlichen Aufenthalt in Bayern. Eine Wiederholung kam schon deshalb nicht zustande, weil sich Otto bald darauf für Jahre nach Italien verfügte, von wo aus er ab und zu auch bayerische Empfänger mit Urkunden bedachte. Verglichen mit Sachsen, Thüringen und dem rheinischen Westen des Reiches ist Bayern bis zum Ende seiner Regierung königsfern geblieben.

Daran änderte sich nach 973 unter seinem Sohn, Kaiser Otto II., nicht das geringste, denn ihm erstand in dem inzwischen herangewachsenen Bayernherzog Heinrich, seinem Vetter, ein höchst selbstbewußter Widersacher, den die Nachwelt darum als «den Zänker» gekennzeichnet hat. Bereits 974 kam er wegen eines vorzeitig verratenen Komplotts nach Ingelheim in Gewahrsam, entwich von dort aber 976 wieder nach Bayern und forderte Otto II. zu insgesamt drei Feldzügen heraus, die zur Erstürmung von Regensburg, später auch von Passau, führten und mit der Niederlage des Zänkers endeten. Während dieser in noch entferntere Haft nach Utrecht verschwand, suchte der Kaiser die bayerische Herzogswürde weiter in der ottonischen Familie zu halten, indem er sie an seinen Neffen Otto vergab, der bereits Herzog von Schwaben war. Ihm überließ er auch die Nutzung der bayerischen Fiskalgüter, trat also selbst außerhalb der erwähnten Militäraktionen gar nicht in Bayern auf. Immerhin stellte er während der zehn Jahre seiner Herrschaft mehr Urkunden für bayerische Kirchen aus als der Vater – neben sämtlichen Bischofssitzen auch für Klöster wie Metten, Tegernsee oder Niedermünster in Regensburg –, die teilweise am Rande der Feldzüge im Lande erwirkt wurden, überwiegend aber weiterhin Reisen der Empfänger nach Ostsachsen, Thüringen oder an den Rhein erforderten.

Der schwere Rückschlag für die Zentralgewalt, den Ende 983 der Tod Ottos mit erst 28 Jahren in Italien bedeutete, wirkte sich auf Bayern vor allem dadurch aus, daß die Verbannung Heinrichs des Zänkers nicht länger aufrechtzuerhalten war. Zwar mißlang dessen anfänglicher Versuch, als Regent für den erst dreijährigen Kaisersohn Otto III. Anerkennung zu finden oder gar diesen von der Thronfolge zu verdrängen, aber als Preis für sein Nachgeben konnte Heinrich von Adelheid und Theophanu, den Kaiserinnen, zumindest die Wiedereinsetzung ins Herzogtum Bayern verlangen, die ihm 985 zuteil wurde. Zu den Bedingungen des friedlichen Miteinanders im folgenden Jahrzehnt gehörte ganz offenbar, daß der Königshof ihn in seinen Gefilden nicht behelligte und bayerische Angelegenheiten unverändert nur aus gebührender Distanz entschieden wurden. Man könnte angesichts solcher Konstanz der Verhältnisse trotz des häufigen Wechsels der Personen geradezu ein strukturelles, ein naturgegebenes Eigengewicht Bayerns unterstellen, das sich im Gefüge des Ottonenreiches eben immer wieder durchsetzte, wenn nicht die wenigen Jahre der selbständigen Regierung Ottos III. ab 994 zeigten, wie sehr doch auch individuelle Vorgaben das Bild verändern konnten. Jedenfalls sind bei dem jungen Herrscher sogleich Symptome für einen neuartigen Umgang mit Bayern zu registrieren. Nach dem Tode Bischof Wolfgangs von Regensburg traute er sich 995 zu, den auf Wunsch des Herzogs von den Domherren einmütig gewählten einheimischen Kleriker Tagino als Nachfolger abzulehnen und statt seiner den ortsfremden, aber der Hofkapelle angehörenden Gebhard zum neuen Bischof zu bestimmen. Erstmals wurde, soweit wir wissen, damit einem Hofkaplan der Weg auf einen bayerischen Bischofsstuhl geebnet, und dem entsprach umgekehrt, daß nun auch bayerische Kleriker in dieser Hofkapelle Aufnahme zu finden begannen. Gleichfalls seit Generationen ungewohnt war es, wenn Otto III. zu Anfang des Jahres 1000 auf der Reise von Italien nach Polen Bayern nicht einfach wie die Vorgänger zügig durcheilte, sondern hier zu normalen Regierungsgeschäften Station machte: Am Staffelsee empfing der Erzbischof von Magdeburg ein Privileg, in Regensburg wurden der sächsische Kämmerer Reginher, das Marienstift in Aachen wie auch das dortige Kloster Burtscheid bedacht.

Wie weit die Einbeziehung Bayerns ins politische Alltagsgeschäft unter Otto III. noch fortgeschritten wäre, bleibt wie so vieles ungewiß, weil er bekanntlich Anfang 1002 mit noch nicht 22 Jahren in Italien starb. Damit gab er die historische Bühne frei für Heinrich, den Sohn des Zänkers, der nach sieben Jahren energischer Herzogsherrschaft in Bayern unter den Rivalen um die Königskrone obsiegte und damit der bayerischen Heinrichs-Linie der Ottonen doch noch an die Spitze des Reiches verhalf. Ob er buchstäblich Bayer von Geburt war, steht dahin, jedenfalls aber ist er dort nach der Versöhnung seines Vaters mit dem Hof Ottos III. aufgewachsen und hat seine prägenden politischen Erfahrungen gewonnen. Adalbold von Utrecht, sein zeitgenössischer Biograph, nennt Bayern Heinrichs «Heimatland», seine «nativa terra», und dies ausdrücklich um sein Reiseverhalten als König zu kennzeichnen: Er habe nämlich nicht die hinzugewonnenen Getreuen mit seiner Gegenwart so beehren wollen, daß er die alten durch Hintansetzung «vergaß.»[2] In der Tat verbrachte Heinrich II. sein erstes Herrscherjahr mit einem bei den Vorgängern unüblichen Umritt durch die verschiedenen Teile des Reiches und gestaltete auch später sein Unterwegssein so, daß er sich einigermaßen regelmäßig in den einzelnen Großregionen sehen ließ und Hoftage zur Beratung mit einer größeren Anzahl von Magnaten auch an Orten anberaumte, wo dies zuvor nicht (oder seit den Karolingern nicht mehr) geschehen war. Aus der Pflicht der Großen, den König an seinen angestammten Sitzen aufzusuchen, entwickelte sich seit Heinrich II., wie die Forschung gezeigt hat, die Erwartung an den Herrscher, kein Gebiet seines Reiches dauerhaft von seiner Präsenz auszusparen.

Nach Bayern fiel Heinrich II. der häufigere Zutritt schon deshalb leichter, weil er auch als König seine dortige Herzogswürde zunächst beibehielt, also weiter unmittelbar auf Güter und Einkünfte im Lande zurückgreifen konnte, die die sächsischen Ottonen zuvor nicht angetastet hatten. Daran änderte sich auch nichts, als er 1004 den Herzogstitel an seinen Schwager Heinrich von Lützelburg weitergab, zumal er sich mit diesem aus Gründen, die nicht in Bayern lagen, bald überwarf und daher von 1009 bis 1017 das bayerische Herzogtum wieder in eigene Regie nahm. Auch nach der Wiedereinsetzung wurde der Lützelburger nicht zu einem Vorsicht gebietenden Widerpart des Königs, wie es die Herzöge des 10. Jahrhunderts gewesen waren. So sehen wir denn Heinrich II. in den 22 Jahren seiner Regierung nicht weniger als elfmal zu Besuch in Regensburg, darunter zweimal zum Osterfest und mehrfach zu Hoftagen mit allerhand außerbayerischer Beteiligung; aber auch kleinere Orte wie Neuburg an der Donau, Haselbach bei Neuburg, Mering, Inning am Ammersee oder Ramspau bei Regensburg erlebten die Ausstellung seiner Königsurkunden und sind so in die Überlieferung eingegangen. Die häufige Gelegenheit, den Herrscher in der Nähe zu haben, nutzten in zuvor ungekanntem Maße bayerische Kirchen, um sich auf kurzem Wege Privilegien zu sichern, die gleich zu mehreren Dutzend überliefert sind. Dennoch wäre die Deutung übertrieben, Heinrich hätte von Bayern aus regiert wie seine Vorgänger von Sachsen oder Rheinfranken her, denn die Gesamtstatistik seiner Aufenthaltsorte zeigt doch Merseburg, Magdeburg, Bamberg und Frankfurt an der Spitze, also mit höherer Besuchsfrequenz als jeden Platz in Bayern. Die kräftigsten Ressourcen sah die Zentralgewalt somit weiter im Norden und in der Mitte, doch hat Heinrich II. daneben sein ererbtes Herzogtum von einer bis dahin königsfernen zu einer königsnahen Region erhoben. Gut ablesbar ist dies auch an seiner kirchlichen Personalpolitik, die bayerische Geistliche signifikant bevorzugte: Der noch von Otto III. zurückgesetzte Regensburger Tagino wurde nun Erzbischof von Magdeburg, der Bayer Poppo Patriarch von Aquileja, der gleichnamige Sohn des bayerischen Pfalzgrafen Aribo Erzbischof von Mainz, dessen Vetter Pilgrim Erzbischof von Köln.

Der merkliche Wandel im räumlichen Einzugsbereich des Königtums, den Otto III. zugunsten des Südens angebahnt und Heinrich II. vollzogen hatte, wurde nicht mehr rückgängig gemacht, als 1024, beginnend mit Konrad II., die Krone den mittelrheinischen Saliern zufiel, die um Worms und Speyer verwurzelt waren. Der Umritt zum Auftakt, den Konrads Biograph Wipo bereits als Gewohnheit bezeichnet[3], schloß binnen Jahresfrist einen Hoftag in Regensburg mit nachfolgender Station in Beratzhausen ein. Auch 1027 gleich bei Rückkehr von der Kaiserkrönung sowie 1029 zu Ostern, 1030 auf einem Zug gegen Ungarn und 1034 nochmals zu Ostern führte Konrad sein Weg nach Bayern, wobei er neben Regensburg und erneut Beratzhausen auch im Kloster Niederalteich und am Bischofssitz Freising bezeugt ist. Nach Anzahl und Bedeutung nahmen die Visiten in Bayern weiterhin nicht den Spitzenplatz ein, den im Reiseweg Konrads II. Paderborn und Goslar sowie, bedingt durch das Bemühen um den Erwerb Burgunds, Straßburg und Basel halten, doch zeigen sie, daß Bayern auch unter dem ersten Salier ein selbstverständliches Revier der Zentralgewalt geblieben ist, das auch ohne akute Notwendigkeit aufgesucht wurde. Wenn Konrad während der zweiten Hälfte seiner Regierung etwas mehr Abstand hielt, so lag das wohl daran, daß er nach dem Tode des Lützelburgers Heinrich (1026) die bayerische Herzogswürde dem eigenen, zunächst noch unmündigen, aber bereits zum König erhobenen Sohn Heinrich übertragen hatte, der mit zunehmenden Jahren dort sein politisches Betätigungsfeld gewinnen sollte und zum Beispiel 1037 bei Abwesenheit des Vaters in Italien ein königliches Weihnachtsfest in Regensburg feierte.

Wie man sieht, sicherten sich die Salier schneller noch als vor ihnen die Ottonen nach dem Aufstieg zum Königtum auch das Amt des bayerischen Herzogs, nun freilich, schon mangels personeller Alternativen innerhalb der Familie, für den Thronfolger selber. Und während es noch 1002 Heinrich II. ganz unerwartet gelungen war, die Königskrone zu erringen, hatte man dies 1039 bereits lange voraussehen können, als mit Heinrich III. zum zweiten Male ein bayerischer Herzog an die Spitze des Reiches trat. Unter ihm verstärkten sich zwei Tendenzen, die auch bei Heinrich II. bereits zu beobachten waren. Zum einen tritt ein immer deutlicherer Bedeutungsschwund der bayerischen Herzogswürde zutage, die Heinrich III. anfangs beibehielt, 1042 an einen weiteren Lützelburger namens Heinrich, den Neffen des früheren, gab und nach dessen Tod zwei Jahre lang vakant ließ. Dem dann eingesetzten Konrad aus dem rheinischen Hause der Ezzonen entzog er 1053 das Amt wieder, um es seinem eigenen dreijährigen Sohn Heinrich, nach dessen formeller Königserhebung im Folgejahr dem noch jüngeren Sohn Konrad und nach dessen frühem Tod 1055 gar der Gattin, Kaiserin Agnes, zu übertragen. Einer solchen Demontage der herzoglichen Autorität und Eigenständigkeit stand ein um so massiverer Zugriff des Königs auf das Potential des Herzogtums gegenüber, das nun vollends zum Kronland wurde. Fast jährlich erschien Heinrich III. mit seinem Gefolge, oft für mehrere Wochen, in Bayern, was nur teilweise durch die wiederholten Feldzüge gegen Ungarn bedingt war. Mit vierzehn Besuchen in siebzehn Herrscherjahren nimmt Regensburg, mehrfach Stätte wichtiger Hoftage und 1052 der Begegnung mit Papst Leo IX., nach Goslar und vor Speyer den zweiten Platz in der Aufenthaltsstatistik Heinrichs III. ein, die auch insgesamt diesen Salier als den Herrscher mit dem räumlich ausgeglichensten Wegenetz nördlich der Alpen ausweist.

Dank den immer dichter überlieferten Urkunden lassen sich auch nicht ganz wenige weitere Stationen innerhalb Bayerns ausmachen, die zumindest für einen oder wenige Tage zum Schauplatz der Reichsgeschichte wurden; neben der Bischofsstadt Passau sind dies unter Heinrich III. – außer schon früher genannten Plätzen, die abermals besucht wurden – Cham, Reibersdorf bei Straubing, Pondorf bei Regensburg, Moosburg, Ebersberg und (Alt-)Ötting. Auch die Privilegierung bayerischer Kirchen durch den Herrscher erlebte in diesem Zusammenhang einen neuen Aufschwung, der allerdings nicht mehr das Volumen unter Heinrich II. erreichte.

Die Zäsur, die der frühe Tod Kaiser Heinrichs III. im Herbst 1056 für die deutsche Geschichte mit sich brachte, konnte erst mit der Zeit fühlbar werden. Gerade Bayern befand sich in diesem kritischen Augenblick fest im Griff der Salier, denn die Kaiserinwitwe Agnes, die für den erst sechsjährigen, wenngleich bereits gekrönten Heinrich IV. die Zügel übernahm, war dort ja zugleich Herzogin. Als sie sich nach einer schweren militärischen Niederlage gegen Ungarn entschloß, 1061 Bayern erneut einen eigenen Herzog zu geben, stand kein handlungsfähiges Familienmitglied zur Verfügung, weshalb ihre Wahl auf den wiederum landfremden Sachsen Otto von Northeim fiel. Der beteiligte sich gleich im nächsten Jahr an einem erfolgreichen Komplott, das die Kaiserin aus der Politik verdrängte und die weitere Regentschaft einem Kreis weltlicher und geistlicher Großer mit Einschluß Ottos anheimgab, bevor der junge Salier 1065 die Herrschaft im eigenen Namen antrat. Heinrich IV. konzentrierte sich bald darauf, die Königsrechte vor allem im Norden wieder ertragreicher zu machen, und nahm dafür immer heftigere Konflikte mit den betroffenen Magnaten in Kauf, was unter anderem 1070 zum Sturz des Bayernherzogs Otto und seiner Ersetzung durch Welf IV. führte, den aus Italien stammenden Repräsentanten eines immerhin in Oberschwaben und am Lechrain begüterten Geschlechts. Es ist recht bemerkenswert, daß diese rasch aufeinanderfolgenden, der Autorität der Reichsgewalt kaum förderlichen Umbrüche seit 1056 keine nennenswerten Veränderungen im räumlich ausgewogenen Reiseverhalten des Hofes nach dem Muster Heinrichs III. nach sich zogen. Wir sehen Kaiserin Agnes ebenso wie später das kollektive Regiment der Großen und auch den jungen Heinrich IV. in etwas mehr als einjährigen Abständen in Bayern, vorzugsweise in Regensburg, erscheinen und dabei Hoftage wie hohe Kirchenfeste im üblichen Umfang begehen. Auch die Beurkundungspraxis lief wie gewohnt weiter, wenn man davon absieht, daß auf dem Höhepunkt der Regentschaft 1065 auch in Bayern wichtige Reichsabteien den aktuell Herrschenden zugeschanzt wurden: Benediktbeuern dem Bischof von Freising, Polling dem Bischof von Brixen, Niederalteich Herzog Otto, was durchweg nicht von Dauer war.

Erst seit 1072 zeigt sich dann eine rapide Zunahme der bayerischen Präsenz Heinrichs IV., die schließlich in mehrmonatigen und in dreimaligen Aufenthalten im Jahr gipfelt. Sie ist ein exaktes Spiegelbild der schweren Legitimationskrise, in die der Salier damals geriet. Zunächst erhoben sich 1073 große Teile der Sachsen mit Otto von Northeim im Hintergrund gegen die von ihnen so empfundene Tyrannei des Königs, der buchstäblich in die Flucht geschlagen wurde und seine Bewegungen fortan dem militärischen Ziel der Rückgewinnung Sachsens unterordnete, wobei ihn Herzog Welf IV. mit bayerischen Kräften bis zum vorläufigen Sieg im Herbst 1075 unterstützte. Doch sogleich danach zog die noch heftigere Auseinandersetzung mit Papst Gregor VII. herauf, der Heinrich absetzte und zum allgemeinen Ungehorsam ihm gegenüber aufrief. Obwohl die Sanktionen übers Jahr in Canossa wieder aufgehoben wurden, hatte dies den erneuten Abfall Sachsens und bei einer entschlossenen Minderheit der Fürsten, darunter nun auch Herzog Welf, die Wahl des Gegenkönigs Rudolf im Frühjahr 1077 in Forchheim zur Folge. In dem dreijährigen bewaffneten Thronstreit (bis zu Rudolfs Tod im Herbst 1080) hatte Heinrich IV. seinen stärksten Rückhalt am Rhein und eben in Bayern, wo er sich mehrfach in Sicherheit begeben und neue Vorstöße gegen die Widersacher von Schwaben bis Sachsen vorbereiten konnte. Die intensive Zuwendung zu Bayern, dessen Herzog Welf er im Mai 1077 wegen Untreue für abgesetzt erklärte, resultierte also gerade aus Heinrichs Unvermögen, sich in weiten anderen Teilen des Reiches zu behaupten. Von der Bestellung eines neuen Herzogs, der leicht wieder zum Rivalen hätte werden können, sah er ab, zumal weiter kein Salier in Betracht kam, und suchte das Land, soweit wie nur möglich, unmittelbar für seinen Kampf zu nutzen. Tatsächlich hat er in Bayern breite Unterstützung gefunden mit der Folge, daß die Häupter der päpstlichen Partei, Erzbischof Gebhard von Salzburg und Bischof Altmann von Passau, für viele Jahre ihren Sitzen fernbleiben mußten und auch der abgesetzte Herzog Welf lange isoliert werden konnte.

Die bayerische Bastion behielt für den salischen Herrscher ihr großes Gewicht, auch nachdem er 1080 zwar den Gegenkönig Rudolf überlebt hatte, aber vom erneuten, diesmal endgültigen Bann des Papstes getroffen wurde und mit der Bestellung eines Gegenpapstes antwortete, was den Konflikt im unüberwindlichen Schisma erstarren ließ. Von Regensburg brach Heinrich 1081 nach Italien auf, um sich dort gegen Gregor VII. durchzusetzen, und nach Regensburg kehrte er 1084 im Glanz des von seinem Papst, Clemens III., verliehenen Kaisertums zurück, entschlossen, nun auch alle Widerstände im Südwesten und Norden des Reiches zu brechen. Während er mehrfach mit Erfolg nach Sachsen vordrang, machten gerade in Bayern während der weiteren 1080er Jahre die Gegenkräfte allmählich wieder Boden gut. Erzbischof Gebhard kehrte 1086 nach Salzburg zurück, und Welf IV. zeigte durch zähes Bemühen um seine territoriale Position im schwäbisch-bayerischen Grenzraum, daß er kein leichthin absetzbarer landfremder Herzog, sondern ein Machtfaktor von eigenem Gewicht war. Als die Ehe seines Sohnes Welf V. mit der mächtigen Markgräfin Mathilde von Tuszien Heinrich IV. 1090 erneut in Italien auf den Plan rief, wo er mit nur noch geringer Resonanz agierte, fand Welf IV. Gelegenheit, den Kaiser seine gewachsene Stärke fühlen zu lassen, indem er ihm jahrelang den Rückweg über die Alpen sperrte. Um 1097 wieder nach Bayern zu gelangen, mußte Heinrich IV. zuvor Welfs Absetzung als Herzog widerrufen, also nicht bloß seinen, den salischen Zugriff auf die höchste Würde in Bayern aufgeben, sondern sich auch mit der Aussicht auf deren Erblichkeit in einer der nun mächtigsten Dynastenfamilien abfinden.

Unter diesen Voraussetzungen hat Heinrich IV. noch einmal die Herrschaft nördlich der Alpen in die Hand genommen, ohne auf offenen Widerstand zu stoßen, aber doch mit geminderter Autorität, wie sich schon in der deutlich geringeren Anzahl seiner ausgestellten Urkunden andeutet. In Bayern blieb er willkommen und hat dort von 1097 bis 1105 noch fünfmal Hof gehalten, stets in Regensburg, das schließlich nach Mainz zum zweithäufigsten Aufenthaltsort seiner langen Regierung geworden ist. Bis zuletzt lastete auf ihm die lähmende Wirkung des päpstlichen Bannes, die er auch nach dem Tode seines Gegenpapstes (1100) nicht mehr abzustreifen vermochte und die der nachrückenden Generation, einschließlich seines 1099 zum König gekrönten Sohnes Heinrich V., jede Hoffnung auf eine Überwindung des Kirchenstreites zu seinen Lebzeiten nahm. So kam es zu der gerade von unzufriedenen bayerischen Adligen Ende 1104 in Regensburg in Gang gebrachten Bewegung zugunsten eines Thronwechsels, die den sturmerprobten Kaiser schließlich Ende 1105 zu Fall brachte und den Sohn an seine Stelle treten ließ.

Mochte Heinrich V. somit einen Teil seines Aufstiegs der Unterstützung aus Bayern verdanken, so ist er doch nie in eine engere Beziehung zu diesem Herzogtum getreten. Nachdem ihn der Umritt des ersten Herrscherjahres gerade zu Weihnachten 1106 über Neuburg nach Regensburg geführt hatte, besuchte er Bayern während der folgenden neunzehn Jahre gerade noch viermal, davon je einmal wegen eines Zuges nach Ungarn (1108) und nach Böhmen (1110) sowie bei der Rückkehr von seinem ersten Romzug. Zwischen 1111 und 1121 ist er dort ein volles Jahrzehnt lang überhaupt nicht aufgetaucht, was im ganzen 11. Jahrhundert nicht vorgekommen war. Gemessen an den Vorgängern wirkt auch die Gesamtbilanz von fünfzehn Urkunden Heinrichs V. für bayerische Empfänger ziemlich dürftig, zumal mehr als die Hälfte davon bei den wenigen Besuchen im Lande oder an den unweit gelegenen Ausstellungsorten Nürnberg und Bamberg zustande kam, ihn also auf seinen weiten Wegen sonst kaum bayerische Belange beschäftigt zu haben scheinen. Bayern wird somit zum Ausgang der Salierzeit wieder ziemlich königsfern, und auf der Suche nach den Gründen könnte man geneigt sein, in Analogie zum 10. Jahrhundert auch jetzt wieder an Rücksicht auf das selbstbewußtere Herzogtum der Welfen zu denken. Doch war das Verhältnis Welfs V. zu Heinrich V. offenbar ungetrübt, und der Bayernherzog hat den Salier mehrfach persönlich in den schwierigen Verhandlungen mit den Päpsten über eine Kompromißlösung der Investiturfrage unterstützt, die endlich 1122 in Worms zustande kam, als an Welfs Stelle bereits sein ähnlich gesinnter Bruder Heinrich der Schwarze getreten war. So ist doch wohl eher daran zu erinnern, daß der letzte Salier seine vorrangigen politischen Ziele in anderen Himmelsrichtungen, in Sachsen, im Westen und in Italien, gesehen hat und darüber gewissermaßen nicht dazu kam, sich Bayern stärker zu widmen.

Neun ottonische und salische Herrscher in gut zweihundert Jahren, von Heinrich I. bis zu Heinrich V., haben als Könige in Bayern Anerkennung gefunden, aber in sehr unterschiedlichem Maße Wirkung entfaltet. Als ausschlaggebend für ihren regionalen Handlungsspielraum hat sich vor allem das Verhältnis zu den jeweiligen Herzögen herausgestellt, das von militärisch ausgefochtener Rivalität bis zu personeller Identität reichen konnte. Auf die Dauer ist der Zentralgewalt weder die Vereinnahmung der bayerischen Herzogswürde für die eigene Dynastie noch die amtsrechtliche Überwindung des Erbgedankens gelungen, wenngleich sich dieses Problem auch in der Stauferzeit wieder stellen sollte. Umgekehrt aber hat die anfangs äußerst heikle Einbeziehung Bayerns in den Regierungsalltag der umherziehenden Herrscher unter den Ottonen und Saliern beträchtliche, letztlich irreversible Fortschritte gemacht, für die der erste vom bayerischen Herzogtum aufgestiegene König, Heinrich II., Entscheidendes geleistet hat.

Die Welfen

Eine europäische Dynastie in Bayern

Von Ferdinand Kramer

Heinrich der Löwe und München, auf dieses Begriffspaar wird man schlagwortartig verkürzen dürfen, was in der öffentlichen Erinnerung am stärksten verhaftet geblieben ist von der im Hohen Mittelalter über vier Generationen währenden Herrschaft der Welfen in Bayern. Unweit von München, in Föhring, ließ der Herzog eine Brücke des Bischofs von Freising niederreißen und dann Brücke, Zoll und Markt an einen benachbarten Ort bei «Munichen» verlegen, wofür er im Jahr 1158 auch noch die Billigung des Kaisers gewann. Daneben mag in den welfischen Kernlanden am Lechrain, auf bayerischer und vormals schwäbischer Seite des Lechs, die Erinnerung an die einst im Reich und Europa mächtige Hochadelsfamilie weiterwirken. In Landsberg am Lech weiß man von Anfängen der «Landesburg», für deren Errichtung Bauern am Lechrain seit etwa dem Jahr 1160 Frondienste leisteten. Flußabwärts, in Kaufering, verweist seit den achtziger Jahren des 20. Jahrhunderts ein Brunnendenkmal mit einem Ritterstandbild an den dort verstorbenen Herzog Welf V. und die Familie der Welfen. Weiter nördlich bei Mering weiß vielleicht der eine oder andere noch von den großen Festen der Welfen im Kreis der mittelalterlichen Adelsgesellschaft am Gunzenlee und in Bayerisch-Schwaben vom Hof Welfs VI. in Memmingen.

Besonders stark ist die Erinnerung an die Welfen noch heute am oberen Lech und im Ammergau zu erfahren. Vom Peitinger Burgberg, wo sich Herzöge und Könige auf dem Weg zwischen dem Reich und Italien begegneten, überschaut man das umliegende Voralpenland, das die Welfen teilweise erschlossen und während ihrer Herrschaft organisiert haben. In der romanischen Altenstädter Basilika glaubt man noch etwas von der Atmosphäre der Zeit zu spüren, in der tiefe Frömmigkeit, Kreuzzugsbereitschaft und kirchenpolitische Auseinandersetzungen sowie adelig-höfisches Leben und dynastische Machtpolitik so nahe beieinander lagen. Die Welfen gründeten das Kloster Steingaden, wo die Mönche über Jahrhunderte das Gebetsgedenken an die Stifter pflegten. Welf IV., der erste aus dem Geschlecht, der im Jahr 1070 das Herzogtum Bayern vom König als Lehen erhielt, ermöglichte den Aufstieg des Klosters Rottenbuch, das in den Zeiten des sogenannten Investiturstreites rasch zu einem weit ausstrahlenden monastisch-geistigen Reformzentrum wurde. Dort leuchtet auch am ehesten die Erinnerung an die früheren Welfenherzöge auf, während ansonsten das Bild dieser Adelsfamilie stark von Welf VI. und noch viel mehr von Heinrich dem Löwen geprägt ist. Steingaden wurde zur Grablege jenes Zweiges der Familie, der zwar die bayerische Herzogswürde nicht errang, aber mit Welf VI. großen Einfluß auf die Geschicke der «terra Bavariae» nahm. Welf VI. liegt dort bestattet, wie sein Sohn, dessen früher Tod den Vater veranlaßte, nach Jahren ehrgeiziger Macht- und Familienpolitik seinem Leben eine vollkommene Wende zu geben. Großes Aufsehen erregten fortan seine ausschweifende Lebensführung, aber auch sein großzügiges Mäzenatentum, dem er Besitz und Vermögen opferte. Der Verkauf und die Übertragung seiner Besitzungen an Kaiser Friedrich Barbarossa, statt an seinen Neffen Heinrich den Löwen, trugen wesentlich zum Niedergang der welfischen Macht ab den 1170er Jahren bei.

An den genannten Orten und Landschaften mögen da und dort vereinzelt Splitter der Rückbesinnung an die Welfen in Bayern geblieben sein, doch ansonsten stehen die Welfen hier im Schatten der historischen Erinnerung. Die wesentlichen Gründe dafür haben mit der Geschichte der Welfen als Herrscher von Bayern selbst und mit ihren Nachfolgern zu tun. Ihre Herrschaft, die 1070 begann und zweimal für lange Jahre unterbrochen war, um schließlich 1180 zu enden, erfreute sich bei den Zeitgenossen kaum großer Beliebtheit und Anhängerschaft. Jedesmal wenn sie die Herzogsherrschaft in Bayern verloren, erhob fast niemand im Land seine Stimme zu ihren Gunsten. Schließlich war Bayern für die Welfen meist doch nur Nebenland, die Schwerpunkte ihrer Aktionsfelder lagen über lange Zeit andernorts, ihre Herrschaftsräume und ihre verwandtschaftlichen Beziehungen erstreckten sich auf weite Teile Europas.

Beheimatet waren die Welfen zunächst in Schwaben. Das Eigengut und das Zentrum ihres Hauses lagen im Bodenseeraum mit dem Kloster Weingarten als Grablege. Gerade als sich ihre Herrschaft in Bayern zu verfestigen schien, verlagerte sich der Schwerpunkt der welfischen Politik nach Sachsen. Herzog Heinrich der Löwe hielt sich in den 24 Jahren seiner Herrschaft über das Herzogtum Bayern nur neunmal, insgesamt kaum zwei Jahre dort auf, um die ansehnlichen Kompetenzen als Herzog im Land selbst wahrzunehmen. In der Erinnerung an die Welfen in Bayern mag lange auch schmerzlich geblieben sein, daß zu ihrer Zeit und in Verbindung mit ihrer Politik Kaiser Friedrich Barbarossa die Ostmark, also Österreich, und dann auch die Steiermark von Bayern löste und als Herzogtümer verselbständigte.

Schließlich war die Erinnerung an die Welfen stets vom Erfolg ihrer Nachfolger, der Wittelsbacher, überschattet, die als Pfalzgrafen in Bayern schon in welfischer Zeit eine maßgebliche Rolle spielten und ab 1180 das Herzogtum auf Dauer behaupten und zu einer weitreichenden Landesherrschaft ausbauen konnten. So interessierte auch in der wissenschaftlichen Historiographie in Bayern vor allen Dingen, ob und inwiefern damals Grundlagen für das wittelsbachische Landesregiment geschaffen worden waren. Dabei wurde stets aus der Perspektive einer starken Herrschaft und Staatlichkeit argumentiert. Freilich wird man für die Zeit der Welfen in Bayern darüber hinaus prüfen, welche Chancen und Probleme sich für das Land ergaben, als die Herrschaft des Herzogs eher in den Hintergrund trat. Eine Frage, die die Historiker immer wieder stellten, war, warum die Welfen, präziser müßte man wohl sagen, warum vor allem Heinrich der Löwe Bayern scheinbar so wenig politische Aufmerksamkeit schenkte.[1] Immerhin war dieses Herzogtum trotz der im 10. Jahrhundert erfolgten Abtrennung Kärntens nicht nur von beachtlicher Größe, zunächst noch vom Lech bis über Wien hinaus. Das Herzogtum Bayern hatte stets auch eine strategische Schlüsselposition für den Zugang nach Italien und in den osteuropäischen Donauraum. Nicht zufällig war es unter den Vorgängern der Welfen lange in der Verfügung der Königsdynastien gehalten worden, die damit auch über eine Machtbasis für das Königtum verfügen konnten. Eine einfache Antwort auf diese Frage wird sich nicht finden lassen, zumal die Welfen in Zeiten, als sie das Herzogtum verloren hatten, dann doch mit zäher Energie politisch und militärisch um die Rückerstattung rangen. In Sachsen sahen die Welfen jedoch auf der Basis von umfangreichen Eigenbesitzungen, die sie mittels ihrer Heiratspolitik zu Beginn des 12. Jahrhunderts gewinnen konnten, sowie aufgrund der Expansionsmöglichkeiten nördlich und östlich der Elbe bessere Chancen für den Ausbau der Herrschaft. Offensichtlich genügte die Macht der Welfen eben doch nicht, um in zwei Herzogtümern gleichzeitig eine energische Politik zu gestalten, zumal die Ziele der Welfen weit über das Reich hinaus in die europäische Politik ausgriffen.[2] Außerdem entwickelten sich mit der Verlagerung nach Sachsen zwei Zweige der Familie, ein sächsischer und ein süddeutscher, deren Interessen durchaus nicht immer die gleichen sein sollten, wie ein differenzierter Blick auf die Politik einzelner Mitglieder der Familie zeigt. In Niedersachsen, wo die historische Forschung seit langem der welfischen Herrschaft intensive Aufmerksamkeit widmet und wo 1995 eine große Landesausstellung an Politik und Kultur zur Zeit Herzog Heinrichs des Löwen erinnert hat[3], entfaltete der dort aufgewachsene Herzog eine konflikt- und erfolgreiche Politik zum Aufbau einer modernen Landesherrschaft, die mit der Etablierung eines Hofes von europaweiter Ausstrahlung in Braunschweig ihren Mittelpunkt fand. Vergleichbares ist in Bayern nur in Ansätzen zu erkennen.

Eine Antwort auf die Frage nach der Verlagerung der Herrschaftsschwerpunkte der welfischen Herzöge weg von Bayern mag finden, wer nach den weiterreichenden Interessen der Welfen im Reich und darüber hinaus in Europa forscht. Selbst wenn moderne Europabegriffe nur mit äußerster Vorsicht auf das Mittelalter angewandt werden dürfen, wird man doch festhalten können, daß im Mittelalter gerade auch die weitreichenden Verbindungen des hohen Adels Europa zu einem Kulturraum vernetzten. Die dynastischen Beziehungen, die politischen Aktionsfelder und die Herrschaftsräume der Welfen erstreckten sich über weite Teile des Kontinents. Welcher Stellenwert blieb also für das Herzogtum Bayern im weit ausgreifenden dynastisch-politischen System der Welfen? Noch einmal ist Zurückhaltung geboten bei der Verwendung eines modernen Systembegriffes, bei dessen Anwendung sich die Unwägbarkeiten mittelalterlicher Herrschaft mit oft überraschenden dynastischen, politischen, religiösen oder persönlichen Wendungen kaum verstehen lassen. Andererseits zeigt doch gerade die welfische Herrschaft, daß sie Leitbildern folgte, die eben auch in handlungsorientierte Herrschaftskonzeptionen mündeten. Im folgenden soll in einem ersten Schritt versucht werden, das so verstandene dynastisch-politische System aus dem Selbstverständnis der Welfen anhand ihrer dynastischen Beziehungen und ihrer politischen Aktionsfelder in Europa sowie ihrer Verbindungen zu Kaiser und Reich zu skizzieren. In einem zweiten Schritt werden die Herrschaftsgrundlagen und die Politik der Welfen in Bayern näher betrachtet.

Das zeitgenössische Selbstverständnis der Welfen konnte von der Forschung wegen der für den europäischen Adel singulären «Historia Welforum»[4], ihrer im 12. Jahrhundert in Weingarten und Steingaden verfaßten Hausgeschichte, gut erschlossen werden. Dazu trugen auch genealogische Aufzeichnungen, die Interpretation ihrer höfischen Repräsentationsformen und nicht zuletzt des berühmten Evangeliars Heinrichs des Löwen bei. Ohne Zweifel beanspruchten die Welfen einen Platz an der Spitze der damaligen europäischen Adelsgesellschaft. In ihrer an fränkischen Traditionen ausgerichteten Gründungslegende führten sie die Wurzeln der Familie bis nach Troja und in das antike Rom zurück. Die Welfen des 12. Jahrhunderts verwiesen auf eine Herkunft aus dem Frankenreich, auf enge familiäre Beziehungen zu den Karolingern und auf spätere zu den Ottonen. Man erinnerte an die Königswürde einer welfischen Linie in Burgund und an die Schwerpunktbildung einer anderen Linie der Familie in Alamannien. Diese süddeutsche Linie verlor zunächst ihre königsnahe Stellung, konnte sie aber spätestens durch die Heirat Welfs II. (gestorben 1030) mit Imiza, die aus der Verwandtschaft des Kaisers stammte, wiedergewinnen. Ihr Bruder, Heinrich VII., bekleidete von 1042 bis 1047 das bayerische Herzogsamt. Ihr Sohn Welf III. (gestorben 1055) wurde im Jahr 1047 Herzog von Kärnten und Markgraf von Verona, ihre Tochter Kuniza heiratete in Italien den Markgrafen Azzo von Este, womit die Welfen weiter in den norditalienischen Raum ausgriffen. Diese italienische Ehe wurde für die Geschichte der Welfen von größter Bedeutung. Als Welf III., gerade als der Wiederaufstieg der Familie reiche Früchte zeitigte, 1055 ohne Erben starb und das Kloster Weingarten zum Erben einsetzte, schienen Familie und Herrschaft der Welfen zunächst der Vergänglichkeit der Geschichte preisgegeben.

Die Tatkraft einer Frau, nämlich Imizas, führte dazu, daß ihr Enkel, Welf IV. (gestorben 1101), aus Italien in die welfischen Lande nach Süddeutschland gebracht wurde. In der weitverzweigten Adelsgesellschaft des 11. Jahrhunderts war dieser Vorgang mit der Erbfolge über weibliche Nachkommen zwar bemerkenswert, aber für die Zeitgenossen doch weit weniger ungewöhnlich als für die späteren Betrachter. Im Umfeld von Ravensburg und Weingarten führte Imiza ihren Enkel in die Traditionen, die Herrschaft und die politischen Ansprüche der süddeutschen Welfen ein. Als König Heinrich IV. in Konflikt mit dem bayerischen Herzog Otto von Nordheim geriet und diesen absetzte, entledigte sich Welf kurzerhand seiner Gattin, der Tochter Ottos von Nordheim, und wurde so mit seinen süddeutschen wie italienischen Besitzungen ein interessanter Partner für die Italienpolitik des Königs und wohl deswegen 1070 als erster Welfe mit dem Herzogtum Bayern belehnt. Welf IV. gelang es, ab 1096 die Voraussetzung für die Erbfolge seiner beiden Söhne, zunächst Welfs V. (Herzog 1101 bis 1120) und dann Heinrichs des Schwarzen (Herzog 1120 bis 1126), im Herzogtum Bayern zu schaffen. Die Heiratspolitik Welfs IV. öffnete den Weg nach Sachsen, wo sein Sohn Heinrich der Schwarze 1106 das Erbe der Billunger übernehmen konnte. In der nächsten Generation brachte Heinrich der Stolze die reichen sächsischen Güter seines Schwiegervaters, des Königs Lothar von Supplinburg, und wohl 1126 das Herzogtum Sachsen an sich. Von Meer zu Meer, von der Nordsee bis ans Mittelmeer, reichten fortan die wichtigsten Herrschaftsräume der Welfen, die nun in die erste Reihe des europäischen Adels aufgestiegen waren.

Zusätzlicher Glanz strahlte über dem Aufstieg und dem Ansehen der Welfen, als im Jahr 1123 ein Mitglied der Familie, Bischof Konrad von Konstanz, heiliggesprochen wurde. Just zu dem Zeitpunkt begann unter Heinrich dem Schwarzen das Bemühen um die Geschichte der Familie mit ersten genealogischen Aufzeichnungen. In einem um die Jahre 1180/1190 in Steingaden entstandenen Stammbaum der Welfen erhielten auch die eng verwandten Staufer, etwa Kaiser Friedrich Barbarossa, der Sohn einer Welfin, an exponierter Stelle einen bemerkenswerten Platz. Gerade die genealogischen Aufzeichnungen sollten die familiären Verflechtungen mit dem angesehensten Adel des Reiches und darüber hinaus mit den höchstrangigen Familien in Europa dokumentieren. Daraus erwuchs spätestens unter Heinrich dem Löwen ein Selbstverständnis und ein politisches Leitbild, das in der Einleitung der «Historia Welforum» in den 1170er Jahren so formuliert wurde: «Als Herren eines Landes und durch festen Wohnsitz in ihrer Kraft gestärkt, begannen die unsrigen ihren Machtbereich weiter auszudehnen und in verschiedenen Gegenden immer mehr Güter und Würden zu erwerben. Dadurch wurden sie so reich, daß sie, an Besitz und Ehren Königen voranstehend, selbst dem Römischen Kaiser die Lehnshuldigung verweigerten.»[5] Die Welfen sahen sich, wie im Evangeliar Heinrichs des Löwen auch bildlich dokumentiert, also wohl spätestens ab dem dritten Viertel des 12. Jahrhunderts in einem Königen, ja Kaisern vergleichbaren Rang.

Welches waren neben Bayern und Sachsen die wichtigsten Besitzungen und Aktionsfelder der Welfen? Welf IV., seit 1070 bayerischer Herzog, vereinte in seiner Person politische Interessen in Italien wie in Süddeutschland. Er verheiratete seinen Sohn Welf V. 1089 mit der wesentlich älteren Mathilde von Tuszien und versuchte so, Zugriff auf die reichen Mathildischen Güter in Nord- und Mittelitalien sowie in Lothringen zu bekommen. Doch dieser Versuch scheiterte, als Welf V. 1095 die Ehe löste. Dennoch setzten die Welfen ihre ehrgeizige, aber von Rückschlägen nicht freie Italienpolitik fort. Welf VI. (gestorben 1191) wurde mit der Markgrafschaft Tuszien, mit dem Herzogtum Spoleto sowie kurzzeitig mit dem Fürstentum Sardinien belehnt. Auch Heinrich der Löwe erneuerte 1154 seine Ansprüche auf das italienische Erbe. Wie Kaiser Heinrich IV. schmerzlich zu spüren bekam, konnten die Welfen mit ihren Positionen südlich und nördlich der Alpen sowie im Vintschgau die strategisch wichtigen Alpenpässe blockieren. Ebenso konnten sie später maßgeblich auf die Politik der Staufer Einfluß nehmen, die als territoriale Nachbarn in Schwaben wie im Reich und in ihrer Italienpolitik immer wieder von der Zusammenarbeit mit den Welfen abhängig waren. Die wiederholt enge Kooperation der

Welfen mit den Päpsten resultierte neben religiösen und kirchenpolitischen Motiven auch aus Zusammenhängen der welfischen Italienpolitik. Vielleicht kann man die ambitionierte Italienpolitik der Welfen nicht nur als die Aufrechterhaltung und den Ausbau des Erbes der Familie, sondern gleichermaßen als ein Zeichen ihres Anspruches auf königsgleiche Stellung bewerten, war die Italienpolitik doch ein klassisches Aktionsfeld der Könige und Kaiser des Reiches.

Nach der Italienpolitik ist die welfische Politik im Westen, Norden und Osten kurz zu charakterisieren. Welf IV. heiratete, nachdem er in einem üblen politischen Geschäft seine Frau verstoßen hatte, die verwitwete Judith von Flandern (gestorben 1094), deren vormaliger Gatte in der welfischen Überlieferung als englischer König gilt. Die zweite Ehe Heinrichs des Löwen mit der englischen Königstochter Mathilde knüpfte im Jahr 1168 an diese Verbindung nach England an und führte dazu, daß die Welfen später auch Zugriff auf die Grafschaften Poitou und Marche sowie das Herzogtum Aquitanien in Frankreich und auf die Grafschaft York in England bekamen. In England sollte Heinrich der Löwe nach seiner Absetzung 1180 auch Asyl finden. Die englische Verbindung Heinrichs des Löwen wird man zudem im Zusammenhang mit der welfischen Politik in Sachsen sehen müssen, einer Politik, die die Interessen in den Nord- und Ostseeraum gleichermaßen lenkte. Im Osten brachte der Herzog Mecklenburg und Vorpommern in mehreren Kriegszügen unter seine Herrschaft. In Verträgen mit den nordischen und baltischen Herren sicherte er seine dortige Position weiter ab. Zwischen den welfischen Ambitionen im Norden einerseits und Italien andererseits erhielt Bayern fortan eine Brückenfunktion.

Im Reich war das politische Schicksal der Welfen als Reichsfürsten in hohem Maße vom Verhältnis zu König und Kaiser geprägt. Zweimal verliehen die Könige den Welfen in dem hier zu betrachtenden Zeitraum das Herzogtum Sachsen und genausooft entzogen sie es der Familie. Das gleiche geschah dreimal mit dem Herzogtum Bayern. Im Jahr 1077 verlor Welf IV. Bayern, weil er sich im Investiturstreit der päpstlichen Partei angeschlossen hatte. Der Welfe rang in einem fast zwanzigjährigen Kampf um dieses Herzogtum, das er erst 1096 wieder verliehen bekam, als er sich vom Papst gelöst hatte. 42 Jahre, bis 1138 hatten die Welfen fortan das Herzogtum kontinuierlich inne. Als Schwiegersohn König Lothars von Supplinburg wurde Herzog Heinrich der Stolze 1126 zusätzlich mit dem Herzogtum Sachsen belehnt. Er war nun der mit Abstand mächtigste Reichsfürst, vorbestimmt zum Königtum, auch deswegen, weil ihm 1138 der sterbende Schwiegervater die Reichsinsignien übergab. Einen Moment eröffnete sich jetzt mit den Welfen die Möglichkeit, daß das mittelalterliche Königtum und das Reich in der Person des mächtigsten Fürsten und auf der Basis der Herzogtümer Bayern und Sachsen eine Erneuerung und Stärkung hätten erfahren können. Doch gerade die Fülle seiner Macht dürfte die Reichsfürsten veranlaßt haben, Heinrich den Stolzen eben nicht zum König zu wählen, sondern an seiner Stelle den Staufer Konrad III. Rasch kam es dann zum Konflikt, und Konrad entzog im Juli und Dezember 1138 den Welfen zunächst das Herzogtum Sachsen, dann das Herzogtum Bayern, das er den Babenbergern aus der bayerischen Ostmark übertrug.

Energisch und letztlich erfolgreich kämpften die Welfen, in Bayern vor allem Welf VI., für die vormaligen Rechte. Als auf welfischer wie auf staufischer Seite die Einsicht wuchs, daß eine Befriedung des Reiches und eine Stabilisierung des staufischen Königtums sowie die Wiedererlangung der Herzogtümer durch die Welfen letztlich nur mit Hilfe eines Ausgleichs möglich sein würden, kam es ab 1142 zur Annäherung zwischen Heinrich dem Löwen und den Staufern. Zunächst belehnte König Konrad III. Heinrich den Löwen mit Sachsen, der im Gegenzug noch auf Bayern verzichtete, während Welf VI. weiter für seine Ansprüche in Bayern kämpfte. Ab 1147 forderte auch Heinrich der Löwe Bayern. Im Umfeld der Königswahl Friedrich Barbarossas von 1152 wurde ein weiterer Kompromiß zwischen Staufern und Welfen eingeleitet, dem nach langen Verhandlungen dann selbst die Babenberger die Einwilligung nicht verweigerten. So konnte im Jahr 1156 Heinrich der Löwe mit dem um die Ostmark verkleinerten Herzogtum Bayern belehnt werden.

Der Vorgang der Übertragung, vor den Toren Regensburgs öffentlich vollzogen, gehört zu den vieldiskutierten Szenen der Geschichte des 12. Jahrhunderts. Bischof Otto von Freising dokumentierte als Zeitgenosse und Geschichtsschreiber die Ereignisse[6], die sowohl für das Reich als auch für Bayern und Österreich weitreichende Folgen zeitigen sollten. Zwar wirkten in der Ostmark seit längerem Kräfte, die Tendenzen zur Verselbständigung förderten. Doch eröffnete sich in den Jahren von 1139 bis 1154, als die Babenberger, Luitpold IV. und Heinrich XI., mit dem Herzogtum Bayern belehnt waren, zeitweise auch die Möglichkeit zu einer ganz anderen Entwicklung. Ohne Zweifel versuchten die Babenberger, im gesamten bayerischen Herzogtum Fuß zu fassen. Mit ihnen wäre eine Eindämmung der Verselbständigungstendenzen im Osten möglich geworden. Bayern wäre also von Südosten her zusammengehalten worden. Dagegen führten dann die zähen, aber doch erfolgreichen Verhandlungen Friedrich Barbarossas mit

Heinrich dem Löwen und dem Babenberger Heinrich Jasomirgott zu einem Ergebnis, das in eine ganz andere Richtung wies und die Ostmark auf Dauer von Bayern trennen sollte.

Wie prekär dieses Ergebnis zunächst war, zeigt neben den jahrelangen Vorgesprächen auch der symbolkräftige Akt bei der Teilung des Herzogtums Bayern und der Schaffung des Herzogtums Österreich, der unter starker Beteiligung von Bischöfen und Großen des Landes während eines Hoftages am 8. September 1156 vollzogen wurde. An jenem 8. September zog der Kaiser mit dem fürstlichen Gefolge vor die Stadt zum Zeltlager Heinrichs Jasomirgott. Der Babenberger übergab nun dem Kaiser sieben Fahnen als Symbol für die Herzogswürde und das Land und leistete damit Verzicht auf das Herzogtum Bayern. Kaiser Friedrich gab die Fahnen an Heinrich den Löwen weiter und belehnte ihn dadurch mit dem Herzogtum Bayern. Zwei der sieben Fahnen, die für die Ostmark mit allen vom Herzogtum Bayern herrührenden Rechten standen, gingen nun wieder an den Kaiser zurück. Jetzt verwandelte der Kaiser aufgrund eines Fürstenspruches die Mark Österreich in ein Herzogtum und belehnte damit den Babenberger und seine Frau Theodora, indem er ihnen zwei Fahnen überreichte.

Mit der Erhebung der Ostmark zum Herzogtum erhielten die Babenberger mehrere gewichtige Vorrechte[7] vor allem in der Erbfolge und bei den Verpflichtungen gegenüber dem Reich, die die territoriale Festigung des neuen Herzogtums wesentlich erleichterten und darüber hinaus zu einem Markstein der territorialstaatlichen Entwicklung im Reich wurden. Mit dem selbständigen Österreich waren dem Herzogtum Bayern fortan die traditionellen Entwicklungsmöglichkeiten nach Südosten verschlossen. Dazu erwuchsen mit Österreich und seinen Herrscherhäusern bald mächtige dynastische und territoriale Konkurrenten. Andererseits erleichterte der verkleinerte räumliche Zuschnitt des Herzogtums Bayern später wohl die Politik der Wittelsbacher, ihre Herrschaft im ganzen Land zu intensivieren und eine zukunftweisende Landesherrschaft zu entwickeln.

Für die Welfen, für Heinrich den Löwen ermöglichte der Kompromiß von 1156 zunächst einen neuen Höhepunkt der Macht. Mit diesem Ausgleich, der über zwanzig Jahre zu einer kooperativen Politik zwischen Heinrich dem Löwen und Kaiser Friedrich Barbarossa führte, gewannen beide den Spielraum für die Umsetzung weitreichender politischer Zielsetzungen. Ab dem Jahr 1176 brachen dann aber Konflikte zwischen Heinrich dem Löwen und Friedrich Barbarossa wieder verstärkt auf. Die Geschichtswissenschaft hat sicherlich zu Recht auf allgemeine politische und strukturelle Ursachen dafür hingewiesen. So begegnete der herzoglichen Politik in Sachsen, insbesondere in Westfalen, eine kräftige Opposition des Adels und vor allem des Bischofs von Köln, der intensiv am Aufbau einer eigenen zeitgemäßen Landesherrschaft arbeitete. Diese Opposition konnte zur Gefahr für die herzogliche Position werden, wenn sie die Unterstützung des Königs fand. Dann gerieten die Ansprüche und Interessen beim Aufbau einer verstärkten welfischen Herrschaft in Spannungen mit einer nicht weniger ambitionierten königlichen Politik zur Aktivierung des Reichsgutes. Schließlich schien die Machtfülle Heinrichs des Löwen den Rahmen des Reiches zu sprengen, zumal wenn die umfangreichen Besitzungen des erbenlosen Welf VI. anfallen würden. Doch liefert eine dramatische, von der zeitnahen Chronistik beschriebene Szene in Chiavenna auch für sich eine Erklärung für das Zerwürfnis. Herzog Heinrich der Löwe entschloß sich, den erfolglosen Italienzug des Kaisers nicht weiter zu unterstützen bzw. er verlangte wohl die Verleihung der im Norden strategisch ungemein wichtigen Reichsvogtei Goslar als Entlohnung für die Fortsetzung seiner Hilfe. Der Kaiser fiel auf die Knie und bat den Löwen um weitere Unterstützung – vergeblich. Auch wenn für das Mittelalter diese Form der Bittstellung von Herrschern mehrere Male belegt ist, so mußte doch die Ablehnung einer so nachdrücklichen Bitte als ein ungeheuerlicher Affront und Regelbruch wirken, den der Kaiser auch angesichts des Umstandes, daß der Vorgang öffentlich wurde, nicht vergessen konnte. Nach der Rückkehr aus Italien nahm der Kaiser eine Auseinandersetzung zwischen dem Welfen und dem Erzbischof von Köln zum Anlaß für die Absetzung Heinrichs des Löwen in Sachsen und in Bayern. Ähnlich geschickt wie der Kaiser zwischen 1154 und 1156 in einem verzahnten Verfahren von Politik und Recht die Voraussetzungen dafür geschaffen hatte, daß die Welfen die Herzogswürde in Bayern wiedererlangen konnten, so organisierte er nun in Verbindung und angetrieben von der adeligen Opposition gegen Heinrich den Löwen von 1178 bis 1180 die Absetzung des Herzogs in Sachsen und in Bayern und schließlich die Belehnung des bayerischen Pfalzgrafen Otto von Wittelsbach mit dem Herzogtum Bayern.

Angesichts der europaweiten Verflechtungen der Welfen war das Herzogtum Bayern zunächst als Nachbar welfischer Hausbesitzungen und wegen der Ambitionen in Italien die naheliegendste Interessensphäre. Mit der Ausweitung und teilweisen Verlagerung der welfischen Ambitionen nach Sachsen hatte Bayern auch als Brücke zwischen den norddeutschen und italienischen Besitzungen Bedeutung. Die vom offenen Krieg bis zu engster Kooperation und familiärer Verbindung reichenden Schwankungen in den Beziehungen der Welfen zu den Königen bzw. Kaisern führten in Phasen der Konfrontation nicht nur zum Verlust der Herzogswürde in Bayern. Sie unterbrachen jeweils die Anstrengungen der Welfen, ihre dortige Machtbasis auszubauen und damit beständige Grundlagen für eine längerfristige Herrschaft im Land zu schaffen. Nicht zuletzt führte dies zur Teilung des Herzogtums. In den Phasen der politischen Kooperation wurde nicht nur die Belehnung der Welfen mit sogar zwei Herzogtümern möglich. Die Rückendeckung des Königs schuf auch die Voraussetzung, um im Inneren der Herzogtümer gegenüber Adel und Kirche die Herrschaftsgrundlagen zu erweitern.

Was waren nun die Voraussetzungen, Entwicklungsmöglichkeiten und wichtigsten Strategien der welfischen Adels- und Herzogsherrschaft in Bayern? Um diese Frage beantworten zu können, soll zunächst ein vergleichender Blick auf Sachsen geworfen werden. Dort erweiterte Heinrich der Löwe Raum und Intensität seiner Herrschaft in scharfen Auseinandersetzungen mit den Bischöfen und dem Adel. Die welfische Herrschaftsintensivierung drängte sowohl die Rechte des Königs als auch die von adeligen und kirchlichen Herrschaftsträgern zurück. Nicht wie traditionell üblich in erster Linie auf den Adel, sondern immer mehr auf administrativ tätige, unfreie und damit weitgehend abhängige Ministeriale stützten die Welfen, vor allem Heinrich der Löwe, ihre Herrschaft. In Braunschweig baute der Löwe eine Residenz mit fürstlichen Repräsentationsformen aus. Das berühmte bronzene Löwenstandbild wurde zum Symbol seiner selbstbewußten Herrschaft ebenso wie das Evangeliar, das ihn mit seiner Gattin, einer englischen Königstochter, königsgleich gekrönt zeigt. Seine Herrschaft in Sachsen war wirkungsvoller und erscheint fortschrittlicher als die in Bayern. Doch ist nicht zu übersehen, daß auch die welfische Herrschaft in Bayern im Ansatz sehr wohl eine Reihe dieser zukunftweisenden Elemente erkennen läßt, wenngleich der Versuch ihrer Durchsetzung in Bayern nicht in dem Maße wie in Sachsen fortschreiten konnte.

Zunächst erscheint bemerkenswert, daß im welfischen Selbstverständnis historische und dynastische Verflechtungen mit Bayern durchaus eine beachtliche Rolle spielten. Das erklärt sich auch aus dem Umstand, daß die Welfen erst zu Beginn des 12. Jahrhunderts in Sachsen Fuß fassen konnten. Die «Historia Welforum» und genealogische Aufzeichnungen verweisen auf familiäre Beziehungen zu einer Reihe der vornehmsten Adelsfamilien in Bayern: zu den Grafen von Ebersberg, zu den Grafen von Hohenwart und Andechs sowie zu den Grafen von Bogen, den Burggrafen von Regensburg und auch zu den Grafen von Scheyern-Wittelsbach. Klostergründungen in Altomünster, Kühbach, Ebersberg und Geisenfeld werden auf welfische Vorfahren oder ihre Verwandtschaft zurückgeführt. Der Bischof von Freising habe einst reichen Besitz von den Welfen erhalten und ihrerseits hätten die Welfen vom Kaiser reiche Begüterung im bayerischen Oberland bekommen. Außerdem verweist die «Historia» auf die entschlossene, aber auch zu friedlichem Ausgleich bereite Herzogsherrschaft von Welf V. und besonders von Heinrich dem Schwarzen in Bayern. Trotz der vorrangigen Bezüge zu Schwaben und der Interessenverlagerung nach Sachsen wird man also im Selbstverständnis der Welfen auch Verwurzelungen in Bayern, zumindest aber den so untermauerten Anspruch auf Bayern nicht unterschätzen dürfen.

Drei wesentliche Machtgrundlagen sind hinsichtlich der welfischen Herrschaft in Bayern zu erkennen. Zum einen die Rechte als Herzog von Bayern, zum anderen das Eigengut der Familie und zum dritten die Vogteirechte über Klöster. Umfangreiches Familiengut hatten die Welfen nur in Schwaben und am bayerischen Lechrain, doch stand damit von Westen aus zumindest eine Basis zur Verfügung, um in Verbindung mit dem Herzogsamt eine nachhaltige politische Konzeption für eine dauerhafte Herrschaft in Bayern zu entwickeln. Mit den Vogteien über die Klöster Altomünster, Steingaden, Rottenbuch, Wessobrunn, Ranshofen, teilweise wohl auch über Schäftlarn, dann über Polling und Innichen konnten die Welfen ihre Position vor allem im Südwesten des Herzogtums Bayern festigen und ausbauen. Die Besitzungen der westbayerischen Klöster lagen weit gestreut und vielfach in Gemengelage zu den welfischen Familiengütern und erlaubten den Welfen eine beachtliche Herrschaftsintensivierung im Gebiet beiderseits des Lechs bis an die mittlere Isar und bis ins Lechfeld vor Augsburg. Doch war die territoriale Basis im Herzogtum Bayern selbst eben doch in Randlage und insgesamt auch eher schmal, vergleicht man sie etwa mit den Besitzungen der ebenfalls im westlichen Bayern verankerten Wittelsbacher oder gar der Grafen von Andechs, die zudem durch die Nähe zum König ihre Stellung stärkten. Zum Problem für Heinrich den Löwen wurde letztlich auch, daß er nicht alleine über das Hausgut am Lechrain verfügen konnte, war dort doch besonders sein Onkel Welf VI. positioniert.

Neben den Wittelsbachern und Andechsern war der Bischof von Augsburg der wichtigste Konkurrent in diesem Raum. Zu schwersten Auseinandersetzungen kam es während des Investiturstreites, als 1078 der Kaiser welfisches Gut in Mering dem Bischof von Augsburg übertrug, und Welf IV. in den 1080er Jahren die Stadt mehrmals einnahm und plünderte sowie wiederholt auch die Untertanen des Bischofs überfiel. Im welfisch-staufischen Konflikt wurde Augsburg 1132 noch einmal schwer in Mitleidenschaft gezogen, bevor die Stadt dann von den staufischen Königen nachhaltig unterstützt wurde. Angesichts der zeitweise sehr starken Position der Welfen im Umfeld von Augsburg hätten sie wohl wie kaum ein anderes bayerisches Herzogsgeschlecht die Chance gehabt, die alte Bischofsstadt an Bayern heranzuführen. Ähnlich wie in anderen Bischofsstädten gelang es den Welfen jedoch nicht, in Augsburg Fuß zu fassen. Nur wenige Male, stets in Anwesenheit des Königs, sind sie dort nachzuweisen. Hier wurden den Welfen also auch in ihrer engeren Interessensphäre deutliche Grenzen aufgezeigt.

Welche Rechte konnten die Welfen als Herzöge von Bayern im Land wahrnehmen? Allgemein ist festzuhalten, daß die Rechte des Herzogsamtes in Bayern noch von erheblicher Breite und Relevanz waren, mehr als in anderen Herzogtümern des Reiches. Auch wenn die historische Forschung der ersten längeren Phase der welfischen Herrschaft in Bayern bis 1138 noch sehr wenig Aufmerksamkeit geschenkt hat, so zeichnet sich doch ab, daß Heinrich der Schwarze und Heinrich der Stolze die Herzogsrechte in Bayern umfassender wahrnehmen konnten als später Heinrich der Löwe. Der Herzog von Bayern war oberster Richter, seine Gerichtshoheit war denen der Grafen und Vögte übergeordnet. Die Bannleihe für die Grafen – das Recht zur Ausübung der hohen Gerichtsbarkeit – ging vom Herzog aus. Die Welfen beanspruchten die Verfügung über Regalien, ursprüngliche Königsrechte, wie etwa den Zoll. Und sie verlangten das Recht, Lehen, die an Grafenfamilien ausgegeben und erblich geworden waren, einzuziehen. Damit versuchten sie erfolgreich ein scheinbar überkommenes Herrschaftsinstrument zu aktivieren und zur Entwicklung einer zukunftweisenden Landesherrschaft zu nutzen. Der Herzog berief schließlich Landtage ein, auf denen der Landfriede zu sichern und die Konflikte der Großen des Landes zu schlichten waren.

Mit der Übernahme des Herzogtums konnten die Welfen auch über Herzogsgut verfügen, das aber nur noch in geringem Umfang erkennbar ist. Bedeutendes Herzogsgut war die Pfalz Ranshofen (heute Oberösterreich) mit dem großen Forst Weilhart, die allerdings auf Reichslehen zurückging. Dort hatte Heinrich der Schwarze ein Chorherrenstift gegründet und wie seine Nachfolger mit Besitz ausgestattet. Ob man auch im Umfeld der bei München angelegten Burg mit Herzogsgut rechnen darf, ist umstritten und kann durch klare Quellenbelege zwar nicht bewiesen, wohl aber wahrscheinlich gemacht werden. Wichtiger war die herzogliche Stellung in Regensburg, der Hauptstadt des Herzogtums, die in jener Zeit zu den wenigen Metropolen in Europa nördlich der Alpen zählte. Mit Regensburg stand den Welfen ein traditionsreicher Schauplatz königlicher und herzoglicher Politik zur Verfügung. Deswegen bedurfte es wohl in Bayern keiner zusätzlichen Orte der Repräsentation, wie sie die Welfen in Sachsen mit Braunschweig erst ausprägten. In welfischer Zeit fanden fünf Landtage in Regensburg statt. Herzog Heinrich der Stolze konnte 1126 noch eine Art Bürgersteuer von der Stadt einheben. In seine Herrschaftszeit fällt der Bau der Steinernen Brücke über die Donau, ein deutliches Zeichen für die Bedeutung und Wertschätzung der Stadt durch die Welfen. Wichtig war die Stadt auch deswegen, weil dort herzogliche Münzen geprägt wurden. Das zeitweilig gewalttätige Vorgehen Herzog Heinrichs des Stolzen gegen den Bischof von Regensburg und die Vögte der Regensburger Kirche, unter anderem mit der Einnahme der Burg Donaustauf, brachte auf Dauer keinen Erfolg für die Welfen, zeigt aber doch ihre energische Interessenpolitik im Raum Regensburg. Der welfische Machtverlust in Bayern von 1138 bis 1156 scheint die Position der Herzöge in Regensburg spürbar geschwächt zu haben. Zwar unternahm Heinrich der Löwe anfänglich noch Anstrengungen dagegen: 1156 mußten die Bürger der Stadt dem neuen Herzog huldigen, der wohl auch versuchte, die Gerichtshoheit über die Stadt zu erlangen, doch mußte der Herzog seine Stellung in der Stadt mit den erstarkenden königlichen Rechten und mit denen des Bischofs teilen. Ab den 1160er Jahren ließen die herzoglichen Bemühungen in Regensburg nach. In der Nachbetrachtung zeigen sich so Anfänge einer Entwicklung, die dazu führte, daß Regensburg seine Funktion als Vorort Bayerns verlieren sollte.[8]

Man fragt sich, wie die Herzöge ihre Herrschaft ausübten, gerade wenn sie wie Heinrich der Löwe die meiste Zeit nicht im Land anwesend waren? Als tatsächlicher und repräsentativer Mittelpunkt der Herzogsherrschaft dürfen die schon erwähnten Landtage gelten, zu denen der Herzog den hohen Adel, die Bischöfe und Äbte des Landes versammelte. Die «Historia Welforum» berichtet, daß Heinrich der Stolze nach seinem Regierungsantritt in Bayern zunächst einen Landtag nach Regensburg einberief, dann dort Recht sprach über die Fürsten und die Großen des Landes und schließlich einen allgemeinen Landfrieden verkünden ließ. Anschließend habe er die Beschlüsse durchgesetzt, indem er im «ganzen Land die Burgen und Dörfer der Friedensbrecher und Geächteten» zerstörte. Herzogliche Entscheidungen auf den Landtagen waren an den Konsens mit den Großen des Landes gebunden; dies war eine Voraussetzung für erfolgreiche Herzogsherrschaft. Jede Überspannung des Herzogsamtes gegenüber den Adelsgeschlechtern und den Bischöfen hätte deren mächtige Reaktion provozieren müssen und damit auch die Herzogsherrschaft der Welfen nur belasten können. Unter Heinrich dem Löwen fanden insgesamt sieben Landtage statt, mehr als bei allen Vorgängern. Der Landtag scheint für ihn ein bevorzugtes Instrument gewesen zu sein, mit dem er trotz geringer Präsenz im Lande seine Herrschaft zur Geltung bringen wollte. Drei Landtage fanden in Regensburg, weitere dann in Ranshofen, in Ering, in Enns und dann in Karpfham bei Griesbach statt, mehrfach also auf Kirchengrund, um die aufwendige Versorgung der Versammelten gewährleisten zu können. Von einem der Landtage ist überliefert, daß Heinrich der Löwe mit einem eindrucksvollen Gefolge von 500 Rittern erschien. Der Herzog übte auf seinen Landtagen die Herrschaft aus und demonstrierte sie dabei zugleich öffentlich. Versuchte er gar, die geringe Präsenz durch aufwendige Herrschaftsrepräsentation zu kompensieren?

Immer wieder haben Mitglieder der Familie die Herrschaft der Herzöge unterstützt. Die Brüder Welf V. und Heinrich der Schwarze arbeiteten wiederholt zusammen, ähnlich wie später Heinrich der Löwe und Welf VI. Letzterer hat eigene Interessen und die der Familie in Bayern lange Zeit energisch vertreten, als das Herzogtum den Welfen entzogen war und später, als sich sein Neffe Heinrich der Löwe auf Sachsen konzentrierte. Ob Welf VI. selbst in den frühen fünfziger Jahren auf der Basis des Erbrechts die bayerische Herzogswürde angestrebt hat, wie die «Historia Welforum» vermuten läßt, konnte bislang nicht mit Sicherheit geklärt werden. Jedenfalls verfügte er unabhängig von Heinrich dem Löwen über einen Teil der welfischen Besitzungen im bayerischen Lechrain, was sich vor allem dadurch zeigt, daß er im Jahr 1178 seine Besitzungen nicht an den Neffen, Heinrich den Löwen, sondern an Kaiser Friedrich Barbarossa verkaufte. Spätestens von da an konnte Heinrich der Löwe nicht mehr mit der Rückendeckung seines Onkels rechnen, wodurch auch seine Herzogsherrschaft in Bayern nachhaltig geschwächt wurde.

Angesichts der dünnen Ausstattung mit Eigenbesitz und Herzogsgut war die welfische Herrschaft in Bayern auf die Zusammenarbeit mit den Großen des Landes angewiesen, vor allem mit dem Episkopat und dem Adel. Die Bischöfe besuchten regelmäßig die herzoglichen Landtage und trugen ihre Gerichtsfälle noch vor den Herzog. Doch hatte der Herzog seit dem Investiturstreit sein Mitspracherecht bei der Besetzung der Bischofsstühle weitgehend verloren. Das machte die Kathedralkirchen unabhängiger und erleichterte den Ausbau bischöflicher Herrschaftsrechte vor allem in den Bischofsstädten selbst und im Umland. Dies wiederum mußte zu Spannungen mit dem Herzog führen, wie auch am bekannten Beispiel des Streites um die Brücke in Föhring zu sehen ist. In der Forschung wird in diesem Zusammenhang die These vertreten, daß neuerrichtete welfische Stützpunkte in Landsberg, München und Burghausen auch als Gegenpositionen zu den Bischöfen in Augsburg, Freising und Salzburg dienten. Letztlich sollte es den Bischöfen gelingen, eigene Herrschaften in Stadt und Umland zu entwickeln; diesen in welfischer Zeit angelegten Prozeß sollten auch später die Wittelsbacher nicht mehr umkehren. Passau, Freising, Regensburg, Salzburg und das an der Grenze des Herzogtums in Schwaben liegende Augsburg konnten sich letztlich der bayerischen Landesherrschaft entziehen.

Ähnliche Veränderungen wie bei den Bischöfen sind auch bei den Adelsherrschaften festzustellen, wenngleich es hier später den Wittelsbachern gelang, die Entwicklungen aus welfischer Zeit weitgehend zurückzudrängen. Aus den Reihen des Adels gewannen schon damals die Pfalzgrafen in Bayern, die Wittelsbacher, erhebliche Bedeutung. Aus Eigenbesitz, Grafschaften und Vogteien gelang ihnen die Organisation eines beachtlichen Herrschaftsraumes. Als Pfalzgrafen suchten sie die Nähe zu den Königen und zu den Herzögen. Otto von Wittelsbach wurde wiederholt von Heinrich dem Löwen beauftragt, Streitfälle zu schlichten und damit in der Funktion eines Stellvertreters für den Herzog im Land zu agieren. Die Wittelsbacher waren offensichtlich auch geschickt genug, die Konflikte der Welfen nicht zu den ihren zu machen, vielmehr errangen sie immer wieder auch Erfolge in der Vermittlung zwischen den streitenden Parteien.

Die Ausgangsposition der Welfen für die Zusammenarbeit mit den Großen des Landes war durchaus schwierig. Dies zeigt sich daran, daß in der Auseinandersetzung des Kaisers mit Welf IV. von 1077 die meisten bayerischen Großen auf der Seite des Kaisers gestanden waren. Als der König 1138 die Babenberger mit dem Herzogtum Bayern belehnte, schloß sich der bayerische Adel rasch diesen an. Schwere Konflikte waren zuvor zwischen Heinrich dem Stolzen und den Domvögten von Regensburg um Burg Falkenstein (Oberpfalz) sowie den Grafen von Wolfratshausen ausgetragen worden. Andererseits fand Welf VI. im Kampf um das Herzogtum zumindest zeitweise die Unterstützung der Grafen von Dachau und Valley. Allerdings dürften der Kampf Welfs VI. gegen die Babenberger um das Herzogtum Bayern und die damit verbundenen Kriegszüge die Beliebtheit der Welfen nicht gerade gesteigert haben. Unter Heinrich dem Löwen überwog die Kooperation, jedenfalls beteiligte sich der hohe Adel an den Landtagen, und immer wieder waren die Wittelsbacher, die Andechser, die

Markgrafen von Vohburg oder die Burggrafen von Regensburg und andere Große des Landes im Gefolge des Herzogs anzutreffen.

Die Zusammenarbeit mit dem Herzog hinderte die Adelsfamilien freilich nicht, zielstrebig eine eigene Interessen- und Territorialpolitik zu betreiben, wenngleich doch auch ein Landesbewußtsein als «principes Bavariae», wie es in den Quellen heißt, erhalten geblieben ist. Ein neuer Typus von adeligen Grafschaften mit Elementen selbständiger Herrschaft bildete sich dabei heraus. Allenthalben sind Entwicklungen zur Mittelpunktbildung auf einer Burg, zu neuen administrativen Strukturen und höfischen Lebensformen und zur Verdichtung von Herrschaftsräumen sowie zur Klientelbildung mit Edelfreien und durch die nun in sehr vielen Dörfern auftretenden Ministerialenfamilien zu erkennen. Adel und Bischöfe errichteten in der Epoche der welfischen Herrschaft in Bayern zahlreiche neue Klöster im Land oder reformierten ältere. Die Zeitgenossen wurden Zeugen der größten Klöstergründungswelle, die das Land seit der Agilolfingerzeit erfahren hatte. Zahlreiche Chorherrenstifte traten neben Benediktinerklöster, die im Sinne der Hirsauer Reform erneuert oder neu errichtet wurden. So erlebte nicht nur die monastische Religiosität eine abermalige Blüte. Die neuen geistlichen Zentren vermittelten zahlreiche kulturelle Impulse der Romanik in Bildung, Kunst und Architektur in das Land. Viele dieser Klöster wurden zu adeligen Grablegen und hielten so im Gebetsgedenken die Erinnerung an die Gründer und ein erstarkendes Familienbewußtsein wach, wie es beispielhaft in Scheyern für die Wittelsbacher, in Dießen für die Andechser oder in Steingaden eben für die Welfen bis heute vor Ort nachvollzogen werden kann. Vor allem Heinrich der Löwe, der in Sachsen zahlreiche Konflikte mit dem Adel austrug, hat im Gegensatz zu seiner Politik in Norddeutschland in Bayern die Entwicklung selbstbewußter Adelsherrschaften gebilligt. Hier zeigt sich ein Preis, den er zahlen mußte, für die Kooperation und die Herrschaft aus der Distanz. Neben dem geringen Eigengut der Welfen in Bayern waren wohl die starke Stellung des Adels und daneben der Bischöfe wichtige Gründe, warum die Welfen in Sachsen mehr Entwicklungschancen sahen.

In der welfischen Zeit in Bayern war durchaus die Möglichkeit zu einer weitergehenden Verselbständigung der Politik des Adels und der Kirche und ihrer Herrschaften angelegt und damit auch die Gefahr einer weitreichenden Desintegration des Herzogtums. An den Rändern, in der Ostmark, in der Steiermark und später auch in Tirol, führten solche komplexen dynastisch-politischen Verselbständigungsprozesse im Zusammenwirken mit Interessen des

Kaisers schließlich zur Loslösung vom Herzogtum Bayern. Die Wittelsbacher haben ab 1180 mit einer konfliktreichen Politik gegenüber dem Adel und den Bischöfen versucht, diese Entwicklung umzukehren. Sie konnten damit auch eine neue Herrschaftsgrundlage für das Herzogtum Bayern schaffen. So findet die Politik Heinrichs des Löwen in Sachsen bald manche Parallele in der Politik seiner Nachfolger, der frühen Wittelsbacher Herzöge, in Bayern.

Beachtliche Unterstützung fanden die Welfen in Bayern durch edelfreie Familien und durch Ministerialen, die, im Rang unterhalb der mächtigen Adelsgeschlechter, Anschluß an das Herzogshaus suchten. Für Sachsen schon gut erforscht, deutet sich auch für Bayern eine gezielte herzogliche Förderung der Edelfreien und Ministerialen als politisches Gewicht gegen etablierte Grafengeschlechter an. Auffällig ist jedenfalls, daß im Laufe des 12. Jahrhunderts mehrere edelfreie Familien gerade in Urkunden des Herzogs mit dem Grafentitel auftreten. Die Edelfreien bzw. Grafen von Mödling sind ein Beispiel dafür, ebenso Heinrich von Stoffen, der wichtigste Vasall Heinrichs des Löwen in den westbayerischen Besitzungen. Die Familie Heinrichs von Stoffen verlagerte im Laufe des 12. Jahrhunderts schrittweise ihren Besitz- und Aktionsschwerpunkt in den Raum zwischen Ammersee und Lech, in den Kernraum der Welfen. Dort übte der Stoffener für Heinrich den Löwen die Vogtei über das Kloster Wessobrunn aus, das die Aufgaben eines Hausklosters für die Stoffener übernahm. Heinrich von Stoffen wurde zum eigentlichen Erbauer Landsbergs. Ihm gelang in der Klientel der Welfen ein Aufstieg, der dazu führte, daß er in den Quellen des frühen 13. Jahrhunderts als Graf von Landsberg betitelt wurde und zu seiner Bestattung Bischöfe und Große des Landes in Landsberg weilten. Ohne Zweifel versuchte der Herzog, die schwache Besitzausstattung im Herzogtum teilweise durch den Aufbau einer ihm stark verpflichteten Anhängerschaft auszugleichen. Angesichts der kraftvollen Entwicklung großer bayerischer Adelsfamilien im 12. Jahrhundert, die ihrerseits Klientelverbände organisierten, wird man den Erfolg dieser Politik der welfischen Herzöge in Bayern aber auch nicht überschätzen dürfen.

Langfristige Wirkung für das Herzogtum Bayern zeitigte die Wirtschafts- und Handelspolitik der Welfen, vor allem die Heinrichs des Löwen. Sie wird mit dem Salzhandel und dem Aufbau entsprechender Stützpunkte besonders ersichtlich. Hier lassen sich auch am deutlichsten die Zusammenhänge der Territorialpolitik der Welfen erschließen, die Ansätze zu einer weitergehenden Vernetzung der welfischen Interessen in Schwaben und Bayern erkennbar machen. Die alten herzoglichen Rechte an der Salzproduktion in Reichenhall, die zu erheblichen Teilen an Klöster ausgegeben worden waren, baute Heinrich der Löwe wieder aus, indem er 1168 das Erbe der Hallgrafen als Lehen an sich zog. Drei Jahre zuvor brachte der Herzog Grafschaft, Zoll und Burg Burghausen an der Salzach in seine Zuständigkeit, die als wichtige Station im Salzhandel nach Norden fortan in seiner Verfügung bleiben sollte. Damit konnte er einerseits die herzoglichen Besitzungen um Ranshofen und den Forst Weilhart weiter abrunden. Andererseits gewann er in einem Raum an politischem Einfluß, in dem der Adel wegen seiner weit in den Südosten reichenden Güter und Interessen auch weiterhin Verbindung zu den Babenbergern hielt. Burghausen blieb fortan ein fester Stützpunkt des Herzogtums Bayern.

Heinrichs Gewaltakt in Föhring und die anschließende Verlegung von Markt, Brücke, Zoll und Münze an einen bald befestigten Ort bei München waren wie die neue Landesburg am Lech ab 1160 ein weiterer Markstein in der Entwicklung eines für den Herzog ertragreichen Handels. Zur schon in der Anfangszeit greifbaren Einwohnerschaft Münchens gehörten ein Münzmeister, ein Zöllner, ein Dekan sowie ein Richter und ein gewisser Ortolf, der Festungskommandant («qui preest muro»), dem die Verantwortung für die Befestigungsmauer oblag. Es handelte sich also in erster Linie um herzogliche Amtsträger, die auch wegen ihrer Herkunftsnamen als welfische Ministerialen aus dem westbayerisch-welfischen Raum einzuordnen sind. Im Umfeld von «Munichen» konnte der Herzog möglicherweise auf Herzogsgut zurückgreifen, außerdem reichte auch der Besitz der Klöster Polling, Wessobrunn und Schäftlarn bis an die Orte um «Munichen» heran. Über diesen Klosterbesitz übten Heinrich der Löwe und Heinrich von Stoffen ganz oder teilweise die Vogteirechte aus. Die welfische Gründung bei «Munichen» wurde also am östlichen Rand des welfischen Einflußgebietes geschaffen. Aus den Berufsbezeichnungen der Einwohnerschaft wird klar, daß die Kontrolle über den Handel von Anfang an die wichtigste Funktion der neuen Siedlung war. In der berühmten Urkunde Kaiser Friedrich Barbarossas, die den Streit zwischen dem Bischof von Freising und dem Herzog 1158 entschärfte, war dazu noch spezifisch vom Salzhandel die Rede.[9] Die Standortwahl bei der Planung und Konzeption der Anlage von München am Isarübergang war so gut, daß der Ort rasch zur urbanen Siedlung heranwuchs und zu einem wichtigen Zentralort des Herzogtums werden konnte. Auf den Fundamenten der Gründung Heinrichs des Löwen steht – wie neuere archäologische Grabungen nahelegen – bis heute der Alte Hof, der zur Herzkammer der staatlichen Geschichte Bayerns unter den Wittelsbachern werden sollte.

Bei einem zusammenfassenden Blick auf die einzelnen Elemente der Politik Heinrichs des Löwen in Bayern läßt sich doch eine weiterreichende Konzeption erkennen. Denn der Ausbau der herzoglichen Burgen diente offensichtlich nicht nur dem Salzhandel und der Stärkung der wirtschaftlichen Leistungsfähigkeit des Landes. Sie konnten gleichzeitig auch als Stützpunkte gegenüber den Bischofsstädten Salzburg, Freising und Augsburg und gegenüber den mächtigen Adelsgeschlechtern wie den Andechsern und Wittelsbachern fungieren.

Abschließend bleibt zunächst festzuhalten, daß, angesichts europaweiter dynastischer Verflechtungen und Interessen, die Welfen das Herzogtum Bayern als eine wichtige Machtbasis ansahen, die aber nach der Übertragung des Herzogtums Sachsen nicht mehr im Mittelpunkt welfischer Ambitionen stand. Allerdings blieb das Herzogtum Bayern für die Gesamtinteressen der Welfen unverzichtbar. Die Aktivierung wirtschaftlicher Ressourcen mit der Gründung und dem Ausbau der damit verbundenen Stützpunkte sowie die Heranführung der entsprechenden Positionen an den Herzog wird man als eine der wichtigsten bleibenden Leistungen der Welfen in Bayern sehen dürfen. Die neuen Salzhandelsrouten sollten zu einer Lebensader für viele bayerische Städte und für die gesamte Wirtschaft in Bayern werden, außerdem zu einer ergiebigen Einnahmequelle für das Herzogtum. Zu den von den Welfen eingeleiteten Entwicklungen gehört sicherlich auch, daß das Herzogtum nun nicht mehr in der Verfügung der Könige gehalten und daß neben dem Lehenscharakter die Erblichkeit der Herzogswürde gestärkt wurde. Davon sollten die Wittelsbacher ab 1180 Nutzen ziehen können.

Die in der Welfenzeit begründete oder schon vollzogene Trennung alter bayerischer Lande an der Peripherie des Herzogtums gehört ebenfalls zum Erbe dieser Epoche, das für die künftige Entwicklung Bayerns und des Reiches weitreichende Folgen zeitigen sollte. Bayern verlor dadurch seine herkömmlichen Entfaltungsmöglichkeiten im Südosten, wo sich im neuen Herzogtum Österreich eine dynamische Landesherrschaft ausbilden sollte, die später für die Habsburger zur Basis für den Aufstieg an die Spitze des Reiches wurde.

Schließlich hat die mehrfach unterbrochene und zuletzt wenig intensiv ausgeübte Herzogsherrschaft der Welfen die Formierung regionaler Kräfte in Bayern erleichtert. Das gilt für die Bischöfe, die in den wenigen Städten des Landes und im Umfeld eigene Herrschaftspositionen entwickeln konnten ebenso wie für den Adel. Zahlreiche Ministerialen dienten diesen Herren in den Dörfern des Landes. Vorformen der Ämterbildung und die Ausbildung von Mittelpunktorten in Anlehnung an die Burgen veränderten die Herrschaftsformen genauso wie das Gesicht des Landes. Vom Adel und von den Bischöfen ging nicht zuletzt eine nachhaltige Intensivierung der Klosterlandschaft in Bayern aus. Das «welfische Jahrhundert» war mit den Kräften aus Adel und Kirche eine Periode der intensivierten Binnenerschließung des Herzogtums Bayern. Deren Politik und Kultur hat das Leben der Menschen in Bayern in dieser Zeit wohl stärker geprägt als die Herzogsherrschaft der Welfen.

Die frühen Wittelsbacher

Grundlegung des Landes Bayern

Von Alois Schmid

«Im Jahre des Herrn 1180 hat Kaiser Friederich Herzog Heinrich von Bayern und Sachsen seines Amtes enthoben und im gleichen Jahr am 16. September den Pfalzgrafen Otto als Herzog in Bayern eingesetzt. Das ist geschehen zu Altenburg»[1]. Dieser Eintrag in den Regensburger Annalen leitet einen neuen Abschnitt der bayerischen Geschichte ein. Der bisherige Pfalzgraf und nunmehrige Herzog von Bayern, Otto I., gehörte dem Geschlecht der Wittelsbacher an, das seit diesem Tag die Regierung auf Dauer behaupten sollte. Volle 738 Jahre lang saßen die Wittelsbacher auf dem Herrscherthron in Bayern, zunächst als Herzöge, seit dem 17. Jahrhundert als Kurfürsten, von 1806 bis 1918 als Könige. Zwei Mitglieder der Dynastie haben sogar die Kaiserkrone, ein drittes die Königskrone im Heiligen Römischen Reich getragen. Wittelsbacher regierten in den skandinavischen Königreichen, ein Kind, Joseph Ferdinand, war als Erbe des spanischen Weltreiches ausersehen. Wittelsbacherinnen saßen auf Königs- und Fürstenthronen in vielen Staaten. Das Haus Wittelsbach gehört unbestreitbar zu den großen Dynastien Europas. Sein Ausgangspunkt war und sein Lebensmittelpunkt ist bis heute Bayern. Diesem Stammland haben die Wittelsbacher den Stempel ihrer Herrschaft aufgedrückt, die unauslöschliche Spuren hinterlassen hat. Diese sind noch in unseren Tagen, fast ein Jahrhundert nach ihrem Abtreten von der politischen Bühne, vielfach ersichtlich. Am Anfang steht der Hoftag in der thüringischen Pfalz Altenburg, auf dem Kaiser Friedrich Barbarossa die angeführte Verfügung traf. Sie markiert einen der großen Wendepunkte der bayerischen Geschichte.

Wer waren diese Wittelsbacher? Der zum Herzog erhobene Pfalzgraf Otto IV. entstammte einer fest im Lande verwurzelten Familie. Sie gehörte zu den rund dreißig Hochadelsgeschlechtern im damaligen Herzogtum. Zum ersten Mal ist sie mit dem Herkunftsattribut von Wittelsbach zum Jahre 1115 belegt.[2] In Verbindung mit weiteren Indizien ermöglicht es vor allem der Leitname Otto, die Familie verläßlich noch zwei Generationen ins 11. Jahrhundert zurückzuverfolgen. Seit etwa 1073 ist der Vater des ersten Pfalzgrafen als Graf Otto III. von Scheyern belegt, der sich nach dem Herrschaftsmittelpunkt seiner Stammburg benannte.[3] Dessen Vater, Otto II., ist als Hauptvogt des Freisinger Bischofs Nitker der erste mit Sicherheit dem Geschlecht zuzuordnende Vorfahre. Vielleicht steht er in Zusammenhang mit dem eine Generation früher anzusetzenden Grafen Otto (I.) im Kelsgau. Über diese Epochenschwelle kann das Geschlecht mit Gewißheit nicht mehr zurückverfolgt werden. Für die vorausgehende Zeit sind nur mehr Vermutungen möglich, die über die Luitpoldinger zum altbayerischen Uradel führen. Es muß bei der allgemeinen Feststellung verbleiben, daß die Wittelsbacher mit dem bayerischen Adel des Frühmittelalters in Verbindung stehen, ohne daß sie zwingend an ein bestimmtes Geschlecht angeschlossen werden könnten. Erst nach der Jahrtausendwende nimmt ihr Stammbaum deutlichere und schließlich verläßliche Konturen an.

Die wittelsbachische Haustradition freilich hat diese fraglichen Linien weiter ausgezogen. Erstmals die Scheyerer Fürstentafel des späten 14. Jahrhunderts leitete die Herzöge von den Karolingern ab und brachte sie mit Karl dem Großen als abendländischem Idealkönig in direkte Verbindung.[4] Andere Genealogen verknüpften sie mit den Agilolfingern. Damit wurde eine große dynastische Klammer über die gesamte bayerische Geschichte gelegt, an deren Anfang bereits das Geschlecht gestanden habe, das noch in der Gegenwart herrschte. Auch die Wittelsbacher wurden damit in das verwirrende Geflecht der Abstammungsfabeln einbezogen, die das Geschichtsbewußtsein des Späten Mittelalters und der Frühen Neuzeit bestimmten. Im Unterschied zu anderen Dynastien griffen diese aber nur ausnahmsweise mit dem Trojakämpfer Antenor in die Welt der antiken Heroen aus.

Weitere Einzelheiten zur Herkunft der Familie überliefert erstmals Konrad von Scheyern in der Chronik seines Hausklosters, dem «Chronicon Schirense», aus dem frühen 13. Jahrhundert.[5] Demnach weisen die Hausklöster zu einem ausgedehnten, von Graf Otto II. erheirateten Eigenbesitzkomplex um Aibling mit Bayerischzell zurück. Dort errichtete das Geschlecht eine erste monastische Niederlassung, die aber bald in das günstiger gelegene Fischbachau und in der nächsten Generation auf den Petersberg bei Dachau verlegt wurde. Der Alpenrand hatte sich auf Dauer als so unwirtlich erwiesen, daß sich die Grafen nordwärts orientierten und ihre Stammklöster mehr in den mittelbayerischen Raum vorschoben, wo sie seit der Regierungszeit des Kaisers Heinrich III. wohl aus dem Erbe der Kühbacher reiche Eigengüter und Grafschaftsrechte innehatten. Ihre Hauptburg stand auf dem Scheyerer Burgberg, von dem aus sie die anderen dortigen Herrschaftsträger abdrängten und in Wartenberg eine weitere wichtige Herrschaftsposition aufbauten. Zeitgleich mit der Übernahme der Pfalzgrafschaft verlegte die Hauptlinie ihren Herrschaftsmittelpunkt westwärts auf den schließlich namengebenden Burgberg bei Aichach, während die bisherige Stammburg 1119 in Umsetzung der Kirchenreform in ein Hauskloster umgewandelt wurde. Hier richteten die frühen Wittelsbacher ihre dynastische Grablege ein.

Die Anfänge des Geschlechtes der Wittelsbacher knüpfen sich an die genannten Orte; diese markieren die Hauptstationen der frühen Entwicklung. Um diese Mittelpunkte konzentrierten sich die Eigengüter, von denen aus immer weiter ausgreifende Machtpositionen aufgebaut wurden. Als Ansatzpunkte dafür nutzten die Wittelsbacher zum einen Grafschaften. Sie erlangten mehrere Komitate im mittleren Bayern, vor allem zwischen Paar und Ilm bis hinauf an die Donaulinie. Ansatzpunkte waren zum zweiten Kirchenvogteien. Die Wittelsbacher brachten eine lange Reihe von Klostervogteien in ihren Herrschaftsräumen in ihre Verfügung: Fischbachau, Scheyern, Ebersberg, Bernried, Schäftlarn, Weihenstephan, Neustift, Kühbach, Geisenfeld, Ilmmünster, Indersdorf, Altomünster, St. Ulrich und Afra zu Augsburg, Ensdorf auf dem Nordgau. Vor allem aber hatten sie bereits im mittleren 11. Jahrhundert die Vogtei über das sich bildende Hochstift und Domkapitel Freising inne, von der sie einen recht harten Gebrauch machten. Vielfältige Lehen verschafften willkommene Abrundungen. Ein entscheidendes Mittel beim Herrschaftsaufbau wurde sodann die äußerst gezielt und geschickt gehandhabte Heiratspolitik; sie ermöglichte zu Beginn des 12. Jahrhunderts den Sprung über die Donau in den bayerischen Nordgau hinein, wo die Wittelsbacher das Erbe der Edelfreien von Lengenfeld und Pettendorf an sich brachten. Eine starke Ministerialität in den genannten Herrschaftsräumen verlieh ihrer Politik den nötigen Rückhalt.

Zu den Eigengütern, Lehen, Grafschafts- und Vogteirechten sowie einer geschickten Heirats- und Ministerialenpolitik kam schließlich als entscheidendes Element des Aufstieges das Amt des Pfalzgrafen in Bayern, in dem sie ab 1116 belegt sind. Es verschaffte ihnen die Möglichkeit des Ausgreifens in die Reichspolitik. Der Pfalzgraf war der nach dem Landesherrn wichtigste Mann in den Herzogtümern des Hochmittelalters. Er war einerseits der Stellvertreter des Herzogs, andererseits der Funktionsträger, über den das Königtum in die Stammesherzogtümer hineinwirkte. Die Wittelsbacher haben in diesem Amt eindrucksvolle Zeugnisse ihrer bedingungslosen Staufertreue erbracht. Das gilt vor allem für den 1156 ins Amt gelangten Otto V. Dieser hatte schon 1155 den in der unwegsamen Veroneser Klause in einen Hinterhalt geratenen Friedrich Barbarossa in kühnem Zugriff aus bedrängter Lage befreit.

Zwei Jahre später hatte er auf der Reichsversammlung zu Besançon entschlossen mit dem Schwert die Ansprüche des Kaisers gegen den päpstlichen Legaten Roland verfochten, der in parteiischer Interpretation des Begriffes «beneficium» die Position des Kaisers in Frage stellte. In der Folgezeit begegnen die Wittelsbacher immer wieder im Gefolge des Stauferkaisers; der Pfalzgraf oder sein Bruder nahmen an jedem seiner Italienzüge teil, sie führten zahlreiche diplomatische Missionen aus. Unbedingte Königstreue und beständige Königsnähe wurden die entscheidenden Merkmale des Aufstieges ins erste Glied der Reichsfürsten.

Friedrich Barbarossa setzte also 1180 einen entschlossenen und über Jahrzehnte hin bewährten Parteigänger an die Stelle des ob seiner Machtfülle und Eigenwilligkeit gefährlich gewordenen Welfen Heinrich des Löwen. Der neue Herzog entstammte einer fest im Lande verwurzelten Hochadelsfamilie, die über eine solide Machtgrundlage verfügte, auch wenn es sich gewiß nicht um das mächtigste Grafengeschlecht im Herzogtum handelte. Unter den bayerischen Dynasten verfügten mehrere über breitere Herrschaftspositionen und ein ausbaufähigeres Machtpotential. An erster Stelle sind die Grafen von Andechs zu nennen, eine Adelsfamilie mit wahrlich abendländischen Beziehungen, die zur gleichen Zeit zu Herzögen von Meranien («duces Meraniae») und Pfalzgrafen von Burgund aufstieg. Daneben ist auf die Grafen von Bogen oder die Grafen von Ortenburg mit ebenfalls weit ausholenden Verbindungen zu verweisen. Der Rückgriff auf das mindermächtige Geschlecht war vom Kaiser beabsichtigt. Und um dessen Position weiter zu schmälern, trennte er 1180 noch die Steiermark ab, die zum eigenständigen Herzogtum erhoben wurde. Friedrich I. Barbarossa beschnitt gleich zu Beginn der Regierungszeit der Wittelsbacher das Herzogtum Bayern durch mehrere restriktive Maßnahmen. So durfte man vom neuen Herzogsgeschlecht am ehesten auch künftig Königstreue erwarten.

Die Rechnung des staufischen Königtums ging über Jahrzehnte hinweg auf. Das zeigt der Blick auf die frühen Herzöge. Der erste Herzog, Otto I., muß schon von der Erscheinung her eine beeindruckende Person gewesen sein. Doch war er zum Zeitpunkt seiner Einsetzung ins Amt bereits ein betagter Herr von rund sechzig Jahren. Wie vom Kaiser beabsichtigt, bewegte er sich während seiner kurzen Herzogszeit beständig im Fahrwasser der staufischen Reichspolitik. Diese Jahre waren im übrigen bestimmt von Auseinandersetzungen mit dem Grafenadel.[6] Dabei konnte Otto I. auf die Unterstützung der Kirche setzen, die ihm sein Bruder, Kardinal Konrad von Salzburg, verschaffte. Doch ist der Greis bereits im Jahre 1183 verstorben. Sein Hauptverdienst ist die Behauptung und Absicherung des Wittelsbacherregiments; er ist der Dynastiegründer.

Otto I. hatte zwar neun Kinder in die Welt gesetzt, doch nur ein einziger lebender Sohn, Ludwig, sicherte die Nachfolge; er zählte damals höchstens zehn Jahre. Für ihn führten zusammen mit der kraftvollen Mutter Agnes von Loon sein Onkel, Konrad von Salzburg, und Pfalzgraf Friedrich die vormundschaftliche Regierung. Erst in den neunziger Jahren übernahm Herzog Ludwig I. die Herrschaft in die eigenen Hände. Seine standes- und selbstbewußte Persönlichkeit zeigt in großer Eindringlichkeit zusammen mit seiner Gattin Ludmilla das Stiftergrabmal in Kloster Seligenthal bei Landshut. Natürlich setzten in dieser neuerlichen Krisenphase der Vormundschaft die rivalisierenden Hochadelsgeschlechter ihre Bemühungen um die Zurückdrängung der Wittelsbacher fort. Das gilt vor allem für die machtvollen Grafen an der entscheidenden Herrschaftsachse Bayerns: der Donaulinie. Dort bemühten sich die Burggrafen von Regensburg aus dem Geschlecht der Paponen, die mit ihnen verwandten angrenzenden Landgrafen von Stefling, die bereits erwähnten Grafen von Bogen und Ortenburg um den weiteren Ausbau ihrer Herrschaften. Deren nördliche Nachbarn waren die nicht minder machtvollen Diepoldinger in den Marken Cham und Nabburg. Diese Auseinandersetzungen der neunziger Jahre endeten mit dem eindeutigen Sieg des kraftvoll zupackenden Herzogs. Es gelang ihm nach und nach, die Donauachse in seine Verfügung zu bringen und damit sein Regiment entscheidend abzusichern.

Dabei kam den Wittelsbachern ein Umstand zugute, für den sie eigentlich nichts konnten: das auffallende Grafensterben. Der Reihe nach starben aus sehr unterschiedlichen Gründen die konkurrierenden Hochadelsgeschlechter aus. Die Herzogsfamilie war selber von dieser Gefahr bedroht, da die Nachfolge in der Hauptlinie in den ersten zwei Generationen auf jeweils einem einzigen lebenden männlichen Nachkommen beruhte und auch die Nebenlinien endeten. Die Wittelsbacher nutzten aber geschickt die Chancen, die sich durch das Grafensterben auftaten, und sammelten Grafschaften und Vogteien reihenweise ein. Die Rechtsgrundlage dafür war das Heimfallrecht des Landesherrn, das sie freilich recht unbekümmert auch auf Herrschaften ausdehnten, in denen Königsrechte dominierten. So wurde Ludwig I. der erste große Territorialpolitiker aus dem Hause Wittelsbach, der dessen Herrschaft vor allem in der zweiten Hälfte seiner langen Regierung über die eigenen Stammlande hinaus auf das gesamte Herzogtum ausdehnte. Natürlich hat diese Machterweiterung den Neid von Konkurrenten heraufbeschworen. Der Dolch eines Attentäters hat der erfolgreichen Herrschaft Herzog Ludwigs I. auf der Donaubrücke zu Kelheim 1231 ein jähes Ende gesetzt. Da der fremdländische Mörder auf der Stelle umgebracht wurde, konnten die Hintergründe nie aufgeklärt werden. Kaum zu Unrecht wurde der Stauferkaiser Friedrich II. als der eigentliche Drahtzieher des Mordanschlags verdächtigt.

Trotz dieses gewaltsamen Endes hat der einzige Sohn des Ermordeten, Otto II., dem später der Beiname «der Erlauchte» beigelegt wurde, die Politik des Vaters in jeder Hinsicht geradlinig fortgesetzt. Er hat die nämlichen Mittel angewandt, er hat die gleiche Konsequenz walten lassen und konnte zumindest in der inneren Territorialpolitik ähnliche Erfolge erzielen. Im wesentlichen vermochte er die Gewinne, die der Vater begründet hatte, endlich einzubringen. Das gilt vor allem für das wichtige Erbe der 1242 aussterbenden Grafen von Bogen und wesentliche Teile des noch machtvolleren Herrschaftskonglomerats der 1248 endenden Grafen von Andechs. Das Hauptverdienst Herzog Ottos II. während des Vierteljahrhunderts seiner Regierung waren der weitere Ausbau und die fortschreitende Intensivierung der Herrschaft der Wittelsbacher im Herzogtum.

Nach dem Tode Ottos des Erlauchten 1253 standen erstmals zwei Söhne zur Nachfolge zur Verfügung, denen gleiche Erbrechte zukamen: Ludwig II. und Heinrich XIII. Das Problem wurde zunächst dadurch gelöst, daß sie eine gemeinsame Regierung vereinbarten. Doch schon nach zwei Jahren gelangten sie zur Ansicht, daß sich diese Regelung nicht bewährte. Im Jahre 1255 erfolgte die erste wittelsbachische Herrschaftsteilung. Diese in Dynastenfamilien des Spätmittelalters übliche Verfügung leitete das Zeitalter der Landesteilungen in Bayern ein. Das Vorgehen der Herzöge wurde im 19. Jahrhundert scharf verurteilt. Heute erkennt man immer mehr die dadurch verbesserten Möglichkeiten der Herrschaftsdurchsetzung in den verkleinerten Zuständigkeitsbereichen. Die zweite Hälfte des 13. Jahrhunderts war bestimmt vom weiteren Ausbau des Fürstenregiments. Heinrich XIII. erhielt den Kernblock der altbayerischen Wittelsbacherlande, sein Bruder Ludwig der Strenge einen Territorialschlauch, der sich wie eine große Klammer von Westen her um diesen weithin abgerundeten Block legte, zu dem aber die 1214 erworbene Pfalz am Rhein kam. Wenngleich sich in diesen Herrschaftsbereichen die heutigen Regierungsbezirke Ober- und Niederbayern nur wenig widerspiegeln, so sind diese dennoch hier bereits grundgelegt. Auch weiterhin begegneten sich die Herzöge keineswegs immer in brüderlicher Verbundenheit. In entscheidenden Fragen des politischen Lebens bezogen sie unterschiedliche Positionen. Dem notgedrungen nach Westen ausgerichteten Oberbayern setzte Niederbayern eine ausgeprägte Ostorientierung entgegen. Ohne Zweifel wirkte sich dieser Dissens in vielfacher Hinsicht, vornehmlich bei den Bemühungen um das Königswahlrecht, hemmend aus. Die Hauptleistung der Herzöge Ludwig II. und Heinrich XIII. war, den Weg der vorausgegangenen drei Generationen mit Konsequenz weiterverfolgt zu haben. Damit schufen sie die Voraussetzungen, daß das Haus Wittelsbach nunmehr die Bühne der großen Politik betreten konnte.

Doch soll es hier weniger um die Personen als um die Grundzüge ihrer Politik gehen. In diesem Sinne seien im folgenden vier Bereiche vorgestellt, in denen die historische Leistung der frühen Wittelsbacher vornehmlich zu suchen ist. Deren erste ist die Grundlegung des Landes Bayern. Als die Wittelsbacher das Herzogtum Bayern übernahmen, verfügten sie lediglich über eine begrenzte Machtposition. Ihr besonderes Bestreben mußte sein, von ihren Eigengütern und den anfänglichen Zuständigkeitsräumen aus ihre Herrschaft auch in die anderen Teile des Herzogtums hineinzutragen und diese flächendeckend durchzusetzen. Das ist ein im einzelnen langwieriger und verwickelter Prozeß gewesen, den sie mit der ihnen eigenen Zähigkeit durchgesetzt haben. Dabei sind sie vor den zeitüblichen Gewalttaten nicht zurückgeschreckt. Anfangs bedienten sie sich herkömmlicher Mittel wie der Adels- und Burgenpolitik. Vor allem in den Umbruchjahren um 1180 drängen sich bei mehreren Geschlechtern die Erstbelege für ihren Grafenstatus: den Moosburgern, den Abensbergern, den Leonsbergern, den Schaumbergern, den Hohenburgern. Offensichtlich verdankten sie ihre Rangerhöhung hauptsächlich der Protektion der Wittelsbacher, die so ihre Gefolgschaft stärkten und weitere wichtige Herrschaftspunkte gewannen.

Grundlinie des Aufstieges der Wittelsbacher ist die schrittweise Ausdehnung der Herrschaft von ihren Ausgangslanden her in das gesamte Herzogtum hinein. So haben sie sich vor allem an der entscheidenden Donaulinie durchgesetzt und dann auch den Durchbruch in den alten Nordgau hinein geschafft. Aus dem staufischen Erbe gewannen die Wittelsbacher ab 1268 noch einmal wesentliche Vergrößerungen und Abrundungen in den Grenzräumen nach Schwaben und Franken hin. Vom gleichzeitigen Zerfall des Egerlandes zogen sie freilich keinen Gewinn. Durchsetzen konnten sich die Wittelsbacher weiterhin nicht im Herzogtum Österreich und in der Steiermark, Gebiete, die sie nach dem Aussterben der Babenberger 1246 nur zu gern wieder zum Stammland zurückgeführt hätten. Durchsetzen konnten sie sich auch nicht im tirolischen Herrschaftsraum der Grafen von Andechs, der schließlich an das Haus Habsburg gelangte. Salzburg ging verloren und stieg zum mächtigen Hochstift im östlichen Alpenraum auf. Die aus dem Hirschberger Erbe abgeleiteten Ansprüche auf Eichstätt blieben unerfüllt; Eichstätt wurde ebenso eine fürstbischöfliche Stadt wie Passau und Freising. Der alte Vorort Bayerns, Regensburg, erkämpfte sich den Status einer Reichs- und schließlich sogar einer Freistadt. Auf der anderen Seite behaupteten die Wittelsbacher ihr Land gegen den Ausgriff der machtvollen Ottokare, die die Grenzen des Königreiches Böhmen mit allen Mitteln auch nach Nord- und Ostbayern vorschieben wollten. Seit das Konradinische Erbe anfiel, unterstand der Herrschaft des Hauses Wittelsbach in etwa bereits der Raum, der Altbayern ausmacht. Er war nur mehr von wenigen adeligen, kirchlichen und städtischen Enklaven durchbrochen.

Die zweite Hauptleistung der inneren Regierungstätigkeit der frühen Wittelsbacher ist der Aufbau einer leistungsfähigen, zukunftorientierten Landesverwaltung. Der vorgestellte Herrschaftsraum wurde zum Territorialstaat umgebaut. Das neue Herzogsgeschlecht entwickelte viele Aktivitäten, die in den größeren Zusammenhang des allgemeinen Verfassungswandels vom überkommenen Personenverbandsstaat zum nach neuartigen Prinzipien beherrschten Territorialstaat gehören. Gezielt nutzten sie das Grafensterben zum Aufbau neuer staatstragender Strukturen. Das Pfalzgrafenamt büßte seine bisherige Bedeutung ein und ging schließlich im Herzogsamt auf. Bereits im 13. Jahrhundert wurden die Grundlagen für den dreistufigen Verwaltungsaufbau mit Hilfe von Beamten gelegt, der dann die innere Geschichte Bayerns auf Jahrhunderte hin bestimmen sollte. An die Spitze wurde ein Hofrat gestellt, der den Landesherren zur Seite stand. In ihm führte der hohe Landesadel das Wort. Der Klerus trug die Tätigkeit der landesherrlichen Hofkapelle, die das religiöse Leben am Herzogshof leitete, und auch der Herzogskanzlei, deren reiche Urkundenproduktion Einblick in die rege Verwaltungsarbeit eröffnet, die nunmehr in Gang kam. Natürlich bildete nach der Herrschaftsteilung von 1255 jedes Teilherzogtum eigene Verwaltungsorgane aus. Weitere Zentralbehörden gab es nicht, denn noch immer übten die Landesherren ihre Herrschaft im beständigen Umritt aus. Neben den Urkunden, denen bezeichnende Herzogssiegel ihre Rechtskraft verliehen, wurden Münzen ein wichtiges Herrschaftsmittel, zu deren Herstellung in Regensburg, München und bald auch an anderen Orten landesherrliche Münzstätten aufgebaut wurden. Als neuartige Herrschaftssymbole sind seit der Frühzeit des Herzogsgeschlechtes unterschiedliche Wappen bezeugt, die aber rasch vom Rautenwappen der beerbten Grafen von Bogen in den Hintergrund gedrängt wurden.

Die Herrschaft vor Ort mußte von lokalen Amtsträgern zur Geltung gebracht werden. Nach dem Aussterben der Grafen gingen deren Kompetenzen an die Landrichter über: Sie sollten für Jahrhunderte die typisch bayerischen Verwaltungsbeamten auf der unteren Ebene bleiben. An ihre Seite traten Pfleger, Kastner, Mautner, Zöllner; jeder dieser frühen Funktionsträger erhielt seine geregelte Zuständigkeit in einem der fest umrissenen Verwaltungssprengel, die sich allmählich bildeten. In einigen Fällen lehnten sich die neuen Ämter und Landgerichte an ältere Grafschaften oder auch Vogteibezirke an, in anderen dagegen nicht. Den besten Einblick in diese Bemühungen um die zweckmäßige Verwaltungsorganisation eröffnen die beiden ältesten Herzogsurbare von etwa 1230 und 1280, die den fortschreitenden Herrschaftsauf- und Herrschaftsausbau dokumentieren.[7]

In anderen Quellen ist dann bereits von Viztumen die Rede, die zunächst als Herzogsvertreter fungierten und später als Mittelinstanz die Verbindung der Zentrale zu den Landgerichten herstellten. Den Viztumen nachgeordnet waren die für den Fiskalbereich zuständigen Rentmeister, in deren Tätigkeitsfeld erste Abrechnungsunterlagen Einblick verschaffen. Die Anfänge einer Steuer stellten das Landesregiment allmählich vom Amtsgut auf die neuartige Wirtschaftsgrundlage von Geldeinkünften um. Gegen Ende des 13. Jahrhunderts zeichnete sich in deutlichen Grundzügen bereits die Organisation des staatlichen Lebens in Bayern ab, die dieses dann auf lange Zeit hin tragen sollte.

Das gilt sogar für die wichtigste Verfassungseinrichtung im Herzogtum: den Landtag. Die Reihe der älteren Landtage des Hochmittelalters klingt mit den noch einmal zu Regensburg durchgeführten Gefolgschaftsversammlungen von 1233 und 1244 aus. Gegen Ende des 13. Jahrhunderts waren dann aber bereits neue Formen der Beteiligung des Landes an der Herrschaft gefunden. Sie kündigten sich in den Rittertagen seit den neunziger Jahren an, sollten dann aber gleich zu Beginn des neuen Jahrhunderts mit der «Ottonischen Handfeste» von 1311 dauerhafte Konturen annehmen. Auf diesem Wege wurde der sich in Ritterbünden formierende und artikulierende Landadel in das neue Herzogsregiment eingeordnet.

Entsprechendes gilt für die Kirche. Eine nicht minder zielstrebige Kirchenpolitik, die angesichts meist gespannter Beziehungen zur päpstlichen Kurie in Rom eine Landeskirche ansteuerte, schob der Ausbildung von Reichsklöstern – wie in Schwaben – einen wirkungsvollen Riegel vor und band die Klöster eng an den Landesherrn. In gleicher Weise wurden die Hochstifte der Bischöfe zumindest im altbayerischen Kernraum zurückgedrängt. Nur in den Randbereichen vermochten die Bischöfe von Salzburg, Passau und Eichstätt ausgedehntere Herrschaften aufzubauen. Auch in administrativer Hinsicht schufen die Wittelsbacher auf Dauer tragfähige Strukturen. Sie haben damit die Grundlagen des Staates Bayern gelegt.

Ein besonders bezeichnendes Mittel der wittelsbachischen Landesherrschaft wurde ihre zielstrebige Städte- und Märktepolitik. Die frühen Wittelsbacher haben das System der Zentralorte im Herzogtum weithin neu aufgebaut. In diesem Rahmen errichteten sie eine lange Reihe von Städten und Märkten: eine ihrer größten Leistungen. Sie haben im ersten Jahrhundert ihrer Herrschaft in Bayern an die dreißig Landstädte errichtet, die die bayerische Kulturlandschaft bis ins 19. Jahrhundert wesentlich bestimmen sollten. Der Grund für die Besetzung des Landes mit derartigen neuen Siedlungstypen ist zunächst im Vorbild der romanischen Welt zu suchen, das im süddeutschen Umland von allen großen Dynastien aufgegriffen wurde: den Zähringern, den Babenbergern, den Habsburgern, den Přemysliden, den Staufern. Im Gefolge dieser großen europäischen Aufbruchsbewegung sind die Wittelsbacher die Begründer des Städtewesens in Bayern geworden. Sie kamen damit aber auch den Erfordernissen der nun auf das Flächenprinzip ausgerichteten Landesverwaltung nach. Der neustrukturierte Territorialstaat bedurfte eines Netzes von Zentralorten in Form von Städten und Märkten, die immer mehr an die Stelle der Burgen traten. Von ihnen aus wurden fortan Verwaltung, Militär, Kirche, Wirtschaft und Verkehr gelenkt. Die in diesen neuen Siedlungstypen zusammenströmenden und die begehrte Stadtfreiheit suchenden Menschen führten einerseits zu einer spürbaren Landflucht aus dem näheren Umland, rekrutierten sich aber andererseits auch aus einem Bevölkerungsüberschuß, den die Demographie für das Hohe Mittelalter voraussetzt. Die frühwittelsbachischen Landstädte bauten den äußerst geringen Bestand an älteren urbanen Zentralorten in Bayern geradezu sprunghaft aus. Denn um 1180 gab es gerade eine Handvoll Städte. Das waren die vier Bischofssitze Regensburg, Salzburg, Passau, die sich aus römischer Wurzel entwickelt hatten, und Freising sowie die landesherrlich-welfische Gründung München. Erst die Wittelsbacher haben das im übrigen städteleere Land mit einem Netz derartiger neuer Zentralorte besetzt.

Im Mittelpunkt der frühwittelsbachischen Städtepolitik steht noch immer die – so Johannes Aventin – «mueterstadt» in Bayern schlechthin: Regensburg. Noch Otto von Freising hatte sie als Vorort Bayerns («Boiariae metropolis») oder Hauptsitz der Herzöge («sedes ducatus Norici») bezeichnet.[8] An diesem wollten die Wittelsbacher unbedingt festhalten. Der alte Vorort des Herzogtums sollte auch der Vorort des wittelsbachischen Bayern bleiben, um

Kontinuität zu demonstrieren. Doch ist diese Hoffnung nicht in Erfüllung gegangen. In einem vielstufigen Prozeß wurden die Wittelsbacher zwischen 1160 und 1245 aus Regensburg hinausgedrängt. Die Stadt wurde eine Freistadt mit sehr weitgehender Bürgerautonomie, in der den Wittelsbachern nur wenige Rechte verblieben.

Die aus dem bisherigen Vorort Regensburg abgedrängten Herzöge setzten sich zunächst in Kelheim fest. Das allerdings erst bei Aventin genannte Gründungsjahr[9] der Stadt Kelheim 1181 hat viel für sich. Kelheim wurde gerade nach der Zerstörung der Stammburg Oberwittelsbach 1209 der bevorzugte Aufenthaltsort der frühen Wittelsbacher, in dem vor allem die Herzogsfrauen mit den Familien zurückblieben, während die Männer in Ausübung der Reiseherrschaft durch das Land zogen. Die frühen Wittelsbacher bis zur Generation Ottos II. scheinen vornehmlich auf dieser Burg geboren worden zu sein. Ein weiteres Indiz für eine solche Interpretation ist der Tod Ludwigs I., der in der vertrauten Umgebung der Donaustadt auf die üblichen Schutzmaßnahmen verzichten zu dürfen glaubte. Der freilich erst junge Beiname «der Kelheimer» verweist zu Recht auf die besondere Rolle Kelheims im Land der frühen Wittelsbacher.

Auf Kelheim, die erste Stadtgründung der Wittelsbacher und die einzige des Herzogs Otto I., folgten unter Herzog Ludwig I. mehrere Städte: Cham nach 1204, Landshut 1204/1205, Straubing 1218, Landau an der Isar 1224 und wohl noch Erding 1228. Wer diese Gründungen auf die historische Landkarte überträgt, wird sofort ein zugrunde liegendes System erkennen. Die frühen Städtegründungen reihen sich geradezu konzentrisch rund um die alte «metropolis» Regensburg, die an den entscheidenden Zugangsstraßen in sicherer Entfernung unter Druck gesetzt werden konnte. Sie sollte in ihrer Lebensfähigkeit – vor allem in wirtschaftlicher Hinsicht – eingeschnürt und durch ökonomische Pressionen wieder zur Rückkehr in den Verband des Herzogtums gezwungen werden. Das ist den Wittelsbachern schließlich auch gelungen – freilich erst nach einem halben Jahrtausend im Jahre 1810. Die Städtepolitik Ludwigs des Kelheimers hatte eine unverkennbare Stoßrichtung gegen das in seiner Blüte stehende Regensburg. Davon profitierte zunächst das nahe gelegene Kelheim. Von diesem Ersatzvorort aus betrieben die Wittelsbacher die Rückgewinnung Regensburgs und traten jeder konkurrierenden Adelsinitiative mit offener Gewalt entgegen, wie vor allem die Zerstörung der bis heute nicht lokalisierten Bogener Grafenstadt Lichtenwörth zeigt.

Nach der Bluttat von 1231 wandte sich das Haus Wittelsbach jedoch schlagartig und verbittert von Kelheim, der Stätte des grausigen Geschehens, ab. Die Herzoginwitwe Ludmilla gründete schon 1232 das Zisterzienserinnenstift Seligenthal bei Landshut. Diese Stadt wurde nun der bevorzugte Aufenthaltsort Herzog Ottos II. Eine spätere Herzogsurkunde bezeichnet sie als Hauptwohnsitz der Landesherren.[10] Hier wurden nun Landtage abgehalten und Münzen geprägt. Herzog Otto II. verlegte den Vorort des Herzogtums nach Landshut, das der militärische Mittelpunkt («des Landes Hut») werden sollte. Im übrigen hat Otto II. die Städtepolitik aus dem bisher bevorzugten Donauraum weiter in die Fläche des Herzogtums getragen. Vor allem die Flußlinien von Lech, Donau und Inn/Salzach besetzte er mit zusätzlichen Städten. Er legte über das Territorium ein noch immer weitmaschiges, aber schon auf das gesamte Gebiet ausgerichtetes Netz von Städten. Gründungen dieses Herzogs sind Burghausen, Neuötting, Braunau, Dingolfing und Deggendorf im niederbayerischen, Ingolstadt, Aichach, Weilheim und Rain am Lech im oberbayerischen Raum.

Doch währte auch die Bevorzugung Landshuts nur eine Generation. Der Tod Ottos II. löste erneute Verschiebungen aus. Die entscheidende Voraussetzung dafür war die Herrschaftsteilung von 1255. Die damals geschaffenen zwei Herrschaftsbereiche benötigten zwei Vororte. Landshut blieb der Vorort des Teilherzogtums Niederbayern. Neben diesen trat nun immer mehr München, wo die Wittelsbacher erst seit 1240 nachweisbar sind. Ab 1255 begannen sie mit dem Ausbau des Alten Hofes zum Herrschaftszentrum. Der Alte Hof sollte langfristig einer der Kristallisationspunkte der Wittelsbacherherrschaft in Bayern werden. Hauptsächlich an ihn knüpfen sich die Vorgänge der Hauptstadt- und Residenzbildung in Bayern, die nun – und somit in deutschem Rahmen vergleichsweise sehr früh – in Gang kamen.

Im übrigen haben die Teilherzöge Ludwig II. und Heinrich XIII. die Städtegründungen zunächst weitergeführt und das Netz der Landstädte noch einmal enger geflochten. Städte, die ihre Anfänge mit diesen beiden Herzögen in Verbindung bringen, sind Friedberg, Neustadt an der Donau, Traunstein oder Kitzbühel. Doch bricht die Entwicklung um 1270 dann recht plötzlich ab. Nach einem Jahrhundert intensiver Städtepolitik beendeten die Wittelsbacher diese Aktivitäten auffallend abrupt. In der Folgezeit wandten sie sich einer ähnlich aktiven Märktepolitik zu; sie gründeten nun nur noch Märkte, und das in noch größerer Anzahl. In der Frühen Neuzeit zählte man im Herzogtum Bayern neben 33 Städten 77 gefreite Märkte. Das wichtigste Motiv für diesen Umschwung ist in der Verfassung zu sehen. Stadt und Markt unterschied nicht primär die Ummauerung, auch nicht die Qualität des Wirtschaftslebens, sondern in erster Linie ein unterschiedliches Ausmaß an administrativer Eigenständigkeit: Stadtfreiheit verschafft eine weitergehende Autonomie als die Marktfreiheit. Deswegen sind die Wittelsbacher, als sie ihr Land fest im Griff hatten, von der Privilegierung der aufstrebenden Kommunen mit Stadtrechten abgegangen und haben nur noch Marktrechte verliehen.

Der Bestand an Städten ist in Bayern bis zum Ende des Alten Reiches kaum mehr über die um 1270 erreichte Anzahl hinaus angewachsen. Das ist der Hauptgrund dafür, daß Altbayern verglichen mit den umliegenden historischen Landschaften ein städtearmer Raum ist. Hieraus erklären sich auch bezeichnende Binnenunterschiede. Niederbayern und Oberbayern sind in unterschiedlicher Dichte mit Städten und Märkten besetzt. Sie verfügen über weniger urbane Zentralorte als schon die Oberpfalz oder gar Franken und Schwaben. Diese Strukturunterschiede in der süddeutschen Kulturlandschaft finden ihre Erklärung auch in der Städtepolitik der frühen Wittelsbacher.

Mit ihrer zielstrebigen und erfolgreichen Innenpolitik schufen schon die frühen Wittelsbacher tragfähige Grundlagen für ein Ausgreifen nach außen. Wie die Wittelsbacher die Einsetzung in das neue Amt in erster Linie ihrer ausgeprägten Staufertreue verdankten, verblieben sie bis zum Ende Kaiser Heinrichs VI. auf dieser Seite. Als aber die Doppelwahl von 1198 den herkömmlichen staufisch-welfischen Thronkonflikt in ein neues Stadium führte, begannen sie, von dieser einseitigen Anlehnung an die Staufer abzurücken und sich einem pragmatischen Kurs zwischen den Fronten zuzuwenden. Die Neuausrichtung deutete sich ein erstes Mal in der Bluttat zu Bamberg 1208 an, als ein Mitglied der Herzogsfamilie König Philipp von Schwaben wegen Uneinigkeit in Fragen der dynastischen Heiratspolitik mit einem gewaltigen Schwerthieb erschlug; freilich hatte die Hauptlinie mit diesen Vorgängen nichts zu tun. Für die Reichspolitik der Folgezeit zeichnet sich sodann die Faustregel ab: Die Herzöge waren am ehesten auf der Seite zu finden, die den größeren Gewinn versprach. Diese Rechnung ist aufgegangen. Die zur Unterstützung immer begehrten Herzöge von Bayern haben sich ihre Parteinahme jeweils mit Privilegien honorieren lassen. Das wichtigste war die reichsrechtliche Anerkennung der Erblichkeit ihres Thronlehens noch 1208. Der entscheidende Territorialgewinn wurde 1214 die Pfalz am Rhein aus welfischer Hand durch die Verlobung und spätere Eheverbindung Ottos des Erlauchten mit der Welfin Agnes; der Staufer Friedrich II. mußte ihn 1219 anerkennen. Im Jahre 1226 hat der König den Wittelsbacher sogar zum Vormund seines Sohnes Heinrich (VII.) und Prokurator des Reiches eingesetzt.[11] Sein späteres Abrücken von der Stauferpartei kostete Ludwig den Kelheimer letztlich das Leben.

Die Bindung der Wittelsbacher an die Staufer lockerte sich natürlich nach der Bluttat von 1231, wenngleich nicht auf Dauer. Herzog Otto II. kehrte nach einem Jahrzehnt der Distanz wieder ins Lager Friedrichs II. zurück, dessen Sohn Konrad 1246 mit der Herzogstochter Elisabeth verheiratet wurde. König Konradin, der Sohn aus dieser staufisch-wittelsbachischen Eheverbindung und letzte Staufer, ist auf der niederbayerischen Burg Wolfstein bei Landshut geboren worden und dort unter der Obhut seines wittelsbachischen Onkels aufgewachsen. Angesichts der staufischen Auseinandersetzungen mit der päpstlichen Kurie wurde Herzog Otto wegen seiner Wiederannäherung sogar mit dem lebenslangen Kirchenbann und sein Land mit einem dauerhaften Interdikt belegt.

Diese schließlich wieder recht entschlossene Parteinahme der Wittelsbacher sollte sich schon nach wenigen Jahren auszahlen. Die Herzöge von Bayern sind die großen Gewinner im süddeutschen Raum nach dem Untergang der Staufer geworden. Das gilt noch mehr als für die reichen Territorialgewinne aus dem Konradinischen Erbe für die durch das Machtvakuum bedingten politischen Möglichkeiten. Nach dem Ende der Staufer sind die Wittelsbacher zur mächtigsten Dynastie im süddeutschen Raum aufgestiegen. Nun begannen sie, ihren Blick auch auf Königskronen zu richten. Erstmals bei der Königswahl des Jahres 1273 liebäugelte Herzog Ludwig der Strenge mit einer wittelsbachischen Kandidatur. Sie war keinesfalls aussichtslos, scheiterte aber nach zähen Vorverhandlungen nicht zuletzt wegen der mangelnden Unterstützung des eigenen Bruders in Niederbayern. Deswegen zog Ludwig der Strenge noch vor dem Wahlakt seine Bewerbung zugunsten des Habsburgers Rudolf I. zurück. Doch waren nach dem erfolglosen ersten Anlauf von 1273 die wittelsbachischen Königspläne nur aufgeschoben. Sie sollten schon in der nächsten Generation wiederaufgenommen und mit wesentlich stärkerem Nachdruck zur Geltung gebracht werden. Insgesamt gesehen ist das 13. Jahrhundert von einer kontinuierlichen Zunahme der reichspolitischen Bedeutung des Hauses Wittelsbach bestimmt.

Der Tod des Brüderpaares Heinrich XIII. (1290) und Ludwig II. (1294) setzte einen Schlußpunkt hinter die Epoche der frühen Wittelsbacher als Herzöge von Bayern. Am Ausgang des 13. Jahrhunderts war ein erster Einschnitt ihrer Herrschaft erreicht. Deswegen sollen die Betrachtungen hier abgebrochen werden, um ein bilanzierendes Resümee an den Schluß zu stellen: Was war das Ergebnis des ersten Jahrhunderts wittelsbachischer Herrschaft in Bayern? Es war ohne Zweifel ein gewichtiges Erbe, das an die fünfte Herzogsgeneration weitergegeben wurde. Die frühen Wittelsbacher hatten ein neues Herzogtum geschaffen. Das gilt zum einen in territorialer Hinsicht, weil sie das Land Bayern in seinen entscheidenden Konturen aufgebaut haben. Das wittelsbachische Herzogtum hob sich als ungewöhnlich geschlossener Flächenstaat deutlich von den Nachbarräumen Schwaben und Franken ab, die den umgekehrten Weg der herrschaftlichen Aufsplitterung gingen. Hier waren zum anderen die zukunftweisenden Grundlagen für eine leistungsfähige Territorialverwaltung und damit den Staat Bayern gelegt worden. Das neu aufgebaute Netz von Städten und Märkten schuf tragfähige Voraussetzungen für die innere Entwicklung auf Jahrhunderte hin.

Auf diesen Grundlagen konnten die Wittelsbacher weitere Schritte auf der Bühne der großen Politik wagen. Sie erreichten im 13. Jahrhundert noch nicht das erhoffte Ziel. Das sollte erst der folgenden Generation gelingen. Schon der nächste Vorstoß führte zu einem zumindest begrenzten Erfolg, als Herzog Otto III. von Niederbayern für wenige Jahre von 1305 bis 1307 die Krone im Königreich Ungarn trug. Auf den ersten Höhepunkt wurde das Haus Wittelsbach dann aber von Herzog Ludwig IV. von Oberbayern geführt, der als Ludwig der Bayer 1314 die Königskrone und schließlich 1328 sogar die Kaiserkrone im Heiligen Römischen Reich erlangte. In diesen Erfolgen gipfelte das politische Wirken der frühen Wittelsbacher. Insgesamt gesehen stellt ihr Werk eine staatspolitische Leistung von sehr hohem Rang dar. Gerade in dieser Epoche war die Geschichte Bayerns eine Geschichte des Hauses Wittelsbach. Damals wurde die untrennbare Symbiose von Wittelsbach und Bayern begründet, die dann für ein dreiviertel Jahrtausend der bestimmende Grundzug der Geschichte Bayerns werden sollte.

Ludwig der Bayer

Der letzte Kampf zwischen Kaisertum und Papsttum

Von Michael Menzel

Ludwig der Bayer hat in der langen Reihe der wittelsbachischen Herrscher von 1180 bis 1918 wohl die steilste Karriere vorzuweisen. Im Mittelalter war er der einzige, der die römische Kaiserkrone trug. Die Funktion als Reichsoberhaupt und nicht als bayerischer Herzog soll im Mittelpunkt dieser Darstellung stehen. Genauer gesagt wird ein zentraler Aspekt seiner Reichsherrschaft in den Blick genommen, nämlich die Auseinandersetzungen mit dem Papsttum. Daß die Spannungen zwischen Kaisern und Päpsten immer wieder von grundlegender Bedeutung für die mittelalterliche Geschichte waren, muß nicht ausdrücklich hervorgehoben werden. Für Ludwigs Regierungszeit aber gewannen sie besondere Bedeutung. Das Thema ist in einer englischen Studie sogar einmal als «das letzte Gefecht» («the last struggle») bezeichnet worden.[1] In der Tat, von den großen Kämpfen zwischen den beiden mittelalterlichen Universalmächten des Kaisertums und des Papsttums sind Ludwig und seine päpstlichen Gegenspieler die Akteure einer historisch letzten Runde gewesen. Danach hat es derartige Auseinandersetzungen zwischen dem Reich und der Kurie nie mehr gegeben. Ludwigs Zeit, die erste Hälfte des 14. Jahrhunderts, war aber noch einmal weitgehend von diesem Konflikt geprägt. Der Kampf mit den Päpsten beanspruchte einen erheblichen Teil seiner politischen Energie und seines politischen Talentes, wobei er wahrlich nicht zu wenig von beidem hatte. Auch die Päpste wurden durch diesen Kampf mit dem Reich noch einmal aufs äußerste herausgefordert. Das historische Ergebnis dieses letzten Ringens zwischen Kaiser und Papst wird am Ende als ein Fazit zugunsten des Reiches und nicht unbedingt zugunsten der Kurie zu ziehen sein.

Geboren wurde Ludwig wohl Ende 1281/Anfang 1282 in München. Seine Eltern waren Herzog Ludwig II. von Oberbayern und Mathilde von Habsburg, eine Tochter König Rudolfs I. Der kleine Ludwig wurde nach dem Tode seines Vaters 1294 für einige Zeit in die Heimat seiner Mutter nach Wien geschickt, um standesgemäß erzogen zu werden. Danach folgten politisch schwierige Jahre, in denen er sich die Beteiligung an der Regierung im oberbayerischen Herzogtum gegen seinen älteren Bruder Rudolf regelrecht erkämpfen mußte. 1313 kam dann eine erste große Machterweiterung. Beim Kampf um die Vormundschaft über die noch unmündigen benachbarten Herzöge Niederbayerns setzte sich Ludwig gegen seinen ehemaligen Wiener Spielkameraden Friedrich den Schönen von Habsburg durch. In der Schlacht von Gammelsdorf am 9. November 1313 wurde die Vormundschaftsfrage blutig entschieden, Ludwig drängte den Habsburger aus Niederbayern hinaus und verschaffte sich dort einen beträchtlichen Einfluß. Ein Jahr später gelang ihm ein noch größerer Erfolg. Er setzte sich bei der deutschen Königswahl durch, die nach dem Tod Kaiser Heinrichs VII. nötig geworden war, und zwar wieder gegen seinen Konkurrenten Friedrich den Schönen. Die Mehrheit der Fürsten wählte Ludwig, der in Aachen die Königskrone empfing. Allerdings gab der Habsburger diesmal nicht so schnell auf, sondern er stellte als Gegenkönig, wenn auch nur mit einer fürstlichen Minderheit im Rücken, für Ludwig jahrelang eine Bedrohung dar. Der Kampf um die Krone wurde erneut auf dem Schlachtfeld ausgetragen, Ludwig besiegte seinen habsburgischen Gegner bei Mühldorf im September 1322 endgültig.

Kurz nach diesem entscheidenden Durchbruch für seine Herrschaft im Reich entbrannten die Auseinandersetzungen mit dem Papsttum, die im folgenden zu schildern sind. Von den weiteren Lebensstationen Ludwigs ist noch zu erwähnen, daß er, nachdem er das Gegenkönigtum überwunden hatte, im Januar 1328 die Kaiserkrönung in Rom erzwang. Sie erfolgte nicht nur gegen den Willen des Papstes, sondern im völligen Bruch mit der Kurie. Nach dem Romzug schlossen sich als bemerkenswerte Etappen noch drei Erweiterungen der wittelsbachischen Hausmacht an, die Ludwigs Kaisertum noch einmal einen erheblichen Rückhalt verschafften; je stärker er als Landesfürst war, um so machtvoller war er auf dem Thron des Reiches. 1340/1341 gelang ihm nach dem Aussterben der dortigen Herzogslinie die Vereinigung Niederbayerns mit seinem eigenen oberbayerischen Herzogtum. 1342 erweiterte er seinen Hausmachtbereich um die Grafschaft Tirol, indem er einen seiner Söhne in eine skandalumwitterte Ehe mit der Tiroler Erbtochter trieb. 1346 sicherte er sich durch die Erbrechte seiner zweiten Gemahlin die Grafschaften Holland, Seeland und Friesland. Als er am 11. Oktober 1347 während einer Hofjagd starb, war er als Kaiser auch einer der mächtigsten Dynasten im römischdeutschen Reich. Trotz zahlreicher Nachkommenschaft aus seinen beiden Ehen mit Beatrix von Glogau und Margarete von Holland konnte das Haus Wittelsbach sich aber nicht an der Reichsspitze behaupten.

Ludwigs Gegenspieler, die während seiner Herrschaftszeit immer mehr zu seinen Feinden wurden, waren die drei aufeinanderfolgenden Päpste Johann XXII. von 1316 bis 1334, Benedikt XII. von 1334 bis 1342, und Clemens VI. von 1342 bis 1352, der Ludwig also um fünf Jahre überlebte. Diese drei Päpste residierten nicht in Rom, sondern in Avignon. Sie gehörten einer Periode der Kirchengeschichte an, die durch die besondere Nähe der Kurie zu Frankreich gekennzeichnet war. Seit 1309 saß sie in Avignon, ein Zustand, der bis 1378 und dann unter schismatischen Päpsten sogar noch bis 1417 andauern sollte. Der Pontifikat der drei Gegenspieler Ludwigs fiel also in diese avignonesische Epoche.

Worum ging es im Kampf zwischen Ludwig und seinen geistlichen Kontrahenten? Die Auseinandersetzungen zwischen Kaisern und Päpsten bestimmten schon seit langem das politische Geschehen, aber man kann die einzelnen Konflikte nicht derart miteinander verknüpfen, daß Ludwig hier in einer bestimmten Kontinuität zu sehen wäre. So ging es, um die beiden wichtigsten früheren Konflikte zu nennen, zwischen König Heinrich IV. und Gregor VII. im 11. Jahrhundert um den Einfluß der weltlichen Gewalt auf das kirchliche Ämterwesen, zugespitzt im Begriff der Bischofsinvestitur. Daher nennt man diesen Streit den Investiturstreit. Zwischen Kaiser Friedrich II. und Gregor IX. sowie Innocenz IV. im 13. Jahrhundert stand dagegen das ganz andere Problem der Umklammerung des Kirchenstaates durch das römisch-deutsche Reich im Norden und das normannische Erbreich im Süden im Vordergrund, die beide in der Hand der Staufer waren. Bei Ludwig dem Bayern stellte sich die Situation wiederum anders dar. Die Personalunion des Reiches mit Süditalien war mit dem Sturz der Staufer hinfällig geworden. Die Päpste dehnten ihre politischen Ziele gegenüber dem Reich nun ein Stück weiter nach Norden aus. Nicht mehr die Umklammerung des Kirchenstaates war das Problem, sondern die Einflußnahme des Papstes auf den oberitalienischen Teil des Reiches war ins Blickfeld getreten.

Als Ludwig im November 1314 zum römisch-deutschen König gewählt und in die Auseinandersetzungen mit seinem Gegenkönig verstrickt wurde, war der Papstthron unbesetzt. Im April 1314 war Papst Clemens V. gestorben, und bis zum August 1316 konnten sich die zerstrittenen Kardinäle nicht auf ein neues Kirchenoberhaupt einigen. Dann wählten sie den bereits über siebzigjährigen Johann XXII., einen mühsamen Kompromißkandidaten, der sich vor allem durch sein hohes Alter empfahl und den die Kardinäle als eine Übergangslösung ansahen. Keiner ahnte jedenfalls, daß dieser für damalige Verhältnisse außerordentlich alte Mann den Papstthron noch über achtzehn Jahre bis zum Dezember 1334 besetzen würde. Johann XXII. hielt sich zunächst aus dem deutschen Thronstreit heraus. Solange sich Ludwig und sein Gegenkönig Friedrich die Waage hielten, sah er keinen Grund, sich auf die Seite eines der beiden Kontrahenten zu stellen und damit klarere Verhältnisse im Reich herbeizuführen. Im Gegenteil bedeutete die Patt-Situation im Reich aus der Sicht des Papstes, daß es keinen legitimen römisch-deutschen König gäbe. Das Reich sei nicht eindeutig besetzt, also vakant, und deshalb habe der Papst als das universelle Oberhaupt der Christen nicht nur das Recht, sondern geradezu die Pflicht, zumindest über die außerdeutschen Teile des Imperium Romanum das Vikariat auszuüben. Stellvertretend für den König oder Kaiser müsse er hier aus reiner Verantwortung und Fürsorge die Machtbefugnisse wahrnehmen. Konkret war damit natürlich ein päpstlicher Machtanspruch in Oberitalien, im nördlichen Vorfeld des Kirchenstaates, gemeint. Dem Papst war daran gelegen, die deutsche Thronfrage möglichst lange offenzuhalten, so daß sich seine Ansprüche hier verfestigen könnten. Zur Absicherung hatte Johann die noch von Ludwigs Vorgänger Heinrich VII. eingesetzten Reichsvikare in Oberitalien mit dem Kirchenbann belegt. Dadurch wollte er sie an ihrer Amtsausübung hindern und das Terrain für die päpstliche Machtergreifung vorbereiten. Weil die Selbstzuschreibung dieser Machtbefugnisse vom fernen Avignon aus aber kaum zu realisieren war und die geistlichen Sanktionen gegen die Reichsvikare nur wenig griffen, reagierte Ludwig der Bayer zunächst nicht. Er ließ das Ganze unbeachtet, denn er hatte in seinem Kampf mit Friedrich von Habsburg dringlichere Aufgaben. Der Papst mochte seine Optionen haben, die er aber momentan nicht weiter durchsetzen konnte, und Ludwig dachte nicht daran, neben dem Kampf gegen Friedrich von Habsburg eine weitere Front zu eröffnen. Er ignorierte Johann XXII. und sparte sich eine Antwort auf die päpstlichen Begehrlichkeiten für später auf.

Dieser Stand der Dinge war natürlich nicht von Dauer. Als Ludwig mit dem Sieg von Mühldorf 1322 seinen Gegenkönig aus dem Felde geschlagen hatte, zögerte er nicht, die nun ungefährdete königliche Macht in vollem Umfang und im ganzen Reich wahrzunehmen. 1314 war er von der Mehrheit der Fürsten gewählt worden. Seitdem bestand für ihn an der eigenen Legitimität kein Zweifel. Eine Anerkennung durch den Papst hätte er sich zwar von Anfang an gewünscht, aber er sah sie nicht als konstitutiv für sein Königtum an. Jetzt, 1322, war ihm der militärische Durchbruch gelungen. Nun brauchte er die päpstliche Anerkennung nicht mehr. Ebensowenig war er gewillt, irgendwelche Rücksichten auf die Ansprüche Johanns XXII. zu nehmen, von dem er bisher keine Unterstützung, sondern nur Distanzierung erfahren hatte. Bedenkenlos nahm Ludwig nach dem Mühldorfer Sieg die traditionelle Italienpolitik der römisch-deutschen Könige wieder auf und schickte seinen Vertrauten Berthold von Neuffen als Bevollmächtigten des Reiches nach Oberitalien. Es war klar, daß Berthold sich an die alten Reichsvikare aus den Zeiten Heinrichs VII. wenden mußte, also an die Visconti in Mailand, die Scaliger in Verona, die Este in Ferrara und andere mehr. Wie sonst hätte Berthold seinen König und das Reich vertreten sollen, wenn nicht im Zusammenwirken mit diesen alten Reichsvikaren? Darauf schien Johann XXII. gewartet zu haben. Er streifte seine bisherige Distanz ab und griff Ludwig den Bayern direkt an: Ludwig verbünde sich in Oberitalien mit erklärten Ketzern, also den exkommunizierten bisherigen Reichsvikaren. Johann verfaßte eine regelrechte Anklageschrift[2] gegen Ludwig, die er dann am 8. Oktober 1323 an der Domtür in Avignon anschlagen ließ. Allerdings hielt er es nicht für nötig, diese Schrift auch nach Deutschland zu übermitteln. Johann XXII. wollte kurzen Prozeß machen. Er kritisierte nun Ludwigs zwiespältige, von ihm nicht approbierte Wahl. Dabei hatte er es während der ersten sieben Jahre seines Pontifikates bewußt vermieden, zur deutschen Wahl von 1314 definitiv Stellung zu nehmen. Weiterhin sprach er Ludwig die Herrschaftsrechte im Reich ab und forderte ihn auf, binnen drei Monaten zurückzutreten sowie alle seine bisherigen Herrschaftsakte zu widerrufen. Das war ein unerwarteter Schlag für Ludwig, doch jetzt konnte er die Angelegenheit nicht mehr ignorieren. Ludwig hatte im Reich den Rücken frei vom Gegenkönigtum, nun mußte er eine Antwort auf die kurialen Attacken und Ansprüche finden.

In drei berühmt gewordenen Appellationen[3] gab Ludwig diese Antwort. Diese Appellationen waren ausgefeilte, mit kirchenrechtlichen und prozeßstrategischen Quisquilien gespickte juristische Stellungnahmen. Sie sind hier nur in den für den weiteren Gang der Ereignisse wichtigen Punkten zu skizzieren. Die erste datierte vom 18. Dezember 1323, nach ihrem Ausstellungsort wird sie die «Nürnberger Appellation» genannt. In ihr verwahrte sich Ludwig gegen alle päpstlichen Ansprüche. Er betonte sein Herrschaftsrecht, das auf die Wahl der Fürsten und die Krönung in Aachen gegründet sei, und kündigte an, sich vor einem künftigen Konzil, also nicht vor dem Papst, rechtfertigen zu wollen. Im Januar 1324 wiederholte er diese Punkte noch einmal in der «Frankfurter Appellation». Dabei wurde noch stärker betont, daß dem Papst bei allen Vorwürfen, daß Ludwig sich mit exkommunizierten Ketzern verbünde, kein Richteramt über den König zustehe. Nur ein Konzil sei als Instanz zur Verhandlung der Vorwürfe akzeptabel. Johann XXII. nahm diese königlichen Appellationen nicht zur Kenntnis und schritt nach Ablauf der endgültigen Frist für den Rücktritt zur Tat. Am 23. März 1324 verhängte er den Bann[4] über Ludwig und drohte all jenen ebenfalls die Exkommunikation an, die dem König künftig noch gehorchen würden. Binnen sechs Monaten seit Oktober 1323 hatte sich der Konflikt zwischen König und Papst geradewegs zu einer Art Endkampfstimmung entwickelt. Am 22. Mai 1324 reagierte Ludwig ein letztes Mal mit der sogenannten «Sachsenhäuser Appellation». Die Anrufung eines künftigen Konzils wurde wiederum in aller Deutlichkeit hervorgehoben. Der Konzilsgedanke sollte wie schon die beiden Male zuvor möglichst einen Keil zwischen den Papst und den Rest der Kirche treiben. Auf der anderen Seite wurde noch einmal die allein legitimierende Wahl Ludwigs durch die deutschen Fürsten betont. Das sollte jetzt die Fürsten zu einer eingehenderen Stellungnahme drängen, denn wenn sie sich nicht unmißverständlich vor ihren König stellen würden, barg das die Gefahr, ihre Befugnisse bei der Königserhebung zu verlieren; sie würden dem Papst heimlich ein wie auch immer geartetes Mitspracherecht bei der Königswahl zugestehen und es vermutlich nie wieder loswerden. Die «Sachsenhäuser Appellation» verschärfte die Fronten. Sie sollte den Papst und die Kirche über das angestrebte Konzil auseinanderdividieren und gleichzeitig den König und die Fürsten mit der Kompetenzfrage bei der Königswahl zusammenschweißen. Ludwig versuchte, den Papst auszumanövrieren. Doch auch diese Appellation blieb in Avignon ungehört. Am 11. Juli 1324 sprach Johann XXII. dem gebannten König die Herrschaftsrechte im Reich ab, und darüber hinaus exkommunizierte er auch noch seine Anhänger.[5] Damit war auf der verbalen, juristischen Ebene erst einmal alles geschehen, mehr hatte man sich momentan nicht zu sagen. Als Kampf des Papstes um die Reichsrechte in Oberitalien hatte es begonnen, sich dann zu Attacken auf die grundsätzliche Stellung des Königs gesteigert und mit Ludwigs Abwehrmaßnahmen gegen die päpstlichen Ansprüche in der Form der Appellationen war es beantwortet worden. Der König beharrte auf seiner Legitimität allein durch die Wahl der Fürsten, und er ließ seine Rechte in der oberitalienischen Politik nicht in Frage stellen. Die Rechte des Königs und der Bann des Papstes standen sich unversöhnlich gegenüber.

Was dann aber folgte, waren keine Diskussionen mehr, sondern politische Taten und ein geradezu «staatsrechtlich» zu nennender Abklärungsprozeß zwischen dem Reich und der Kurie, der an Deutlichkeit nichts zu wünschen übrigließ. Ludwig hatte die überwiegende Mehrheit der deutschen Fürsten und des Volkes auf seiner Seite. Mit diesem Rückhalt verwahrte er sich nicht nur in Wort und Schrift gegen den Papst, sondern er spielte ihn rein faktisch, und was auf Dauer noch wichtiger war, auch im politischen Bewußtsein geradezu an die Wand. Diese Ausbildung eines neuen Reichsbewußtseins bei König und Untertanen ist wohl das bemerkenswerteste Ergebnis des letzten Ringens zwischen Kaisertum und Papsttum. Nach den Exkommunikationen und Appellationen der Jahre 1323/1324 nahm dies seinen Anfang. Es waren insgesamt drei Episoden, die jetzt unverkennbar die Desavouierung des Papsttums und die Emanzipation des Reiches von der Kurie in die Wege leiteten, und zwar nicht mehr nur theoretisch, sondern durchaus faktisch. Sie sind alle drei unterschiedlich, aber in ihrer Mischung aus Bloßstellung des Papsttums und Zurschaustellung der Eigenständigkeit des Reiches unverblümt und zunehmend heftiger.

Die erste dieser Episoden fiel ins Jahr 1326, zwei Jahre nach der päpstlichen Bannsentenz gegen Ludwig und seine Anhänger. Der König führte den Papst geradezu vor. Nach seinem Sieg über die Habsburger hatte sich Ludwig inzwischen mit seinem ehemaligen Gegenkönig gütlich geeinigt und ihm nominell sogar eine mitkönigliche Stellung eingeräumt. Bemerkenswert an dieser Entwicklung ist hier nur, was Ludwig gegenüber dem Papst daraus machte. Ludwig bot ihm zur allgemeinen Überraschung an, ganz auf den Thron zu verzichten, wenn Johann XXII. dafür Friedrich von Habsburg als deutschen König anerkenne. Das war wohl kaum ernst gemeint, denn Ludwig war klar, daß der Papst dieses Angebot nicht akzeptieren konnte. Alle, die sich mit Ludwig eingelassen hatten, waren vom Papst mit der Exkommunikation bedroht. Diese Position durfte Johann XXII. nicht zurücknehmen, und Friedrich von Habsburg hatte sich inzwischen sehr Ludwig angenähert. Der Papst würde also gar nicht auf Ludwigs Vorschlag eingehen können. Wie sollte er Ketzern wie Ludwig und denjenigen, die mit Ketzern verhandelten wie Friedrich, anerkennend entgegenkommen? Ludwig wollte Johann XXII. mit dieser scheinbar so demütigen Offerte auch nur vor der Öffentlichkeit provozieren. Er wollte ihn zu einer aus päpstlicher Sicht konsequenten, aber in der öffentlichen Meinung als hartherzig empfundenen Ablehnung nötigen. Der Papst mußte ablehnen, aber im Reich würde man Ludwigs Geste als äußerst konziliant empfinden, als einen Versuch, von der eigenen Exkommunikation wegzukommen und den Untertanen weitere geistliche Sanktionen zu ersparen. Dem Papst würde dagegen die Rolle des unversöhnlichen, reichsfeindlichen Agitators zufallen, den das Seelenheil von König und Volk nicht interessierte. Ludwigs Rechnung ging auf. Der Papst lehnte ab, wie erwartet. Fürsten und Volk reagierten enttäuscht oder irritiert über den geistlichen Oberhirten, auch wie erwartet, aber in Ludwigs

Sinne eben positiv. Der Papst stand in der öffentlichen Meinung demaskiert da, und Ludwig hatte seit 1326 ein allmählich gegen Johann XXII. aufgebrachtes Reich hinter sich. Man begann damit, sich vom Papst abzuwenden, sich auf sich selbst zu besinnen und trotzig gegen die Papstkirche zu werden.

Die zweite Episode war nicht minder theatralisch, aber von politisch weitaus größerer Bedeutung. Es war die 1328 in Rom inszenierte Kaiserkrönung. Ludwig hatte mit der Entsendung Bertholds von Neuffen in Oberitalien eingegriffen und damit den offenen Konflikt mit Johann XXII. ausgelöst. 1327 verschärfte er seine Italienpolitik und zog selbst nach Rom, um sich nach alter Tradition zum Kaiser krönen zu lassen. Da er auf die Mitwirkung des Papstes dabei natürlich nicht zählen konnte und wollte, gestaltete sich die Kaiserkrönung am 17. Januar 1328 als eine rein reichsrechtliche, eben nicht kurial veranlaßte Erhöhung seines Königtums. Ludwig gründete seine Erhebung zum Kaiser nicht auf die päpstliche Zustimmung, sondern ganz weltlich auf den Willen der deutschen und oberitalienischen Fürsten und des römischen Stadtadels. Er grenzte die Beteiligung des Papstes im konstitutiven Sinne aus, ebenso wie er sie schon bei seinem bisherigen Königsrang für unerheblich ansah. Demonstrativ fungierten die zwei vom Papst exkommunizierten Bischöfe von Castello und Aleria als krönende Liturgen, und zwar nur als Liturgen, nicht als Vertreter der Kirche mit der Kompetenz, das Kaisertum vergeben zu können. Die beiden Bischöfe durften nur absegnen, zu vergeben hatten das Kaisertum allein die zustimmenden deutschen und italienischen Fürsten und der römische Adel. Es war eine ganz und gar laikal begründete Kaisererhebung, bei der die Geistlichkeit lediglich die feierliche Dekoration bildete. In den Elementen der Zeremonie wurde die Unabhängigkeit vom Papst in Avignon herausgekehrt. Als substantielle Quelle des Kaisertums wurde der Papst ausgeschaltet. Das war ein ungeheuerlicher Vorgang, und so drastisch hatte das bei allen früheren Reibereien zwischen Kaisern und Päpsten noch nie ein Imperator zum Ausdruck gebracht. Ludwig streifte die päpstliche Mitwirkung bei der Kaiserkrönung einfach ab und ließ die Geistlichen nur noch singen und Weihrauch schwenken. Mit dem politischen Kern des Geschehens hatte die Kurie, wie die Kirche überhaupt, nichts mehr zu tun.

So unerhört wie sein Kaisertum begann, so unerhört schritt Ludwig dann auch in seiner neuen Würde fort. Er betrachtete seine Stellung als Kaiser nicht mehr als Produkt der geistlichen Macht der Kirche. Sondern umgekehrt, er sah sich als Kaiser in der Rolle der obersten weltlichen Disziplinargewalt, laikal definiert und notfalls auch in der Lage, aus imperialer Macht sogar gegen den Klerus vorgehen zu können. Er beanspruchte außer in rein theologischen Fragen die Herrschergewalt über die Kirche; und da er jetzt Kaiser war, beanspruchte er sie auch in Rom. Er klagte Johann XXII. an, sich in das rein weltliche Wahlrecht der deutschen Fürsten eingemischt und damit sein legitimes Königtum angezweifelt zu haben. Außerdem beschuldigte er den Papst der pastoralen Nachlässigkeit, da er seinem Bistumssitz in Rom fernbleibe und weitab von seiner Herde in Avignon residiere. Am 18. April 1328 verkündete Ludwig deshalb vor der Peterskirche die Absetzung Johanns XXII. aus imperialer Autorität.[6] Die päpstlichen Angriffe auf die Kompetenzen der wählenden Fürsten waren dabei die zentrale Waffe. Damit band Ludwig sich, die Fürsten und die von ihrem Kaiser überzeugten Untertanen ein weiteres Mal im antipäpstlichen Reichsbewußtsein zusammen. Schließlich veranlaßte er am 12. Mai 1328 das Volk und den Klerus von Rom, den Franziskaner Petrus von Corvaro zum neuen Papst zu wählen, der sich Nikolaus V. nannte. Von ihm ließ er sich zu Pfingsten 1328 dann noch einmal mit allem Pomp weihen. Hier kann man endgültig erkennen, daß Ludwig im Papst nur noch den traditionellen liturgischen Koronator sah. Der Papst durfte Liturge sein, aber der Begründer des Kaisertums war er nicht, denn Kaiser war Ludwig mit voller Legitimität schon seit Januar 1328, also seit fast einem halben Jahr. Die päpstliche Handlung gehörte nur noch als Zeremonie dazu. Ludwig war mit der Absetzung Johanns XXII. letztlich nicht erfolgreich, und auch sein selbstkreierter Papst Nikolaus V. konnte sich nicht lange halten. Aber das war nicht so entscheidend, denn das Kaisertum auf der von päpstlichen Einflüssen bereinigten Grundlage wurde dennoch allgemein respektiert. Das Reich fand sich verstärkt im neuen imperialen Bewußtsein zusammen.

Die dritte Episode zeigt das wie in einem Kulminationspunkt. 1334 war Johann XXII. verstorben, und in Avignon residierte jetzt sein Nachfolger Benedikt XII. Nach anfänglichen Hoffnungen brach der Konflikt zwischen Kaiser und Papst erneut aus. Ludwig und das Reich holten nun zur endgültigen, geradezu verfassungsmäßigen Abgrenzung vom Papsttum aus. In einer Sequenz von sechs verschiedenen Synoden, Stände- und Reichstagen, die in ungemeiner Dichte in den Jahren 1338/1339 stattfanden, entwickelte man auf verschiedenen Ebenen des Reiches programmatische Stellungnahmen gegenüber dem Papst, die von staatstheoretischem Rang waren.[7] Teils bezog Ludwig selbst mit seinen Fürsten Position, teils die Fürsten, Bischöfe und sonstigen Stände ohne ihn. Man kann also von einer breiten allgemeinen Bewußtseinsbildung im Reich reden. Eröffnet wurde die Reihe dieser Treffen von einer Bischofssynode im März 1338 in Speyer. Die Bischöfe versuchten, ihren geistlichen Oberhirten in Avignon zum Einlenken zu bewegen, doch sie stießen auf Ablehnung. Nicht die Bischöfe hätten zu vermitteln, sondern einzig Ludwig selbst und die Fürsten seien die Gesprächspartner des Papstes, und die hätten sich zu unterwerfen und um Rekonziliation zu bitten. Benedikt XII. sah klar, daß die kaiserliche und die päpstliche Sicht der Dinge einander ausschlossen und Kompromisse nicht mehr sinnvoll waren. Aber er mag nicht geahnt haben, was er mit seiner Ablehnung im Reich bewirkte. Er erzeugte einen regelrechten antipäpstlichen Effekt.

Nach den Bischöfen in Speyer tagten die Städte, Domkapitel und der niedere Adel des Reiches im Mai 1338 in Frankfurt. Hier wurden jetzt keine Bitten mehr an den Papst gerichtet, sondern mit einer Stimme forderte man die Aufhebung der unzulässigen päpstlichen Prozesse gegen den «gewählten» Kaiser. Man drohte Benedikt XII. damit, daß man lieber ihm den Gehorsam aufkündigen werde, als sich von Kaiser Ludwig abzuwenden. Das waren klare Worte. Denn die Anspielung auf den durch Wahl bestimmten Kaiser brachte alles auf den Punkt, worauf Ludwig seit der Kaiserkrönung vor zehn Jahren Wert gelegt hatte. Die Stände schlossen sich hinter seinem Begriff des Kaisertums zusammen. Das macht deutlich, wie weit die gemeinschaftliche Bewußtseinsbildung über die Reichsauffassung inzwischen fortgeschritten war. Ludwig forcierte noch; der Papst gelte ihm künftig als «Heide», falls er die Frankfurter Äußerungen nicht respektiere. Solche Proklamationen hätte Ludwig jetzt natürlich gern auch von seinen Fürsten gehabt. Bevor er mit ihnen im Juli 1338 zusammentraf, erließ er selbst aber noch eine Verlautbarung, die den Tenor der Diskussion um die legitime Herrschaft im Reich zusammenfaßte. Nach ihren Anfangsworten heißt sie «Fidem catholicam». Ludwig unterstrich darin, daß er nicht vom rechten Glauben abgefallen sei und die kirchlichen Verfahren gegen ihn Unrecht seien. Die Rechtmäßigkeit seines Königtums und auch seines Kaisertums stehe nicht zur Debatte, weil die fürstliche Wahl und Zustimmung ihn legitimierten. Zudem lehnte er ein Approbationsrecht des Papstes oder gar dessen Vergaberecht für die Kaiserkrone ab. Das Imperium sei unmittelbar von Gott. Der Papst habe damit inhaltlich nichts zu tun, selbst wenn er den Kaiser im Rahmen der Liturgie krönen durfte.

Am 15. Juli 1338 traf sich Ludwig dann mit seinen Fürsten in Lahnstein südlich von Koblenz. Es war die dritte wichtige Versammlung im Reich. Von diesem Tag in Lahnstein ist nicht viel bekannt. Doch kann man davon ausgehen, daß die Beschlüsse, die die Fürsten am nächsten Tag allein ohne Ludwig auf der gegenüberliegenden Rheinseite in Rhens trafen, wohl weitgehend mit ihm abgesprochen waren. Zum 16. Juli setzten die Fürsten nach

Rhens über, und von diesem Tag datiert das sogenannte «Rhenser kurfürstliche Weistum». Die Fürsten griffen in diesem Dokument nur die sie selbst betreffenden Punkte auf. Ohne Ludwig namentlich zu erwähnen, legten sie dar, daß im römisch-deutschen Reich bei der Königswahl das Mehrheitsrecht der Fürsten gelte, daß der so Gewählte keiner Approbation durch den Papst bedürfe, daß aufgrund der Wahl sein Herrschaftsanspruch in allen Gebieten des Reiches Gültigkeit habe, und zwar ohne jede Einschränkung. In einem zusätzlichen Erklärungsschreiben an den Papst bezeichnete man Ludwig als den «zum Imperium Erwählten», dessen Macht und Ansehen täglich wachse. Kaum drei Wochen später fand im August 1338 in Frankfurt eine Reichsversammlung statt, die die bisherigen Verlautbarungen noch einmal zusammenfaßte. Man verabschiedete die Proklamation «Licet iuris», die vor allem den Schritt vom Königtum zum Kaisertum noch einmal herausstellte. Der wichtigste Satz darin lautete: «Der mehrheitlich Gewählte ist und heißt wahrer König und Kaiser». Jeder Widerstand gegen diese Auffassung sollte als Majestätsverbrechen geahndet werden. «Licet iuris» stellte den Kulminationspunkt dar. Schärfer konnte man das nicht mehr formulieren, und kompromißloser konnte man sich mit der Selbstkonstituierung der Reichsherrschaft auf Königs- und Kaiserebene nicht gegen die päpstlichen Auffassungen stellen. «Licet iuris» war ein vorher wie auch nachher unerreichter Text im Kampf zwischen Kaisertum und Papsttum. Gleich im nächsten Monat, im September 1338, wiederholte eine Koblenzer Reichsversammlung die Rhenser und Frankfurter Verlautbarungen noch einmal, und ähnliches geschah im März 1339 auf einer weiteren Reichsversammlung in Frankfurt. Ludwig der Bayer stand im Zenit seiner Macht. Mit «Licet iuris» war das Fazit gezogen. Das königlich-kaiserliche Reich verwahrte sich gegen jede päpstliche Einflußnahme auf die weltlichen Hoheitsrechte. Für den Kaiser war damit ein unumkehrbarer Endpunkt erreicht, und er ist dahinter auch nicht mehr zurückgewichen.

Der Kurie in Avignon wurde klar, daß das Ende des Erträglichen für sie erreicht war. Benedikts Nachfolger, der 1342 auf den Stuhl Petri erhobene Clemens VI., zog schließlich die Konsequenzen. Mit diesem Kaiser gab es kein Auskommen mehr, man mußte auf seinen Nachfolger hoffen. Ludwig wollte man nur noch auf eine Weise begegnen, nämlich mit der abgrundtiefen, endgültigen Verdammung als Schlußstrich unter das eingangs apostrophierte «letzte Gefecht» zwischen Kaisertum und Papsttum. Am Gründonnerstag des Jahres 1346 schrie Clemens VI. die Verfluchungssentenz[8] über Ludwig geradezu in die Welt hinaus. Man merkt es seiner Wortwahl an, daß der Papst wohl ahnte, daß nicht er der

Sieger in diesem letzten Ringen war. Von den Optionen der Kurie gegenüber dem Reich blieben nur noch schrille, ohnmächtige Tiraden übrig. Es lohnt sich, ein paar Sätze aus der päpstlichen Sentenz gegen Ludwig im Wortlaut anklingen zu lassen: «Verflucht sei sein Eingang und sein Ausgang. Es schlage ihn Gott mit Wahnsinn, Blindheit und Tollwut. Der Himmel schleudere seine Blitze auf ihn. Die Allmacht Gottes und der Apostel Petrus und Paulus, deren Kirche er zerstören wollte, entbrenne gegen ihn in diesem und im künftigen Leben. Der Erdkreis kämpfe gegen ihn. Die Erde öffne sich und verschlinge ihn lebendig. In einer Generation werde sein Name zunichte und verschwinde sein Gedächtnis von der Erde. Alle Elemente seien wider ihn. Seine Wohnung werde wüst. Alles Verdienst der entschlafenen Heiligen verwirre ihn und zeige ihm schon in diesem Leben die Rache, die über ihm offen ist.» Wenn man damit die abgeklärte Diktion von «Licet iuris» vergleicht, dann sieht man, daß es nicht für die eifernde Kurie, sondern wohl nur für die Verfassung des Reiches einen historischen Gewinn aus diesem letzten Ringen zwischen Kaiser und Papst gegeben hat. Das Reich wandte sich vom Papst ab. Die Zukunft gehörte dem aus sich selbst heraus definierten Staatswesen, das als zunehmend laizistisches System seinen Weg in die Neuzeit nahm. Ob das immer gut war, bleibt eine offene Frage. Ludwig der Bayer hat an dieser Entwicklung jedenfalls seinen unauslöschlichen Anteil.

Zum Schluß, nach diesem heftigen Schlagabtausch, sei noch etwas beinahe Versöhnliches angefügt. Ludwig der Bayer ist hier von seiner ganz unbayerischen, reichspolitischen Seite vorgestellt worden. Dennoch ist sein so folkloristisch klingender Name «der Bayer» pikanterweise auch im Kontext des Streites mit den Päpsten entstanden. Schon Johann XXII. hatte Ludwig nicht nur das römisch-deutsche Königtum und Kaisertum aberkennen wollen, sondern er wollte nicht einmal seinen ursprünglichen oberbayerischen Herzogstitel mehr gelten lassen. Er nannte ihn lediglich «Ludwig den Bayern», eine bewußte Demütigung. Seine Nachfolger taten das ebenso. Doch es blieb nicht bei dieser kurialen Degradierung, denn aus dem Namen wurde später ein Identifikationsbegriff. Nicht nur in Bayern, sondern weit darüber hinaus im Reich griff man den Namen auf. Noch heute stößt man mit dem offiziellen Namen «König» oder «Kaiser Ludwig IV.» auf geringe Resonanz. Aber mit «Ludwig dem Bayern» weiß der historisch Gebildete etwas anzufangen. Ludwig hat unter seinem päpstlichen Schimpfnamen reüssiert. Ob das im Sinne seiner Kontrahenten war? Eine Ironie der Geschichte ist es allemal.

Die Herzöge von Straubing und Ingolstadt

Residenzstädte auf Zeit

Von Joachim Wild

Bayern-Straubing und Bayern-Ingolstadt sind die beiden kurzlebigsten der vier im Spätmittelalter nebeneinander bestehenden Teilherzogtümer. Von ihrer Errichtung bis zu ihrem Erlöschen umspannt das eine 72, das andere 55 Jahre, die sich zeitlich zum größeren Teil decken und nach ihren Eckdaten fast ein Jahrhundert ausmachen, nämlich die Jahre 1353 bis 1447. In den Augen der älteren bayerischen Landeshistoriker war dieses Jahrhundert ein dunkles, das sie mit nicht gerade schmeichelhaften Worten bedachten. Sigmund Riezler, der Altmeister der bayerischen Geschichtsschreibung, leitet seinen Bericht über das Ende des Herzogtums Bayern-Ingolstadt in der ihm eigenen, markanten Sprache folgendermaßen ein: «So viel Düsteres und Schmerzliches die große wittelsbachische Familientragödie [...] bisher schon aufgewiesen, alles wurde noch überboten durch den grauenvollen Akt, mit dem die Geschichte des selbständigen Ingolstädter Landes ihren Abschluß erreichte.»[1] Seine leidenschaftliche Verurteilung können wir heute nicht mehr teilen, und seine Worte erfassen nur die halbe Wahrheit. Darin ist Riezler jedoch zuzustimmen: Diese Jahrzehnte sind erfüllt von Haß und Neid der bayerischen Herzöge untereinander, von häufigen Kriegen und Kämpfen, ja auch von Mordanschlägen – gleich von mehreren wird hier die Rede sein. Aber auf der anderen Seite erreicht die Kultur der Spätgotik in Bayern damals ihre Blüte, ritterliche Tugenden werden nach wie vor als Ideale in Ehren gehalten, und bedeutende gotische Kirchenbauten entstehen an vielen Orten als Zeichen frommer Glaubensüberzeugung. Beide Extreme sind zur gleichen Zeit am gleichen Ort zu Hause und verlangen dem heutigen Betrachter ein hohes Maß an Einfühlungsvermögen ab.

Wie alle deutschen Könige vor und nach ihm hatte Kaiser Ludwig der Bayer die Möglichkeiten des Königtums intensiv zur Stärkung seiner Hausmacht verwendet, denn seine Machtbasis bestand zunächst nur aus dem Herzogtum Oberbayern. 1323 belehnte er seinen ältesten Sohn Ludwig mit der ledig gewordenen Mark Brandenburg. 1340 fiel das seit der ersten Landesteilung von 1255 abgetrennte Herzogtum Niederbayern an ihn zurück. 1342 erwarb

Ludwig der Brandenburger durch seine Heirat mit der Landeserbin die Grafschaft Tirol, und 1345 kamen die niederländischen Grafschaften Hennegau, Holland, Seeland und Friesland hinzu. Als Kaiser Ludwig der Bayer am 11. Oktober 1347 in der Nähe des Klosters Fürstenfeld auf der Jagd starb, hinterließ er seinen sechs Söhnen zwar einen großen Länderkomplex, aber keine umfassende Erbregelung. Daß der gesamte Besitz ausschließlich an einen Erben übergehen sollte, war von ihm offensichtlich nicht geplant, denn schon vor seinem Tode hatte er die ersten, für das zukünftige Erbe bedeutsamen Maßnahmen getroffen, die direkt zum Herzogtum Holland-Straubing führen.

Im September 1345 war der kinderlos gebliebene Graf Wilhelm IV. von Hennegau-Holland aus dem Hause Avesnes ganz unerwartet im Kampf gegen die aufständischen Friesen gefallen. Kaiser Ludwig der Bayer ließ sich diese Gelegenheit nicht entgehen und belehnte sofort seine Gemahlin Margarete, eine Schwester Wilhelms IV., mit dessen niederländischen Grafschaften. Schon im folgenden Jahr regelte er für den Fall des Todes seiner Gemahlin die Erbfolge, indem er den zweitgeborenen Sohn aus seiner Ehe mit Margarete, Wilhelm, zum Nachfolger bestimmte und nach diesem den drittgeborenen Sohn, Albrecht. Die Entscheidungen der Jahre 1345 und 1346 belegen, daß die eben erworbenen Grafschaften als Sekundogenitur vorgesehen waren, eine Weichenstellung, die die gesamte weitere Entwicklung beeinflußte. Vermutlich weil die weibliche Erbfolge in Holland rechtlich noch nicht überall Anklang fand, setzte Kaiserin Margarete ihren erst fünfzehnjährigen Sohn Wilhelm schon im März 1347 zu ihrem Stellvertreter in Hennegau-Holland ein. Zwei Jahre nach Kaiser Ludwigs Tod schritten seine Söhne zu einer Erbteilung, die mutmaßlich einen Kompromiß zwischen dem Anspruch aller Söhne auf den ihnen zustehenden Erbteil und der politisch extrem schwierigen Lage nach dem Verlust des Königtums darstellte. Im Landsberger Vertrag von 1349 übernahm Ludwig der Brandenburger, der älteste, zusammen mit seinen Stiefbrüdern, Ludwig dem Römer und Otto, Oberbayern mit Tirol und der Mark Brandenburg, während an Stephan II. und die oben genannten Stiefbrüder Wilhelm und Albrecht Niederbayern und die niederländischen Grafschaften fielen.

Wilhelm amtierte schon einige Jahre in den Niederlanden, als die Erbengruppe Stephan II./Wilhelm/Albrecht am 3. Juni 1353 im Regensburger Vertrag den in der Landesteilung von 1349 gemeinsam übernommenen Besitzkomplex unter sich teilte. Die westliche Hälfte Niederbayerns mit der Residenz Landshut ging an Stephan II., die östliche mit der Residenz Straubing an die Brüder Wilhelm und Albrecht. Die Grafschaften Hennegau, Holland, Seeland und Friesland blieben ausgenommen, denn sie waren ja schon 1346 vorweg an Margarete und ihren Sohn Wilhelm bzw. Albrecht gegeben worden. Zu einem eigentlich zu erwartenden Teilungsvertrag zwischen den Brüdern Wilhelm und Albrecht ist es nicht gekommen. Wenige Monate nach dem Regensburger Vertrag von 1353 vereinbarten Wilhelm und Albrecht jedoch eine faktische Trennung der Interessengebiete, indem Wilhelm, der sich ganz auf die Niederlande konzentrieren wollte, seinem Bruder Albrecht volle Handlungsfreiheit im gemeinsamen niederbayerischen Erbanteil einräumte.

Auch in der neuesten Literatur wird einhellig davon gesprochen, daß im eben genannten Regensburger Vertrag von 1353 «ein kleiner Teil Niederbayerns», das sogenannte «Straubinger Ländchen»[2] an die jüngeren Stiefbrüder Wilhelm und Albrecht gefallen sei. Von einem «kleinen Teil Niederbayerns» kann jedoch keine Rede sein. Bei der Teilung Niederbayerns im Jahr 1353 sind zwei räumlich annähernd gleich große Territorien entstanden, deren finanzieller Ertrag sich möglicherweise deutlicher unterschieden haben mag. Dieses nunmehrige Teilherzogtum Niederbayern-Straubing bildete, vereinfacht gesagt, ein breites Band zu beiden Seiten der Donau von Kelheim im Nordwesten bis Schärding im Südosten. Die im Zentrum gelegene Stadt Straubing gab dem neuen Teilherzogtum den Namen und war von Anfang an ganz fraglos auch Herrschaftsmittelpunkt und Residenzstadt. Auf uraltem, geschichtsträchtigem Boden, unweit des Standortes des römischen Kastells Sorviodurum, hatte Herzog Ludwig I. im Jahr 1218 die Straubinger Neustadt gegründet, eine wittelsbachische Stadt, die unter politischen Gesichtspunkten als Konkurrenz zur Reichs- und Bischofsstadt Regensburg gedacht war. Die Lage der herzoglichen Burg konnte bislang trotz aller Bemühungen der Historiker und Archäologen noch nicht genau ermittelt werden. Man geht jedoch davon aus, daß sie im Umfeld um die Hauptkirche St. Jakob zu suchen ist. Etwa einen Monat nach dem Regensburger Teilungsvertrag heiratete der knapp achtzehnjährige Albrecht in Passau Margarete von Liegnitz-Brieg, eine schlesische Fürstentochter. Offenkundig hat die bisherige herzogliche Burg in Straubing den Anforderungen an eine Residenz nicht genügt, denn in den Jahren ab 1356 begann Albrecht, in exponierter Lage an der Nordostecke der Stadt eine neue Burg zu bauen, die in wesentlichen Teilen erhalten ist. Die Bauarbeiten können noch gar nicht abgeschlossen gewesen sein, als im Laufe des Jahres 1357 ein unvorhersehbares Ereignis Albrechts Leben eine überraschende Wende gab: Bei Albrechts älterem Bruder Wilhelm war eine Geisteskrankheit ausgebrochen, die ihn unfähig machte, die Regierung weiterhin auszuüben. Die niederländischen Stände beriefen umgehend Albrecht als nächsten Erbberechtigten – so hatte es der Erbvertrag von 1346 vorgesehen – in die Niederlande, um dort als Ruhebewahrer («Ruuward») die Herrschaft zu übernehmen. Man hat immer wieder gerätselt, warum Albrecht sofort und fraglos die Niederlande seinem Straubinger Erbteil vorgezogen hat. Die Grafschaften an der Nordsee waren in der Mitte des 14. Jahrhunderts noch bei weitem nicht die See- und Handelsmacht, die sie erst in den folgenden Jahrhunderten geworden sind. In den Augen Albrechts müssen sie aber dennoch das größere politische und wirtschaftliche Gewicht dargestellt haben.

Mit Herzog Albrecht gingen nicht wenige niederbayerische Adelige in seinem Gefolge nach den Niederlanden, entweder als Reisegefährten oder auf längere Zeit als Verwaltungsfachleute, um dort einflußreiche Posten einzunehmen. Nach den bisherigen Forschungen hat Herzog Albrecht I. seit seinem Wegzug nach Holland nur noch wenige Male Straubing aufgesucht. Holland mit seiner Residenz Den Haag ist sein neuer Lebensmittelpunkt geworden, und man kann generell von einer Hollandisierung der aus Bayern gekommenen Herzöge sprechen. Es hilft also kein Wunschdenken: Der gerade erst begonnene Aufstieg Straubings zur Residenzstadt wurde jäh unterbrochen, und Niederbayern-Straubing war von Anfang an Nebenland. An Stelle des dauernd außer Landes weilenden Herzogs amtieren sogenannte Viztume. Straubing aber ist und bleibt unbestritten «hauptstat unsers landes ze Beyrn»[3], wie Herzog Albrecht in einer Urkunde von 1366 formulierte.

Im Gegensatz zu seinem Vater, Kaiser Ludwig dem Bayern, suchte Herzog Albrecht I. frühzeitig sein Haus zu bestellen. Sein ältester Sohn, Herzog Wilhelm II., wurde von ihm für die Nachfolge in den Niederlanden ausersehen, während der zweitälteste Sohn, mit Namen Albrecht und in der Zählung Albrecht II., Niederbayern-Straubing regieren sollte. 1387 übersiedelte deshalb der junge, etwa neunzehnjährige Albrecht II. nach Straubing und übernahm an Stelle der bisher vom Vater ernannten Viztume die Regierung des Landes. Für zehn Jahre wurde Straubing nun wirklich Residenzstadt. Die aus dieser Zeit erhaltenen Rechnungen belegen ein reges höfisches Leben: Boten pendelten zwischen Den Haag und Straubing, Feste wurden gefeiert, und fahrende Sänger, Spielleute und Herolde stellten sich ein und berichteten, was sie an anderen Höfen Europas erfahren und erlebt hatten. Doch schon zehn Jahre später, im Januar 1397, starb der noch nicht dreißigjährige Albrecht II., der unverheiratet geblieben war, auf der Rückreise von Holland.

Auf Albrecht II. folgte sein jüngerer Bruder Johann, den sein Vater zunächst für eine geistliche Laufbahn bestimmt hatte. Im

Alter von etwa fünfzehn Jahren war er zum Bischof von Lüttich gewählt worden, empfing jedoch nie die höheren Weihen. Turbulente Ereignisse in den Niederlanden nahmen ihn voll in Anspruch, zunächst Bürgerrevolten in seinem Bistum, die er mit harter Hand niederschlug, dann ab 1417 der Erbstreit um Hennegau, Holland, Seeland und Friesland mit seiner Nichte Jakobäa, der einzigen Erbin seines früh verstorbenen Bruders Wilhelm. Für sein Nebenland Niederbayern-Straubing blieb da keine Zeit. Nun übten wieder Viztume die Macht in Straubing aus, darunter so angesehene Adelige wie Landgraf Johann von Leuchtenberg und Heinrich Notthafft zu Wernberg. Herzog Johann gelang es nicht mehr, seine Macht zu konsolidieren; am 6. Januar 1425 fiel er einem Giftanschlag zum Opfer, und mit ihm starb die Linie Holland-Straubing im Mannesstamm aus. Seine bayerischen Vettern in München, Landshut und Ingolstadt machten keinen Versuch, in den niederländischen Grafschaften einzugreifen; diese konnte sich daher nach einigen Wirren der Großherzog von Burgund einverleiben. Die Erbfolge in Straubing dagegen war unter den bayerischen Vettern um so heftiger umkämpft. Erst 1429 wurde das Teilherzogtum durch kaiserlichen Spruch unter den vier Erbprätendenten aufgeteilt, wobei zwei Viertel, darunter auch die Residenzstadt Straubing, an die beiden Münchner Herzöge Ernst und Wilhelm fielen. Erst jetzt ist es gerechtfertigt, und zwar aus Münchner Sicht, vom «Straubinger Ländchen» zu sprechen.

Unter den beiden Herzögen Albrecht I. und Albrecht II. hat Straubing seine heute noch sichtbare, wesentliche Formung erfahren. Privilegien Albrechts I. sicherten den wirtschaftlichen Aufschwung, und dank der wirtschaftlichen Blüte konnten die bis heute die Stadt prägenden Bauten in der Regierungszeit dieser beiden Herzöge in Angriff genommen oder vollendet werden: das Rathaus, der Stadtturm, die Pfarrkirche St. Jakob, die Votivkirche St. Veit. Diese sind wesentlich Zeugnisse bürgerlicher Wirtschaftskraft und bürgerlichen Selbstbewußtseins. Auf die Herzöge gehen eigentlich nur die Berufung der Karmeliten nach Straubing und der Bau der Karmelitenkirche ab 1368 zurück. In dieser Kirche fand Albrecht II. seine Grablege und im dortigen Chor wurde ihm von seinem Bruder Johann ein kunstgeschichtlich wichtiges Hochgrab errichtet, das zu den Meisterwerken der späten Gotik zählt.

Das eindrucksvollste Zeugnis der fürstlichen Repräsentation und des Machtwillens ist jedoch die herzogliche Burg. Obwohl sich Herzog Johann am wenigsten in Straubing aufgehalten hat, geht auf ihn, vielleicht wegen der damals ständig drohenden Kriegsgefahr durch die Hussiten, ab 1420 ein weiterer Ausbau der Herzogsburg zurück. Die beiden Wohntürme wurden erhöht und zwischen ihnen der heute noch erhaltene Fürstensaal von für die damalige Zeit gewaltigen Ausmaßen auf älterem Mauerwerk errichtet. Dessen Dachstuhl verrät deutlich niederländische Einflüsse, denn er gleicht einem umgedrehten Schiffsrumpf, eine in Altbayern völlig unbekannte, aber in den Niederlanden durchaus übliche Bauweise. Daß gleichzeitig der niederländische Adelige Iwan von Cortenbach als Verweser Herzog Johanns in Straubing amtierte, mag diesen Einfluß erklären. Er ist übrigens der einzige niederländische Beamte, der in hoher Stellung in Straubing nachgewiesen werden kann, während umgekehrt niederbayerische Adelige immer wieder Spitzenpositionen in Den Haag einnahmen.

Kurze Zeit nach dem Übergang des Straubinger Ländchens an das Herzogtum Bayern-München wurde die Stadt Straubing noch einmal für wenige Jahre Residenzstadt. Nachweislich seit 1432 hatte der Sohn von Herzog Ernst von Bayern-München, Albrecht III., in der Herzogsburg Wohnung genommen und seit Januar 1433 war ihm offiziell die Verwaltung des Straubinger Landes übertragen. Albrecht war nicht allein; wohl seit 1432 lebte er mit der Augsburger Baderstochter Agnes Bernauer zusammen. Der weitere Verlauf dieser Liebesbeziehung ist allgemein bekannt. Herzog Ernst, Albrechts Vater, ließ am 12. Oktober 1435 Agnes Bernauer in der Donau ertränken, um der nicht standesgemäßen Beziehung seines Sohnes aus Gründen der Staatsraison ein Ende zu bereiten. Nicht in der herzoglichen Grablege der Karmelitenkirche, sondern auf dem Friedhof von St. Peter in der Altstadt von Straubing wurde Agnes Bernauer begraben, und ein Jahr später stiftete Herzog Ernst ihr zu Ehren dort eine Grabkapelle.

Mit dem Tod der Bernauerin hat zugleich die Entwicklung Straubings als herzogliche Residenzstadt ihr Ende gefunden. Seitdem residierten Viztume und Rentmeister in der herzoglichen Burg und verwalteten von dort aus das Rentmeisteramt Straubing, eines der vier altbayerischen Rentämter neben München, Landshut und Burghausen.

Die oberbayerische Linie war schon vierzehn Jahre nach der Landesteilung von 1349 mit dem Tod Ludwigs des Brandenburgers 1361 und seines erst neunzehnjährigen Sohnes Meinhard 1363 erloschen, und Oberbayern wurde von Stephan II. von Niederbayern-Landshut in Besitz genommen. Nach dessen Tod 1375 regierten seine drei Söhne Stephan III., Friedrich und Johann zunächst gemeinsam, führten dann aber 1392 eine erneute Landesteilung durch, bei der Niederbayern-Landshut ungeschmälert an Friedrich fiel, Oberbayern dagegen zu gleichen Teilen zwischen Stephan III. und Johann aufgeteilt wurde. Herzog Johann erhielt durch Losentscheid den südlichen Teil Oberbayerns mit München und einigen

Ämtern auf dem Nordgau, Stephan III. das Gebiet um Ingolstadt, das Land vor und im Gebirg (die Gerichte Wasserburg, Kufstein, Kitzbühel, und Rattenberg) sowie die schwäbischen Besitzungen entlang der Donau (Höchstädt, Lauingen, Gundelfingen). Damit war das Herzogtum Bayern-Ingolstadt geboren, wenn auch mit einem schweren Geburtsfehler behaftet: einer unglücklichen Zerteilung in drei weit auseinander liegende Gebiete.

Herzog Stephan III., der erste Landesherr Bayern-Ingolstadts, erscheint in heutiger Sicht als ein noch von mittelalterlichen Idealen erfüllter Fürst, der sich in dieser schon zu seiner Zeit fast überholten Geisteshaltung von der folgenden Generation machtbewußter und machthungriger Landespolitiker deutlich abhebt. So kämpfte er als Kreuzfahrer 1372 in Litauen, 1368 und 1390 in Oberitalien für die vertriebenen Visconti, 1375 wollte er zu einer Palästina-Fahrt aufbrechen, und 1380 ließ er sich vom Papst mit nichts weniger beauftragen als die Einheit der katholischen Kirche wiederherzustellen. Mit dem ihm durch Losentscheid zugefallenen Teilherzogtum konnte und wollte er sich dagegen nie recht anfreunden. Nur in den Anfangsjahren ist Stephan III. häufiger in Ingolstadt anwesend; seitdem zwischen 1395 und 1402 die beiden Teilherzogtümer München und Ingolstadt eine gemeinsame Regierung ausübten, hielt sich Stephan III. ganz überwiegend in München in der soeben fertiggestellten Neuveste auf, die seinem ausgeprägten Repräsentationsbedürfnis viel besser entsprach. Nicht daß Ingolstadt keine herzogliche Burg gehabt hätte. Im heutigen Herzogskasten war durchaus ein stattliches festes Haus vorhanden, das Herzog Stephan III. ab 1403 häufiger bewohnte, andererseits aber auch nicht bevorzugte; denn er pendelte meistens zwischen Ingolstadt, Wasserburg, Kufstein, Aichach und dem Kloster Niederschönenfeld. Dort, im Zisterzienserinnenkloster Niederschönenfeld, ist er 1413 im Alter von etwa 76 Jahren gestorben und zunächst auch beigesetzt worden, ohne seinem unglücklich zugeschnittenen Land eine nachhaltige Prägung außer einer hohen Schuldenlast gegeben zu haben.

In seinem einzigen Sohn und Nachfolger, Ludwig dem Gebarteten, begegnet die wohl interessanteste Gestalt der bayerischen Wittelsbacher seit Kaiser Ludwig dem Bayern. Sie weist erstaunlich viele, zum Teil sehr widersprüchliche Züge auf, die es schwer machen, ein klares, durchgängiges Bild zu zeichnen. Auf jeden Fall ist er im Gegensatz zu seinem Vater ein Landesfürst der Frühmoderne, der überkommene ritterliche Ideale, denen auch er anhing, mit neuen Prinzipien fürstlicher Souveränität verband.

Prägend für sein ganzes Leben wurden mehrere Aufenthalte in Frankreich. Seine Schwester Elisabeth war 1385 als Fünfzehnjährige mit König Karl VI. von Frankreich vermählt worden. In den

Jahren 1391 bis 1393 hielt sich Ludwig zum ersten Mal für einige Jahre am Hof seiner Schwester auf. Er führte den Ehrentitel «Bruder der Königin» («frère de la reine»), König Karl VI. nahm ihn in seinen Ritterorden «chevaliers du soleil d'or» auf und verlieh ihm eine jährliche Pension von 5000 Gulden. Noch während seines ersten Frankreichaufenthalts brach bei König Karl VI. eine Geisteskrankheit aus, die ihn weitgehend regierungsunfähig machte. In den vierköpfigen Vormundschaftsrat für den damals erst einjährigen Kronprinzen wurde neben den Herzögen von Berry, Burgund und Bourbon auch Ludwig berufen, eine hohe Auszeichnung für den jungen wittelsbachischen Herzog. Ab 1402 häuften sich Ludwigs Reisen nach Frankreich, wo er nun mit kürzeren Unterbrechungen bis 1415 blieb. Seine Stellung bei Hofe wurde seit der Ermordung des Bruders des Königs, Louis d'Orléans, immer gewichtiger, und ihm, als dem Bruder und engsten Vertrauten der Königin, wurden weitere Ämter übertragen, so 1408 die Mitgliedschaft im Kronrat sowie die Leitung des Hofes des Dauphin. Um ihn noch stärker an das französische Königshaus zu binden, wurde er 1410 mit der reichen Herrschaft Marcoussis und mehrerer zugehöriger Seigneurien im Süden von Paris erblich belehnt. Auch Ludwigs Eheschließungen waren ganz von seinen Aufenthalten am französischen Königshof geprägt. 1402 heiratete er Anne de Bourbon und nach deren Tod Cathérine d'Alençon; beide entstammten dem französischen Hochadel, waren mit dem Königshaus eng verwandt und Hofdamen von Ludwigs Schwester, Königin Elisabeth (Isabeau). Jede der Ehefrauen brachte ihm eine reiche Mitgift zu, die zusammen mit den hohen Einnahmen aus Ludwigs französischen Staatsämtern und Kronlehen ganz wesentlich den Reichtum Ludwigs begründeten. Seinen Abschied von der französischen Politik nahm er erst im Jahr 1415, nachdem er beim Konzil von Konstanz die französische Konzilsgesandtschaft angeführt hatte.

Das Konzil von Konstanz wurde auch in anderer Hinsicht zu einem Wendepunkt in Herzog Ludwigs Leben. Besonders mit seinem Landshuter Vetter Heinrich dem Reichen lag er in beständigem Streit, weil er sich bei der Teilung von 1392, der er nie zugestimmt hatte, stark benachteiligt fühlte und wohl zu Recht einen Ausgleich forderte, denn nach Ludwigs Berechnungen war Niederbayern-Landshut um etwa ein Drittel größer als Oberbayern-Ingolstadt. Die permanenten Differenzen insbesondere mit seinem Vetter Heinrich gipfelten in einer Bluttat auf dem Konstanzer Konzil, indem Heinrich 1417 einen Mordanschlag auf Ludwig den Gebarteten verüben ließ, den dieser jedoch schwerverwundet überlebte. Seitdem bestand zwischen den beiden erst recht eine unüberwindliche Feindschaft; aber auch das Verhältnis zu seinen beiden Münchner Vettern war nicht viel besser. Unter Führung Herzog Heinrichs des Reichen hatten sich noch auf dem Konstanzer Konzil viele deutsche Fürsten in der Konstanzer Liga zu einem Defensivbündnis gegen Ludwig den Bärtigen zusammengeschlossen; damit war er politisch weitgehend isoliert. 1420 schlugen die Feindseligkeiten in kriegerische Handlungen um, die als Bayerischer Krieg in die Geschichtsbücher eingegangen sind. Kriegsgegner waren zunächst das Ligamitglied Burggraf Johann von Nürnberg und die mit diesem verbündeten fränkischen Bistümer und Reichsstädte. Dann dehnte sich der Krieg auch auf die bayerischen Vettern in München und Landshut aus, ohne daß es in den ersten beiden Jahren zu einer klaren militärischen Entscheidung gekommen wäre. Die wollte Ludwig im September 1422 erzwingen und versuchte, die Stadt München im Handstreich zu nehmen. Diese Aktion mißlang gründlich, und in der Schlacht bei Alling wurde Ludwigs Aufgebot entscheidend geschlagen. Ludwig unterwarf sich ganz der Gnade König Sigmunds und hielt sich nun die nächsten Jahre stets am Königshof auf. Zurück blieb ein von den Gegnern Ludwigs weitgehend besetztes Herzogtum Ingolstadt.

Die Regierungszeit Herzog Stephans III. war von steter Geldnot und Schulden geprägt, und bis zu seinem Tode 1413 hatte er den größeren Teil der herzoglichen Besitzungen und Einnahmen an seine Gläubiger verpfändet. Genau entgegengesetzt verhielt sich Herzog Ludwig der Gebartete. Seine reichen französischen Einkünfte ermöglichten es ihm, ab 1395 die von seinem Vater verpfändeten Besitzungen wieder einzulösen und somit ein Konglomerat von Rechten und Besitzungen anzusammeln, das den Charakter einer Nebenherrschaft erreichte. Zum Mittelpunkt machte er nicht Ingolstadt – dort residierte ja sein Vater –, sondern Neuburg an der Donau. Deshalb erfuhr Ingolstadt von ihm zunächst keine Förderung, sondern Neuburg, dessen Burg er ausbauen und dessen Stadtbefestigung er erneuern ließ.

Seit dem eigentlichen Antritt der Herrschaft im Frühjahr 1416 verwirklichte Ludwig der Bärtige ein umfassendes Programm zu einer gründlichen Reform der Landesverwaltung: Er ließ neue Urbarbücher anlegen, um den herzoglichen Besitz aufzuzeichnen; zahlreiche, bisher nur vereinzelt genutzte Naturalleistungen wurden in regelmäßige Geldabgaben umgewandelt; die Kontrolle der Ämter wurde durch die Verpflichtung zu einer konsequenten Rechnungslegung verstärkt. Ein absolutes Novum für Bayern war die Einführung der eigenhändigen Unterschrift, die Ludwig am französischen Königshof kennengelernt hatte. Nach französischem Vorbild unterschrieb er die auf seinen Namen ausgefertigten Urkunden mit seinem Vornamen, allerdings in der französischen Variante «Loys».

Ludwigs konsequente und mit großer Härte durchgeführten Verwaltungsreformen riefen bald den Widerstand der Landstände und insbesondere der Klöster hervor, die sich in ihren althergebrachten Rechten geschmälert sahen. In zeitgenössischen Chroniken wurde er sogar als Tyrann bezeichnet. Offensichtlich hatte Ludwig den Bogen überspannt, denn ab den dreißiger Jahren sah er sich in Prozesse mit seinen Landständen verwickelt, wegen der Beschneidung der Rechte der Klöster wurde der Kirchenbann und zuletzt sogar die Reichsacht über ihn verhängt.

Auch in der Entwicklung des Landes ist Ludwigs Tätigkeit deutlich zu greifen. Insbesondere förderte er die Wirtschaftskraft der Städte und Märkte, verlangte aber umgekehrt auch eine erhebliche Verstärkung der Stadtbefestigungen. Zum Abschluß der Baumaßnahmen ließ er vermutlich in allen Städten seines Herzogtums einheitlich konzipierte Wappensteine und Texttafeln anbringen, die von der eben abgeschlossenen Landesfortifikation Kunde geben. Bei acht Städten sind sie heute noch erhalten.

Im Zuge des systematischen Landesausbaus erfuhr nun auch Ingolstadt eine besondere Förderung. Vor allem war die bisherige herzogliche Burg infolge einer seit der Mitte des 14. Jahrhunderts betriebenen Stadterweiterung zu sehr von der Stadt eingeschlossen, so daß eine Verlegung fast unumgänglich wurde. Ludwig der Bärtige ließ daher ab 1417/1418 in der Südostecke der Stadt, hart an der Donau, das Neue Schloß bauen, dem sogar ein im Wege stehendes Stadttor weichen mußte. Es war der größte Burgenbau der Wittelsbacher in dieser Generation; doch die Vollendung sollte Ludwig nicht mehr erleben. Fast gleichbedeutend und parallel zum Neuen Schloß zu sehen ist der Bau einer neuen Stiftskirche mit den Ausmaßen einer Kathedrale, die als Herrschaftssymbol, aber auch als Grablege für die neue Linie Ingolstadt gedacht war. Die Kirche erhielt später nach dem von Ludwig gestifteten Marienbild, der sogenannten «Gnad», den Namen «Zur Schönen Unserer Lieben Frau». Dieses Marienbild, ein Goldschmiedewerk und Glanzstück französischer Hofkunst aus der Zeit um 1400, war 1405 mit zwei weiteren Goldschmiedearbeiten an Herzog Ludwig verpfändet und nie mehr eingelöst worden. Von den drei Kunstwerken ist nur eines noch im Original erhalten, das Goldene Rößl, das in der Schatzkammer zu Altötting aufbewahrt wird.

In diesem Gesamtkonzept ist auch der Entwurf zu Ludwigs Grabplatte zu sehen, die er selbst bei dem berühmten Ulmer Bildhauer Hans Multscher um das Jahr 1434 in Auftrag gegeben hatte. Das Bildprogramm wurde von Ludwig schon in seinem ersten Testament von 1429 festgelegt: der kniende Stifter als der Adorant der Heiligen Dreifaltigkeit; auf einem Spruchband die Bitte: «Oh Heilige Dreifaltigkeit, erbarme Dich meiner» («O sancta trinitas miserere mei»). Der Grund des Steines sollte übersät sein mit seinen persönlichen Emblemen: den gekrönten Sonnenscheiben, auch Spiegel genannt, des Ritterordens von der Goldenen Sonne und dem Oswaldsraben. Der heilige König Oswald, durch sein Attribut, den Raben, vertreten, galt unter anderem als Patron der Kreuzfahrer und wurde anscheinend von Ludwig besonders verehrt. Bei der Darstellung des Herzogs gehen die Kunsthistoriker bereits von einer Portraitähnlichkeit aus, zumal der Entwurf der Grabplatte mit Sicherheit bereits zu Lebzeiten des Herzogs in den dreißiger Jahren entstanden ist.

Aus seiner Ehe mit Anna von Bourbon hatte Ludwig der Bärtige einen gleichfalls Ludwig genannten Sohn. Die zeitgenössischen Chronisten schildern ihn als einen Menschen von auffallender Mißgestalt. Im Volksmund hieß er der «pucklat herzog»[4], und als Ludwig der Bucklige oder Höckrige ist er in die bayerische Geschichte eingegangen. Viele Jahre trug der Sohn die Politik des Vaters mit. Gefährlich wurde jedoch für ihn die Situation, als sein Vater einen unehelichen Sohn namens Wieland von Freyberg zunehmend bevorzugte und vor allem dessen Erbteil ständig mehrte, so daß schließlich alle verfügbaren Geldmittel und Kleinodien diesem vermacht waren. Den Protest des Sohnes beantwortete der Vater mit dessen Verbannung vom Hofe. Nun ging Ludwig der Höckrige zur offenen Rebellion über. Kurzentschlossen heiratete er eine Tochter des Markgrafen Friedrich von Brandenburg-Ansbach, eines Erzfeindes seines Vaters, und in seinem Schwager Albrecht Achilles fand er einen tüchtigen militärischen Bundesgenossen. Rasch war das Herzogtum Ingolstadt erobert; Ludwig der Bärtige dagegen wurde in seinem letzten Zufluchtsort Neuburg an der Donau eingeschlossen und nach längerer Belagerung gefangengesetzt. Die Auflehnung des Sohnes gegen den Vater wühlte das ganze Land auf und spaltete es in gegensätzliche Lager. Als nur zwei Jahre später, 1445, Ludwig der Bucklige ganz überraschend und ohne männlichen Erben starb, galt dies vielen als ein Gottesurteil. Die junge Witwe hielt Ludwig den Bärtigen weiter in Neuburg in Gefangenschaft und lieferte ihn dann als Unterpfand für die Kriegskostenforderungen ihrem Bruder Albrecht Achilles nach Ansbach aus. Nun schlug die Stunde Herzog Heinrichs des Reichen von Bayern-Landshut. Während in München Herzog Albrecht III. unentschlossen und halbherzig taktierte, verglich sich Heinrich mit dem Markgrafen in Ansbach, brachte dadurch den inzwischen fast achtzigjährigen und kranken Ludwig den Bärtigen in seine Gewalt und setzte ihn auf der Burg in Burghausen fest. Nach dessen Tod am 2. Mai 1447 nahm Heinrich der Reiche Ingolstadt gewaltsam in Besitz und zwang die dortigen Landstände zur Huldigung. Der lebenslange Kampf Heinrichs mit Ludwig war mit dem klaren Sieg des Landshuters zu Ende gegangen und das Herzogtum Ingolstadt fortan ein Teil von Niederbayern-Landshut.

Auch für die Stadt Ingolstadt bedeutete das Aussterben der dortigen Linie eine scharfe Zäsur. Zwar haben die Landshuter Herzöge an dem von Ludwig dem Bärtigen begonnenen Neuen Schloß kontinuierlich weitergebaut und es vollendet. Das Neue Schloß war nun jedoch nur mehr Nebenresidenz und stand im Schatten der Burg Trausnitz in Landshut. Wohl als ein Ausgleich für die kompromißlose Einverleibung Ingolstadts ist die Errichtung einer Universität im Jahre 1472 zu sehen, die Ludwig der Reiche ab 1458 betrieben und die der Stadt bis zur Verlegung der Universität nach Landshut ebenso eine hervorgehobene Stellung innerhalb Bayerns gesichert hat wie die ein halbes Jahrhundert später hier begründete Landesfestung.

Das frühe Aussterben der Linien Straubing wie Ingolstadt schon jeweils in der zweiten Generation hat die Bewährungsprobe verhindert, ob die beiden Teilherzogtümer im harten Konkurrenzkampf mit den Nachbarn auf die Dauer überlebensfähig gewesen wären, und zugleich den Umschwung eingeleitet, die Abkehr vom Prinzip der fortwährenden Teilungen hin zu den Vergrößerungen der weiterbestehenden Herzogtümer Landshut und München. Straubing war fast durchgängig Nebenland und die Stadt Straubing somit Nebenresidenz, denn die Politik wurde im fernen Den Haag gemacht. Ingolstadt dagegen erlebte trotz heftiger politischer Auseinandersetzungen eine kurze Epoche als Residenz, die zu herausragenden Bauwerken landesherrlicher Machtentfaltung geführt hat. Das weitere Schicksal als Bestandteil des Herzogtums Landshut drückte Ingolstadt jedoch ebenfalls zur Nebenresidenz herab, und lediglich die Errichtung der einzigen bayerischen Universität in ihren Mauern verlieh ihr für die Jahre 1472 bis 1802 einen besonderen Stellenwert. Genau betrachtet sind Ingolstadt und Straubing nicht über unterschiedlich ausgeprägte Ansätze zur Residenzstadt hinausgekommen, und man darf bezweifeln, daß sie aufgrund der schmalen Machtbasis der beiden Teilherzogtümer jemals zu Zentren europäischen Zuschnitts geworden wären. Als Trost blieb ihnen jedoch der Titel «Hauptstadt»[5], den sie über drei Jahrhunderte hinweg gemeinsam mit München und Landshut bis zur Neugestaltung Bayerns unter Minister Graf Montgelas trugen.

Die Herzöge von Landshut

Die reichen Verlierer

Von Walter Ziegler

«Himmel Landshut, tausend Landshut!» schallt es alle drei bzw. vier Jahre im Sommer von den Straßen der niederbayerischen Hauptstadt Landshut, wenn in einem großen Volksfest jener Landshuter Hochzeit des Jahres 1475 gedacht wird, in der der junge niederbayerische Herzog Georg der Reiche seine Braut Hedwig, eine polnische Königstochter, heimführte und sein Vater Hof und Stadt eine Woche feiern ließ und freihielt. Wer die höfischen Veranstaltungen, den Festzug mit Kaiser und König, das Turnier, vor allem aber die Begeisterung der Landshuter Bevölkerung erlebt hat, mit der sie «Mittelalter» spielt, in dem Ernst, den die gewaltigen Vorbereitungen erfordern, und in der Freude, mit der man sich mit der eigenen Stadt feiernd identifizieren kann, erhält gewissermaßen von selbst den Zugang zur Zeit der Reichen Herzöge von Niederbayern.

Doch wie so oft bei heutigen historischen Volksfesten, kann auch hier der faszinierende Eindruck gleichzeitig den Weg zur geschichtlichen Realität verstellen. Nicht nur ist die prunkvolle Feier der Landshuter Hochzeit, was der Besucher kaum bedenkt, keineswegs eine seit damals lebendige Tradition, sondern ein aufgrund klassizistischer Bilder im Landshuter Rathaus eingerichtetes Spiel des frühen 20. Jahrhunderts. Und nicht nur feiert die Stadt keineswegs sich selbst oder ein Ereignis der städtischen Geschichte, wie etwa in Rothenburg beim Meistertrunk, sondern – für unsere Zeit ganz seltsam – ihre fürstlichen Herrscher, die damals zum Teil ein hartes Regiment geführt haben. Vor allem aber ist für den Historiker die Konzentration der spätmittelalterlichen Landshuter Geschichte auf das prunkvolle Ereignis der Hochzeit, herausgelöst aus seinem geschichtlichen Umfeld, problematisch. Selbst wenn man die Verengung auf die Dynastie akzeptiert – und bei einer Darstellung über die bayerischen Herzöge erscheint das legitim: Deren konkretes Wirken war doch viel reicher und bunter, aber auch viel komplizierter und keineswegs immer so strahlend und erfolgreich, wie das Hochzeitsgeschehen suggeriert. Versucht man, dieser vielfältigen historischen Wirklichkeit sich zu nähern, so wird anderes im Mittelpunkt stehen müssen, nämlich solche Ereignisse und Entwicklungen, die möglichst viele Seiten der damaligen Epoche einfangen können. Gewählt werden hier als methodischer Zugriff die Aspekte Reichtum und Verlust, die Aufstieg, Glanz und Niedergang des Landshuter Herzogtums umschreiben, oder, um Formulierungen eines maßgeblichen Forschers für diese Zeit aufzunehmen, Höhepunkt und Ende des spätmittelalterlichen Bayern.[1]

Das Land der Reichen Herzöge von Niederbayern war, nicht anders als das der Herzöge von München, Ingolstadt und Straubing, ein Ergebnis jener spätmittelalterlichen Landesteilungen, die überall im Reich Schwächung und Streit der verschiedenen Linien mit sich brachten, aber ebenso Organisationskraft und kulturelle Leistungen sichtbar werden ließen. Das Vier-Herzogs-Regiment in Bayern war durch die Landesteilungen 1349 und 1392, also nach dem Tod Kaiser Ludwigs des Bayern, begründet worden. Von den Söhnen des Kaisernachkommen Stephan II., der zuletzt fast ganz Ober- und Niederbayern beherrscht hatte (außer dem Teilgebiet Straubing), waren bei der letzten großen Teilung 1392 an den ältesten, Stephan III., das Teilgebiet Ingolstadt, an den jüngsten, Johann, das Teilgebiet München, an den mittleren, Friedrich, aber Niederbayern mit der Hauptstadt Landshut gegangen. Als dieser schon ein Jahr später starb, wurde sein damals siebenjähriger Sohn Heinrich XVI. sein Nachfolger, der ab 1404 selbständig regierte und die Reihe der Reichen Herzöge in Landshut eröffnet.

Über keinen dieser Reichen Herzöge liegt bisher eine umfassende wissenschaftliche Biographie vor, und am wenigsten wurde über Heinrich gearbeitet; doch sind einige charakteristische Züge auch bei ihm deutlich. Heinrich der Reiche ist in die Geschichte eingegangen als harter Herr und strenger Organisator. Bekannt sind die gewaltsame Niederwerfung von Selbständigkeitsbestrebungen seiner Hauptstadt Landshut 1410 und die haßerfüllten Auseinandersetzungen mit seinem Ingolstädter Vetter Ludwig dem Bärtigen um bestimmte Gebietsteile; das ging bis zu einem Mordanschlag 1417 gegen Ludwig auf dem Konstanzer Konzil. Gern hat man deshalb Heinrich, den Sohn einer Visconti, mit den Mailänder Tyrannen verglichen, doch ist man heute mit solchen Zuschreibungen eher vorsichtig. Ebenso bekannt ist, daß unter Heinrich die finanzielle Sanierung seines Landes einsetzte. Nach einer Regierung von fast einem halben Jahrhundert folgte ihm 1450 sein Sohn Ludwig der Reiche, der, bis dahin karg in der Burghauser Nebenresidenz gehalten, alsbald ein auffallend aktives politisches Leben führte. Er war auch im Auftreten die glanzvollste herzogliche Erscheinung Bayerns in dieser Zeit, und die Landshuter Hochzeit, die er seinem Sohn ausrichtete, war in der Tat ein Aspekt einer auf Eindruck und Prunk ausgerichteten Politik. Als etwa 1471 in Regensburg ein

Reichstag zur Behebung der Türkengefahr stattfand, erschien Ludwig der Reiche mit einem Gefolge von 1000 Reitern, die in rote Prachtgewänder gekleidet und mit Prunkwaffen versehen waren, «prächtig und alle überstrahlend» («magnificus et super omnes gloriosus»), wie ein Geschichtsschreiber berichtet.[2] Dem Glanz des Hofes entsprachen die hohen politischen Ziele, die bis zu Plänen eines deutschen Königtums Ludwigs gingen, mit denen man den habsburgischen Kaiser Friedrich III. an den Rand zu drängen hoffte. Ähnlich wie der berühmte Pfälzer Kurfürst Friedrich der Siegreiche und auch in Verbindung mit ihm war Ludwig von Landshut vielfach in Kriege verwickelt, vor allem gegen den fränkischen Markgrafen Albrecht Achilles von Brandenburg-Ansbach und seine Ansprüche. Damals konnte es scheinen, als gebe es gar keinen Kaiser mehr und als bestimmten allein die Territorialfürsten Struktur und Entwicklung des Reiches.

Doch schon wenige Jahre nach Ludwigs Tod 1479 begann der Neuaufstieg des habsburgischen Kaisertums, für alle sichtbar mit der Wahl des Kaisersohns Maximilian I. zum deutschen König 1486. Dieser Neuaufstieg Habsburgs bildete den Hintergrund für die Regierungszeit des letzten der Reichen Herzöge, Georg. Weit weniger prunkliebend und lange nicht so leutselig wie der Vater, verfolgte Georg seine Pläne, nämlich sein Herzogtum auszuweiten und zu sichern, mit beachtlicher Beharrlichkeit, zuerst gegen die Habsburger, dann mit ihnen, jedoch beides nun im Schatten seines Vetters Albrecht IV. von München. Mehrfach ging Georg der Reiche mit dem König auf Kriegszüge, übernahm bei diesem auch die Hofmeisterstelle und lieh ihm erhebliche Geldsummen, was alles aber schließlich in der entscheidenden Frage nichts nützte, die seine letzten Jahre überschattete: in der Frage der Erbfolge. Georg hatte keinen legitimen Sohn. Sein Versuch, das gesamte niederbayerische Herzogtum über seine Tochter Elisabeth seinem Schwiegersohn Ruprecht von der Pfalz zu übergeben, scheiterte nach seinem Tod 1503, löste den schrecklichen Bayerischen Erbfolgekrieg aus und ließ schließlich sein Land, freilich erheblich verkleinert, an Oberbayern fallen. 1505 wurde auf diese Weise die Einheit des bayerischen Herzogtums wiederhergestellt. Insgesamt über hundert Jahre eindrucksvoller Stetigkeit der Herrscherfolge vom Vater auf den Sohn bieten sich dem Betrachter dar: Dieses Saeculum, nicht das düstere Ende, muß im Mittelpunkt einer solchen Betrachtung stehen, die Positives und Negatives, Reichtum und Verlust, jeweils einander gegenüberstellen will.

Dies soll mit vier Zugriffen geschehen. Zuerst blicken wir auf das Land, das die Herzöge von Niederbayern im 15. Jahrhundert regierten. Anders als heute, wo Oberbayern als Symbol für Freizeit,

Berge und Münchner Lebensart, also überhaupt für das Bayernbild steht, demgegenüber Niederbayern deutlich abgewertet erscheint, bezeichnete «Bavaria inferior» damals nur die geographische Lage. In der Sache war Niederbayern der bedeutendere und größere Teil Bayerns, wie er schon bei der ersten Teilung[3] genannt worden war: das fruchtbare Ackerland zwischen Inn und Isar mit der alten Residenz Landshut, breit hingestreckt von Erding bis Ried im Innkreis, von Anfang an auch mit den Salzlagern in Reichenhall, mit dem Fischfang aus dem Chiemsee und mit der Handelsstadt Rosenheim ausgestattet. Den Landshuter Herzögen gelang es nun, beim Erbanfall der Linien Straubing 1425 und Ingolstadt 1447 durch geschickte Politik ihr Territorium weit auszudehnen: durch den Straubinger Anteil über die Donau bis zum Böhmerwald, über das Ingolstädter Erbe bis Neuburg und Lauingen im Westen, durch Wasserburg und Kufstein bis zum Gebirge. Um 1450 waren schon zwei Drittel des gesamten damaligen Bayern in Landshuter Hand. Doch damit nicht genug: Die Herzöge, vor allem Ludwig und Georg, betrieben eine gezielte und anfangs überaus erfolgreiche Territorialpolitik im Westen, die Landgrafschaft Burgau, die Grafschaft Oettingen-Wallerstein konnten erworben, das eigene Territorium ganz nah an die Reichsstadt Ulm herangeführt werden. Auch ohne den seit 1482 eingefädelten großen Coup, der vor allem von München ausging und ganz Tirol und Vorderösterreich an Bayern bringen sollte, was aber schließlich scheiterte, hatten sich die Landshuter ein machtvolles Territorium im Südosten des Reiches geschaffen, das schlicht gesprochen für Bayern selbst stehen konnte. Die Hauptstadt Landshut, bereits im 14. Jahrhundert großartig angelegt, übertraf damals durch den Glanz ihrer Bauten und den Einfluß ihrer Politik München weit.

Niederbayern, das seit 1450 in fünf Verwaltungsbezirke (Rentmeisterämter) eingeteilt war, stellte sich vor allem als Bauernland dar, und gerade den Bauern und ihren Wünschen galt das Interesse der Herzöge, etwa als ihnen bereits unter Heinrich dem Reichen der Kauf des Erbrechts auf ihren Gütern ermöglicht wurde. Auf den sehr zahlreichen Städten und Märkten lastete dagegen die Hand der Landesherren schwer. So hatte etwa Herzog Heinrich der Hauptstadt Landshut, deren Stadtsteuer Kaiser Ludwig der Bayer auf 300 Pfund (lb) festgelegt hatte, diese nach der jetzt gültigen Währung umgerechnet und nun 750 lb verlangt, dies 1440 auch durchgesetzt; ähnliches erreichte Herzog Georg 1481 mit Ingolstadt.[4] Auch adelsfreundlich wird man die Landshuter Politik nicht nennen können. Man sah streng auf die landsässige Unterwerfung der führenden Geschlechter und förderte im Rat die bürgerlichen Juristen.[5] Das distanzierte Verhältnis bekamen auch die

Landstände zu spüren; deren Beschwerden, die auf dem Landtag vorgetragen wurden, spiegeln die Härte des Regiments wider. Zwei Landesordnungen 1474 und 1501, die frühesten in Bayern, versuchten das Verhältnis von Obrigkeit und Land zu regeln. Unter diesen Umständen scheint es nicht verwunderlich, daß Georgs Vererbungsvorhaben, das das Land in einen Krieg stürzen würde, kaum Unterstützung bei Adel und Landtag fand, ja diese bald auf die Seite des vom Kaiser begünstigten oberbayerischen Prätendenten übergingen.

Ein Gutteil der genannten Spannungen hat seinen Ursprung in der Finanzpolitik der Reichen Herzöge. Dies ist der zweite Bereich, der zu betrachten ist und der schon durch den Beinamen der Herzöge an ihr Selbstverständnis heranführt: «Reich, machtvoll, sehr reich» («dives, potens, ditissimus») nennen sie schon die zeitgenössischen Humanisten. Will man die Bedeutung der Landshuter Finanzpolitik richtig einschätzen, so muß man davon ausgehen, daß in dieser Epoche, als die Territorialwelt der Frühen Neuzeit endgültig gebildet wurde, also der Übergang vom mittelalterlichen Feudal- zum neuzeitlichen Verwaltungsstaat geleistet werden mußte, das Geld ein entscheidendes Element dieses Prozesses war. Geld war also nicht nur ein Wert, mit dem man sich etwas kaufen konnte, sondern Grundlage moderner Organisation. Hier ist nun festzustellen, daß, wie schon den Zeitgenossen bewußt war, Heinrich es gewesen ist, der das Herzogtum finanziell saniert hat: «[...] samet groß schätz. Darumb gab man im ainen nachnomen, das ist: Hertzog Hainrich, der, der den turn zu Purckhawsen voller gulden hat», heißt es in einer gut informierten Geschichtsquelle[6], und wenig später formulierte Aventin: «[...] bevalh er das camerguet zu regiern ainem briester; der bracht einnemen und ausgeben gegeneinander in ein puech, war schatzmaister». Die Forscher haben sich nicht wenig Mühe gegeben, diesen Priester zu finden, ohne daß es bisher gelungen wäre; doch vielleicht ist dies auch gar nicht nötig. Entscheidend ist, daß tatsächlich zur Zeit Heinrichs, spätestens 1439, eine völlig neue Finanzbuchhaltung quellenmäßig faßbar wird, die erstmals übersichtlich Gesamtregister aller Landesteile vorlegt; ihre Vorläufer könnten bis 1425 zurückgehen.[7] Dabei bestand die Leistung der Landshuter Verwaltung offenbar nicht in der Erfindung der neuen Haushaltsrechnung, die vielmehr in Ingolstadt und Straubing Vorläufer hat und damit auf französische oder burgundische Einflüsse deuten kann, sondern in der jahrzehntelangen energischen Durchsetzung der neuen Verwaltungsmaximen im ganzen Land. Das System der Amtsrechnungen mit Abgabe des Nettoertrags an die höhere Stelle, die detaillierte Verzeichnung der Einnahmen und Ausgaben sowie der Außenstände, die regelmäßige Überwachung durch die Zentrale, schließlich die Umrechnung der vielfachen Währungen und Maße in das Landshuter Einheitssystem, also all das, was bis ins 18. Jahrhundert in Bayern im Prinzip gültig blieb, ist damals in erstaunlich kurzer Zeit mit sicherem Zugriff entwickelt und durchgesetzt worden. Daß das nicht leicht war, vielmehr ein mühsamer Prozeß der Modernisierung und Rationalisierung, sieht man an vielen Einzelheiten, etwa wenn ein Adeliger statt der geforderten Lehensabgabe in Geld wie von alters her eine Armbrust abgab, die noch dazu beschädigt war, oder wenn man versuchen mußte, die Naturaleinkünfte, also Wein und Getreide, gewinnbringend zu vermarkten. Beim Wein hatte man kaum Erfolg, beim Getreide gelang dies aber ganz hervorragend; durch den Bau riesiger Getreidekästen lagerte man die Abgaben der Bauern ein, hortete sie und verkaufte sie mit größtem Gewinn in Jahren schlechter Ernten.

Sehr schnell muß die straffe Finanzverwaltung und die Sparsamkeit des Herzogs Erfolge gebracht haben, auch wenn sie nicht leicht zu beziffern sind. Daß es sich um große Summen handelte, zeigt die verschwenderische Fülle von Ausgaben, mit denen der prachtliebende Sohn, Ludwig, gleich beim Regierungsantritt begann. Bei Gesamteinnahmen von circa 50000 Gulden (fl) lieh der junge Herzog 40000 an Albrecht Achilles, damals noch sein Freund, 6000 dem Grafen von Oettingen, 20000 an König Ladislaus von Böhmen und Ungarn, insgesamt in drei Jahren, nur die größeren Posten gerechnet, über 160000 fl. Kein Wunder, daß nach einiger Zeit der herzogliche Haushalt in eine Krise geriet. Doch schon der älter gewordene Ludwig, dann vor allem sein Sohn Georg, schalteten wieder um, sparten, horteten, mobilisierten, so daß nun Ausgaben, wie etwa 100000 fl für den Ausbau Burghausens zur Festung unter Herzog Georg, kein Problem mehr waren. Auch die Höhe des Vermögens ist aufgrund neuerer Arbeiten nun bestimmbar: circa 1200000 fl Bargeld und gewaltige Mengen Getreides, dazu circa 300000 fl für die Kleinodien des Burghauser Schatzes, unter denen auch der Nachlaß Ludwigs des Bärtigen aus Ingolstadt war.[8] Es war ein wahrhaft großartiges Ergebnis, dem in Deutschland nur wenige Fürsten gleichkamen!

Ist auch hier Fragwürdiges zu erkennen? Durchaus nicht wenig. Nicht nur, daß Reichtum meist Neid erweckt, und Schriftsteller, die nicht unterstützt werden, zu Kritikern erwachsen – so wurde Georgs Geiz von den Humanisten immer wieder geschmäht. Auch strukturell war diese Finanzpolitik problematisch. Schon daß die an sich sinnvollen Versuche, die Basis zu erweitern (durch Einbeziehung großer Handelsstraßen, durch Ausbeutung der Silbergruben im Inntal oder durch die seit 1494 in Gang gesetzte Verstaatlichung der Reichenhaller Salinen), erfolglos blieben oder zu spät griffen, war bedenklich. Vor allem war auch und gerade auf dem Gebiet der Finanzen die Härte der Fürsten deutlich spürbar. So wie die Getreidekästen keineswegs zuerst als Vorrat für Notzeiten dienten, sondern als Finanzinstrument aufgebaut wurden, so suchte die Verwaltung überall Geld zu machen, was bei Georg dem Reichen in Kleinlichkeit und Raubbau ausartete, etwa durch die Verkürzung der Brachzeiten bei der Fischzucht. Die direkte Bezahlung der adeligen Pfleger durch die Zentrale statt der früheren Selbstentnahme aus den Einnahmen konnte man als Modernisierung vielleicht auch einem damaligen Amtsinhaber verständlich machen, nicht aber die in Landshut üblich gewordene trickreiche Verrechnung nach altem Herkommen, das heißt nach einer für ihn nun ungünstigen Währungsparität.[9] Und daß Georg der Reiche dem von ihm umworbenen König gegenüber auf Zahlung des Hofmeistergehalts bestand, welches Amt Maximilian aber als Ehrenpflicht erwartete, brachte ebenfalls die Finanzpolitik des Hofes in Verruf. Am Ende war Georg ein Reicher, der seinen Reichtum politisch nicht wirksam einzusetzen wußte.

Vom Geld und den Getreidevorräten des Burghauser Schatzes war schon wenige Monate nach Kriegsbeginn 1504 nichts mehr geblieben. Dagegen zeugt bis heute die künstlerische und geistige Hinterlassenschaft von den kulturellen Glanzleistungen der Zeit. Diese sind freilich nicht so unmittelbar mit den Herzögen selbst verbunden wie die Verwaltung des Landes, doch stehen die Fürsten häufig mindestens im Hintergrund. Wer sich heute Landshut nähert, stößt zuerst auf die Burg und das Martinsmünster, die Hauptakzente der niederbayerischen Metropole. Die gewaltige Burg ist in ihrer heutigen Gestalt ein Werk langer baugeschichtlicher Entwicklung, zu dem die Reichen Herzöge nur beigetragen haben. Dagegen ist die herrliche Martinskirche ganz ein Werk der reichen Herzogszeit; die ersten Baunachrichten stammen von 1392, der Turm wurde im Jahr 1500 vollendet. Die Kirche ist die Schöpfung des großen Hans von Burghausen, der mit Chor und Hauptschiff hier sein Meisterwerk schuf, einen der kühnsten Bauten der spätmittelalterlichen Backsteingotik. Aber die Martinskirche ist kein Werk einsamer Genialität. Vielmehr ist es gerade das Besondere, daß damals ganz Niederbayern mit einem Netz spätgotischer großer und kleiner Kirchen überzogen wurde. Hans von Burghausen baute auch die Heiliggeistkirche in Landshut, Kirchen in Salzburg, Straubing, Braunau und Wasserburg. Dazu kommen Kirchenbauten weniger bekannter Meister in Städten, Märkten und Dörfern in großer Zahl, die den glanzvollen wirtschaftlichen und künstlerischen Aufschwung der Zeit widerspiegeln. Die Kirche in Jenkofen hat Heinrich der Reiche großartig ausstatten lassen. Das Land der Reichen Herzöge war damit maßgeblich an der Verbreitung der spätmittelalterlichen Backsteingotik in Deutschland beteiligt; die 1468 begonnene Frauenkirche des Jörg von Halsbach in München entstand in Auseinandersetzung mit dem und war eine Antwort auf das Martinsmünster in Landshut.[10] Auch in anderen Bereichen war Landshut damals führend, etwa im Plattnerhandwerk, das Rüstungen in alle Welt lieferte, dann in der Malerei und bildenden Kunst, wobei der geniale Hans Leinberger zwar schon an der Zeitenwende steht, aber wohl von der Landshuter Künstlerschule beeinflußt wurde.

Zeigt die Architektur die künstlerische Atmosphäre der Epoche, so ist die Gründung der Universität Ingolstadt 1472 ein Werk der Herzöge. Um 1800 nach Landshut, 1826 nach München verlegt, trägt sie mit Recht bis heute auch den Namen Ludwigs des Reichen. Die Idee der Gründung von Landesuniversitäten zur Ausbildung von Beamten und Klerikern lag in der Zeit, die sogenannte zweite Universitätsgründungswelle setzt 1456 mit Basel ein. Ingolstadts Eröffnung 1472 besetzt die vierte Stelle in dieser Reihe, noch vor Mainz und Tübingen; nimmt man das päpstliche Stiftungsprivileg von 1459 als Beginn, so steht Ludwigs Gründung sogar in der allerersten Reihe. Ein oberbayerischer Versuch, 1487 in Regensburg eine Universität zu gründen, scheiterte. Intellektueller Urheber der Ingolstädter Hohen Schule war vor allem der Humanist und Diplomat Martin Mair, doch zeigten sich der Herzog und seine Verwaltung durchaus stark am Gedeihen der Universität interessiert; sie sollte auch den neuerworbenen Ingolstädter Landesteil an Landshut binden. Professoren und Studenten hatten deshalb – damals ganz singulär – dem Herzog einen Treueid zu leisten.[11] Der Hof kümmerte sich sowohl äußerlich durch Stiftung von Professuren und Stipendienstellen – 1494 wurde das bis heute bestehende und nach dem herzoglichen Gründer benannte Georgianum errichtet – wie dem Inhalt nach durch spezifische, vor allem humanistische Berufungen um das Gedeihen. Konrad Celtis, der deutsche Erzhumanist, wirkte hier, dann Jakob Locher, auch noch der junge Aventin; von Anfang an hatte die Universität zukunftsweisende Züge.[12] Die herzogliche Verwaltung profitierte gleichfalls von ihr, maßgebliche Räte Herzog Georgs, wie etwa Peter Baumgartner, kamen aus Ingolstadt.

Sind auch im kulturellen Bereich, der noch um manche Beispiele vermehrt werden könnte, problematische Punkte zu entdecken? Man wird vielleicht zwei nennen können. Zum einen gründete wohl Ludwig die Universität, übrigens in deutlicher Konkurrenz zur humanistischen Universität in Heidelberg, aber verglichen mit der Pfalz war der Humanismus in Niederbayern eben doch nur eine Sache der Universität, nicht des Hofes. Zwar war die traditionelle spätmittelalterliche Geschichtsschreibung in Niederbayern beachtlich: Veit Arnpeck schrieb in Landshut seine wichtigen Chroniken, Ulrich Füetrer, der später für den Münchner Hof arbeitete, stammte immerhin aus Landshut, und ganz herzogsnah erstellten Ebran von Wildenberg und Peter Baumgartner (in Fortsetzung des Füetrer) ihre Geschichtswerke. Der Hof war jedoch als Anreger nicht präsent. Deutliche Kritik kann man zum zweiten bezüglich des Verhältnisses zu Papst und Bischöfen üben. Alle drei Reichen Herzöge waren der Kurie gegenüber distanziert, Ludwig besonders durch seine Kontakte zu dem Hussitenkönig Georg von Podiebrad, Georg etwa durch Verhinderung der Ablaßpredigt. Das Verhältnis zu den Bischöfen war vor allem das einer staatlichen Machtpolitik, um die Hochstifte an sich zu binden, was in Salzburg nicht, in Passau und Freising zum Teil gelang. Kirchenreformerische Ziele werden selten deutlich. Die Juden vertrieb Ludwig der Reiche, trotz päpstlichen Schutzprivilegs, 1450 aus seinem Land. In bezug auf die Kirche hatten die Landshuter, trotz persönlicher Frömmigkeit, im Vergleich mit anderen wenig aufzuweisen.

Der letzte Bereich, der zu betrachten ist, war für die Existenz des Staates entscheidend, nämlich die Politik. Leider ist bisher nur die Politik Georgs des Reichen umfassend bearbeitet[13], doch kann man einige Gesamtaussagen wagen. Die wittelsbachischen Fürsten des 15. Jahrhunderts stellten, wie oft sie auch gegeneinander standen, doch insgesamt ein beachtliches Schwergewicht dar, mit der Kurpfalz, den pfälzischen Nebenlinien, den vier bayerischen Herzogtümern, teilweise auch mit Bischofssitzen wie Regensburg und Straßburg: fast ein «Haus Bayern» gegenüber dem Haus Österreich. Für Niederbayern war auf Dauer vor allem die Frage der Zusammenarbeit mit den Habsburgern aufgeworfen, die seit 1438 wieder den deutschen König stellten. Ein Abbild dieser Situation zeigen die dynastischen Heiraten, die damals stets eine politische Komponente hatten: Die Reichen Herzöge vermählten Söhne und Töchter nicht wie ihre Vorfahren über halb Europa, sondern weitgehend im Reich, und hier vor allem an die Habsburger und an die Pfälzer. Heinrich der Reiche, selbst mit einer Habsburgerin verheiratet, hielt sich in seinen letzten Jahren, soweit ersichtlich, an eine freundschaftliche Linie mit Wien; das war auch für die reibungslose Abwicklung des Inn- und Donauhandels wichtig, von dem man hohe Zolleinnahmen bezog. Demgegenüber hat Ludwig der Reiche bei seinem Regierungsantritt voll kühnen Muts diese Friedenspolitik zugunsten expansiver Pläne und eigener Reichspolitik aufgegeben und war, vor allem in den Kriegen mit dem fränkischen Markgrafen von Brandenburg-Ansbach, sogleich in

Konflikt mit dem Kaiser geraten: 1458 bis 1462 standen sich Pfalz/Niederbayern und Brandenburg/Habsburg scharf gegenüber. Allerdings gelang seit den siebziger Jahren eine Annäherung und Rückkehr zur kaiserfreundlichen Politik – des Kaisers Anwesenheit bei der Landshuter Hochzeit ist ein Zeichen dafür –, ohne daß aber die eigenen Pläne aufgegeben wurden.[14] Am kompliziertesten war die Haltung Georgs. Auf der einen Seite erneuerte er die Konfrontation mit dem Kaiser, er mischte sich in die Hochstifte Passau und Salzburg ein, unterstützte den Ungarnkönig Corvinus gegen Wien und expandierte wieder scharf im schwäbischen Bereich, dem Zielgebiet der Habsburger. Andererseits nahm er seit etwa 1488 eine vermittelnde Haltung zum Kaiserhof ein und distanzierte sich von den von München aus damals vorgetragenen politischen Attacken. Seltsamerweise wurde ihm dies jedoch wenig honoriert. Als nämlich der Münchner Herzog Albrecht 1490 ganz auf die Seite der Habsburger überschwenkte – er war mittlerweile auch Schwager König Maximilians geworden –, gelang Georg bei allen, zum Teil fast krampfhaft wirkenden Versuchen, den König an sich zu binden, kein Erfolg mehr. Sicher war nicht allein das Testament von 1496 dafür der Grund, doch lähmte es die niederbayerische Politik und isolierte den Herzog.

Über dieses Testament, mit dem Georg, gegen die Erbverbrüderung der bayerischen Linien, das Land seiner Tochter Elisabeth und damit deren Pfälzer Gemahl vermachte, ist viel gerätselt worden. Die Entscheidung Georgs für dieses Vorgehen dürfte 1493/1494 erfolgt sein, als einerseits seine Hoffnungen, Oberbayern beerben zu können, durch die Geburt eines Prinzen in München vereitelt, andererseits das ersehnte Ehebündnis seiner Tochter mit den Habsburgern gescheitert war. Dazu kam eine deutliche Abneigung gegen die Münchner Herzöge, die sogar bis zu Überlegungen ging, Niederbayern eventuell sogar den Habsburgern zu vermachen, oder eben den durch viel engere und geschätztere Verwandtschaft (als der oberbayerischen) verbundenen Pfälzern. Aus der Sicht der Pfalz, immer noch der vornehmste Stand im Südwesten, war das Testament, das man dort ausgearbeitet hatte, ein großer diplomatischer Erfolg. Doch insgesamt und auch vor der Geschichte erwies sich dieses Vorgehen von Heidelberg und Landshut als großer Fehlschlag: Nicht deshalb, weil Albrecht IV. die besseren rechtlichen und historischen Argumente beibringen konnte und mit großem Geschick historisch-politische Propaganda betrieb, nach welcher das Erbe Kaiser Ludwigs in München bleiben müsse. Vielmehr gelang der Landshuter Politik der entscheidende Kontakt zum König nicht, der schließlich politisch für den votierte, der ihm mehr und dieses sicher bot. So wurde Niederbayern schon vor Georgs Tod dem Münchner vom König zugesichert und ihm nachher auch zugestellt. Der letzte der Reichen Herzöge hatte politisch das Spiel verloren.

Abschließend mag eine Überlegung erlaubt sein, die sich aus der Landshuter Sicht der Ereignisse ergibt. Dort hat man verständlicherweise immer bedauert, daß der Staat Niederbayern, der unter den Reichen Herzögen zu solchem Glanz gekommen war, seine Existenz verlor, und nicht zu Unrecht darauf hingewiesen, daß man in ihrer Epoche eigentlich die Übernahme des Münchner Landesteils durch das viel bedeutendere Niederbayern erwarten konnte. Nimmt man diesen Gedanken auf und beugt man sich als Historiker nicht einfach der normativen Kraft des Faktischen, so ist es in der Tat der Überlegung wert, ob nicht die Geschichte Bayerns gleich glücklich oder auch glücklicher verlaufen wäre, wenn nicht der Landshuter, sondern der Münchner Zweig ausgestorben wäre oder, näherliegend, wenn es Herzog Georg geglückt wäre, sein ungeteiltes Herzogtum entweder den Pfälzern oder den Österreichern zu übergeben. In dem einen Fall wären seit 1503 aus den Bewohnern Niederbayerns und dann wohl bald Gesamtbayerns Österreicher, im anderen Fall Pfälzer geworden.

Der Verlust des Staates und gar des Namens an ein anderes Territorium mag auch heute für die Münchner Sicht der bayerischen Geschichte ein Schreckbild sein, doch historisch ist es das keineswegs. Viele berühmte historische Namen sind gewandert oder verschwunden, aus Brandenburg wurde Preußen, aus den Bewohnern des Meißner Landes wurden Sachsen, die Einwohner der bayerischen Ostmark wurden zu Österreichern, die Bewohner des bayerischen Nordgaus heißen seit Jahrhunderten Oberpfälzer. Was wäre sonderbar daran gewesen, wenn nach 1500 auch aus Niederbayern Österreicher oder Pfälzer geworden wären? Aber auch die Sache selbst ist zu bedenken. Während die sogenannten bayerischen Patrioten Ende des 18. Jahrhunderts die Vertauschung Bayerns mit Österreich scharf ablehnten, wurde dies sowohl von der damals kurpfalz-bayerischen Regierung unter Karl Theodor wie fast zwei Jahrhunderte lang in Wien als einzig sinnvolle und zukunftsträchtige Lösung der Verbindung Österreichs mit Deutschland angesehen. Und wäre andererseits ein Großstaat Pfalz-Oberpfalz-Niederbayern als Querriegel vom Rhein bis zum Inn nicht ebenfalls eine sehr sinnvolle Lösung gewesen, mit Anschluß von Schwaben und Tirol, später vielleicht auch mit Anfall von Bayern-München, ein süddeutsches Reich der pfälzischen Wittelsbacher, parallel dem späteren norddeutschen der Hohenzollern? Unter diesen Aspekten zeigen die Jahre um 1500, als das Landshuter Herzogtum zu Ende ging, weite interessante Linien oder, je nach Sichtweise, tiefe Abgründe, die wahrzunehmen und damit den schwankenden Boden säkularer Entscheidungen zu erkennen zu den Aufgaben des Historikers gehört. Bayern ist diese möglichen Wege nicht gegangen, wegen des dynastischen Zufalls, daß eben die Landshuter Herzöge ausstarben, aber auch, wie deutlich wurde, wegen nicht geringer Fehler, die in Landshut in den Bereichen von Politik und Kultur gemacht wurden. München hat, unerwartet, aber nicht ganz unverdient, das Erbe angetreten und damit auch den altehrwürdigen Bayern-Namen der Nachwelt erhalten. Bestehen bleibt jedoch die nahe Möglichkeit, daß das große, moderne, hervorragend verwaltete und an höchsten kulturellen Leistungen reiche Niederbayern der Reichen Herzöge den Gesamtstaat hätte gestalten können; bestehen bleibt aber vor allem die Erinnerung an die Zeugnisse dieser glanzvollen historischen Epoche des spätmittelalterlichen Bayern.

Die Herzöge von München

Die Wiederherstellung der Landeseinheit

Von Reinhard Stauber

Dynastiepolitisch unter geradezu chaotischen Vorzeichen begann das 15. Jahrhundert für das Gesamthaus Bayern in der Pfalz am Rhein und im Herzogtum Bayern. Bis zu acht Teillinien standen einander gegenüber, phasenweise in erbitterte gegenseitige Konflikte verstrickt. Doch die während dieses Jahrhunderts erzielten Konsolidierungsleistungen waren bemerkenswert; dies galt gleichermaßen für die Zahl der Teillinien wie für den Grad staatlicher Organisation der entsprechenden Herrschaftsgebiete.

Im altbayerischen Bereich blieben ab der Mitte des 15. Jahrhunderts zwei große Gebietskomplexe übrig, die Teilherzogtümer München und Landshut. Dabei konnte gerade in finanzieller Hinsicht das Herzogtum «im Obern Bairn» – mit zwei großen Besitzblöcken zwischen Lech und Inn einerseits, entlang der Donau zwischen Vohburg und Deggendorf andererseits – mit dem niederbayerischen Teil in keiner Weise konkurrieren. Der Besitz der Landshuter Herzöge lag geschlossener und günstiger an den wichtigen Verkehrswegen und beherrschte etwa die außerordentlich wichtige Wasserstraße des Inn von Rattenberg bis kurz vor der Mündung in Passau. Zölle und Mauten bildeten einen der Grundpfeiler des Reichtums der Landshuter Herzöge, den anderen die in den landesherrlichen Ämtern vor allem aus dem Getreideverkauf erwirtschafteten Überschüsse, die von einer differenziert ausgebauten Verwaltung abgeschöpft und der Zentralgewalt zur Verfügung gestellt wurden. All dem hatten die Münchner Herzöge nichts Vergleichbares entgegenzusetzen: Noch Anfang des 16. Jahrhunderts beliefen sich die Einkünfte aus ihrem Land auf knapp die Hälfte dessen, was die Landshuter erwirtschafteten, und die Höhe des in Burghausen lagernden niederbayerischen Staatsschatzes war im Reich ohnehin konkurrenzlos. Auch hinsichtlich der innenpolitischen Struktur gab es beträchtliche Unterschiede zwischen den beiden Teilen. Während die Landshuter Herzöge sich mit einigen wenigen Geschlechtern auseinandersetzen mußten, die die Reichsfreiheit anstrebten, hatten sich die Oberbayern mit dem Straubinger Land, das sich von der Donau bis Zwiesel und Furth weit in den Bayerischen Wald hineinzog, einen besonders widerspenstigen und streitlustigen Ritteradel ins Haus geholt, der noch Albrecht IV. große Schwierigkeiten bereiten sollte.

Es war – so steht es in jedem besseren Überblick zur bayerischen Geschichte zu lesen – der in München von 1465 bis 1508 regierende Herzog Albrecht IV., der sich der testamentarischen Verfügung Georgs von Landshut von 1496 widersetzte, nach der Niederbayern an die Kurpfalz fallen sollte. Mit Unterstützung des Königs Maximilian I. focht er 1504/1505 den Krieg um die Erbfolge durch, sicherte die Wiedervereinigung Bayerns mit der Primogeniturordnung von 1506 hausrechtlich ab, beendete so die Epoche der seit 1255 anhaltenden Landesteilungen und entließ ein geschlossenes (Alt-)Bayern auf den Weg in seine neuzeitliche Geschichte.

War all dies, so läßt sich fragen, einfach das Glück des länger Überlebenden, also einer jener dynastischen Zufälle, wie sie typisch sind für die enge Verflechtung von Herrscherfamilie und Staatswesen im alteuropäischen Zeitalter? Oder sind bei einem Fürsten wie Albrecht IV., wie es sein schon bei den zeitgenössischen Chronisten gängiger Beiname «der Weise» anzudeuten scheint, Züge eines bewußten Reflektierens über die Situation von Haus und Land zu entdecken, gezielt eingesetzte Strategien vielleicht sogar zur Realisierung des großen Ziels, die bayerischen Teilherzogtümer zu verschmelzen? Und spielte dabei schon der moderne Gedanke des souveränen Einheitsstaats eine Rolle? Diese und ähnliche Fragen gilt es im folgenden anhand mehrerer Schauplätze zu prüfen: der Stellung Albrechts als Alleinherrscher in Oberbayern, seiner ausgreifenden Territorialpolitik, seines dynastischen Herrschaftskonzepts und schließlich der Schwierigkeiten, die der Hauskonflikt um die Einheit Altbayerns mit sich brachte.

Ein kleiner Umweg zu diesen Themen ist nützlich, um den hervorgehobenen Platz zu klären, den Albrecht IV. seit je in der Reihe der bayerischen Herrscher eingenommen hat, als erster Herzog der Neuzeit gewissermaßen. Es geht um die bewußte Inszenierung von Glanz und Ruhm des Siegers im Hauskonflikt der altbayerischen Linien, und Albrecht hat noch zu seinen Lebzeiten viel in diese Richtung getan. Auf einer Gedenkmedaille ließ er sich als Wiederhersteller der Einheit der «beiden Bayern» («utraque Boioaria») feiern und von Aventin in einem 1507 entstandenen Lobgedicht als «Vater und Beschützer des norischen Stammes» («gentis pater atque custos Noricae») ansprechen.[1] Der herzogliche Rat Augustin Kölner sorgte für eine zwar genau gearbeitete, freilich offiziöse Darstellung des Erbfolgekriegs aus Münchner Sicht. Und diese Selbststilisierung zeitigte Wirkung. 1584 schrieb Wilhelm V. in seinem Entwurf für das Fassadenprogramm der Münchner Michaelskirche, auch sein Urgroßvater Albrecht IV. solle ein Standbild erhalten; er sei des Gedächtnisses wohl würdig als jener Fürst, «der Niederbayern wiederumb zu diesem Stamme gebracht»[2]. Hier wird eine Verschiebung der Perspektive faßbar, charakteristisch für eine umgeformte Deutung der Geschichte durch die überlebenden Gewinner: von der Vereinigung der beiden Bayern zum Rückfall Niederbayerns an München. Überprüft man anhand der Inventare der Kammergalerie Kurfürst Maximilians I. und der Ahnengalerie in der Residenz die dynastiegeschichtlichen Schwerpunkte der Kunstpflege des Münchner Hofs im 17. und 18. Jahrhundert, so ergibt sich, daß die Landshuter kaum mehr Aufmerksamkeit fanden. Und in der 1767 erschienenen «Kurzgefaßte[n] Geschichte der Herzoge von Bayern»[3] des Münchner Archivars Josef Aettenkhover kommen die Nebenlinien des 14. und 15. Jahrhunderts erst gar nicht mehr vor.

Dazu paßt das düstere Bild, das die historische Forschung lange Zeit von der spätmittelalterlichen Geschichte Bayerns gezeichnet hat, vom «Fluch der Landesteilungen», der Zersplitterung der Kräfte der Dynastie und der Schwächung vor allem der außenpolitischen Stoßkraft. Heute weist man eher darauf hin, daß es gerade die durch die Teilungen bedingte Kleinräumigkeit war, die die herrschaftliche Durchdringung der Fläche und den Aufbau einer leistungsfähigen Verwaltung ermöglichte und damit der Entstehung des frühmodernen Staates den Weg ebnete. Es ist anzufügen, daß es auch keinen hypothetisch-allgemeinen politischen Gesamtwillen des Hauses nach außen gegeben hat, der durch die Teilungen notwendigerweise geschwächt worden wäre. Die Fürsten der einzelnen Linien entwickelten vielmehr aufgrund der weitgestreuten Besitzungen des Gesamthauses ihre je eigenen Interessenschwerpunkte in den Außenbeziehungen.

Mit der auswärtigen, genauer interterritorialen Politik, ist ein Bereich angesprochen, in dem die Münchner Herzöge des 15. Jahrhunderts mit einer gegenüber den übrigen Linien bemerkenswerten Verspätung als Akteure hervortraten. Das böhmische Königtum Albrechts III. von 1440 blieb Episode; die Rolle im Hauskrieg der ersten Jahrhunderthälfte ist klar defensiv gegenüber den Protagonisten Ludwig dem Bärtigen von Ingolstadt und Heinrich dem Reichen von Landshut. Die Benachteiligung bei der Aufteilung des Ingolstädter Erbes 1447/1450 nahm Albrecht III. hin, und in der bald danach einsetzenden, sich bis zum Reichskrieg steigernden Expansionspolitik Herzog Ludwigs von Landshut und des Kurfürsten Friedrich von der Pfalz trat er nicht aktiv in Erscheinung.

Wie ist diese Zurückhaltung zu erklären? Mit der gemeinsamen Herrschaft der herzoglichen Brüder Ernst und Wilhelm III. zwischen 1397 und 1435 bot sich im Teilherzogtum München zwar das seltene Bild der Einigkeit zweier regierender Fürsten, doch auch sie blieben nicht von den Auswirkungen der dynastiepolitischen Wirren verschont, die für den Zustand des Gesamthauses um 1400 bezeichnend waren. Dies galt für den Hauskrieg in der sogenannten «Vierherzogszeit» von 1397 bis 1403, der sich in München mit Kämpfen zwischen Patriziern und Zünften um die Stadtherrschaft verquickte und die oberbayerischen Herzöge, die sich gegen die Ansprüche des Zunftregiments stellten, phasenweise aus der Stadt zwang. Und dies galt besonders für die dynastische Krise, die Albrecht III., der 1401 geborene einzige männliche Erbe in Oberbayern, durch seine seit 1432 öffentlich gemachte Beziehung zu der Augsburger Baderstochter Agnes Bernauer heraufbeschwor. Der Vater Ernst reagierte rasch und hart, und nach dem gewaltsamen Tod von Agnes in Straubing am 12. Oktober 1435 drohte eine neue Eskalation der Hauskriege. Doch Ernst bemühte sich um eine schnelle Aussöhnung, in die Albrecht schon im Folgejahr einwilligte und die noch 1436 durch die Eheschließung des zum Mitregenten erhobenen Prinzen mit Anna von Braunschweig öffentlich dokumentiert wurde. Hausrechtliche Legitimität und Sicherung des Erbrechts, charakteristisch für den noch ganz in der Person des Fürsten wurzelnden Zusammenhang von Staat und Dynastie, hatten sich durchgesetzt.

In der nächsten Generation der Münchner Wittelsbacher lag die Problematik des Erbgangs ganz anders – nicht Mangel, sondern Überangebot bestimmte das Bild. Der Ehe Albrechts III. mit Anna entstammten sieben überlebende Kinder, davon fünf Söhne. Während in Landshut die Sohnesfolge stets eindeutig war und zwischen 1393 und 1503 gerade einmal drei Herzöge regierten, drohten in München neue Nachfolgekonflikte. Eingedenk des erfolgreichen Vorbilds der Doppelherrschaft seines Vaters und seines Onkels verfügte Albrecht III. deshalb, daß stets die beiden ältesten Söhne gemeinsam regieren sollten. Als Johann, der Älteste, schon 1463, drei Jahre nach dem Tod des Vaters, starb, meldete der Drittgeborene, Albrecht, gerade 16 Jahre alt, für den geistlichen Stand bestimmt, zum Studium und vor allem zum Sammeln kirchlicher Pfründen nach Italien geschickt, seinen Anspruch an, zum Mitregenten des älteren Bruders Sigmund erhoben zu werden, was ihm 1465 zugestanden wurde. Wiederum zwei Jahre später, nach dem im Zusammenwirken mit den Ständen erwirkten Regierungsverzicht Sigmunds, wurde Albrecht IV. Alleinregent im Münchner Teilherzogtum (1467). Der von der Historiographie um den alten Herzog gewobene Glanz darf nicht hinwegtäuschen über den schwierigen Beginn, die ungenügend legitimierte und lange gefährdete Stellung Albrechts als Alleinherrscher in Oberbayern – als «einziger regierender Fürst», wie er sich selbst bezeichnete, vorerst noch mit dem charakteristischen Zusatz «von uns und unserer Brüder wegen»[4]. «Er kam aber gar hart an das Regiment» – so wird er von dem scharfsichtigen Chronisten Veit Arnpeck vorgestellt[5] –, und in der Tat stellten die unsicheren Anfänge der Herrschaft Albrechts IV. für über ein Jahrzehnt ein wesentliches Hemmnis für seine äußere Politik dar und verwiesen ihn immer wieder auf Vermittlung und Hilfe der Landshuter Vettern. Vor allem aber trug diese Ausgangslage dazu bei, daß Albrecht sich in besonderem Maß für den Problemkreis von Haus, Dynastie und Erbrecht interessierte, um hier Argumente zu finden, die seine Position stärken konnten.

Sigmund, der «milde Herr»[6], wie Arnpeck ihn nennt, zog sich auf seinen Musenhof nach Schloß Blutenburg zurück, wo er die Gesellschaft von Sängern, schönen Frauen, weißen Tauben und Meerschweinchen genoß. Mit ihm gab es gelegentlich Streit um Zuwendungen und Besitztitel, aber keine Differenzen um die Regierung des Landes. Dagegen bildete der Konflikt Albrechts mit den jüngeren Brüdern Christoph und Wolfgang um die von ihnen beanspruchten Mitregierungsrechte ein langwieriges Grundsatzproblem, das seine gesamte Regierungszeit durchzog. Die Auseinandersetzungen begannen sofort mit Albrechts Alleinregierung 1467, als Christoph, gestützt auf die Anordnungen des Vaters, seine Beteiligung an der Herrschaft verlangte. Es kam zu lange andauernden Streitigkeiten, in die sich alle wichtigen Fürsten des Hauses vermittelnd einschalteten und die in der neunmonatigen Gefangenschaft Christophs in der Münchner Neuveste 1471 gipfelten. Ein 1475 vermittelter Vertrag über Albrechts Berechtigung zur Alleinregierung auf zehn Jahre hielt nicht einmal ein Vierteljahr.

Ende der achtziger Jahre verschärfte sich der Konflikt nochmals entscheidend. Der Grund dafür lag in den «Irrungen» Albrechts mit dem Adel des Straubinger Landes. Zur Finanzierung von Rüstungen gegen den Schwäbischen Bund hatte der Herzog eine Landsteuer ausgeschrieben, die seine Amtsleute auch bei den Grunduntertanen der Adligen einheben sollten. Die Herrengeschlechter an der Donau und im Bayerischen Wald, die Degenberger, Nußberger, Stauffer von Ehrenfels und Nothafft (um nur die wichtigsten zu nennen), mit einer langen Tradition selbstbewußter Unabhängigkeit gegenüber dem Landesherrn und mit guten Verbindungen zu Herzog Christoph, gründeten daraufhin 1489 den Ritterbund vom Löwen. Er war gedacht als Rückhalt für all jene mindermächtigen Stände, die sich den Tendenzen zur Einstaatung und Herrschaftszentralisierung, wie sie in den Besteuerungsansprüchen Albrechts zum Ausdruck kamen, zu entziehen suchten. Dazu gehörten auch Christoph und Wolfgang, die vorher in die Dienste auswärtiger Herrscher getreten waren und sich nun rasch dem Löwlerbund anschlossen. Endgültig zerbrochen schien die Einheit der Münchner Linie des Hauses, als sich die Löwenritter und mit ihnen die Brüder Albrechts Ende 1490 sogar dem Schwäbischen Bund anschlossen, jenem 1488 auf Betreiben der Habsburger gegründeten Bündnis von Fürsten, Grafen und Städten, das den territorialen Expansionsbestrebungen der Herzöge Georg und Albrecht entgegentreten sollte und sich bis 1490 zum politischen Hauptkonkurrenten der Bayernherzöge entwickelt hatte.

In diesen Vorgängen scheinen wesentliche Motive auf, warum man am Münchner Hof intensiv über Fragen der Herrschaftsbefugnisse und der dynastischen Ordnung im Haus Bayern nachdachte – übrigens in auffälligem Gegensatz zu den Verhältnissen in Landshut, wo es keine derartigen Probleme gab und wo man sich (das Jahrzehnt expansiver Politik Ludwigs des Reichen einmal ausgeklammert) mehr auf die Innenpolitik konzentrierte und im übrigen auf das eigene Geld verließ. Versucht man, dieses Nachdenken über dynastische Ordnung, seine theoretischen Prämissen und seine praktische Umsetzung zu systematisieren, so lassen sich zwei Hauptaspekte unterscheiden: einerseits ein von Albrecht im Namen des Gesamthauses vorgetragenes Expansions- und Wiedervereinigungsprogramm, andererseits ein dynastisch-geschichtliches Herrschaftskonzept und seine erfolgreiche Propagierung in der Geschichtsschreibung. Das Expansionsprogramm Albrechts wurde theoretisch fundiert – und das ist bemerkenswert angesichts der modernstaatlich-rationalistischen Tendenzen, die man dem Herzog gerne zuschreibt – durch einen Rückgriff auf das Herzogtum («terra Bavarica») des Früh- und Hochmittelalters. Aus dem Wortlaut des von König Rudolf I. 1281 erlassenen Landfriedens suchte man beispielsweise die Zahl von acht Bischöfen abzuleiten, «die zu dem land zu Beirn gehören» – von Bamberg bis Brixen, mit dem Erzstift Salzburg an der Spitze. Diese Denkfigur wurde weiterentwickelt zu einem möglichen Herrschaftsanspruch der Herzöge in allen Gebieten, die früher einmal zum «Land Bayern» gehört hatten – das richtete sich vor allem gegen die Habsburger.[7] Programmatisch und mit charakteristischem Einsatz des Hausbegriffs zur Legitimierung expansiver Ziele und gleichermaßen zur Einforderung von Unterstützung durch alle wittelsbachischen Fürsten formulierte Albrecht 1480: «So wir als ein Fürst geneigt sind, das loblich haus mit hilff anndrer fürsten zu Beyrn [...] zu erweytern, zuvor an den ennden, da es vormals darzue gehört hat»[8].

Bei der Frage nach den Schauplätzen, auf denen diese Expansionsprogrammatik in ihrer praktischen Anwendung verfolgt werden kann, kommen im folgenden nur die beiden wichtigsten Beispiele zur Sprache. Nur kurz genannt seien deswegen die erfolgreiche Einziehung der Reichsherrschaft Abensberg 1485 und der gescheiterte Versuch, im Jahr 1500 Erbrechtstitel auf die Grafschaft Görz mit einem Besitzschwerpunkt um Lienz geltend zu machen. Zentral war Tirol, genauer gesagt der Gesamtkomplex der von der Innsbrucker Linie der Habsburger verwalteten Besitzungen, die von Vorarlberg über Schwaben weit hinüber bis ins Elsaß reichten. Hier kam es zu einer Art Arbeitsteilung zwischen den Bayernherzögen: Während Ludwig und Georg von Landshut mit einer Politik der Nadelstiche und erzwungener Verpfändungen und Verkäufe gegen die schwäbischen Vorlande des Hauses Habsburg operierten, wuchs Albrecht IV. gerade deswegen in die Rolle des wichtigsten politischen Partners des Regenten von Tirol hinein, des Erzherzogs Sigmund. Dem ersten Bündnis von 1478 folgte eine Reihe Tiroler Schuldverschreibungen zugunsten des Münchner Herzogs gegen die Zusage militärischer Hilfe. Geschickt das Mißtrauen des alten Erzherzogs gegen das eigene Familienoberhaupt, Kaiser Friedrich III., ausnutzend, gelang es Albrecht, Sigmund von Tirol mit einem Netz wachsender personeller, politischer und finanzieller Abhängigkeiten zu überziehen und am Innsbrucker Hof eine Gruppe bayernfreundlicher Räte einzuschleusen, die mit allerlei zwielichtigen Methoden (handlesenden Damen etwa oder aus Kachelöfen ertönenden Stimmen) dafür sorgten, daß die Tiroler Politik immer stärker ins bayerische Fahrwasser geriet. Dies führte 1486/1487 schließlich zum Verkauf der Markgrafschaft Burgau und zur Verpfändung des gesamten vorländischen Besitzes, außerdem zur Eheschließung Albrechts mit der Kaisertochter Kunigunde Anfang 1487.

Programmatisch noch wichtiger für Albrecht war in eben jenen Jahren 1486/1487 der erfolgreiche Zugriff auf den traditionsreichen Vorort der alten «terra Bavarica»: Regensburg. Seine auf lange Sicht angelegte politische Taktik ging 1485 auf: Gegen Zahlung einer hohen Geldsumme löste Albrecht die herzoglichen Gerichtsrechte von der hochverschuldeten Stadt zurück und unterstellte sie gleichzeitig für 15 Jahre seinem Schutz. Von da aus war es nur noch ein kleiner Schritt bis zur Selbstübergabe Regensburgs an den Herzog im Juli 1486. Die politischen Weichen dafür stellte der Regensburger Domdekan Doktor Johann Neuhauser, ein illegitimer Sohn Albrechts III., also ein Halbbruder Albrechts IV. Am 6. August 1486 hielt der oberbayerische Herzog, begleitet von Georg von Landshut, seinen feierlichen Einzug in Regensburg. Er hegte weitgespannte Pläne, um der Stadt ihre alte Funktion als Zentralort zurückzugeben, verlegte den Rentmeistersitz von Straubing hierher, schuf Umschlagplätze für den Handel, plante den Bau eines Residenzschlosses, veranstaltete Turniere und erwirkte vom Papst ein Privileg, das die Gründung einer Universität in der Stadt erlaubte. Albrecht versuchte auch, das Bistum Regensburg unter seine Kontrolle zu bringen, und erhob den Anspruch, dem Papst im Fall einer Sedisvakanz direkt und ohne Mitwirkung des Domkapitels einen verbindlichen Vorschlag für die Besetzung des Stuhls des heiligen Emmeram unterbreiten zu dürfen. Als eine bayerische Gesandtschaft dieses angeblich uralte Recht der Herzöge 1488 in Rom mit der Bitte um Bestätigung vortrug, reagierte man im zuständigen Ausschuß des Kardinalskollegiums «ettwas hitziklich», wie Neuhauser in seinem Bericht vermerkte[9] – nicht einmal der König von Frankreich habe es bisher gewagt, ein solches Ansuchen zu stellen. Die praktischen Auswirkungen dieser Abfuhr blieben gering, war es den Bayernherzögen doch noch 1487 gelungen, den pfälzischen Prinzen Ruprecht von Simmern als Koadjutor des Regensburger Bischofs Heinrich von Absberg durchzusetzen, der 1492 auch dessen Nachfolge antreten konnte.

Wichtig für diese Zusammenhänge sind nun nicht sämtliche ereignisgeschichtlichen Einzelheiten dieses 1492 schließlich ganz aufgegebenen Expansionsprogramms, sondern seine hausinterne politische Rückbindung durch Absprachen Albrechts IV. mit Georg von Landshut. Deutlichstes Zeugnis dafür sind drei zusammengehörige Verträge, die die Herzöge im Sommer 1485 in Erding abschlossen. Neben einer Absprache über die nächsten Schritte in der Tirolpolitik ließ sich Albrecht darin von Georg zum wiederholten Mal zusichern, daß dieser die Mitregierungsansprüche der jüngeren oberbayerischen Brüder in keiner Weise unterstützen werde. Im Gegenzug setzte Albrecht für den Fall seines Todes ohne legitime Nachkommen (er war damals 38 Jahre alt und noch unverheiratet) Georg zum Erben Oberbayerns ein, mit einer bemerkenswerten Begründung: Er und seine Räte hätten bedacht, wie Ehre und Ansehen von Haus und Fürstentum zu Bayern vermehrt werden könnten, und dafür «nit pessers und füglichers erfinden mögen, dann wo dasselb fürstenthumb in eins einigen fürsten von Beyrn hannde, gewallt und regirung» käme.[10]

Dies ist ein besonders wichtiges, in mancher Hinsicht aber auch widersprüchliches Zeugnis für Albrechts Auffassung von Staat und Herrschaft: Er formulierte hier den Grundsatz von der Notwendigkeit einer einheitlichen Regierung und der Überwindung der Teilung, zeigte sich sogar bereit, einseitig den ersten Schritt in diese Richtung zu tun, aber er tat es als Gegenleistung für die

Sicherung seiner Alleinregierung in München und indem er sich über die berechtigten Ansprüche der jüngeren Brüder Christoph und Wolfgang hinwegsetzte.

Der zweite Pfeiler der Legitimierung von Albrechts Stellung im Herzogtum Oberbayern war ein ausgefeiltes historisch-dynastisches Herrschaftskonzept und seine Propagierung mittels unterschiedlicher Medien. Wenn wir beim eben angesprochenen Bereich der Kirchen- und Hochstiftspolitik bleiben und zuerst nach Befunden bezüglich des politischen Sprachgebrauchs fragen, so fällt im herzoglichen Schriftwechsel ein Topos auf, den man als «Fundatoren»-Argument bezeichnen könnte. Immer wieder und vor allem, wenn entsprechende Neubesetzungen ins Haus standen, machten die Herzöge gegenüber den angrenzenden Bistümern oder Stiften geltend, diese hätten einst zum «Land Bayern» gehört (also wieder der Rekurs auf das Mittelalter) und seien von ihren herzoglichen Vorfahren gegründet und reich ausgestattet worden. Daraus wurde den Kapiteln gegenüber die Forderung abgeleitet, die weltliche Politik der Hochstifte zu kontrollieren und bei Bischofsernennungen mitzuwirken – ein Anspruch, der zwischen 1480 und 1500 in Salzburg, Passau, Regensburg, Freising und Augsburg in teilweise erbitterten Auseinandersetzungen mit den Habsburgern mehrfach erfolgreich durchgesetzt wurde.

Zwei Grundgedanken des dynastischen Herrschaftskonzepts der Wittelsbacher deuten sich hier an: die Gleichsetzung von Land und Dynastie über alle Zeiten hinweg und die Idee einer doppelten Generationenkette, die Herrscherfolge und Familienbeziehungen in eins setzte. Die Vorfahren des Fürsten waren auch seine Vorgänger im Amt, der Fürst war Nachkomme und Nachfolger zugleich. So ließen sich – mit allerlei Kunstgriffen natürlich – die Wittelsbacher ganz selbstverständlich in die lange Abfolge der bayerischen Herzöge von den sagenhaften Urzeiten her einreihen, so konnte man etwa die Person Karls des Großen in die Geschichte des eigenen Hauses einbinden. Die Erarbeitung dieser Geschichtssicht war die Leistung der reichhaltigen und auf hohem Niveau stehenden Historiographie in den bayerischen Teilherzogtümern des 15. Jahrhunderts. Für sie stehen Namen wie Andreas von Regensburg, Veit Arnpeck in Freising, Hans Ebran von Wildenberg in Landshut und Ulrich Füetrer, und der letzte Name weist in ein eindeutig höfisches Umfeld, und zwar nach München.

Füetrer war nicht primär als Geschichtsschreiber tätig, aber er gehörte zu den wichtigsten Münchner Hofkünstlern des ausgehenden 15. Jahrhunderts. Wir kennen ihn als Maler und als Verfasser von Anthologien aus den großen Werken der höfischen Epik des Spätmittelalters; sein «Buch der Abenteuer» etwa, aus dem am Hof vorgelesen wurde, bietet Nachdichtungen aus dem Umkreis von Gralserzählung und Artussage. Seine «Bayerische Chronik» entstand in den Jahren um 1480, und zwar ausdrücklich im Auftrag Albrechts IV. («durch begeren und gepot» des Herzogs, wie Füetrer schreibt), dem sie auch gewidmet ist. Der Verfasser referiert die Weisung des Herzogs, er solle verstreute genealogische Nachrichten und versprengte Erzählungen aus der bayerischen Überlieferung zusammenführen zu einer Summe der bayerischen Herrschergeschichte («alls in ain summ zu pringen»), die Verbindlichkeit beanspruchen könne und vor dem Verlust der historischen Erinnerung bewahre.[11]

Die Einzelheiten der Durchführung und die damit verbundenen Probleme sind hier weniger von Belang, daß Füetrer sich beispielsweise auf einen zweifelhaften Hauptzeugen stützt oder Fürsten und Verwandtschaftsbeziehungen erfindet, wie er sie gerade braucht (was ihm die scharfe Kritik Aventins eingetragen hat). Festzuhalten ist: Füetrers Darstellungsprinzip ist die Genealogie; er will zeigen, wie von der Entstehung Bayerns unter dem ersten Herzog Bavarus bis zur Gegenwart immer dieselbe Dynastie Bayern regierte, auch wenn sie mehrfach ungerechtfertigt vertrieben wurde. Das war auch das Anliegen Albrechts IV., seines Auftraggebers, dem es ausdrücklich darauf ankam, das historische Gedächtnis seines Landes und Hauses bewahrt zu sehen.

Das Modell der doppelten Generationenkette von Herzogsreihe und Herrscherfamilie reizte zur Umsetzung in Bild und Graphik. Noch auf Anordnung Herzog Sigmunds entstand Mitte der sechziger Jahre in den herzoglichen Repräsentationsräumen im Alten Hof – die Neuveste im Bereich der heutigen Residenz wurde erst etwas später zum Fürstensitz ausgebaut – ein Zyklus von Wandmalereien, der eine wittelsbachische Fürstenreihe mit 62 Personen darstellte. Sie setzt ein mit den legendären Gründervätern Bavarus, der angeblich aus Armenien nach Bayern gekommen war, und Norix, der als Sohn des Herkules galt, und wurde geführt bis zu Johann und Sigmund, den ältesten Söhnen Albrechts III. und Doppelregenten der Jahre 1460 bis 1463. Die hervorgehobene Darstellung, die den beiden Kaisern Karl dem Großen und Ludwig dem Bayern zuteil wurde, und die Aufnahme weiterer zur Königswürde gelangter Wittelsbacher bezeugen den hohen repräsentativen Anspruch dieses Fürstenzyklus.

Schließlich spielte auch die kirchliche Memoria eine zentrale Rolle in Albrechts Auffassung von Haus und Regierung; sie wird am eindrucksvollsten greifbar im herrschaftskirchlichen Programm für die neuerbaute Frauenkirche in München. Die Pfarre «Zu Unserer Lieben Frau» hatte bereits Kaiser Ludwig der Bayer zur Fürstengrablege bestimmt; er selber wurde hier schließlich beigesetzt. Ab 1468 wurde in gewaltigen Dimensionen der repräsentative Neubau des Jörg von Halsbach mit der kathedralartigen Doppelturmfassade aufgeführt, zu dessen Neuausstattung Herzöge und Bürger gemeinsam beitrugen. Über der herzoglichen Grablege im Chorraum ließ Albrecht IV. (die Stiftungsinschrift nennt ausdrücklich nur ihn allein, «Albrechten den Jungen», als Auftraggeber) ein neues Hochgrab mit einer Deckplatte aus rotem Marmor errichten, neuesten Forschungsergebnissen zufolge ein Werk des Steinmetzen Hans Haldner aus den Jahren um 1470.[12] Einzigartig in ihrer Aussagekraft ist die Ikonographie dieser Kaisertumba, die dem Blick des heutigen Betrachters durch das gewaltige schwarze Kenotaph aus der Zeit Maximilians I. fast ganz entzogen ist. In der oberen, an den Himmel gemahnenden Bildhälfte thront Kaiser Ludwig in sakraler «maiestas». Unter dem seinen Thron tragenden, mit den Wappen des Reichs, der Pfalz und Bayerns versehenen Podium spielt sich in einem kostbar ausgestatteten Bühnenraum ein entscheidendes Ereignis aus der jüngsten Geschichte des Münchner Herzogshauses ab: die Aussöhnung des jungen Herzogs Albrecht III. mit seinem Vater Ernst 1436, nach der Hinrichtung von Agnes Bernauer. Mit ausgebreiteten Armen geht der Vater auf den zögernden, gerüsteten Sohn zu, die linke Hand Albrechts ruht noch auf dem Schwert, doch die Rechte ist bereits zur Versöhnung ausgestreckt, wohl auf die Fürbitte des den jungen Herzog zutraulich anspringenden Wappenlöwen hin. Unter den Augen des großen Kaisers Ludwig überwand das Haus dank der Versöhnungsbereitschaft Albrechts III., so wird man das politische Programm und die moralische Mahnung dieses Denkmals deuten können, eine tiefe dynastische Krise und wahrte seine legitime Herrschaft. Mit der Errichtung eines Kollegiatstifts 1492 wurde die hervorgehobene Rolle der Frauenkirche als Herrschaftskirche von Albrecht schließlich nach außen hin noch deutlicher sichtbar gemacht.

Konnte nun aber Albrecht IV. die bisher angeführten hausrechtlichen Argumente über die Vergrößerung von Ruhm und Legitimität hinaus auch im Krisenfall nutzbringend einsetzen? Damit wird noch der Hauskonflikt um die Einheit Altbayerns nach dem Tod Georgs des Reichen 1503 und die Vorgeschichte der Primogeniturordnung von 1506 Gegenstand der Betrachtung.

Das Jahr 1492 markiert den Zeitpunkt eines grundlegenden Umschwungs in der Reichspolitik der wittelsbachischen Herzöge. In den Jahren unmittelbar davor war es Georg der Reiche gewesen, der eher vorsichtig und kompromißbereit gegenüber Kaiser Friedrich III. und seinem Sohn Maximilian, Römischer König seit 1486, taktierte, während sich Albrecht IV. gerade in der Regensburger Frage durch einen strikt antihabsburgischen Kurs zunehmend isolierte und Anfang 1492 sogar in die Reichsacht geriet. Daraufhin vollzog der Oberbayer eine politische Kehrtwende von staunenswerter Schnelligkeit und Konsequenz, gab fast alle Erwerbungen preis, darunter auch das zum Prestigeobjekt hochstilisierte Regensburg, glich sich mit seinem kaiserlichen Schwiegervater aus, stellte sich König Maximilian für Kriegsdienste zur Verfügung und suchte sogar Anschluß an den Schwäbischen Bund. Seine Herrschaft in Oberbayern stabilisierte er 1493 mit Hilfe eines endlich tragfähigen Ausgleichs mit den Brüdern Christoph und Wolfgang und durch die Einleitung eines Schiedsverfahrens mit den Löwenrittern. Im selben Jahr wurde sein erster Sohn Wilhelm geboren. Damit waren Georgs Hoffnungen auf eine Übernahme Oberbayerns aufgrund der Absprache von 1485 zunichte gemacht; wenig später zerschlug sich ein groß dimensioniertes Heiratsprojekt mit dem Haus Österreich. Auch Georg suchte bewußt und mit Erfolg die persönliche Nähe zum Reichsoberhaupt Maximilian, doch da er gerade in Gelddingen sehr kleinlich war, stand er einer Umsetzung dieser Nähe in politisch greifbare Erfolge selbst am meisten im Weg. So geriet er immer stärker in das Fahrwasser des pfälzischen Kurfürsten Philipp und dessen großwittelsbachischer Pläne im Süden des Reiches. Die letzte Konsequenz dieses Umschwungs war das – auf eine Initiative des Kurfürsten zurückgehende – Testament Georgs von 1496, in dem er Bayern-Landshut seiner Tochter Elisabeth und deren pfälzischem Gemahl überschrieb.

Albrecht IV. erfuhr sofort von diesen Vorgängen, erkannte die Gefahr eines drohenden Verlusts von Niederbayern und zog den König auf seine Seite. In einer von Maximilian selbst zur Gänze handschriftlich abgefaßten Urkunde – dies weist auf völlige Umgehung der üblichen Kanzleiwege und damit auf höchste Geheimhaltung hin – ließ er sich im Mai 1497 seine Erbansprüche auf das Landshuter Herzogtum bestätigen. Doch nachdem der Erbfall Ende 1503 eingetreten war, konnte der Oberbayer diesen Trumpf nicht gewinnbringend ausspielen, denn nun begann König Maximilian I., der als einziger die Schachzüge beider Anspruchsparteien, Oberbayerns und der Pfalz, kannte, ein raffiniertes diplomatisches Doppelspiel. Albrecht IV. bekam nur provisorische Zusagen über die Einsetzung in Niederbayern; der König ließ verhandeln, fast ein halbes Jahr lang. Er wollte die Ansprüche der Erben Georgs nicht gänzlich unberücksichtigt lassen und vor allem sich selbst gehörige Anteile an der Streitmasse sichern – sein «Interesse», wie er das nannte. Seinen Sekretär und Archivar Augustin

Kölner ließ Albrecht in diesen Monaten eine Fülle genealogischer und juristischer Materialien erarbeiten, die seine Rechte als «nächster Erbe des Namens und Stammens»[13] Georgs erweisen sollten; außerdem konnte er sich auf die Festschreibung gegenseitiger Erbrechte der bayerischen Linien in der Teilungsurkunde von 1392 stützen.

Doch politisches Taktieren und rechtliche Argumente verfingen nicht, auch nicht die Mahnung des Freisinger Bischofs Philipp, der selbst ein Wittelsbacher war, an seine Verwandten: «Wann ihr Fürsten von Bayern einander lang umtreibt, so muß es doch zuletzt mit euer aller Schaden und Nachteil gericht werden.»[14] Im April 1504 begann mit der Besetzung der Städte Landshut und Burghausen durch die pfälzisch-niederbayerische Seite der Erbfolgekrieg, eher eine Abfolge räumlich begrenzter Belagerungs- und Plünderungsunternehmungen als ein wirklicher Krieg. Und obwohl es nur eine einzige größere Schlacht gab, Maximilians Sieg über böhmische Truppen bei Wenzenbach im September 1504, war dieser Kampf trotzdem von beträchtlicher Vernichtungskraft und verheerend für das Land, besonders in der letzten Phase, dem «Kehrab» entlang des Inn. Der König hatte sich inzwischen zwar ganz auf die Seite der oberbayerischen Ansprüche geschlagen, doch seine militärischen Aktionen zielten auf die Beherrschung jener Gebiete an der Peripherie Bayerns, die er für sich selbst sichern wollte, vor allem in Schwaben und Tirol.

Noch zu Zeiten des Erbfolgekriegs machte Albrecht sich ans Werk, um sich über Fragen der Militärtaktik und der Diplomatie hinaus auch auf kulturpolitischem Gebiet als Retter und Neubegründer der Einheit des Hauses darstellen zu lassen. Am wichtigsten in diesem Zusammenhang ist das «Chronicon Bavarorum»[15] des Benediktinerabtes Veit von Ebersberg, abgefaßt gerade in den Entscheidungsjahren 1503/1504 im Auftrag Albrechts als historisches Lehrbuch für den Prinzen Wilhelm. Das Werk beschritt ganz deutlich den Weg, die Memoria des Hauses einzuschränken auf eine einzige, besonders bevorrechtigt erscheinende Linie. Nicht nur kamen in Veits Darstellung die Münchner Herzöge, besonders der Auftraggeber Albrecht, sehr viel besser weg als die Landshuter; die zum Gebrauch des Prinzen bestimmte Reinschrift des Werks enthielt am Anfang auch eine genealogische Tafel des Hauses Bayern, in der eine «Blutlinie» («linea sangwinis») als speziell legitimierter Träger der Herrschaftsberechtigung hervorgehoben wurde. Sie verläuft, stets waagrecht über zwei Seiten gezeichnet, vom sagenhaften Urvater Bavarus über die ersten Wittelsbacher und Ludwig den Bayern hin zu Albrecht IV. und seinem Sohn Wilhelm. Die Mitglieder der anderen Linien des Hauses werden erwähnt und auch dargestellt, aber sie bleiben gleichsam im Abseits und haben nirgends Anteil an der «Blutlinie».

Damit ist der Modellfall für eine Erbfolgeregelung nach Primogeniturrecht beschrieben, und bekanntlich kam eine solche Ordnung für den bayerischen Zweig des Hauses im Juli 1506 in Form eines Vertrags der Herzöge Albrecht und Wolfgang unter Mitwirkung der Landschaft zustande, nicht zuletzt als Konsequenz aus den Erfahrungen im oberbayerischen Brüderstreit und im Erbfolgekrieg. Jede weitere Teilung des Landes wurde jetzt verboten; es sollte immer nur einen regierenden Herzog geben. Mit der «Erklärten Landesfreiheit» für die Stände von 1508, der Landesordnung von 1516 und der Gerichtsordnung von 1520 wurden in den Folgejahren auch wichtige Schritte zu einer gesamtstaatlichen Gesetzgebung getan. Das 16. Jahrhundert war überhaupt eine Hochphase der Einführung von Hausgesetzen und Sukzessionsordnungen im Reich, die auf dem Recht der Nachfolge des Erstgeborenen beruhten; sie galten und gelten als wichtiger Schritt in Richtung Moderne mit einer überpersönlichen Staatsauffassung und der Herstellung größerer, handlungsfähiger politischer Einheiten.

Aus der Sicht des dynastischen Verbandes, des Hauses, der Fürstenfamilie freilich bedeutete die Einführung der Primogenitur einen tiefen Einschnitt in das traditionelle Rechtsempfinden der prinzipiell gleichen Berechtigung aller Verwandten im Mannesstamm zur Herrschaft, am deutlichsten ausgedrückt in den bitteren Worten der Herzogin Kunigunde, sie habe Fürsten geboren und keine Grafen und Bastarde.[16] Auch das Herzogtum Bayern liefert in der Zeit nach dem Tod Herzog Albrechts 1508 Beispiele für die Instabilität der neuen Erbordnung und die lange und schwierige Zeit ihrer endgültigen Durchsetzung. Zu denken ist vor allem an den Widerstand eines Teils des Adels, der sich im Zuge des Erstarkens der Landstände und ihres Konflikts mit Albrechts Sohn Wilhelm IV. zwischen 1511 und 1514 bis zum Versuch einer Wiederabschaffung der Primogeniturordnung steigerte. Schließlich mußte Wilhelm seinem jüngeren Bruder Ludwig X. 1514 – ganz nach dem Vorbild Albrechts III. – die formelle Bestellung zum Mitregenten zugestehen, was Landshut nochmals zum Fürstensitz machte und ihm die wunderbare Renaissance-Residenz einbrachte, während der jüngste Bruder Ernst mit dem Hochstift Passau und dem Erzstift Salzburg abgefunden wurde. Die Epoche der Mitregentschaften endete mit Ludwigs Tod 1545 dann endgültig; die Herstellung der rechtlichen Einheit des Landes freilich war damals noch längst nicht bewältigt.

Auch die territorialen Regelungen, die im Kölner Schiedsspruch König Maximilians von 1505 und in der Folgezeit getroffen wurden, mahnen zur Vorsicht, wenn oft allzu selbstverständlich von der «Wiederherstellung der Einheit Altbayerns» oder gar «Bayerns» die Rede ist. Das Tiroler Inntal mit den Gerichten Rattenberg, Kufstein und Kitzbühel und fast alle Erwerbungen des 15. Jahrhunderts im Schwäbischen, zwischen Lech und Iller, mußten an Maximilian überstellt werden. Und aus den Besitzungen an der Donau und auf dem Nordgau (um Lauingen, Neuburg und Burglengenfeld) wurde zur Abgeltung der Ansprüche der Enkel des letzten niederbayerischen Herzogs ein Gebiet mit einem Jahresertrag von 24 000 Gulden aus bayerischem Besitz herausgeschnitten, die «Junge Pfalz» bzw. Pfalz-Neuburg. Noch war nicht abzusehen, welches Gewicht diesem als Versorgungsprovisorium entstandenen Kleinterritorium in der späteren Geschichte des Hauses zufallen sollte: die Übernahme der Kurpfalz 1556, der Sprung an den Niederrhein 1614.

Die Gedächtnispolitik Albrechts IV. war letztlich von Erfolg gekrönt. Ihm gelang es, den Ruhm als Sieger des Erbfolgekriegs zu erringen: als Einiger Bayerns. Und auch seine dynastische Konzeption, die fürstliche Memoria auf eine Linie des Hauses Bayern einzuschränken, ging in den einleitend genannten Beispielen wirklich auf. Über diesen Erfolgen darf man aber nicht übersehen, daß die Zusammenhänge zwischen Haus und Land, Dynastie und Staatsbildung in der Zeit um 1500 weder einfach noch eindeutig waren. Haus- und Sukzessionsordnungen konnten sehr wohl eine der Stützen des frühneuzeitlichen Verstaatlichungsprozesses sein, waren es aber oft nur um den Preis neuer innerdynastischer Konflikte. Der Konsens zwischen Land und Haus, in der Historiographie mit entsprechenden Kunstgriffen leicht bewerkstelligt, mußte praktisch-politisch immer wieder neu und mühsam, manche Anläufe und Umwege in Kauf nehmend, hergestellt werden.

So war es auch bei Albrecht IV. Offenbar hat ihn die Erinnerung an seine schwierigen, ungenügend legitimierten Anfänge als Herrscher in München und an die Zeit, in der er gegen die Mitregentschafts-Verordnung seines Vaters verstieß, entscheidend geprägt. Daraus ergab sich, daß er dynastische und hausrechtliche Argumente und Formen ihrer Propagierung immer intensiver bedacht hat als die Herzöge in Landshut. 1485 begründete Albrecht die rudimentäre Formulierung einer zukunftsweisenden Herrschaftsauffassung – von der Überlegenheit der Regierung eines einzigen Fürsten in einem Fürstentum: zugunsten des Landshuter Vetters, auf Kosten der eigenen Brüder. Er tat es nicht mit einem Kunstgriff aus dem römischen Recht oder in einem frühabsolutistischen Kraftakt, sondern aus der hauspolitischen Defensive heraus, in Erinnerung an die Größe des Landes Bayern im Mittelalter.

Dennoch wird man Albrecht IV. bescheinigen können, als Politiker über den Tag hinaus gedacht und über die grundlegenden Bedingungen fürstlicher Herrschaft reflektiert zu haben. Das ist kein geringes Kompliment, und es mag sein, daß dies schon die Zeitgenossen ähnlich gesehen und deshalb Albrecht IV. den Beinamen «der Weise» zugesprochen haben, wie Veit Arnpeck zum Beispiel: «Albrecht, Herzog in Obern- und Nideren-Bairen, wolgelert der lateinischen und wälschen sprach, weis und fürsichtig»[17].

Wilhelm IV. und Ludwig X.

Die Auseinandersetzung mit der Lehre Luthers

Von Manfred Weitlauff

In seiner «Deutschen Geschichte im Zeitalter der Reformation» – erschienen 1839 in der durch das «Kölner Ereignis» und die Kampfschrift «Athanasius» von Joseph Görres angespannten konfessionellen Situation – wirft Leopold von Ranke Erzherzog Ferdinand von Österreich und den bayerischen Herzögen Wilhelm IV. und Ludwig X. vor, um materieller Vorteile willen 1524 in einem «entscheidenden Momente sich von der Einheit der Nation losgerissen» und mit dem Papsttum verbündet zu haben. So sei durch deren Schuld eine große geschichtliche Chance «für die Einheit der Nation, für die Fortentwicklung der Deutschen auf dem einmal eingeschlagenen Wege» verspielt worden. Dies habe nämlich zum Zusammenschluß einer altgläubigen Oppositionspartei im Regensburger Konvent geführt, wodurch der Nürnberger Reichstagsbeschluß desselben Jahres, in Speyer ein deutsches Nationalkonzil abzuhalten, unterlaufen worden sei. «Die Sache war nun: in Speyer würden nach aller Wahrscheinlichkeit Beschlüsse in Opposition gegen den römischen Papst zutage gekommen sein; in Regensburg fand man aus tausend Rücksichten für gut, sich aufs neue mit demselben zu vereinigen. [...] Der nationalen Pflicht, die Verhandlungen einer bereits beschlossenen großen Versammlung zu erwarten, daran teilzunehmen und, fügen wir hinzu, nach bestem Wissen darauf einzuwirken, zog man die Verbindung mit Rom einseitig vor.» Eben darin erblickt Ranke den «Ursprung der Spaltung, die seitdem noch nicht wieder hat beigelegt werden können: immer infolge desselben auswärtigen Einflusses, der sie damals hervorrief.»[1]

Bayern also habe in der Person seiner beiden regierenden Herzöge, die sich aus materiellem Interesse im entscheidenden Augenblick in eklatanter Verletzung ihrer «nationalen Pflicht» an die «auswärtige» Autorität des Papsttums ausgeliefert und ihre Nachbarfürsten mitgerissen hätten, führenden Anteil am «Ursprung der Spaltung in der Nation»: An der romorientierten Politik Bayerns sei damals die Einheit der durch Luthers Auftreten ausgelösten «nationalen Bewegung» zerbrochen. Rankes Vorwurf hat in der Geschichtsschreibung lange nachgewirkt.

Bayern – das ist das altbayerische Land zwischen Donau und Alpen, Lech und Salzach mit Einschluß des Innviertels und eines Brückenkopfes auf dem westlichen Lechufer, in Schwaben: eben das seit 1180 von den Wittelsbachern regierte alte Herzogtum Bayern, eine im wesentlichen geschlossene Landesherrschaft, unterbrochen lediglich durch einige fürstbischöfliche Enklaven, die Freie Reichsstadt Regensburg und zwei kleine Grafschaften. Größere Stadtkommunen hatten sich allein in den herzoglichen Residenzen entwickelt: in München, Landshut, Ingolstadt, Straubing und Burghausen. Um so zahlreicher waren die Stifte und Klöster des Landes mit seinen am Beginn des 16. Jahrhunderts (geschätzten) rund 900 000 Einwohnern.

Dieses Land, das seit der Mitte des 13. Jahrhunderts mehrfache Erbteilungen über sich hatte ergehen lassen müssen, war Anfang des 16. Jahrhunderts unter der letzten überlebenden teilherzoglichen Linie Bayern-München, in der Person Herzog Albrechts IV., wiedervereinigt worden, freilich um den Preis eines Krieges (Landshuter Erbfolgekrieg) und – unter anderem – des Verlusts der tirolischen Gerichte Kufstein, Rattenberg, Kitzbühel und des Zillertals, des sogenannten «Landes im Gebirg», mit dem sich der Habsburger Maximilian I. seinen königlichen Schiedsspruch zugunsten Bayern-Münchens (1505) hatte vergelten lassen.

Um für alle Zukunft die unter so schweren Opfern wiedergewonnene Einheit Bayerns zu bewahren, hatte Albrecht IV., Repräsentant eines neuen Fürstentyps, dem Staat und Land letztlich doch höher standen als die Dynastie, mit Zustimmung der Landschaft am 8. Juli 1506 das Primogeniturgesetz erlassen, das die im Herzogtum vereinigten Lande für unteilbar erklärte, vererbbar nach dem Recht der Erstgeburt im Mannesstamm. Zur Bekräftigung dieser Bestimmung verfügte das Gesetz des weiteren, daß nachgeborene Herzogssöhne – wie man bisweilen mit illegitimen Fürstensprößlingen verfuhr – lediglich Titel und Rang von Grafen erhalten und mit einer knapp bemessenen Rente abgefunden werden sollten: eine dem Herkommen widerstreitende Bestimmung, die nicht nur von den Betroffenen als Degradierung empfunden wurde und deshalb als solche erst noch ihrer Bewährungsprobe harrte.

Freilich bot sich im Reich auch noch eine andere, dem standesgemäßen Rang eines Herzogssohnes eher entsprechende Versorgungsmöglichkeit an, von der beispielsweise die Pfälzer Verwandten seit längerem schon eifrig Gebrauch machten: nämlich die Versorgung in der Reichskirche, die nach Tradition, entsprechend der streng ständisch-feudalen Gesellschaftsordnung, eine Adelskirche war, ausgestattet mit reichsunmittelbaren fürstlichen Landesherrschaften als Annexen der Bischofsstühle. Diese Möglichkeit, die allerdings Ehelosigkeit zur Voraussetzung hatte (was aber der Aufrechterhaltung der Primogeniturordnung nur entgegenkam), ergriff jetzt auch Albrecht IV. für seinen Zweitgeborenen Ludwig, dem er noch 1506, zehnjährig, durch päpstliche Provision die Freisinger Dompropstei verschaffte, zweifellos mit dem Ziel seiner späteren Erhebung auf eine reichsbischöfliche Kathedra.

Doch Albrecht IV. starb bereits zwei Jahre später. Wilhelm, sein Erstgeborener, war noch nicht fünfzehn Jahre alt, so daß bis zu seiner Volljährigkeit mit achtzehn Jahren ein vormundschaftlicher Regentschaftsrat interimistisch die Regierung übernehmen mußte, ein Umstand, den die Landstände – nämlich der zahlenmäßig dominierende und tonangebende Adel, die Prälaten und die Vertreter der Städte und Märkte –, bei denen das Recht der Steuerbewilligung lag, zu nützen suchten, um ihre Freiheiten und Rechte und damit ihren Einfluß auf die Regierung und Verwaltung des Landes zu verstärken. Sie schlugen sich, als Wilhelm bei seiner Regierungsübernahme 1511 ihren Forderungen nicht nachgeben wollte, auf die Seite Ludwigs, der für seine Person die Gültigkeit des Primogeniturgesetzes, weil erst nach seiner Geburt erlassen, bestritt und vehement auf sein Mitregierungsrecht pochte. Darin wurde er nachdrücklich unterstützt von seinem Oheim, Kaiser Maximilian I., für den eine starke bayerische Zentralregierung nicht im Interesse seiner habsburgischen Hausmacht- und Reichspolitik liegen konnte, ferner von der Herzoginwitwe Kunigunde, einer Schwester Maximilians I., die sich offen dagegen verwahrte, als «ain geborne Fürstin von Österreich» ihrem Gemahl, dem «Fürsten von Bayrn [...] Graven [...] oder Pastard»[2] geboren zu haben. Die Zeichen standen auf Sturm, dem Land schien ein neuer Krieg zu drohen, und am Ende würde man wiederum die kaiserliche Vermittlung anrufen und diese dann mit einem weiteren Stück bayerischen Landes bezahlen müssen. Diese ernüchternde Einsicht veranlaßte die beiden herzoglichen Brüder 1514, sich zu solidarisieren und zu gemeinsamer Regierung zusammenzuschließen. So einer Einmischung des Kaisers vorbeugend, gelang es ihnen, auf dem nächsten Landtag 1516, für ihre Übereinkunft die Zustimmung der Stände einzuholen und deren Forderungen zurückzuschrauben.

Dem wiedergewonnenen Gleichgewicht der Kräfte im Innern stand gleichwohl ein Unsicherheitsfaktor entgegen. Es war der Bruder der beiden Herzöge, Ernst, wie Ludwig X. ein Schüler des Johannes Aventin. Um dessen eventuelle Erb- und Mitregierungsgelüste von vornherein wirksam zu dämpfen, schoben ihn Wilhelm und Ludwig ungeachtet seines Widerstrebens mit kaiserlicher Unterstützung und päpstlicher Billigung auf dem Weg einer Koadjutorie als Administrator auf den Passauer Bischofsstuhl ab, der ihm siebzehnjährig am 6. November 1517 zufiel. Eben in diesen Tagen trat der Augustinermönch und Wittenberger Professor Doktor Martin Luther, provoziert durch die marktschreierische, auf puren Geldgewinn angelegte Ablaßverkündigung zugunsten des Neubaus von St. Peter zu Rom, mit seinen Ablaßthesen hervor. Sie wurden ohne sein Zutun in Windeseile im ganzen Reich verbreitet und bahnten fast im Augenblick die innerkirchliche Revolution an.

Bayern war zu diesem Zeitpunkt ein geordnetes Staatswesen, verfügte zwar noch nicht über einen neuzeitlichen Behördenapparat, hatte aber eine gut funktionierende Landesverwaltung und Justiz. Die innenpolitische Krise war dank der Vernunft der beiden nunmehr gemeinsam regierenden Herzöge und ihrer engsten politischen Berater gerade noch rechtzeitig überwunden, das Vormachtstreben der Landstände gebrochen, die Primogeniturordnung in der herzoglichen Erbfolge allerdings noch nicht völlig gesichert. Gleichwohl waren im vereinigten Herzogtum Bayern die Grundlagen für den Auf- und Ausbau eines neuzeitlichen Fürstenstaates gelegt. Außenpolitisch freilich stand Bayern im Schatten des verwandten, aber jüngeren Hauses Habsburg, das nicht nur das Herzogtum im Osten und Süden auf ehedem bayerischem Boden umklammerte, sondern auch die Kaiserwürde innehatte und durch die kluge Heiratspolitik Maximilians I. zur europäischen Großmacht erstarkt war, ja bis nach dem neuentdeckten Amerika ausgriff. Natürlich waren im Haus Bayern weder die Erinnerung an die einstige Größe des bayerischen Herzogtums, das man nunmehr mit den Habsburgern teilen mußte, noch der Wunsch, verlorenes Terrain zurückzugewinnen, erloschen, ebensowenig die Sehnsucht nach der Kurwürde, die die Pfälzer Verwandten okkupiert hielten, und nach dem Kaisertum. Während der Kaiser seine bayerischen Neffen der habsburgischen Großmachtpolitik dienstbar zu machen suchte und in dieser Absicht 1518 seinen Enkel Karl von Spanien aufforderte, beide durch Vermittlung eines spanischen oder portugiesischen Heiratsbündnisses an sich zu binden, hofften Wilhelm und Ludwig, an der Seite des Kaisers und seines Hauses ihren politischen Zielen näher zu kommen. Deshalb war Wilhelm auch 1512 auf Drängen Maximilians I. der zehnjährigen Verlängerung des Schwäbischen Bundes beigetreten, eines Schutzbündnisses der kleinen weltlichen und geistlichen Herrschaften im Schwäbischen und zugleich der festesten Stütze der habsburgischen Politik im Reich, und hatte sich damit gegen die Fürstenopposition im Reich gestellt. Doch die Hoffnungen erfüllten sich nicht. Karl von Spanien, 1519 nach heftigem diplomatischen Ringen der europäischen Mächte mit Hilfe fuggerischen und welserischen Geldes zum Römischen König und Kaiser gewählt, vergalt Wilhelms Einsatz nicht und begegnete beiden Herzögen bei ihrem ersten persönlichen Zusammentreffen auf dem Wormser Reichstag 1521 obendrein in einer Weise, die sie als demütigend empfanden. Im übrigen war vom Projekt einer dynastischen Verbindung mit Spanien oder Portugal keine Rede mehr. Wilhelm heiratete schließlich 1522 Jakobäa von Baden, während sich Ludwigs Heiratsbemühungen überhaupt zerschlugen, allerdings zum Vorteil für die künftige Sicherung der Primogeniturordnung. Diese enttäuschenden Erfahrungen mußten auf Dauer zu einer Entfremdung und schließlich zu einem Umschwenken der bayerischen Politik in das antihabsburgische Lager führen, zumal bei der Bewerbung um die Krone Böhmens 1526 und um die deutsche Königskrone 1531, nach Karls Kaiserkrönung in Bologna, auch Herzog Wilhelm in beiden Fällen der übermächtigen Konkurrenz Erzherzog Ferdinands weichen mußte und Bayern nunmehr fast gänzlich vom Haus Habsburg umklammert war.

Trotz ihres wachsenden politischen Gegensatzes zum Haus Habsburg und der von Wilhelms Rat Leonhard von Eck, dem Leiter der bayerischen Politik, zwischen 1530 und 1546 teils verdeckt, teils offen betriebenen antihabsburgischen Bündnispolitik stimmten die bayerischen Herzöge gleichwohl in einer Grundsatzentscheidung mit Kaiser Karl V. und Ferdinand I. von allem Anfang an überein und hielten auch in der Folge unbeirrt an ihr fest: Es war eine zugleich religiös-kirchliche und politische Grundsatzentscheidung von großer Tragweite, herausgefordert durch den theologischen Protest Martin Luthers in der Ablaßfrage und die unmittelbar damit verknüpfte erdrutschartige Entwicklung. Auch im Herzogtum Bayern fand die Kunde von Luthers öffentlichem Auftreten gegen die päpstliche Kurie und ihr skandalöses Finanzgebaren, wie überall in Deutschland, seit dem Spätherbst 1517 beträchtlichen Anklang. Zumal in den größeren Städten und an den Handelswegen – in München, Straubing, Landshut, Dingolfing, Wasserburg, Altötting, in der Universitätsstadt Ingolstadt und deren Hoher Schule – sowie an den Grenzen des Herzogtums sprang der Funke von den Freien Reichsstädten Augsburg, Regensburg und Nürnberg, aber auch vom Erzstift Salzburg über, ebenso in Kreisen des Adels und in manchen Klöstern. Frühzeitig wurden in München und Landshut Schriften Luthers nachgedruckt und verbreitet, und schon begannen da und dort Prediger lutherische Gedanken von der Kanzel aus ins Volk zu tragen. Es war gewiß nicht Luthers in jahrelangem inneren Ringen um einen gnädigen Gott gewonnene theologische

Erkenntnis, daß der Mensch als armer Sünder allein aus Glauben, gnadenhaft vor Gott Gerechtigkeit finde, sondern zunächst vor allem einfach ein Gefühl der Befreiung, das sich hier Bahn brach: Endlich artikulierte einer mit seinen Invektiven gegen Rom offen den Unmut, der sich in weiten Kreisen seit langem angestaut hatte. Es herrschte eine verbreitete starke Stimmung gegen Kirche und Geistlichkeit, besonders gegen die römisch-kurialen Praktiken, die bei Hoch und Nieder je länger desto mehr den Eindruck verstärkten, es gehe Papst und Kurie bei all ihren Gnadenerweisen weit mehr um Geld und Macht als um das so wortreich angepriesene Heil der Seelen.

Daß das Papsttum sich im Zeitalter der Renaissance seiner apostolischen Sendung weitestgehend entfremdet hatte, ist eine durch keinerlei Apologetik zu beschönigende historische Tatsache. Aber auch in den «Kirchen in der Zerstreuung» stand es am Beginn des 16. Jahrhunderts, aus vielerlei unterschiedlichen Ursachen, nicht zum besten, wenngleich man – wie die neuere Forschung zeigt – pauschal von einem allgemeinen kirchlichen Verfall keineswegs sprechen kann. Auch in Bayern hatten Mißstände bei Klerus und Kirchenvolk überhandgenommen, wie uns zeitgenössische Berichte, beispielsweise Aventins ungemein harte Kritik an Bischöfen, Priestern und Mönchen in seiner «Bayerische[n] Chronik»[3] oder das um 1519 entstandene und dem Chiemseer Bischof Berthold Pürstinger zugeschriebene Werk «Onus ecclesiae»[4], anschaulich schildern. Aber zu nicht geringem Teil lagen die Ursachen hierfür – wie erhaltene Visitationsprotokolle vom Vorabend der Reformation belegen – ganz allgemein in der Armut des (viel zu zahlreichen) niederen Klerus und seiner auch damit wiederum zusammenhängenden durchschnittlich geringen Bildung, in den meist allzu bescheidenen Erträgen der Pfründen (soweit Priester überhaupt bepfründet waren) und in ökonomischen Schwierigkeiten der Klöster. Und was das immer wieder beklagte Problem der Konkubinarier im Klerus betraf, so suchten die Bischöfe diesem nicht selten mit der Auflage von Geldbußen zu begegnen, die in ihre Kassen flossen. Natürlich kannten die Herzöge so gut wie Leonhard von Eck, Aventins vertrauter Freund, diese – zu gutem Teil eben sozial bedingten – Probleme und wußten, daß Abhilfe dringend nottat. Aber in der damaligen religiös erregten und sozial gespannten Situation, da es allerorten gärte, der Bauer gegen den adeligen oder kirchlichen Grundherrn aufbegehrte, der niedere Adel in einer wirtschaftlichen Krise steckte und die Landstände danach trachteten, dem Fürsten ihren Willen aufzuzwingen, konnten Luthers zunehmend agitatorische Aufrufe, sich auf das «lautere Gotteswort» der Bibel zurückzubesinnen und an ihm

Papst und Bischöfe und die von ihnen beanspruchten Vollmachten zu messen, leicht zu einem Dammbruch führen. Ein solcher drohte nicht allein die Kirche, sondern mit ihr die bestehende staatliche Ordnung ins Wanken zu bringen, zumal wenn, wie 1520, Streitschriften Luthers beispielsweise mit griffig-programmatischen Titeln wie «Von der Freiheit eines Christenmenschen»[5] oder «An den christlichen Adel deutscher Nation. Von des christlichen Standes Besserung»[6] unter das Volk geworfen wurden. Denn mochten auch weltliche und geistliche Gewalt immer wieder einmal miteinander im Streit liegen und sich gegenseitig ihre Beschwerden (Gravamina) aufrechnen, so bildeten doch Staat und Kirche nach wie vor eine untrennbare Einheit, das Leben war durch und durch kirchlich geprägt, und der Landesherr betrachtete sich ganz selbstverständlich auch als Landeskirchenherr und die Kirchenhoheit über sein Land als Teil seiner souveränen Herrschaftsrechte.

Leonhard von Eck, der humanistisch gebildete Jurist und Staatsmann, teilte zweifellos persönlich mit nicht wenigen Humanisten innerhalb und außerhalb des Herzogtums die an verbaler Schärfe Luther nicht nachstehende Kritik Aventins an den kirchlichen Zuständen. In seinem späteren Briefwechsel mit Philipp Melanchthon, Luthers Mitstreiter, scheint er dem lutherischen Rechtfertigungsverständnis zugeneigt zu haben; im übrigen billigte er – persönlich offenbar durchaus liberal (nach heutigem Sprachgebrauch) gesinnt – einer geistigen Elite zu, daß «man solte ein jeden synem gewyssen nach glauben lassen»[7]. Dennoch erkannte er sehr rasch, daß sich mit Luthers Hervortreten ein Umbruch von unabsehbarem Ausmaß ankündigte und mit ihm die Gefahr von Unruhen und Aufruhr im Volk, der es mit allen Mitteln vorzubauen galt.

Aber zum nämlichen Zeitpunkt meldete sich noch ein zweiter Eck warnend zu Wort, der Ingolstädter Theologieprofessor Doktor Johann Mair aus Egg an der Günz, nach seinem Geburtsort Doktor Eck genannt. Doktor Eck, ein für seine Zeit durchaus moderner, dem Quellenstudium zugewandter Theologe, als Vizekanzler der Ingolstädter Universität maßgeblich an der von Leonhard von Eck initiierten Universitätsreform beteiligt, war neben dem gelehrten Dominikanerkardinal Cajetan, der 1518 Luther in Augsburg in päpstlichem Auftrag verhörte, wohl der erste Theologe, der bereits bei der Lektüre der Ablaßthesen ahnte, welchen Sprengstoff sie enthielten. So trieb er Luther 1519 in der Leipziger Disputation mit überlegener Dialektik und kühler Berechnung zu der Aussage, daß er ein verbindliches kirchliches Lehramt des Papstes und der Konzilien nicht mehr anerkenne, ihm gelte vielmehr allein die Heilige Schrift als Quelle und Norm des Glaubens. Damit aber rührte Luther an die Fundamente der kirchlichen Verfassungsstruktur, die sich seit der Frühzeit und vor allem seit der Wende der sogenannten Gregorianischen Reform des 11. Jahrhunderts entwickelt hatte. Doktor Eck, fortan entschlossen die Rolle des kompromißlosen theologischen Anwalts des Papsttums an sich ziehend, reiste im Frühjahr 1520 – angeblich durch ein päpstliches Breve gerufen, jedoch sicher nicht ohne herzogliche Erlaubnis – nach Rom, betrieb dort, indem er sich Leo X. durch seine apologetische Schrift «De primatu Petri adversus Ludderum» empfahl, Luthers Verurteilung und kehrte im Sommer desselben Jahres, zum päpstlichen Nuntius und Orator ernannt, die Bannandrohungsbulle «Exsurge Domine» gegen Luther im Gepäck, nach Deutschland zurück. Wohl stieß er mit seinem Auftrag, die Bulle im Reich zu publizieren, bei den geistlichen und weltlichen Fürsten auf größte Zurückhaltung, während Luther selber, der die Bulle nicht ganz grundlos für ein Machwerk Ecks hielt, ein Druckexemplar mitsamt dem «Corpus Iuris Canonici» und einer Schrift Ecks vor dem Wittenberger Elstertor verbrannte sowie in einer ätzenden Flugschrift den Ingolstädter Theologen als ein aus Lügen, Irrtümern und Häresien zusammengesetztes Monstrum beschimpfte.

Doch Leonhard von Eck, der im November 1520 während der Verhandlungen über den Schwäbischen Bund in Augsburg mit dem Ingolstädter Doktor Eck zusammentraf, äußerte seine Zufriedenheit mit der Bulle, kritisierte allerdings deren deutsche Übersetzung als zu unklar. Und wenn auch Wilhelm IV. noch im März 1521 die bayerischen Bischöfe aufforderte, mit der Vollstreckung der Bulle und beim Vorgehen gegen lutherische Schriften und deren Besitzer «gemach» zu tun und in Predigt und Beichte «dieselbigen nicht [zu] verdamen, noch guet[zu]haissen, sonder zu rue [zu] stellen», damit man nicht «aufruer, empörung und zerrüttung cristenlicher werk»[8] riskiere, so deutet Leonhard von Ecks Zustimmung zum Inhalt der Bulle jedenfalls darauf hin, daß sich bereits im Spätjahr 1520 die herzogliche Regierung gegen Luther entschieden hatte.

Aber noch hatte der Kaiser als Reichsoberhaupt sein Urteil nicht gefällt. Zwar war Luther vom Papst im Januar 1521 durch die Bulle «Decet Romanum Pontificem» als widerspenstiger Häretiker gebannt worden; vor Vollstreckung des Bannes von Reichs wegen war der Kaiser jedoch auf Grund seiner Wahlkapitulation gehalten, Luther vor den Reichsständen öffentlich zu verhören. Dies geschah im April 1521 auf dem Wormser Reichstag. Als Luther hier vor Kaiser und Reich ablehnte, den geforderten Widerruf zu leisten, und erklärte, im Gewissen «durch Gottes Wort» gefangen zu sein, verhängte Karl V. kraft kaiserlicher Autorität und «mit einhelligem Rat und Willen» der versammelten Reichsstände im Mai

1521 über ihn die Reichsacht, nicht ohne selber zuvor auf dem Reichstag ein höchst eindrucksvoll begründetes persönliches Bekenntnis seiner und seines Hauses Treue zur alten Kirche und ihrer Tradition abgelegt zu haben.

Jetzt erst, nach der kaiserlichen Achterklärung, hatten die bayerischen Herzöge als Reichsfürsten eine rechtliche Handhabe – genau besehen wie alle Reichsstände die Pflicht –, in ihren Landen die lutherische Lehre zu unterdrücken und gegen Anhänger Luthers vorzugehen. Sie ließen im Gegensatz zu anderen Reichsfürsten, die zögerten oder abwarteten, das Wormser Edikt sofort drucken und in den «hauptstetten» Bayerns verkünden. Etwa 1500 in München gedruckte Exemplare von Luthers Streitschrift «An den christlichen Adel deutscher Nation» wurden konfisziert und vernichtet. Als im Winter 1521/1522, während Luthers Scheingefangenschaft auf der Wartburg, die tumultuarischen Vorgänge zu Wittenberg auch verschiedentlich in Bayern, wo seit Monaten die Pest wütete, Unruhe erzeugten, ergriff Wilhelm IV. die Initiative zum gemeinsamen Vorgehen mit Ludwig X., der anfänglich, wie auch ihr Bruder Ernst in Passau, der Kritik Luthers an den kirchlichen Zuständen durchaus Sympathien entgegengebracht hatte. Auf einer Besprechung in Schloß Grünwald Anfang Februar 1522 einigten sich die regierenden Herzöge auf ein kirchenpolitisches Aktionsprogramm zur rigorosen Abwehr lutherischer Einflüsse und Regungen. In einem auf Aschermittwoch, den 5. März 1522, datierten Religionsmandat[9], das von Leonhard von Eck wohl auf der Grundlage von Vorarbeiten Doktor Ecks konzipiert war, erklärten die Herzöge mit Berufung auf die Verurteilung Luthers durch Papst und Kaiser, die göttliche und menschliche Ordnung zerrüttende Lehre Luthers, wonach jeder nach seinem eigenen Kopf das Evangelium auslegen könne, nicht zu dulden, und forderten die Untertanen zum Festhalten am wahren Glauben der Voreltern auf. Die Landesbehörden wurden zur Überwachung der Untertanen, Festnahme der Übeltäter und Meldung jedes einzelnen Falles, die Geistlichkeit zur Abhaltung des Volkes von der neuen Lehre angehalten. Bemerkenswert ist hierbei die ausdrückliche Weisung, jede Verhaftung den Herzögen anzuzeigen, was wohl bedeutete, daß sich diese die Entscheidung über das weitere Vorgehen vorbehalten und die behördlichen Maßnahmen selber kontrollieren wollten. Als nächster Schritt erging an den Salzburger Erzbischof, Kardinal Matthäus Lang von Wellenburg, einen in kaiserlichen Diensten aufgestiegenen Augsburger Patriziersohn, als zuständigen Metropoliten die landesherrliche Aufforderung, eine Reformsynode unter herzoglicher Beteiligung einzuberufen. Diese Synode tagte daraufhin im Mai 1522 in der salzburgischen Exklave Mühldorf und verabschiedete Reformstatuten, die aber weithin lediglich eine Fortschreibung von bischöflichen Reformerlassen früherer Zeiten beinhalteten. Im übrigen aber verklammerten die Bischöfe bzw. ihre Vertreter die zweifellos brennend gewordene Reformfrage mit der Forderung, ihre Gravamina gegen die weltliche, das heißt die herzogliche Gewalt abzustellen. Nach Auffassung der Bischöfe waren Eingriffe der weltlichen Obrigkeit in den geistlichen Bereich illegitim. Dies führte letztlich zu einem Versanden der Mühldorfer Beschlüsse. Die Bischöfe, voran der Salzburger Erzbischof, blieben nicht untätig, entwickelten aber auch keine den herzoglichen Initiativen vergleichbaren Aktivitäten. Sie vermochten dies als exterritoriale Fürsten wohl auch gar nicht, weil ihre geistliche Jurisdiktion und Autorität auf herzoglich-bayerischem Territorium an der herzoglichen Landeshoheit ihre Grenze fanden. Dieses scheinbare Versagen der Bischöfe erlaubte wiederum den Herzögen als Schutzherren ihrer Landeskirche, das ganze Reformwerk nunmehr an sich zu ziehen und diesen Umstand zu benützen, um durch direkte Verhandlungen mit Rom ihre bestehende Kirchenhoheit auszubauen bzw. zu festigen. Das stärkte auf der Basis päpstlicher Privilegierung zugleich ihre ohnehin machtvolle Stellung gegenüber den Bischöfen des Landes.

Von März bis Dezember 1523 weilte Doktor Eck erneut in Rom, nicht nur zur Berichterstattung über den Erfolg seiner päpstlichen Mission, sondern auch, um im Auftrag der Herzöge unter geflissentlicher Hervorhebung ihres alle Bischöfe übertreffenden Einsatzes zur Rettung der Kirche dem Papst deren Wünsche zu unterbreiten. Das Ergebnis seiner Verhandlungen mit der Römischen Kurie war ein ganzes Bündel päpstlicher Privilegien, die die Herzöge – über die Bischöfe hinweg – ermächtigten, vom Klerus die «Türkenquint», das heißt ein Fünftel des Jahreseinkommens der Geistlichen, einzuziehen und diese Steuer ausdrücklich auch «contra [...] impios Lutheranos»[10] einzusetzen, den Klerus ihrer Strafgerichtsbarkeit zu unterwerfen, das Nominationsrecht über eine große Anzahl von kirchlichen Pfründen auszuüben, je einen Ingolstädter Theologieprofessor zu seiner Besoldung mit einem Domkanonikat in den vier bayerischen Domkapiteln zu Salzburg, Passau, Regensburg und Freising auszustatten (was aber so nicht durchgesetzt werden konnte) und die Klöster ihres Landes zu visitieren.

Abwehr der Reformation, Einleitung obrigkeitlicher Maßnahmen zur Besserung und Stabilisierung der kirchlichen Verhältnisse und gewissermaßen kanonische Fundierung der landesherrlichen Kirchenhoheit im Sinne eines umfassenden Ausbaus der staatlichen Rechtssphäre und Organisation verbanden sich seit dem Wormser Reichstag von 1521 in der herzoglich-bayerischen Politik nach Leonhard von Ecks Konzeption. Was man heute Konfessionalisierung nennt, nämlich die Ausbildung des frühmodernen, absolutistischen Staates, in dem schließlich konfessionelle und politische Identität fast dasselbe waren – ein Vorgang, der spätestens nach dem Augsburger Religionsfrieden von 1555 mit seinem Gesetz des «Cuius regio, eius religio» nahezu alle fürstlichen Territorien des Reiches erfaßte: Dies wurde im Herzogtum Bayern bereits damals grundgelegt und fortan konsequent intensiviert. Die maßgeblich durch Doktor Ecks Verhandlungen zustande gekommene enge Abstimmung mit Rom aber entwickelte sich, je mehr die Reformation im Reich an Boden gewann, zu einer konstanten kirchenpolitischen Allianz, die gewiß der Abwehr diente, von der bayerischen Politik jedoch in der Folge bis zum Ende des 18. Jahrhunderts ebensosehr zum eigenen Vorteil gegenüber dem Kaiser, dem Reich, den europäischen Mächten und vor allem auch den Bischöfen im Land genützt wurde.

Die herzoglichen Maßnahmen zur Unterdrückung lutherischer Lehren waren zunächst rein negativer Art: Verfolgung und Verhaftung Verdächtiger, die zumeist des Landes verwiesen oder mit einer Geldbuße bestraft wurden, Zensur aller Druckwerke und Verbot, in Wittenberg zu studieren. Als der junge Magister Arsacius Seehofer, ein Münchner Bürgerssohn, von Wittenberg zurückgekehrt, an der Universität Ingolstadt lutherische Lehren vertrat, mußte er 1522 vor der Universitätsversammlung, mit dem Evangelienbuch in der Hand, seine «Irrungen» widerrufen und wurde zur Klosterhaft in Ettal verurteilt, wo ihm dann allerdings die Flucht nach Wittenberg gelang. Im ganzen ging man jedenfalls anfänglich moderater vor, als es die Strafsanktionen des Wormser Edikts, auf das man sich stützte, vorsahen. Doch im Zusammenhang mit dem Nürnberger Reichstag von 1524 kam es zu einer Verschärfung der Maßnahmen.

Auf diesem Reichstag, der wie schon der Wormser Reichstag von einer starken antikurialen Stimmung beherrscht war, erklärte die Mehrheit der Reichsstände, das Wormser Edikt nur «soweit als möglich» vollziehen zu wollen. Man hielt also mehrheitlich an der Hinhaltetaktik fest und beschloß, zur Regelung der Religionsfrage und zur Abstellung der Gravamina gegen den Heiligen Stuhl «eine Synode deutscher Nation» abzuhalten, zumal sich Papst und Römische Kurie gegen die Einberufung eines allgemeinen Konzils sträubten. Diese Synode, ein deutsches Nationalkonzil, für das auch die bayerischen Herzöge plädierten, sollte am Martinstag desselben Jahres in Speyer zusammentreten. Doch ein nationaler Alleingang zur Lösung der Religionsfrage, gegen den der päpstliche Legat Lorenzo Campeggio protestierte, stieß auf den entschiedenen Widerstand nicht nur der Römischen Kurie, sondern auch des seit 1521 in Spanien weilenden Kaisers, in dessen Universalismus die Idee einer Änderung kirchlicher Ordnung auf nationalem Wege keinen Raum hatte. Während Karl V. das geplante Nationalkonzil durch kaiserlichen Erlaß verbot, schlossen sich nunmehr auf Initiative Campeggios und Ferdinands I. die bayerischen Herzöge sowie zwölf süddeutsche Bischöfe Ende Juni 1524 auf einem Konvent zu Regensburg zu einem Partikularbündnis zusammen, das die Durchführung des Wormser Edikts zum Ziel hatte. Der Konvent erlangte als antilutherische Front politisch wenig Bedeutung, zum einen weil die teilnehmenden Bischöfe, durch die Ritterfehde Franz von Sickingens zusätzlich verunsichert, sich der Entscheidung der drei weltlichen Fürsten beugen mußten, zum andern weil die bayerische Bündnispolitik seit 1525 eine antihabsburgische Wendung nahm. Gleichwohl aber dienten die in Regensburg getroffenen Beschlüsse als Vorlage für ein weitergehendes zweites bayerisches Religionsmandat vom 2. Oktober 1524. Eine erneute Verschärfung verursachten die Bauernaufstände des folgenden Jahres, die zwar nicht auf Bayern übergriffen, aber an den Grenzen, im Schwäbischen und im Salzburgischen, zu schweren Ausschreitungen und Verwüstungen führten, bis die Fürsten die Aufstände im Blut der Bauern erstickten.

Schließlich entstand als ein Zweig der in mehrfacher Gestalt sich entwickelnden reformatorischen Bewegung in der Eidgenossenschaft das Täufertum, das zur nämlichen Zeit in Teilen Oberdeutschlands rasch Fuß faßte und wegen seines religiös-enthusiastischen Einschlags und seiner Ablehnung jeglicher Gewalt und Eidesleistung von kirchlichen wie weltlichen, alt- wie neugläubigen Obrigkeiten gleichermaßen als Bedrohung ihrer «gottgesetzten» Autorität sowie der bestehenden staatlichen Ordnung betrachtet und dementsprechend verfolgt wurde. Die bayerischen Herzöge erließen zwei Mandate gegen das Täufertum, 1527 und 1530, letzteres basierend auf dem Gesetz des Speyrer Reichstags von 1529, das für Täufer die Todesstrafe festsetzte, gefolgt von einem dritten Religionsmandat 1531, das, gestützt auf den Augsburger Reichstagsabschied vom Jahr zuvor, generell jede von der alten Kirche abweichende Lehre unter schwere Strafe stellte. Die Täufer wurden, wie fast überall im Reich, als Ketzer und Aufrührer rigoros verfolgt und mit äußerster Härte bestraft: mit dem Schwert, durch Feuer oder Ertränken hingerichtet. Zu ihrer Aufspürung wurde ein eigener Inquisitor bestellt, und an die Untertanen erging Befehl, Wiedertäufer, deren Sympathisanten und wiedertäuferische Aktivitäten sofort den Behörden anzuzeigen. Für die Denunziation von Lutheranern und Täufern scheinen die Herzöge ein Kopfgeld von 20 bzw. 32 Gulden ausgesetzt zu haben. Während die Zahl mit dem Tod bestrafter Lutheraner gering gewesen zu sein scheint – darunter aber der auch von seinen Umständen her erschütternde Fall des Pfarrvikars Leonhard Käser, eines wirklichen Märtyrers seiner evangelischen Überzeugung –, muß bis zum Ende der zwanziger Jahre mit 70 bis 100 Täuferhinrichtungen in Bayern gerechnet werden. Um 1530 scheint die erste evangelische Bewegung im Herzogtum erstickt gewesen zu sein. Scharfe Zensurmaßnahmen, behördliche Überwachung der Bevölkerung, des landsässigen Adels und der Geistlichkeit sowie strikte Abschirmung gegen evangelische oder evangelisch durchsetzte Nachbargebiete verhinderten für zwei Jahrzehnte ein weiteres Aufflakkern reformatorischer Strömungen, was nicht heißt, daß sie unterschwellig, vor allem in Adelskreisen, nicht weiterwirkten, wie die Entwicklung in den fünfziger und frühen sechziger Jahren – in den Anfängen der Regierung Albrechts V. – zeigte.

Natürlich initiierten die Herzöge auch positive Reformmaßnahmen, ebenso auf Drängen der Herzöge die bayerischen Bischöfe, an ihrer Spitze der Salzburger Erzbischof Kardinal Matthäus Lang. Aber sie blockierten sich gegenseitig, so daß auch die Anläufe zu einer gemeinsamen Generalvisitation der Kirche in Bayern erst nach langen Jahren, unter Albrecht V., endlich zum Ziel führten. Als beispielsweise Doktor Eck auf Verlangen der Herzöge in den Jahren 1530 bis 1539 eine fünfbändige Musterpredigtsammlung sowie 1537 eine deutschsprachige Vollbibel publizierte, um den Geistlichen eine Hilfe zu bieten, beschwerten sich die Bischöfe, daß dies ohne ihr «vorwissen und zuegeben» geschehen sei. Und Wilhelm IV. gelang es schließlich durch mühevolle Verhandlungen in Rom, für die nach dem Tod Doktor Ecks im Kampf gegen die reformatorische Lehre gänzlich erschöpfte Ingolstädter Theologische Fakultät, da anderwärts keine Hilfe zu bekommen war, die Väter der jungen Gesellschaft Jesu zu gewinnen. Mit ihrer Ankunft in Ingolstadt 1549, ein Jahr vor Herzog Wilhelms und Leonhard von Ecks Tod, begann – nach Überwindung einiger Komplikationen – in Bayern und in den katholisch gebliebenen Territorien des Reiches eine Katholische Reform in Anknüpfung an das wenige Jahre zuvor vom Papst endlich nach Trient einberufene Konzil.

Nun hat die wissenschaftliche Diskussion, wohl nicht zuletzt auch auf Grund der eingangs erwähnten These Leopold von Rankes, immer wieder die Frage nach den eigentlichen Motiven der Religionspolitik Wilhelms IV. und Ludwigs X. und Leonhard von Ecks im besonderen bewegt. Doch wenn man bedenkt, daß um 1522/1524 die allermeisten und vor allem die maßgeblichen Kräfte im Reich nach wie vor, zumindest formell, altgläubig waren, ungeachtet ihrer Beschwerden gegen Papst und Römische Kurie, die offene Anhängerschaft Luthers sich dagegen auf eine zahlenmäßig kleine und politisch mehrheitlich wenig einflußreiche Gruppe von Ständen beschränkte, so müßte sich eigentlich die Suche nach Motiven zuallererst auf diese von der Reichstradition abweichende Gruppe richten und nicht auf jene, die mit dem König und Kaiser an der alten Tradition festhielten.[11] Später freilich änderte sich die Situation. Von einem Losreißen Bayerns von der Einheit der Nation kann jedenfalls gewiß keine Rede sein; das ist die spezifisch nationale Sicht des 19. Jahrhunderts. Und daß die deutsche Nation mit Hilfe der Reformation – die allerdings, wenn auch unter Schmerzen, die überfällige Erneuerung der katholischen Kirche bewirkt hat – erst zu ihrem wahren Selbstbewußtsein gekommen sei, ist eine recht fragwürdig gewordene These.

Wenn man aber nach Motiven fragt, wird man auf Grund der Quellenlage über Vermutungen kaum hinauskommen. Nach allem, was die Quellen erkennen lassen, hat sich für Wilhelm IV. und Ludwig X. die Frage einer Hinwendung zur Reformation Luthers nie ernsthaft gestellt, mögen sie auch anfänglich für seine zumal gegen die Römische Kurie gerichtete Kirchenkritik Sympathie empfunden haben. Die rund tausendjährige ununterbrochene staatliche und kirchlich-religiöse Tradition ihres Landes, die stets engen kulturellen Beziehungen Bayerns zu Italien und Rom und das gerade bei den bayerischen Wittelsbachern lebendige stolze Selbstbewußtsein, die Genealogie ihrer Dynastie auf Karl den Großen, den «Vater Europas», zurückführen zu können, spielten hierbei eine wohl nicht zu unterschätzende Rolle. Was die von Luther aufgeworfene Glaubensfrage als solche betraf, wenn sie denn anfangs überhaupt von den Herzögen wahrgenommen wurde, so hatten über sie zunächst die beiden höchsten Gewalten in der Christenheit, Papst und Kaiser, zu entscheiden. Diese Entscheidung galt es dann umzusetzen, worauf sich nach dem Wormser Reichstag beide Herzöge in ihrer Grünwalder Konferenz verständigten. Im übrigen war das letzte Wort in der Glaubensfrage einem allgemeinen Konzil vorbehalten: Das war die dezidierte Meinung Leonhard von Ecks.

Die von Anfang an klare Haltung, die sich an der überkommenen Rechtsauffassung orientierte und somit weder in einer besonderen Frömmigkeit noch in einem besonderen Glaubenseifer der Herzöge geschweige denn Leonhard von Ecks ihren Grund hatte, schloß allerdings nicht aus, daß man die gegebene Situation in jeder Weise zugunsten einer Stärkung der landesherrlichen Gewalt politisch auszunützen suchte: durch Disziplinierung der Untertanen und vor allem des Landadels, der nach Aventin «nit zu hof» ritt, durch möglichste Ausschaltung der Landschaft und durch den Ausbau der Kirchenhoheit, die man aber tatsächlich weitestgehend bereits errungen hatte, mit und ohne päpstliche Privilegierung. Diese Haltung schloß auch nicht aus, daß Wilhelm IV. angesichts der Bauernunruhen zumindest für einen Augenblick erwog, das Hochstift Eichstätt und das Erzstift Salzburg wenigstens auf Zeit zu okkupieren; aber Aktionen dieser Art hätten die übermächtigen habsburgischen Nachbarn auf den Plan gerufen, weshalb man auf dringenden Rat Leonhard von Ecks schnell wieder davon abkam. Ohnehin galt es, gegenüber den Habsburgern mit Vorsicht zu agieren. Schließlich könnten auch – wie bereits von Albrecht IV. ins Auge gefaßt – längerfristige Überlegungen angestellt worden sein, nämlich in bezug auf eine Versorgung nachgeborener Herzogssöhne in der Reichskirche zur Sicherung der Primogeniturordnung, zumal die beiden regierenden Herzöge mit ihrem Bruder Ernst und dessen horrenden Abfindungsansprüchen erhebliche Schwierigkeiten hatten. Tatsächlich setzte mit Albrecht V. eine auf die Reichskirche ausgerichtete Hausmachtpolitik großen Stils ein, die in den achtziger Jahren des 16. Jahrhunderts, unter Wilhelm V., entscheidend zur Rettung der aufs äußerste gefährdeten westlichen Germania sacra beitrug und die Begründung einer fast zweihundert Jahre ununterbrochen bestehenden «bayerischen Sekundogenitur am Rhein», eines bayerischen «Bischofsreiches» mit dem Erzstift und Kurfürstentum Köln als Schwerpunkt, ermöglichte.[12] Freilich war das Herzogtum Bayern damals neben und zusammen mit dem Erzhaus Österreich unbestritten zur katholischen Vormacht im Reich aufgestiegen; aber die Weichen dazu hatten die Herzöge Wilhelm IV. und Ludwig X. mitsamt ihrem dirigierenden Rat Leonhard von Eck gestellt.

Daß die alte Kirche im Reich nicht bis auf einen vielleicht kleinen Rest unterging, ist, neben der klaren Entscheidung Karls V. gegen die Reformation, der in der Religionsfrage nie wankenden Haltung der bayerischen Herzöge des 16. Jahrhunderts zu verdanken, mag man diese historische Tatsache und ihre Wirkung auch unterschiedlich beurteilen.

Albrecht V.

Der Renaissancefürst und seine Sammlungen

Von Reinhold Baumstark

Sich einer Gestalt zu nähern, sie verstehen, erfassen zu wollen, bedeutet immer auch, den Blick aus eigenem Erkenntnisbereich heraus, aus persönlich gefärbter Sicht auf sie zu richten. Zugleich sind es nur Facetten, die in das Blickfeld treten. Wenn im folgenden die Regierungszeit Herzog Albrechts V. von Bayern vor allem unter dem Aspekt der kulturellen Blüte betrachtet wird, die sie in Bayern bewirkte, wenn der Beginn einer bis zum heutigen Tag anhaltenden Tradition des Sammelns und Bewahrens mit der Person dieses Wittelsbachers verknüpft wird, so ist auch dies eine Verkürzung der Sicht, eine Verknappung der historischen Situation, in die hinein Albrecht V. gestellt war und in der er wirkte. Noch fehlt eine umfassende Beschäftigung mit diesem bayerischen Landesherrn; keine Biographie, kein größeres Forschungsprojekt ist ihm bislang gewidmet worden. Albrecht V. als den ersten der großen Mäzene des Hauses Wittelsbach zu schildern, ist allerdings ein Unterfangen, auf das so viele Quellen wie Einzeluntersuchungen verweisen[1], daß der subjektive Blick überprüfbar wird und sich in das Panorama einer aufblühenden Kultur der späten Renaissance am Münchner Hof fügt.

Als in den sechziger Jahren des 16. Jahrhunderts Sultan Selim II. im fernen Konstantinopel die Portraits der deutschen Fürsten musterte und dabei das Bild des Bayernherzogs herausgriff, weil dessen imposantes Äußeres ihn zum Kaiser stemple, da war auch hier der Blick getrübt durch die Fixierung des Osmanen auf die stattliche Statur, ja Korpulenz des Dargestellten als eines Ausweises von Schönheit und Macht.[2] Es ist zu vermuten, daß der Sultan seine Bewertung anhand von Medaillenprägungen vornahm, vielleicht lag ihm sogar die Schaumünze vor, auf der die Beischrift Albrecht V. nicht nur als Herzog von Bayern («Bavariae dux»), sondern zudem auch als Monarch von Bayern feiert. Ihm Kaiserwürde zuzusprechen, war zwar eine Fehlinterpretation des Sultans, zugleich aber enthüllt sich damit eine zumeist verborgene Triebfeder wittelsbachischer Hauspolitik, das Verlangen nach höchster Würde, der Kaiserkrone. Albrecht V. hat diesen Anspruch seines Hauses zwar nie direkt verfochten, aber in besonders zukunftsträchtiger Weise gefestigt. Denn unter den immer wieder geschlossenen ehelichen Verbindungen zwischen den Häusern Wittelsbach und Habsburg setzte die Ehe zwischen Albrecht V. und Erzherzogin Anna von Österreich das politisch weitreichendste Zeichen. Schon der Linzer Vertrag von 1534, in dem für den sechsjährigen bayerischen Herzog ein Ehebündnis mit Österreich vorgesehen wurde, schrieb mit dem Primogeniturrecht für Bayern die wittelsbachische Erbfolge in Österreich im Falle des dortigen Erlöschens von männlichen Nachkommen fest. Diese Rechte wurden im Ehevertrag nochmals bekräftigt, als die beiden nun Achtzehnjährigen, Albrecht und Anna, 1546 sich mit einer aufwendigen Hochzeitsfeier in Regensburg das Jawort gaben. Noch zweihundert Jahre später beriefen sich Bayern und das Reich auf eben diese Vereinbarung, als der glücklose Kurfürst Karl Albrecht zum Kaiser des Heiligen Römischen Reiches Deutscher Nation gewählt und gekrönt wurde und sich der wittelsbachische Traum für wenige Jahre erfüllte, wenn auch fern von München, im Krieg gegen Österreich und in der fatalen Wende des Scheiterns jeder weiteren Hoffnung auf die Reichskrone.

Von dieser späten Konsequenz war Albrecht V. allerdings noch weit entfernt. Vielmehr setzte er auf Allianz, unbedingte Gefolgschaft, ja Freundschaft mit Österreich. Ganz im Gegensatz zu den Grundsätzen seines Vaters, Herzog Wilhelms IV., verband er sich nach der Übernahme der Regierung 1550 mit dem Römischen König Ferdinand, seinem Schwiegervater, gegen die spanisch orientierte Politik Kaiser Karls V., und als Ferdinand 1556 als Nachfolger seines Bruders die Kaiserwürde übertragen wurde, erwuchs ihm mit dem bayerischen Schwiegersohn sein treuester Vasall im Reich. Albrecht V. hat diese bayerisch-österreichische Eintracht mit dem Kaisersohn und Kaisernachfolger Maximilian II., seinem Schwager, weitergeführt, und dann noch – ein Jahr vor seinem Tod 1579 – mit dessen Sohn Rudolph II., seinem Neffen, Dienst und Freundschaft gegenüber dem österreichischen Haus Habsburg in die dritte Generation getragen. Doch nicht nur politische Allianz und familiäre Bande rückten München nahe an Wien und Prag, Innsbruck, Linz und Graz. Es waren zugleich die Beispiele kaiserlicher Repräsentation, die den bayerischen Herzog zu nachahmender, zu gleichziehender Reaktion anregten, um damit den alten, nie wirklich aufgegebenen Anspruch seines Hauses auf Vorrang vor aller Augen einzulösen. So erscheint an allen offiziellen sichtbaren Bekundungen der Würde Albrechts V., den Staatsportraits oder den Residenzbauten, das Hauszeichen der bayerischen Rauten und Löwen stolz und dominant sowie in stets gleicher Gewichtung neben dem österreichischen Bindenschild; dieses Allianzwappen unterstreicht die zumindest von München aus gesehene Ebenbürtigkeit beider Häuser. Daß im wichtigsten Repräsentationsraum der Münchner Residenz, dem Georgssaal der Neuen Veste, Historienbilder die Taten des bislang einzigen Kaisers aus dem Haus Wittelsbach, Ludwigs des Bayern, feierten, und daß in das Zentrum der prachtvollen Decke des Festsaales im Dachauer Schloß das Wappen Ludwigs des Bayern eingelassen und dort von den Schilden des Bauherrn und seiner Gemahlin gerahmt war, sind gleichfalls demonstrative Botschaften des Anspruchs Albrechts V. auf die Erreichbarkeit des höchsten Ranges: Wie einst die Kaiserwürde auch sein Haus auszeichnete – so die Botschaft der Bilder und Wappen –, sollte sie jederzeit erneut Wittelsbachern übertragbar sein.

Diese öffentliche Festlegung auf Rang und Reputation und dieses sich stete Messen an der Größe des Hauses Österreich bieten zugleich das Wurzelwerk, aus dem die ganz und gar erstaunliche Lebensleistung Albrechts V. erwachsen ist: die allein ihm zuzuschreibende Schöpfung Münchens als Hauptstadt der Künste und darüber hinaus sein Zugriff auf eine so modern anmutende Facette der Staatskunst – zwar damals noch nicht ihrem Begriff nach, jedoch in ihrem Inhalt bestimmbar –, die Kulturpolitik.

Weitere Leistungen Albrechts V. verblassen angesichts seines Einsatzes für Kunst und Wissenschaft, und doch hat der Historiker zu Recht auch die anderen Verdienste dieses Herrschers während seiner von 1550 bis 1579 dauernden Regierung zu würdigen, die erstmals seit nahezu dreihundert Jahren das gesamte Gebiet der beiden Herzogtümer Ober- und Niederbayern umschloß. Denn die Primogeniturordnung von 1506 und damit die Einigung des Landes nach Jahren der Zerstrittenheit war von den Herzogsbrüdern Wilhelm IV. und Ludwig X. noch nicht praktiziert worden; erst der Sohn und Nachfolger Wilhelms IV., Albrecht V., war ab 1550 alleiniger, einigender, souveräner, von München aus regierender Landesherr («Albertus utriusque Bavariae dux solus»), und an dieser Ordnung sollte sich von Albrecht V. an auch über die Wandlungen Bayerns zum Kurfürstentum und Königreich bis zum Jahr 1918 nichts ändern. Ferner ist hervorzuheben, daß die neunundzwanzigjährige Regierungszeit Albrechts V. zwar keine Periode großer Landgewinne war. Doch Verluste blieben aus, ja wichtiger noch, in dieser Epoche wurde kein Krieg geführt, und dennoch nahm Bayern eine Spitzenposition im Reich ein. Denn hinsichtlich der während dieser Jahre alles entscheidenden Frage des Konfessionalismus behauptete sich Bayern, verstand sich Albrecht V. als Wortführer des alten Glaubens und als das einzig wirkliche Bollwerk der Kirche Roms im Reich, nachdem selbst der

Kaiser in Wien zunächst schwankend und unberechenbar geworden war. Auf diese wichtige Facette der Regierungsleistung Albrechts V. wird noch zurückzukommen sein. Schließlich muß man diesem Herzog weitreichende Eröffnungszüge auf dem Schachbrett der Entwicklung Bayerns in ein frühabsolutistisches, monarchisches Staatsgebilde zuschreiben: Sein Sieg über murrend-abweichlerische Adlige – Verschwörung wäre ein zu großes Wort –, sein keinen Widerspruch duldender Zugriff auf Ressourcen und Rechte der Landstände erweisen ihn als den ersten in der dann langen Reihe von wittelsbachischen Herrschern, der sich nicht nur als Landesherr, sondern auch als Monarch von Bayern – so die Medaillenbeischrift für Albrecht V. – verstanden hat.

Doch all dies muß hinter der Lebensleistung Albrechts im Bereich der Kunst zurücktreten. Natürlich ist das die Sicht des Heutigen, der in der verfassungsmäßigen Bestimmung, Bayern sei ein Kulturstaat, der in der Weltgeltung Münchens als Stadt der Künste, die leuchtet, eine Entwicklung sieht, die einen präzis benennbaren Beginn aufweist. Ehrwürdige Institutionen wie die Bayerische Staatsbibliothek, die Schatzkammer der Münchner Residenz, die Staatliche Münzsammlung sind Gründungen Albrechts und blühen seit nun nahezu 450 Jahren. Die Museen Münchens, die Bayerischen Staatsgemäldesammlungen, das Bayerische Nationalmuseum, die Staatliche Antikensammlung, das Museum für Völkerkunde verehren in Albrecht V. ihren Ahnherrn, wie auch das Musikleben dieser Stadt eigentlich erst mit ihm einsetzt. Anders allerdings als in üblichen Geschichtsabläufen beginnt die Kunstpflege unter Albrecht V. wie mit einem Paukenschlag und bricht wie ein Strom voll entwickelt, kaum nur vorbereitet durch Quellflüsse der Vorläufer und die Voraussetzung eines geeigneten Nährbodens, in das dann über Jahrhunderte eingenommene Bett.

Zunächst aber war ein Fürst als Sammler, als Auftraggeber einer Heerschar von Malern, Goldschmieden, Kistlern und Teppichwirkern, als Konsument der Erzeugnisse von Schneidern und Juwelieren, der auch ein umfassendes Netz von Agenten in ganz Europa unterhielt, als Empfänger ferner Köstlichkeiten wie Majolika aus Faenza, Gobelins aus Brüssel und Antwerpen, geschnittener Kristalle aus Mailand, Korallenwerk aus Genua in München ein bestürzendes Novum. Dies ist noch heute an einem der bemerkenswertesten Dokumente der Geschichte des Hauses Wittelsbach ablesbar, in welchem sich die Sicht von Zeitgenossen auf Albrecht V. mit einer Schonungslosigkeit entlädt, die geradezu erhellend genannt werden muß. Es handelt sich dabei um das Gutachten der herzoglich-bayerischen Räte aus dem Jahr 1557.[3] Hintergrund dieses Dokumentes ist die den Staatshaushalt bedrückende Schuldenlast des neunundzwanzigjährigen Herzogs, die zunächst durch einen Schuldenberg des verstorbenen Vaters bei Beginn der Regierungsübernahme 1550 verursacht wurde und dann durch nicht gezügelte Ausgaben auf die schwindelnde Höhe von mehr als einer Million Gulden – und damit nahezu auf das Zehnfache des jährlichen Einkommens von etwa 120 000 Gulden – angewachsen war. Albrecht V. hatte bewährte Hofkammerräte und weitere Mitglieder seiner Beamtenschaft – insgesamt neun Experten – um ein Gutachten zur Minderung dieser Schuldenlast gebeten. Das Schriftstück, das ihm dann Anfang Juli 1557 vorgelegt wurde, ist allerdings zu einer Abrechnung eigener Art geworden. Mit Freimut – zuweilen gesteigert in Bitternis und Sarkasmus – halten die Räte dem Fürsten einen Spiegel vor, der, wie sie sagen, «thun und wesen Fürstlicher Gnaden selbs aigner person» reflektiert. Es ist das «thun», die Auswirkungen der Handlungen des Herzogs, und es ist sein «wesen», seine charakterliche Eigenschaft, die als Ursachen der Not erkannt und schonungslos, dabei mit aller Detailkenntnis beschrieben werden. Es ist zudem die Pflichttreue der Beamten, die Ergebenheit der Räte gegenüber ihrem Herrn, die ihnen das Recht geben, nicht ohne Ehrerbietung, aber mit der Schärfe eines sezierenden Messers die Übelstände bloßzulegen und auf deren Abstellung zu dringen.

Kosten über Kosten entstehen, weil – so die Räte – «die maler und contrafetter gar nachent das ganz jar nit aus der neuen vest» kommen, weil «neben den vilfelltigen gepewen, malereyen, kistlereyen, darzue» Seine Fürstliche Gnaden «sich leichtlich bereden lassen», auch «das edl gestain, klainet, ring, ketten, stefften, spangen, gulden und silberne geschirr mancherlay forms [...] glas oder schmeltzwerch» gewaltig angeschafft werden, und dies «ains gueten thails unnotturftiger und uberflussiger weis [...] und noch auf dise stund kain aufhörn noch genuegen ist». Es werde «in allen dingen allain freud, kurtzweil, wollust gesuecht und darin aller uberfluß gepraucht, auch wenig bedacht [...], ob man etwas ersparen, leichter bestellen oder bekomen mög, item wo man das gelt nemen, wie man bezalen well, obs auf der chamer verhanden oder nit, auch wie es allenthalben darmit zuegee, sonder was man chostlichs, frembds oder seltzams sicht, wo von man hört, sonderlich was zu freid und lust dient, das will man haben, man mueß haben; da schickt man, da schreibt man, da schafft man den nechsten an, da volgt man dem nechsten one alles verrer ausrechnen oder nachgedencken».

Aber nicht nur die Unkosten eines nicht verständlichen Luxus treiben die Räte in ihren Zorn, sondern auch, daß Seine Fürstliche Gnaden «zuzeitten sölliche liederliche herkomne leut zu sich ziehen, frue und spat umb und bei sich haben, die maiste zeit und thun mit inen verzeren, inen gehör und geheng geben, sy von kuchen und keller, in die schneiderey und sunst ires gefallens anschaffen lassen». Und unter diese «herkomne unbekante liederliche und zum thail unzogne leut» reihen die Räte scheinbar auch den erst vor einigen Monaten an den Münchner Hof gezogenen Flamen Orlando di Lasso ein, schon damals eine Größe der europäischen Musikszene, der unter anderem zuvor als Kapellmeister an San Giovanni in Laterano in Rom tätig gewesen war.[4] Zunächst diente Lasso Albrecht V. als Tenorist, später, ab 1563, als Hofkapellmeister. Mit seiner Ankunft in München ging über dem bayerischen Hof die Sonne der Musikkultur auf und erreichte geradezu ihren strahlenden Zenit. Zwar vermerken die Räte mißmutig, daß nun Musik nicht nur beim Hochamt, sondern – wie ermüdend und unnötig – jeden Tag zur Messe erklinge, daß die «Cantorei» (Orlando di Lasso und seine Sänger) nicht nur zu Festtagen an der Tafel, sondern auch wiederum täglich bei Tisch auftrete. Und selbst wenn keine Musik geboten würde, sitze der Herzog von früh bis spät bei den Sängern und nehme sie gar – was für ein Verstoß gegen die Etikette! – zu sich in seine Kammer.

In dieser Kritik angesichts eines überbordenden Luxus schwingt zugleich das Unvermögen mit, Kennertum, Ästhetik, Liebe zur Kunst als Werte zu begreifen, und das Schöne, sei es geschaut oder gehört, als lebensbestimmende Kraft anzuerkennen. Mit Herzog Albrecht tritt dagegen der kennende, genießende Liebhaber entgegen, der tagtäglich der polyphonen Klangwelt Lassos lauschte, der sich in dessen Kontrapunktik einzuhören verstand, der den Farbenreichtum, den Gemütsausdruck, ja die Affektgeladenheit dieser Musik in sich aufnahm, die ihn direkt ansprach, da Lassos Werke vielfach zunächst für ihn komponiert waren. Dieser Herzog muß ein erstaunliches Kennertum entwickelt haben, wie es – in einem ganz anderen Bereich – Kaiser Karl V. gegenüber Tizian besaß. Nimmt man die kühne chromatische Welt der «Prophetiae Sibyllarum», Lassos Vertonung der die Zukunft erschließenden sibyllinischen Prophezeiungen, ein Musikwerk von radikaler, geradezu überwirklicher Schönheit, so berührt es auch heute noch, daß dieses Werk zu Lebzeiten Albrechts allein nur von ihm gehört wurde, wie ein kostbarster Schatz ausschließlich nur ihm zugänglich war und daher erst nach dem Tod des Herzogs veröffentlicht werden konnte.

Daß damit die Kritik der Räte neben allem berechtigten Sparwillen in Unverständnis und Ignoranz mündete, läßt die Beamten einer anderen Welt angehören, und es ist bezeichnend, daß sie vom Herzog fordern, er möge doch vermehrt die altehrwürdigen

Turnierspiele – und damit geradezu den Inbegriff der guten alten Zeit – abhalten, auch wenn seine Korpulenz ihm selbst das Reiten wohl kaum mehr ermöglichte. Doch in Wahrheit prallen nicht nur zwei generationsbedingte Ansichten aufeinander, hier ist zugleich ein grundlegender Dissens zu greifen, und er steckt im Begriff, in der Vorstellungswelt des Wortes von der Reputation. Die Räte schreiben: «dann die reputation steet warlich nit in überflussigen klaideren, klainaten, zierlichait oder gepew, essen, drincken und anderm wollust, sonder nach christlichem leben und furstlichen tugenten furnehmlich in guetter hauswirtschafft, ainem dapferen vorrath an gelt und anderm zur not gehörig». Aber genau an diesem Punkt geht der Herzog einen neuen Weg, denn für ihn belegen erst die Pracht der Gebäude, die Kostbarkeit der Sammlungen, der Aufwand der Lebenshaltung, der Auftritt in prunkender Kleidung und Schmuck seinen Rang und seine Würde und führen die Reputation des Fürsten vor aller Augen. Hier liegt der Schlüssel zum Verständnis einer kulturellen Blüte von Renaissance und Barock, und Albrecht V. betritt nur konsequent die Bühne, auf der von nun an Größe und Macht nicht nur von der Faust des Kriegers diktiert, sondern auch durch Leistungen der Kunst demonstriert werden.

Die unmittelbare Antwort des Herzogs auf den Tadel und die Mißbilligung seiner Räte ist erst seit kurzem bekannt.[5] Zunächst hatte ein Vertrauter Albrechts eine eher spöttische Abrechnung entworfen, doch der Herzog benützte diese Vorlage nicht, sondern schrieb auf nur zwei Seiten seinen Räten knapp und emotionslos: Auf Belehrung zu seinem «thun und wesen» sei er nicht angewiesen, da er nicht mehr sieben Jahre alt sei, im übrigen habe er Auftrag gegeben, Vorschläge zur Deckung entstandener Kosten auszuarbeiten; diese seien nicht unterbreitet worden und so erwarte er noch immer den Bescheid der Räte. Die eigentliche Antwort aber gab Albrecht nicht schriftlich, sondern durch ein «thun», dem alle Zeichen einer folgerichtigen Kulturpolitik eingeprägt waren. Gelder wurden hierfür in den kommenden zwanzig Jahren in einem Umfang benötigt, wie es sich die Räte bei ihrem Gutachten von 1557 kaum hatten träumen lassen. Die Landstände und eine rücksichtslose Besteuerung der Untertanen kamen immer wieder für die wachsenden Fehlbeträge auf. Auch im Bereich des staatlichen Finanzgebarens hatte Bayern das Zeitalter frühabsolutistischer Herrschaft erreicht.

Sechs Jahre nach dem Einspruch der Räte begannen die Arbeiten für das erste Gebäude Münchens im reinen Stil der Renaissance: ein mächtiges, frei stehendes Geviert neben dem Alten Hof, mit diesem und der Neuen Veste durch Gänge wie mit Arterien verbunden, im Inneren einen Hof ausbildend, den allseitig Arkadengänge auf drei Geschossen umschließen – das in Architektur gefaßte Bild südlicher Offenheit und Unbekümmertheit gegenüber den Unbilden der Witterung. In München wurde und wird dieser Bau im Äußeren kaum verändert seit dem frühen 19. Jahrhundert als Münze, heute als Sitz des Landesamtes für Denkmalpflege genutzt. Zu Zeiten Albrechts V. und im Sinne dieses Bauherrn erfüllte das Geviert allerdings die Funktion eines architektonischen Schreins für Kostbarkeiten ganz unterschiedlicher Natur. Im Erdgeschoß waren die Stallungen für die Rösser des Hofes untergebracht, damit ging die Benennung des Baus als Marstallgebäude einher; im zweiten Obergeschoß war dagegen die herzogliche Kunstkammer eingerichtet, so daß auch die Bezeichnung Kunstkammergebäude zutreffend war und ist.[6] Man mag sich heute über diese Kombination der Nutzung wundern, und auch damals kann ein Besucher der Kunstkammer das Klappern der Pferdehufe wie den beißenden, bis in das Obergeschoß dringenden Geruch aus den Stallungen als störend empfunden haben. Doch als gleichsam «lebende Kunstwerke», als neben den Artefakten kostbarster beweglicher Besitz eines Fürstenhofes gehörten Rösser und dazu deren Zucht wie deren Stallungen in den Wirkungskreis fürstlicher Repräsentation. Die in München gefundene und geradezu demonstrativ vor Augen geführte Sinneinheit wurde in Wien vom Kaiserhof übernommen, wo in der wenige Jahre vor München, 1558, begonnenen Stallburg des Erzherzogs und Schwagers des bayerischen Herzogs Maximilian nun die Kostbarkeiten der Wiener Kunstkammer, später sogar eine ansehnliche Gemäldegalerie den Raum über den kaiserlichen Rössern bezogen.

In München bot die Kunstkammer Albrechts V. ein überraschendes, das Auge geradezu betörendes Bild. Die Räume des zweiten Obergeschosses waren gänzlich ohne Unterteilung belassen, so daß sich langgestreckte Säle über die gesamte Gebäudetiefe und -breite ergaben. Da das Raumkontinuum um den Innenhof einen kreisenden, in keiner Weise gehemmten Bewegungsfluß des Besuchers ermöglichte, war ein Ambulatorium für die Schaulust geschaffen. Und Schaulust konnte ein jeder Besucher in diesen Räumen entwickeln. Denn die über 6000 einzelnen Objekte waren nach den Vorgaben eines Gesamtpanoramas präsentiert, Ordnung verwirklichte sich im Überblick: Erst das Schauen sollte Grundlage des Erkennens sein. Das wohl eigentümlichste Motiv und Werkzeug dieser Museumsgestaltung waren über sechzig Tische und Tafeln, die sich zu einer endlosen Kette aneinanderreihten und den Besucher aufforderten, heranzutreten, zu umkreisen, zu schauen, vielfach wohl auch zu berühren. Auf diesen Tischen häuften sich die Kostbarkeiten von Goldschmiedekunst, von Stein- und Bergkristallschnitt, von Drechselkunst und – diesmal unter schützendem Glas – von Korallenwerk. Waffen, aber auch kostbar illuminierte Bücher, Graphik und überhaupt historische Zeugnisse jeglicher Art waren zusammengestellt, und zwar immer so, daß ein jeder Tisch, eine jede Tafel einen Sinnzusammenhang darbot. Bilder hingen an den Wänden, und dort waren auf Borden auch Kleinskulpturen aufgestellt. Neben dieser verschwenderischen Fülle des von Menschenhand Gemachten, des von Künstlern Ersonnenen, den «Artificialia», gab es den nicht minder ausufernden Reichtum von geheimnisvollen Produkten der Natur, den «Naturalia». Muscheln, Versteinerungen, Gehörn und Knochen, ausgestopfte Tiere – darunter der 1572 von Kaiser Maximilian II. geschenkte Elefant – waren zu einem Kosmos des Wissens und Staunens zusammengeschlossen. Daß es sich dabei jeweils um Belehrung, um Erkenntnis angesichts der Bedeutung des zu Betrachtenden handelte, mögen Exponate verdeutlichen, die damals – wie auch heute noch – viel bestaunt waren und sind. An einem der Eck- und Knotenpunkte des Raumkontinuums der Kunstkammer standen die fünf Modelle der herzoglichen Residenzstädte München, Landshut, Straubing, Ingolstadt und Burghausen, die Jakob Sandtner 1568 bis 1574 im Auftrag Albrechts V. geschaffen hatte und die heute im Bayerischen Nationalmuseum bewahrt werden. Es sind dies wahre Portraitleistungen, die mit dem Antlitz einer Stadt zugleich deren Charakter, deren Individualität überliefern. In ihrer Gesamtheit boten die fünf topographischen Modelle darüber hinaus einen Hinweis auf die Einheit des Landes, die erstmals wieder unter Herzog Albrecht verwirklicht worden war. Auch die daneben präsentierten Druckstöcke der «Bairischen Landtafeln» des Philipp Apian, der ersten größeren kartographischen Erfassung Bayerns, demonstrierten mit dem Landbesitz der wiedervereinigten Herzogtümer zugleich neue Vermessungsmethoden und damit nicht nur einen Zugewinn an Rang und Reputation, sondern zugleich an Wissen und naturwissenschaftlicher Erkenntnis.

Zwar hat sich das Gebäude nahezu unverändert erhalten, die Kunstkammer Albrechts V. verlor jedoch schon zwei Generationen nach ihrem Gründer an Strahlkraft, wurde über die Jahrhunderte dezimiert, schließlich geschlossen. Als Urmutter der Münchner Museen aber hat sich diese Gründung Albrechts V. ihre Bedeutung bis heute bewahrt, wie auch kostbare Exponate der herzoglichen Kunstkammer noch immer die Münchner Museumslandschaft auszeichnen. Rekonstruieren läßt sich dieses erste Museum Bayerns anhand eines 1598 erstellten Inventars von Johann Baptist Fickler, das den damals noch kaum geänderten Zustand der Kunstkammer unter Herzog Albrecht V. beschreibt.

Ein weiteres Dokument, geradezu ein Gründungszeugnis zur Geschichte des Museums, liegt mit dem Buch «Inscriptiones vel Tituli Theatri Amplissimi» des Flamen Samuel Quiccheberg vor, gedruckt 1565 in München. Quiccheberg, ein Arzt, hatte in Deutschland studiert, war Kunstberater und Bibliothekar bei Hans-Jakob Fugger in Augsburg gewesen und trat um 1553 in Kontakt zu Herzog Albrecht; ab 1559 war er dann in festem Dienst des Münchner Hofes.[7] Er muß dem um ein Jahr älteren Herzog eine der wichtigsten Stützen bei der Konzeption und Planung der Kunstkammer gewesen sein, denn noch während der Bauzeit erschien die Schrift, mit der Quiccheberg erstmals überhaupt eine Museumstheorie vorlegte. Zwar weiten sich Anspruch und Vision des Verfassers auf ein ideales Museum über die konkrete Münchner Situation hinaus, doch steht hinter der literarisch fixierten Theorie Quicchebergs das Münchner Modell, wie auch die herzogliche Kunstkammer ihre intellektuelle Ausrichtung durch diesen Autor erfuhr. Quiccheberg bezeichnet das Museum als «Theatrum» und macht allein schon mit dieser Wortwahl klar, daß er eine Enzyklopädie des Schauens fordert, daß Ordnung wie Kategorisierung des Wissens im Museum der Präsentation bedürfen und damit Inszenierungen bieten auf einer Bühne, auf der Universalität in der Überschaubarkeit des Kleinen auftritt.

Der enzyklopädische Anspruch, von Quiccheberg erstmals schriftlich erhoben und in der Kunstkammer Albrechts V. eingelöst, verband München mit der damaligen geistigen Welt; fürstliche Kunstkammern entstanden gleichzeitig in Dresden, Wien, Prag, Innsbruck und Florenz, damit an Höfen, mit denen Albrecht V. verwandtschaftlich verbunden war und in stetem Austausch stand. Wie immer hier das Geben und Nehmen zu werten ist – die Kunstkammer in Ambras etwa wurde eindeutig erst nach der in München eingerichtet –, fest steht, daß Albrecht V. als erster Sammler über ein eigenes repräsentatives Sammlungsgebäude verfügte, daß er als erster mit Quicchebergs Schrift das theoretische Konzept eines Universalmuseums vorlegen konnte. Innerhalb der Geschichte des Museums, die genauer noch zu schreiben ist, kommt München daher einer der ersten Plätze zu.

Dies gilt in weit stärkerem Maß auch für das zweite große Vorhaben Albrechts V. unter den beiden Dioskuren herzoglicher Kunstpflege, seine Antikensammlung. Der Aufbau dieser Kollektion erfolgte stürmisch und wie mit großer Geste: Innerhalb kürzester Zeit wuchs ein gewaltiger Komplex an antiken Skulpturen zusammen, die erste bedeutende Sammlung ihrer Art nördlich der

Alpen.[8] Albrecht V. agierte dabei beraten von zwei ihm Vertrauten, zunächst von Hans-Jakob Fugger, einem Sproß der mächtigen Augsburger Kaufmannsfamilie, der selbst wirtschaftlichen Schiffbruch erlitt, am Münchner Herzogshof sein Unterkommen fand und dort Freund und Berater des bayerischen Herzogs wurde. Im Geflecht persönlicher Beziehungen fand dann auch die Veräußerung der von Raymund Fugger ererbten Kollektion antiker Skulpturen an Albrecht V. statt. Dies war im Jahr 1566 der Auftakt für weit umfänglichere Transaktionen. Hierfür zogen der Herzog und Fugger den wohl fähigsten Spezialisten der Zeit heran, Jacopo Strada. Mantuaner von Geburt und ursprünglich als Goldschmied tätig, hatte sich Strada als international anerkannte Autorität auf dem Gebiet der antiken Münzkunst wie der klassischen Skulptur einen großen Namen gemacht. Er war verschiedentlich in Deutschland tätig gewesen und bekleidete seit 1558 das Amt eines Antiquars am Kaiserhof in Wien, nachdem er zuvor in ähnlicher Funktion Hans-Jakob Fugger, dem Freund Albrechts V., gedient hatte. Noch im selben Jahr 1566, in welchem der bayerische Herzog die Antiken aus Fugger-Besitz erwarb, glückten Strada Ankäufe von mehr als fünfzig antiken Skulpturen in Rom, die über seine Vermittlung nach München gelangten. Weitere Erwerbungen vor allem von römischen Büsten wurden im folgenden Jahr in Venedig getätigt, und es war dann wiederum die Lagunenstadt der Schauplatz, auf dem der größte Erfolg für den Münchner Hof gelang. Seit 1567 verhandelte Strada um die Übernahme der bedeutenden Antikensammlung des Patriziers Andrea Loredan. Eine Räubergeschichte nahm damit ihren Beginn: von gefälschten Gutachten, erbrochenen Siegeln an Kammern, in denen das zu kaufende Gut gelagert war, von Fälschungen und von ursprünglich vorgewiesenen Originalen, denen später in betrügerischer Absicht Nachahmungen unterschoben worden waren, schließlich auch von Banken, denen Bürgschaften selbst eines bayerischen Herzogs nicht auszureichen schienen und die zum Schluß das Geld dennoch vorstreckten, wenn auch zu stark erhöhten Zinsen. Für den gewaltigen Preis von 14000 Gulden blieb ein Jahr später Albrecht V. Sieger des Intrigenspiels, wenn auch mehrfach hintergangen und bei Verlust einiger der wichtigsten Glanzstücke der Sammlung Loredan, die nach all den Verwirrspielen damals in Venedig nicht mehr auffindbar schienen.

Mit Hilfe Hans-Jakob Fuggers und Jacopo Stradas war der bayerische Herzog in der unvorstellbar kurzen Zeit von nur drei Jahren Eigentümer einer höchst umfangreichen Antikensammlung geworden. Mehr als 600 Skulpturen konnte er nun sein eigen nennen, darunter vor allem römische Büsten, aber auch Statuen, Reliefs und nicht weniger als 140 Bronzen. Dazu kam eine Sammlung antiker Münzen von nahezu 3300 Exemplaren. Alles dies hatte Albrecht V. die exorbitante Summe von 27000 Gulden gekostet, doch der Preis für ein so schnelles Wachstum lag nicht nur in der zu entrichtenden Kaufsumme: Hauptwerke der antiken Bildhauerkunst blieben in Italien, und keine der auch heute noch berühmten Statuen der Alten gelangte damals nach München. Was der Herzog in so großen Mengen erwarb, war meist – zumindest nach heutigem Begriff – von mittelmäßiger Qualität.

Um so großartiger waren dagegen Planung und Verwirklichung des die Sammlung bergenden Gebäudes, das 1568 begonnen und in nur dreijähriger Bauzeit 1571 vollendet wurde. Als Baugelände hatte der Herzog ein Gartengrundstück am Nordrand der Stadt gewählt und darauf einen kolossalen, langgestreckten Bau von zwei Geschossen errichten lassen. Heute ist eine Vorstellung von diesem monolithen Baublock nur mehr schwer möglich, dessen ursprünglich allseits freie Lage die so ungewöhnliche Bestimmung seines Inhalts durch Distanz und noble Absonderung hervorhob. Denn auch dieser Bau hatte zwei Funktionen. Er sollte die Antikensammlung im Erdgeschoß und die herzogliche Bibliothek, die ebenso stürmisch gewachsen war, jedoch über weitaus bedeutendere Bestände verfügte, im Obergeschoß aufnehmen. Eine derart sinnfällige Einheit der Instrumente des Wissens und der Gelehrsamkeit mit den Überresten der Alten Welt, von welcher der darüber befindliche Bücherschatz berichtete, eine derart direkt erfahrbare Zusammenschau der Zeugnisse des Geistes wie der Kunst verbindet diesen Bau mit Prinzipien, wie sie von Quiccheberg für das ideale Museum, zugleich für dessen Übertragung in die Realität der Münchner Kunstkammer formuliert worden waren. Nachdem nur wenige Generationen später die Hofbibliothek verlagert und das Gebäude Albrechts V. mittels einer Abfolge von Innenhöfen von der sich ausweitenden Neuveste vereinnahmt wurde, ist heute dieser große Wurf der Albertinischen Zeit nur als ein weiterer Baublock der Münchner Residenz zu erleben, in deren Gewirr von Höfen und Trakten die einstmals so nobel hervorgehobene Position des Sammlungsgebäudes untergeht. Albrecht hatte dies mit viel Anteilnahme und persönlichem Einsatz verwirklichte Bauwerk sein «khunsthaus», sein «antiquitetenhaus», auch «das Gwelb mit den Antiquiteten» genannt. Durchgesetzt aber hat sich schon damals die Bezeichnung, mit der wir auch heute noch diese große Schöpfung Albrechts V. benennen: das Antiquarium.

Betritt man das Antiquarium, verharrt jeder Besucher unwillkürlich angesichts der Würde und Wucht eines ganz und gar ungewöhnlichen Raumes. Ein gewaltiges Tonnengewölbe zieht Blicke wie Schritte des Besuchers in die Tiefe. Daß es sich hierbei um eine außergewöhnliche, ja kühne Gewölbekonstruktion handelt, die Spannweite und Traglast bis an die Grenzen des technisch Vertretbaren stoßen läßt, wird unmittelbar erfahrbar. Die Tonne ruht auf mächtigen Wandpfeilern, deren Stützfunktion durch das zwischen ihnen einbrechende Licht überdeutlich herausmodelliert wird. Das ausgewogene Bild von Tragen und Lasten, der unerhörte Zug zur Tiefenstaffelung und die geradezu königliche Weiträumigkeit des Antiquariums, all dies trägt zum Erlebnis der wohl erstaunlichsten Leistung der Renaissancearchitektur in Süddeutschland bei. Vorbilder hierfür konnte allein Rom mit der kraftvollen Spannweite von Tonnenwölbungen etwa der Konstantinsbasilika liefern, und es berührt als ein besonders geglückter Zug des im Antiquarium verwirklichten Baugedankens, daß diese Stätte des Bewahrens antiker Überreste, dieser neue Kultraum für die Kunst der Alten, mit einer Wölbung umfangen wird, die römischen Geist und imperiales Wesen ausdrückt wie keine andere Bauform.

War schon die herzogliche Kunstkammer ein Ort der Schaulust gewesen, um wieviel mehr galt dies für das Antiquarium. Anders als heute hatten die antiken Skulpturen Aufstellung frei im Raum gefunden, man erlebte Fülle und Vielfalt der Sammlung in direkter Konfrontation. Die heutige Beschränkung der Skulpturenpräsentation allein entlang der Außenmauern bestand ebensowenig wie die Ausmalung, die unter Herzog Wilhelm V., und die Einbauten, die unter Kurfürst Maximilian I. das Antiquarium aus der Funktion eines Sammlungsraumes in die eines Festsaales überführten. Aber gerade als architektonischer Rahmen der antiken Skulptur, als gebautes Gefäß einer Sammlung, als eine frühe Museumsarchitektur hat das Antiquarium Geschichte gemacht. Seine Konzeption, vor allem das Modell der Aufstellung der antiken Skulpturen, wurde wesentlich von Jacopo Strada mitbestimmt, und es sind dabei Einflüsse wirksam geworden, die an die Höfe Italiens verweisen. Doch bei genauerer Überprüfung der Entwicklung des Bautypus von Galerie und Skulpturenmuseum nördlich wie südlich der Alpen[9] wird deutlich, daß München den Vorreiter gespielt hat, daß sich hier ein Baugedanke Bahn brach, der dann vielfach aufgegriffen wurde, um schließlich in den breiten Strom der Entstehung der Bauaufgabe der Museumsarchitektur zu münden. Nur wenige Jahre nach dem Münchner Antiquarium entstand in Mantua für die dortige Residenz die «Galleria dei Mesi», Bauherr war Herzog Guglielmo Gonzaga, der eine Schwester der Gemahlin Albrechts V. geheiratet hatte. Um 1583 wurde in Sabbonieta ein frei stehendes Sammlungsgebäude wiederum für das Haus Gonzaga errichtet; 1587 wurde in Venedig ein Sammlungsraum für antike Skulpturen unmittelbar der Bibliothek Sansovinos mittels einer Kombination der Funktionen angefügt, die direkt auf das Münchner Vorbild verweist; um 1590 schließlich ließ Francesco I., Großherzog der Toskana und Gemahl einer weiteren Schwester der Erzherzogin Anna, und damit ein Schwager Albrechts V., die Galerien der Florentiner Uffizien zu einem Sammlungskomplex nicht zuletzt für die Aufstellung antiker Skulpturen ausbauen. Es sind nicht nur die familiären Bindungen, es ist zugleich der Blick des leidenschaftlich sammelnden Fürsten aus Bayern in das Reich der Künste, Italien, sein Zugriff auf eine möglichst kostbare Ausbeute von dort, die Brücken schlagen lassen zwischen den Bauprojekten Albrechts V. und denen seiner italienischen Standesgenossen. Daß dabei dem Bayernherzog das Gründungswerk moderner eigenständiger Museumsarchitektur gelang, daß mit Kunstkammer und Antiquarium Erstlinge einer neuen Bauaufgabe vorgelegt wurden und Nachfolger fanden, ist eine solche Großtat, die es erlaubt, angesichts dieses Dioskurenpaares der herzoglichen Kunstpflege von der eigentlichen, der überdauernden Lebensleistung Albrechts V. zu sprechen.

Will man sich heute der historischen Gestalt Albrechts V. nähern, sucht man nach Zeugnissen, die Verständnis wecken, die den Blick schärfen für das Besondere seines – nun positiv verstandenen – «thun und wesens», so bietet hierfür der Raumeindruck des Antiquariums noch immer den besten Ansatzpunkt. Aber es existiert daneben ein weiteres Monument, das erlaubt, auf Albrecht V. zu schauen und dabei auf Wesentliches seines Werks und seiner Wirksamkeit zu stoßen: das Bild, das er 1572 von seinem Münchner Hofmaler Hans Mielich dem Zentrum des Hochaltares des Ingolstädter Liebfrauenmünsters einfügen ließ.[10] Innerhalb des mächtigen Flügelaltares mit seinen über neunzig theologischen Einzelgemälden, die erst nach mehrfacher Wandlung und Aufklappung der Flügel freizulegen sind, bietet dieses Bild den Kern der gesamten Anlage. Unter dem Schutz Mariens, des göttlichen Kindes und aller Heiligen hat sich die herzogliche Familie eingefunden – so zeigt es das Bild, das die männlichen Mitglieder zur Rechten, die weiblichen Mitglieder zur Linken unterhalb Mariens und der Himmelsvision mit präzis wiedergegebenen Portraits darstellt. Das Gemälde und der Ort, an dem es erscheint, sind Programm. Zwar steht die Wiedergabe der herzoglichen Familie in der Tradition des Stifterbildes, aber eine derartige Präsenz, ja allein der schiere Platz, den die profane Darstellung inmitten des Hochaltares einnimmt, sind zumindest zu diesem Zeitpunkt ungewöhnlich. Der Ort erhält seine Bedeutung dadurch, daß das Liebfrauenmünster nicht nur als Pfarrkirche, sondern zugleich als geistlicher Versammlungsraum und Kirche der damals einzigen Landesuniversität Bayerns diente. Von Ingolstadt und seiner Universität aus formierte sich der geistige Aufbruch, mit dem die Katholische Reform Bayern als den am festesten gefügten Stützpunkt der Kirche Roms im Reich sicherte. Albrecht V. hatte in Ingolstadt 1555 den jungen Jesuitenorden endgültig verankert, ihm die Leitung der Universität übertragen und damit die Speerspitze eines Kampfes für Rom gebildet.

Das Bild am Hochaltar der Universitätskirche läßt keinen Zweifel, wer – gewappnet und im Schmuck der Fahnen und Schilde – als Pfeiler der Standhaftigkeit für die Rechtmäßigkeit des alten Glaubens einsteht. Selbst der Bindenschild der Gemahlin Albrechts V. demonstriert, daß in München und Ingolstadt und damit in Bayern, Erzherzogin Anna von Österreich sich anders als ihr Bruder in Wien, der zwischen den Konfessionen zaudernde und in Religionsfragen laue Kaiser Maximilian II., fest und unverbrüchlich zur katholischen Seite bekennt. Es ist das Haus Wittelsbach – so das Bild –, mit dem ein Fundament gelegt wird für Verläßlichkeit und ewige Treue zum Glauben der Kirche Roms. Damit kommt der Altartafel der Rang eines Vermächtnisses zu, und in der Tat hat der zur Linken des Vaters kniende Herzog Ernst später als Bischof von Freising, Hildesheim, Lüttich, Münster und vor allem als Erzbischof von Köln die Katholische Reform auch im Norden Deutschlands verteidigt, die Kurstimme Kölns für die katholische Seite bewahrt und eine Entwicklung eingeleitet, die während der nächsten zweihundert Jahre den Kölner Erzbischofssitz als Sekundogenitur dem Haus Wittelsbach zuführte. Der Kronprinz und älteste Sohn Albrechts, der spätere Herzog Wilhelm V., dargestellt mit Schwert und dem Wappenschild Bayerns in den Händen, wird das Vermächtnis des Vaters durch die Errichtung des Gründungsbaus der jungen barocken Kunst in München, der Jesuitenkirche, weiterführen. Anders als seinem trotz der fünf Bischofsmitren eher weltlich gesinnten Bruder Ernst wird diesem Herzog zu Recht das ehrende Beiwort «der Fromme» verliehen werden. Das Hochaltarbild in Ingolstadt weist daher programmatisch in die Zukunft Bayerns wie der katholischen Seite im Reich.

Spricht man vom «thun und wesen» Herzog Albrechts V., ist es unabdingbar, seine Kirchen- und Religionspolitik mit einzubeziehen und als eine seine Regierung nachhaltig prägende, seine Zeit eindrücklich bestimmende Leistung zu werten. Das Testament, das der Herzog 1578, ein Jahr vor seinem Tod, verfaßte, fordert daher auch für diesen Aspekt mit der Versicherung unverbrüchlicher Treue zur römischen Kirche, mit der Festlegung aller seiner Nachfolger auf diesen für sein Haus wie sein Land als richtig erkannten Kurs die weitreichendsten Verfügungen ein.[11] Bei der Abfassung des Testaments, beim Rückblick auf sein Lebenswerk bedachte der Herzog jedoch auch den anderen Aspekt, der hier vornehmlich behandelt wurde. Er schreibt: «Also wellen wir auch, das vnnser new aufgerichte Liberey [die Hofbibliothek], Item das Gwelb mit den Antiquiteten [das Antiquarium], Item die KunstCamer mit allem dem, was darinnen ist vnnd wir noch darein verordnen möchten, allerdings vngetailt vnnd yederzeit vnuerwenndt beysamen bleiben». Hier wird im Sinne frühabsolutistischer Herrschaftssicherung die Kontinuität der Dynastie vor dem Hintergrund ihres Einsatzes für Kunst und Wissenschaft beschworen. Indem Albrecht V. den gewaltigen kulturellen Schatz von Hofbibliothek, Antiquarium und Kunstkammer zum unveräußerlichen und unteilbaren Gut des Hauses Wittelsbach erklärte – Teile der Schatzkammer waren von ihm schon 1565 in gleicher Weise zu Haus- und Erbkleinodien bestimmt worden –, wurden diese seine Leistungen auf dem Feld einer neuen Reputation, wie sie erst in der Zeit der Renaissance erwachsen konnte, den Traditionen des bayerischen Herzogshauses hinzugefügt. Seither wird Reputation im Hause Wittelsbach auch und vor allem auf dem Feld der Künste erworben. Dies ist vielleicht die schönste Frucht vom «thun und wesen» Herzog Albrechts V.

Wilhelm V.

Katholische Reform und Gegenreformation

Von Marianne Sammer

Herzog Wilhelm V. von Bayern, 1626 in der Gruft von St. Michael in München beigesetzt, wurde vom Jesuitenorden mit einer Grabschrift gehuldigt, die sehr bezeichnend für das Denken dieses Wittelsbachers ist, insofern sie die enge Verbindung seiner Politik der ausschließlichen Katholizität mit den landesherrlichen und dynastischen Interessen seines Hauses zum Ausdruck bringt: «Es bleibt zweifelhaft, ob er in der Frömmigkeit größer war oder im Glück» («In ambiguo reliquit pietate an felicitate maior esset»). Indem Wilhelm V. die innere, als Selbstbesinnung zu verstehende Erneuerung der katholischen Kirche nachdrücklich unterstützte und gleichzeitig die äußere, als aktive Selbstbehauptung zu verstehende Reformierung der katholischen Kirche beharrlich vorantrieb, erhob er die Belange der Katholischen Reform und der Gegenreformation zur Staatsangelegenheit. Wilhelm selbst verkörperte die mustergültige Symbiose von Kirche und Staat in seiner eigenen Person. Die tiefe Frömmigkeit, die sein Handeln als Regent bestimmte, und sein Selbstverständnis als frühabsolutistischer Herrscher, dessen eigenstaatliche Interessen er mit den kirchenpolitischen Zielsetzungen Roms weitgehend verband und dadurch gestärkt wissen wollte, führten allerdings auch zu einer kontroversen, vom konfessionellen Standpunkt des jeweiligen Historikers abhängigen Beurteilung seiner Persönlichkeit und seiner Regierung. Sie umfaßt beinahe sämtliche Abstufungen zwischen verklärender Apotheose und ehrenrühriger Diffamierung.

Über die Jugendzeit des am Michaelitag des Jahres 1548 (29. September) in München geborenen ältesten Sohnes von Herzog Albrecht V. von Bayern und Anna von Österreich ist wenig bekannt. Mit acht Jahren wurde Wilhelm zusammen mit seinem um zwei Jahre jüngeren Bruder Ferdinand in Landshut einem Hofmeister und einem Präzeptor – beide Juristen, keine Jesuiten – zur Ausbildung übergeben, wobei es sich Albrecht nicht nehmen ließ, in einer auf den 28. August 1556 datierten Instruktion Maximen zur katholischen Erziehung, zur Körper- und Geistesertüchtigung, zum Musikunterricht und zum pädagogischen Umgang mit seinen Söhnen niederzulegen. Entsprechende Anweisungen sind auch vom

23. April 1563 und vom 12. Juni 1566 überliefert.[1] Anfang 1563 wurden Wilhelm und Ferdinand zusammen mit ihrem damals erst neunjährigen Bruder Ernst zum Studium an die Landesuniversität Ingolstadt geschickt. Da dort die Pest ausbrach, währte der Aufenthalt der Prinzen nur wenige Monate; so wurden die Studien in München und auf Reisen fortgesetzt.

Nach Rücksprache mit Kaiser Maximilian II. wurde Wilhelm von seinem Vater die fünf Jahre ältere Renata von Lothringen, die älteste Tochter des damals bereits verstorbenen Herzogs Franz von Lothringen, zur Braut bestimmt. Die Prunkhochzeit, deren Gesamtkosten sich auf 194000 Gulden beliefen, fand am 22. Februar 1568 in München statt, die Festlichkeiten, von Massimo Troiano minutiös dokumentiert[2], währten über 14 Tage. Den glanzvollen Höhepunkt der zahlreichen Turniere auf dem Schrannenplatz – dem heutigen Marienplatz – bildete ein Krönleinstechen, bei dem bayerische Ritter in Rüstung mit besonders gewichtigen Lanzen gegen lothringische Ritter im Zweikampf anrannten, und zwar auf Pferden, deren Hals und Kopf derart schwer geharnischt war, daß, so Massimo Troiano, die Tiere «wie blind daherstapft[en]»[3]. Vor dem Kampf hatten sich die Ritter wechselseitig Verzeihung zugesagt für den Fall, daß einer dabei sein Leben verlieren sollte. An den bayerischen Sieg bei diesem Krönleinstechen des letzten Turniertages erinnert heute noch das Glockenspiel am Münchner Rathaus.

Bis zum Regierungsantritt Wilhelms am 24. Oktober 1579 führte das Herzogspaar ein ebenso aufwendiges wie glanzvolles Leben auf der Burg Trausnitz über Landshut, wo es sich nach dem Vorbild italienischer Renaissancefürsten mit zahlreichen Schauspielern und Künstlern umgab. Wilhelm betätigte sich seit dieser Zeit als Mäzen und Kunstsammler, beschäftigte Maler, Architekten, Goldschmiede, Steinschneider oder bedeutende Musiker wie Orlando di Lasso. Er kaufte, wie sein Vater Albrecht V. auch, Gemälde, Juwelen, Münzen, Antiquitäten und Bücher, unterhielt einen großen, üppig ausgestatteten Hofstaat, zu dem Hofzwerge, Türken, Elefanten und Strauße ebenso gehörten wie eine Hofkapelle, und häufte auf diese Weise zum Entsetzen seines – ebenso kunstliebenden wie hochverschuldeten – Vaters bis 1575 bereits 300000 Gulden Schulden an. Bei seinem Regierungsantritt hatte Wilhelm zusätzlich die Albrecht V. verbliebenen 616000 Gulden Verbindlichkeiten zu übernehmen, die offengeblieben waren, obwohl Albrecht den Landständen immerhin schon Schulden über 2,5 Millionen Gulden zur Verzinsung und Tilgung aufgebürdet hatte.

Wilhelm V. folgte Albrecht V. jedoch nicht nur darin, daß er die wirtschaftlichen Verhältnisse und finanziellen Möglichkeiten des

Landes – und damit seine eigenen – unrealistisch beurteilte; er setzte auch die innenpolitischen Vorgaben seines Vaters fort, indem er weiterhin den 1570 als Zentralbehörde eingerichteten Geistlichen Rat mit der Wahrnehmung staatlicher Kirchenhoheitsrechte und der Durchführung katholischer Reformmaßnahmen im landesherrlichen Sinne befaßte. An der Institution des Geheimen Rates, der sich unter Albrecht gebildet hatte, hielt Wilhelm V. nicht nur fest, er erhob ihn 1582 zur beratenden Instanz seiner Regierung und verlieh ihm den Charakter eines Oberministeriums über die übrigen herzoglichen Zentralbehörden. Von der Gründung des Kriegsrats 1583 abgesehen, der seine Tätigkeit in den letzten Jahren Wilhelms V. wieder einstellte, nahm der Herzog keine tiefgreifenden Neuerungen im Bereich der Zentralbehörden vor.[4] Auch in der auswärtigen Politik blieb Wilhelm V. dem Vorbild seines Vaters treu, indem er dessen Bemühungen um dynastische Machterweiterung mit aller Konsequenz vorantrieb und mittels seines entschlossenen Katholizismus die Position des Herzogtums im Reich auszubauen suchte.

Zu den während der Regierungszeit Albrechts V. geschaffenen Weichenstellungen zur Beförderung der Katholischen Reform und der mit ihr fortschreitenden Gegenreformation zählte insbesondere die Gründung der «Congregatio Germanica» durch Papst Gregor XIII. im Jahr 1573. Sie bildete die organisatorische Voraussetzung, die auf dem Tridentinum ergangenen Beschlüsse innerhalb der geistlichen Fürstentümer und der weltlichen Territorialstaaten gezielt umzusetzen. Auf die «Congregatio Germanica» ging auch die Einrichtung einer eigenen Nuntiatur für Süddeutschland zurück.

Eine weitere wichtige Stütze der herzoglichen Politik bildete der bereits von Wilhelm IV. in Ingolstadt angesiedelte Jesuitenorden. Albrecht V. baute den Jesuiten 1556 ein Kolleg in Ingolstadt und 1559 eines in München, dessen Schülerzahl sich 1576 bereits auf 600 verdoppelt hatte. Außerdem überantwortete er der Societas Jesu das Albertinum, ein Seminar für die Ausbildung von Weltpriestern. 1563 durften die Jesuiten das «Collegium Hieronymianum» sowie die Universität Dillingen übernehmen, wo Jakob Rem 1574 die erste Marianische Kongregation auf deutschem Boden gründete. Nach deren Vorbild entstand 1577 die Marianische Kongregation zu München, der Wilhelm V. ebenso wie später sein Sohn Maximilian feierlich beitraten. Während Wilhelms Regierungszeit erhielten die Jesuiten weitere Niederlassungen in Landsberg (1578), Regensburg (1598), Altötting, Biburg, Münchsmünster und Ebersberg. Die ungeheuere religiöse, kulturelle und natürlich auch politische Durchsetzungskraft der Jesuiten wurde von den Zeitgenossen Albrechts, vor allem von denjenigen, die der katholischen Kirche oder der Machtpolitik des Herzogs kritisch gegenüberstanden, bereits vorausgeahnt. So zählte zu Wilhelms frühen Amtshandlungen die negative Beantwortung einer Frage des verunsicherten Kurfürsten August von Sachsen vom 21. März 1580, ob es denn wahr sei, daß man bei der Öffnung des Leichnams von Herzog Albrecht einen Nierenstein in der Form eines Jesuitenkopfes gefunden hätte, von dessen Existenz man sich allerorten anhand einer weitverbreiteten Abbildung überzeugen könne.

Auch für den Ausbau der den Wittelsbachern so nützlichen Vormachtstellung Bayerns gegenüber den anderen Territorien bei der Durchführung der Gegenreformation hatte Albrecht die Weichen für Wilhelm weitsichtig gestellt: Albrecht rekatholisierte die Grafschaft Haag und indirekt, durch die Verheiratung seiner Tochter Maria mit Erzherzog Karl II., die Steiermark. Welche strategische Bedeutung dem bayerischen Herzog in Rom für die Verwirklichung der Gegenreformation zugemessen wurde, zeigte die dem Akkumulationsverbot und der Residenzpflicht widersprechende Ernennung von Albrechts Sohn Ernst zum Bischof von Freising (1566) und zum Bischof von Hildesheim (1573), obwohl dieser für den geistlichen Stand ausgesprochen wenig Neigung zeigte und ein nicht nur nach tridentinischen Gesichtspunkten als ungeistlich zu bezeichnendes Leben führte. Außerdem war der Hochschätzung Bayerns in Rom die Regensburger Bischofswürde für Albrechts noch nicht dreijährigen Enkel Philipp (1579) zu verdanken. Wilhelm setzte die dynastisch-territorialstaatlichen Interessen seines Vaters zum Vorteil der römischen Kirche fort, indem er Ernst zusätzlich noch zum Bistum Lüttich verhalf (1581), außerdem zum Erzstift Köln (1583), einem geistlichen Fürstentum, das größer war als Ober- und Niederbayern zusammen und zudem mit der Kurwürde verbunden war, sowie 1585 zum Bistum Münster.

Wilhelm V. konnte sich schon in seinen ersten Regierungsjahren – allerdings auch zum letzten Mal – als Streiter für die Gegenreformation in hauseigenem Interesse nach außen hin profilieren, als sich der Kölner Erzbischof Gebhard Truchseß von Waldburg nach seiner Konversion zum lutherischen Bekenntnis und nach Bekanntwerden seiner Heiratsabsichten weigerte, seine Ämter niederzulegen. Damit stand die Frage nach der Verbindlichkeit des im Augsburger Religionsfrieden von 1555 vorgesehenen «geistlichen Vorbehalts» im Zentrum eines konfessionspolitischen Konfliktes, bei dem für die evangelische wie für die katholische Seite viel auf dem Spiel stand: Die geistlichen Fürstentümer boten den Dynastien beider Konfessionen nicht nur willkommene Sekundogenituren und Finanzierungsmittel, sondern auch die Möglichkeit, den eigenen dynastischen Einfluß auf andere Territorien, gegebenenfalls auch auf die Reichspolitik, maßgeblich zu erweitern, wenn nicht gar, protestantischerseits, die eigenen Territorien durch die Säkularisierung ehemals katholischer Hochstifte zu vergrößern. Im Falle Kölns betraf die Besetzung des Bischofstuhls reichspolitische Belange, weil von ihr die jeweilige konfessionelle Mehrheit im Kurkollegium mit allen Folgen für die Kaiserwahl abhing. Nun war die Gelegenheit gegeben, Kurköln dem Hause Wittelsbach zuzuführen und den Katholizismus im Reich auszubauen. Wilhelm ergriff sie. 1583 kam es zum Kölner Krieg, den die bayerisch-kölnisch-spanischen Truppen unter dem Oberbefehl des Herzogs Ferdinand von Bayern in kurzer Zeit gewinnen konnten, weil die meisten lutherischen Reichsfürsten Gebhard Truchseß ihre Unterstützung aufsagten und dessen Verbündeter, Pfalzgraf Johann Casimir, schon im Oktober 1583 sein Heer auflöste. Das kriegerisch spektakulärste Ereignis des Kölner Krieges aus bayerischer Sicht war die Erstürmung der kurkölnischen Landesfestung Godesberg am 17. Dezember 1583, die von den Truppen Ferdinands mit 1500 Pfund Pulver vermint und gesprengt wurde; König Ludwig I. ließ dieses Ereignis später in den Arkadenmalereien des Münchner Hofgartens festhalten.

Nach dem Kölner Krieg sah Wilhelm seinen Schuldenberg um 700 000 Gulden erhöht und sich künftig außenpolitisch zu größerer Zurückhaltung veranlaßt. Dennoch förderte er die Gegenreformation, wo er nur konnte. Er griff dem Bamberger Bischof Neidhart von Thüngen und dem Würzburger Bischof Julius Echter von Mespelbrunn unter die Arme und versuchte, lutherisch gesinnte Fürsten auf die katholische Seite zu ziehen. Für die katholische Gesinnung seines Neffen, des späteren Kaisers Ferdinand II., sorgte Wilhelm durch dessen Ausbildung bei den Jesuiten in Ingolstadt. Auch seine mitunter sehr erfolgreichen Bemühungen um Bischofssitze, Koadjutorien und Domherrensitze für die Mitglieder seines Hauses stellte Wilhelm V. nicht ein. Sein Sohn Ferdinand konnte von seinem Onkel, Bischof Ernst, alle Bistümer bis auf Freising übernehmen und Paderborn 1618 dazuerwerben.

1583 war auch hinsichtlich seiner innerbayerischen Machtpolitik für Wilhelm ein Jahr des Erfolges: Es war dem Nuntius für Süddeutschland, dem Dominikaner Felician Ninguarda, gelungen, den Erzbischof von Salzburg dazu zu bewegen, auf Mariä Himmelfahrt eine Provinzialsynode nach Salzburg einzuberufen und zu dieser die Suffraganbischöfe von Freising, Regensburg, Passau und Chiemsee zu laden. Auf ihr wurde ein seit langem diskutiertes kirchliches Erneuerungsprogramm verabschiedet, das nicht nur einen wichtigen Schritt zur Verwirklichung der Tridentiner Reformmaßnahmen darstellte, sondern auch die Rechtsunsicherheiten, zumindest in weiten Bereichen, klärte, die zwischen Bischöfen und Landesregierung bestanden. Staatlicherseits wurden Zugriffsmöglichkeiten auf die kirchliche Verwaltung durchgesetzt sowie ein Besteuerungs- und Aufsichtsrecht über den kirchlichen Besitz, eine Mitsprachebefugnis bei der Besetzung von Pfründen und kirchlichen Ämtern sowie bestimmte Visitationszuständigkeiten. Dafür gewährte der Herzog der Kirche die Strafgerichtsbarkeit über den Klerus und verzichtete auf das Klerusexamen, falls die Kirche dieses in geeigneter Weise in ihre Zuständigkeit überführe, was allerdings nicht geschah. Da jedoch der herzogliche Geistliche Rat nicht abgeschafft wurde und auch andere kirchliche Beschwerdepunkte unberücksichtigt geblieben waren, mußte das Ergebnis der Verhandlungen, das Bayerische Konkordat von 1583, seitens der Bischöfe als unbefriedigend bezeichnet werden, obwohl mit ihm deren Anerkennung als gleichberechtigte Partner auf staatlichem Territorium erfolgt war. Der Wortlaut des Konkordats, das vom Papst nie bestätigt wurde, war allerdings bis zum Jahr 1592 weder den Bischöfen noch den Beamten zugänglich, wohl aufgrund der beiden sogenannten «Memorialien», die ihm der Herzog hinzufügte. Das erste betraf rein kirchliche Angelegenheiten, das zweite jedoch, das «Memoriale secretum», war von ganz anderem Zuschnitt.

Wilhelm hatte die Absicht, ein nichtreichsunmittelbares Hofbistum in München zu errichten. Ihm schwebte ein Stadtbischof für München vor, dessen Sprengel sich auf München beschränken und dessen Dotation durch Aufhebung oder Inkorporation eines niedergehenden Klosters bestritten werden sollte. Die Nominierung des Münchner Bischofs, der Landesuntertan bleiben und keine fürstlichen Rechte erhalten sollte, wollte sich Wilhelm selbst vorbehalten. Die kirchliche Bestätigung dieses Bischofs hätte dagegen durch den Papst erfolgen sollen, dem allein er unterstellt gewesen wäre. Wilhelm war bereit, ihm einzigartige Kompetenzen einzuräumen: Er hätte ein Aufsichtsrecht über die übrigen Bischöfe des Herzogtums – auch über den Salzburger Erzbischof – ausgeübt, er wäre dem herzoglichen Geistlichen Rat vorgestanden, er hätte die Funktion eines päpstlichen Nuntius erfüllt und – bei Bedarf – die Stellvertretung des Herzogs übernommen. Außerdem wäre er für die innere Katholische Reform zuständig gewesen: Er hätte als Generalvisitator und Inspektor die Aufgabe gehabt, die Beachtung der römischen Liturgie zu überwachen, die kirchliche Disziplin zu verbessern und überhaupt die Frömmigkeit und den religiösen Eifer der Münchner zu fördern, damit, so das Memoriale, «München Neu-Rom in Deutschland»[5] werde. Im Spätherbst

1583 wurde Wilhelms Bistumsprojekt, das als ebenso gewagt wie einmalig in der damaligen deutschen Kirchengeschichte bezeichnet werden muß, der Kurie zur Bewilligung vorgelegt, die ihr allerdings versagt blieb. Dennoch sollte es zwei Jahrhunderte später wieder aufleben.

In Zusammenhang mit Wilhelms Vorstellungen eines frühabsolutistischen Staatskirchentums entstand auch ein gewisses Repräsentationsbedürfnis, das Wilhelm mit dem Bau von St. Michael und seiner neuen Residenz in München freilich befriedigen konnte. Doch gab es eine kostbare «Kleinodie», in der sich Wilhelms Selbstverständnis als Herrscher zeichenhaft bündelte: das Reichsheiltum, einer der kostbarsten Reliquienschätze des Abendlandes, das seit 1423 in der zwischenzeitlich protestantisch gewordenen Reichsstadt Nürnberg aufbewahrt und bei Krönungen verwendet wurde. Zu ihm gehörten zahlreiche Reliquien aus der Kindheit und der Passion Christi, außerdem mehrere Reliquien Karls des Großen sowie die Reichsinsignien. Wilhelms Agent für Reliquieneinkäufe, Wolfgang Agricola, Dekan des St. Nikolaus-Stiftes zu Spalt, erhielt 1584 den Auftrag, die Art und Weise der Aufbewahrung dieses Schatzes unauffällig und genauestens auszukundschaften. Obwohl Agricola die reichspolitische Dimension der Transferierung des Reichsheiltums als sakrales Herrschaftszeichen und Repräsentationsgegenstand des Heiligen Römischen Reiches erkannt hatte und dazu riet, in dieser Sache die katholischen Reichsstände einzuschalten, plante Wilhelm V., der das Reichsheiltum in seine Verfügung bringen wollte, unbeirrbar dessen Entführung. Aus Wilhelms eigener Hand ist ein Zwölf-Punkte-Plan zur Entwendung des Heiltums überliefert, der allerdings nicht verwirklicht wurde: Agricola sollte sich als Lutheraner ausgeben, einen als solchen unkenntlichen Schlossergesellen mitnehmen und Bestechungsgeld bereithalten. Der letzte Punkt lautet: «Alles wholbedechtlich und listig anghe.»[6] Die programmatische Bedeutung des Reichsheiltums für Wilhelm mag man daran ermessen, daß er noch 1609 seinen Sohn Maximilian I. bat, sich der Transferierung anzunehmen.[7]

Seiner staatskirchlichen Politik setzte Wilhelm mit dem Bau der Michaelskirche, deren Grundstein 1583 gelegt wurde, ein Denkmal. St. Michael sollte als Grablege des Herzogs dienen und das Protektorat des Hauses Wittelsbach für den rechten, das heißt den katholischen Glauben nach außen hin demonstrieren. Die fünfzehn Herrscherstandbilder auf der Fassade versinnbildlichen die Geschichte Bayerns in ihrer engen Verbindung mit dem Reich unter dem Streitbanner des Christentums, betont durch die Statue des Erzengels Michael und das Goldene Vlies, das Wilhelm 1585 durch Erzherzog Ferdinand für seine Türkenhilfe und seinen entschlossenen Einsatz im Kölner Krieg erhalten hatte. Den Innenraum hätte Wilhelms und Renatas Grabmonument beherrschen sollen, zu dem die (ausgeführten) 18 Engel entlang des Langhauses mit den Leidenswerkzeugen den Besucher geleitet hätten. Da diese Anlage aus Geldmangel nicht vollendet werden konnte, integrierte man später einzelne zu ihr gehörige Figuren in andere Monumente. Zur Einweihung der Michaelskirche 1597 wurde im Freien ein Festspiel in lateinischer Sprache aufgeführt, «Triumphus divi Michaelis archangeli Bavarici»[8], bei dem 900 Darsteller mitwirkten. Zu diesem Stück erschien die erste Perioche des Münchner Jesuitendramas. Außerdem wurde eine Festschrift gedruckt, «Trophaea Bavarica»[9], die sich unter anderem der Programmatik des Kirchenbaues und dem Grundkonzept seiner Reliquiensammlung widmete. Die Grundsteinlegung für das Jesuitenkolleg, das oftmals mit dem spanischen Escorial verglichen wird, fand 1585 statt. Um ungesehen in das Kolleg und die Kirche gelangen zu können, ließ sich Wilhelm von dort zur Herzog-Max-Burg einen Geheimgang bauen.

Wilhelm, der 1577 die päpstliche Erlaubnis für den Erwerb von Reliquien erhalten hatte und diese seit etwa 1590 in großem Ausmaß nutzte, stattete die Kreuzkapelle von St. Michael mit einer bedeutenden und sehr kostbar gefaßten Reliquiensammlung aus, von der heute niemand mehr Kenntnis hätte, wenn er sie nicht im Schatzbuch von St. Michael – auf 112 Blättern mit 87 ganzseitigen Darstellungen – hätte zusammenstellen und abbilden lassen. 1592 wurde der Heiltumsschatz offiziell begründet und die erste Reliquientranslation nach St. Michael durchgeführt, unter anderem mit sechs Schädeln von Gefährtinnen der heiligen Ursula und dem Arm des heiligen Robert von Flandern. Es folgten Reliquien aus Rom und solche des Deutschen Ordens. Die Gebeine des heiligen Benno, den Wilhelm V. zum Stadtpatron Münchens und Landespatron Bayerns erheben ließ, wurden 1580 in die Frauenkirche überführt, wo sie sogleich große Verehrung fanden. Obwohl 1606 auch noch die Häupter des heiligen Cosmas und des heiligen Damian nach St. Michael kamen und der Reliquienschatz von Wilhelms Nachfolgern fortwährend erweitert wurde, entwickelte sich St. Michael nicht zu einer Volkswallfahrt. Die 1796 erschienene Stadtgeschichte von Joseph Burgholzer beziffert das Gewicht des Kirchenschatzes von St. Michael, der 1632 durch Zahlungen an die Schweden bereits sehr in Mitleidenschaft gezogen worden war, auf 62 Zentner Silber und 37 Pfund Gold. 1796 und 1799 wurde er für Kriegskontributionen größtenteils eingeschmolzen. Von Wilhelms Stiftungen ist deswegen nur mehr wenig erhalten.

Um Wilhelms innenpolitisches Ziel, die nachhaltige Durchdringung der gesamten Gesellschaft mit katholischer Spiritualität, zu erreichen, mußte natürlich die Ausübung sämtlicher nichtkatholischer Bekenntnisse unterbunden werden. Nach den Eingriffen Albrechts V. hatte Wilhelm V. lediglich Präventivmaßnahmen fortzuführen bzw. zu ergreifen, sieht man von der Rekatholisierung der protestantischen Enklave Hohenwaldeck bei Miesbach ab, die von 1581 bis 1584 gemäß dem Salzburger Vertrag von 1559 durchgeführt wurde, sowie von der Unterdrückung der Täuferbewegung, zu der 1586 etwa 600 Personen gerechnet wurden. Beamte wurden eingesetzt, die ihre Landsleute bei der Religionsausübung kontrollierten, Bücherkommissare konfiszierten ketzerische Schriften. Wilhelm V. erließ am 1. August 1580 ein strenges Zensurmandat in der festen Überzeugung, daß «solche schödliche verdambte Irrthumben, Ketzereyen, Zwyspalt, Aufruern und Abfaal von unserer waaren Catholischen Religion auch erbarmlicher, verderblicher undergang und verwüestung viler Königreich, Fürstenthumb und Landt merern thailß und schier allein aus den verbottnen falschen Ketzerischen Püechern, Tractätlen und Schrifften, welche Gott und seiner heiligen Kirchen zuwider, allen Christglaubigen zu höchstem schaden und verderben irer Seelen entspringen und heerflüeßen und durch dieselben dem menschen gleichsam durch ein Instrumentum oder Tr[i]chter ein süesses gifft und ewiger schaden an Leib und Seel eingeschleicht und eingegossen wierdet»[10]. Da Wilhelm der Einfluß staatstragender Literatur auf die Untertanen durchaus bewußt war, richtete er sich in der unmittelbaren Umgebung seiner neuen Unterkunft sogar eine eigene Druckerei ein, in der zwischen 1599 und 1607 Schriften im Sinne der Katholischen Reform hergestellt wurden. Überdies wurden der freie Reiseverkehr und der Aufenthalt in nichtkatholischen Gebieten überwacht und erschwert.

Die staatliche Kontrolle zur Reinhaltung des Glaubens betraf auch das Schul- und Bildungswesen. So wurden an der Universität andersgläubige Lehrer entlassen, wenngleich man protestantische Studenten duldete, und außerdem die Studienordnung der Jesuiten («Ratio studiorum») eingeführt. Bayerischen Untertanen war seit 1569 das Universitätsstudium außer in München nur in Dillingen, Freiburg im Breisgau, Löwen, Köln und Douai erlaubt. 1588 überantwortete Wilhelm trotz heftiger Widerstände die Artistenfakultät den Jesuiten. Generell strebten die Regierung und die Reformorden danach, eine spezifisch katholische Kultur aufzubauen und alles zu fördern, was deren Verbreitung diente. Auch die sofortige Einführung des Gregorianischen Kalenders 1582 war eine Demonstration bayerischer Katholizität. Darüber hinaus wurden Maßnahmen zur Hebung der Sittlichkeit getroffen: Beispielsweise konnten Gotteslästerung und Trunkenheit mit Geldstrafe, Gefängnis, Durchtrennung oder Entfernung der Zunge bestraft werden; Polizeiagenten hatten für einen Fluch sechs Kreuzer Bußgeld zu erheben. Wilhelm V. ließ zudem die von seinen Vorgängern bewilligten Freudenhäuser in München wieder auflösen, unzüchtige Handlungen mit Geldstrafe oder Gefängnis, schwere Vergehen gegen die Sittengesetze mit Galeerendienst ahnden.

Auch die Heranbildung aller Untertanen zu überzeugten Vertretern des Katholizismus gehörte zum herzoglichen Regierungsprogramm. Diesem Zweck diente etwa die Mitgliedschaft bei einer der für die jeweilige Person zuständigen Marianischen Kongregationen, die ihren Mitgliedern, wie andere religiöse Laienvereinigungen auch, mehrere Betzeiten täglich, geistliche Übungen, regelmäßige Beicht- und Kirchgänge vorschrieben und auf diese Weise eine Art katholisches Selbstbewußtsein prägten und persönlichkeitsbildend wirkten. Daneben ist die Zugehörigkeit zu den immer zahlreicher werdenden Bruderschaften, die von Wilhelm V. noch nach seiner Regierungszeit nachdrücklich gefördert wurden, in diesem Zusammenhang zu nennen.[11]

Eine weitere Maßnahme zur Vertiefung des katholischen Selbstverständnisses stellte die Wiederbelebung und Erweiterung des Wallfahrtswesens dar. Wilhelm selbst ging mit gutem Beispiel und tiefer Überzeugung voran; er pilgerte nicht nur zu bedeutenden bayerischen Gnadenorten wie Andechs, Bettbrunn oder Tuntenhausen, er ging auch zu Fuß nach Loreto. Seine Gemahlin starb 1602 sogar an den Folgen einer Altötting-Wallfahrt. Die wichtigste der zu Lebzeiten Wilhelms neuentstandenen Gnadenstätten war Maria Stern zu Taxa bei Odelzhausen, die 1619 eingeweiht wurde. Ihre Entstehung verdankt sie einer Henne, die auf einen Ziegelstein ein Ei mit dem Konterfei des Marienhauptes in einem Strahlenkranz gelegt hatte, was den Besitzer des Anwesens dazu veranlaßte, ein früheres Gelübde einzulösen und an diesem Ort eine Kapelle zu Ehren Mariens zu errichten. Da plötzlich in der Gegend mehrere Hennen begannen, Sterneneier zu legen, und überdies eine Henne die erste Prozession nach Taxa veranlassen konnte, indem sie im Birgittenkloster zu Altomünster nach dem Vorbild des taxanischen Wundereies ebenfalls ein «Porträtei» gelegt hatte, etablierte sich dort binnen kurzer Zeit eine der größten bayerischen Marienwallfahrten. Wilhelm V. stiftete das Altarblatt, auf dem das Marienhaupt des Gründungseies abgebildet war, das jedoch noch vor der Zerstörung der Anlage und des gesamten Inventars nach der Säkularisation verlorengegangen war. Abraham a Sancta Clara, der von 1666 bis 1668 in Taxa als Wallfahrtsseelsorger tätig war, beschrieb die Geschichte der Wallfahrt in einem eigenen Werk.[12]

Auch die für München in dieser Zeit typischen aufwendigen Figurenprozessionen an Fronleichnam sind als selbstbewußte Zurschaustellung der eigenen Katholizität und als demonstrative Abgrenzung gegen andere christliche Bekenntnisse zu werten, weil die Transsubstantiationslehre, die im Mittelpunkt des Festes steht, ein katholisches Dogma darstellt, von dem unter vielem anderen auch die Bewertungen des Priesterstandes und des Bußsakraments einschließlich des vielumstrittenen Ablaßwesens abhängen. Der Prototyp der Münchner Fronleichnamsprozession der Gegenreformation wurde mit dem Abschluß des Tridentinums 1563 unter Albrecht V. geschaffen und umfaßte ursprünglich 53 lebende Bilder mit Szenen aus dem Alten und dem Neuen Testament; 1582 zeigte man 59 Figuren, die Zahl der mitwirkenden geistlichen und weltlichen Personen jedoch hatte sich mehr als verdoppelt; im Jahr 1604 sorgten 1800 gerüstete Ordnungsmänner für die Sicherheit der ungefähr 30000 auswärtigen Besucher. Mehrere Scheunen standen im Alten Hof für die Aufbewahrung der Requisiten zur Verfügung. Für die Organisation und Vorbereitung des Fronleichnamsfestes beschäftigte Wilhelm V. einen eigenen Direktor, den Licentiaten Ludwig Müller, der beauftragt war, seine diesbezüglichen Tätigkeiten schriftlich genau festzuhalten, damit sich der Ablauf der Prozession nicht im Laufe der Jahre verändere. Allein die jährlich fällige Erstellung des Verzeichnisses der circa 200 benötigten Jungfrauen, das über Größe, Gewicht, Haarfarbe, Benehmen usw. Auskunft gibt, kostete monatelange Erhebungsarbeiten.[13]

Wie sich in Wilhelms Politik dynastische und territoriale Interessen mit den tridentinischen Maßnahmen zur Rekatholisierung deckten und sich in seiner Vorstellung eines frühabsolutistischen Staatskirchentums bündelten, so bildet auch Wilhelms Streben nach Herrscherrepräsentanz und seine innige Katholizität keinen Widerspruch, sondern eine in sich geschlossene Einheit, die für seine Herrscherpersönlichkeit sehr bezeichnend ist. Wilhelms Bedürfnis nach herrschaftlichen Luxusgütern, sein Mäzenatentum und seine Sammelleidenschaft gehörten, wie für andere Regenten dieser Zeit, ganz selbstverständlich zur Herrschaftsausübung, und auch der sichtbare Ausdruck seiner Frömmigkeit kostete sehr viel Geld. 1588 übertrug Wilhelm den Landständen 1 900 000 Gulden Schulden zur Verzinsung (5 Prozent) und Tilgung. Doch 1593 rief er die Landschaft schon wieder zusammen, damit sie weitere 1 300 000 Gulden Schulden übernehmen sollte. Bei der Schuldenabwälzung auf die Landschaft handelte es sich um einen üblichen

Vorgang, der in der Steuerpraxis des dualistischen Ständestaates begründet war und im Grunde nichts über die Qualität der Regierung Wilhelms aussagt. Ungewöhnlich waren allerdings die Höhe und die Geschwindigkeit von Wilhelms Verschuldung, mitunter auch seine Art der Geldbeschaffung unter Umgehung der zuständigen Instanzen.

Am 11. Januar 1594 ließ er, von einer Altötting-Wallfahrt zurückgekehrt, die Landstände noch während des Landtags seinem Sohn Maximilian die Eventualhuldigung leisten, um diesem die Regierungsgeschäfte allmählich zu überlassen. Zu seinem Stellvertreter ernannte er Maximilian am 1. Januar 1595. Wilhelms Abdankung erfolgte allerdings erst am 15. Oktober 1597 im Alter von nur 49 Jahren mit einem neuen Schuldenberg von 800 000 Gulden auf dringendes Anraten einer eigens für die Behandlung der Schuldenfrage geschaffenen Kommission. Seine beständige Geldknappheit und seine schlechte Zahlungsmoral haben etliche seiner Handwerker und Meister – etwa den Juwelier und Steinschneider Valentin Drausch – finanziell ruiniert. Wilhelm V. litt bis zu seinem Lebensende unter Geldnot, so daß er sich veranlaßt sah, in seiner Schleißheimer Alchimistenküche höchstpersönlich an der Rezeptur für die Herstellung von Gold zu experimentieren; dies tat er trotz seiner negativen Erfahrungen mit dem venezianischen Goldmacher Marco Bragadino, der Wilhelm im Jahr 1591 um Unsummen gebracht hatte und deswegen mit einem vergoldeten Strick auf dem Marienplatz öffentlich gehängt worden war. Der Bau eines eigenen Hofbräuhauses (am heutigen Zerwirkgewölbe), das 1591 sein erstes Braunbier für den Hof herstellte, zählt ebenfalls zu Wilhelms eher hilflosen Sparmaßnahmen, insofern es die Bierimporte für den Eigenbedarf stoppte. Noch im Planungsstadium verworfen wurde die Trockenlegung des Erdinger Mooses zur Beförderung der Holzwirtschaft.

Wilhelm V. widmete sein Leben nach dem Rücktritt vornehmlich religiösen Übungen und der Befriedigung seiner seit jeher ausgeprägten karitativen sowie spirituellen Bedürfnisse. Sein Tagesablauf, wie auch der seiner Gemahlin Renata, mit der er seit seinem 39. Lebensjahr in ehelicher Keuschheit lebte, nachdem sie ihm insgesamt zehn Kinder geboren hatte, sah täglich eine Meditation im Stil des heiligen Ignatius vor, das Tageszeitengebet, mindestens zwei Messen und eine Gewissenserforschung, außerdem die wöchentliche Beichte und Kommunion, regelmäßiges Fasten und Selbstgeißelungen. Hinzu kamen Werke der leiblichen und geistlichen Barmherzigkeit wie Armenspeisungen, Kranken- und Waisenfürsorge, Almosen, Pilgerbetreuung, die Teilnahme an Armenbestattungen, auch religiöse Unterweisungen und Gespräche zur

Sterbevorbereitung. Bußgewänder, Pilgerstab, handgeschriebene Gebetbücher zeugen bis heute von der tiefen Frömmigkeit des Paares. Wilhelm kleidete sich wie seinerzeit Kaiser Karl V. mit einem schwarzen Pilgergewand. Er erbaute ein dem heiligen Rochus geweihtes Kirchlein mit Pilgerhaus und eine Borromäuskirche für die Mönche des Basilius-Ordens in der Au vor München, er ließ neben seiner Unterkunft ein bescheidenes Lazarett errichten, beteiligte sich an der Stiftung des Herzogspitals und unterstützte zudem die Jesuitenmissionen in China, Japan, Peru und Brasilien – nicht ohne um Märtyrerreliquien zu bitten –, außerdem förderte er Jesuitenkollegien in der Schweiz, in der Steiermark, in Lothringen und in Italien. Überdies ließ Wilhelm zahlreiche Altäre errichten, Altarblätter malen und Reliquien fassen. Für sich selbst erbaute er im Kartäuserkloster Prüll bei Regensburg eine Zelle zur Askese. Darum lief nach seinem Tod am 7. Februar 1626 das Gerücht um, Wilhelm sei ein Kartäuser geworden. Sein Bedürfnis nach Kontemplation stillte er in den zwei eigens für ihn geschaffenen Einsiedeleien Neudeck in der Au und auf dem Gelände der Schwaige Schleißheim. Er ließ dort Anhöhen, Grotten, Fontänen und Blumenbeete zwischen neun Eremitenkapellen anlegen, die mit technischen Raffinessen, wie tönenden Kerzen oder Figurenautomaten, ausgestattet und mit Pfaden, an denen Heiligenbilder aufgestellt wurden, miteinander verbunden waren. Von dieser frommen Einrichtung ist nichts erhalten.

Seinen Beinamen «der Fromme» trägt Wilhelm, vor allem was die letzten dreißig Jahre seines Lebens anbelangt, zu Recht. Sein einleitend wiedergegebener Grabspruch jedoch charakterisiert den Herrscher: «Es bleibt zweifelhaft, ob er in der Frömmigkeit größer war oder im Glück.» Wilhelms Regierungskonzept, das zum einen darin bestand, über die obrigkeitlich geregelte, innere Erneuerung der Untertanen den Staat zu kräftigen, und zum anderen, die Reformpolitik seines Vaters konsequent fortzusetzen, hat seinem Sohn und Nachfolger Maximilian I. ein außen- und innenpolitisch gefestigtes, katholisches Bayern hinterlassen.

Maximilian I.

Der Große Kurfürst auf der Bühne der europäischen Politik

Von Gerhard Immler

Am 18. August 1646 schrieb der französische Gesandte am Westfälischen Friedenskongreß, Graf d'Avaux, an seinen schwedischen Kollegen Salvius: «Ich glaube ohne zu zögern, daß die einzige Hoffnung auf Frieden, die noch übrigbleibt, sich stützt auf den Kopf eines Mannes, der achtzig Jahre alt ist.»[1] Der Achtzigjährige, den der Gesandte meinte, war Kurfürst Maximilian I. von Bayern. Er war damals übrigens in Wirklichkeit erst 73 Jahre alt, stand aber immerhin im 49. Jahr seiner Regierung – einer Regierung, die, wie die Äußerung von d'Avaux zeigt, Bayern zu einem bedeutenden Faktor der europäischen Politik gemacht hatte. Die Grundlagen hierfür hatte schon einige Monate früher der leitende Staatsmann Frankreichs, Kardinal Mazarin, in einem Schreiben nach Münster genannt, indem er über Maximilian sagte: «Er ist klug, reich, er hat eine bedeutende Armee auf den Beinen.»[2] Damit sind in knappster Form die Grundlagen erfolgreicher Politik in dem komplizierten, noch wenig gefestigten europäischen Staatensystem im Übergang vom konfessionellen Zeitalter zu dem des dynastischen Absolutismus angesprochen: eine kluge Diplomatie, eine gut gefüllte Kasse – und nicht zuletzt in dieser kriegerischen Zeit – ein schlagkräftiges Heer. Über all diese Erfordernisse verfügte Maximilian I.

Der spätere Kurfürst Maximilian wurde am 17. April 1573 in München als Sohn des bayerischen Thronfolgers Wilhelm und seiner Gemahlin Renata von Lothringen geboren; der regierende Herzog Albrecht V. war sein Großvater. Als Erstgeborener wurde Maximilian gründlich auf seine Aufgaben vorbereitet und lernte außer Latein auch Französisch, Italienisch und sogar Tschechisch, in späteren Jahren zudem etwas Spanisch. Die erste größere Reise führte den Zwanzigjährigen nach Prag zu Kaiser Rudolf II.; gleich darauf begab er sich in den Süden, um dem Papst, der Republik Venedig, dem Großherzog der Toskana, den Herzögen von Mantua, Ferrara, Modena und Parma sowie den spanischen Statthaltern in Neapel und Mailand seinen Besuch abzustatten. Der Rückweg führte durch die Schweiz nach Lothringen, wo er seine spätere erste Gattin Elisabeth Renata kennenlernte.[3] Mit Ausnahme von Paris, das von den Wirren der Hugenottenkriege heimgesucht wurde, und der weit abgelegenen Königshöfe von Madrid und Warschau hatte Maximilian damit die Residenzen aller katholischen Herrscher von einiger Bedeutung aufgesucht, was dem jungen Prinzen Erfahrungen auf dem Parkett der internationalen Politik vermittelte, deren er nach Antritt der Regierung bedürfen würde.

Dieser Schritt kam für Maximilian eher, als zu erwarten gewesen war. Sein Vater, Herzog Wilhelm V., hatte einen Schuldenberg von drei Millionen Gulden aufgehäuft, was etwa dem zehnfachen Jahresbetrag der herzoglichen Einnahmen entsprach. Wilhelm, der sich von der unumgänglichen Aufgabe, das Finanzwesen zu sanieren, überfordert sah, übertrug dem gerade einundzwanzig Jahre alt gewordenen Sohn am 17. Juli 1594 den Vorsitz im Geheimen Rat und ernannte ihn am 1. Januar 1595 zum Mitregenten. Da die dadurch begründete Doppelregierung sich jedoch nicht bewährte und im Mai 1597 die Zahlungsunfähigkeit drohte, entschloß sich Wilhelm V. am 4. Februar 1598 zur Abdankung.

Maximilian erhielt also ein hochverschuldetes Land: Nicht allein auf den landesherrlichen Kassen, sondern wegen der Übernahme herzoglicher Schulden auch auf der Landschaftskasse, die unter der Verwaltung der Landstände – dem Adel, den Klöstern und den Städten – stand, lastete ein gewaltiger Zinsendienst. «Ich siche haltt, [...] das der respectiert wirdt, der vil land oder vil gelt hat, vnd dieweil wir deren khainss, so weren wir [...] nimmermehr khein authoritet haben, biss wir doch in geltsachen unss besser schwingen»[4], schrieb Maximilian im Jahr seines Regierungsantritts anläßlich der Niederlage des wittelsbachischen Kandidaten gegen den habsburgischen bei der Bischofswahl in Passau. Innerhalb von zehn Jahren gelang es dem jungen Herzog, hier gründlich Wandel zu schaffen, und zwar durch eine bessere Ausnutzung der vorhandenen staatlichen Einnahmen und die Erschließung neuer Quellen, wie die Einführung des Weißbiermonopols, vor allem aber durch eine strenge Rechnungskontrolle, mit deren Hilfe Verschwendung und Korruption bei den Behörden weitgehend beseitigt werden konnten. Auf dieser Grundlage wurde es auch möglich, auf den Landtagen von 1605 und 1612 die Stände zu Steuererhöhungen zu veranlassen, ohne daß dafür Konzessionen des Landesherrn hinsichtlich ständischer Mitwirkung an der Regierung gemacht werden mußten. Mit Hilfe der Vollmachten, die der Landtag von 1612 einem engeren Ausschuß erteilt hatte, und unter Berufung auf den ab 1618 ständigen Ausnahmezustand des Krieges hat Maximilian in den noch folgenden 39 Jahren seiner Regierung die Stände überhaupt nicht mehr einberufen, so daß er als der Begründer des fürstlichen Absolutismus in Bayern zu gelten hat. Der in den ersten zwanzig Jahren seiner Regierung bis 1618 angesammelte Staatsschatz verschaffte ihm ein erhöhtes Maß an Handlungsfreiheit nach innen wie in der auswärtigen Politik.

Wie diese Handlungsfreiheit in der rechten Weise zu nutzen sei, darüber hat Maximilian in einem grundlegenden Dokument Rechenschaft abgelegt, das auch sehr viel über seine Persönlichkeit aussagt, den «Monita Paterna», den väterlichen Ermahnungen von 1639, gerichtet an seinen Sohn Ferdinand Maria. Als wichtigstes Merkmal des Charakters von Maximilian I. erscheint darin eine Frömmigkeit, die von einem starken Pflichtgefühl gegen Gott und ausgeprägter Kirchlichkeit bestimmt ist. Für kirchliche und karitative Zwecke hat der sonst so sparsame Fürst viel Geld aufgewendet. Religiöses Pflichtgefühl war auch die Basis seines Bemühens um Gerechtigkeit, das zwar einerseits in übertriebener Strenge und kleinlicher Reglementierung des Privatlebens seiner Untertanen, das sich andererseits aber auch in wirksamem Rechtsschutz für die Schwachen und Armen gegen die Willkür der Reichen und Mächtigen niederschlug. Daß das bedeutendste Werk, das er auf dem Gebiet der Innenpolitik neben der Finanzreform vollbrachte, ein umfassendes Gesetzgebungswerk war, das neue Landrecht von 1616, ist typisch für seine Herrschaftsauffassung. Eines der hervorstechenden Charaktermerkmale Maximilians war auch der Fleiß, mit dem er sich den Regierungsgeschäften widmete; Vergnügungen lagen ihm nicht. Entspannung fand er in seinem harmonischen Eheleben und in der Liebe zur Kunst, vor allem zur Malerei. Hier gelangte er als Sammler zu großer Kennerschaft. Gelegentlich konnte die Gewissenhaftigkeit, mit der er sein Herrschertum auffaßte, in Unsicherheit umschlagen, so in der Frage der Hexenverfolgung, wo er zwar grundsätzlich ein unnachsichtiges Vorgehen gegen das Verbrechen der Hexerei verlangte, aber durchaus für die Warnungen zeitgenössischer Kritiker der Hexenprozesse offen war, wenn einzelne Beamte und Richter sich zu besonderem Eifer in der Aufspürung von Zauberern und Hexen berufen fühlten. Auch auf die auswärtige Politik schlug diese Eigenart von Maximilians Charakter durch, vor allem wenn sich ein Zwiespalt zwischen den Interessen des Landes und des Hauses Bayern auf der einen Seite und den Pflichten gegen Kaiser und Reich auf der anderen Seite auftat. Oft mußten dann sophistische Haarspaltereien helfen, einigermaßen guten Gewissens den Forderungen der Staatsräson Genüge tun zu können.

Hinsichtlich der auswärtigen Politik, die, bedingt durch die spannungsreiche politische Lage in Europa, Maximilians Aufmerksamkeit am meisten beanspruchte, kann man seine Regierung in vier Phasen unterteilen: eine des Abwartens bis 1619, den Aufstieg zum Höhepunkt der Macht im Jahre 1630, die Krise der Jahre 1630 bis 1634/1635 und die mühsame Selbstbehauptung bis 1648.

Da zunächst Fragen der inneren Verwaltung die Aufmerksamkeit des jungen Herrschers voll beanspruchten, hat dieser sich in der auswärtigen Politik vorerst ganz zurückgehalten und sogar den von seinem Vater ererbten Landsberger Bund aufgelöst. Erst 1607 wurde Bayern mit der Exekution der Reichsacht gegen die Reichsstadt Donauwörth, in der es zu Gewaltakten gegen die dortige katholische Minderheit gekommen war, auf der Bühne der Reichspolitik wieder aktiv. Daß Herzog Maximilian dabei gleich massiv mit mehreren tausend Mann gegen die kleine Reichsstadt vorgegangen war, führte 1608 zur Gründung der protestantischen Union unter der Führung der calvinistischen Kurpfalz, die seit längerem schon für eine offensive Vertretung des Standpunkts der evangelischen Reichsstände eintrat; das konservative lutherische Sachsen hielt sich abseits. Als Reaktion auf die Union gründete Maximilian selbst 1609 die Katholische Liga. Beide Bündnisse waren allerdings, wie sich in den folgenden Jahren zeigte, mit erheblichen organisatorischen Schwächen behaftet. Ihre potentielle Schlagkraft wurde dadurch abgemildert. Auch der 1618 ausbrechende Aufstand des protestantischen böhmischen Adels gegen die zu erwartende Thronfolge des als Gegenreformator bekannten Erzherzogs Ferdinand von der Steiermark löste zwar beiderseitige Rüstungen aus, doch schloß sich die Union insgesamt den pfälzischen Aktivitäten zugunsten der Aufständischen nicht an. Auch Maximilian behandelte die Ereignisse zunächst als innere Angelegenheit der habsburgischen Lande, obwohl Ferdinand sein Schwager war. Im Laufe des Jahres 1619 gewann der Herzog jedoch die Überzeugung, daß langfristig die Existenz der katholischen Reichsstände auf dem Spiele stehe. Als Ferdinand II. unmittelbar nach seiner Kaiserwahl in Frankfurt und der Erhebung seines Gegenspielers Friedrich V. von der Pfalz zum König von Böhmen im Oktober 1619 nach München kam, konnte er daher auf eine günstige Aufnahme seines Gesuchs um bayerische Hilfe rechnen. Der Münchner Vertrag vom 8. Oktober, der diese Hilfe gegen Erstattung der Kosten zusagte, wurde ergänzt durch ein mündliches Versprechen Ferdinands, die wittelsbachische Kurstimme, die einst Karl IV. in der Goldenen Bulle der Pfalz allein zugesprochen hatte, auf seinen Schwager zu übertragen.

Sogleich ging der Herzog systematisch daran, die Grundlagen für eine erfolgreiche Kriegsführung zu schaffen. Zunächst wurde auf dem Würzburger Ligatag das mittlerweile in Auflösung befindliche Bündnis der katholischen Reichsstände reorganisiert. Im März 1620 entsandte dann Maximilian seinen Hofrat Doktor Leuker nach Madrid, um über ein gemeinsames Vorgehen des Kaisers, Spaniens und der Liga gegen Friedrich V. und die böhmischen Rebellen zu beraten. Maximilian erwartete, daß Spanien nicht nur wegen religiöser Ideale und auch nicht allein aus dynastischer Solidarität mit der deutschen Linie des Hauses Habsburg, sondern vor allem wegen des handfesten eigenen Interesses an einem funktionierenden Nachschubweg von Italien über Süddeutschland nach Flandern an der Sicherheit der katholischen Glieder des Reiches gelegen sei und deshalb intervenieren müsse. Tatsächlich erhielt Leuker die Zusage der Entsendung spanischer Truppen aus den Niederlanden gegen die Pfalz. In Kauf nehmen mußte man dabei freilich, daß der Kriegseintritt Spaniens, so sehr er auch die Voraussetzungen für einen militärischen Erfolg verbesserte, die Ausweitung des böhmischen Konflikts von einer deutschen – das war er schon durch Friedrichs Annahme der böhmischen Krone geworden – zu einer europäischen Auseinandersetzung bedeutete.

Im Juli 1620 begann der Feldzug, wobei Maximilian, was er danach nur noch selten und kurzfristig getan hat, höchstpersönlich das Kommando führte, wenn auch natürlich beraten von seinem Generalleutnant Tilly. Die Niederwerfung des protestantischen Adels in Oberösterreich, der sich dem Aufstand im Nachbarland angeschlossen hatte, gelang rasch; das Land blieb als Pfand für die Kriegskosten unter bayerischer Besatzungsherrschaft. Dem Entschluß des Herzogs, danach eine rasche Entscheidung zu suchen, ist der überwältigende Sieg über die pfälzisch-böhmische Armee am Weißen Berg bei Prag am 8. November 1620 zu verdanken. Maximilians Hauptziel, die Aufrechterhaltung der Reichsverfassung und insbesondere des katholischen Kaisertums sowie der geistlichen Reichsstände gegen die vermuteten Absichten der von der Kurpfalz angeführten protestantischen Bewegungspartei[5], war überraschend schnell und leicht erreicht. Daß damit der Friede nicht wiederhergestellt war, lag teils an der mangelnden Bereitschaft Friedrichs zum bedingungslosen Verzicht auf Böhmen, teils am Beharren Maximilians auf dem Münchner Vertrag. Der Kaiser konnte vom eigenen Standpunkt aus eine Versöhnung mit Friedrich V. ebenfalls nicht wünschen, denn dann wäre die Absicht, Oberösterreich durch Übertragung der Oberpfalz auszulösen, hinfällig geworden. Diese hatte der Herzog 1621 in kaiserlichem Auftrag besetzt, um die Bedrohung Böhmens durch dort noch stehende pfälzische Soldtruppen auszuschalten. Deren Abzug nach Westen, wo sie die Territorien der geistlichen Kurfürsten belästigten, zog die Ligaarmee ebenfalls dorthin – und damit geriet Bayern tiefer in die Konflikte der großen europäischen Mächte, deren Interessen sich vor allem im Stromgebiet des Rheins trafen, hinein.

Die Siege, die Tilly auf dem neuen Kriegsschauplatz über die Reste des pfälzischen Heeres errang, machten aber auch den Weg frei für die öffentliche Übertragung der Kurwürde auf Maximilian, die Ferdinand II. am 25. Februar 1623 auf dem Regensburger Fürstentag vornahm. Vollständig hat Maximilian sein Ziel freilich nicht erreicht, denn unter dem Eindruck spanischer wie auch reichsständischer Gegenaktionen hatte der Kaiser erklärt, die Belehnung erfolge auf Lebzeiten Maximilians. Insgeheim freilich war diese Einschränkung in einer vertraulichen Obligation vom Vortag der öffentlichen Belehnung schon im voraus aufgehoben worden. Der spanische Botschafter war der Zeremonie ferngeblieben, eine Folge der zweideutigen Politik Spaniens, das die Rheinpfalz aus den schon genannten strategischen Gründen zwar mit eigenen Truppen besetzt hielt, das aber, um der damals sich abzeichnenden spanisch-englischen Entspannung willen, Jakob I. von England, dem Schwiegervater Friedrichs V., mit demonstrativem Widerspruch gegen die Kurübertragung einen Gefallen erweisen wollte. Ludwig XIII. von Frankreich dagegen beeilte sich, dem neuen Kurfürsten zu seiner Würde zu gratulieren.

Diese Standeserhöhung hat Maximilian über die Wiedergutmachung eines seinem Hause einst angetanen Unrechts hinaus immer auch als Zugewinn für die katholische Sache im Reich interpretiert; sie zu behaupten, wurde nun zum wichtigsten Ziel seiner Politik. Friedenspläne, die die Kurübertragung rückgängig gemacht hätten, lehnte er ebenso ab wie er politischen Projekten gegenüber, die Bayern und die Liga in neue Feindschaften verwikkeln konnten, mißtrauisch blieb. Zu letzteren zählte insbesondere der von Spanien ausgehende Plan einer Habsburg-Liga, das heißt eines festen Bündnisses sämtlicher Linien des Hauses Österreich und der Katholischen Liga mit besonderer Zielrichtung gegen die Republik der Niederlande, mit der sich Spanien seit 1621 wieder im Krieg befand. Darüber hinaus sollte die Habsburg-Liga möglicherweise auch gegen Frankreich einsatzbereit sein, das sich – ohne selbst in den Krieg einzutreten – vor allem bemühte, die spanische Vorherrschaft über Italien zu lockern. Ebenso vorsichtig ist Maximilian den Bündnisofferten des französischen Premierministers Kardinal Richelieu, die in den Jahren 1624 bis 1627 an ihn herangetragen wurden, ausgewichen.

Mehr als die Spannungen der westeuropäischen Mächte untereinander bedrohte zunächst die Intervention des Dänenkönigs Christian IV. die Machtstellung, die Kaiser und Liga sich im Zuge der Verfolgung pfälzischer Parteigänger bis weit in den Norden Deutschlands aufgebaut hatten. Hinter dem Eingreifen der Dänen steckte freilich außer eigenen Interessen im nordwestdeutschen

Raum auch ein Versuch verdeckter Kriegsführung der Niederlande und Englands gegen die habsburgisch-katholische Partei. Daher blieb Maximilians Ablehnung einer aktiven Teilnahme am Krieg gegen die niederländische Republik stets vorläufig; den Kontakt nach Spanien ließ er nicht abreißen. Die Aufstellung einer schlagkräftigen kaiserlichen Armee – Maximilian hatte das zwecks eigener finanzieller Entlastung seit langem gefordert – unter dem Oberbefehl Wallensteins und deren Zusammenwirken mit der Ligaarmee ermöglichten dann allerdings eine rasche Niederwerfung Dänemarks, so daß die Suche nach weiteren Verbündeten oder gar nach politischen Alternativen zunächst unnötig erschien. Auf dem Kurfürstentag zu Mühlhausen im September 1627 wurde die unangefochtene Machtstellung von Kaiser und Liga durch die Anerkennung der bayerischen Kurwürde auch seitens der protestantischen Kurfürsten, die 1623 noch ferngeblieben waren, für jedermann sichtbar demonstriert. Am 4. März 1628 vollzog Ferdinand II. in rechtsverbindlicher Form die Belehnung der gesamten männlichen Nachkommenschaft Herzog Wilhelms V. mit der Kur und der Oberpfalz, wofür Maximilian Oberösterreich nun wieder herausgab. Damit war eine Quelle von Unstimmigkeiten im kaiserlich-bayerischen Verhältnis aufgrund der konkurrierenden Interessen von Landes- und Pfandherr beseitigt. Doch die Harmonie hatte nicht lange Bestand. Der Grund dafür war Wallenstein, genauer gesagt, das von ihm betriebene System der Heeresfinanzierung durch Auspressung der besetzten Landschaften, wobei er auch die Territorien der verbündeten Ligastände nicht schonte. Die Vollmachten des kaiserlichen Generalissimus, die weit über das hinausgingen, was Maximilian seinem General Tilly zugestand, und der offenbar sehr ausgreifende Ehrgeiz des Emporkömmlings schürten das Mißtrauen gegen Wallensteins Person und Pläne. Und das vielleicht Beunruhigendste war, daß man nicht recht erkennen konnte, ob er auf eigene Faust und zum eigenen Gewinn Politik machte, oder ob dahinter die Absicht des Wiener Hofes steckte, die Reichsstände im Interesse der kaiserlichen Machtvollkommenheit zu schwächen.

Für letztere Annahme sprachen auch Wallensteins Truppenentsendungen nach Oberitalien zur Unterstützung der Spanier im Mantuanischen Erbfolgekrieg und sein Plan, zusammen mit diesen eine habsburgische Seemacht in der Nord- und Ostsee aufzustellen. Gingen hier etwa zwei Feinde der reichsfürstlichen Libertät Hand in Hand, um eine absolute Monarchie im Reich aufzurichten und dieses in fremde Händel zu verwickeln? Eine offene Konfrontation mit Wallenstein suchte Maximilian lange zu vermeiden, eben weil sie auch das gute Verhältnis zu Ferdinand II. zerstören mußte. Das Mißtrauen konnte jedoch auch durch die erstaunlich reibungslose Zusammenarbeit Tillys und Wallensteins beim Abschluß des Friedens von Lübeck 1629 nicht behoben werden. Darin verzichtete Dänemark auf die Einflußsphäre, die es sich vor 1625 zwischen Elbe und Weser aufgebaut hatte, und entsagte allen Bündnissen mit Feinden des Kaisers.

Obwohl damit die bisherigen Kämpfe zu einem erfolgreichen Abschluß gelangten, war doch der Krieg nicht zu Ende. Dies lag auch an einem schweren Fehler der kaiserlichen Politik, an dem Kurfürst Maximilian mitschuldig war, nämlich am Restitutionsedikt vom 6. März 1629, das die Rückgabe aller seit dem Passauer Vertrag von 1552 und dem Augsburger Religionsfrieden von 1555 von den Protestanten eingezogenen Kirchengüter vorsah.[6] Durch seinen Charakter als ein einseitig aus kaiserlicher Machtvollkommenheit verkündetes Reichsgesetz mußten alle protestantischen Reichsstände sich auf einmal bedroht fühlen. Somit kam das Edikt geradezu einer Aufforderung gleich, eine Einheitsfront zu bilden, die bisher wegen der Abneigung zwischen Lutheranern und Calvinisten und wegen unterschiedlicher Partikularinteressen nie zustande gekommen war.

Die Zuspitzung des Konfessionsgegensatzes wegen des Restitutionsedikts verknüpfte sich zum Unglück des Kurfürsten und zum Unglück ganz Deutschlands mit einer Steigerung der europäischen Spannungen. Die Einmischung erst Spaniens, dann auf dessen Veranlassung auch des Kaisers, zur Verhinderung der Thronfolge des französischen Herzogs von Nevers in dem strategisch wichtigen oberitalienischen Herzogtum Mantua war eine Herausforderung an das unter der Führung Richelieus innerlich gefestigte Frankreich. Die Mißbilligung dieses rein dynastisch-habsburgischen Zielen dienenden kaiserlichen Engagements wie die Erfolglosigkeit seiner Proteste gegen die Ausschreitungen der Truppen Wallensteins machten den Kurfürsten zunehmend empfänglich für französische Angebote einer engen Zusammenarbeit unter Abwendung von seiner bisherigen politischen Linie der engen Anlehnung an das Haus Österreich.

Diese Wende wollte er freilich nicht rückhaltlos vollziehen, wie Richelieu dies gewünscht hätte, sondern nur unter Vorbehalt seiner Pflichten gegen Kaiser und Reich. Während der französische Premier Bayern in sein antihabsburgisches Allianzsystem einzuordnen versuchte, so ging es umgekehrt Maximilian darum, Frankreichs Verbindungen mit protestantischen Mächten zu lokkern, freilich auch an Frankreich einen Rückhalt zu haben gegen absolutistische Bestrebungen des Kaisers oder Wallensteins. So kamen die zunächst tastend geführten Verhandlungen erst dann zügiger voran, als der Kurfürst sich einer Verschlechterung der militärischen Lage ausgesetzt sah. Die Absetzung Wallensteins auf dem Regensburger Kurfürstentag von 1630, die an sich ein großer Erfolg der Politik Maximilians war, führte zu Unzuträglichkeiten in der Kommandostruktur, die die Kampfkraft in einem Augenblick schwächten, als die Landung des Schwedenkönigs Gustav Adolf in Pommern neue Gefahren heraufbeschwor. Da Richelieu nun auch die früher stets verweigerte Garantie für die Kurwürde und den Besitz der Oberpfalz zusagte, kam es noch in Regensburg, im November 1630, zu einem Vertragsentwurf, der am 31. Mai 1631 zum Vertrag von Fontainebleau führte: Frankreich und Bayern schlossen auf acht Jahre einen Neutralitäts- und Beistandspakt – unter Wahrung der bayerischen Pflichten gegen Kaiser und Reich. Erleichtert wurde dem Kurfürsten dieser Schritt dadurch, daß durch den Regensburger Friedensvertrag vom 13. Oktober 1630 zwischen dem Kaiser und Frankreich der Mantuanische Krieg beendet schien; die französischen Gesandten hatten darin auch eine Klausel unterschrieben, die Ludwig XIII. verpflichtete, keinen Gegner des Kaisers zu unterstützen. Nicht vorhersehbar war, daß Richelieu den Frieden wenig später für ungültig erklären sollte, da die Gesandten nicht ermächtigt gewesen seien, die erwähnte Klausel zu unterzeichnen.

Das Ziel der Politik Richelieus war die internationale Isolierung des Hauses Habsburg; dazu hatte er sich auf das Doppelspiel eingelassen, mit Bayern den Vertrag von Fontainebleau abzuschließen, während er gleichzeitig an Gustav Adolf Subsidien zahlte. Um nicht einander widersprechenden Beistandsverpflichtungen nachkommen zu müssen, bemühte sich die französische Diplomatie um ein Neutralitätsabkommen zwischen Schweden und der Katholischen Liga, doch scheiterte dies zunächst daran, daß die Schweden dafür eine Trennung der Liga vom Kaiser forderten. Dies wollte Maximilian aber nicht zusagen. Nachdem das bisher stets kaisertreue, nunmehr aber wegen des Restitutionsedikts mißtrauisch gewordene Sachsen nach langem Zögern mit den Schweden ein Bündnis geschlossen hatte, brach in der Schlacht bei Breitenfeld am 17. September 1631 die Vorherrschaft von Kaiser und Liga über ganz Norddeutschland zusammen. Plötzlich sah man sich einer überlegenen schwedisch-protestantischen Armee gegenüber, die bald auch am Rhein und am Main stand. Eine Folge der Niederlage war auch, daß Kaiser Ferdinand II. noch vor Jahresende Wallenstein wieder mit dem Oberbefehl betraute. Ein französisches Vermittlungsangebot, das ihm um den Preis der Trennung vom Kaiser Neutralität verhieß, nahm Maximilian trotz schwerer reichsrechtlicher Bedenken nun an – aber vergeblich, denn das einzige, wozu sich der Schwedenkönig im Vollgefühl seiner Siege nun noch bereit fand, war Neutralität für Bayern, Kurköln und Kurtrier, unter Preisgabe der übrigen Ligaverbündeten. Dies aber war auch jetzt noch für Maximilian nicht akzeptabel. Richelieu blieb nichts anderes übrig, als zwischen Bayern und Schweden zu wählen. Angesichts der militärischen Stärkeverhältnisse war Gustav Adolf wichtiger. Der Bruch des Vertrags von Fontainebleau war in Kauf zu nehmen, so sehr dieser Schritt auch ein Scheitern der Politik des Kardinal-Premiers bedeutete.

Gescheitert war damit aber auch die Politik Maximilians. Er sah sich, vor allem nach der Schlacht bei Rain am Lech am 15. April 1632, in der Tilly tödlich verwundet wurde, und der Besetzung weiter Teile seines Stammlandes durch schwedische Truppen, auf die Kooperation mit dem verhaßten und noch immer argwöhnisch beäugten Wallenstein angewiesen. Der aber ließ Bayern im Stich, wofür es strategische Argumente gab, die durchaus haltbar waren – wenn nur der Verdacht nicht so nahegelegen hätte, daß politische Nebenabsichten und der Wunsch, sich für 1630 zu rächen, mit im Spiel waren. Die Spannungen wuchsen, als der Generalissimus nach der Schlacht bei Lützen, in der Gustav Adolf im Sieg den Tod fand, entgegen verschiedentlich gegebenen Versprechungen die letzten kaiserlichen Verstärkungen nach Böhmen abberief und im darauffolgenden Jahr militärisch weitgehend untätig blieb. Das Verhalten Wallensteins erschien nicht nur Maximilian äußerst verdächtig. In der Abneigung gegen den Oberkommandierenden traf er sich mit den Spaniern, die – anders als vor 1630 – nun zu den Gegnern Wallensteins zählten, da dieser ihrem Plan, eine starke Armee aus dem Herzogtum Mailand über Süddeutschland nach den Spanischen Niederlanden zu entsenden, allerlei Hindernisse in den Weg legte. Dies veranlaßte König Philipp IV. dazu, am 7. Juli 1633 erstmals einen ständigen Gesandten in Bayern zu akkreditieren, Don Diego de Saavedra y Fajardo, der bis 1642 am Hof Maximilians verblieb. Der Erfolg dieser Maßnahme stellte sich alsbald ein: Die Ligaarmee unterstützte ein spanisches Heer beim Entsatz der für die Verbindungslinie von Mailand nach Brüssel wichtigen Rheinfestung Breisach. Der Preis, den der Kurfürst dafür zahlte, war die Einnahme Regensburgs durch ein schwedisches Armeekorps; Wallenstein hatte trotz anderslautender Befehle des Kaisers dagegen nichts unternommen. Dieses Ereignis lieferte den letzten Anstoß dafür, daß Maximilian am 18. Dezember 1633 durch seinen Vizekanzler Richel in Wien die Forderung nach der erneuten Absetzung Wallensteins vorbrachte. Daß Ferdinand II. sich schließlich dazu entschloß, war nicht zuletzt dem Einfluß des bayerischen Kurfürsten zuzuschreiben. Keinen Anteil hatte dieser dagegen an der Entscheidung, Wallenstein gefangennehmen und notfalls töten zu lassen.

Nachdem das in der Person Wallensteins liegende Hindernis beseitigt war, stimmte der Kaiserhof auch der von Maximilian und den Spaniern gewünschten Verlegung des strategischen Schwerpunkts nach Süddeutschland zu. Der Erfolg des nun möglichen Zusammenwirkens kaiserlicher, spanischer und ligistischer Truppen stellte sich alsbald ein, als diese am 6. September 1634 vor den Toren Nördlingens die Schweden schlugen und deren Machtstellung südlich das Mains darauf wie ein Kartenhaus zusammenstürzte. Dies hatte freilich auch eine dem Kurfürsten durchaus nicht willkommene Folgewirkung: Durch die Niederlage der Schweden sah Frankreich sich gezwungen, aus der bisherigen verdeckten allmählich zu offener Kriegsführung gegen das Haus Habsburg überzugehen. Zu Feindseligkeiten zwischen französischen und Ligatruppen war es schon gekommen, ehe noch Ludwig XIII. am 19. Mai 1635 offiziell – und zwar an Spanien und nur indirekt an Kaiser und Liga – den Krieg erklärt hatte.

Fast zeitgleich damit wurde aus einem vorübergehenden Gegner wieder ein Verbündeter: Sachsen trat im Frieden von Prag vom 30. Mai 1635 auf die Seite des Kaisers über. Dies war ganz überwiegend ein Erfolg der Wiener Politik. Maximilian hatte sich dagegen bewußt im Hintergrund gehalten, um nicht die notwendigen konfessionspolitischen Zugeständnisse, darunter insbesondere den Verzicht auf einen Vollzug des Restitutionsedikts, verantworten zu müssen. Der Vertrag verfügte um des konfessionellen Friedens willen das Ende der Katholischen Liga, die seit 1631/1632 aber ohnehin nur noch eine schattenhafte Existenz geführt hatte. Ferner enthielt er die Bestimmung, daß künftig alle Streitkräfte des Reiches eine einzige «Reichsarmada» bilden sollten, eingeteilt freilich in zwei Heeresgruppen, eine unter dem direkten Kommando des Kaisers, die andere unter dem des Kurfürsten von Sachsen. Doch räumte der Friedensvertrag dem Kaiser die Möglichkeit ein, auch anderen Kurfürsten Teile dieser Reichsarmada anzuvertrauen, und durch den Stuttgarter Rezeß vom November 1634 war schon im vorhinein die weitere Existenz eines besonderen, dem bayerischen Kommando unterstellten Heeresverbandes gesichert. Eine Vereidigung der Soldaten der nun nicht mehr als Ligaheer, sondern als «bayerische Reichsarmada» firmierenden Truppen auf den Kaiser wurde nicht vorgenommen.

Ferdinand II. wußte, daß er auf die Kooperation des bayerischen Kurfürsten, der ihm 1619/1620 die Erblande gerettet hatte, nicht verzichten konnte. Er band Maximilian vielmehr in diesen Tagen verwandtschaftlich noch enger an sich: Dessen erste Gemahlin, Elisabeth von Lothringen, war Anfang 1635 kinderlos gestorben. Um doch noch einen Erben erhoffen zu können, heiratete der Zweiundsechzigjährige am 15. Juli 1635 in Wien die älteste Tochter Ferdinands II., die fünfundzwanzigjährige Maria Anna. Die Kurfürstin sollte sich allerdings in der Folgezeit mehr als Vertreterin bayerischer Belange am Kaiserhof und weniger, wie man sich das in Wien gedacht hatte, als Sachwalterin habsburgischer Interessen in München erweisen. Außerdem schenkte sie 1636 tatsächlich dem ersehnten männlichen Erben das Leben.[7]

Auf der wieder gefestigten Grundlage habsburgisch-bayerischer Freundschaft ließ sich die Kriegsführung zunächst recht erfolgreich an. Ab 1638 zeigte sich jedoch, daß Spanien bei gleichzeitigem wirtschaftlichen Niedergang den Anforderungen, seine europäische Hegemonie gegen mehrere Gegner an allzu vielen Punkten verteidigen zu müssen, nicht mehr gewachsen war. Ende 1638 eroberten im Solde Frankreichs stehende Truppen die Grenzfestung Breisach. Damit war Süddeutschland einer neuen Bedrohung von Westen her ausgesetzt. Die Bindung an Spanien verlor an Attraktivität, ja verkehrte sich in eine Belastung, da Frankreich offensichtlich vor allem deshalb gegen Kaiser und Reich Krieg führte, weil diese das französische System der Isolierung Spaniens durchbrachen. Zugleich mehrten sich die Anzeichen, daß bei den künftigen Friedensverhandlungen, auf die von verschiedenen Seiten, in erster Linie von der päpstlichen Kurie, hingearbeitet wurde, die pfälzische Frage nochmals würde aufgerollt werden.[8] Beides, die sich verschlechternde militärische und politische Gesamtsituation sowie die Bedrohung seiner ureigensten Interessen, veranlaßten Maximilian, vorsichtig wieder Kontakte nach Frankreich zu knüpfen und sich von Spanien zu distanzieren. Den Kaiser drängte er in Richtung auf eine mehr an den politischen Zielen des Reiches als des habsburgischen Gesamthauses orientierte Politik. Da dies aber nicht recht gelang, suchte Maximilian nach eigenen Wegen zum Frieden, bis hin zu der Frage, die er Ende 1642 dem Geheimen Rat vorlegte, nämlich ob Bayern allein einen Waffenstillstand mit Frankreich anstreben solle. Die Räte bekräftigten allerdings die starken Bedenken des Kurfürsten, so daß der Plan wieder zu den Akten gelegt wurde.

In dieser Situation ließen die vernichtende Niederlage, die die bayerische Armee mit kaiserlicher und spanischer Unterstützung am 24. November 1643 den Franzosen bei Tuttlingen beibrachte, sowie der überraschende Angriff Schwedens auf Dänemark nochmals auf eine Wende des Krieges hoffen. Während der auf Betreiben Maximilians im Februar 1644 nach Passau einberufenen kaiserlich-spanisch-bayerischen Militärkonferenz konnte sich freilich sein Konzept einer eindeutigen Schwerpunktbildung auf eine offensive Kriegsführung gegen Frankreich nicht durchsetzen. Der Kaiser, für dessen Erblande die größere Gefahr von der schwedischen Armee ausging, wollte in Zusammenarbeit mit Dänemark vor allem diese bekämpfen. So einigte man sich schließlich auf voneinander getrennte, lediglich terminlich abgestimmte Offensiven. Im Hintergrund standen auch unterschiedliche politische Zielsetzungen: Während Maximilian hoffte, durch militärische Erfolge die französische Regierung zu einem Verständigungsfrieden geneigt zu machen, zielten der Kaiser und Spanien darauf ab, im Bunde mit Dänemark die Schweden aus dem Feld zu schlagen, um danach den Krieg gegen Frankreich desto kraftvoller fortsetzen zu können. Der Kriegsverlauf des Jahres 1644 erwies aber unmißverständlich, daß den Verbündeten zu mehr als einer Offensive die Kraft fehlte. Der enttäuschende Ausgang der Operationen, der vor allem auf das Versagen der Kaiserlichen und der Spanier zurückzuführen war, ließ den Kurfürsten entschiedener als jemals zuvor auf einen Frieden mit Frankreich setzen – ohne weitere Rücksicht auf Spanien.[9]

Da der so lange ersehnte Friedenskongreß im Frühjahr 1644 in Münster und Osnabrück zwar endlich eröffnet worden war, zunächst aber wegen einer Fülle von Verfahrensfragen und Rangstreitigkeiten sich äußerst schleppend anließ, setzte Maximilian auf ein zweigleisiges Vorgehen: Er entsandte Vertreter zum Kongreß, damit sie dort dafür eintraten, daß die das Reich betreffenden Fragen – jedoch unter Ausschluß konfessionspolitischer Punkte – vorrangig behandelt, alsbald ein Waffenstillstand abgeschlossen und für Bayern der Besitz der Kurwürde gesichert werde. Dagegen war Maximilian zur Herausgabe der Oberpfalz bereit, freilich nur gegen eine Entschädigung durch Geld oder Wiedereinräumung Oberösterreichs.[10] Gleichzeitig reiste jedoch der kurfürstliche Beichtvater, Pater Johannes Vervaux, im Frühjahr 1645 in geheimer Mission nach Paris. Hinsichtlich eines Separatfriedens Frankreichs mit dem Reich, also unter Ausschluß sowohl Spaniens als auch Schwedens, holte sich dieser bei Mazarin eine eindeutige Absage: Alle Verhandlungen, gleichfalls jene über die Pfalzfrage, müßten auf dem Friedenskongreß geführt werden. Über andere Kanäle konnte der Beichtvater immerhin erfahren, daß Frankreich das Elsaß mitsamt den Oberrheinfestungen Breisach und Philippsburg erwerben wolle. Den Kaiser zu diesen Zugeständnissen zu bewegen, um so zum Frieden zu gelangen, wurde von nun an das vorrangige Ziel der Politik Maximilians, der inoffiziell in die Rolle eines Vermittlers zwischen Paris und Wien eintrat. Dabei trugen einerseits die bayerischen Gesandten dazu bei, daß Frankreich seine Forderung dahingehend präzisierte, daß nur der habsburgische Besitz im Elsaß gefordert werde. Andererseits suchte der Kurfürst als Gegenleistung für seine Vermittlung französische Zusagen hinsichtlich einer Unterstützung des bayerischen Standpunkts in der Pfalzfrage zu erlangen, was schließlich auch gelang. Ihren Höhepunkt fanden diese Bemühungen im Februar und März 1646, als Ferdinand III. unter dem Eindruck der bayerischen Drohung, einen separaten Waffenstillstand abzuschließen, seine Gesandten auf dem Kongreß anwies, die Abtretung des habsburgischen Elsaß zuzugestehen. Den Sommer über wurde um manche Details noch gefeilscht, aber als schließlich am 13. September 1646 ein kaiserlich-französisches Abkommen über die territoriale Friedensregelung abgeschlossen wurde, war dies verbunden mit einer Zusage Frankreichs, sich für den Verbleib der Kurwürde und der Oberpfalz bei Bayern einzusetzen. Daß die Pfalzgrafen die Rheinpfalz zurückerhalten und mit einer neuen achten Kurwürde entschädigt werden sollten, hatten Bayern und Frankreich schon 1645 vereinbart; der Kaiser, der zunächst einer abwechselnden Führung der Kurstimme den Vorzug hatte geben wollen, war unter bayerischem Druck für diese Lösung gewonnen worden.

Entgegen den Erwartungen Maximilians war freilich damit der Friede noch immer nicht erreicht. Dies lag einerseits daran, daß Schweden, dem die Abtretung Vorpommerns und der niedersächsischen Fürstbistümer Bremen und Verden bereits zugesagt war, auch die Befriedigung protestantischer konfessionspolitischer Forderungen verlangte. Maximilian, der noch zu Beginn des Kongresses Verhandlungen über kirchliche Fragen abgelehnt hatte, war allmählich der von kaiserlicher Seite erstrebten Kompromißpolitik gegenüber den Protestanten nähergetreten, ohne freilich zunächst bereit zu sein, auf widerstrebende katholische Reichsstände Druck auszuüben. Gegenüber den Franzosen bestand das Haupthindernis des Friedens in deren nun entschiedener denn je vorgetragenem Verlangen nach einer Garantie gegen künftige kaiserliche Einmischungen in den französisch-spanischen Krieg. Als Bayern durch den unglücklich verlaufenen Feldzug von 1646 erstmals seit zwölf Jahren wieder Kriegsschauplatz geworden war, der Kaiser sich aber weigerte, ohne Spanien auch nur einen Waffenstillstand einzugehen, zog der Kurfürst die Konsequenz: Am 14. März 1647 vereinbarte er im Vertrag von Ulm für sich und Kurköln eine separate Waffenruhe mit Frankreich und Schweden. Sein Verhältnis zum Kaiser hat dies natürlich erheblich belastet. Zwar scheiterte ein Versuch Ferdinands III., die «bayerische Reichsarmada» seinem Befehl zu unterstellen, letztlich daran, daß vor allem die einfachen Soldaten ihrem auf den Kurfürsten geleisteten Fahneneid treu blieben. Da nun jedoch auch aus dem Offizierseid die Erwähnung des Kaisers gestrichen wurde, war die letzte Reminiszenz an die im Prager Frieden vorgesehene Heeresorganisation zugunsten der landesherrlichen Militärhoheit beseitigt. Auf einem anderen Blatt stand, daß der Unterhalt der Armee allein auf bayerischem Boden ohne Kontributionen der Reichsstände auf Dauer finanziell nicht durchzuhalten war.

Auch sonst waren die Ergebnisse enttäuschend: Weder kam im Sommer 1647 der Friede zustande noch ein von Maximilian angestrebtes Abkommen mit Frankreich nach dem Vorbild des Vertrags von Fontainebleau. Zudem hatte der Waffenstillstand Bayern seines Einflusses auf die kaiserliche Politik beraubt, die daraufhin noch mehr ins spanische Fahrwasser geriet. Nachdem er sich mit Ferdinand III. über den künftigen Einsatz der bayerischen Armee vorrangig zum Schutz Bayerns und erst in zweiter Linie zur Unterstützung des Kaisers einig geworden war, kündigte der Kurfürst den Waffenstillstand auf. Nach Anfangserfolgen versagte im Frühjahr 1648 die kaiserlich-bayerische Heeresleitung erneut vor ihrer Aufgabe, einen Vormarsch der vereinigten französisch-schwedischen Armee nach Bayern zu verhindern. Unter dem Eindruck der akuten Notlage war Maximilian nun auch bereit, zusammen mit dem Kaiser über den Widerspruch der – militärisch machtlosen – kleineren katholischen Reichsstände gegen die Friedensbestimmungen hinsichtlich des Besitzes von Kirchengut hinwegzugehen, während auf der anderen Seite Ferdinand III. unter schärfstem Druck Maximilians Mitte September seine Gesandten zur Unterzeichnung des Friedens auch ohne Spanien anwies. Am 5. Oktober brachte im letzten größeren Gefecht des Dreißigjährigen Krieges bei Dachau eine kaiserlich-bayerische Abteilung den Schweden erhebliche Verluste bei – und setzte so als Abschluß der Kampfhandlungen ein Symbol mühsamer, letztlich aber erfolgreicher Selbstbehauptung. Der am 24. desselben Monats unterzeichnete Westfälische Friede sicherte Bayern den Besitz der Kurwürde und der Oberpfalz und bestätigte durch die Festlegung des Normaljahres 1624 für alle kirchlichen Verhältnisse wenigstens die katholischen Erfolge der ersten Kriegsjahre.

Im Interesse des Einsatzes aller verfügbaren Finanzmittel für den Wiederaufbau hat Kurfürst Maximilian seine Armee alsbald entlassen. Mit dem Frieden von Münster zwischen dem Kaiser und Frankreich hatte er, der nie ein Feind Frankreichs hatte sein wollen, ein lang ersehntes Ziel seiner Politik erreicht; zu einem erheblichen Teil war der Westfälische Friede auch sein Verdienst. Zwischen Habsburg und Frankreich wählen zu müssen, war ja immer wieder das Hauptproblem der auswärtigen Politik Maximilians gewesen. Aufgrund der letztlich doch nur beschränkten Machtmittel Bayerns schien seine Stellung oft schwankend, da er sie den wechselnden politischen Großwetterlagen anpassen mußte. Dabei war es gar nicht sein Ziel, Wien und Paris – wie das dann sein Enkel Max Emanuel versuchen sollte – gegeneinander auszuspielen, um dabei hochgespannten Gewinnerwartungen nachzujagen. Vielmehr ging es Maximilian I. immer um einen Ausgleich zwischen den katholischen Hauptmächten Europas, da er als Vertreter des zu Ende gehenden konfessionellen Zeitalters gar nicht anders konnte, als die natürlichen Frontlinien der europäischen Politik entlang der Konfessionsgrenze zu ziehen. Ebenso durfte er die Neubefestigung der vor 1618 kaum mehr funktionsfähigen Reichsverfassung als Erfolg betrachten, zumal die reichsrechtlichen Bestimmungen des Westfälischen Friedens die fürstliche Libertät betonten und den Vorrang des katholischen Elements bewahrten. Zwar beinhalteten die Regelungen von 1648 den Verzicht auf viele althergebrachte Rechtspositionen der katholischen Reichsstände, aber das, was blieb, war besser abgesichert als zuvor, nicht zuletzt durch die bayerische Kurwürde. Daß deren Behauptung ganz wesentlich im eigenen territorialstaatlichen und dynastischen Interesse lag, schien für Maximilian nie im Widerspruch zu stehen zu den religiös-kirchlichen Motiven seiner Politik. Als er am 27. September 1651 an einer Lungenentzündung, die er sich auf einer Wallfahrt nach Bettbrunn zugezogen hatte, starb, war Bayern zwar trotz seiner zeitweise wichtigen europäischen Rolle im internationalen Maßstab eine Mittelmacht geblieben, aber immerhin als beinahe einziger deutscher Staat mit einem Gewinn aus dem Dreißigjährigen Krieg hervorgegangen.

Ferdinand Maria

Die italienische Heirat

Von Manfred Heim

Als der verheerende Dreißigjährige Krieg endlich in sich zusammensank, war der erste bayerische Kurfürst Maximilian I. – einer der bedeutendsten Herrscher seiner Zeit – 76 Jahre alt. Das halbe Leben dieses tieffrommen Mannes hatte sich im Krieg verzehrt; seine letzten drei Jahre widmete er der Linderung und Behebung der Kriegsschäden, der Neuordnung in Politik und Wirtschaft. Beim Tod dieses vielleicht markantesten Wittelsbachers am 27. September 1651 war sein Sohn und Nachfolger, der Kurprinz Ferdinand Maria, noch keine fünfzehn Jahre alt. Die Kurfürstenwitwe Maria Anna aus dem Hause Habsburg, Erzherzogin von Österreich, eine Tochter Kaiser Ferdinands II. und zweite Gemahlin Maximilians, übernahm Regentschaft und Vormundschaft ihres minderjährigen, am 31. Oktober 1636 in München geborenen Sohnes. Unterstützt wurde sie dabei von ihrem Schwager, Ferdinand Marias Onkel Herzog Albrecht VI. (dem Leuchtenberger), einem Bruder Maximilians I., der als Landesadministrator fungierte.

Maximilian hinterließ dem Kurprinzen nicht nur einen kriegsschuldenfreien Staat, sondern auch die ein Jahr vor seinem Tod von Doktor Johann Mandl verfaßten «Treuherzige[n] vätterliche[n] lehrstuckh», in denen er dem Sohn seine «Erinnerungen und Ermahnungen» zu praktischer Politik, über Beruf, Ziel und Amt des guten Fürsten nahelegte. Diese Ratschläge sollte Ferdinand Maria beim Antritt und bei der Führung der Regierung stets bedenken, möglichst oft lesen und sich danach richten. Im ersten Punkt, einer Art Präambel, heißt es hier: «Erstlichen solle Er seinen berueff und zill, warumben Er von dem Allmechtigen Gott zu disem hochen Standt unnd Ambt erkhiest und erhebt worden, offt zu gemüeth fassen und in stettiger gedechtnus halten, welches vornemblich in deme stehet, daß er vorderist die Ehr Gottes, die Heilige Catholische religion unnd daß Hail der Seelen seiner von Gott Ime anbevolchenen undterthonen, fir welche Er disfahls am Jüngsten tag Rechenschafft zugeben, nach allem seinem verstandt unnd vermögen befürdern, dann den wolstandt unnd versicherung seiner Landt und Leuth als supremam legem in vleissige obacht nemmen unnd die liebe Justitiam, ohne welche khein Reich oder Landt lang bestehn khan, den rechten geraden weg nach administriern; dardurch wirdt Er bei dem lieben Gott genadt unnd verdienst, bei den Menschen aber Rhuem, lieb unnd affection, sonderlich aber daß lobliche praedicat, daß Er Pater Patriae genant werde unnd in der That seie, erwerben unnd in seiner Regierung desto mer Seegen, glickh und Hail haben.»[1] Eine nicht minder mahnende Maxime für seinen Nachfolger hatte der Kurfürst schon im Jahr 1639 von seinem eigenen Beichtvater und Erzieher seines Sohnes, dem Jesuiten Johannes Vervaux, mit den eindringlichen «Monita Paterna – Vätterliche[n] Ermahnungen» niederschreiben lassen. «Sie zeichnen das Idealbild eines katholischen Fürsten im Sinne der Gegenreformation und der Jesuiten und widerlegen aufs wirksamste jeden, der den gewaltigen sittlichen Ernst dieser Richtung unterschätzen wollte»[2]. «Wasgestalten der Fürst den Krieg betrachten und ansehen soll», ist nach den Vorstellungen Maximilians hier in Paragraph 40 formuliert: «Ich werde von Kriegs-Sachen wenig reden, dann dieses ist eine Handthierung, wovon ich dir lieber die Erkänntniß und Wissenschafft, als die Ubung wünschen will. Was den Krieg betrifft, so ist es am besten gar keinen zu haben. [...] Ubrigens wer den Krieg nennet, der nennet allerhand Ubel mit einen eintzigen Wort. Und dieses zu beweisen, will ich nicht die Urheber oder die Erfinder des Kriegs, noch diejenige, die das entsetzliche Ubel und erschröckliche Elend so er verursachet, niemahlen versucht, sondern diejenigen so es ausgestanden und mit ihren eigenen Augen gesehen haben, zum Zeugniß nehmen.»[3] Kurfürst Ferdinand Maria hat sich in seiner langen Regierungszeit, die von 1651 bis 1679 währte, an die väterlichen Weisungen gehalten, die eigenen Grenzen und die des Machbaren erkannt, das heißt keine dem Land unangemessene Machtpolitik betrieben, der allerdings der Sohn, dann der Enkel wieder huldigen sollten: Unter den nachfolgenden Kurfürsten Max Emanuel und Karl Albrecht wurde Kurbayern von neuem in Krieg und Verwüstung getrieben und letztlich in die politische Katastrophe geführt.

Ein weiteres Vermächtnis Maximilians für Ferdinand Maria war «das zum System ausgebildete Misstrauen gegen Oesterreich» – ganz offensichtlich hatte der Kurfürst seine Gründe, in der Unterweisung seines Sohnes «wegen des Hauses Oesterreich Warnung und Erinnerung zu thun»[4]. Ob dies jedoch der ausschlaggebende Grund für Ferdinand Marias spätere Abkehr von Habsburg und seine Politik der Neutralität war, wird zu zeigen sein, um so mehr, als der junge Kurfürst im ersten Jahrzehnt seiner Regierung den proösterreichischen Kurs seines Vaters fortsetzte.

Persönlichkeit und Regierung Ferdinand Marias sind nur verständlich auf dem Hintergrund, den der alles überragende und beherrschende Maximilian I. seinem Nachfolger als – bisweilen wohl auch erdrückenden – Rahmen vorge- und übergeben hat. Allein die glückliche Ehe mit der Savoyardin Henriette Adelheid fällt aus diesem Rahmen, obwohl auch für diese italienische Heirat der Vater für den Sohn gleichsam die Prokura übernommen und damit die Geschicke des Landes wesentlich vorgezeichnet hat. Mit Vollendung seines 18. Lebensjahres, am 31. Oktober 1654, wurde Ferdinand Maria aus der Vormundschaft entlassen und nahm die Regierung in seine eigenen Hände. Man hat über diesen Fürsten oft recht abschätzig geurteilt, obwohl Persönlichkeit und Leistung bis heute erst wenig erforscht und gewürdigt worden sind; der Sohn und Nachfolger des großen Maximilian I. hat noch keinen wissenschaftlichen Biographen gefunden. Nach Michael Doeberl war Ferdinand Maria «wohl eine fromme, rechtschaffene, nüchterne Persönlichkeit, aber er gehörte von Haus aus weder zu den besonders befähigten noch zu den starken Naturen. Trotz aller Sorgfalt des Vaters blieb seine geistige Ausbildung unzureichend», fehlten ihm «nicht bloß die Fähigkeiten und die Willenskraft sondern auch die Arbeitsfreude des Vaters.»[5] Dabei ist man erstaunt über die Vielzahl und Vielfalt der Fächer und Disziplinen, in denen sich der Kurprinz nachweislich Kenntnisse erwarb; sie reichen von Latein, Französisch, Italienisch, Spanisch, von Geschichte, Politik und Rechtswissenschaft über mathematisch-naturwissenschaftliche Disziplinen bis Architektur, Malerei, Goldschmiede- und Stukkaturarbeit, sie umfassen Fechten, Reiten, Tanzen und Schwimmen, Ball- und Schachspiel, Jagen, Vogelfang und Fischen, Harfen- und Spinettspiel. Seine Lehrer und Erzieher waren neben dem schon genannten Jesuiten Johannes Vervaux vor allem Johann Adolf Freiherr von Wolf, genannt Metternich, als Hofmeister, und der Jurist Doktor Mathias Marquard als Präzeptor. Nach dem Urteil Sigmund von Riezlers habe sich der Tod des Vaters um so ungünstiger ausgewirkt, «als der Zögling sich keineswegs durch geistige Begabung auszeichnete. [. . .] Schüchtern, unerfahren, vielseitig, aber nirgend gründlich gebildet, übernahm der Zeitgenosse eines Ludwig XIV. und eines großen Kurfürsten von Brandenburg die Regierung des aus tausend Wunden blutenden Baierlandes». Riezler hat die «wenig günstigen Urteile» über den jungen Fürsten zugleich aber auch kritisch überprüft und den Schluß gezogen, man dürfe das negative Charakterbild, das «von dem noch nicht Ausgereiften» gezeichnet worden sei, «nicht auf den Mann übertragen»[6]. Aber gerade dies ist geschehen. Tatsächlich hat man einen aus dem Jahr 1653 stammenden Bericht des mehr als zwielichtigen Hofrates Doktor Johann Georg Öxl, der sich durch Intrigen später selbst zu Fall bringen und sein Amt als Ratgeber des

Kurfürsten verlieren sollte, gern zum Maßstab für eine Beurteilung Ferdinand Marias genommen und immer wieder bemüht. Er enthält das schwerwiegende Verdikt, wonach «der gnädigste Herr mehr ad otia quam ad negotia inklinirt, wenn er zur Selbstregierung komme, mehr Rekreationen als ernsten Dingen nachlaufen werde, zumal da er ‹melancholischer› und leicht wechselnder Stimmung sei. Ergetzlichkeiten stürmen in solcher Masse auf ihn ein, daß er selbst keine Wahl treffen könne, und was ihm zuerst beliebe, sei bald wieder entkleidet. P. Vervaux habe ihn wohl zum Christentum, aber nicht zum Kurfürstentum informirt. [. . .] Gerade weil die Erziehung nimis stricta gewesen, werde bald genug die Freiheit in exorbitantias auslaufen. Einige wollten auch an seiner Kapazität zweifeln»[7]. Ist auf solcher Grundlage die Beurteilung des Regenten Ferdinand Maria wirklich zutreffend, wenn er – im Unterschied zu seinem um zwei Jahre jüngeren Bruder Maximilian Philipp – als «weich, träumerisch, fromm, nicht unbegabt, doch mehr der Muße zugeneigt als Staatsgeschäften»[8] vorgestellt wird, wenn man im Bild des Hofmalers Niklas Prugger angeblich «den zarten, feinen schüchternen Buben» dargestellt sieht, «der sich hart tut mit dem Erlernen der lateinischen Sprache und der seine ganze Willenskraft braucht, um einmal ein tüchtiger Fechter, Reiter und Schwimmer zu werden»[9]? Darf man gar so vermessen sein zu behaupten, «Ferdinand Maria, dessen schwacher Kopf aufgrund allzu anspruchsvoller und strenger Erziehung durch Überforderung vollends geschwächt worden war», hätte, «wie oft der Fall bei kleinlich-ängstlichen Gemütern, eine sehr hohe Meinung von sich selber»[10] gehabt? Darf selbst ein ausgewiesener Kenner des bayerischen Hofes, der in einer – bezeichnenderweise 1968 vorgelegten – Dissertation die höfischen Feste in der Münchner Residenz vom 16. bis zum Ende des 18. Jahrhunderts beleuchtet hat, auch behaupten, Henriette Adelheid sei in jeder Hinsicht bedeutender als ihr Mann gewesen, was aber nicht dazu veranlassen sollte, «sie für eine bedeutende Dame zu halten», weil Ferdinand Maria «schlichtweg ein Einfaltspinsel» gewesen sei, «den an Verstand und Energie zu übertreffen es nicht eben vieler besonderer Gaben bedurfte»; Ferdinand Maria allein entkräftige die angeblich durchaus zutreffende Charakterisierung eines Jacques Bainville, der die Familie Wittelsbach einmal als «une race mélancolique et raffinée» bezeichnete, denn er sei nur melancholisch gewesen, sein auch für das Haus Wittelsbach ungewöhnlicher «Trübsinn» sei «die einzige außerordentliche Eigenschaft, die man an ihm feststellen konnte und kann [. . .], so daß er eine durchaus einmalige Stellung in der bayerischen Geschichte» einnehme: er sei «der einzige langweilige Herrscher, der Bayern regiert hatte»[11]? Dem ist hinzuzufügen, daß Ferdinand Maria zu den bis heute wohl besonders kritisch beurteilten Herrschern Bayerns gehört.

Die negativen Stereotypen resultieren einmal aus dem Kontrast zu Persönlichkeit und Regierung Maximilians I., dessen Schatten gewiß schwer auf dem jungen, politisch weniger schöpferischen Kurfürsten lastete, aber am meisten wohl aus der Tatsache, daß Ferdinand Maria keine Kriege geführt und deshalb auch keine gewonnen oder verloren, zudem jede ehrgeizige Expansionspolitik, trotz allen Drängens Frankreichs, verworfen hat. Gemessen am Ideal der preußischen Soldatenkönige konnte er in der Historiographie längst verschollener Zeiten zwangsläufig nicht «zu den besonders befähigten noch zu den starken Naturen» gerechnet werden. Stete Berücksichtigung verdient auch ein weiterer Umstand: Kaum ein anderes großes Territorium im Heiligen Römischen Reich wurde so schrecklich von den apokalyptischen Reitern Krieg und Pest, Hunger und Tod heimgesucht wie Bayern, weswegen die Regeneration des geschundenen Landes zur vordringlichsten Aufgabe des Landesherrn und seiner Politik geriet. «Daß Kurfürst Ferdinand Maria diese seine wichtigste Aufgabe erkannte und in zäher Umsicht verwirklichte, daß er Bayern eine Friedensepoche von dreißig Jahren schenkte, macht ihn zu einem bedeutenden Regenten», und daß er schon zweiundvierzigjährig starb, «daß es ihm nicht vergönnt war, in den Jahren der Reife zu wirken, darf niemand übersehen, der ihn beurteilen will.»[12] Abgesehen davon gibt es auch – freilich meist nicht berücksichtigte – positive Beurteilungen. Demnach ließ Ferdinand Maria «fürstliche Würde so wenig vermissen wie ein einnehmendes, liebenswürdiges Wesen», man lobte seine Mäßigkeit in Speis und Trank, «seine Bedachtsamkeit in Entschlüssen, seine Wahrheitsliebe und Offenheit, seinen Kunstsinn, vor allem seine Friedensliebe.»[13]

In der Tat brachte die Regierung des Kurfürsten Ferdinand Maria dem erschöpften Land nach drei Jahrzehnten der Verwüstung eine dreißigjährige Friedenszeit, die eine wesentliche Voraussetzung für die Konsolidierung nach innen und außen, damit übrigens auch für die Entfaltung des Barock und eines «Goldenen Zeitalters» in Bayern darstellt. Dazu gehörten eine sparsame Wirtschafts- und Finanzpolitik, die wieder einen bescheidenen Wohlstand im Land brachte, eine Reform der Behörden und des Heeres, das unerschütterliche Festhalten an der ausschließlichen Katholizität im Land, die Wiedererrichtung fast aller säkularisierten Klöster der Oberpfalz, die Förderung und Seßhaftmachung der Ursulinen und Salesianerinnen, der Theatiner und Karmeliten. In der Nachfolge Maximilians I. gehörten zum Programm landesherrlicher Schutzherrschaft und Fürsorge des Kurfürsten für sein Landvolk intensive und umfangreiche Hilfs- und Förderungsmaßnahmen zugunsten des Bauernstandes. Dieser bisher in der Forschung weitgehend unberücksichtigt gebliebene Sachverhalt wurde in einer vor kurzem erschienenen Habilitationsschrift überzeugend dargelegt, zugleich ebenso eindrucksvoll nachgewiesen, daß unter Ferdinand Maria in den wesentlichen Fragen eine «Interessenidentität zwischen Fürst und Volk» bestand, die unter seinem Sohn und Nachfolger Max Emanuel jedoch jäh zerbrechen sollte. Denn dieser Regent strebte im Unterschied zu seinem Vater und Großvater nach dynastischer Erhöhung und territorialem Gewinn schier um jeden Preis und betrieb einen die Untertanen ruinierenden Fiskalismus «mit exzessiven Landsteuern», an dessen Ende der Aufstand von 1705/1706, der Schmied von Kochel und die Sendlinger Mordweihnacht stehen.[14]

Weil Ferdinand Maria, um es noch einmal zu betonen, die Grenzen der politischen Möglichkeiten Bayerns sah und anerkannte, damit einen ganz klaren politisch-pragmatischen Sinn erkennen läßt, versagte er sich jeder bayerischen Großmachtpolitik, die das Land unfehlbar in kriegerische Konflikte mit den beiden rivalisierenden Großmächten Frankreich und Österreich und damit in neues Unglück manövriert hätte. Wir dürfen diese Vermutung, so wenig sie Platz haben kann in der Geschichtsschreibung, aussprechen, weil eben dies unter seinen Nachfolgern – bei ähnlichen Konstellationen – der Fall war. Ferdinand Maria wollte lieber ein friedlicher, angesehener Kurfürst von Bayern als ein ohnmächtiger Römischer Kaiser sein. Nur zweimal wurden unter dem Nachfolger Maximilians bayerische Truppen mobilisiert: 1661 bis 1664 gegen die Türken – damit gehörte Ferdinand Maria zu den ersten Reichsfürsten, die auf den kaiserlichen Hilferuf hin sogleich Truppen stellten –, später zur Unterstützung seines Schwagers in Genua. Hatte im Türkenkrieg die bayerische Reiterei am Sieg von St. Gotthard an der Raab großen Anteil, brauchte das kurfürstlich-bayerische Kontingent im Genueserkrieg nicht mehr einzugreifen.

Die kurbayerische Außenpolitik unter der Regentschaft Ferdinand Marias bewegte sich auf einem vom Prinzip der Neutralität bestimmten Kurs zwischen Wien und Versailles; sie ist geprägt von dem Verzicht auf die Kaiserkrone im Jahr 1657, der Abkehr vom Haus Habsburg seit 1663/1664 und dem Bündnis mit den Bourbonen im Jahr 1670, ohne jedoch dem «Rheinbund» von 1658 je beizutreten. In knappen Zügen ergibt sie folgendes Bild: Maria Anna lenkte als Habsburgerin klug und zielbewußt, den Wünschen ihres kaiserlichen Neffen Ferdinand III. in Wien ganz ergeben und von den Geheimen Räten Maximilian von Kurz und Johann Georg Öxl sekundiert, die bayerische Politik bis zur Volljährigkeit des

Sohnes in österreichischen Bahnen. Mit der Übernahme der Regentschaft durch Ferdinand Maria im Jahr 1654 schrumpfte der Einfluß der Kurfürstenmutter aber in dem Maße, in dem derjenige der Kurfürstengattin zunahm; an der Österreichfreundlichkeit änderte dies zunächst aber noch nichts.

Mit der schönen Italienerin und Halbfranzösin Henriette Adelheid aus dem Haus Savoyen war 1652 ein kräftiger Schuß südländischen Temperaments und barocker Lebenslust in die Wittelsbacher Residenz eingezogen. Die Prinzessin, eine Woche nach Ferdinand Maria, am 6. November 1636, in Turin geboren, war eine Tochter von Herzog Viktor Amadeus I. von Savoyen und der Prinzessin Christine von Frankreich, die wiederum Tochter König Heinrichs IV. und Schwester Ludwigs XIII. von Frankreich war. Henriette Adelheid war somit eine Cousine des Versailler Sonnenkönigs Ludwig XIV. Sie und keine andere hatte Kurfürst Maximilian I. als Braut für seinen Sohn ausersehen und damit eine Annäherung Bayerns an Frankreich, zugleich Savoyens an Österreich beabsichtigt. Nachdem Kardinal Mazarin, geleitet von den gleichen Absichten, schon 1647, im Verlauf der Verhandlungen zum Westfälischen Frieden, diese Liaison angeregt hatte, wurde Henriette Adelheid dem gleichaltrigen vierzehnjährigen Kurprinzen am 8. Dezember 1650 im Dom zu Turin mit großer Pracht durch Prokuration vermählt, wobei den Bräutigam der Bruder der Braut vertrat.

Begegnet sind sich die Eheleute erst gut eineinhalb Jahre später; eine von Maximilian I. für den Herbst 1651 vorgesehene Heimführung seiner Schwiegertochter machte der plötzliche Tod des Kurfürsten zunichte. Vorgeschichte und Verlauf dieser für den bayerischen Hof so bedeutenden italienischen Heirat hat Karl Theodor von Heigel schon 1890 ausführlich dargestellt.[15] So wurde erst im April 1652 eine bayerische Delegation nach Turin entsandt, um der Kurfürstin auf ihrem Weg in die neue Heimat das Geleit zu geben. Die Gesandtschaft, an der Spitze Obersthofmeister Graf Kurz, zählte gut 350 Personen, unter ihnen Damen und Kavaliere aus den vornehmsten Familien, der Ortenburg, Fürstenberg oder Preysing, sowie Geheimschreiber, Beichtväter, Leibärzte, Pagen, Küchen- und Stallbedienstete in großer Zahl. Am 10. Mai trafen die Bayern in Turin ein und wurden mit dem gebührenden Aufwand empfangen. Sechs Tage später erfolgte unter heißen Tränen der Abschied der fünfzehnjährigen Adelheid. Erst einen Monat später erreichte die hochrangige Reisegruppe über Pavia, Brescia, Trient, Brixen und Innsbruck Kufstein. Hier traf nach den Plänen der Kurfürstenmutter, die dafür eine eigene Instruktion für ihren Sohn hatte erstellen lassen, das Brautpaar zusammen. Demnach sollte der Hofmeister die Prinzessin begrüßen und um Erlaubnis bitten, daß auch die in seinem Gefolge stehenden Kavaliere ihr den Rock küssen dürften. Dann sollte auch Ferdinand Maria «unter dieser Compagnia nicht der erste, auch nicht der letzte, sondern fast in der Mitte gehen und sich ganz nichts vermerken lassen, wer er sei»[16]. Sollte die Braut das Inkognito nicht durchschauen, dann sollte der Kurfürst ihr ein «Handbriefel» überreichen, das Aufschluß über die Identität des Überbringers gäbe. So geschah es auch. Es ist rührend, wie die Neuvermählte diese Szene in einem Brief an ihre Mutter – Henriette Adelheid schrieb auf französisch – schilderte: «Ich errötete sehr, und ich zitterte so stark, dass ich nicht imstande war, das Siegel des Briefes zu erbrechen: Die Komtess de Bolchensey musste es mir öffnen. Er kam dann ganz allein in mein Zimmer, es war mir nicht möglich, meine Tränen zurückzuhalten: Er küsste mich, aber ich zitterte so sehr, dass ich fast nicht sprechen konnte. Noch nie habe ich mich in solcher Not befunden.»[17] Etwa eine halbe Stunde verbrachten die jugendlichen Eheleute im Gespräch, dann eilte Ferdinand Maria zur Mutter nach Wasserburg, die Gemahlin folgte etwas langsamer nach. In der Handelsstadt am Inn traf Adelheid erstmals mit ihrer Schwiegermutter zusammen, von dort begab sich der gesamte Hofstaat in die Haupt- und Residenzstadt, um hier am 22. Juni 1652 unter dem Geläut aller Glocken Münchens einzutreffen. Der Zug umfaßte zuletzt mehrere tausend Menschen, 200 Adelige standen zum Empfang bereit. Durch das Isartor ging es zur Frauenkirche, dort wurde das «Tedeum» angestimmt. Am 25. Juni erfolgte in der Hofkapelle die Trauung, die großen Festlichkeiten dauerten bis zum 17. Juli.

Doch schon bald machte sich Enttäuschung und Unbehagen bei der jungen Kurfürstin breit: «Es fröstelt die Tochter Italiens in der kalten Luft des deutschen Hofes!»[18] In den veröffentlichten Briefen Henriette Adelheids nach Turin klagt sie über die «abweisende und verstockte Natur der Bavaresi», den Geiz und die strenge spanische Etikette des Münchner Hofes, nicht zuletzt über die herrische habsburgische Schwiegermutter, die – wie unwürdig! – in Schleißheim selber den Kuhstall betreut, im Schwaighof bayerischen Käse zubereitet und selbst den besten italienischen Spaghetti-Koch nicht in die Küche läßt.[19] «Man will, dass ich um 6 Uhr aufstehe, und wenn ich nicht gleich wach bin, werde ich aus dem Schlafe geweckt; um 9 Uhr abends muss ich zu Bette gehen, um 9 Uhr morgen in die Messe; wenn ich einmal die Stunden nicht einhalte, so gilt das als Sakrilegium. Auch ist man hier so geizig, dass erst geheizt wird, wenn ich zum Mittagessen komme; es darf nicht etwa schon geheizt werden, während ich in der

Messe bin! Kurz, sie treiben es hier schändlich.»[20] Die Desillusionierung Adelheids, immerhin Enkelin König Heinrichs IV. von Frankreich, die ja zunächst zur Heirat mit dem Dauphin Ludwig (XIV.) bestimmt war, erstreckte sich schließlich auch auf ihren «ragazzo» Ferdinand Maria, der seinerseits ganz unter der Kuratel der Mutter stand. So bat sie schon wenige Wochen nach der Hochzeit in Altötting um Kraft, «ihren Gemahl lieben zu können!»[21]

Die Bitte wurde erhört, denn die Ehe des Kurfürstenpaares entwickelte sich zu einem echten Liebesbund. Dagegen verhärtete sich der Gegensatz zwischen der Habsburgerin und der Savoyardin, die offen ihre Sympathie für Frankreich zeigte und Ferdinand Maria auch in dieser Hinsicht für ihre Interessen zu gewinnen suchte. Ihr Ehrgeiz ließ sie sogar nach der Kaiserkrone für ihren Gemahl streben. 1654 war Ferdinand IV., Sohn Kaiser Ferdinands III., gestorben. Unverhohlen bemühte sich jetzt Frankreich, das ein Eingreifen Österreichs in seinen Krieg mit Spanien fürchtete, dem Haus Habsburg die Führung im Reich zu entreißen. Durch die diplomatischen Künste des Kardinals Mazarin sollte Bayern umgarnt und Ferdinand Maria als Gegenkandidat gewonnen werden. Die kurfürstliche Gemahlin, die nach dem Tod Ferdinands III. am 2. April 1657 den Zeitpunkt gekommen sah, aus dem Schattendasein des bayerischen Hofes in das Sonnenlicht europäischer Großmacht zu treten, beschwört den favorisierten Kaiserkandidaten, die Krone anzunehmen – doch Ferdinand Maria, unterstützt von seinen Räten, lehnt zum Entsetzen seiner Frau ab. Mit dieser Entscheidung, fixiert im Vertrag von Waldmünchen vom 12. Januar 1658, zeigte der Kurfürst erstmals ein eigenes – und welches! – Profil als realpolitisch reagierender Regent, einen faszinierenden Weitblick in die Möglichkeiten des politisch Mach- und Vertretbaren.

Gleichwohl wurde Henriette Adelheid nicht müde in ihrem Bemühen, ihren Gatten im Mißtrauen gegen Habsburg zu bestärken und vollends ins französische Lager zu ziehen. Mehrere Umstände kamen ihr dabei zu Hilfe: 1662 starb Maximilian von Kurz, der oberste Beamte und habsburghörige Ratgeber des Kurfürsten, der die Verbindung mit Österreich fester zurrte, wo er nur konnte, obwohl der 1658 zum Kaiser gewählte Leopold I., zentralistisch und absolutistisch orientiert, auf bayerische Interessen immer weniger Rücksicht nahm. Zum eigentlichen Leiter der bayerischen Politik wurde der hochbegabte Jurist und Vizekanzler Kaspar von Schmid, ein robuster, frankophiler Oberpfälzer, der 1667 Nachfolger des intriganten Öxl als Kanzler wurde. Kaspar von Schmid, Obersthofmeister Hermann Egon von Fürstenberg und Henriette Adelheid bildeten die sogenannte «französische Trinität» am kurfürstlichen Hof, die zunehmend an Einfluß gewann. Mit dem Tod der Kurfürstenmutter Maria Anna 1665 riß die letzte, auch persönliche Verbindung zum Haus Habsburg ab. Damit war der Weg frei für die politische Lösung von Österreich und die Hinwendung zu Frankreich. Er mündete in jenen, von Heigel als «unselig» bezeichneten, zunächst auf zehn Jahre angelegten Vertrag vom 17. Februar 1670, «der Bayern auf ein volles Jahrhundert zum Schleppenträger Frankreichs machte und für einen gleißenden Kaisertraum so schmerzliche Blutopfer auferlegte. Es kann nicht bezweifelt werden, daß Adelaide auch für diesen Systemwechsel thätig gewesen war. So wurde gerade diejenige Verbindung, welche dazu geplant war, das savoyische Haus von Frankreich abzuziehen, ein Glied in der Kette, welche die bayerischen Wittelsbacher an die Bourbons fesselte.»[22]

Vollstrecker dieses Wechsels war nicht der Kurfürst, sondern Kaspar von Schmid, der mit der bayerisch-französischen Allianz sein System begründete und den absolutistischen Fürstenstaat französischen Zuschnitts in Bayern Tatsache werden ließ. Mit diesem Bündnis, das durch eine Heiratsabsprache besiegelt wurde, versprach der Kurfürst seine Hilfe zur Erlangung des spanischen Erbes für Ludwig XIV., notfalls in der Verhinderung eines Reichskrieges und jedweden Truppendurchmarsches. Dafür erhielt Bayern eine einmalige Sonderzahlung, jährliche Subsidien in Höhe von 50 000 Gulden, im Kriegsfall von jährlich 400 000 Gulden zur Stellung eines schlagkräftigen Heeres nach französischem Muster. Im Gegenzug sicherte Frankreich gegebenenfalls seine Unterstützung zur Erlangung des habsburgischen Erbes zu. Als Zumutung, ja Demütigung mußte Ferdinand Maria die Separatartikel empfinden, nach denen der Sonnenkönig mit bayerischer Hilfe Kaiser werden sollte, der Kurfürst Römischer König mit dem Recht der Stellvertretung im Reich. Er war vor vollendete Tatsachen gestellt; deshalb ließ er neun Monate verstreichen, ehe er den Vertrag im November 1670 ratifizierte. Und Ferdinand Maria rächte sich auf seine Weise, denn auch in den folgenden Jahren ließ er sich nie zum bloßen Werkzeug Frankreichs machen, ging er jedem bewaffneten Konflikt aus dem Weg und beharrte geradezu halsstarrig auf seiner Politik der Neutralität, so 1672/1673 im Krieg gegen Holland, trotz allen Drängens seiner Frau und zur Enttäuschung Frankreichs.

War Kaspar von Schmid die Seele der inneren und äußeren Staatsverwaltung, so führte Henriette Adelheid Regie bei der Inszenierung der Münchner Hofkultur. Die Kurfürstin selbst betätigte sich in Gesang und Ballett, Harfen- und Lautenspiel und Komödiendichten, ihr Gemahl wirkte gelegentlich selbst im Theater mit.

1660/1661 ließ man für die vielen Feste durch den Hofbaumeister Max Schinnagl ein Turnier- und Redoutenhaus an der Westseite des Hofgartens errichten. Opernaufführungen gerieten zum Mittel- und Höhepunkt des höfischen Treibens, mit dem ersten deutschen Opernmeister Johann Kaspar Kerll, mit Agostino Steffani und Ercole Bernabei wurden Musiker gewonnen, die den Glanz alter Zeiten unter Orlando di Lasso zurückbrachten. 1657 schließlich wurde das Opernhaus am Salvatorplatz fertiggestellt, das erste frei stehende und «nach der wälschen mainung» gebaute auf deutschem Boden. Gestaltung und Ausstattung erhielt das Hoftheater durch den Venezianer Francesco Santurini, der für das Kurfürstenpaar 1662 bis 1665 ein Leibschiff nach dem Vorbild des venezianischen Bucintoro erbaute, den berühmten bayerischen Buzentaur. Diese dreigeschossige, mit 16 Kanonen bestückte Prunkgaleere, ein Zweimaster, 34 Meter lang, 25 Meter breit und 17 Meter hoch, wurde auf dem Würmsee (Starnberger See) von 150 in den bayerischen Landesfarben gekleideten Matrosen gerudert. Das 1758 abgebrochene Prachtschiff war ein schwimmendes Jagdschloß für einige hundert Personen, und die leuchtend inszenierten Wasserfeste gehörten zu den größten Vergnügungen der kurfürstlichen Eheleute. Michael Wening, den Ferdinand Maria zum Hofkupferstecher ernannte, hat das barocke Lustschiff 1701 in einem Stich festgehalten, der sich unter anderem im Deutschen Jagdmuseum in München befindet.

Zur Vollständigkeit eines wittelsbachischen Herrscherportraits gehört – gleichsam als Grundierung – unabdingbar die Beschreibung der jeweiligen persönlichen Religiosität. Ferdinand Maria war ein frommer, seiner Kirche innig verbundener Regent. Viele Zeugnisse seiner und Adelheids unmittelbar gelebten Frömmigkeit haben sich bis zum heutigen Tag erhalten. Wie sein Vater, der ihn der Gottesmutter weihte und diese Dedikation in der Namengebung für seinen Sohn auch zum politischen Programm erhob, pilgerte Ferdinand Maria oft und gerne nach Altötting. Gleich nach der Hochzeit 1652 wallfahrtete er mit Mutter und Gemahlin zu Unserer Lieben Frau, wo Henriette Adelheid ihren kostbaren, «hoch von gold erhebt- und gestickten [. . .] brautrock» aus schwerem Goldbrokat opferte. Daraus fertigte man ein Meßgewand und «Gnadenröckl» für das Gnadenbild.[23] Auch in späteren Jahren spendete die Kurfürstin wiederholt wertvolle Weihegaben. In Altötting vollzog Ferdinand Maria zusammen mit Henriette Adelheid, die ihrem Mann in Frömmigkeit und Marienverehrung ebenbürtig, im Wallfahren sogar noch eifriger war, seine «Blutweihe». Erst im letzten Jahrhundert hat man das kleine Fach, unmittelbar unter dem Marienbild der Heiligen Kapelle zu Altötting, wiederentdeckt. Es enthält bis heute die eigenhändig geschriebenen und mit dem eigenen Blut unterzeichneten Weiheformeln der Kurfürsten Maximilian, Ferdinand Maria und Henriette Adelheids.

Die selbstverständliche, tiefsinnige Religiosität des Herrscherpaares führte auch zu einem Gelübde, dessen Einlösung bis zum heutigen Tag im Stadtbild Münchens nicht nur sichtbar ist, sondern dieses auch geprägt und weltberühmt gemacht hat. Obwohl die Kurfürstin häufig, um Kindersegen zu erreichen, ins Bad Heilbrunn reiste, wo die Adelheidquelle noch in der Gegenwart an sie erinnert, ließ der heißersehnte Thronerbe viele Jahre auf sich warten. Ein erstes von insgesamt sieben, meist gleich oder bald nach der Geburt verstorbenen Kindern wurde dem Kurfürstenpaar 1660 mit Maria Anna Christine Victorie geboren; sie wurde dem Dauphin Ludwig von Frankreich, dem Sohn König Ludwigs XIV., vermählt und starb neunundzwanzigjährig. So gelobten Ferdinand Maria und Henriette Adelheid, dem heiligen Kajetan von Thiene und den von ihm 1524 gestifteten Theatinern in München Kirche und Kloster zu errichten. Die Kurfürstin war vom Turiner Hof her mit den vornehmen Theatinern vertraut, auch ihr Beichtvater war Theatiner. Als am 11. Juli 1662 endlich der Kurprinz – Max Emanuel – geboren wurde, begann ohne Verzug die Ausführung des Gelöbnisses. Den Auftrag zum Bau der Votivkirche St. Kajetan, die zugleich die Aufgaben einer neuen Hofkirche und Klosterkirche der Theatiner übernehmen sollte, erhielt Agostino Barelli aus Bologna. Diesen wies die Kurfürstin an: «Seid aber allein darauf bedacht, die schönste und wertvollste Kirche aufzurichten wie keine andere in der Stadt. [...] Die Kirche muß der Religion würdig sein, welche die erste der Welt ist; auch bedenke man, wer sie baut.»[24] Nach dem Willen Henriette Adelheids sollte die Mutterkirche des Theatinerordens, S. Andrea della Valle in Rom, als Vorbild dienen. 1663 erfolgte die Grundsteinlegung, 1674 übernahm der Graubündener Enrico Zuccalli den Bau, der nach seinen Plänen bis 1690 mit der Errichtung des Turmpaares vollendet wurde. 1675 wurde die Kirche geweiht. Der Mittelteil der Fassade zwischen den Türmen erhielt 1765 durch Vater und Sohn Cuvilliés seine endgültige Gestalt. Wie die Jesuitenkirche St. Michael brachte die Theatinerkirche – mit ihr zog der italienische Hochbarock in München ein, empfing die Haupt- und Residenzstadt der Wittelsbacher das barocke Wahrzeichen des «deutschen Rom» – eine neue Steigerung der Altarkunst. Der heute zerstörte Hochaltar in der Apsis und die beiden Altäre in den Querarmen machten dies sinnfällig. Mit dem Hochaltar verbrannte im Zweiten Weltkrieg auch das höchst beeindruckende, programmatische Bild von Antonio Zanchi, das die kurfürstliche Familie in der «Ewigen Anbetung» zeigt. Glücklicherweise hat sich der Entwurf dazu erhalten.[25] Bleibt noch zu erwähnen, daß Ferdinand Maria seiner Gemahlin zur Geburt des Thronfolgers die Schwaige Kemnaten und das Gut Menzing zum Geschenk machte. Auf diesem Gelände ließ Henriette Adelheid, wieder durch Barelli, ein würfelförmiges Sommerhaus errichten, dem die Kurfürstin den Namen «Castello delle Ninfe» gab. Es ist der Mittelpavillon des Lustschlosses Nymphenburg.

Die letzten Jahre Ferdinand Marias und Henriette Adelheids waren von äußerem Unglück überschattet. 1674 zerstörte ein Brand die halbe Residenz, knapp zwei Jahre darauf, am 18. März 1676, starb aus Kummer darüber die Kurfürstin im Alter von 39 Jahren. Als erste fand sie in der neuen Gruft der bayerischen Wittelsbacher, unter dem Chor ihrer Theatinerkirche, die letzte Ruhestätte. Den Tod vor Augen, hatte Henriette Adelheid am 1. März 1676 auf ihrem Sterbelager das Benediktbeurer Gnadenbild mit den Reliquien der heiligen Anastasia erbeten und erhalten; es sollte Heilung ihres Kopfleidens bringen. Mit dem Tod der geliebten Frau war der Lebenswille Ferdinand Marias gebrochen. Er folgte Henriette Adelheid zweiundvierzigjährig schon am 26. Mai 1679 nach.

Ferdinand Maria war kein lustiger, wohl aber höfischer Lust ergebener Mensch, kein Fürst der List, sondern des Friedens. Die Allongeperücke stand ihm besser zu Gesicht als Harnisch und Pickelhaube – um diesen Anachronismus zu bemühen –, die spätere Historiker an ihm so sehr vermißten. Theatinerkirche und Nymphenburg sind schönere Attribute als die Farbe «Blau» seines Nachfolgers, unter dem Bayern angeblich seine großen Zeiten erlebte. Die glücklicheren, weil friedlichen hatte es aber unter Ferdinand Maria.

Max Emanuel
Herrschaftsrepräsentation und Selbststilisierung

Von Marcus Junkelmann

Kurfürst Max II. Emanuel, der von 1680 bis 1726 regiert hat, darf als die internationalste Erscheinung unter allen Herrscherpersönlichkeiten der bayerischen Geschichte gelten. Er war dies nicht nur aufgrund seiner wittelsbachisch-savoyisch-habsburgisch-lothringisch-bourbonischen Abstammung, nicht nur aufgrund der um die Vorherrschaft ringenden kulturellen Strömungen aus Italien, Frankreich und den Niederlanden, in deren Schnittpunkt der Münchner Hof stand, nicht nur aufgrund des ganz Europa und auch schon weite Teile der außereuropäischen Welt umspannenden politischen und militärischen Kräftespiels im Zeitalter Ludwigs XIV., das den Handlungsrahmen des Kurfürsten bestimmte, sondern vor allem aufgrund seines eigenen Willens zur Größe. Der Zug zum Extremen, ja Gigantischen eignete dem ganzen Zeitalter, bei Max Emanuel nahm er geradezu manische Ausmaße an. Es ist nicht verwunderlich, daß ihm das ererbte Bayernland bald zu klein und zu eng wurde, daß er nach Vergrößerung, Aufwertung, Aufstieg um jeden Preis strebte. Er glaubte, dies sich und seinem Ruhm, vor allem aber der Zukunft seiner Dynastie schuldig zu sein. Verbunden war dieser Drang zur Größe mit einer ausgeprägten militärischen Neigung. Zweiundzwanzig Feldzüge hat der Kurfürst persönlich geführt, das heißt er stand in fast jedem zweiten seiner 46 Regierungsjahre zumindest für einige Monate im Feld. Zwanzig Jahre verbrachte Max Emanuel vollständig in den Spanischen Niederlanden und in Frankreich, teils freiwillig, teils unfreiwillig. Mehr als die Hälfte seiner Regierungszeit glänzte er also durch Abwesenheit, und die bayerischen Untertanen mußten sich mit den Bildnissen ihres Landesherrn zufriedengeben. An diesen herrschte freilich kein Mangel.

Kaum ein anderer bayerischer Herrscher tritt uns heute noch in einer solchen Fülle eindrucksvoller Portraits entgegen wie Kurfürst Max Emanuel. Zum Teil liegt das an der außergewöhnlich langen Regierungszeit von fast 46 Jahren, vor allem aber an der Leidenschaft Max Emanuels für effektvolle Selbstdarstellung, eine Leidenschaft, die er mit vielen Fürsten seiner Zeit teilte und die wesentlich zum absolutistischen Herrscherbild gehörte, die aber auch in besonders hohem Maße der individuellen Persönlichkeit Max Emanuels entsprach. «Kurfürst Max Emanuel hat zeit seines Lebens viel für seinen Ruhm getan»[1]. Als der jugendliche Herrscher in den ersten zwei Jahrzehnten seiner Regierungszeit von Erfolg zu Erfolg eilte, verkündete er im Vollgefühl der Kraft und in fordernder Vorwegnahme des Aufstieges seines Hauses den Ruhm seiner Taten. Nachdem sich das Schicksal gegen ihn gewandt hatte und er geschlagen und machtlos vor den Trümmern seiner hochfliegenden Pläne stand, ließ er erst recht die Fanfare vergangener Siege blasen, um die triste Gegenwart zu übertönen, sich bei Freund und Feind in Erinnerung zu halten und um seine Ansprüche auf einen zuversichtlich erhofften neuen Aufschwung seines Glückes anzumelden.

Obwohl – oder gerade weil – er 1710 an einem Tiefpunkt seiner Laufbahn angelangt war, erteilte er in diesem Jahr den Auftrag zu einem seiner monumentalsten und triumphalistischsten Bildnisse. Es sollte ihn als Sieger in der Schlacht am Berge Harsán zeigen, einer Schlacht, die 23 Jahre zuvor, am 12. August 1687, im fernen Ungarn gegen die Erzfeinde der Christenheit, die Türken, geschlagen worden war. Fast vier mal drei Meter maß schließlich das vollendete Gemälde, dessen Original 1944 in der Münchner Residenz verbrannt ist, von dem sich aber kleinformatige Ausführungen sowie mehrere Kupferstichversionen erhalten haben. Auch wurden nach der Rückkehr des Kurfürsten aus dem Exil im Jahre 1715 zahlreiche Brustbilder nach dieser Vorlage angefertigt, so daß das Portrait von 1710 als der am weitesten verbreitete Bildnistyp Max Emanuels gelten darf.

Joseph Vivien, der Schöpfer des Originals, war ein Schüler von Ludwigs XIV. Hofmaler Le Brun und galt als einer der führenden Portraitisten am französischen Königshof. Er arbeitete seit 1699 für den bayerischen Kurfürsten und hatte 1710 bereits eine Reihe von Ganzfigurenportraits, Kniestücken und Brustbildern gemalt, die Max Emanuel stets im Harnisch und mit Kommandostab zeigen. Der markanten, aber nicht gerade schön zu nennenden Physiognomie des Kurfürsten – Liselotte von der Pfalz meinte einmal, Nasenspitze und Kinn seien schon nahe daran zusammenzustoßen – wußte Vivien das Beste abzugewinnen und ihr vor allem die gewünschte heroische Note zu verleihen.

Auch auf dem Portrait von 1710[2] trägt Max Emanuel den frühneuzeitlichen Dreiviertelharnisch, der damals schon seit über einem halben Jahrhundert aus dem Feldgebrauch verschwunden war und somit ein archaisierend-heroisierendes Requisit darstellte. Diese Atelierharnische waren bis in die zweite Hälfte des 18. Jahrhunderts ein verbreitetes Element des Herrscherportraits. Sie wurden dann von den Bildnissen in Uniform verdrängt, aus mythischen Heroen waren erste Diener des Staates geworden. Zweifellos sollte mit dem Harnisch an die bereits in einem romantischen Licht gesehene Tradition des Rittertums und seines Wertesystems angeknüpft werden, durch die der Portraitierte über das Banale, das Zeitgenössische hinausgehoben wurde. Im Falle des Türkensiegers Max Emanuel kommen natürlich noch Reminiszenzen an Kreuzzüge und Kreuzritterorden hinzu. So stellt auch der über den Harnisch gehängte Orden vom Goldenen Vlies die Verbindung mit der Welt der abendländischen ritterlichen Heldengemeinschaft her.

In merkwürdiger Kombination werden zum mittelalterlichen Harnisch Spitzenjabot und Allongeperücke getragen, typische Bestandteile der hochbarocken höfischen Mode. Die Perücke gehört gewiß zu den eigentümlichsten Modeerscheinungen, die es je gegeben hat. «Die Begeisterung für die Perücke entspringt dem Behagen, das sich einstellt, wenn durch einen glücklichen Einfall einem Zeitalter das Höchste beschert worden ist, das es erreichen kann: der vollkommene Ausdruck seines Wesens.»[3] Die löwenhafte Haarmähne ließ den Träger größer und mächtiger erscheinen, disziplinierte und steigerte das unvollkommene Werk der Natur. Sie war Teil eines Kostüms, einer Maske, in der die Angehörigen der höfischen Gesellschaft in absoluter Scheidung vom gewöhnlichen Rest der Menschheit ihre durch Etikette und Ehrenkodex aufs höchste stilisierte Rolle auf der Bühne der großen Welt spielten. Sie war so untrennbar mit dem Selbstgefühl dieser Menschen verbunden, daß auf die Perücke nicht einmal dann verzichtet wurde, wenn der Fürst sich als römischer Imperator darstellen ließ, in der überhöhendsten Form des Portraits, die auch von Max Emanuel, dem Vorbild Ludwigs XIV. folgend, wiederholt gewählt wurde.

Auf der großen Mehrzahl seiner Bildnisse hat der Kurfürst davon abgesehen, eindeutige Attribute seines Herrscheramts wie Kurhut oder Reichsapfel in das ikonographische Programm aufnehmen zu lassen, dagegen fehlt nur selten der Kommandostab des Feldherrn. Max Emanuel strebte also ganz bewußt an, daß sein öffentliches Bild von seiner Rolle als Kriegsheld geprägt wurde, die ihn von der großen Mehrzahl seiner Standesgenossen abhob. So stützt sich auch auf Viviens Bild der Kurfürst mit lässig gebieterischer Geste auf seinen bayerisch gerauteten Kommandostab. Hinter ihm steht ein Page und hält den federgeschmückten Helm bereit, auch dies ein schon lange veraltetes Rüstungsteil. Das in der Schlacht erbeutete, heute noch im Bayerischen Armeemuseum in Ingolstadt zu bewundernde Zelt des türkischen Großwesirs bildet die geeignete Staffage, vor der sich der Sieger in

Szene setzen kann. Türkische Waffen und andere Trophäen liegen am Boden oder hängen an einem Baum, im Zeltinnern ist eine Schatztruhe sichtbar, ein angesichts der stets desolaten finanziellen Situation des Kurfürsten besonders erfreuliches Beutestück. Links im Hintergrund erstreckt sich die Walstatt, von links oben schweben Victoria, die Siegesgöttin, mit Palme und Lorbeerkranz sowie Fama, die trompeteblasende Göttin des Ruhmes, heran. Das Gemälde vermengt so zeitgenössische Requisiten, heroisierende Rückgriffe auf ritterliche Traditionen und antike mythologische Elemente zu einem «portrait historié», einem Mischtypus aus Portrait, Historienmalerei und Allegorie, durch den der Dargestellte in seiner Persönlichkeit und in seiner geschichtlichen Bedeutung möglichst eindrucksvoll individualisiert werden sollte.

Von einem die Situation von 1687 rekonstruierenden Historienbild ist Viviens Portrait nicht nur durch die Gegenwart mythologischer Gestalten und durch den anachronistischen Harnisch der Hauptfigur weit entfernt, sondern auch durch die keineswegs dem Zustand des Jahres 1687 entsprechende Physiognomie des Kurfürsten. In jenem Jahr war dieser 25 Jahre alt gewesen, doch Vivien zeigt ihn uns als den reifen Achtundvierzigjährigen von 1710. Auch die Form der Perücke entspricht der aktuellen Mode des frühen 18. Jahrhunderts. Daß Vivien den mittlerweile vom Schicksal schwer gebeutelten Max Emanuel auf ein Schlachtfeld seiner militärischen Glanzzeit als jugendlicher Türkensieger zurückprojiziert, ist bezeichnend für den bewußten Verdrängungs- und Anspruchsmechanismus, dessen sich der Kurfürst nach seinen schweren Niederlagen immer wieder bediente. 1710 hatte er die Katastrophen von Höchstädt und Ramillies hinter sich, war nicht nur aus Bayern, sondern auch aus seinem ersten Exil in den Niederlanden vertrieben worden, befand sich in der Reichsacht und mußte seine Hofhaltung auf ein klägliches Minimum einschränken. Hoffnungslos verschuldet und gänzlich von dem gleichfalls am Rande einer endgültigen Niederlage stehenden französischen Verbündeten abhängig, gab Max Emanuel in Paris dieses aufsehenerregende Monumentalgemälde in Auftrag. Je nach Neigung mag man hierin stoischen Gleichmut, vitale Unverwüstlichkeit, unverfrorene Großsprecherei, traumtänzerische Unbelehrbarkeit oder das Resultat eines schmerzlichen Verdrängungsprozesses sehen. Jedenfalls hat sich Max Emanuel seiner deprimierenden Lage in den langen letzten Jahren des Spanischen Erbfolgekrieges in geradezu herausfordernder Weise gestellt, indem er einerseits seine Jahrzehnte zurückliegenden Türkensiege hervorkehrte, andererseits seine Unerschütterlichkeit im Unglück als heroische Tugend gesehen haben wollte, zumal er, unverdrossen allen Schicksalsschlägen trotzend, nach wie vor seine Ansprüche auf die eine oder andere Weise durchzusetzen versuchte. Er hielt an ihnen mit einer schon fast groß zu nennenden Unbeirrbarkeit fest bis an sein Lebensende und sogar noch über dieses hinaus, indem er sie in sein politisches Testament eingehen ließ.

Wenngleich er und sein Nachfolger mit dieser Politik letztendlich gescheitert sind, als Propagandist, als Dirigent seines Nachruhms hat Max Emanuel bemerkenswerten Erfolg gehabt: Im populären Geschichtsbild lebt er fort als der «Blaue König», als der Sieger von Belgrad und als der Erbauer von Schleißheim und Nymphenburg, als kraftstrotzender Barockmensch und Vater des bayerischen Rokoko, nicht aber als der Verlierer von Höchstädt, als der tragisch scheiternde und sein Land ruinierende Abenteurer.

Einige der Motive, die das Bild Max Emanuels bei Zeitgenossen und Nachwelt geprägt haben, sind hier bei der Betrachtung von Viviens Gemälde bereits angeklungen: Max Emanuel der grandiose Sieger und Max Emanuel der grandiose Verlierer, Max Emanuel der glänzende Bauherr und Kunstmäzen und Max Emanuel der haltlose Bankrotteur. Im folgenden sei in groben Zügen die dramatische Laufbahn dieser schillernden Herrscherpersönlichkeit nachgezeichnet.

Geboren wurde der spätere Kurfürst Maximilian II. Emanuel am 11. Juli 1662 in der Münchner Residenz. Den ersten Namen hatte er von seinem Großvater Maximilian I., dem er zeit seines Lebens als Mehrer des Hauses Wittelsbach nachzueifern bemüht war, der zweite Name, Emanuel, kam aus der Familie seiner Mutter, der lebenslustigen und ehrgeizigen Henriette Adelheid von Savoyen. Die klangvolle und einprägsame Abkürzung Max Emanuel war schon zu seinen Lebzeiten üblich und wurde auch von ihm selbst gebraucht. Den Beinamen «Blauer König» verliehen ihm nach der Farbe des bayerisch-blauen Rocks seine türkischen Gegner, größere Verbreitung fand er aber erst durch die vaterländische Geschichtsschreibung des 19. Jahrhunderts. Die pedantische Korrektur zu einem «Blauen Kurfürsten», die man in jüngster Zeit vorgenommen hat, verfehlt das Träumerisch-Irreale, den unerfüllten Ehrgeiz und damit das Wesentliche an dieser Bezeichnung.

Wie eine bewußte Verbildlichung des legendären «Blauen Königs» wirkt Max Emanuels Reiterportrait auf einem der beiden großen Gemälde Giovanni Battista Curlandos im Festsaal des Jagdschlosses Lustheim im Park von Schleißheim, dem frühesten der kurfürstlichen Schloßbauten. Das um 1690 entstandene Bild zeigt Max Emanuel in Begleitung seiner ersten Frau, der Habsburgerin Maria Antonia, seines Bruders, des kölnischen Kurfürsten Joseph Clemens, und einer zahlreichen Hofgesellschaft auf der Reiherjagd. Der in einen leuchtendblauen Rock gekleidete Kurfürst reitet auf seinem sich aufbäumenden Hengst quer vor dem in breiter Front ansprengenden Gefolge. Kein anderes Portrait spiegelt so schön «die kühne Gestimmtheit und Unternehmungslust des jugendlichen Kurfürsten», huldigt so überzeugend «der die Persönlichkeit von Grund auf bestimmenden, chevaleresken Wesensart Max Emanuels.»[4]

Als Curlandos Bild gemalt wurde, war Max Emanuel trotz seiner Jugend bereits zehn Jahre an der Regierung. 1679 war sein Vater Ferdinand Maria gestorben, bis zur Volljährigkeit am 11. Juli 1680 hatte sein Onkel Maximilian Philipp die Regentschaft geführt. In diese Zeit fiel die Heirat einer Schwester Max Emanuels mit dem französischen Thronfolger (Grand Dauphin), die im Einklang stand mit der Frankreich begünstigenden Neutralitätspolitik, die Ferdinand Maria betrieben hatte. Nach seinem Regierungsantritt machte Max Emanuel rasch klar, daß er außenpolitisch wesentlich aktiver aufzutreten gedachte als sein vorsichtiger, friedliebender Vater. Er verstärkte und reorganisierte die Armee und wurde damit zum Schöpfer des stehenden bayerischen Heeres. Bündnispolitisch orientierte er sich nach Österreich, das von einem türkischen Großangriff bedroht war. 1683 führte der einundzwanzigjährige Kurfürst persönlich seine Truppen vor Wien und nahm an der Entsatzschlacht der Kaiserstadt teil. Bis 1688 verbrachte er alljährlich die Feldzugssaison auf dem ungarischen Kriegsschauplatz. Trotz seiner Jugend drängte er mit Unterstützung Ludwigs von Baden auf ein selbständiges Kommando. 1686 erhielt er erstmals eine eigene Armee, mußte sich aber schon bald mit dem Heer seines Konkurrenten Karl von Lothringen vereinigen und sich wieder dessen Oberkommando unterstellen. Trotz dauernder Querelen gelang den beiden Feldherren die Eroberung von Ofen. 1687 focht Max Emanuel gegen den Willen Karls von Lothringen mit seinem Flügel im Alleingang die Schlacht am Berge Harsán durch und errang den glänzenden Sieg, an den Joseph Viviens Bild 23 Jahre später erinnern sollte. 1688 gelangte der ehrgeizige Kurfürst endlich ans Ziel seiner Wünsche und erhielt das alleinige Oberkommando. In einem kühnen handstreichartigen Unternehmen überschritt er die Save südlich von Belgrad und machte sich an die Belagerung dieser Stadt. Er trieb die Vorbereitungen mit rastloser Energie voran, und nach erstaunlich kurzer Vorbereitung gelang am 6. September der Sturmangriff. Wie stets setzte sich Max Emanuel persönlich mit großer Bravour ein und trug auch leichte Wunden durch Pfeilschüsse und Steinwürfe davon. Der Feldzug von 1688 und die Einnahme von Belgrad bedeuteten den Höhepunkt der militärischen Laufbahn des «Blauen Königs». Obwohl der Türkenkrieg weiterging, kehrte Max Emanuel nicht mehr auf den ungarischen Kriegsschauplatz zurück, da im Westen ein neuer Reichskrieg gegen Frankreich ausgebrochen war, der von nun an die Hauptaufmerksamkeit des Kurfürsten beanspruchte.

Ohne Zweifel brannte Max Emanuel von früher Jugend an darauf, militärischen Ruhm zu erringen, die höchste und reinste Form von «gloire», die es gab. Und er hat dabei nicht nur ungestümen Eifer und hohe persönliche Tapferkeit bewiesen, sondern auch klares Urteilsvermögen und mitreißende Führungsqualitäten. Der Stolz auf seine Taten im Großen Türkenkrieg war durchaus gerechtfertigt. Aber es ging in diesem Krieg nicht allein darum, daß der Kurfürst um jeden Preis seinen militärischen Ehrgeiz befriedigen wollte und hierin einen letztlich irrationalen Selbstzweck sah, vielmehr standen auch hochgesteckte politische Ziele auf dem Spiel. Sein hohes Ansehen als Türkensieger machte ihn zu einer populären Figur in ganz Europa, und dieser Ruhm konnte auch in politisches Prestige umgemünzt werden. Insbesondere verpflichtete sich Max Emanuel Kaiser Leopold I. zum Dank. Zwar wurden die gewaltigen Kosten und die hohen Menschenverluste Bayerns von den Kaiserlichen nie in angemessenem Ausmaß finanziell honoriert, doch erreichte der Kurfürst etwas für die Dynastie viel Wichtigeres. Nach langem Feilschen erhielt er 1685 die Hand der Kaisertochter Maria Antonia, die durch ihre Mutter gute Ansprüche auf das riesige Erbe der vom Aussterben bedrohten spanischen Habsburger besaß. Zwar wurden Verzichtverträge unterschrieben, doch war deren Anerkennung durch die Spanier mehr als fraglich. Damit trat Kurbayern in das große Spiel um das spanische Erbe ein, das brisanteste internationale Problem im ausgehenden 17. Jahrhundert.

Wenn auch die Ehe mit Maria Antonia vor allem infolge der unverhohlenen Untreue Max Emanuels höchst unglücklich verlief, band sie ihn doch im 1688 einsetzenden Pfälzischen Erbfolgekrieg erneut an die Seite des Kaisers und seiner Verbündeten. Nachdem er am Oberrhein und in Norditalien gegen die Franzosen gekämpft hatte, ernannte ihn der spanische König Ende 1691 auf Vermittlung Wilhelms III. von England zum Statthalter der Spanischen Niederlande, des heutigen Belgien. Im März 1692 zog Max Emanuel in Brüssel ein und begründete dort eine prächtige – und höchst kostspielige – Hofhaltung. Bayern sollte neun Jahre lang seinen Landesherrn nicht wiedersehen. Die Kriegführung der folgenden Jahre bis 1697 unter dem Oberkommando des englischen Königs verlief wenig spektakulär, nur die Eroberung von Namur im Jahre 1695 machte eine vielgefeierte Ausnahme. Doch bahnte sich in der spanischen Erbfolgefrage eine Entwicklung an, die zur größten dynastischen Chance führen sollte, die sich dem Haus Wittelsbach je eröffnet hat.

1692 gebar Maria Antonia den Kurprinzen Joseph Ferdinand, wenig später starb sie an den Folgen der Entbindung. Auf diesem Prinzen ruhten nicht nur die Hoffnungen Max Emanuels, sondern auch die aller um eine friedliche Lösung des Erbfolgeproblems ringenden Diplomaten in ganz Europa. Der Erbverzicht Maria Antonias wurde in Madrid nicht anerkannt. Vor allem aber war es die internationale Mächtekonstellation, welche den wittelsbachischen Prinzen zum aussichtsreichsten Kandidaten werden ließ. Der Besitz der spanischen Habsburger umfaßte, außer Spanien selbst, den größeren Teil Amerikas, die Philippinen, die Spanischen Niederlande, das Herzogtum Mailand und das Königreich Neapel-Sizilien. Die Konkurrenten des bayerischen Kurprinzen waren die Bourbonen und die österreichischen Habsburger. Gerade die Großmachtbasis dieser Kandidaten war es, denen der Wittelsbacher seine Chance zu verdanken hatte. Erhielt nämlich ein Mitglied des französischen Königshauses oder des habsburgischen Kaiserhauses das spanische Erbe, dann hätte dies die europäischen Kräfteverhältnisse dermaßen verschoben, daß entweder die lange befürchtete Hegemonie Frankreichs unaufhaltsam bevorstand oder daß sich Frankreich wie zu Zeiten Karls V. von einem Ring habsburgischer Besitzungen eingeschnürt sah. Im einen wie im anderen Fall war es unvermeidlich, daß die Gegenseite militärisch einschritt, wobei sie mit der Unterstützung der auf Erhaltung des Kräftegleichgewichts bedachten Seemächte England und Holland rechnen durfte. Theoretisch bestand natürlich auch noch die Möglichkeit, das Erbe zu teilen, doch lehnten die Spanier eine Zerstückelung ihres Reiches grundsätzlich ab.

So kam es, daß Karl II. von Spanien in seinem Testament vom 11. November 1698 den bayerischen Kurprinzen zum Alleinerben einsetzte. Die verhältnismäßig geringfügige Veränderung im Mächteverhältnis, die eine Verbindung Bayerns mit dem spanischen Weltreich mit sich bringen würde, ließ dies als die einzige für alle Beteiligten annehmbare Kompromißlösung erscheinen. Max Emanuels kühnste Träume standen vor ihrer Verwirklichung, da starb am 6. Februar 1699 in Brüssel Kurprinz Joseph Ferdinand. Mit seinem Tod erloschen die Erbansprüche des Hauses Wittelsbach, denn diese waren ja nur über die Heirat mit Maria Antonia zustande gekommen, während die Söhne, die Max Emanuel mittlerweile aus seiner 1694 eingegangenen zweiten Ehe mit der Tochter des Polenkönigs Jan Sobieski, Theresia Kunigunde, besaß, in keiner Verbindung zum spanischen Königshaus standen. Die schon sicher geglaubte Aussicht, seinem Haus das gesamte spanische Weltreich zu erringen, war für Max Emanuel zusammengebrochen. Trotzdem hielt er unbeirrbar an seiner Absicht fest, die spanische Krise in irgendeiner Weise auszunutzen, um den Besitz des Kurhauses zu vergrößern und den Rang der Familie durch Erwerb einer Königskrone zu erhöhen, sei es durch Bündnisverträge, sei es durch Gewalt, sei es durch Tausch. In den Mitteln war der Wittelsbacher äußerst beweglich, nicht aber in der grundsätzlichen Zielsetzung, die er mit größter Hartnäckigkeit verfolgte. Die wichtigsten Trümpfe, die er bei diesem Spiel um die Macht in der Hand hielt, waren die für den Kaiser bedrohliche strategische Lage seines Landes und die Stärke seiner Armee. In der nach dem Tode Karls II. zu erwartenden internationalen Auseinandersetzung konnte Max Emanuel seine aus diesen Gründen recht gewichtige Bundesgenossenschaft dem Meistbietenden antragen.

Und diese Konfrontation kam nun sehr rasch. 21 Monate nach Joseph Ferdinands Tod, am 1. November 1700, starb Karl II. In seinem letzten, nun in Kraft tretenden Testament setzte er Philipp von Anjou, einen Enkel Ludwigs XIV., der aus der Verbindung des Grand Dauphin und einer Schwester Max Emanuels stammte, zum Alleinerben ein. Der französische König akzeptierte das Erbe und ließ unverzüglich Mailand und die Spanischen Niederlande von französischen Truppen besetzen. Max Emanuel erkannte Philipp V. als spanischen König an, schloß ein provisorisches Abkommen mit Ludwig XIV. und kehrte im Frühjahr 1701 mit seinen Soldaten nach Bayern zurück. Gleichzeitig eröffneten die Kaiserlichen in Oberitalien die Feindseligkeiten gegen die Franzosen, der lange befürchtete Spanische Erbfolgekrieg war ausgebrochen.

Für Max Emanuel kam es jetzt darauf an, seinen Marktwert als Verbündeter zu erhöhen. Die wichtigste Maßnahme bestand in der Vermehrung der Armee. Im Oktober 1701 wurden 20000 Mann in einem Übungslager bei Schwabing vereint, eine sehr beachtliche Streitmacht für ein Land von 1,2 Millionen Einwohnern. «Es ist ein sehr schönes und großes Heer für so eine kleine Provinz» («Est valde pulcher et magnus exercitus pro tam parva provincia»), äußerte der französische Gesandte beim Anblick dieser Stärkedemonstration, «welche Rede aber Sr. Churfürstl. Durchl. durchauß nicht gefallen wollen, darum daß er Bayern ein kleines Land genennt», wie der Gewährsmann dieser Szene berichtet.[5]

Es ist ganz und gar kein Zufall, daß gleichfalls im Jahre 1701, unmittelbar nach der Rückkehr Max Emanuels aus den Niederlanden, in Schleißheim der Grundstein zum Neuen Schloß gelegt wurde. Dieses in seiner gewaltigen Konzeption nie ganz verwirklichte Bauwerk war der steingewordene Großmachtanspruch Bayerns, kein kurfürstliches Lustschloß mehr, sondern eine königliche Residenz nach dem Vorbild von Versailles. Die Königskrone war es auch, die Max Emanuels vorrangiges Ziel darstellte, gleichgültig mit welchem territorialen Besitzstand sie letztlich verbunden sein würde. Dieser Anspruch auf königliche Stellung war durchaus nicht ohne Parallele unter den Reichsfürsten seiner Zeit. Gerade erst hatte zu Max Emanuels neidvollem Ärger der Kurfürst von Brandenburg den Sprung zum König von Preußen geschafft, während der Kurfürst von Sachsen zum König von Polen gewählt worden war. In beiden Fällen war die projektierte und realisierte Rangerhöhung gleichfalls von spektakulärer Bautätigkeit begleitet gewesen. So wollte auch Max Emanuel mit dem Schleißheimer Schloßbau seinem Gestaltungsdrang als Bauherr und seinem Ehrgeiz als Architekt der künftigen Großmachtstellung Bayerns zugleich nachkommen. Es klingt fast wie beschwörend, wenn die meisten der schicksalsschweren Entwürfe und Verträge der Jahre 1701 und 1702 als Ortsvermerk tragen «Sleisheimb». Auch die Verhandlungen mit den Vertretern Frankreich-Spaniens einerseits und der inzwischen zustande gekommenen, von den Kaiserlichen und den Seemächten gebildeten Großen Allianz andererseits fanden zum Gutteil in Schleißheim statt.

Diese Verhandlungen führten Max Emanuel schließlich fast zwangsläufig zum Bündnis mit Frankreich, denn nur Ludwig XIV. konnte ihm Bedingungen gewähren, die seinem Ehrgeiz entsprachen, das heißt territoriale Vergrößerung auf Kosten von Kaiser und Reich und die Königskrone, denn die erst noch zu erobernden Gebiete gehörten den Habsburgern und ihren Verbündeten, und die wittelsbachische Rangerhöhung würde dem Kaiser Konkurrenz machen und nicht dem französischen König.

So kam es im August 1702 zum Abschluß des französisch-bayerischen Bündnisses. Wenig später, am 8. September, schlug Max Emanuel los, indem er die Freie Reichsstadt Ulm überfiel und einnahm. Im Winter 1702/1703 führte der Kurfürst eine erfolgreiche Rundumverteidigung gegen die von allen Seiten andrängenden Kaiserlichen und Reichstruppen, im Frühjahr vereinigte er sich im Schwarzwald mit einer französischen Armee. Der anschließende Einfall in Tirol schlug nach Anfangserfolgen allerdings fehl, doch der Sieg in der ersten Schlacht von Höchstädt und die Eroberung von Augsburg und Passau konsolidierten zum Jahreswechsel die Position Max Emanuels wieder in einem Maß, das die Kriegsanstrengungen des Kaisers und der Reichskreise zu paralysieren drohte. Dies beweist, daß die strategische und politische Konzeption Max Emanuels zwar überaus gefährlich, aber keineswegs so aussichtslos war, wie sie häufig hingestellt wird. Schwerlich wäre es sonst erforderlich gewesen, daß der Oberkommandeur der Seemächte, der Herzog von Marlborough, sich zu einem das Kriegsglück der Alliierten und seine eigene Karriere riskierenden Marsch vom Niederrhein an die Donau entschloß, um der von Bayern ausgehenden, Kaiser und Reich lähmenden Bedrohung ein Ende zu bereiten. Indem sie weite Teile Bayerns verwüsteten, versuchten die Alliierten, Max Emanuel zum Bündniswechsel zu veranlassen. Sie hatten ihr Ziel schon fast erreicht, da erschien eine neue französische Armee auf dem Kriegsschauplatz. Der Kurfürst setzte nun alles auf eine Karte, und so kam es am 13. August 1704 zur großen Schlacht von Höchstädt oder Blindheim – Blenheim, wie die Engländer sagen –, die für Max Emanuel zur Schicksalsschlacht wurde. Zwar kämpfte der Kurfürst auf seinem Flügel tapfer und mit einigem Erfolg gegen die Kaiserlichen unter Prinz Eugen, doch wurde die verbündete französische Armee vom Angriff Marlboroughs völlig zermalmt und dadurch die Schlacht entschieden. Höchstädt bedeutete für Max Emanuel nach dem Tode des Kurprinzen Joseph Ferdinand fünf Jahre zuvor den zweiten plötzlichen Umschlag des Schicksals, den zweiten gescheiterten Durchbruch zu historischer Größe. An diesen beiden Wendepunkten entschied es sich, ob der Kurfürst als genialer, weitblickend und wagemutig kalkulierender Politiker und Feldherr oder als unglücklicher Hasardeur in die Geschichte eingehen sollte.

Nach der Wende von Höchstädt blieb Max Emanuel nur die Flucht an den Rhein und von dort in die Niederlande, wo er wieder die Statthalterschaft übernahm. In Bayern blieben zurück seine Familie, ein von Krieg und Besatzung drangsaliertes Volk und der Rohbau seines unvollendeten Königsschlosses zu Schleißheim, ein pathetisches Zeugnis der gescheiterten Ambitionen seines Bauherrn.

Den tiefen Fall des Kurfürsten verdeutlichen zwei Medaillen aus den Jahren 1703 und 1704.[6] Sie dokumentieren zugleich, welche Angriffsfläche ruhmredige Propaganda der höhnenden Persiflage durch die Gegenpropaganda bot. Eine Max Emanuel verherrlichende Medaille des Philipp Heinrich Müller vom Ende des Jahres 1703 zeigt auf der Rückseite den römisch gerüsteten Kurfürsten denkmalhaft auf einem Podest stehen, den die Wappen der eroberten Reichsstädte Ulm und Augsburg sowie die Aufschriften «Mit Kunst und kriegerischer Gewalt» («Arte et Marte») und «In Glück und Unglück groß» («In utroque magnus») zieren. Die Statue ist von eroberten Feldzeichen hinterfangen, links und rechts vom Podest blicken der Flußgott der Donau und eine ihren Schlüssel überreichende Stadtgöttin bewundernd zu ihrem Bezwinger empor. Die andere, nach der Schlacht von Höchstädt von Johann Kittel geschaffene Medaille antwortet auf diese Vorlage, um den römisch-bayerischen Triumphator zu verspotten, indem sie Max Emanuel fluchtartig den Podest verlassen läßt, während die Trophäen hinter ihm zusammenfallen, der Flußgott seinen Dreizack gegen ihn kehrt und die Verkörperung Bayerns entsetzt die Hände hebt. Die Inschriften auf dem Podest lauten nun: «Mit Scham und Angst» («Pudore et timore») und «Von hier und dannen vertrieben» («Hinc et inde fugatus»).

1706 errangen die Alliierten unter Marlborough bei Ramillies einen weiteren großen Sieg über die Franzosen, in dessen Folge der größte Teil der Niederlande verlorenging. Im selben Jahr wurde über Max Emanuel die Reichsacht verhängt, durch die er seinen Rang und alle seine Besitzungen einbüßte. Nach 1708 blieb dem Glücklosen auch die Genugtuung eines untergeordneten militärischen Kommandos in der französischen Armee versagt. Untätig, immer neue Ländertauschprojekte schmiedend, verbrachte der hoffnungslos verschuldete Max Emanuel die restlichen Kriegsjahre in Mons, Namur, Compiègne und anderen Städten, die ihm die Gnade des französischen Königs zuwies. Dieser stand in ritterlicher Verbundenheit zu seinem Parteigänger. Als 1714 der Spanische Erbfolgekrieg mit Kompromissen beendet wurde, erhielt Max Emanuel seinen Rang und seine Länder zurück, ohne Verlust, ohne Gewinn, sieht man von den furchtbaren Leiden ab, die Bayern durch Krieg und Besatzung, nicht zuletzt durch den tragischen Bauernaufstand von 1705/1706 erlebt hatte. Im April 1715 zog der Kurfürst wieder in München ein.

Seine Rückkehr aus dem Exil machte Max Emanuel zum Gegenstand eines weiteren Gemäldes, das er bei Joseph Vivien bestellte und das noch viel monumentalere Dimensionen als das Portrait von 1710 erhalten sollte.[7] Der Kurfürst und sein Maler verstanden es, aus dem an sich wenig glanzvollen Thema eine gewaltige historisch-allegorische Komposition zu machen, die eines epochalen Triumphs würdig gewesen wäre. Friedensschluß, Restitution und Rückkehr werden als Sieg der Gerechtigkeit gefeiert, der Kurfürst erscheint geradezu als Friedensbringer und Ordnungsstifter. Von der Vorgeschichte, von den Ursachen des freudigen Ereignisses, von den Opfern und den verfehlten Zielen ist auf dem Gemälde nicht die geringste Andeutung zu sehen. Man könnte das Bild die allegorische Harmonisierung einer Katastrophe nennen. Erst 1733, sieben Jahre nach dem Tode Max Emanuels, konnte Vivien das 5,30 mal 6,44 Meter messende Monumentalgemälde vollenden, das Hauptwerk seiner Künstlerlaufbahn. Es war zweifellos für das Neue Schloß Schleißheim bestimmt, wo es auch heute aufbewahrt wird.

Viviens Bild ist ein Musterbeispiel der Zeitgenössisches und Allegorisches miteinander verbindenden Bildkomposition («composition mixte»). Das gilt für die dargestellten Figuren ebenso wie für die Gebäude. Max Emanuel mit realistisch gealterter Physiognomie trägt seinen üblichen heroisierenden Feldherrnharnisch, die kurfürstliche Familie ist dagegen in die Kostüme der aktuellen Hofmode gehüllt. Dazwischen, darüber und darunter tummeln sich allerlei antikisch gewandete Gestalten – Stadtgöttinnen, Putten, Minerva, Merkur, Pax, Iustitia usw. Während es sich bei den Gebäuden links und rechts im Mittelgrund um fiktive Tempelbauten römischen Stils handelt, bildet die Fassade des Neuen Schlosses Schleißheim den Hintergrund. Im «Mercure de France» wurde 1734 das Gemälde ausführlich beschrieben und erklärt: «In der Mitte begrüßt der Kurprinz Karl Albert seinen Vater, der seine Gemahlin Theresia Kunigunde am Arme führt, gefolgt von den Personifikationen der Stadt München und der Republik Venedig mit dem Markuslöwen [Theresia Kunigunde hatte die Zeit des Exils in Venedig verbracht]. Rechts hinter diesen Gestalten erscheint ein Schiff als weiterer Hinweis auf Venedig. Merkur als Verträge beschützende Gottheit weist auf Pax, die mit einem Ölzweig in der Rechten neben Abundantia [Göttin des Überflusses] auf einer Wolkenbank thront und aus den Händen von Justitia den Kurhut empfängt, um ihn Max Emanuel zurückzugeben. Auf diese Weise ist die Aufhebung der Reichsacht dargestellt. Putten als Genien des Volkes hängen das bayerische Wappen an einer Eiche auf und schmücken es mit Girlanden. Dahinter erscheint der Janustempel mit verschlossener Tür [womit die Beendigung des Kriegszustandes angezeigt wird]. Hinter dem Kurprinzen folgen die Prinzen Philipp Moritz, Clemens August und die Prinzessin Maria Anna Carolina, von Athena als Göttin der Weisheit geleitet, die über ihre Erziehung gewacht hat [die Prinzessin hatte als einziges Familienmitglied die Zeit in München verbracht, die Prinzen waren von den Kaiserlichen nach Österreich verschleppt worden]. Die beiden Prinzen Ferdinand Maria Innozenz und Johann Theodor schließen die Gruppe ab. Vorne links stürzen Discordia [Zwist] und Fraus [Betrug] in einen Abgrund, während die Künste, durch Putten im Vordergrund symbolisiert, zu neuem Leben erwachen. Im Hintergrund erscheint Schloß Schleißheim, das Bauunternehmen, das Max Emanuel am meisten am Herzen lag und an dem er auch während seiner Verbannung plante.»[8]

In der Tat nahm Max Emanuel trotz der trostlosen finanziellen Situation alsbald seine Bautätigkeit in Nymphenburg und Schleißheim wieder auf. Auch sein dynastischer Ehrgeiz war noch keineswegs gebrochen. Es gelang ihm, zweien seiner Söhne geistliche Fürstentümer zu verschaffen, vor allem das Erzstift Köln. 1724 kam auf sein Betreiben die Wittelsbachische Hausunion zustande, durch welche die Stimmen des bisher chronisch uneinigen Gesamthauses Wittelsbach im Kurkollegium gebündelt zur Geltung gebracht werden sollten. Das ehrgeizigste Projekt galt aber wieder der Beerbung der Habsburger, diesmal des österreichischen Zweiges, der in absehbarer Zeit im Mannesstamm aussterben würde. Der Verheiratung des Kurprinzen Karl Albrecht mit der Kaisertochter Maria Amalia maß Max Emanuel daher zukunftsweisende Bedeutung bei. Dementsprechend hielt er in seinem politischen Testament den Kurprinzen an, die Vormacht im Reich zu suchen und das habsburgische Erbe zu beanspruchen. Karl Albrecht befolgte den väterlichen Rat, erreichte auch seine Wahl zum Kaiser, erlebte aber letztendlich trotz wesentlich günstigerer Ausgangslage mit seiner Großmachtpolitik ein ähnliches Fiasko wie sein Vater. Als Max Emanuel am 26. Februar 1726 in der Münchner Residenz starb, hinterließ er seinem Sohn noch ein zweites verhängnisvolles Erbe, nämlich eine Verschuldung in der selbst für die damalige in finanziellen Dingen höchst unbedenkliche Zeit außerordentlichen Höhe von über 26 Millionen Gulden, zu deren Tilgung der bayerische Staat über hundert Jahre brauchen sollte.

Zustande gekommen war dieser Schuldenberg durch die militärische Überanstrengung in drei großen Kriegen, durch die aufwendige Hofhaltung und die mit dieser zusammenhängende grandiose Bau- und Sammeltätigkeit des Kurfürsten und durch seine chaotische Finanzverwaltung. Nimmt man noch die dauernde eheliche Untreue und die Mätressenwirtschaft Max Emanuels hinzu, dann ist es nicht allzu verwunderlich, daß er den Historikern und ganz besonders denen des bürgerlichen 19. Jahrhunderts in erster Linie als Gegenstand der Moralkritik gedient hat. Als mildernder Umstand lassen dabei manche von ihnen gelten – und das mit Recht –, daß viele der angeblichen oder wirklichen Schwächen und Fehler Max Emanuels dem zeittypischen Verhalten absolutistischer Barockfürsten entsprachen, manche geradezu aus Sachzwängen resultierten. Der Aufbau eines starken stehenden Heeres und die Unterhaltung eines aufwendigen Hofstaates gehörten zu den Grundlagen der absolutistischen Politik und auf diese Weise des werdenden modernen Verwaltungsstaates, sie sind damit verbundene Erscheinungen. Wie neuere Untersuchungen gezeigt haben, stellte der höfische Aufwand ein durchaus «rationales politisches Imponiergehabe»[9] dar und diente durch die «suggestive Funktion des akkumulierten Prestiges»[10] der Machtgewinnung und der Machtsicherung gegenüber den eigenen Untertanen, insbesondere dem Adel, wie gegenüber potentiellen äußeren Verbündeten und Gegnern. Soziales und politisches Prestige hingen nicht zuletzt vom demonstrativen Konsum ab, und dieses die höfische Gesellschaft durchdringende «Statusverbraucherethos» zwang zu einer Ausgabenpolitik, die nicht in erster Linie von den Einnahmen, sondern von Status und Rang bzw. dem Anspruch darauf abhängig war. «Die Tendenz zu einer Eskalation der Verschuldung und schließlich zum Ruin war dementsprechend bei den Angehörigen dieser Gesellschaft sehr groß.»[11]

Man kann also Max Emanuel nicht diese zeittypischen Eigenschaften zum Vorwurf machen, allenfalls die übersteigerte und zum Teil irrational-undisziplinierte Ausformung, die sie in seiner Person gefunden haben. Hierin liegt gewiß ein Gegensatz zu Max Emanuels großem Vorbild Ludwig XIV., der in souveräner Selbstbeherrschung das höfische Instrumentarium gezielt einzusetzen verstand. Durch das Verhalten Max Emanuels geht dagegen ein einheitlicher Grundzug, «das Dasein, soweit es in der eigenen Macht steht, so zu gestalten, daß Höhepunkt auf Höhepunkt, Erfüllung auf Erfüllung folgt. Die Verfügung über Menschen und Mittel, die Feldzüge, Belagerungen und Schlachten, die Feste, Planung und Ausführung von Schlössern und Gärten, Kauf von Möbeln, Teppichen, Gemälden, Festlegung von Programmen, Zeremoniell, Liebesspiel – bei Max Emanuel handelt es sich primär nicht um absichtsvoll eingesetzte Mittel, um Politik, sondern zuerst um Genuß. [...] Ein solches Temperament, begabt zur Darstellung seiner selbst, zur Figurierung des Fürsten in großer Umgebung, macht – mag es auch politisch scheitern – Eindruck auf die Zeitgenossen und auf die Nachwelt.»[12] Es ist daher nicht erstaunlich, daß Max Emanuel immer wieder als der «Prototyp des bayerischen Barockfürsten in Licht- und Schattenseiten»[13] gekennzeichnet wird, als eine jener Erscheinungen, «in denen sich der Charakter einer Epoche am deutlichsten ausprägt.»[14]

Die Gleichsetzung Max Emanuels mit dem Höhepunkt des bayerischen Barock verlagert natürlich das Gewicht der Betrachtung von der überwiegend negativ bewerteten Rolle, die der Politiker Max Emanuel gespielt hat, in den Bereich seiner kulturellen Leistungen, die sehr viel mehr Gnade vor den Augen der Nachwelt gefunden haben. Freilich lassen sich im konkreten Fall die politisch-militärischen und die künstlerisch-kulturellen Aspekte im Tun Max Emanuels nicht fein säuberlich voneinander trennen, sie durchdringen sich gegenseitig in der Art eines Gesamtkunstwerks, das dem Ruhm des Kurfürsten vor Zeitgenossen und Nachwelt zu dienen hatte.

Mit dem Wort «Ruhm», mit «gloria», «gloire», ist ein Schlüsselbegriff der Epoche genannt, und auch ist wieder festzustellen, daß Max Emanuel das Wesen seiner Zeit in vollendeter, ja übersteigerter Weise verkörpert hat. Dies muß als Einschränkung berücksichtigt werden, wenn man den Kurfürsten als einen Menschen des momentanen Genusses charakterisiert. Er ist das zweifellos in hohem Maße gewesen, doch das zentrale Motiv seines Handelns war der Durst nach Ruhm. Mehr noch als der Beifall der Zeitgenossen ist damit das Bild gemeint, das Max Emanuel vor der Nachwelt darstellen wollte. Die bleibende Monumentalisierung dieses Ruhmes sollten vor allem seine Schlösser sein.

Gewiß dienten diese Bauten ebenso wie die sie umgebenden Gärten auch dem persönlichen Genuß, doch mehr noch sollten sie späteren Generationen von den Taten des Fürsten, Feldherrn und Kunstförderers Max Emanuel künden. Die Schwerpunktsetzung konnte bei einzelnen Bauwerken durchaus verschieden sein. Nymphenburg errichte er für sein Vergnügen, schrieb er während der Belagerung von Augsburg 1703 seiner Gemahlin, Schleißheim dagegen als «gebautes Andenken für meine Nachwelt» («mémoire en bâtiment pour ma posterité»).[15] In der Tat läßt sich kaum ein Raumensemble vorstellen, in dem uns ein Monarch noch heute eindrucksvoller vorführte, wie er gesehen werden möchte, als die Abfolge von Treppenhaus, Großem Saal und Victoriensaal im Neuen Schloß Schleißheim: «eine erstrangige quellenmäßige Auskunft über Max Emanuel, über seine Auffassung vom Herrscherberuf und über sein Repräsentationsbedürfnis.»[16]

Das Treppenhaus enthält bereits deutliche Hinweise auf den martialischen Charakter des Bauherrn. Die Stuckarbeiten Johann Baptist Zimmermanns zeigen Trophäen mit antiken und türkischen Waffen, das Deckenfresko der Laterne von der Hand Cosmas Damian Asams aus dem Jahre 1720 stellt Venus und ihren Sohn Aeneas in der Schmiede des Vulkan dar. Gehilfen ziehen Bilder mit Schlachtendarstellungen hervor, von denen eines, das die Erstürmung einer Stadt zeigt, eine große Rautenfahne in der Hand des obersten antiken Kriegers erkennen läßt. Damit wird nicht nur auf den Zyklus der Türkenschlachten in den folgenden Räumen vorbereitet, sondern auch eine Linie gezogen, die von Aeneas über Rom zu Max Emanuel selbst führt. In dieses Bild fügt es sich, daß auch die Deckengemälde Jacopo Amigonis im Großen Saal und im Victoriensaal Szenen aus Vergils «Aeneis» zeigen, nämlich den Zweikampf zwischen Aeneas und Turnus und den Empfang des Aeneas durch die karthagische Königin Dido. Dies legt nahe, daß der Kurfürst sich in gewisser Weise mit Aeneas identifiziert hat. Amigonis Fresken sind 1721 bis 1724 entstanden. Programm und Ausführung gehören also in die Zeit nach der Rückkehr aus dem Exil. Es waren wohl vor allem zwei Aspekte, die den alternden Kurfürsten zur Figur des Aeneas hinzogen.

Da war einmal der dynastische Gesichtspunkt. Aeneas entstammte einem nicht regierenden Zweig des trojanischen Königshauses, doch war es diese bis zum Untergang der Stadt und des übrigen Geschlechts im Schatten stehende Nebenlinie, der die Zukunft gehörte. Angesichts der habsburgischen Erbfolgeprobleme haftete der Parallele eine unterschwellig gegen das Haus Österreich gerichtete Tendenz an, doch war die Gedankenführung vieldeutig genug, um nicht den Rahmen politischer Diskretion zu sprengen. Entscheidend war vor allem der positive Aspekt, die Aussichten des Hauses Wittelsbach auf die ihm zustehende Rolle in der Geschichte. Wie Aeneas den Keim gelegt hatte zur künftigen Größe Roms, so wollte sich Max Emanuel als Begründer des kommenden Glücks seiner Dynastie sehen. Natürlich schwang hier auch eine gewisse Resignation mit: Wie Aeneas hatte es ihm das Schicksal verwehrt, die großen Zeiten selbst zu erleben.

Die andere, wohl ausschlaggebende Gemeinsamkeit mit Aeneas bestand darin, daß Max Emanuel wie dieser die Bitternis der Niederlage kosten und aus seiner brennenden Heimat flüchten mußte, bevor er nach langer Irrfahrt ans verheißene Ziel gelangte. Wahrscheinlich begann sich der Kurfürst mit der Aeneasfigur zu identifizieren, als es noch gar nicht abzusehen war, wohin ihn schließlich das Schicksal verschlagen würde. Auch als die Friedensschlüsse von Rastatt und Baden bestimmten, daß sein neues Troja nicht an fernen Gestaden, sondern gewissermaßen auf den Trümmern des alten liegen würde, also in Bayern, hielt Max Emanuel an seinem mythologischen Schicksalsgefährten fest.

Daß der Große Saal und der Victoriensaal als Einheit konzipiert worden sind, das zeigen nicht nur die Deckenfresken Amigonis, sondern in noch höherem Maße die raumbeherrschenden Schlachtengemälde Franz Joachim Beichs, die den Türkensiegen Max Emanuels gewidmet sind. Auf allen diesen Bildern wurde ganz bewußt eine unheroische, nüchtern-objektive Schilderung der taktischen Vorgänge angestrebt. Ein vordergründiges Dramatisieren und Personalisieren wird konsequent vermieden, die Taten sollen für sich sprechen. Nur auf einem einzigen der Beichschen Schlachtenbilder ist der Kurfürst selbst dargestellt und auch da so klein und ohne pathetische Hervorhebung, daß er vom unaufmerksamen Betrachter leicht übersehen wird. Diese Zurückhaltung, dieser gezielte Verzicht auf Selbstinszenierung geht zweifellos auf Max Emanuel selbst zuruck, der sich um die Planung und Ausführung der von ihm in Auftrag gegebenen Bauten und Kunstwerke höchst kenntnisreich bis ins Detail zu kümmern pflegte. Auf den ersten Blick scheint das gar nicht zur schillernden Persönlichkeit des «Blauen Königs» zu passen – Marlborough und Prinz Eugen ließen sich auf ihren Schlachtenbildern viel unbekümmerter in den Vordergrund stellen. Doch dürfte hier ein persönlicher, barocker Exaltiertheit partiell zuwiderlaufender Stilwille des Kurfürsten vorliegen, wie auch ein Vergleich mit der von ihm protegierten Baukunst zeigt, die gleichfalls eine eher unaufdringliche Note hat. Die beiden riesigen Bilder im Großen Saal stellen die Entsatzschlacht von Wien und die Schlacht am Berge Harsán dar. Beide entstanden 1702 bis 1704, also in den ersten Jahren des Spanischen Erbfolgekrieges. Sie waren ein massiver Appell an die Dankbarkeit des Kaisers, zugleich aber auch eine drohende Zurschaustellung der militärischen Stärke Bayerns, ganz ähnlich dem großen Schwabinger Manöver, das im Herbst 1701 abgehalten wurde, zur gleichen Zeit, als Beich mit den Entwürfen für diese Kolossalgemälde begann. In schönster Analogie zur damaligen Politik Max Emanuels sind sie Forderung, Werbung und Drohung zugleich. Da Schloß und Saal sich bei der Flucht des Kurfürsten 1704 noch im Rohbauzustand befanden, konnten die Gemälde erst nach seiner Rückkehr zur Hängung gelangen. Sie wurden nun eingerahmt von stark plastischen Stuckarbeiten, welche die beiden Bilder wie eine Bühne mit flankierenden Trophäen und einem von Putten hochgehaltenen und von Ruhmesgöttinnen gekrönten Vorhang umgeben, dessen Raffung den Blick freigibt auf das «Theatrum Belli», das «Kriegstheater».

Im Victoriensaal wirken die wesentlich kleineren, dafür aber viel zahlreicheren und auf alle vier Wände verteilten Schlachtengemälde in ihrer Gesamtheit als dekoratives, eine kriegerische Atmosphäre verbreitendes Ensemble. Sie sind eingebettet in weiß-goldene Schnitzarbeiten mit reichem Trophäendekor, in den unter den Bildern befindlichen Wandschränken wurden einst erbeutete Fahnen aufbewahrt. Über den Gemälden verläuft eine zweite Wandzone, in der sich fast vollplastische Paare von Stuckatlanten in Gestalt keulenbewehrter Herkulesfiguren abwechseln mit sechs kleinen Fresken Amigonis, die mit Waffen spielende Putten zeigen. Die auf den Schilden angebrachten Buchstaben ergeben zusammen den Namen des Kurfürsten. Über diese Zone wölbt sich schließlich die Decke mit Amigonis Fresko «Dido empfängt Aeneas». Die Schlachtenbilder des Victoriensaals sind im Gegensatz zu denen des Großen Saals erst nach der Rückkehr Max Emanuels aus dem Exil entstanden. Die Legenden zu diesen Gemälden stellen eine wichtige Ergänzung des Bildprogramms dar. In tönenden lateinischen Versen wird da nachgeholt, was sich Maler und Auftraggeber in der Gestaltung der Schlachtengemälde selbst versagt haben: ruhmredige Propaganda bis an den Rand der schon fast selbstironisch wirkenden Komik. Sogar einem Mißerfolg weiß der Verfasser das Beste abzugewinnen, wenn er zum «Rückzug bei Esseg» schreibt: «Niemals flieht Mars: Doch wenn er bisweilen weise zurückweicht, so ist nicht weniger als sein Gesicht der Rücken des Abmarschierenden gefürchtet» («Numquam Mars fugit: At prudens quandoque recedit/Nec minus ac vultus abeuntis terga timentur»).

Die Nordwand mit dem Kamin bildet den Hauptblickpunkt der ganzen Raumfolge. Sie ist daher dem Gipfel der militärischen Karriere des Kurfürsten gewidmet, dem Feldzug von 1688. Die beiden Schlachtengemälde Beichs, «Der Übergang über die Save» und «Die Erstürmung von Belgrad», flankieren das zentrale Kaminstück Amigonis mit dem Portrait des jugendlichen Max Emanuel im Gespräch mit einer türkischen Gesandtschaft vor Belgrad. Das 1723/1724 entstandene Bild zeigt den sechsundzwanzigjährigen Kurfürsten in leuchtendblauem Rock. Als leibhaftiger «Blauer König» thront er auf einem Sessel, umgeben von seinen Generälen, während die Türken respektvoll mit ihm verhandeln. Zwischen der christlichen Gruppe links im Bild und der türkischen rechts wird im Hintergrund das von Max Emanuel gerade eroberte Belgrad sichtbar. Amigoni verzichtet hier auf die sonst üblichen Anachronismen. Physiognomie, Kleidung, Haartracht zeigen nicht den Stand von 1723, sondern rekonstruieren minutiös den von 1688. Man spielte also in einer zwar von Konventionen geprägten, doch kenntnisreichen und absichtsvollen Art und Weise mit den Zeiten und ihren wechselnden Erscheinungsformen. Amigonis Bild betont nicht den kriegerischen Charakter des Helden, sondern seine Qualitäten als gelassener, friedensbereiter, großmütiger Sieger. Zwar sollten sich die von den Türken 1688 eingeleiteten Friedensgespräche als fruchtlos erweisen – der Krieg dauerte noch weitere elf Jahre –, doch für Max Emanuel persönlich war es der letzte Feldzug gegen die Türken.

Während in den Personen mit großer Exaktheit die Situation im September 1688 wiedergegeben ist, wechselt das Bild im oberen Bereich seinen Charakter: Zum realistischen, wenn auch überhöhenden Historienbild tritt die Allegorie in Gestalt einer auf einer Wolke schwebenden Fama, die, den Lorbeerkranz in der Linken, die Ruhmestrompete in der Rechten, auf ihren Liebling herabblickt, während hinter ihr, noch zögerlich, Pax mit dem Ölzweig sichtbar wird. Kein Bild wurde von Max Emanuel so bewußt inszeniert wie dieses Kaminstück Amigonis, auf das das Auge bereits trifft, wenn man, vom Treppenhaus kommend, durch den Großen Saal und die geöffneten Türen in den Victoriensaal blickt. Als jugendlicher Feldherr im Zenit seiner Laufbahn, siegreich, versöhnungsbereit, in kultivierter Eleganz und mit souveräner Zuversicht in die Zukunft blickend, mit dieser Darstellung dürften wir dem Bild am nächsten kommen, das der «Blaue König» der Nachwelt von sich überliefern wollte.

Karl Albrecht

Der zweite wittelsbachische Kaiser

Von Egon Johannes Greipl

Es gibt Entscheidungen des wittelsbachischen Kaisers Karl VII., die noch heute Wirkungen zeigen. Sie betreffen die Denkmalpflege: Das Fürstliche Haus Thurn und Taxis trägt sich mit dem Gedanken, seine Residenz und Hofhaltung in der ehemaligen Reichsabtei St. Emmeram zu Regensburg nach zweihundert Jahren aufzugeben und das Schloß zu einem Kultur- und Kongreßzentrum umzuwandeln. Nach Regensburg sind die Thurn und Taxis aber gekommen, weil sie ständige Vertreter des Kaisers auf dem Regensburger Reichstag, sogenannte Prinzipalkommissare, waren. Den ersten Prinzipalkommissar aus dem fürstlichen Haus, den Reichsgeneralpostmeister Alexander Ferdinand, hat Kaiser Karl VII. am 1. Februar 1743 ernannt. Die Familie verlegte ihre Residenz von Frankfurt nach Regensburg, verblieb dort auch nach dem Ende des Alten Reiches und erhielt im Rahmen der Entschädigung dafür, daß sie ihre Postrechte an das Königreich Bayern abtrat, die Gebäude der säkularisierten Reichsabtei St. Emmeram. Bis in unsere Tage besteht also in Regensburg ein Rest des Alten Reiches, nicht nur als bauliches Zeugnis wie der Reichssaal oder als museales Erbe wie Drucksachen des Reichstags, sondern als mehr oder weniger vitale Hofhaltung.

Der Verursacher dieses heutigen denkmalpflegerischen Problems, ein Fürstenschloß in ein Hotel zu verwandeln, Karl Albrecht, ist am 6. August 1697 geboren. Schon der Geburtsort Brüssel, wo sein Vater, Kurfürst Max Emanuel, als Generalstatthalter der Niederlande, fern von Bayern residierte und vom spanischen Erbe samt Amerika, Italien, den Niederlanden und der Königswürde träumte, deutet an, daß Karl Albrechts Leben nicht in einer landesväterlichen Rolle sich bescheiden, sondern im Rahmen von Reichspolitik und europäischer Politik sich abspielen würde. Bereits der bei den altbayerischen Wittelsbachern bislang nicht gebräuchliche Name Karl beinhaltete ein Programm: Karl spielte auf Kaiser Karl den Großen an, den die Wittelsbacher zu ihren Ahnen zählten. Karl verwies zugleich auf das Haus Habsburg, auf Kaiser Karl V., in dessen Reich die Sonne nicht untergegangen war, und auf den Habsburgerkaiser Karl VI., um dessen Erbe Karl Albrecht von Bayern einst streiten sollte.

Als 1699 Karl Albrechts älterer Halbbruder Joseph Ferdinand als sechsjähriges Kind, das die Ansprüche auf das spanische Erbe besaß, unerwartet starb, zerstoben die Großmachtträume des Vaters, und Karl Albrecht rückte in die Position des Kurprinzen nach. 1701 kehrte die Familie von Brüssel nach München zurück. Der Spanische Erbfolgekrieg brach aus: Die Armee Max Emanuels wurde an der Seite Frankreichs bei Höchstädt an der Donau am 13. August 1704 von Prinz Eugen und dem Herzog von Marlborough vernichtend geschlagen, Bayern von den Österreichern besetzt und verwaltet. Der Kurfürst floh ins niederländische Exil. Verwaist lebten Karl Albrecht und seine Geschwister zuerst in der Münchner Residenz, dann, auf Anordnung von Kaiser Josef I., in Klagenfurt und Graz. Dort ermöglichte man ihnen eine angemessene Hofhaltung und ließ ihnen die zeitgemäße Fürstenerziehung zukommen. 1714 endete die große europäische Auseinandersetzung im Frieden von Rastatt, Max Emanuel erhielt Bayern zurück. Nach mehr als zehnjähriger Trennung war die Familie des Kurfürsten wieder in München vereint. Mit der üblichen Bildungsreise nach Italien, der Kavalierstour 1715/1716, schloß Karl Albrecht die Zeit seiner Jugend und Ausbildung ab. 1722 heiratete er die Kaisertochter Maria Amalia, wobei er auf alle aus dieser Verbindung etwa abzuleitenden Erbansprüche gegenüber dem Haus Habsburg verzichtete und die Pragmatische Sanktion, also den Anspruch Maria Theresias auf das Erbe Karls VI., ausdrücklich anerkannte.

Karl Albrecht war für seine künftigen Aufgaben als Landesherr gut gerüstet. Er hatte eine entsprechende Ausbildung genossen, Sprachen gelernt, hatte Reisen unternommen und fremde Höfe gesehen, gleichzeitig aber am eigenen Leibe, durch das Exil und die Trennung von den Eltern, den Anspruch und die Tragweite der Politik seines Vaters erfahren. Sein Vater war es auch, der in ihm den dynastischen Ehrgeiz weckte und trotz aller Fehlschläge wachhielt, der sein politisches Vorbild und sein politischer Lehrmeister war. Noch am 8. August 1705, machtlos und im Exil, hatte Max Emanuel an seine Frau Theresia Kunigunde geschrieben, er höre es mit Unwillen, wenn jemand behaupte, daß es in der Welt ein erlauchteres und größeres Haus gäbe als das seine. «Wenn die Kaiser und Könige darin nicht mehr auftreten, so war dies nur der Wille meines Vaters, denn er hätte nur zugreifen brauchen, um Kaiser zu sein, und nur der Tag von Höchstädt hat mir verwehrt, es zu werden, und Gott allein weiß, was noch werden kann!»[1]

Max Emanuel spielte darauf an, daß Kurfürst Ferdinand Maria ebenso wie schon vor ihm Herzog Wilhelm IV. und Kurfürst Maximilian I. die ihnen angetragene Kaiserkandidatur abgelehnt hatten – in weiser Selbsteinschätzung der eigenen Kräfte. Und noch in dem als politisches Testament geltenden Brief des Jahres 1725 schreibt Max Emanuel aus Paris an seinen Sohn: «Ich kann dir mit vollem Grund erklären, daß wir in den Archiven dahier bündige Originaldokumente haben, die über das Recht unseres Hauses auf Ober- und Niederösterreich, Kärnthen und Steiermark keinen Zweifel lassen, ohne von meinem Anrecht auf die Niederlande und Tirol zu sprechen [...] wir müssen die Kaiserkrone an unser Haus bringen.»[2] Vom Anrecht auf das Kaisertum war Kurfürst Karl Albrecht im Innersten überzeugt. Nicht blinder Ehrgeiz leitete ihn, sondern das Empfinden eines berechtigten Anspruchs. In der von ihm in Auftrag gegebenen Ahnengalerie der Münchner Residenz hat er, zehn Jahre vor der Wahl von 1742, sein Portrait in engem Bezug zu den Bildnissen Kaiser Karls des Großen und Kaiser Ludwigs des Bayern anbringen lassen. Und in den etwa gleichzeitig entstandenen Reichen Zimmern dokumentieren zwölf Supraportengemälde römischer Kaiser die Auffassung des Kurfürsten vom Rang seiner Dynastie. Eine glänzende höfische Repräsentation mit Bauten und Festen war im 18. Jahrhundert nicht beliebige Zutat, die der Souverän veranstalten oder bleiben lassen konnte. Repräsentation war eine hochpolitische Angelegenheit. Sie war Investition, nicht Verschwendung, und sie dokumentierte Selbstbewußtsein und Anspruch. In diesem Sinne muß man es deuten, daß die Hochzeit Karl Albrechts mit Maria Amalia von Österreich vier Millionen Gulden kostete: Das waren fast die gesamten bayerischen Staatseinnahmen eines Jahres. Und als Anspruch, als Legitimitätsnachweis ist es zu sehen, wenn Karl Albrecht in München einen Hof unterhielt, der für manchen Zeitgenossen den Kaiserhof in Wien übertraf.

Am 26. Februar 1726 starb im Alter von 63 Jahren Kurfürst Max Emanuel von Bayern. Wie das Schloß von Schleißheim sind die europäischen Großmachtpläne dieses Fürsten ein für die Nachwelt bis zum heutigen Tage eindrucksvoller Torso geblieben. Die Finanzen des Landes waren zerrüttet: 27 Millionen Gulden betrug die Staatsschuld, davon 45 Prozent geschuldetes Kapital, 17 Prozent säumige Zinszahlungen und 38 Prozent ausstehende Löhne und Gehälter. 27 Millionen Gulden Schulden bei etwa vier Millionen jährlicher Staatseinkünfte! Nachdem die Schulden nicht durch Investitionen in rentierliche Unternehmungen entstanden waren, sondern durch Militärausgaben für verlorene Kriege und durch Aufwand für politisch erfolglose Repräsentation, war das Staatswesen im Grunde bankrott. Nur in den ersten Jahren seiner Regierung als Kurfürst hat Karl Albrecht den Kampf gegen die Staatsschulden geführt, den Schloßbau in Schleißheim eingestellt, Personal entlassen, Pferde und Jagdhunde abgeschafft, Besoldungen gekürzt, die Forderungen der Hofbankiers kritisch geprüft und zusammen mit den Landständen eine Schuldentilgungskasse ins Leben gerufen. Gefruchtet hat das alles letztlich wenig. Mit 35 Millionen Gulden war der Schuldenberg, den Karl Albrecht 1745 seinem Sohn Max III. Joseph hinterließ, beinahe um ein Drittel höher als der, den er von seinem Vater Max Emanuel übernommen hatte. Er war deshalb so gewaltig, weil Karl Albrecht mit größtem Einsatz gespielt und verloren hatte.

Der bayerische Kurfürst hatte vor allem zwei anspruchsvolle Ziele: Er wollte auf der Grundlage umstrittener Rechtstitel das territoriale Erbe des 1740 ohne männliche Nachkommen verstorbenen Habsburgerkaisers Karl VI. an sich bringen, und er wollte zum Kaiser des Heiligen Römischen Reiches gewählt werden, nachdem dieses Wahlamt seit drei Jahrhunderten in habsburgischer Hand gewesen war. Er wollte die Größe und den Glanz seines Hauses mehren, ohne zu scheitern, wie sein Vater Max Emanuel gescheitert war.

Wer solche Ziele verfolgte, betrieb große europäische Politik; ideell wie realpolitisch waren alle wichtigen Mächte davon betroffen. Die Ansprüche auf das Habsburgererbe mußten, schon weil sie juristisch umstritten waren, mit der Macht der Waffen durchgesetzt werden, und ein erfolgreiches Kaisertum hing von der persönlichen Macht des Amtsinhabers ab. Wer die Chancen Karl Albrechts auf den Erfolg gewichten will, muß die Ressourcen betrachten, die ihm zur Verfügung standen. Die wichtigsten Potentiale wären gewesen: ein großes, wirtschaftlich kräftiges, geostrategisch günstig gelegenes eigenes Territorium mit brauchbaren Festungssystemen, stattlicher Bevölkerungszahl und einer dem Herrscher wohlgesonnenen öffentlichen Meinung; eine zahlenmäßig starke, gut ausgerüstete und gut ausgebildete Armee; hohe Steuereinnahmen und geringe Schulden; mächtige, aber nicht übermächtige, entschlossene und zuverlässige Bündnispartner, die aus dem Gleichklang der Interessen heraus zusätzliche finanzielle oder militärische Ressourcen bereitstellten.

Es lohnt sich, unter diesen Gesichtspunkten einen Blick auf Landkarten des mittleren 18. Jahrhunderts zu werfen. Auf der Weltkarte zeigt sich zunächst, daß Kurbayern wegen seiner geringen Ausdehnung gar nicht zu sehen ist. Es zeigt sich aber auch, daß die europäischen Mächte in andere Erdteile expandierten und selbstverständlich auch damals schon globale Interessen hatten, deren Austrag auf den europäischen Schauplatz und die europäische Bündnispolitik zurückwirkte. Entscheidend war der Konflikt zwischen England und Frankreich um Nordamerika und Indien.

Auf der Europakarte ist Kurbayern zwar sichtbar, aber verschwindend klein im Vergleich zu den Landmassen Frankreichs, des Habsburgerreichs oder selbst Preußens. Diese Bewertung ändert sich auch dann nicht, wenn man die Position der Gesamtdynastie Wittelsbach betrachtet und die geistlichen Staaten in wittelsbachischer Hand, also Kurköln, Münster, Paderborn und Hildesheim, hinzurechnet, wo Karl Albrechts Bruder Clemens August als Fürstbischof herrschte. Gegenüber diesen Territorien fielen die Hochstifte Regensburg und Freising, in der Hand Johann Theodors von Bayern, des jüngeren Bruders, erst gar nicht ins Gewicht. Von größerer Bedeutung hingegen war die Zusammenarbeit mit der wittelsbachischen Kurpfalz, die in der Hausunion von 1724 ein solides Fundament hatte. Das gesamte wittelsbachische Potential umfaßte 15 Prozent des Reichsgebiets und, mit drei Millionen Einwohnern, etwa ein Achtel der Reichsbevölkerung. Ob dieses Potential geschlossen in die Waagschale der europäischen Politik geworfen werden konnte, hing davon ab, ob die Familienmitglieder tatsächlich ihr eigenes Territorialinteresse dem dynastischen Interesse nachordneten. Dies war keineswegs immer der Fall, so daß es für einen Kräftevergleich sinnvoller ist, nur das kurbayerische Potential in Ansatz zu bringen. Zudem fehlte zwischen Kurbayern, der Pfalz und den geistlichen Territorien am Rhein die geographische Verbindung.

Bayern selbst sah sich in einer problematischen geostrategischen Zentrallage, im Osten und Südosten von Habsburg und dem habsburgisch geprägten Erzstift Salzburg sowie dem ebenfalls habsburgisch orientierten Hochstift Passau zangenartig umfaßt. Im Norden und Westen befanden sich die Territorien der kleineren geistlichen und weltlichen Reichsstände, die traditionell bei Habsburg ihren Rückhalt suchten. Wenn Bayern mit Habsburg in Konflikt geriet, waren mächtige Bündnispartner, Frankreich oder Preußen, in ziemlicher Entfernung. Auf der anderen Seite war Bayern durch seine geographische Nähe zu Habsburg als Verbündeter für habsburgfeindliche Mächte interessant, da es als Operationsbasis oder vorgeschobener Posten dienen konnte. Das Festungssystem Bayerns war mangelhaft. Die gegen Österreich wichtige Grenzfestung Passau/Oberhaus gehörte dem Bischof von Passau, die von Tirol und Böhmen nach Bayern hereinführenden Wege waren durch Festungen kaum gesichert, einiges Gewicht besaß allenfalls die an der strategisch entscheidenden Donaulinie gelegene Festung Ingolstadt. Diese Misere brachte es mit sich, daß nur die Hälfte der Armee für die Operationen abgestellt werden konnte, während die andere Hälfte in der Sicherung der Landesgrenzen gebunden war.

Aufschlußreich ist auch der Blick auf die Ressource Bevölkerung. Zahlen stehen uns zwar erst für die Zeit ab 1770 zur Verfügung, doch sie dürften sich von jenen der Jahrhundertmitte nicht zu stark unterschieden haben. Kurbayern hatte 1,2 Millionen Einwohner, Preußen 4 Millionen, die habsburgische Monarchie 19,5 Millionen, Großbritannien 10 Millionen und Frankreich 25 Millionen Einwohner.

Die jährlichen Staatseinnahmen betrugen in Kurbayern um 1740 9,5 Millionen Livres (8 pro Einwohner), in Preußen 21 Millionen Livres (5 pro Einwohner), in der Habsburger Monarchie 63,6 Millionen Livres (3 pro Einwohner), in Großbritannien 155 Millionen Livres (16 pro Einwohner) und in Frankreich 187 Millionen Livres (7 pro Einwohner). So stand, bezogen auf die Steuerkraft pro Einwohner, die Finanzkraft Kurbayerns zwar gut da, im Vergleich der absoluten Zahlen von Einwohnern und Staatseinnahmen zeigt sich jedoch, daß dieses Staatswesen ohne Bündnis mit und damit in Abhängigkeit von einer anderen Großmacht strukturell zu einer europäischen Politik nicht in der Lage war. Zudem betrug die Staatsverschuldung während der Regierung Karl Albrechts zwischen 20 und 35 Millionen Gulden. Von seinem Vater hatte er ein stehendes Heer von 5000 Mann in kläglichem Zustand übernommen und dieses mit Unterstützung französischer Subsidien und um den Preis der steigenden Staatsschuld zeitweise auf 42 500 Mann hochgerüstet. Eine eigenständige Politik konnte aber auch diese Armee nicht gewährleisten. Insgesamt zeigt sich, daß Karl Albrechts große Ziele auf der Basis der eigenen Ressourcen nicht zu erreichen waren. Der bleibende Erfolg konnte sich nur über große Abhängigkeit von ebenso potenten wie zuverlässigen Bündnispartnern einstellen. Immer bestand dabei die Gefahr, zum Spielball der Interessen mächtigerer Verbündeter zu werden.

Am 20. Oktober 1740 starb in Wien Kaiser Karl VI. im Alter von gerade 56 Jahren. «Vivat: Der Kaiser ist tot / Wir bekommen jetzt großes Brot / Der Lothringer ist uns zu schlecht / Der Bayer ist uns eben recht.»[3] So soll sich Volkes Stimme in Wien gegen Franz Stephan von Lothringen, den Schwiegersohn des Verstorbenen und Gemahl Maria Theresias, und für Karl Albrecht geäußert haben. Aber was bedeutete im 18. Jahrhundert Volkes Stimme gegen die Soldaten, das Geld und die Interessen der europäischen Mächte!

Karl Albrecht griff in der Tat in maßloser Verkennung seiner Möglichkeiten nach dem habsburgischen Erbe. Er war nicht der einzige. Andere Fürsten wollten sich mit Teilen begnügen oder jedenfalls für eine Zerschlagung der habsburgischen Großmacht sorgen. Unter Berufung auf ziemlich schwache reichs- und erbrechtliche Argumente schlug als erster König Friedrich II. von Preußen schon wenige Wochen nach dem Tod Karls VI. zu und eroberte das blühende österreichische Schlesien. Als Kronprinz hatte Friedrich II. 1738 in einem anonymen Flugblatt noch betont, daß die Untertanen nicht willenlose Werkzeuge für die Ruhmsucht der Fürsten seien und daß «der wahre Ruhm eines Fürsten nicht in der Unterdrückung seiner Nachbarn, nicht in der Vermehrung der Anzahl seiner Sklaven besteht, sondern darin, die Pflichten seines Amtes zu erfüllen»[4]. Als König jedoch schrieb er 1746 in der Rückschau auf das Jahr 1740 in schonungsloser Offenheit: «Ich richtete meine Blicke auf das Ableben des Kaisers, des letzten habsburgischen Fürsten; er hinterließ seiner Tochter eine strittige Nachfolge, der Thron der Cäsaren wurde frei. Dieses Ereignis konnte mir nur günstig sein: wegen der distinguierten Rolle, die ich in Deutschland spielen konnte, wegen der Streitigkeiten, die zwischen den verschiedenen Thronkandidaten entstanden und wegen der Pläne, welche Sachsen, Bayern und selbst Frankreich nach dem Tode Karls VI. fassen mußte: die Provinzen des Hauses Österreich aufzuteilen. Dieses Ereignis ließ nicht lange auf sich warten, der Kaiser starb in der Favorita am 20. Okt. 1740 [...]. Ich faßte sofort den Entschluß, die Fürstentümer Schlesiens in Anspruch zu nehmen, auf welche mein Haus sehr begründete Rechte hatte, und ich ergriff Maßregeln, um meine Ansprüche auf dem Wege der Waffen zu verfolgen. Das war ein unfehlbares Mittel, die Macht meines Hauses zu vermehren und Ruhm zu erwerben, wenn das Glück meinen Unternehmungen zu Hilfe kam. Bevor ich meine Absichten sehen ließ, erwog ich auf der einen Seite die Zufälle, die zu riskieren, auf der andern die Glücksumstände, die zu hoffen waren, und nach reiflicher Erwägung und Besprechung der Sachlage beschloß ich den Krieg. Rechnet man zu all diesen Beweggründen noch den Reiz eines zahlreichen und mobilen Heeres, die gute Ordnung der Finanzen, die großen Reichtümer, die den Schatz der Krone füllten (und vielleicht die Begierde, mir einen Namen zu machen), so kennt man alle Gründe, die ich hatte, Maria Theresia, der Königin von Ungarn und Böhmen, den Krieg zu erklären.»[5] Diese Sätze illustrieren vorzüglich die Politik, die Motive eines absolutistischen Herrschers. Am 16. Dezember 1740 marschierte Friedrich in Schlesien ein, und am 10. April 1741 entschied der Sieg von Mollwitz über die Österreicher den Krieg auf dem schlesischen Schauplatz.

Die spanischen Bourbonen wiederum meldeten Erbansprüche auf habsburgische Territorien in Italien und den Niederlanden an, hatten jedoch kein Interesse an den deutsch-österreichischen Landen. Insofern ergab sich hier eine Interessengleichheit mit dem bayerischen Kurfürsten. Frankreichs Haltung war zunächst nicht eindeutig, die Parteien am Hofe von Versailles gespalten. Kardinal Fleury, der greise Minister der französischen Außenpolitik, hoffte, den Krieg vermeiden und den europäischen Schiedsrichter spielen zu können. Die Kriegspartei unter dem Grafen Belleisle hingegen setzte darauf, im Rahmen einer preußisch-bayerisch-spanisch-französischen Koalition die habsburgische Großmacht zerschlagen und damit die Hegemonie auf dem Kontinent erringen zu können. Der bayerische Kurfürst galt als Figur in diesem Spiel; seine Erbansprüche boten den willkommenen Kriegsgrund. Für Frankreich war diese Politik nicht billig; mit französischem Geld mußte die bayerische Armee aufgerüstet und unterhalten werden. 30000 französische Soldaten waren als Bündnistruppen nötig. Die französischen Verpflichtungen ergänzten Bündnisverträge von 1727 und 1733. Neben Frankreich leistete auch Spanien bedeutende Subsidienzahlungen – Militärhilfe würde man heute sagen – an Bayern. Auf diese Weise gelang es dem bayerischen Kurfürsten, zeitweise 20000 Milizionäre und 22000 Soldaten unter Waffen zu halten.

Am 31. Juli 1741 schlug Karl Albrecht los, indem er durch List und ohne Kampf das fürstbischöfliche Passau mit der Festung Oberhaus nahm und sich so den Weg nach Oberösterreich öffnete. Er marschierte die Donau hinunter, nahm den Titel eines Erzherzogs von Österreich an und empfing im Oktober zu Linz die Huldigung der oberösterreichischen Landstände. Als es darum ging, weiter nach Wien zu ziehen, machten sich erhebliche Differenzen mit dem französischen Bündnispartner bemerkbar. Paris fürchtete offensichtlich, Karl Albrecht könne zu schnell übermächtig werden, und drängte deshalb darauf, nach Norden umzuschwenken, um Prag zu nehmen. Nicht in anstrengender Belagerung, sondern im Handstreich gelang die Eroberung Prags. Die Landstände huldigten dem neuen König von Böhmen. Diese Erfolge entschieden den Krieg jedoch nicht, weil sie den Gegner kaum schwächten. Entscheidende Schlachten wurden vermieden, die Erfolge waren deshalb nicht von Dauer. Allerdings verschafften sie eine Atempause und gestatteten Karl Albrecht, sich nun auf die Wahl zum Kaiser zu konzentrieren.

Das Amt des deutschen Königs war ein Wahlamt und begründete den Anspruch auf die Krönung zum Kaiser des Heiligen Römischen Reiches Deutscher Nation. Den Kreis der Wähler legte das Reichsgesetz der Goldenen Bulle von 1356 fest, er war allerdings im Zuge politischer Kompromisse von ursprünglich sieben Kurfürsten auf neun erweitert worden. Die Wahl erfolgte mit der Mehrheit der Stimmen, so daß die im Mittelalter häufigen Doppelwahlen mit den folgenden kriegerischen Auseinandersetzungen –

beispielsweise zwischen Ludwig dem Bayern und Friedrich dem Schönen aus dem Hause Habsburg nach der Doppelwahl von 1314 – eigentlich hinfällig waren.

Im Wahljahr 1742 gehörten dem Kurkolleg der Erzbischof von Mainz, die Fürsterzbischöfe von Köln und Trier, der Pfalzgraf bei Rhein, die Kurfürsten von Bayern und Sachsen sowie der König von Brandenburg-Preußen an, dazu trat noch die in Personalunion mit dem englischen Königshaus verbundene Stimme von Kurhannover. Das Votum Böhmens führte bislang Habsburg. Wegen der umstrittenen Erbfolge Maria Theresias war diese böhmische Stimme jedoch ausgesetzt.

Schon lange vor der Wahl war das Abstimmungsverhalten der Kurfürsten Gegenstand von Verhandlungen und Verträgen, von bedeutenden Geldzahlungen und politischen Versprechungen. Die auswärtigen Mächte, insbesondere das stets an den Dingen des Reichs interessierte Frankreich, nahmen erheblichen Einfluß. Im Wahlkampf der Jahre 1740 bis 1742 schien zunächst der Ehemann Maria Theresias, Franz Stephan von Lothringen, die besten Aussichten auf die Mehrheit im Kurfürstenkolleg zu besitzen. Sogar der wittelsbachische Kurfürst von Köln hatte seine Stimme diesem Kandidaten in Aussicht gestellt. Durch massives Einwirken Frankreichs und des bayerischen Bruders konnte Clemens August jedoch für Karl Albrecht gewonnen werden. Friedrich II. von Preußen, der an einer Stärkung des Hauses Habsburg keinesfalls ein Interesse haben konnte, versprach seine Stimme ebenfalls dem bayerischen Kurfürsten. Schließlich brachte es Frankreich durch politischen und militärischen Druck, nicht zuletzt wiederum durch Geld dahin, daß auch die übrigen Kurfürsten sich Karl Albrecht zuwandten.

Am 24. Januar 1742, nach etwa 30 Konferenzen der Wahlbotschafter, wählte das Kurfürstenkollegium im Römer zu Frankfurt einstimmig den bayerischen Kurfürsten zum Römischen König. Selbstverständlich protestierte Maria Theresia gegen diese Wahl, die aus verschiedenen Gründen, vor allem wegen der Aussetzung der böhmischen Stimme, null und nichtig sei. In den kriegerischen Auseinandersetzungen der kommenden Jahre ging es nicht zuletzt auch um diese Königs- und Kaiserwürde; nach dem Tode des Wittelsbachers und der Wahl Franz Stephans von 1745 wurde dieser Streit zugunsten Habsburgs entschieden. Der Wahlprotest Maria Theresias von 1742 und der folgende Kampf verleiht der vordergründig einstimmigen Wahl Karl Albrechts dann doch die archaischen Züge einer mittelalterlichen Doppelwahl, die auf dem Schlachtfeld zu entscheiden war.

Von diesem Zwiespalt war im Winter 1742 in Frankfurt nichts zu spüren. Aus Aachen und Nürnberg brachte man die traditionell dort verwahrten Reichskleinodien herbei, am 21. Januar zog Karl Albrecht, von Mannheim kommend, feierlich in die Stadt ein. Am 12. Februar wurde er, exakt nach den Vorschriften der Mainzer Krönungsordnung aus dem Jahre 962, im Frankfurter Dom zum Kaiser gekrönt. Für die Bürger der Stadt Frankfurt waren Wahl und Krönung Geschäft und Spektakel, unvergeßlich jedenfalls, und noch die folgende Generation schwärmte davon, wie etwa Goethe in «Dichtung und Wahrheit» erzählt: «Mit vieler Begierde vernahm der Knabe sodann, was ihm die Seinigen sowie ältere Verwandte und Bekannte gern erzählten und wiederholten, die Geschichten der zuletzt kurz aufeinander gefolgten Krönungen: denn es war kein Frankfurter von einem gewissen Alter, der nicht diese beiden Ereignisse, und was sie begleitete, für den Gipfel seines Lebens gehalten hätte. So prächtig die Krönung Karls VII. gewesen war, bei welcher besonders der französische Gesandte, mit Kosten und Geschmack, herrliche Feste gegeben, so war doch die Folge für den guten Kaiser desto trauriger, der seine Residenz München nicht behaupten konnte und gewissermaßen die Gastfreiheit seiner Reichsstädter anflehen mußte.»[6]

War Karl Albrecht nun am Ziel seiner Wünsche? Wie sehr der im Zeremoniell mit 18 000 Livreeträgern, den Festen, Illuminationen, Feuerwerken und Volksbelustigungen materialisierte Schein im Widerspruch stand zur machtpolitischen Realität, das spürte er wohl und schrieb schon am 13. Februar in sein Tagebuch: «Meine Krönung ist gestern vor sich gegangen mit einer Pracht und einem Jubel ohnegleichen, aber ich sah mich zu gleicher Zeit von Stein- und Gichtschmerzen angefallen. Krank, ohne Land, ohne Geld, kann ich mich wahrlich mit Job, dem Mann der Schmerzen vergleichen und kann nur auf Gott meine Hoffnungen bauen, auf ihn, der dieses Unheil zuließ, der uns auch wieder Rettung senden kann. [...] Alles ist darüber einig, daß keine Krönung jemals herrlicher und glänzender war als die meine, der Luxus und die Verschwendung, die sich an allem und jedem kundgaben, überstiegen alle Vorstellungen. So konnte ich wähnen, den höchsten Gipfel menschlicher Größe erklommen zu haben, mußte aber unwillkürlich der allmächtigen Hand Gottes gedenken, der zur selben Zeit, da er uns so hoch steigen ließ, gar dringlich daran erinnert, daß wir nur seine Geschöpfe sind und stets im Auge behalten müssen: Wir sind nur Menschen!»[7]

In diesen Wochen der Kaiserwahl hatten die Österreicher begonnen, Bayern militärisch zu besetzen. Mit einer lächerlichen Armee von 2000 Mann versuchte der bayerische Feldmarschall, Kriegsminister und Außenminister Graf Törring, den österreichischen Einmarsch zum Stehen zu bringen. Unglücklich manövrierend konnte er die Innlinie nicht halten, die Donau und die Isar hinauf und von Kufstein her besetzten Maria Theresias Truppen das Land. Durch besondere Erbarmungslosigkeit zeichneten sich die kroatischen Panduren unter dem Obersten Freiherrn von Trenck aus, dessen Mumie, wer mag, noch heute in der Kapuzinergruft von Brünn besichtigen kann. Trencks Leute verbreiteten derartigen Schrecken, daß in der Chamer Gegend der Ausdruck «Du Pandur» noch heute als veritable Beschimpfung gilt. Am 14. Februar 1742, zwei Tage nach der Frankfurter Kaiserkrönung, rückten österreichische Husaren in München ein. Im Juni schlossen Maria Theresia und der Preußenkönig den Frieden von Breslau. Jetzt hatte Österreich die in diesem Konflikt gebundenen Truppen zur Verfügung, es gab zwar Bayern selbst teilweise frei, beendete aber durch die Einnahme Prags die bayerische Herrschaft in Böhmen und das böhmische Königtum Karls VII. Die Rückkehr nach München war für den Kaiser möglich geworden, blieb jedoch durch das erneute Vorrücken der Österreicher Episode. Wiederum führte ihn die Flucht über Augsburg zurück nach Frankfurt.

Am 27. Juni 1743 schlug die englisch-niederländische Armee («Pragmatische Armee») die Franzosen bei Dettingen am Main. Frankreich wollte sich nun offensichtlich aus seinen Verpflichtungen gegenüber Bayern lösen und knüpfte Verhandlungen mit Österreich an. Karl VII. erfuhr durch eine gezielte Indiskretion von diesem Verrat, nahm Verbindung mit England auf, um dieses für eine Vermittlung im Konflikt mit Maria Theresia zu gewinnen. England ging nicht ungern auf den Vorschlag ein, nicht weil ihm an Bayern oder dem Kaiser besonders gelegen war, sondern weil es seinen Erzrivalen schwächen wollte, indem es ihm den bayerischen Bündnispartner abspenstig machte und eine antifranzösische Koalition schmiedete. In völliger Überschätzung seiner Position forderte Karl VII. die Rückgabe von Bayern sowie Tirol und Vorderösterreich, Westböhmen und Oberösterreich bzw. die Österreichischen Niederlande; in einer zweiten Variante beanspruchte er Bayern mit dem Königstitel und die immer so sehnlichst vermißten Grenzfestungen, nämlich das böhmische Eger, das tirolische Kufstein und das fürstbischöfliche Passau. Die Engländer hingegen schlugen vor, den Kaiser mit Elsaß und Lothringen zu entschädigen, Territorien, die allerdings immer noch zu Frankreich gehörten. So wurden Gebiete gefordert und geboten, die gar nicht zur Disposition standen, insbesondere Bayern, das fest in der Hand Maria Theresias war: Und sie wollte es behalten, als Ausgleich für das verlorene Schlesien.

Das Prinzip, zwischen zwei Parteien den Ausgleich auf Kosten einer dritten herbeizuführen, lag auch einem Vorschlag zugrunde, den König Friedrich II. von Preußen unterbreitete. Er schlug vor, die geistlichen Territorien des Erzstifts Salzburg und der Hochstifte Freising, Regensburg, Passau, Augsburg und Eichstätt zu säkularisieren und das auf diese Weise arrondierte Kurbayern an Karl VII. zurückzugeben. Das Verfahren, geistliche Staaten aufzuheben und zu annektieren, war nicht neu. Die protestantischen Fürsten hatten nach der Reformation in erheblichem Maße davon profitiert. Die römische Kurie, vom Kaiser offenbar hinsichtlich einer generellen Aufhebung der geistlichen Territorien im Reich konsultiert, protestierte nur halbherzig, obgleich sie ein Schwinden des katholischen Einflusses im Reich fürchtete. Aber Maria Theresia hatte an einer derartigen Stärkung des Kaisers kein Interesse. Im Gegenteil: In einem hochwirksamen Propagandafeldzug stellte sie ihn – zu Unrecht – als den Erfinder des Säkularisationsprojekts und als den Feind der Reichskirche dar und entzog ihm auf diese Weise Sympathien dort, wo er sie noch besaß, bei der Reichskirche und den kleinen Reichsständen. So waren die Bemühungen des Jahres 1742/1743, den Konflikt politisch beizulegen, gescheitert. Interessanterweise kamen aber dabei Themen zur Sprache, die sechzig Jahre später in offenbar reiferem Zustand auf der Tagesordnung standen und positiv für Bayern entschieden wurden: Königskrone und territorialer Gewinn auf Kosten geistlicher Staaten.

1744 schien sich das Blatt noch einmal zugunsten des Kaisers wenden zu wollen. Preußen, Kurpfalz, Hessen-Kassel und Frankreich taten sich in der Frankfurter Union offiziell zusammen, um den Kaiser zu schützen und seine Rechte zu wahren. In Wirklichkeit ging es natürlich darum, Österreich nicht zu stark werden zu lassen. Friedrich II. unternahm einen militärischen Vorstoß nach Böhmen. Dadurch war Maria Theresia gezwungen, ihre Truppen aus Bayern abzuziehen, und Karl VII. konnte nach München zurückkehren, allerdings nur, um dort am 20. Januar 1745 zu sterben. Die österreichischen Truppen operierten in den folgenden Monaten so glücklich, daß Bayerns neuer Kurfürst, Max III. Joseph, die Konsequenzen zog und im Frieden von Füssen am 22. April 1745 sämtliche Ansprüche gegenüber Habsburg für alle Zeiten aufgab. Eine Rivalität, die bis ins Mittelalter zurückreichte, war zu Ende.

Zu dem Erbe, das Kaiser Karl VII. von seinem Vater Max Emanuel übernommen hatte, gehörten hochfliegende Pläne, die nicht zu verwirklichen waren, da die Ressourcen fehlten. Karl Albrecht sah nur «was er sehen wollte, glaubte er an das, was er wünschte». Mehr noch als sein Vater «jagte er, der vollendete Repräsentant seines Zeitalters, des Rokoko, dem Schein der Macht nach, unfähig, ihr Wesen und ihren Anspruch auf die ganze Hingabe des Fürsten zu erkennen. Ein Tyrann war dieser egozentrische Fürst jedoch nicht, er war, weich gegen sich selbst, liebenswürdig gegen jedermann, ein Fürst, der das Beste wollte. Ohne jenen Ehrgeiz, der ihm vererbt war wie die Schwäche, die ihn hinderte, ihm zu genügen, hätte ihm sein Land nur Dankbarkeit bewahrt; die letzten äußeren Anstöße zur unvergleichlichen Blüte der bayerischen Rokokokunst gingen von diesem Fürsten aus. Aber er wollte mehr sein als der kunstverständige Bauherr, der er war, er glaubte sich berufen, seinem Haus das Habsburger Erbe zu gewinnen, für das sich Wittelsbach seit 1546 bereit hielt. Gerade unter ihm, dem schwächsten Fürsten aus diesem Haus, trat der Erbfall ein.»[8]

Selbstbewußtsein und Stolz auf den Glanz des Kaisertums, aber auch Weinerlichkeit, Resignation und Selbstmitleid kennzeichnen Karl VII. Entschlußkraft mangelte diesem Kaiser ebenso wie das Glück des Tüchtigen. Schlachten schlug er nicht, seine militärischen Erfolge von Linz und Prag verdankte er der Überrumpelung und der List, aber auch dem wenig ausgeprägten Interesse der Gegner am heldenhaften und entscheidenden Blutvergießen: Der Bayer war halt da und würde auch wieder gehen. Wenn es dann doch darauf ankam, sich zu stellen, hatte der Kaiser mit dem Grafen Törring einen erfolglosen General, von dem man sagte, er gleiche einer Pauke: Denn «man höre von ihm nur, wenn er geschlagen werde.»[9] Die scharfzüngige Markgräfin Wilhelmine von Bayreuth, Schwester Friedrichs II. von Preußen, liegt in ihrem Urteil über Karl VII. sicher nicht weit neben der Wirklichkeit: «Dieser Fürst», schreibt sie, «verdiente ein besseres Schicksal. Er war sanft, menschenfreundlich, sprachselig und besaß die Gabe die Herzen zu gewinnen. Man kann von ihm sagen: Mancher glänzt im zweiten Range, der im ersten verdunkelt wird. Sein Ehrgeiz war größer als sein Genie. Er besaß Geist, aber Geist ist nicht genug, um einen großen Mann auszumachen. Die Lage, in welcher er sich befand, war über seine Sphäre, und sein Unglück wollte, daß er Niemand um sich hatte, der ihm mit den Talenten aushalf, die ihm fehlten.»[10]

Karl Albrechts Politik fehlte die Konsequenz, wie überhaupt die europäischen Konstellationen und Ereignisse zwischen 1740 und 1745 in ihrem schnellen Wechsel verworren erscheinen und die Einheit der Handlung kaum sichtbar ist. Das österreichische Erbe hat Karl Albrecht wegen mangelnder Kräfte gar nicht gewinnen können. Die Kaiserwahl hingegen ist ihm gelungen. In seinem Kaisertum und mit der Verlegung des Reichstags nach Frankfurt mag man den Versuch sehen, noch einmal das Zentrum des Reiches vom Südosten in die Mitte zu verschieben, wo es im Mittelalter gelegen hatte. Der Versuch war nur von kurzer Dauer. Bis zum Ende des Alten Reiches lag das Machtzentrum wieder in Wien, für ein gutes halbes Jahrhundert. Frankfurt, Karls VII. Kaiserstadt, erhielt noch einmal eine Chance, als Zentrum des Deutschen Bundes 1848, und wieder war sie nicht zu nutzen, da die Bundesidee als Fortschreibung der Idee des Alten Reiches im preußisch-österreichischen Dualismus unterging. Folgerichtig gab es dann zwei Zentren, Wien im Südosten und Berlin im Nordosten. Als schließlich das preußisch-deutsche und protestantische Nordostkaisertum 1871 ins Leben trat, war der Bayernkönig Ludwig II. beteiligt mit dem berühmten Kaiserbrief, den er gegen stattliche Subsidien aus Bismarcks Welfenfonds geschrieben hat. Der Vollständigkeit und Kuriosität halber könnte man Bonn, die einstige Residenz des Wittelsbachers Clemens August, als den letzten Versuch eines staatlichen Zentrums der Deutschen im Westen nennen. Und auch Bonn war nicht von Dauer.

Was nun die territoriale Vergrößerung Bayerns und den Wunsch nach einer Rangerhöhung der Dynastie angeht: Diese Ziele wurden zwei Generationen nach Karl Albrecht während der Napoleonischen Kriege erreicht und auf dem Wiener Kongreß sanktioniert. Basis des Erfolgs war nicht mehr die Durchsetzung dynastischer Erbansprüche und der Versuch einer Großmachtpolitik, sondern die Auflösung des Reichs, an dessen Spitze einst der Wittelsbacherkaiser Karl VII. gestanden war.

Max III. Joseph
Absolutismus oder Aufklärung?

Von Winfried Müller

Wenn man sich dem bayerischen Kurfürsten Max III. Joseph, der im Januar 1745 noch nicht achtzehnjährig die Regierungsgeschäfte in München übernahm, unter der Fragestellung «Absolutismus oder Aufklärung?» annähert, so verbirgt sich dahinter eine Problematisierung des gängigen Begriffs Aufgeklärter Absolutismus. Man versteht darunter gemeinhin eine Form der Regierungsausübung, in der sich das Interesse des Absolutismus an der flächendeckenden und alle Personen in gleicher Weise erfassenden Durchsetzung der fürstlichen Gewalt mit dem Rationalismus und Eudämonismus der Aufklärung verband. Einerseits muß man von einem Prozeß der Herrschaftsintensivierung durch den in seiner souveränen Stellung als Herrscher und Gesetzgeber unangetasteten Fürsten ausgehen. Andererseits wird die damit verbundene Effizienzsteigerung staatlichen Verwaltungshandelns als vernünftig eingestuft und begründet mit einer Glückseligkeitsdoktrin, die das Wohl aller Untertanen ins Auge faßt.

Dieses Wechselspiel von Absolutismus und Aufklärung sei einleitend mit einigen Hinweisen verdeutlicht. Daß ständische Privilegien, beispielsweise die Befreiung des Adels und der Kirche von den Steuerpflichten, abgebaut werden sollten, das fügte sich zum einen in den Prozeß der Herrschaftsintensivierung durch die gleichmäßige fiskalische Erfassung sämtlicher Untertanen. Dieser Bruch mit der Tradition ließ sich zum anderen auch dadurch begründen, daß es die vornehmste Aufgabe des Fürsten bzw. des Staates sei, in verantwortlicher Weise für alle Untertanen zu sorgen. So gesehen war die gleiche Besteuerung aller Ausdruck einer gemeinwohlorientierten staatlichen Verteilungsgerechtigkeit. Oder um ein anderes Beispiel zu nennen: Im Wirtschaftsdenken des 18. Jahrhunderts galt eine zahlreiche und gesunde Bevölkerung als wesentliche Quelle für den Reichtum eines Staates. Deshalb waren die Senkung der Kindersterblichkeit, die gute medizinische Versorgung der Bevölkerung, die Humanisierung des Strafvollzugs, die Erleichterung von Zuwanderung und Niederlassung Auswärtiger Anliegen aller Staatsverwaltungen. Dieser etatistischen Komponente zugeordnet war wiederum die aufgeklärte, die vernünftige

Erklärung: Die Absage an nun als abergläubisch bezeichnete volksmedizinische Praktiken und an unprofessionelle Kurpfuscherei versprach Leistungssteigerung und war zugleich am Untertanenwohl orientiert. Kriminellen sollten künftig nicht mehr die Hand oder der Kopf abgehackt werden, man mußte sie in der Besserungsanstalt vielmehr an geregelte Arbeit gewöhnen. Das war nützlich und human gleichermaßen. Bei der Peuplierung, der Besiedlung öder Landstriche durch Zuwanderer, sollten konfessionelle Schranken fallen. Das war für den Staat von Nutzen, und es vertrug sich mit dem aufklärerischen Selbstverständnis, daß die Freiheit des Gewissens und des Denkens zum Kanon der natürlichen Rechte gehöre. Das besondere Interesse an einer fleißigen und zahlreichen Bevölkerung wurde zum zuverlässigen Motor bei der Durchsetzung der religiösen Toleranz. Umgekehrt konnte der Aufklärer den an der Peuplierung interessierten Staat mit einem pragmatischen Argument ködern.

Nun sind wiederholt Zweifel formuliert worden, ob die angesprochenen Bemühungen um Herrschaftsintensivierung überhaupt das Prädikat aufgeklärt verdienen, da sie sich doch letztlich nur auf die bloße Staatsräson zurückführen lassen: nämlich entweder auf den Wunsch, in den Kreis der europäischen Großmächte aufzurücken bzw. sich dort zu behaupten, wie das für Preußen oder Österreich galt; oder wenn der Impuls zu modernisierenden Reformen schlicht der Tatsache zu verdanken war, daß die Folgen überspannter außenpolitischer Ambitionen und verlorener Kriege ausgebügelt werden mußten, wie das für Bayern zutraf. Unter Verzicht auf das Attribut aufgeklärt wurde deshalb der Ersatzbegriff des Reformabsolutismus vorgeschlagen[1], der freilich nicht minder problematisch ist. Die Tendenz zur Rationalisierung und Effizienzsteigerung war nämlich der absolutistischen Staatsmaschinerie von jeher eigen. Absolutismus war immer auch Reformabsolutismus, und so gesehen verdeckt dieser Begriff Wesensmerkmale der Aufklärungsepoche, daß nämlich der Absolutismus durch Übertragung aufklärerischer Argumente politisches Handeln in neue Begründungszusammenhänge stellte und mit der Akzentuierung wohlfahrtsstaatlicher Prinzipien die Staatsziele und die Herrschaftslegitimation modifizierte. Die Glückseligkeit der Untertanen und das Wohl des Staates waren dabei stets aufs engste verbunden. Denn Aufgeklärter Absolutismus bedeutete keineswegs, daß der Staat seine eigenen Interessen aus den Augen verlor. Altruismus und Etatismus, individuelles Glück und Staatsinteresse gehörten im Aufgeklärten Absolutismus zusammen. Daß bei diesem Wechselspiel von Absolutismus und Aufklärung mancher Fürst seine Vorteile mit aufklärerischem Pathos verbrämte, umgekehrt mancher Aufklärer seinen Forderungen mit zeitgemäßen Argumenten Schubkraft verleihen wollte, versteht sich von selbst. Die Trennlinie zwischen kalkuliertem Utilitarismus und einer reinen Aufklärung ist – falls überhaupt – nur schwer auszumachen.

Wenn nun in diesem Zusammenhang vorgeschlagen wurde, als aufgeklärten Fürsten nur den zu bezeichnen, der sich durch reflektierte Intentionalität in die Gesellschaft der Aufklärer und in den aufklärerischen Diskurs einordnete und der ferner die Kriterien rationaler Herrschaftslegitimation sowie der Durchsetzung aufgeklärter Reformimpulse erfüllte, so ist das ein Konzept, das – zumindest was die beiden ersten Punkte betrifft – vor allem auf Friedrich II. von Preußen zugeschnitten ist. Als schriftstellerisch tätiger Monarch ohnehin eine Ausnahme, und dies nicht nur in der Epoche der Aufklärung, weisen ihn seine literarische Produktion und die darin verarbeiteten Ideen, seine umfangreiche Korrespondenz sowie die persönlichen Kontakte mit den Vertretern der französischen Aufklärung mit Sicherheit als Aufklärer aus. Nimmt man jedoch nicht allein das Wort für die Tat, sondern betrachtet die Taten selber, so scheint es rasch zweifelhaft, ob der Philosoph unter den Herrschern des 18. Jahrhunderts auch dem dritten Kriterium, der Durchsetzung praktischer Reformen, hinreichend entsprach. Zwar handhabte er Religionsangelegenheiten vielfach mit toleranter Indifferenz, das preußische Reglement für die Judenschaft (1750) verfolgte indes eine restriktive Linie. Und daß Friedrich II. sich 1771 der Zuwahl von Moses Mendelssohn, der Symbolfigur der jüdischen Aufklärung, in die Berliner Akademie widersetzte, war alles andere als ein Ausweis religiöser Toleranz. Nimmt man noch dazu, daß viele Reformvorhaben nicht erfolgreich abgeschlossen wurden – das Allgemeine Landrecht trat beispielsweise während der Regierungszeit Friedrichs nicht mehr in Kraft –, wäre der preußische König zwar als aufgeklärter Philosoph, aber nur als mäßiger Reformabsolutist anzusehen. Umgekehrt darf aber wohl mancher Fürst, der nicht zur Feder griff und der sich nicht mit der rationalen Herrschaftslegitimation anfreundete, aber durchaus vom Eudämonismus der Aufklärung inspirierte Reformen einleitete, als erfolgreicher Reformer gelten. Erinnert sei nur an die Aktivitäten geistlicher Reichsfürsten wie etwa der beiden Fürstbischöfe aus dem Geschlecht der Erthal in Würzburg und Mainz oder des Fürstbischofs Colloredo in Salzburg. Mit diesen Hinweisen soll nichts anderes gesagt sein, als daß es bei der Bewertung der Herrscherpersönlichkeiten des 18. Jahrhunderts wenig Sinn macht, den aufgeklärten Denker vom praktisch handelnden Fürsten zu trennen oder gar beide Komponenten gegeneinander auszuspielen. Theorie und Praxis gehörten gerade in einer so anwendungsorientierten Epoche wie der Aufklärung untrennbar zusammen, und «ein aufgeklärter Herrscher, der sich in seine Studierstube zurückzieht und seine Einsichten nicht in die Praxis umsetzt, hat mit Aufgeklärtem Absolutismus nichts zu tun.»[2]

Nach diesen Vorbemerkungen sei der Blick nun auf den Protagonisten dieses Beitrags gelenkt. Was für ein Bild haben wir uns von ihm zu machen? Oder anders gefragt: Welches Bild ließ er selbst von sich machen? Es gibt da ein auf den ersten Blick ungewöhnliches Portrait von Johann Jakob Dorner[3], das Max III. Joseph an der Drechselbank zeigt, also bei der Ausübung einer handwerklich-mechanischen Kunst. Hierin nun eine Abwendung vom höfischen Repräsentationsstil, die Hinwendung zu bürgerlicher Tätigkeit zu sehen, würde in die Irre führen. Die Einweisung in die Kunst des Drechselns war seit dem 16. Jahrhundert Bestandteil der Prinzenerziehung und wurde von den regierenden Fürsten einerseits zur Kurzweil betrieben. Andererseits war die Drechselei dem Fürsten angemessen, weil sie als göttliche Kunst galt: «Ruhmwürdige Drechsler-Kunst! Von Gott selbst ausersonnen, Hat nicht des Schöpfers Hand der Erden Ball gedreht»[4]? Gott als Drechsler – alleine schon, daß er die Welt als Kugel drechselte, war eine Vorstellung, die sich erst einmal hatte durchsetzen müssen. Zugleich verbindet sich damit aber auch die Überzeugung, Schöpfung und Erhaltung der Welt beruhten auf den Gesetzen der Mechanik. Wenn der Fürst Gott als den ersten Drechsler nachahmt, so verbirgt sich dahinter zwar die Modernität des mechanistischen Weltbilds. Es wird damit aber zugleich die Botschaft transportiert: So wie Gott die Welt eingerichtet hat, so richtet der Fürst den Staat ein; die Welt und der Staat als Maschinen, Gott und der Fürst als deren souveräne Beherrscher. Daß sich Max III. Joseph so portraitieren ließ – und zwar 1765, als die Aufklärung im Zenit stand –, das verweist auf ein eher voraufklärerisches Herrschaftsverständnis. Freilich, der junge Kurfürst hatte nicht nur an der Drechselbank sein Regierungshandwerk gelernt, und nicht nur der Hofdrechselmeister Willenbacher wurde zur Prinzenerziehung bestellt. Im Rahmen eines außerordentlich dichten Ausbildungsprogramms gab es noch den Grafen Ignaz Felix Joseph von Törring-Jettenbach, der den Kurprinzen auf dem Gebiet des Militärwesens unterwies. Der Jesuitenpater Daniel Stadler war für Mathematik, Naturkunde und Philosophie zuständig. Und nicht zuletzt ist Johann Adam von Ickstatt zu nennen, der 1741 von der Universität Würzburg an den Münchner Hof gekommen war – und mit ihm das Gedankengut der Aufklärung. Ickstatt war zunächst auf Auslandsreisen damit in Berührung gekommen.

Während seiner Marburger Studienzeit war er dann zum Schülerkreis Christian Wolffs, des Hauptvertreters der deutschen Aufklärung, gestoßen; schließlich folgten rechtswissenschaftliche Studien in Mainz. Die Rechtswissenschaft war nun auch das Gebiet, in das Ickstatt Max Joseph einführen sollte. Im besonders aufnahmefähigen Alter von vierzehn Jahren wurde so der Kurprinz mit der Ideenwelt der Aufklärung bekannt gemacht – und zwar in Form des Naturrechts.

Für den seinerzeitigen Neuigkeitswert dieser Rechtsauffassung spricht, daß Ickstatt mangels eines geeigneten Lehrbuches für den Kurprinzen ein 283 Folioblätter umfassendes Manuskript verfaßte, in dem er das gesamte Naturrecht auf der Grundlage der von Christian Wolff erarbeiteten Systematik ausbreitete. In straffer Vorgehensweise wurden für diesen durch andere Rechtsmaterien ergänzten naturrechtlichen Grundkurs etwa eineinhalb bis zwei Unterrichtsjahre angesetzt – einschließlich monatlicher Prüfungen. Es ist also davon auszugehen, daß Ickstatt seinen Zögling intensiv über die Rechte und Pflichten des Menschen nach dem Gesetz der Natur aufklärte, daß nämlich die Menschen ursprünglich in natürlicher Freiheit und Gleichheit gelebt hätten, daß es sich aber für die Erreichung allgemeiner Ruhe, Bequemlichkeit und Glückseligkeit als zweckmäßig erwiesen habe, sich zu bürgerlichen Gesellschaften, zu Staaten zusammenzuschließen. Dabei sei es ein Gebot der Vernunft gewesen, die oberste Gewalt im Staate an eine oder mehrere Personen zu übertragen. Aufgrund dieses Staatsgründungsvertrags sei es Pflicht der Vertragspartner, für das Wohl des Staates und seiner Bürger zu sorgen. Die Staatsbürger haben zu diesem Zweck ihre Leistungskraft zur Verfügung zu stellen, loyal und gehorsam zu sein. Der Träger der Staatsgewalt wiederum ist verpflichtet, das Gemeinwohl zu verwirklichen und zu fördern. In die politische Praxis wurde damit eine wohlfahrtsstaatliche Komponente ebenso eingebracht wie die Frage nach der staatlichen Verteilungsgerechtigkeit: Wie konnte in einem nach vernünftigen Prinzipien geordneten Gemeinwesen für die größtmögliche Zahl von Menschen das größtmögliche Glück erreicht werden?

Ob der bayerische Kurprinz Max Joseph alle Folgen dieser Rechtsauffassung durchdachte oder billigte, ist nicht bekannt. Die Vertragstheorie beispielsweise, die ja auf der willentlichen Zustimmung der sich vergesellschaftenden Individuen beruhte und somit das Gottesgnadentum verdrängte, war wohl kaum nach dem Geschmack eines Herrschers, der sich später in der Pose des göttlichen Meisterdrechslers portraitieren ließ. Doch nicht die Übernahme von Ideengebäuden in ihrer Gesamtheit ist das Entscheidende; das wäre ohnehin nur ein Zeichen intellektueller Unselbständigkeit.

Was zählt, ist vielmehr die Bereitschaft zur produktiven Aneignung einzelner Aspekte und Denkansätze, wie sie in der gemeinwohlorientierten Reformpolitik Max III. Josephs gegeben ist. Und die Nähe zu bestimmten Denkansätzen erweist sich nicht zuletzt in der Treue zu den vermittelnden Personen. Hier spricht das Vertrauensverhältnis des Kurprinzen und späteren Kurfürsten zu Ickstatt für sich: 1745 erhob Max III. Joseph in seiner Eigenschaft als Reichsvikar Ickstatt und mit ihm auch gleich dessen akademischen Ziehvater Christian Wolff in den Reichsfreiherrenstand. 1746 wurde Ickstatt zum Direktor der Universität Ingolstadt ernannt, um insbesondere die Juristenfakultät auf den neuesten Kenntnis- und Methodenstand zu bringen. Der Kurfürst schützte seinen Erzieher dabei nicht nur vor den massiven Anfeindungen der Jesuiten, sondern förderte zugleich dessen Schützling Johann Georg Lori 1759 bei der Gründung der Bayerischen Akademie der Wissenschaften. Schließlich hielt der Kurfürst seine schützende Hand auch über Peter von Osterwald, der bei den aufklärerischen Kirchenreformen eine Schlüsselrolle einnahm.

Ickstatt, Sohn eines Hammerschmieds, und Lori, dessen Eltern Gastwirte waren – ihre Namen sind nicht nur jeweils Programm für bestimmte Aspekte der geistesgeschichtlichen und gesellschaftlichen Entwicklung Bayerns in der Ära Max III. Josephs. Mit diesen und anderen Persönlichkeiten wie etwa dem aus protestantischem Elternhaus stammenden Peter von Osterwald verbindet sich eine weitere Tendenz: Die Rationalisierung und Expansion des Staates förderten – und daran ändert auch der Umstand nichts, daß die höchsten Staats- und Ehrenämter noch dem Geburtsadel vorbehalten blieben – verstärkt den Aufstieg einer bürgerlichen Funktionselite, die im Laufe ihres Studiums vielfach bei jenen Professoren gehört hatte, die zur Vorhut der Aufklärung an den Universitäten zählten. Der absolutistische Staat band den administrativen Sachverstand akademisch gebildeter Bürgerlicher an sich, also eine soziale Kerngruppe der Aufklärungsbewegung. Diese wiederum brachten ihre auch von der Aufklärung geformte Ideenwelt sowie ihr bürgerliches Arbeitsethos und Tugendkonzept in die Staatsverwaltung ein.

Daß sich die Herrschaft des Fürsten im Zuge der gemeinwohlorientierten Intensivierung der Staatstätigkeit in verstärktem Umfang auf das sitzende Heer der Beamten stützte, war vielfach gleichbedeutend mit einer Straffung der Verwaltungsstrukturen. Dieses Bestreben, durch Reformen und Veränderungen im Behördenaufbau den Regierungsapparat umzugestalten und der Ausdehnung der Staatsaufgaben anzupassen, ist auch bei Max III. Joseph anzutreffen. Erinnert sei nur an die diesbezüglichen Bestimmungen der Hofratsordnung von 1750 oder an die Einrichtung eines Departements der Auswärtigen Geschäfte 1764, in dem man den Vorläufer eines Fachressorts moderner Prägung erkennen kann. Auf der anderen Seite stand aber nicht selten einer wirkungsvollen Umsetzung dieser organisatorischen Ansätze das Beharren auf einem persönlichen Regiment entgegen. Diese ebenso kräftezehrende wie zeitraubende Illusion, auch noch die Details der Staatsgeschäfte zu kennen und selbst zu regulieren, sich das Heft nicht aus der Hand nehmen zu lassen, ist gleichermaßen von Friedrich II. von Preußen und von Joseph II. in Österreich bekannt. Letztlich war aber die Unfähigkeit, nachgeordnete Angelegenheiten zu delegieren, Kennzeichen eines monarchischen Auslaufmodells. Die Zukunft gehörte jenen fachlich vorgebildeten Verwaltungsspezialisten, die in Bayern in der Ära Montgelas endgültig zum Zuge kamen – und die vielfach ihre akademische Ausbildung in der Ära Max III. Josephs bzw. in der Zeit Ickstatts erhalten hatten.

Die zuletzt angedeutete Intensivierung staatlichen Verwaltungshandelns war gleichbedeutend mit der Konzentration auf eine Politik der inneren Reformen. Diese Akzentuierung kann man in fast allen deutschen Territorien des 18. Jahrhunderts beobachten. Sie läßt sich unmittelbar aus der Auffassung der Aufklärungsepoche ableiten, daß es vornehmste Aufgabe des Fürsten sei, für die Glückseligkeit seiner Untertanen zu sorgen. Im Hintergrund stand hier die aufklärerische Lehre, daß in einem nach vernünftigen Prinzipien geordneten Gemeinwesen für die größtmögliche Zahl von Menschen das größtmögliche Glück zu erreichen sei. Zugleich ist aber auch gewiß, daß die Konzentration auf die inneren Angelegenheiten auch deshalb erfolgte, weil die außenpolitischen Trauben zu sauer geworden waren. Namentlich galt dies für die Mittelstaaten Sachsen und Bayern, welche die Zeche für eine überspannte Außen- und Großmachtpolitik zu bezahlen hatten. Im Falle Sachsens war es die Personalunion mit Polen gewesen, die das Land teuer zu stehen gekommen war, nicht zuletzt, weil man dadurch jenen Gegensatz zu Preußen heraufbeschworen hatte, der dem Kurfürstentum im Siebenjährigen Krieg katastrophale Zerstörungen eintrug. In Bayern war es eine fatale Schuldenlast, die die ehrgeizige Außenpolitik Kurfürst Max Emanuels und das Kaisertum Karls VII. hinterlassen hatten. In Verbindung mit dem durch Veränderungen in der politischen Großwetterlage bedingten Ausbleiben französischer Subsidien mußte sich Max III. Joseph mit dem Frieden von Füssen 1745 zu einer Verabschiedung wittelsbachischer Königs- und Kaiserpläne und bayerischer Großmachtambitionen verstehen.

Wenn zuletzt neben Bayern als Vergleichsgröße auch Sachsen erwähnt wurde, so ergibt sich das einmal aus dem ähnlichen politischen Schicksal beider Territorien im 18. Jahrhundert. Es hängt aber vor allem damit zusammen, daß Sachsen und Bayern in dem hier behandelten Zeitraum eng verbunden waren. Angesprochen ist damit die prunkvolle bayerisch-sächsische Doppelhochzeit, die 1747 zwischen Max III. Joseph und Maria Anna Sophia von Sachsen auf der einen, der Wittelsbacherin Maria Antonia Walburga und dem sächsischen Thronfolger Friedrich Christian[5] auf der anderen Seite geschlossen wurde. Daß diese zwei sächsisch-bayerischen Ehen eine Bereicherung für beide Parteien waren, steht außer Frage. Die Prinzessinnen waren kultivierte Persönlichkeiten, den Künsten, insbesondere der Musik, zugetan. Die Wittelsbacherin Maria Antonia Walburga, die Schwester Max III. Josephs, war am Dresdner Hof selbstbewußt auftretende Partnerin des sächsischen Kurprinzen. In Verbindung mit ihr und Friedrich Christian sprach man bald vom «jungen Hof», auf den die von den Ideen der Aufklärung beeinflußte Reformpartei die größten Hoffnungen setzte. Friedrich Christian starb freilich schon 1763 nach nur wenigen Monaten der Alleinregierung. Das begrenzte natürlich auch den Einfluß seiner aus Bayern stammenden Witwe, gleichwohl steht außer Frage, daß sie der in Sachsen nach dem Siebenjährigen Krieg durchgeführten Staatsreform, dem sogenannten «Rétablissement», Impulse gab. In Kontakt mit dem Hof in München versuchte sie, Strategien und Ergebnisse des in Bayern schon länger angelaufenen Reformprozesses zu vermitteln. Maria Anna Sophia von Sachsen, die Gemahlin Max III. Josephs, war eine nicht minder bemerkenswerte Persönlichkeit, die in politischen Angelegenheiten ihr kompetentes Urteil einzubringen wußte. Die Berichte der diplomatischen Vertreter des Wiener Kaiserhofes aus München bieten eine ganze Reihe aufschlußreicher Hinweise, aus denen allerdings auch hervorgeht, daß Max III. Joseph seine Gemahlin wiederholt ernsthaft ermahnte, «an Staats- oder anderen Anliegenheiten keinen Teil zu nehmen»[6]. Überschattet wurde die bayerisch-sächsische Ehe von dem einen großen Problem, daß der ersehnte männliche Nachkomme ausblieb. Max III. Joseph sah sich so vor die Aufgabe gestellt, den Bestand des Kurfürstentums Bayern bzw. die wittelsbachische Erbfolge gegen die Bestrebungen einer drohenden Übernahme durch Österreich abzusichern. Dieses Vorhaben ist in der Tat durch ein dichtes Netz von Hausverträgen gelungen, durch das die nach dem Tod Max III. Josephs wirksam gewordene Wiedervereinigung von pfälzischen und bayerischen Landen der Wittelsbacher vorbereitet wurde.

Nach diesem Seitenblick auf die Schwester und die Gemahlin Max III. Josephs sei wieder zu den schon angedeuteten innenpolitischen Reformen zurückgekehrt. Einerseits waren diese Konsequenz eines auf dem Land lastenden Reformdrucks, andererseits spielten sie sich in einem von der Aufklärung geprägten Begründungszusammenhang ab. Das heißt allerdings nicht, daß dieser bei jeder Reformmaßnahme ausdrücklich betont wurde. Zwar wird – so der Titel einer in Anwesenheit des Hofes gehaltenen Akademierede von Ickstatt – öffentlich über den «Einfluß des Nationalfleißes und Arbeitsamkeit der Unterthanen in die Glückseligkeit der Staaten» nachgedacht. Zwar werden die Untertanen in Predigten zu treuer Pflichterfüllung, Fleiß und Redlichkeit ermahnt. Zwar werden auf der Ebene des literarischen Höhenkamms die zivilisatorischen Grundwerte Humanität und Toleranz thematisiert. Aber in der Alltagspraxis kommt der aufklärerisch unterfütterte und reformorientierte Absolutismus in dem für die Untertanen und Bürger bis auf den heutigen Tag nicht sonderlich ansprechenden Gewande des Verwaltungsstaates einher. Und so zählt und erfaßt denn der Staat des 18. Jahrhunderts die Häupter seiner schaffenden Untertanen und baut seine Verwaltung aus, um die Erträge ihres Fleißes fiskalisch abzuschöpfen. Er sorgt sich um die dem allgemeinen wie dem individuellen Wohl gleichermaßen zugute kommende Erhaltung und Vermehrung ihrer Arbeitskraft und ergreift gesundheitspolizeiliche und bevölkerungspolitische Maßnahmen. Im Interesse des Allgemeinwohls hatte das Individuum seine Lebensführung und Arbeitsprozesse rational und effizient, eben leistungsorientiert zu gestalten. Der aufgeklärte Staat zahlte in wohlfahrtsstaatlicher Münze zurück. Er sorgt – und auch das ist ja zugleich Teil des individuellen Glücks – für die Bildung der Untertanen, damit diese ihre beruflichen Aufgaben erfolgreich bewältigen können. Der Staat setzt darüber hinaus den rechtlichen Rahmen und garantiert den Untertanen die zur Ausübung ihrer Tätigkeit erforderliche Rechtssicherheit. Die durch den Freiherrn von Kreittmayr in der Regierungszeit Max III. Josephs vorgenommene Zusammenfassung des bayerischen Rechts steht für diesen epochenspezifischen Trend zur Rechtssystematisierung. Daß sie im Hinblick auf manche Bestimmungen zu Folter und Todesstrafe, Verfolgung von Hexen und Ketzern hinter den Einsichten des Aufklärungszeitalters zurückblieb, sei freilich nicht verschwiegen.

Was den zählenden und seine Untertanen erfassenden Staat betrifft, so ist auf die seit der Mitte des 18. Jahrhunderts sich verfeinernden statistischen Methoden zu verweisen, die zweifelsfrei durch die fiskalischen Bedürfnisse des Staates befördert wurden. Zu nennen ist unter anderem die 1752 von Max III. Joseph angeordnete Konskription, ein Güterverzeichnis für Ober- und Niederbayern. Höhepunkt dieser Bemühungen war dann die 1771 eingeleitete Dachsbergische Volksbeschreibung, die Real- und Personenstandsbeschreibung für Ober- und Niederbayern sowie die Oberpfalz. Mit Recht wurde darauf hingewiesen, daß die Intensivierung der Landesstatistik unter Max III. Joseph das «unerläßliche Realwissen zum Neu- und Umbau des bayerischen Staates»[7] in der Ära Montgelas zur Verfügung gestellt habe.

Dieses Realwissen hatte teilweise bereits unter Max III. Joseph zu konkreten bevölkerungs- und sozialpolitischen Maßnahmen geführt, die von der schlichten Voraussetzung ausgingen, daß eine zahlreiche Bevölkerung den wahren Reichtum eines Landes ausmache. Das ist ein feststehender Topos in den Quellen, und der Merkvers «Wo das Volk ist, dort ist auch das Geld» («Ubi populus, ibi obulus») bringt die steuerpolitische Komponente prägnant auf den Punkt. In Bayern führte diese Einsicht allerdings nicht zu einer aktiven Einwanderungspolitik, wie sie beispielsweise von Preußen betrieben wurde, das zuerst die französischen Hugenotten ins Land geholt hatte, um dann in den 1730er Jahren auch die aus dem geistlichen Fürstentum Salzburg vertriebenen Protestanten in Ostpreußen anzusiedeln. Eine solche, auch konfessionelle Gesichtspunkte zurückstellende Ansiedlungspolitik kam in Bayern erst in der Ära Montgelas zustande. Unter Max III. Joseph teilte man zwar die in der Wirtschaftstheorie der Zeit vorgetragene Überzeugung von der Bedeutung der großen Zahl, in der Praxis verharrte man indes lediglich auf einer Politik des Auswanderungsverbots. Als dieses in der Wirtschaftskrise zu Beginn der 1770er Jahre gelockert wurde, sollten bezeichnenderweise nur die Armen auswandern dürfen, die dem Land zur Last fielen. Für die vermögenden und steuerpolitisch bedeutenden Untertanen wurde das Emigrationsverbot aufrechterhalten.

Einer effektiven Besteuerung der Bevölkerung in ihrer Gesamtheit stand freilich der Aufbau der altständischen Gesellschaft entgegen. Angesprochen sind damit die Landstände. Neben den Städten und Märkten sind hier in erster Linie der Adel und der Prälatenstand zu nennen, die Inhaber bedeutender Besitztitel waren, von denen sich wiederum Immunitäten und Herrschaftsrechte ableiteten. Diese beinhalteten die Niedergerichtsbarkeit ebenso wie das Steuerbewilligungs- und Steuerverwaltungsrecht gegenüber dem Landesherrn. Die Stände waren somit eine zwischen dem Fürsten und dem Untertanenverband stehende Zwischengewalt, die in administrativer, jurisdiktioneller und fiskalischer Hinsicht den Monopolanspruch des Staates durchbrach. Sofern der Landesherr etwa die Stände bzw. deren Grunduntertanen steuerlich belangen wollte, mußte er sich auf langwierige Verhandlungen einlassen. Kurz gesagt: Die Stände waren das nichtabsolutistische Element im frühmodernen Fürstenstaat. Eigentlich durfte es sie im Absolutismus, in dem sich die Herrschaft ausschließlich in der Person des Fürsten konzentrieren sollte, nicht geben. Beraten wiederum von Ickstatt, der die Notwendigkeit einer einheitlichen Staatsverwaltung theoretisch begründete, scheute Max III. Joseph den Konflikt mit den Ständen nicht.[8] Das war einerseits verständlich, denn die finanzielle Abhängigkeit von den Ständen bei der Bewilligung von Steuern und von Bürgschaften widersprach dem absolutistischen Selbstverständnis um so mehr, als Max III. Joseph ja durchaus gewillt war, an sich selbst zu sparen und einen bescheidenen Repräsentationsstil zu pflegen. Auf der anderen Seite waren die Stände nach dem kostenintensiven politischen Hasardspiel Max Emanuels und den für das Land gleichfalls teueren Kaiserplänen Karls VII. nicht gewillt, sich dem Landesherrn auszuliefern und ihre Mitspracherechte in Fragen der Steuer- und Landesverwaltung aufzugeben. Dabei hatten sie nicht nur das Landesherkommen auf ihrer Seite, sondern im Zweifelsfall auch die für den Schutz der landständischen Verfassungen einstehende Reichsgerichtsbarkeit. So gesehen konnten Konflikte nicht ausbleiben. Einer der Höhepunkte war der 1746 unternommene Versuch der Einführung einer allgemeinen Kopf- oder Personensteuer, die die Angehörigen der privilegierten Stände steuerrechtlich mit den «gemeinen Untertanen» gleichgesetzt hätte. Gedacht war somit an ein am Prinzip der Steuergleichheit orientiertes öffentlich-rechtliches System fixierter, periodisch und ausschließlich vom staatlichen Fiskus erhobener Abgaben, dem dadurch mittel- und langfristig kalkulierbare Einnahmequellen erschlossen werden sollten. Das Gleichheitsprinzip wurde – und das scheint überaus bezeichnend für das Zusammenspiel von Aufklärung und Absolutismus – vom steuereintreibenden Verwaltungsstaat ins Spiel gebracht. Das Projekt mußte freilich nicht nur wegen des Widerstands der Stände fallengelassen werden, sondern auch wegen der Unfertigkeit der Verwaltung. Diese war noch nicht so weit ausgebaut, daß sie die Umsetzung einer allgemeinen Personensteuer bewältigen konnte. Bereits im folgenden Jahr waren die kurfürstlichen Steuerpläne vergessen. Was blieb, war zum einen der Zwang zur Zusammenarbeit mit den Landständen, der bei der Tilgung der Staatsschulden achtbare Ergebnisse zeitigte.

Zum anderen konnte mit einer Politik der Nadelstiche versucht werden, die Position der Stände wenigstens teilweise zu schwächen. Das Einfallstor war hier die politisch machtloseste, in finanzieller Hinsicht ergiebigste Kraft im Gefüge des landständischen

Systems, nämlich der Prälatenstand. Beim Vorgehen gegen diesen und in allen anderen kirchenpolitischen Angelegenheiten war Peter von Osterwald die rechte Hand des Kurfürsten. Mit seinem unter dem Pseudonym Veremund von Lochstein erschienenen Buch «Gründe sowohl für als wider die geistliche Immunität in zeitlichen Dingen» hatte er 1766 die Programmschrift des bayerischen Staatskirchentums der Aufklärungsepoche vorgelegt.[9] Zwischen Temporalia, Spiritualia und den sogenannten gemischten Dingen («res mixtae») differenzierend, wollte er den Klerus allein auf die «Direction der menschlichen Handlungen zum Endzwecke der ewigen Wohlfahrt» beschränken. Ansonsten sollten Ordens- und Weltklerus wie alle anderen Bürger auch den Staatsgesetzen unterworfen sein, was auf die Aufhebung steuerlicher Immunitäten und den Widerruf einstmals erteilter Privilegien hinausgelaufen wäre. Indem sich die Kirche auf ihre geistlichen Kernaufgaben beschränken sollte, richtete sich der Stoß somit gegen die historisch gewordene, privilegiengesättigte Institution – nicht aber gegen die Religion an sich. Und so gesehen bestand auch kein Widerspruch zwischen der Privatfrömmigkeit Max III. Josephs und der von ihm unter tatkräftiger Mithilfe Osterwalds verstärkten Staatskirchenpolitik. Ein erster Eckstein war hier die 1757 in Rom erwirkte Dezimation, das heißt die zunächst auf fünf Jahre bewilligte Besteuerung des Kirchenvermögens. Es folgte das Amortisationsgesetz von 1764, das den Liegenschaftserwerb durch geistliche Korporationen einschränkte. Durch die sogenannten Klostermandate sollte schließlich der Eintritt in die religiösen Orden erschwert werden. Zugleich sollten Ordensämter nur noch an bayerische Landeskinder vergeben und die auswärtigen Beziehungen der Orden unterbunden werden. Dahinter stand die Befürchtung, es würde zum Schaden der heimischen Wirtschaft Geld ins Ausland abgeführt.

Die Bindung der Ordensämter an die bayerische Herkunft – diese Bestimmung traf insbesondere den Jesuitenorden mit seiner territorienüberschreitenden Provinzeneinteilung und seiner auf Rom ausgerichteten Organisationsstruktur. 1770, drei Jahre vor der Aufhebung der Societas Jesu, wurde deshalb auf Betreiben Osterwalds eine eigene Bayerische Provinz aus der Oberdeutschen Provinz des Jesuitenordens herausgelöst.[10] Parallel dazu übte Ickstatt heftige Kritik an der beherrschenden Stellung des Jesuitenordens im höheren Bildungswesen Bayerns, die als Hemmnis für Reformmaßnahmen empfunden wurde. Der Staat verlangte nach einer qualifizierten Bürokratie, nach nützlichen Untertanen. Nicht Theologie und Latein waren in erster Linie gefragt, sondern die Vermittlung praktischer Kenntnisse, sowohl auf der Ebene des Schulwesens, wo die Lateinschulen zugunsten der Realschulen zurückgedrängt werden sollten, als auch im Universitätsbereich. Nach der Aufhebung des Jesuitenordens 1773 wurde deshalb unverzüglich die Reform des höheren Schulwesens und der Landesuniversität Ingolstadt eingeleitet. Begleitet wurde diese vom Ausbau des Elementarschulwesens, wo sich der Schulreformer Heinrich Braun um die Erarbeitung neuer Lehrpläne und Schulbücher bemühte. Durch die Einrichtung sogenannter Normalschulen wurde erstmals die Ausbildung der Volksschullehrer institutionell verankert. Schließlich wurde, nicht zum ersten Mal in der bayerischen Schulgeschichte, mit dem Generalmandat vom 5. Februar 1771 die allgemeine Schulpflicht verordnet.

Eine weitere Komponente beim Ausbau der bayerischen Bildungs- und Wissenschaftslandschaft war zuvor schon die Gründung der Bayerischen Akademie der Wissenschaften im Jahre 1759 gewesen. Sie war Teil jener europäischen Akademiebewegung, die in der 1662 in London gegründeten Royal Society eines ihrer wichtigen Vorbilder hatte und die im Gefolge der 1700 auf Initiative von Leibniz eingerichteten Brandenburgischen Societät der Wissenschaften im deutschen Reich seit der Jahrhundertmitte auf breiter Front in die staatlich geförderte oder zumindest protegierte Gründung von Akademien einmündete. Mit wachem Blick für die Anwendbarkeit ihrer Forschungsergebnisse verschrieben sich die Wissenschaftsakademien einerseits den empirischen Naturwissenschaften, förderten daneben vielfach auch in besonderem Maße die Geschichtswissenschaft. In erster Linie bezog sich das historische Interesse auf die «Vaterländische Geschichte». Angesprochen ist damit der dynastisch-territorialgeschichtliche Blickwinkel, wie er sich in der Arbeit der Wissenschaftsakademien niederschlug und mit Preisfragen etwa zu Problemen der Genealogie oder der historischen Geographie vorangetrieben wurde. Daß Max III. Joseph den Anschluß an die in einer Mischung aus Nützlichkeits- und Prestigedenken von allen wichtigen europäischen Staaten geförderte Akademiebewegung herstellte, bedeutete, daß Wissenschaftspflege in Bayern als wichtiger Bereich der Staatsverwaltung anerkannt wurde. Mit Johann Georg Lori war es im übrigen ein Schüler Ickstatts gewesen, der beim bayerischen Kurfürsten die Ausstellung der Gründungsurkunde erwirkt hatte. Daß für die Akademie die obligatorische Zensur des 1759 noch weithin unangefochtenen Jesuitenordens umgangen werden konnte und daß die Berufung von Gelehrten ohne Rücksicht auf deren Konfessionszugehörigkeit erfolgte, dieses Stück Wissenschaftsfreiheit zählt nicht zu den geringsten Ergebnissen der Aufklärung in Bayern.

Die Reform der Landesuniversität und des Schulwesens, die Förderung der außeruniversitären Forschung in der Akademie – das alles verdeutlicht schlaglichtartig, welch hohen Stellenwert Bildung und Wissenschaft für den Staat des 18. Jahrhunderts hatten. Daß sich diese Bildungspolitik in einem von der Aufklärung definierten Begründungsrahmen vollzog, sei noch einmal betont: Zu den vornehmsten Pflichten eines Herrschers zähle es, «den Verstand seiner von Gott anvertrauten Unterthanen mehr und mehr aufzuklären, ihren Willen zu bessern, und zu Ausübung ihrer Pflichten gegen Gott, gegen sich selbst, und gegen andre geschickt und damit zugleich soweit glückselig zu machen, als es die Menschen in diesem sterblichen Leben werden können.»[11]

So auf den Punkt gebracht wurde das einmal mehr von Peter von Osterwald. Nicht Max III. Joseph selbst ist es gewesen, der derlei grundsätzliche Aussagen formulierte. Daß diese Äußerungen aber seinen eigenen Vorstellungen entsprachen, darf man aus der Tatsache ableiten, daß er Persönlichkeiten wie Ickstatt, Osterwald oder Lori nicht nur einfach gewähren ließ. Im Gegenteil: Er verschaffte ihnen die einflußreichen Ämter und er stützte sie in diesen Positionen gegen ihre Widersacher. Man kann sagen, er schuf ihnen ihre Bühne und überließ sie ihnen auch – damit allerdings auch nicht selten unangenehme und unpopuläre Aufgaben. Der Makel, zu den aufgeklärten Kirchenstürmern in Bayern zu gehören, blieb an Osterwald hängen, nicht am Kurfürsten. Ob das nun kluge Strategie war oder nur Zufall: Mit der Person Max III. Josephs verbinden sich jedenfalls die gemütvollen Aspekte des Regierens, und es ist bezeichnend, daß er in älteren Darstellungen als «der Mildtätige» oder «der Gute» bezeichnet wurde.[12] Erwähnung findet dabei regelmäßig seine väterliche Sorge für die Bedürftigen, die sich in der Hungersnot der frühen 1770er Jahre in dem Befehl niederschlug, daß in den kurfürstlichen Wäldern monatlich eine gewisse Stückzahl an Wild geschossen und zu einem geringeren Preis an die Armen abgegeben werden solle. Auch die Übernahme von Taufpatenschaften für Kinder des Volkes gehört in diesen Zusammenhang. Und zu dieser Fürsorge für Land und Volk paßte gleichermaßen, daß Max III. Joseph sich von den höfischen Repräsentationsformen seiner Vorgänger abwandte und damit – von der einen, freilich ganz besonderen Ausnahme des Cuvilliés-Theaters abgesehen – auch kaum als fürstlicher Bauherr in Erscheinung trat. Sicherlich stand dahinter der Zwang zum Sparen, aber auch eine Einstellung, die zu einem eher privaten, ja bürgerlichen Lebensstil tendierte. Bekannt ist beispielsweise die Leidenschaft des persönlich zur Viola da Gamba greifenden Kurfürsten für die intime Kammermusik. Habituell entsprach Max III.

Joseph damit jenem Fürstentypus der zweiten Hälfte des 18. Jahrhunderts, der für sich die schlichte Pose des Staatsdieners beanspruchte. Warum für diesen Fürstentypus am Etikett des Aufgeklärten Absolutismus festgehalten werden kann, dafür wurde eingangs die Begründung geliefert. Daß die Aufgeklärtheit Max III. Josephs und seiner fürstlichen Zeitgenossen ihre Grenzen hatte und daß auch der Anspruch auf eine absolutistische Form der Regierungsausübung an seine Grenzen stieß, das sollte deutlich geworden sein. Deshalb sei am Schluß der Untertitel ein wenig abgewandelt: Absolutismus oder Aufklärung? Nein: Nicht ganz Absolutismus und nicht ganz Aufklärung!

Karl Theodor

Der Kurfürst und die Schönen Künste

Von Dietz-Rüdiger Moser

Dem Komponisten Wolfgang Amadeus Mozart verdanken wir die ebenso köstliche wie aufschlußreiche Schilderung eines Theaterabends in München, gut zehn Monate nach Kurfürst Karl Theodors bayerischem Regierungsantritt. Karl Theodor hatte sein Mannheimer Hoftheater nach München geholt. Am 12. November 1778 schrieb Mozart aus Mannheim an seinen Vater Leopold Mozart nach Salzburg: «Sie wissen, daß die Mannheimer Truppe zu München ist? – da haben sie schon die 2 ersten actricen Mad:me Toscani und Mad:me Urban ausgepfiffen, und war so ein lerm, daß sich der Churfürst selbst über die Loge neigte und sch-- machte – nachdem sich aber kein Mensch irre machen ließ, hinab schickte, – und aber der graf seeau, nachdemme er einigen officiren sagte, sie sollten doch kein so lerm machen, der Churfürst sehe es nicht gerne, zur antwort bekamm; – sie seyen um ihr baar geld da und hätte ihnen kein mensch zu befehlen.» Mozart zog aus diesem Geschehen die bemerkenswerte Schlußfolgerung: «Der Churfürst wird, glaube ich, gar gerne wieder seine Residenz in Manheim machen, indemme er die grobheiten von den herrn bayern ohnmöglich lange wird aushalten können!»[1]

Das Zeugnis belegt schlaglichtartig das Verhältnis des Kurfürsten Karl Theodor zu seinen bayerischen Untertanen: Es war kein glückliches, und es besserte sich auch nicht in den folgenden zwei Jahrzehnten. Denn als der Kurfürst am 16. Februar 1799 gestorben war, veröffentlichte zwar ein anonym gebliebener «biederer Baier» unter dem Titel «Patriotische Traenen»[2] ein verklärendes Preisgedicht auf Karl Theodor und dessen Regierungszeit, doch brach bei der Bevölkerung Jubel darüber aus, daß man von seiner Herrschaft nun endlich befreit sei – einer Zeit, der man Sittenlosigkeit, mangelndes Interesse des Landesherrn an seinen Untertanen und eine falsche, dem Land abträgliche Außenpolitik vorwarf.

Der beschriebene Sachverhalt wirft Fragen auf: War Karl Theodor – auf Dauer gesehen – ein guter Herrscher oder ein schlechter? Bedeutete seine Regierungszeit, die man auch schon als «die traurigste Periode der baierischen Geschichte»[3] bezeichnet hat, für Bayern Glück oder Unglück? Trifft die Feststellung eines heutigen

Autors zu, «Karl Theodor war keine große Persönlichkeit»[4]? Oder äußerten nicht vielmehr diejenigen das Richtige, die den Kurfürsten von Pfalz-Baiern, Karl Theodor, als den maßgeblichen Kulturfürsten des 18. Jahrhunderts bezeichnet haben? Das Charakterbild Karl Theodors schwankt in der Geschichte: Begeisterten Würdigungen durch Zeitgenossen wie Anton von Klein, Friedrich von Schiller und durch den Freund Voltaires, Cosimo Alessandro Collini, oder durch Historiographen wie Felix Joseph Lipowsky stehen vernichtende Urteile, z. B. von Johann Kaspar Riesbeck oder Friedrich Christoph Schlosser, gegenüber. Die Forschungsmeinungen gehen bis in die jüngste Zeit weit auseinander: Der nationalsozialistischen Zeit galt der unsoldatische, leutselige und verweichlichte Karl Theodor als Negativfolie zum angestrebten «heroischen Weltbild». In der Zeit nach dem Zweiten Weltkrieg bemühte man sich um eine Abkehr von der Schwarz-Weiß-Charakterisierung und sah die Gestalt des Kurfürsten nach zahlreichen Einzelstudien differenzierter; mehrfach wurde für eine Revision des negativen Bildes plädiert, 1999 gab es einen umsichtigen Film über Karl Theodor im Bayerischen Fernsehen, und die große Carl-Theodor-Ausstellung in Mannheim[5], ebenfalls zum 200. Todestag des Kurfürsten 1999, lieferte für eine notwendige Neueinschätzung die wichtigsten Materialien und Einzelbeurteilungen. Ihr Titel «Lebenslust und Frömmigkeit» traf seine zentralen Neigungen genau.

Im Hinblick auf die von Mozart geschilderte Szene lag der Hauptgrund für den Mißmut seiner Untertanen in den Maßnahmen, die Karl Theodor unmittelbar nach seinem Regierungsantritt in Bayern getroffen hatte: einerseits in der raschen Etablierung einer rein pfälzischen Administration, bei der der Kurfürst zahlreiche bayerische Rechtsinstitute außer acht ließ, andererseits in seiner Absicht, durch immer neue Verhandlungen mit Kaiser Joseph II. einen Tausch Bayerns gegen die reichen Österreichischen Niederlande durchzusetzen. Dieses Vorhaben löste, als es in Bayern bekannt wurde, helle Empörung aus und begünstigte, da es sich lange hinzog, die Gründung des Fürstenbundes (1785), mit dessen Hilfe Friedrich II. als Kurfürst von Brandenburg zusammen mit den Kurfürsten von Hannover und Sachsen den Expansionsbestrebungen des Kaisers entgegentrat.

Was das Kulturleben betraf, zögerte der Kurfürst keinen Augenblick, sogleich die Errungenschaften seiner Pfälzer Herrschaft nach München zu übertragen, ohne Rücksicht auf die vorgefundenen Verhältnisse – beispielsweise bei der Oper und beim Theater. Am Münchener Hof hatte man unter seinem Vorgänger Max III. Joseph – wie schon seit 1651, als aus Anlaß der Vermählung des Kurfürsten Ferdinand Maria mit Prinzessin Henriette Adelheid von Savoyen die Aufführung von Opern eingeführt worden war – die italienische Oper favorisiert, die Karl Theodor inzwischen als abgelebt betrachtete. Wenige Wochen nach seinem Regierungsantritt hob er die Verträge mit den beliebten Kastraten Marchesini und Consoli auf und schickte sie nach Italien zurück. Dann erließ er am 23. Juni 1778 ein Reskript, dessen Zweck darin bestand, den bisherigen Münchener Stagione-Betrieb mit italienischen Gästen durch ein stehendes Ensemble mit Mannheimer Solisten abzulösen. Es folgte die Zusammenführung der «kurpfälzische[n] mit der nun auch überkommenen [das heißt ererbten] baierischen Hof-Musik» zu einem neuen Hoforchester – so wie später auch die beiden Heere der Pfälzer und der Bayern zu einer einzigen Armee vereinigt wurden. Die heimische Münchener Hofkapelle erklärte der Kurfürst lakonisch für «dermal ganz entbehrlich und überflüssig»[6], ließ ihre älteren Mitglieder in den Ruhestand versetzen und schaffte so Platz für die aus Mannheim anreisenden Hofmusiker. Das gleiche geschah mit dem Ballett und dem Schauspiel. Die Anziehungskraft Münchens war damals schon so groß, daß sich gerade die prominentesten Mitglieder der Mannheimer Hofkapelle, darunter die Konzertmeister, die beiden Orchesterdirektoren und die wichtigsten Instrumentalsolisten, zum Umzug nach München entschlossen. Das gemeinsame pfalz-baierische Hoforchester war bald an allen ersten Pulten pfälzisch besetzt. Genauso geschah es mit dem Sänger-Ensemble, das durch pfälzische Importe überfremdet wurde. Ganz entsprechend verteilte sich der Etat fast im Verhältnis zwei zu eins auf Pfälzer und Bayern. Zutreffend spricht deshalb eine neue Quellenstudie zur Münchener Operngeschichte von einer «beinahe erdrückenden Dominanz der Mannheimer im ersten Jahr von Karl Theodors Regierung»[7] in Bayern. Kein Wunder, daß diese, hier wie in anderen Bereichen, auf die gewachsenen Strukturen kaum irgendwelche Rücksicht nehmende Kulturpolitik geradezu zwangsläufig den Widerstand der einheimischen Bevölkerung herausforderte. Er entlud sich sichtbar in der von Wolfgang Amadeus Mozart geschilderten Aufführung, bei der die Offiziere vor allem deshalb «Lärm» machten, weil die am meisten angesehenen Münchener Schauspieler und Schauspielerinnen auf Geheiß Karl Theodors durch Mannheimer «Actricen» verdrängt worden waren, darunter die beliebte Karoline Heigel.

Dem Protest war allerdings kein Erfolg beschieden. Denn im folgenden Jahr, 1779, setzte in den neuen, aufklärerischen Periodika (wie Lorenz Westenrieders «Bayerischen Beiträgen», dem «Zuschauer in Bayern» und den «Abhandlungen der Bayerischen Akademie») ein von Karl Theodor zumindest mit Sympathie verfolgter, wenn nicht überhaupt angestoßener ästhetischer Feldzug gegen die, wie es hieß, «mit deutschem Gelde erkaufte» italienische Hofoper wie gegen das französisch dominierte Theater ein, denen gegenüber man die Qualitäten einer «deutschen Oper» und eines «deutschen Theaters»[8] nachdrücklich hervorhob. Zum Ideal wurde da von dem Münchener Aufklärer und Patrioten Johann Baptist Strobl 1782 in einem zwar dem Titel nach «freundschaftlichen», aber doch auch ziemlich drastischen «Brief an die Schauspieler in München» die deutsche «National-Schaubühne» erklärt. Prächtige und teuere Schaubühnen seien bisher zu dem Zweck unterhalten worden, «damit ein welscher Dichterling und Maestro jährlich einmal ihre Notdurft darauf verrichten können». Man solle vielmehr darauf halten, daß ein gutes Nationaltheater nicht mit dem «dramatischen Unsinn» der Italiener «verunreinigt» werde. «[...] wer weiss, ob sich nicht am Ende gar noch solche teuren Trillerkapaunen [Kastraten] einschleichen würden.»[9] Strobl übernahm 1795 die Redaktion des «Churbayerischen Intelligenzblattes». Bedenkt man, daß 1777 unter der Leitung des Freiherrn von Dalberg das Mannheimer «Nationaltheater» gegründet worden war, das sich mit Nachdruck für die Idee einer deutschen Nationalbühne einsetzte, wird der Enthusiasmus der Münchener Apologeten verständlich, die auch in diesem Punkt aus München ein zweites Mannheim werden lassen wollten – nicht zur Freude der konservativen Münchener Intelligenz. Schon 1775 hatte Kurfürst Karl Theodor in seiner Begeisterung für die deutsche Sprache den Philosophieprofessor Anton Klein und seinen Ersten Kapellmeister Ignaz Holzbauer mit der Dichtung beziehungsweise Komposition einer Oper über einen Stoff aus der deutschen Geschichte und mit Bezug auf die eigene Dynastie beauftragt: Diese erste deutsche Nationaloper, «Günther von Schwarzburg», wurde am 5. Januar 1777 auf der Kurpfälzischen Hofsingbühne uraufgeführt. Mozart fand für die Komposition die lobendsten Worte. Es sei «nicht zu glauben, was in der Musick [Holzbauers] für Feuer ist»[10].

Es ist leicht zu verstehen, was Mannheim für Karl Theodor bedeutete. Er war am 11. Dezember 1724 auf Schloß Drogenbosch bei Brüssel, das heißt in den Österreichischen Niederlanden, geboren worden, und zwar als Angehöriger der durch seinen zum Katholizismus konvertierten Urgroßvater Christian August begründeten wittelsbach-pfälzischen Nebenlinie Pfalz-Neuburg-Sulzbach. Früh verlor er beide Elternteile: mit vier Jahren die damals zwanzigjährige Mutter Maria Henriette Leopoldine, mit neun Jahren den dreiunddreißigjährigen Vater Johann Christian Joseph von Pfalz-Sulzbach. Für den verwaisten Erben sorgten zunächst die Urgroßmutter Marie-Henriette, Herzogin von Arenberg und Aerschott in Brüssel, dann der Kurfürst Carl Philipp von der Pfalz, der ihn in Sulzbach von Jesuiten, vor allem von dem Jesuitenpater Nikolaus Staudacher, erziehen ließ. Als er fünf Jahre alt war, wurde er am 7. September 1729 mit der Herrschaft über Bergen-op-Zoom belehnt. Schon 1733 hatten sein Vater und Kurfürst Carl Philipp festgelegt, daß der knapp Zehnjährige einmal seine Cousine, die Enkelin des regierenden Kurfürsten, Elisabeth Auguste von Pfalz-Sulzbach, ehelichen sollte. Vormund Carl Philipp ließ ihn 1734 an seinen Hof nach Mannheim bringen, wo er Karl Theodors Erziehung dem Jesuitenpater Franz Seedorff anvertraute, der bis 1758, mehr als ein Vierteljahrhundert lang, sein Mentor und engster Berater bleiben sollte.

Herangewachsen studierte Karl Theodor an den Universitäten Leiden und Löwen weltliches und kanonisches Recht, Staatswirtschaft und Geschichte, ließ sich aber auch von der frühen Industrialisierung beeindrucken. Am 10. Juli 1741 wurde er in Mannheim für volljährig erklärt und übernahm die Regierungsgeschäfte von Sulzbach und Bergen-op-Zoom. Am 17. Januar 1742 fand die verabredete Hochzeit zwischen dem siebzehnjährigen Karl Theodor und Elisabeth Auguste statt, die an diesem Tag ihren 21. Geburtstag beging. Ende desselben Jahres starb Kurfürst Carl Philipp, und Karl Theodor trat als Erbe auch die Regierung in der Kurpfalz an. Alle Voraussetzungen für eine glückliche Herrschaft waren gegeben. Aber schon der Ehe Karl Theodors mit der um fast vier Jahre älteren Kurfürstin Elisabeth Auguste mangelten Liebe und Glück. Es dauerte mehr als achtzehn lange Jahre, bis Elisabeth Auguste – nach mancherlei Luftveränderungen, Badekuren, Gebeten und Wallfahrten – schließlich doch noch schwanger wurde, böse Zungen behaupten, nicht von Karl Theodor, sondern von einem Grafen Wittgenstein. Und als dann der erhoffte Erbe, Franz Ludwig Joseph, in der Nacht vom 28. auf den 29. Juni 1761 geboren wurde, starb er, offenbar aufgrund von Entbindungsfehlern, bereits nach wenigen Stunden. Der Säugling, für den schon ein großes Taufzeremoniell ausgearbeitet worden war, wurde kurz im Schloß zu Schwetzingen, der Sommerresidenz, aufgebahrt, wo der Kurfürst in tiefer Trauer von ihm Abschied nahm, dann nach Mannheim überführt und in der Gruft der Hofkirche beigesetzt.

Der Tod des Erbprinzen bewirkte eine zunehmende Entfremdung zwischen den Eheleuten. Beide unterhielten, unabhängig von ihren dynastischen und politischen Verpflichtungen, ihre privaten Liebesbeziehungen: sie, die Kurfürstin, erst zu ihrem zweiten Schwager, Pfalzgraf Friedrich Michael, dann (seit 1754) zu dem Freiherrn Carl Ludwig von Rodenhausen, der sie in engster Vertrautheit bis zu ihrem Tod begleitete. Der liebestolle Intendant der

Hofmusik, Freiherr von Eberstein, der nachts mit der Pistole in ihr Schlafgemach eindrang, um sie zur Liebe zu zwingen, wurde abgewiesen und zur Strafe auf der Festung Otzberg eingekerkert, später zum beständigen Aufenthalt im Karmeliterkloster Weinheim begnadigt. Er, der Kurfürst, wandte sich erst der Schauspielerin Françoise Desprès-Verneuil zu, die ihm zwei Kinder gebar, eine Tochter – später als Gräfin von Parkstein legitimiert – und einen bald dahingegangenen Sohn, dann seit 1765 der Balletteuse Maria Josepha Seyffert, Tochter eines kurpfälzischen Finanzbeamten, die 1767 geadelt und zur Gräfin von Heideck erhoben wurde. Karl Theodor betrachtete sie, wie ein erhaltenes Familienportrait des Malers Heinrich Carl Brandt von 1785 (mit einem Bildnis des Kindervaters Karl Theodor an der Rückwand) bezeugt, als seine eigentliche Gemahlin. Sie schenkte ihm 1768 eine Tochter Carolina, dann 1769 zu seiner größten Freude einen Sohn Carl August und 1771 die Zwillingstöchter Eleonore und Friederike, nach deren Geburt die Mutter am Heiligen Abend 1771, erst dreiundzwanzigjährig, an den Folgen des Kindbettfiebers starb. 1774 erhob der Kurfürst seine illegitimen Kinder zu Reichsgrafen Bretzenheim und ließ ihnen ein repräsentatives Stadtpalais in Mannheim errichten, genau gegenüber dem Schloß. Der Sohn Carl August wurde 1782 als Großprior des Malteser-Johanniter-Ordens in Bayern eingesetzt und erlangte 1789 sogar die Würde eines Reichsfürsten; der letzte Bretzenheim heiratete 1849 in Wien die Nichte des Volkskomödiendichters Johann Nestroy.

Noch weitere Verhältnisse des Kurfürsten sind bekannt geworden: eines mit einer Gräfin Leiningen-Westerburg, ein anderes mit einer Freiin Schenk zu Castell – beide mit Kindern gesegnet –, ein drittes mit der Tänzerin Eleonore Huber, die er dann seinem ältlichen Premier Heinrich Anton von Beckers-Winterstetten abtrat. Daß die Kurfürstin Elisabeth Auguste täglich am Palais der Geliebten ihres Mannes vorbeifahren mußte, bereitete ihr einerseits ebenso Pein, wie sie andererseits aus Todesangst eine neue Schwangerschaft befürchtete und sich ihm deshalb dauerhaft entzog. Immerhin soll der Kurfürst ihr Hinscheiden am 17. August 1794 heftig beweint haben, auch wenn er in der Hoffnung auf einen erbberechtigten Sohn schon längst mit neuen Heiratsplänen umgegangen war. Vier Wochen nach ihrem Ableben warb er jedenfalls um die Hand der fast neunzehnjährigen Maria Leopoldine von Modena-Este, einer habsburgischen Erzherzogin, die er dann am 16. Februar des Folgejahres in Innsbruck heiratete, in Anwesenheit der Reichsfürstin Walburga von Bretzenheim, seiner illegitimen Schwiegertochter. Aber auch die zweite Ehe des Kurfürsten mit der ihm wenig geneigten Erzherzogin, die ihrerseits einen Grafen Arco zum

Liebhaber hatte, blieb kinderlos. Als Karl Theodor 1799 beim Kartenspiel in München zusammenbrach und wenige Tage später, genau an seinem vierten Hochzeitstag, starb, beweinten ihn nur seine nichtehelichen Kinder. Das dynastische Erbe fiel an seinen Neffen Max IV. Joseph, der zusammen mit seinem Minister Montgelas die Grundlagen des modernen Bayerns schaffen sollte. Das Fehlen eines berechtigten Erben bedeutete für Karl Theodor die Tragödie seines Lebens.

Schon diese wenigen Hinweise machen deutlich, daß für Karl Theodor wie für seine erste Gemahlin Elisabeth Auguste (die «erste Bürgerin Mannheims») bis zum Antritt seiner Regierung in Bayern Mannheim der Lebensmittelpunkt blieb. Auch der Umstand, daß Karl Theodor zu seiner Herrschaft über Bergen-op-Zoom und Pfalz-Sulzbach noch Pfalz-Neuburg, Jülich und Berg sowie die Kurpfalz hinzugewann, änderte an dieser Tatsache nichts. In Mannheim begann er seine Herrschaft, in Mannheim verwirklichte er fünfunddreißig Jahre lang als ein durch und durch aufgeklärter Herrscher seine politischen Vorstellungen und Reformen und erlangte dabei eine solche Beliebtheit, daß die Pfälzer im Sommer 1778, als er nach dreimonatigem Aufenthalt wieder nach München abreisen wollte, als seine «erstgeborenen Landeskinder» gegen diese Abreise öffentlich demonstrierten.

Er war, wie zahlreiche im wesentlichen wohl authentische Portraits deutlich machen, ein sinnenfroher und starker Mann, bei aller katholischen Frömmigkeit der Askese abgeneigt, vielmehr bis zur Beleibtheit füllig, ein sanguinischer Typ, zwar nicht fröhlich – die Fröhlichkeit fand die Kurfürstin als Kontrast zu ihm bei ihren beiden Liebhabern –, vielmehr ein Fürst, der bei der Wohnung wie bei der Kleidung Repräsentation und Prunk schätzte. Darum ließ er durch Alessandro Galli da Bibiena und durch seinen Hofbaumeister Nicolas de Pigage in Mannheim, Schwetzingen, Oggersheim, Benrath prunkvolle Schlösser teils neu erbauen, teils erweitern und mit aufwendigen Gartenanlagen, entsprechend seiner ausgeprägten Frankophilie überwiegend im Stil von Versailles, versehen. Nicht ohne Ursache hat man den großen Schwetzinger Garten mit seinen Gebäuden aus Badehaus und Gartentheater, Apollotempel, Minervatempel und Tempel der Waldbotanik, mit Merkurtempel, Moschee und zahlreichen Skulpturen, das bedeutendste künstlerische Vermächtnis Karl Theodors an die Pfalz genannt – zudem eine «Zauberinsel der [wollüstigsten] Musik»[11], wie Christian Friedrich Daniel Schubart hinzufügte. Schloß Oggersheim bestimmte Karl Theodor 1768 seiner Gemahlin Elisabeth Auguste, Schloß Benrath bei Düsseldorf ließ er mit Vestibül, Salon und getrennten kurfürstlichen Appartements zu seiner und seiner

Gemahlin «Maison de Plaisance», das heißt zum Sommerlustschloß, ausbauen. Als Herr über sechs bzw. seit seinem Regierungsantritt in Bayern sieben Länder unternahm er mehrfach Reisen durch seine Territorien, besuchte aber auch zweimal inkognito (als Graf von Veldenz), jeweils über München, das damals – noch vor Goethes «Italienischer Reise» – sehnsuchtsvoll gesuchte Italien: zunächst 1774/1775 Rom, Florenz und Venedig, dann 1783 Verona, Florenz, Pisa, wiederum Rom sowie Neapel und Bologna. Er interessierte sich für römische Kirchen und antike Architektur, darüber hinaus für soziale Einrichtungen, wie Waisenhäuser, Hospitäler und Invalidenheime, außerdem für Glasfabriken und für die Rechtspflege. Dem neunundsechzigjährigen, einst hochberühmten Kastraten Farinelli machte er – erstaunlich genug – in Bologna seine Aufwartung (nicht umgekehrt dieser ihm!) und ließ sich von ihm eine Sopran-Arie vortragen.

Seine jesuitische Erziehung bestimmte auch die Art seiner Frömmigkeit. Daß Karl Theodor, dessen Namenspatron der heilige Carl Borromäus war, Gründer der Schulen christlicher Lehre und eine der bedeutendsten Gestalten der Gegenreformation, seinen Hofbaumeister Nicolas de Pigage mit der inneren Gestaltung der Mannheimer Jesuitenkirche beauftragte, die dann 1760 den jesuitischen Heiligen Ignatius von Loyola und Franz Xaver geweiht und mit kostbarsten Kirchenschätzen ausgestattet wurde, verstand sich für ihn von selbst. Als 1773 durch Papst Clemens XIV. der Jesuitenorden aufgelöst wurde, intervenierte der inzwischen von den Gedanken der Aufklärung berührte Kurfürst zwar nicht ausdrücklich, aber er versorgte eine Anzahl von Jesuitenpatres mit Pensionen. Zudem erreichte Karl Theodor in Rom, daß das eingezogene Vermögen des Ordens in seinen Ländern der neugegründeten bayerischen «Zunge» des Malteserordens zufiel, dem er auch sonst (durch Klosteraufhebungen und Übertragung eingezogener Finanzmittel) aufhalf. Seit 1773 wurde die «bedeutendste Barockkirche Südwestdeutschlands» als «Große Hofkirche» bezeichnet. Die Loreto-Wallfahrt in Oggersheim, an deren Aufblühen Elisabeth Auguste besonderen Anteil hatte, fand solchen Zuspruch, daß Karl Theodor der Kapelle 1763 eine Mission mit zwei Patres und einem Laienbruder stiftete. Auch an den Gottesdiensten der Sodalitäten, besonders der Marianischen Kongregation von 1739, nahm er regelmäßig teil.

Karl Theodor war zweifellos ein engagierter, in gewissem Sinn aufgeklärt-moderner und auch sehr fleißiger «Landesvater», der zwar, was seine territorialen Erwerbungen anging, wirklich ein «Glücksschwein» war, wie ihm nicht ohne Neid Friedrich der Große attestierte, aber keineswegs, wie dieser ebenfalls meinte, ein «fauler Kerl». Man hat errechnet, daß er in seinen fünfunddreißig Mannheimer Regierungsjahren 250 000 Gesetze, Verordnungen, Erlasse und Befehle ausfertigte, rund dreißig pro Arbeitstag. Als «erster Diener seines Staates» setzte er sich grundlegende Reformen des feudal-antiquierten Staatswesens zum Ziel – keineswegs nur zur Freude der Betroffenen: Schon am 9. August 1778 schrieb sein Geheimer Ratskanzler Kreittmayr an den Konferenzminister Seinsheim von dem «durch die viele reformen ohnehin schon höchst disgoustierten hiesigen publico»[12]. Er begann mit einer Agrarreform, die sich auf physiokratische Grundsätze und Anbauversuche stützte und die die Situation der seit dem Dreißigjährigen Krieg darniederliegenden Landwirtschaft vor allem in der kargen und vernachlässigten Westpfalz verbessern sollte, allerdings nicht mit dem Erfolg, daß die pfälzischen Auswanderungen nach Amerika und in die Donauländer Batschka und Banat aufgehört hätten, trotz aller von ihm dagegen unterzeichneten Mandate. In Frankenthal baute er die hochrangige Porzellanmanufaktur und das Fabrikwesen aus und verbesserte die Transportmöglichkeiten durch Chaussee- und Kanalbau sowie durch Flußbegradigungen am Unterlauf des Neckars. Noch heute findet man an pfälzischen Straßen mehrere Denkmäler, die auf Karl Theodors Infrastrukturmaßnahmen hinweisen. Auch das Medizinalwesen wurde gehoben, ebenso das Schulwesen, die Quacksalberei beseitigt und die Zulassung als Arzt von einer Prüfung vor dem «Consilium Medicum» abhängig gemacht. Eine Chirurgenschule vor allem für Militärärzte mit anatomischem Theater kam hinzu. 1761 bot eine verheerende Malariaepidemie die Veranlassung zur Neuordnung der medizinischen Verhältnisse. Der Tod des Kurprinzen entfachte eine Diskussion um die schlechte Ausbildung der Hebammen, mit der Folge, daß Karl Theodor 1766 die Errichtung eines Entbindungshauses befahl; ledige Schwangere, die sich den Hebammenschülerinnen zur Entbindung als Studienobjekte zur Verfügung stellten, wurden für ihren Fehltritt nicht mehr bestraft. 1769 gründete Johann Riem die später so genannte «Kurfürstliche physikalische und ökonomische Gesellschaft», der es um Bienenzucht, um die Propagierung der Fruchtwechselwirtschaft und um den Anbau von Handelsprodukten wie Flachs, Hanf und Tabak ging. Einrichtungen zur Krankenpflege, die kostenlose Abgabe von Arzneien an Bedürftige und Gesetze gegen die Verelendung folgten. Besonders aber wandte sich Karl Theodor der Pflege der Wissenschaften zu, weil er sich von ihnen eine Verbesserung aller Lebensbereiche versprach. Nicht nur der Ausbau seiner Universität Heidelberg, sondern auch und vor allem die Gründung der Mannheimer Akademie der Wissenschaften 1763 nach Pariser Vorbild zählen zu seinen bedeutendsten Leistungen. Durch sie wurde Mannheim im 18. Jahrhundert zu einem herausragenden Zentrum naturwissenschaftlicher Forschung. Astronomie (mit dem angesehenen Hofastronomen und Jesuiten Christian Maier), Meteorologie und Mineralogie, aber auch Zoologie und Botanik (etwa in dem von ihm eingerichteten wertvollen Naturalienkabinett) fanden Karl Theodors besonderes Interesse.

Mehr noch aber lagen ihm die Künste am Herzen. Für ihre Pflege setzte er sich so nachhaltig ein, daß Mannheim unter seiner Herrschaft zu einer der bedeutendsten Kunstmetropolen Europas heranwuchs und Friedrich von Schiller die Stadt als ein «Paradies der Muse» charakterisieren konnte. Karl Theodor widmete sich mit gleicher Begeisterung der Literatur, der Malerei, der Architektur, der Bildhauerei, dem Theater und der Oper, vielleicht noch am leidenschaftlichsten der Musik, der er als ein sehr guter Flötist – er war Schüler der Flötenvirtuosen Christian Cannabich und Johann Baptist Wendling – und als geschickter Violoncellist auch aktiv zugewandt blieb. Zu seinen großen Verdiensten zählen die Einrichtung einer – was damals ganz unüblich war – öffentlich zugänglichen Gemäldegalerie mit Werken höchsten Ranges (von Rubens, van Dyck und Rembrandt), die Schaffung einer Zeichenakademie, eines Kupferstich- und Zeichnungskabinetts, das 1780 nicht weniger als 60000 Druckgraphiken und annähernd 9000 Handzeichnungen umfaßte. Beide, Gemäldegalerie und Kupferstichkabinett, wurden später nach München gebracht und den Beständen der heutigen Bayerischen Staatsgemäldesammlungen und der Staatlichen Graphischen Sammlung einverleibt.

In Mannheim entstand aber vor allem zwischen 1743 und 1778 jene Hofkapelle, die viele Zeitgenossen für die beste in ganz Europa hielten. Sie erlangte musikgeschichtlich die denkbar größte Bedeutung, insofern sie die sogenannte «Mannheimer Schule» ausbildete, die den Übergang von der generalbaßbestimmten Barockmusik zur melodiebeherrschten Symphonik der frühen Wiener Klassik bewirkte. Im Mannheimer Orchester saßen aktive Solisten internationalen Ranges, die zugleich überwiegend auch gute Komponisten waren, so daß der englische Musikkritiker Charles Burney in seinem «Tagebuch einer musikalischen Reise» 1773 formulieren konnte, diese Musiker seien «eine Armee von Generälen, gleich geschickt einen Plan zu einer Schlacht zu entwerfen als darin zu fechten.»[13] Im Mittelpunkt der musikalischen Neuerungen standen Johann Stamitz, den Karl Theodor 1742 anläßlich der Kaiserkrönung in Frankfurt am Main als umjubelten Violinvirtuosen gehört, gleich nach Mannheim gezogen und 1745 zum Konzertmeister ernannt hatte, und Christian Cannabich. Das Neue am

Musikstil der «Mannheimer Schule» waren die verblüffenden, weil bis dahin ganz unbekannten korporativen Crescendo- und Diminuendo-Bewegungen bei statischer Harmonik, die klanglichen und dynamischen Kontraste auf engstem Raum, auch die sogenannten «Mannheimer Manieren», wie Tremoli, Seufzer- und Vorhaltsmelodik, die abrupten Generalpausen, als bleibende Erfindungen zudem die Verselbständigung der Bläserstimmen und die Eingliederung des Menuetts an die dritte Stelle des Sonatensatz-Zyklus. Die Instrumentalkonzerte der «Mannheimer» erregten Aufsehen bis nach Paris und London hin, auch wenn sich ihr Manierismus bald überlebte: Leopold Mozart, selbst ausgewiesener Geiger und Verfasser einer berühmten Violinschule, sprach 1777 vom «manierierten Mannheimer goût». Der Kurfürst hatte, Burney zufolge, «jeden Abend Concert in seinem Pallaste, wenn auf seinem Theater nichts gespielt» wurde, übrigens bei freiem Eintritt, selbst für Fremde. «Musik scheint Sr. Churfürstl. Durchl. liebster und beständigster Zeitvertreib zu seyn», wohl auch jener der Kurfürstin, die sang und Cembalo spielte und der Mozart mehrere Sonaten für Klavier und Violine (Köchelverzeichnis 301 bis 306) zueignete.

So erklärt sich auch der Enthusiasmus Karl Theodors für die Oper, die im Sommer im Schwetzinger Residenztheater, im Winter im Mannheimer Opernhaus förmlich zelebriert wurde. Im letzteren herrschte die italienische Prunkoper vom Typ der Opera seria so lange vor, bis hier wie dort 1775 bzw. 1778 mit der deutschen Reformoper, mit Anton Schweitzer, Ignaz Holzbauer und dem Würzburger Abbé Vogler, der Schritt in eine neue Zeit getan wurde. Eine beachtliche Rolle spielten auch die «Churfürstlich Frantzösische Comoedi» und die im Hof- und Staatskalender gleich anschließend aufgeführte «Chur-Pfälzische Jägerey», deren Wirken – nicht ganz ohne Spott – bis heute im Volksgesang nachklingt: Das mehrstrophige Volkslied «Der Jäger aus Kurpfalz / der reitet durch den grünen Wald / er schießt sein Wild daher / gleich wie es ihm gefallt»[14] stammt aus Karl Theodors Mannheimer Zeit; es ist seit 1750 belegt, seit 1763 auch auf fliegenden Blättern.

Schließlich ist die Literaturpflege zu erwähnen: In Karl Theodors Regierungszeit wuchs die kurpfälzische Hofbibliothek von 15 000 auf etwa 85 000 Bände, deren größter Teil ab 1778 nach München kam und auf die Sachgruppen der Hof- und späteren Bayerischen Staatsbibliothek verteilt wurde. Ebenso wichtig war die Gründung der «Kurfürstlichen Deutschen Gesellschaft», die sich der deutschen Sprach-, Schreib-, Literatur- und Theaterpflege widmete, die Nationaltheateridee förderte, eine Rechtschreibreform durchführte, die «Hebung des guten Geschmacks» propagierte und Persönlichkeiten wie Johann Christoph Adelung, Heinrich Jung-Stilling, Friedrich Gottlieb Klopstock, Sophie von LaRoche, Christoph Martin Wieland und Friedrich von Schiller zu ihren Mitgliedern zählte. Letzterer brachte hier am 13. Januar 1782 seine «Räuber» mit dem genialen August Wilhelm Iffland als Franz Moor zur Uraufführung, übrigens in einer politisch leicht entschärften Mannheimer Fassung.

Dies war die Situation in Mannheim, als am Jahresende 1777 Max III. Joseph in München starb und damit der zur Sicherung der Erbfolge der Dynastie durch die wittelsbachischen Hausverträge von 1329 (zu Pavia), 1766, 1771 und 1774 vorbereitete Erbfall eintrat, demzufolge Karl Theodor nun auch Kurfürst von Bayern wurde und seinen Regierungssitz in München zu nehmen hatte. Noch in der Silvesternacht, in der er die Nachricht vom Ableben des bayerischen Kurfürsten erhielt, brach Karl Theodor nach München auf, um seine Erbansprüche abzusichern. Er reagierte damit auf Ansprüche sowohl Kursachsens als auch Österreichs, die ihrerseits Max III. Joseph zu beerben suchten. Schon seit dem 17. Dezember 1777 hatte man in Wien über das Tauschprojekt Bayern gegen die Spanisch-Österreichischen Niederlande verhandelt. Die kaiserliche Partei setzte einen Vertrag auf, die «Wiener Konvention» vom 3. Januar 1778, bei der der Abgesandte des neuen bayerischen Kurfürsten unterschreiben mußte, daß sein Herr damit einverstanden sei, daß das ehemalige Straubing-Niederbayern, die böhmischen Lehen in der Oberpfalz, die Stadt Mindelheim, die Landgrafschaft Leuchtenberg und einige weitere kleine Gebiete gegen entsprechende Herrschaften in den Niederlanden getauscht würden. Der Kurfürst zeigte sich, in Erinnerung an seine Kindheit in den Niederlanden, diesem Vorhaben sehr geneigt, doch Pfalzgraf Karl August aus der wittelsbachischen Linie Zweibrücken-Birkenfeld protestierte gegen die Schmälerung seines künftigen Erbes, und Friedrich II. von Preußen, besorgt, daß Habsburg noch mächtiger werden könnte als es schon war, stellte sich auf die Seite der bayerischen Patrioten. Die Folge war der Bayerische Erbfolge- oder «Böhmische Kartoffelkrieg» von 1778/1779, der damit begann, daß am 5. Juli 1778 preußische Truppen in Böhmen einmarschierten, und der erst mit dem Frieden von Teschen am 13. Mai 1779 beendet wurde: Das Innviertel fiel an Österreich, aber die wittelsbachischen Hausverträge, bis dahin reichlich umstritten, fanden ihre reichsrechtliche Anerkennung. Karl Theodor kehrte vorübergehend in die Pfalz zurück, um dort einen Statthalter einzusetzen, und vereinigte dann die obersten pfälzischen Regierungsinstanzen mit denen Bayerns.

Im Oktober 1778 zog das Kurfürstenpaar feierlich in München ein. Bei seinem Aufbruch soll Karl Theodor die skeptische Erwartung geäußert haben, daß «die guten Tage nun vorüber» seien, und in der Tat verdunkelte sich das Verhältnis zwischen ihm und seiner bayerischen Bevölkerung rasch. Anstoß erregte zunächst schon, daß Karl Theodor seine persönlichen Hofbediensteten und Mitarbeiter aus der Pfalz mitbrachte und die Mannheimer Kolonie gegenüber der einheimischen Bevölkerung deutlich bevorzugte. Dann stieß die Einrichtung und großzügige Dotierung der bayerischen «Zunge» des Malteserordens, die im Zentrum seiner Kirchenpolitik stand, auf Skepsis, weil man in ihr nur eine Versorgungseinrichtung für den Adel, besonders aber für die illegitimen Nachfahren Karl Theodors, erblickte. Ohne Begeisterung nahm man wahr, daß der Kurfürst einen von Bayern besoldeten päpstlichen Nuntius am Münchener Hof installierte und im Einvernehmen mit Rom ein Hofbistum einzurichten begann. Sein Kampf gegen den von Adam Weishaupt in Ingolstadt 1776 begründeten Geheimbund der Illuminaten, den man einmal sehr treffend als einen «Antijesuitenorden» charakterisiert hat, festigte zwar sein Bündnis mit Papst Pius VI., der 1782 in München mit Triumph empfangen wurde, belastete aber sein Verhältnis zu den Aufklärern. Der seit 1790 von den bayerischen Beamten verlangte «Illuminateneid» – eigentlich ein Anti-Illuminateneid – bildete letztlich die Grundlage für den bis heute geforderten bayerischen Beamteneid. Dabei erwies sich Karl Theodor auch in München, wie zuvor in Mannheim, durchaus als ein aufgeklärter und reformwilliger Monarch, der nicht nur die Verwaltung straffte, die Rechtsstellung benachteiligter Personenkreise verbesserte, die Tortur zurückdrängte, das Bildungs- und das Gesundheitswesen reformierte und der Kirche die Aufsicht über das Schulwesen übertrug, sondern der auch den Nymphenburger Park, wie die Hofbibliothek und die kurfürstlichen Gemäldesammlungen, für die Bevökerung öffnete. Darüber hinaus legte er (durch den Mannheimer Hofgärtner Friedrich Ludwig Sckell) den Englischen Garten samt dem Chinesischen Turm an und verwirklichte zusammen mit seinem Leibadjutanten und engsten Berater, dem Grafen Rumford (eigentlich Sir Benjamin Thompson), der in Bayern die Kartoffel und mit ihr die nach ihm benannte nahrhafte «Rumfordsche Kartoffel-Suppe» als Armenspeise einführte, soziale und militärische Reformen (etwa indem er die Soldaten in Friedenszeiten für Aufgaben des öffentlichen Wohls einsetzte, durch sie die überaus zahlreichen Bettler von den Straßen holen und in Militärische Arbeitshäuser einweisen ließ). Außerdem stellte er wichtige Kontakte nach England her, dem zu dieser Zeit führenden Land der naturwissenschaftlichen und technischen Entwicklung.

Im Jahre 1779 fand (durch das Generalmandat des Kurfürsten vom 3. Mai 1779) eine partielle Bauernbefreiung auf den kurfürstlichen Kammergütern statt: Allen Bauern, deren Grundherr der Landesherr war, wurde die Möglichkeit geboten, durch Ablösungszahlungen ein erbrechtliches Miteigentum an ihren Höfen zu erwerben – eine bedeutende und aufklärerische Tat, mit der Karl Theodor als erster deutscher Landesherr die Lösung der Bauern aus der Grundherrschaft ermöglichte. Wie in der Pfalz wurden jetzt auch in Bayern die Straßenverhältnisse verbessert, so die wichtige Kesselbergstraße zwischen Kochel- und Walchensee, auf der Goethe später – weit bequemer als vorher – nach Italien reiste, und wird mit der Kultivierung des Donaumooses begonnen. Auf dem Gebiet der Wirtschaftspolitik bemühte sich Karl Theodor um ein einheitliches gesamtbayerisches Zoll- und Wirtschaftsgebiet, das allerdings wegen vieler Kompromisse nur langsam vorankam. Die Aufhebung kirchlicher Feiertage, die Einschränkung von Wallfahrten und Prozessionen, das Einschreiten gegen die Volksbräuche wie gegen den Volksaberglauben entsprachen dem aufklärerischen Denken der Zeit, und wenn er um Ausnahmen von den an sich strengen Verordnungen gebeten wurde, wie 1780 von den um ihr Passionsspiel bangenden Oberammergauern, gab er ihnen gnädig nach.

Auch München erlebte in seiner Regierungszeit eine günstige Entwicklung wie kaum je zuvor: Das städtische Bürgertum gewann an Gewicht, die Publizistik und das Verlagswesen blühten auf. Aus hygienischen Gründen wurden 1789 die Friedhöfe aus der Stadt hinausverlegt, den Parade- bzw. Promenadeplatz befreite man von den Salzstadeln, und 1791 begann auch die Niederlegung der Festungswerke. Es entstanden der Karlsplatz oder Stachus, verschiedene Zweck- und Sozialbauten, wie das große Feuerhaus oder das Armenversorgungshaus am Gasteig, so daß die Bilanz seiner innenpolitischen Wirksamkeit keineswegs schlecht ausfällt. Allerdings ging diese Entwicklung dem Münchener Rat zu rasch, wodurch es zu Widerstand kam, den der Kurfürst von Mannheim aus rasch und entschieden ahndete, indem er jenen berühmten Kniefall der Ratsherren vor seinem Bildnis anordnete, der am 21. Mai 1791 auf der Maxburg stattfand und das Verhältnis des Landesherrn zu den gewählten Vertretern der Münchener Bürgerschaft nicht gerade verbesserte.

Kritisch gesehen wurden auch die während Karl Theodors gesamter Regierungszeit nicht verstummenden, aber niemals ausgeführten Tauschpläne mit dem an Bayern stark interessierten Österreich Josephs II. gegen ein erträumtes Königreich Burgund, das die kurfürstliche Pfalz mit den Österreichischen Niederlanden, der

Heimat seiner Kindheit, zu einem geschlossenen Staatsgebiet vereinigt hätte. Dieses Projekt führte zwar einerseits zu einem anhaltenden Groll seiner bayerischen Untertanen, andererseits verstärkte es aber auch das bayerische Nationalgefühl gegenüber dem Herrscher nachhaltig und wirksam.

Seit 1782 wurde Karl Theodor mehrfach von Schlaganfällen heimgesucht, die er – zum Verdruß seiner Zweibrücker Erben – zwar immer wieder überstand, die aber doch sein Leistungsvermögen stark einschränkten. Wenn man später beobachtete, daß er regelmäßig im Theater einschlief und deshalb selbst gegen ihn gerichtete Anspielungen und Beleidigungen nicht mitbekam, erklärt sich dies wohl leicht aus seinem angegriffenen Gesundheitszustand. Als er tot war, notierte Lorenz Westenrieder: «In diesem Augenblick fühlte ich mit Wehmuth für den Verschiedenen; er war zwar ein schlimmer Regent, aber doch auch ein Mensch, und seine bösen Rathgeber und höllischen Mannheimer tragen wahrscheinlich auch einen großen, vielleicht den größten Theil der Sünden, die er wider uns Baiern begangen hat.»[15] Karl Theodor wurde in der Gruft der Theatinerkirche beigesetzt, sein Herz zu den übrigen Wittelsbacher-Herzen in die Altöttinger Gnadenkapelle überführt.

Die eingangs gestellte Frage, ob Karl Theodor nun ein guter oder ein schlechter Herrscher gewesen sei und ob seine Regierungszeit Glück oder Unglück für Bayern bedeutet habe, findet insgesamt zwar eine differenzierte, letztlich aber doch positive Antwort. Er war ein Schöngeist, allen Gewaltakten, zumal allen militärischen und politischen, von Herzen abgeneigt, weswegen er auch politische Neutralität – etwa im Bayerischen Erbfolgekrieg – allen kriegerischen Aktionen vorzog. Er mag wohl auch ein wenig konfliktscheu gewesen sein, jedenfalls leicht zu Kompromissen bereit, wo sie möglich waren. Dies wurde ihm gelegentlich als Schwäche ausgelegt. Was ihn interessierte und bewegte (und in gewisser Weise auch sein politisches Denken beschäftigte), waren Frauen und nochmals Frauen, Kinder und nochmals Kinder, die Schönen Künste, darunter vor allem die Musik, und die Religion. Mannheim hatte er zu einem Paradies der Künste ausgebaut. Er handelte (aus heutiger Sicht) insofern vollkommen vernünftig und verständlich, wenn er die rückständige Münchener Hofmusik und das Theater dispensierte und die berühmten Mannheimer Künstler, soweit möglich, an ihre Stelle setzte. Er scheiterte mit seiner Etablierung einer deutschen Oper, weil das konservative Münchener Publikum noch nicht so weit war wie das Mannheimer, und er kehrte nachsichtig zur italienischen Karnevalsoper zurück: 1780 mit Gruas «Telemaco», 1781 mit der Auftragsoper «Idomeneo» von Wolfgang Amadeus Mozart, einem Werk der «Weltliteratur» im Sinne Goethes, das am 27. Januar 1781, Mozarts 25. Geburtstag, im Münchener Cuvilliés-Theater seine Uraufführung erlebte und dessen Stoff und Aufbauplan offenbar Karl Theodor selbst gewählt hatte. Es mochte dem Kurfürsten um so leichter gefallen sein, dieser Gattung wiederzubegegnen, als sie liturgisch im christlich-katholischen Konzept des Karnevals verankert war und, wie dieser, nur eben am Beispiel von Stoffen jener Antike, die das Christentum überwunden hatte, zu zeigen vermochte, wie Menschen «nach Menschenweise», das heißt ohne christliche Perspektive, leben. So war er auch mit der Rückkehr der Kastraten einverstanden, von denen Vincenzo Dal Prato die Hauptrolle des «Idamante» übernahm – ein «elender Acteur», wie Mozart leicht angeekelt festhielt. Dieser Musiker, der auch des Kurfürsten illegitime Kinder im Klavierspiel unterrichtete, erfreute sich Karl Theodors Gunst (schon seit 1763) so sehr, daß der Kurfürst sogar gegen sein eigenes Bücherzensurkollegium einschritt, als es Mozarts «Don Giovanni» mit der Begründung ablehnte, daß sich der «Don Juan» im zweiten Akt mit Zerline einschließe und diese sich seiner Zudringlichkeiten erwehren müsse. Der Kurfürst, der selber viel Freizügigeres erlebt haben mochte, eilte, die Aufführung «gnädigst zu gestatten», und meinte bei anderer Gelegenheit zu Mozart, «man sollte nicht meinen, daß in einem so kleinen Kopf so was Großes stecke.»[16]

Das Mannheimer und das Münchener Nationaltheater, zwei der besten deutschen Opernbühnen dieser Epoche, erinnern bis heute an das Wirken des Kulturfürsten Karl Theodor, genauso wie Wolfgang Amadeus Mozarts «Idomeneo» von 1781 in München und Friedrich von Schillers «Räuber» in Mannheim 1782 immer mit Karl Theodors Namen verbunden bleiben werden. Aber er war kein Bayer, und bayerische Belange mußten immer hinter pfälzischen Anliegen zurückstehen. Wenn man in einem neuen Buch über die Opern Mozarts liest, daß Mozarts Oper «Idomeneo» «vom besten Orchester seiner Zeit, dem Mannheimer Orchester»[17], musiziert worden sei, ist das richtig und falsch zugleich: Es war das von den Mannheimern majorisierte bayerische Hoforchester. Solche Benachteiligung haben Land und Leute ihm, der «für München fast nur Gutes getan hat»[18], trotz aller Wohltaten bis heute nicht verziehen.

Max I. Joseph

Der König und seine Residenzstadt

Von Richard Bauer

«Ja Maxl, weil Du nur grad da bist, jetzt wird alles gut!» Mit diesen treuherzigen Worten soll sich beim hochoffiziellen Einzug des Kurfürsten Max IV. Joseph in München am 12. März 1799 der Brauer Joseph Pschorr an den Wagenschlag des neuen Landesvaters herangedrängt haben. Die hübsche Anekdote, die hinsichtlich der genauen Wortwahl mehrere Varianten kennt, entspricht so präzise der Befindlichkeit der Münchner Stadtbevölkerung in jenen aufregenden Wochen nach dem Tod Karl Theodors, daß die Frage, ob sie wahr oder gut erfunden ist, eigentlich müßig erscheint.[1] Sie transportiert verschiedene Aspekte des Regierungswechsels, die man gut auseinanderhalten sollte: zum einen die damalige Unsicherheit über den neuen Waffengang mit Frankreich, andererseits aber die brennende Sorge um das weitere Schicksal Bayerns und Münchens selbst.

Denn Österreichs Begehrlichkeit auf das bayerische Erbe war – wie schon in den Tagen Karl Theodors – ganz offenkundig, und die enorme militärische Präsenz des ungeliebten Nachbarn im Lande hätte einen Überraschungscoup, ähnlich wie 1778, jederzeit möglich gemacht. Daß mit Max Josephs ungehindertem Regierungsantritt der Kaiser in Wien auf die bayerische Option zumindest vorläufig verzichtete und die Erbfolge des Zweibrücker Herzogs akzeptierte, war deshalb Anlaß zu allgemeiner Erleichterung.

Die Sympathien für das Haus Zweibrücken waren in München während der Regierungszeit Karl Theodors sowieso aufs höchste gestiegen, da sich dieser wittelsbachische Familienzweig stets allen pfälzischen Abtretungs- und Tauschabsichten hartnäckig verweigert hatte. Darüber hinaus freute man sich in München, daß der neue Souverän ausgerechnet Max Joseph hieß. Dieser Name transportierte die Erinnerung an den 1777 verstorbenen letzten Kurfürsten aus der altbayerischen Linie der Dynastie, an Max III. Joseph, den «Vielgeliebten», der seinem Volk nach 1745 ein echter Retter aus Wahn und Not geworden war. Pfalzbayerns neuer Herrscher trug seinen Namen übrigens deshalb, weil er tatsächlich ein Patenkind des letzten altbayerischen Kurfürsten war, und man erzählte sich, daß dieser dem kleinen nachgeborenen Prinzen der Zweibrücker Nebenlinie angesichts des Erbenmangels der beiden Hauptlinien im Scherz einen Kurhut vorhergesagt habe. So schienen also allein Herkunft und Name Max Josephs dafür Bürgen, daß nach dem Ende der in der Haupt- und Residenzstadt München geradezu als Besatzungszeit empfundenen Ära Karl Theodors endlich wieder ein positiv akzentuiertes Kapitel der bayerischen Geschichte aufgeblättert würde.

Geboren 1756 als zweiter Sohn des Herzogs Friedrich Michael von Zweibrücken, eines im Siebenjährigen Krieg eher ruhmlosen kaiserlichen Feldmarschalls, schlug Pfalzgraf Max Joseph zunächst eine standesgemäße Militärkarriere im Dienste des französischen Königs ein, die ihn im schönen Straßburg freilich weniger als Regimentskommandeur denn als Lebemann forderte. Schon damals rühmte man sein nobles Herz, seine Freigebigkeit und seinen gewinnenden Charme gegenüber den Damen. Seine geistigen und musischen Anlagen wurden demgegenüber freilich nicht sonderlich hoch veranschlagt. Das bequeme und galante Straßburger Dasein ging jedoch bald nach Ausbruch der Französischen Revolution zu Ende, und der Pfalzgraf mußte sich in den folgenden Jahren auf der anderen Seite des Rheins und stets auf Kosten seiner Verwandtschaft recht und schlecht durchs Leben bringen. Schließlich nahm er sogar preußische Armeedienste an, ohne sich jedoch militärisch in irgendeiner Form auszuzeichnen oder auch nur ernsthaft im Felde zu exponieren.

Als Max Joseph 1795, nach dem plötzlichen Tod seines älteren Bruders Karl August, das Fürstentum Zweibrücken mit allen Anwartschaften und Hoffnungen auf das wittelsbachische Gesamterbe zufiel, konnte er sich zwar als Reichsfürst titulieren lassen, doch war er vorerst ein Fürst ohne Land, da die Franzosen damals Zweibrücken wie alle linksrheinischen Territorien besetzt hielten. Schließlich saß der Exulant im sicheren preußischen Ansbach und wartete dort mit seiner Familie und einem Zirkel von Beratern gespannt die weitere Entwicklung im Reich und im Kurfürstentum Pfalzbayern ab.[2] Am 16. Februar 1799 um drei Uhr nachmittags kam Max Josephs Stunde. Unmittelbar nach dem Hinscheiden Karl Theodors wurden in München eilends die längst vorbereiteten Besitzergreifungspatente für Kurfürst Max IV. Joseph publiziert.

«Ja Maxl, weil Du nur grad da bist [. . .].» In der Tat, mit ihrem neuen «Maxl» wollten die jubelnden Münchner wieder anschließen an die friedenssatten Jahre vor 1777, wo man in der altbayerischen Haupt- und Residenzstadt noch ganz unter sich gewesen war und nicht von den «höllischen Mannheimern» – so nennt Lorenz von Westenrieder 1799 in seinem Tagebuch Hofstaat und

Anhang Karl Theodors – geplagt wurde. Daß der neue Landesherr im Prinzip ja selbst ein Sproß der Pfälzer Linie war, wog demgegenüber gering. Hauptsache, er war gut katholisch und kein direkter Abkömmling Karl Theodors. Wo seine linksrheinischen Territorien eigentlich gelegen waren, konnte sich in München sowieso niemand vorstellen, und ihr Verlust durch die französische Okkupation wurde im Zweifelsfall als Vorteil angesehen.

Max Joseph öffnete sich von Anfang an ganz bewußt dieser Ausgangslage und verstand sich deshalb stets als Erbe der Kurfürsten von Bayern und weniger als Nachfolger des ersten Kurfürsten von Pfalzbayern. Überdies verfügte er bei seinem Einzug in München über ein besonderes Unterpfand der Liebe und Treue aller patriotischen Bayern: den dreizehnjährigen Kurprinzen Louis oder Ludwig. Bei dessen Geburt 1786 war bereits eine Deputation des Münchner Magistrats in Straßburg erschienen und hatte tiefgerührt dem Neugeborenen als Hoffnungsträger der gesamten Dynastie Wittelsbach gehuldigt; ein Vorgang, der mit Rücksicht auf den mit der Zweibrücker Linie überworfenen Karl Theodor damals geheimgehalten wurde. Mit seiner 1796 verstorbenen ersten Gemahlin Auguste Wilhelmine von Hessen-Darmstadt hatte Max Joseph neben Prinz Ludwig noch einen weiteren Sohn, Karl, und drei Töchter in die Welt gesetzt. Auch bei seiner zweiten Gattin, der protestantischen Prinzessin Karoline von Baden, die beim feierlichen Einzug in München hochschwanger neben dem Kurfürsten saß, sollte der Kindersegen anhalten, so daß die Gefahr des Aussterbens des Hauses Wittelsbach jetzt ein für allemal gebannt schien.

Nur allzu schnell sollte sich herausstellen, daß der neue Kurfürst noch viel weniger als sein ungeliebter Vorgänger bereit war, den dringenden Reformbedarf gerade der bayerischen Kurlande zu ignorieren. Die Kampfansage Max Josephs an die Stagnation entsprang nur zum Teil eigener Überzeugung und Absicht, sie war vielmehr maßgeblich geprägt von den fortschrittlichen Ideen seines politischen Beraters und Außenministers Maximilian von Montgelas. Dessen Vorstellungen zielten auf eine umfassende politisch-gesellschaftliche Neuordnung Bayerns, wobei die geplanten Veränderungen nicht mehr am schwerfälligen Reichsrecht und der nicht minder unbeweglichen landständischen Verfassung gemessen wurden, sondern vorrangig an der Theorie der Aufklärung, den Erfahrungen der Reformpolitik in Österreich und Toskana und schließlich auch an der Rigorosität des revolutionären Frankreich. In der Konsequenz bedeutete dies die Ablösung des alten Fürstenstaats durch den zentralistischen Einheitsstaat, das heißt klare Kompetenzen für die Ministerien und nachgeordneten Behörden, Aufbau eines elitären Berufsbeamtentums und Demontage bzw. Unterwerfung der bisherigen verfassungsgemäßen Eigengewalten innerhalb des Staatsverbandes. Daß die Durchsetzung dieser politischen Vorstellungen für das komplizierte landständische Gefüge Bayerns, insbesondere für die differenzierten kommunalen Einheiten, dann aber auch für die vielen Klöster und Kultusstiftungen schwerwiegende Folgen zeitigen würde, lag auf der Hand. Doch waren Umfang und Stoßrichtung des Regierungskonzeptes zunächst noch relativ unbestimmt. Erst durch den dramatischen Zerfall der Reichsverfassung entwickelte sich das Reformprogramm von Montgelas immer mehr zu einer «Revolution von oben», die den gesamten bayerischen Staat in wenigen Jahren auf völlig neue Grundlagen stellen sollte.

Die beginnende Umsetzung der neuen innenpolitischen Ideen fiel zusammen mit einer besonders schwierigen außenpolitischen Gratwanderung: Das Reich befand sich im Kriegszustand mit Frankreich, und über 100000 österreichische Soldaten hielten das um Neutralität ringende Bayern fest im Griff. Bereits ein Jahr nach dem Regierungsantritt Max Josephs wurde das Land und mit ihm die Hauptstadt München selbst Kriegsschauplatz. Am 30. Juni 1800 zog das französische Heer in die unverteidigte Stadt ein, die der Kurfürst und sein Hof kurz zuvor eilends in Richtung Amberg verlassen hatten.[3] Man verargte Max Joseph diese Flucht, da man sich von einem ehemaligen Regimentskommandeur und Obristen irrtümlicherweise gewisse militärische Qualitäten versprochen hatte. Besonders verbittert war man in München über den Umstand, daß der Kurfürst für englische Subsidien bayerische Truppen an der Seite Österreichs zum Einsatz gebracht und damit Frankreich zusätzlich provoziert hatte. Schnell waren die Sympathien des Vorjahres wieder verflogen, und die Münchner gelangten zu der Erkenntnis, daß auch der nun herrschende Seitentrieb des pfälzischen Dynastiezweigs in Bayern zu keiner Blüte kommen könne. Gedruckte Spottgedichte gegen den Kurfürsten kursierten in der Stadt, wovon eines mit folgendem Vers begann: «Gute Nacht! Max, Du hast's zu toll gemacht. Unsere Söhne zu verkaufen und damit davon zu laufen. Max, das war zu toll gemacht. Gute Nacht!»

Die schon unter Karl Theodor begonnene Loslösung des Nationalbewußtseins von der Dynastie Wittelsbach machte unter dem Eindruck des unrühmlichen Verhaltens Max Josephs und vor dem Hintergrund der militärischen Erfolge der Franzosen gegen die Österreicher rasante Fortschritte. Man hat später dieses relativ rasche Zerwürfnis zwischen Fürst und Volk aus der offiziellen Erinnerung getilgt, doch ist die damalige Kehrtwendung vieler Münchner ein historisches Faktum. Der französische Divisionsgeneral Decaen war jedenfalls über den herzlichen Empfang seiner Truppen durch die Münchner Bevölkerung außerordentlich überrascht und berichtete nach Paris: «Es hatte den Anschein, als wären wir mehr Befreier als Feinde».

Ultraliberale Parteigänger, die schon seit den Tagen Karl Theodors untereinander Verbindung hielten, gaben jetzt in der Stadt den Ton an und warben schließlich sogar für die Absetzung der Dynastie Wittelsbach und die Ausrufung einer süddeutschen Republik unter dem mächtigen Schutz Frankreichs. Doch die «Neufranken» des Jahres 1800 waren anders als das französische Revolutionsheer von 1796 nicht an der Einrichtung von Schwesterrepubliken interessiert, sondern führten einen reinen Eroberungskrieg. So kann es nicht verwundern, daß die anfänglich so heftige Kooperationsbereitschaft der Münchner bald herber Enttäuschung wich. Denn die von den Bürgern hofierten «Gäste» wollten gar keine Fraternisation. Sie forderten vielmehr hohe Geldkontributionen und Naturallieferungen und plagten die gesamte Einwohnerschaft durch die ebenso lästigen wie kostspieligen Einquartierungen.

Dem Rat von Montgelas folgend unterließ Max Joseph nach seiner Rückkehr von Amberg nach München eine harte Abrechnung mit den Rädelsführern der liberalen und republikanischen Umtriebe. Der Lunéviller Friede von 1801 und in dessen Folge der Reichsdeputationshauptschluß mit der für die Verluste am Rhein gewährten reichen Entschädigung in Schwaben und Franken wiesen Bayern den Weg zu einer vorsichtigen politischen Annäherung an Frankreich und zu einer Verständigung mit dem Ersten Konsuln Napoleon Bonaparte. Die Treue zu Kaiser und Reich war bald nur noch Fassade.

Hier können nicht die einzelnen Stationen des nach 1801 einsetzenden Staatsumbaus vorgestellt werden. Deshalb soll nur jene politische Operation angesprochen werden, die am tiefsten in das historische Bewußtsein Bayerns einschnitt und am dauerhaftesten mit der Ära Montgelas in Verbindung gebracht wird: die Säkularisation der Jahre 1802/1803. Die Zerstörung der in tausendjähriger Geschichte gewachsenen und eindrucksvoll aufgeblühten Klosterkultur sollte die Verbindung von Kirche und Bevölkerung schlagartig unterbinden und der vom Staat allein lizenzierten Rationalität eine verbesserte Ausgangsposition verschaffen. Daneben sollte der materielle Besitz der Klöster dem siechen Staatshaushalt auf die Beine helfen, ein Aspekt, bei dem man in der Folge eine besondere Liebe zum Detail an den Tag legte. Rasch zeigte sich freilich, daß diese Spekulation nicht aufging. Die prächtigen Gebäudekomplexe erwiesen sich für den Staat als mehr oder weniger nutzlos und wurden oft genug auf Abbruch verkauft, während die Wirtschaftsgüter und Waldungen wegen des plötzlichen Überangebotes weit unter Wert verschleudert werden mußten. Kunst-, Buch- und Urkundenschätze aber, die in die Obhut des Staates übernommen wurden, brachten nur einen immateriellen Gewinn, dessen Neuordnung und Erschließung obendrein zusätzliche Kosten produzierte. Das unprofessionelle Vorgehen und die barbarische Rücksichtslosigkeit der neuen Verantwortungsträger stieß nicht nur weite Kreise der Bevölkerung buchstäblich vor den Kopf, sondern trieb auch die meist dem Klerus entstammende erste Generation der altbayerisch-patriotischen Aufklärer in die Opposition oder in die innere Emigration.

Der Erfolg vieler der unter der Regierung Max Josephs realisierten Reformen gründete nicht unbedingt auf deren Überzeugungskraft. Er war oft genug erzwungen durch Einschüchterung und Gewaltbereitschaft seitens der Regierung und wurde herbeigeführt durch eine rasch ins Riesenhafte aufgeblähte, scharf dressierte Bürokratie, die geradezu mechanisch die ministeriellen Maximen umsetzte und die Bevölkerung nur noch als Befehlsempfänger verstand und behandelte. Dieses höchst effiziente Bündnis von Staatsautorität und Bürokratie, das unbestreitbar einen epochalen Einschnitt in der neueren Geschichte Bayerns herbeiführte, wurde zum eigentlichen Motor der neubayerischen Staatlichkeit. Es wurde aber auch zu deren Erblast.

Die Münchner Stadtverwaltung hatte den bevorstehenden Umschwung bereits im Sommer 1799 zu spüren bekommen.[4] Die Regierung machte sich daran, die teilweise aus dem Mittelalter und der Frühen Neuzeit stammenden «Freiheiten» der Kommune auszuhöhlen, und widerrief zunächst jene städtischen Gerichtsprivilegien, die bisher einen Instanzenzug an den Landesherrn unterbunden hatten. Nachhaltiger auf die Stadt- und Landesgeschichte wirkte sich freilich eine Bestimmung der Regierung vom November 1800 aus, in der festgelegt wurde, daß die katholische Konfession nicht mehr die Voraussetzung für die dauernde Niederlassung im bayerischen Teil des Kurstaates sein könne. Im Vertrauen darauf suchte der aus Mannheim stammende und der Reformierten Kirche angehörige Lieferant Michel um eine «Weingastgeben-Konzession» in München und damit um die Erteilung des Münchner Bürgerrechts nach. Als die Münchner Zunftvertreter und mit ihnen der Stadtmagistrat opponierten und unter Hinweis auf die formal noch bestehende verfassungsgemäße exklusive Katholizität Bayerns den Landschaftsausschuß bemühten, reagierte Max Joseph mit einem eigenhändigen Schreiben vom 29. Juli 1801 an den Münchner Stadtmagistrat, in welchem er die Erteilung des Bürgerrechts befahl und jedes Magistratsmitglied für den prompten Vollzug persönlich haftbar machte. Mit diesem wohlkalkulierten Verfassungsbruch im Namen der Humanität und der Toleranz war erstmals eine Schneise in die Wagenburgmentalität der Münchner Bürgerschaft geschlagen und gleichzeitig die Öffnung des Stadtraums für produktive Kräfte aus nichtkatholischen Regionen oder Staaten durchgesetzt.

Die bürgerschaftliche Gleichberechtigung der Protestanten, denen sich der König auch durch die Konfession seiner zweiten Gemahlin Karoline besonders verbunden fühlte, nicht minder die 1805 bzw. 1812 durchgesetzte Freizügigkeit für Juden in Bayern waren Marksteine auf dem Weg zu einer im modernen Sinne leistungskräftigen Münchner Einwohnerschaft. Die Erinnerung an diese Befreiungstatbestände wurde von den Münchner Protestanten und der hiesigen Israelitischen Kultusgemeinde noch Generationen hindurch mit besonderer Dankbarkeit hervorgehoben und verewigte den Namen Max Josephs nachhaltiger als manche andere auf ihn zurückgeführte Ereignisse und Entwicklungen.

1802 sah Montgelas den Zeitpunkt für gekommen an, die althergebrachte Autonomie der bayerischen Städte und Märkte den neuen Staatszielen aufzuopfern. Der Stadt München wurde noch im selben Jahr die Hoch- und Niedergerichtsbarkeit genommen. Zwei Jahre später, 1804, legte die Regierung die Hand auf die altehrwürdige Magistratsverfassung. Sie faßte die Institutionen des Inneren und des Äußeren Rats zu einem verkleinerten Ratsgremium zusammen, dem man 1806 die finanzielle Autarkie, also die Verwaltung des nicht unbeträchtlichen Gemeinde- und Stiftungsvermögens entzog. 1808 erhielt der Münchner Stadtrat gemäß dem Edikt über das Gemeindewesen erneut eine veränderte Organisationsform, die sich ganz am französischen Vorbild orientierte. Ein nicht mehr von der Bürgerschaft gewählter, sondern von der landesherrlichen Polizeidirektion ausgewählter und bestallter «Munizipalrat» besorgte nunmehr als rein staatliche Einrichtung die von der Regierung an die Kommune delegierten Befugnisse.

Es wäre falsch, würde man die Akzeptanz des Systems Montgelas in der Hauptstadt allein an der verstörten Befindlichkeit der eigentlichen Bürgerschaft oder der in München ansässigen altbayerisch-patriotischen Führungsschicht messen. Der Aufbau der zentralistischen Staatsverwaltung und die Erneuerung der Bildungsanstalten führten zu einem starken Zuzug von Staatsdienern und Gelehrten, die bevorzugt aus den neubayerischen Landesteilen in Schwaben und Franken angeworben wurden. Dies diente einmal dazu, die Eliten der in Bayern aufgegangenen Territorien an den Staat zu binden, andererseits konnte man so aber auch auswärtige Bildungsstandards und Administrationserfahrungen in der

Hauptstadt nutzen. Selbst die Massenberufung protestantischer norddeutscher Akademiker war aus der Sicht der Regierung eine Notwendigkeit, da man den einheimischen Kräften entsprechende fortschrittliche Zielsetzungen nicht zutraute. Die in ihrem Ansehen etwas gesunkene Akademie der Wissenschaften brauchte neue Impulse, das gesamte Schulwesen neue Lehrpläne, und die Hofbibliothek und das 1812 gegründete Allgemeine Reichsarchiv warteten auf fachlich qualifizierte Bearbeiter für die nach der Säkularisation in München konzentrierten Bildungsschätze des Landes. Auch den Schönen Künsten sollten nun in der Hauptstadt bessere Existenzbedingungen gewährt werden: 1808 wurde eine Akademie der bildenden Künste begründet, und seit 1812 baute man am repräsentativen großen Hof- und Nationaltheater. Architekten, Malern und Schauspielern aus ganz Deutschland wurde München jetzt Begriff und Ziel.

Daß es im Zuge dieser Implantation fremder Intelligenz und Ästhetik zu einer geradezu mörderischen Konkurrenz mit den ortsansässigen geistigen Führungskräften kam, war vorherzusehen. Da gab es auf der einen Seite die in München traditionelle Antipathie gegen die «Hereingeschmeckten», die sich in Verbindung mit dumpfen konfessionellen Vorurteilen und natürlich dem Neid auf die Bevorzugung der Neumünchner bei öffentlichen Ämtern und Ehrenstellen bis hin zum blanken Haß steigerte. Auf der anderen Seite stilisierte man sich natürlich durch Besserwisserei und Selbstüberheblichkeit und sah sich überhaupt in der Rolle von Heidenaposteln, die einer wilden und einfältigen Nation Erleuchtung und Entwicklung bescheren müßten. Die Opposition der einheimischen Oberschicht gegen die «Nordlichter» pflanzte sich über Kanzel und Katheder schließlich bis in die Wirtshäuser fort. Es kam zu fremdenfeindlichen Umtrieben, und im Februar 1811 ließ sich gar ein Unbekannter zu einem Messerattentat gegen den mit der Reform der Höheren Schulen betrauten Neuhumanisten Friedrich Thiersch hinreißen.

Es wäre freilich ein Irrtum anzunehmen, daß dieses Gegeneinander eifersüchtiger und gekränkter Gelehrter die ganz neuartig zusammengesetzte Stadtgesellschaft dauerhaft gespalten hätte. Im Gegenteil: Die im Alltag außer Kraft gesetzten Barrieren der Konfession und der unterschiedlichen sozialen Positionen führten auch zu einer vorsichtigen Fühlungnahme der Einheimischen mit den Zugereisten.[5] Gerade in den damals hochmodernen Zusammenschlüssen der Vereine und Gesellschaften traten diese den Reformwillen der Regierung besonders bejahenden fränkischen oder norddeutschen Leistungsträger in Kontakt mit den bei aller Skepsis doch neugierigen Altmünchner Honoratioren aus dem Handels- und Gewerbestand. Besitz und Bildung, konfessionelle oder weltanschauliche Ausrichtung gingen nach und nach neuartige Allianzen ein, die mit vielen Vorteilen auf Gegenseitigkeit auch das wechselseitige Verstehen einschlossen. Die elitären Vereinigungen des «Museums» oder der «Harmonie» von 1802/1803 wurden durch die dort geforderte zwanglose Begegnung der Gesellschafts- und Berufsstände zum Vorbild für unzählige, dem Bildungspathos oder der bloßen Erheiterung dienende gesellige Zusammenschlüsse. In ihnen vollzog sich in den folgenden Jahren und Jahrzehnten der Umwandlungsprozeß der einst abgekapselten Bürgerschaft Münchens zum weltoffenen Bürgertum im modernen Wortsinn. Dieses sich von Zusammensetzung und Auftrag neu definierende Bürgertum verdrängte den Adel aus seiner gesellschaftlichen Führungsrolle und verstand sich immer mehr als besitz- und bildungsorientiertes «Oberhaus» des gesamten Untertanenverbandes. Es wurde in München und in anderen Städten Bayerns zum entscheidenden Träger des wirtschaftlichen und kulturellen Fortschritts. Freilich war der Weg zur politischen Mitverantwortung noch lang und steinig.

So unterschiedlich also in den ersten Regierungsjahren Max Josephs auch immer das Regierungsprogramm und die Regierungspraxis von Montgelas von der Münchner Stadtbevölkerung beurteilt wurden, so sprunghaft steigerte sich die Akzeptanz des neuen Systems seit dem Jahre 1805. Damals gelang es dem rastlos tätigen Universalminister, seinen Monarchen davon zu überzeugen, daß bei dem erneut bevorstehenden Waffengang gegen Frankreich nur ein offener Frontenwechsel an die Seite Napoleons die seit dem Lunéviller Frieden begonnene Arrondierungspolitik des Kurstaates weiter vorantreiben könne. Das am 24. August 1805 mit Napoleon abgeschlossene enge Bündnis brachte zwar zunächst enorme militärische Belastungen, bescherte Bayern durch den Preßburger Frieden vom 26. Dezember 1805 allerdings auch beträchtlichen Landzuwachs auf Kosten Österreichs und zusätzlich die Königskrone. Am 1. Januar 1806 wurde durch einen in der Stadt umherreitenden Reichsherold der bisherige Kurfürst Max IV. Joseph als Max I. Joseph zum bayerischen König ausgerufen. Glockengeläute, Paraden und Illuminationen verherrlichten diesen Staatsakt, der zu Recht als Anbruch einer neuen Geschichtsperiode verstanden wurde.

Man war in München stolz darauf, das Vaterland jetzt endlich zu jener Größe und souveränen Würde aufsteigen zu sehen, die eine eilends nachgeschobene Geschichtsklitterung schon für das über tausend Jahre zurückliegende agilolfingische Bayern behauptete. Wieder, wie schon im Februar 1799, war Max Joseph Hoffnungsträger. Er war jetzt sogar der Testamentsvollstrecker aller für Bayerns Glanz und Ehre einst auf Europas Schlachtfeldern angetretenen bayerischen Herzöge und Kurfürsten. Daß der gewaltige territoriale Zuwachs nebst Königskrone nicht die Frucht eigenen Herrschertalents, sondern das Resultat der Reichsauflösung und ein generöser Gunsterweis des Franzosenkaisers für den wichtigsten deutschen Bundesgenossen war, störte niemanden. Unter dem Schutz des kaiserlichen Frankreich war das Königreich Bayern nunmehr ein mächtiger Staat, der sich gegenüber dem gedemütigten und zergliederten Preußen und Österreich nachdrücklich in Position setzte.

Es würde zu weit führen, an dieser Stelle bei den vielen Anekdoten zu verweilen, die meist Max Josephs hilfloses Agieren gegenüber dem stets dominanten und klug taktierenden Montgelas zum Gegenstand haben. Um ein einigermaßen zutreffendes Bild der Persönlichkeit Max Josephs zu zeichnen, mag es erlaubt sein, einmal nicht den ausgetretenen Spuren monarchisch gesinnter Biographen zu folgen, sondern den zeitgenössischen Demokraten Gustav Diezel zu Wort kommen zu lassen, der 1849 (wohlgemerkt von Zürich aus) urteilte: «Max war ein gutmüthiger, aber durchaus beschränkter, kindischer Mann, ohne alle Bildung, jeder ernsten Beschäftigung unfähig, aus langer Weile übellaunig, in lustiger Stimmung nur allzu großmüthig»[6].

Trotz der hier zum Ausdruck gebrachten, eher unterdurchschnittlichen Herrscherqualifikation sollte man Max Joseph aber auch nicht falsch einschätzen. Er war seinem ganzen Wesen nach eben ein Mensch des Ancien régime, der in seinem Privatleben den eleganten französischen Konversationsstil und natürlich auch die lockeren Sitten der vorrevolutionären Straßburger Jahre bewahrte. Intensive Beschäftigung mit amtlichen Vorgängen lag ihm nicht, weshalb er stets delegierte und konsequenterweise auch gerne regieren ließ. Doch verfügte er jederzeit über den richtigen politischen Instinkt und konnte jenseits aller höfischen Courtoisie mit oft sehr derben Worten unvermutet deutlich Stellung beziehen. Auch provozierte er oft genug nur deshalb kleinliche Konflikte, um den eigenen Standpunkt und seine persönliche Verantwortung hervorzukehren.

1809, nach dem erneuten Sieg Napoleons über Österreich und nach der Niederwerfung des Tiroler Aufstandes, schien das junge Königreich auf dem Gipfel seines Ansehens. Als der französische Kaiser damals durch München kam, war der Jubel der Bevölkerung für den Protektor überwältigend. «Nie war in Bayern die Franzosenliebe und die Liebe zu deren Kaiser so hoch gestiegen als damals. Er war der allverehrte Abgott der Menge.»[7]

So sehr stand Max Joseph in den ersten Jahren seines Königtums im Schatten des französischen Kaisers, daß das Haus Wittelsbach bald ernsthaft um sein eigenes Erscheinungsbild besorgt sein mußte. Man war deshalb in der Münchner Residenz durchaus geschmeichelt, als die Hochzeit des Kronprinzen Ludwig mit der sächsischen Prinzessin Therese 1810 einige wohlhabende Bürger der Haupt- und Residenzstadt zu einer spontanen dynastischen Huldigung veranlaßte. Das am 17. Oktober 1810 zu Ehren des Kronprinzenpaars erstmals abgehaltene Münchner Oktoberfest wurde bereits im nächsten Jahr als Dauereinrichtung etabliert und verstand sich in Verbindung mit einer zentralen Landwirtschaftsschau als Fest der regierenden Linie Wittelsbach-Zweibrücken und gleichzeitig als gesamtbayerisches Nationalfest, das in symbolischer Weise die dem jungen Königreich zugehörigen Volksstämme der Familie des Souveräns vorstellte und zum Leistungsvergleich in brüderlicher Eintracht ermunterte. Es ist typisch für die Münchner Situation, daß in der primären Ausrichtung dieses Volksfestes auf das Kronprinzenpaar der Grundtenor der folgenden Jahre vorweggenommen scheint: nämlich die sich verstärkende öffentliche Aufmerksamkeit auf den Thronfolger und dessen zeitgleich aufkeimendes Interesse an einer vom Vater unabhängigen, eigenständigen und zukunftsorientierten dynastischen Position.

Ludwigs wachsender Widerstand gegen die napoleonische «Blendung» und das Herrscher wie Untertanen gleichermaßen gängelnde System Montgelas wurde auf die Dauer nicht allein zur entscheidenden Bedrohung des allmächtigen Ministers und damit der äußeren und inneren Frankreichbindung Bayerns, sondern war auch eine stillschweigende Kampfansage an das allzu großzügige politische und finanzielle Laissez-faire des Vaters. Während Kronprinz Ludwig laut Leo von Klenzes «Denkwürdigkeiten» im vertrauten Kreise gerne gegen die Geldverschwendung seines Vaters, ja gegen dessen ganze «Lumpenwirthschaft» polemisierte, zitierte der König – wie der boshafte alte Hofarchitekt ebenfalls genüßlich überliefert – seinen maßlos ehrgeizigen und stets extravagant auftretenden Sohn privatim grundsätzlich nur als «ce fou», das heißt als den Narren oder Hanswursten.[8]

Die Aushöhlung und der Zerfall der französischen Hegemonie in Europa während der Jahre 1812 und 1813 führte gewissermaßen in letzter Minute zu dem längst überfälligen außenpolitisch-militärischen Kurswechsel in Bayern, der immerhin die Hauptsubstanz des mit Hilfe Napoleons zusammengerafften neuen Staatsverbandes in die Restaurationsperiode hinüberrettete. Trocken kommentierte der zum Direktor des Reichsarchivs aufgestiegene scharfzüngige Neubayer Karl Heinrich Ritter von Lang den damaligen Umschwung in der Hauptstadt: «Nun begann auch in München der böse französische Geist zu entweichen und einem brausenden Patriotismus in Schnauzbärten und himmelblauen Röcklein Platz zu machen. Präsidenten, Kanzler und Räthe fingen an zu exerciren; die jungen Herren Grafen und Barone suchten in den Kaffeehäusern und an den Wirthstafeln die alten Franzosenfreunde auf, um vor ihnen ihre Verwünschungen und Flüche auszuschütten»[9].

Doch forderte diese Richtungsänderung auf die Dauer auch gebieterisch eine Revision der Staatsziele. In ausländischen Flugschriften wurden die bayerische Staatsvergötzung und die katastrophale finanz- und wirtschaftspolitische Situation des Landes angeprangert. Es mehrten sich die Stimmen, die eine stärkere Berücksichtigung des Volkswillens und einen Ausgleich mit den Interessen des Adels, der Kirche und der Kommunen einforderten. Jetzt war das ganze bisherige Regierungssystem auf den Prüfstand gehoben. Der von Kronprinz Ludwig durchgesetzte Sturz des Ministers Montgelas am 2. Februar 1817 wurde zur alles entscheidenden Zäsur innerhalb der sechsundzwanzigjährigen Regierungsverantwortung Max Josephs und zum Stichtag der offiziellen «Wende». Ohne den geringsten Skrupel ließ der König jenen Mann fallen, der durch einen einzigartigen politischen Gestaltungswillen und herausragendes diplomatisches Geschick das Land und die damit verbundene fürstliche Würde zu einer nie gekannten Größe und Bedeutung emporgehoben hatte. Es war die pure Staatsräson, die dieses spektakuläre Opfer forderte. Denn der in den Augen vieler deutscher Patrioten selbst schwer desavouierte bayerische Monarch mußte auch in den folgenden Jahren das wieder labil gewordene Königreich durch seine Autorität verklammern. Man dankte ihm diese Bereitwilligkeit, auch widersprüchliche und sich widerstrebende innenpolitische Entwicklungen weiter mit seinem Namen abzusegnen, durch eine bisher in Bayern beispiellose Steigerung des öffentlichen Personenkults. «Vater Max», der das politische Tagesgeschäft eher gemieden und verachtet hatte, wurde nun durch ein ganzes Heer von besoldeten Schmeichlern als Urquell aller nur denkbaren positiven Entwicklungen in Stadt und Land ausgemacht und galt jetzt als Motor des politischen Fortschritts schlechthin. Dabei waren selbst die in allen Geschichtsbüchern besonders hoch gepriesenen «erhabenen königlichen Initiativen» von 1818, nämlich Verfassung, Volksvertretung und Gemeindeedikt, keineswegs Wohltaten aus Einsicht und Entgegenkommen Max Josephs, sondern eher taktische Reflexe der neuen Regierung auf äußere Zwänge.

Als nach den Befreiungskriegen die deutsche Nationalbewegung das höchste Ziel aller Volkswünsche in sogenannten Konstitutionen sah, und man die Verheißung solcher Verfassungen in den

Paragraph 13 der Deutschen Bundesakte aufnahm, fürchtete man in Bayern, daß derartige Vereinbarungen zwischen Fürst und Volk zu einer Bundespflicht würden. Deshalb wollte man diesem vorhersehbaren Muß durch eine vorgezogene Verfassung aus eigener souveräner Machtvollkommenheit zuvorkommen. Was man 1808 mit einem Verfassungsentwurf zwar angedacht, aber nie vollzogen hatte, wurde nun in größter Hast umgesetzt. Auch die durch die Konstitution ins Leben getretene Ständeversammlung sollte keineswegs demokratische Initiativen begründen, sondern war hauptsächlich zur Übernahme der Konsolidierungs- und Sanierungsverantwortung der Staatshaushalte vorgesehen. Ebensowenig zielten die Erneuerung gewählter Magistrate und die Neubegründung einer bescheidenen kommunalen Selbstverantwortung tatsächlich auf die Stärkung der Eigenverantwortung der Bevölkerung, sondern waren veranlaßt von der inzwischen zutage getretenen Vergeudung der meisten Gemeindevermögen durch die Staatliche Kommunaladministration und das gleichermaßen vom Fiskus verursachte Defizit bei den gemeindlichen Kultus- und Wohltätigkeitsstiftungen.

Immerhin konnte am 9. November 1818 in München erstmals wieder ein durch Wahlen ermittelter Stadtrat zusammentreten, der von Magistratsräten und Gemeindebevollmächtigten gebildet wurde. Seine eng bemessenen und von der Aufsichtsbehörde kleinlich kontrollierten Kompetenzen waren freilich mit der zwischen 1802 und 1808 zugrunde gegangenen städtischen Selbständigkeit nicht zu vergleichen. Verhalten und zugleich bitter klingen die Worte eines Münchner Bürgermeisters, der die Verantwortungsübernahme im Jahr 1818 aus der Rückschau wie folgt kommentierte: «Eigentlich konnte auch niemand ein klares Bild von dem Schattenreiche der Gemeinde der jüngstvergangenen Jahre geben. Dem Magistrate, auf die innere Kraft vertrauend, war auch daran nicht viel gelegen, denn er mußte den verlorenen Sohn in seine Arme nehmen, wenn er auch mit zerrissenem Kleide erschienen wäre.»[10]

1824, anläßlich des fünfundzwanzigjährigen Regierungsjubiläums Max Josephs, hatte auch die Stadt München einen von oben ausdrücklich eingeforderten spektakulären Beitrag zu leisten. Als der Magistrat sich zur Errichtung eines würdigen, aber höchst kostspieligen Königsmonuments auf dem Platz vor dem Hof- und Nationaltheater (heute Max-Joseph-Platz) verpflichtete, wetteiferten die Schönredner in gekünsteltem und verquältem Herrscherlob. Das Königsdenkmal, mit einem sitzenden Max Joseph, wurde von Klenze entworfen, der diese ungewöhnliche Position wie folgt begründete: «Als Grund für die sitzende Stellung führte ich an, daß der König als Nicht-Feldherr wohl am besten in der Stellung dargestellt werden möchte, welche die Alten ihren Obergöttern und namentlich dem Zeus gaben»[11].

Abschließend seien noch jene Themenbereiche berührt, die bis auf den heutigen Tag in München die Regierungszeit Max Josephs besonders einprägsam in Erinnerung rufen: Stadterweiterung und Stadtverschönerung. Die Anfänge dieses, den Stadtcharakter prägenden Urbanisierungskonzeptes sind im Prinzip nur konsequent aus den Initiativen der späten Karl-Theodor-Zeit heraus erwachsen.[12] Vorgeplant von dem Gartenkünstler Friedrich Ludwig von Sckell und gestaltet von den Architekten Karl von Fischer und Leo von Klenze entstand im Nordwesten der Altstadt nach 1808 ein nobles Wohnviertel, das dem noch mittelalterlich-barocken Erscheinungsbild Münchens eine an aktuelle Qualitätsmaßstäbe angelehnte klassizistische Fassade vorblendete. Damit sollte natürlich auch dem Repräsentationshunger des jungen Königreichs Ausdruck gegeben und eine ideelle Verbindung zu den durch imposante Architektur glänzenden Metropolen Europas hergestellt werden. Die Ablösung des von Montgelas protegierten Karl von Fischer durch den vom Kronprinzen favorisierten Leo von Klenze nach 1816 war auch ein Teil des Macht- und Richtungskampfes zwischen der alten und der neuen Orientierung Bayerns.

Man muß an dieser Stelle nicht besonders hervorheben, daß Max Joseph in der Frage der Anlage und Ausgestaltung Neumünchens selbst keine dezidierte Meinung hatte und auch keinerlei Verständnis für das schließlich maßgebende, auf sogenannte «antike Authentizität» angelegte Konzept Ludwigs und Klenzes aufbringen konnte. Laut Klenzes «Denkwürdigkeiten» äußerte sich der König über die erlesene Antikensammlung seines Sohnes einmal folgendermaßen: Er «wolle gern glauben, daß diese alten schmutzigen Puppen schön wären, er habe aber nun einmal keinen Sinn dafür». Und angesichts des tempelgleichen Gebäudes der Glyptothek bemerkte er trocken, daß ihm für München ein neues Narrenhaus lieber gewesen wäre als dieses ersichtlich von einem Narren erbaute Haus.[13] Dennoch wurden die planerische Öffnung des Stadtraums und die beginnende Verschönerung Münchens dem alten König selbst zugerechnet, weshalb man auch der zuerst emporgeblühten Vorstadt den Namen «Maxvorstadt» gab.

«Ja Maxl, weil Du nur grad da bist, jetzt wird alles gut!» Vielleicht waren die Begrüßungsworte des Joseph Pschorr von 1799 in Wirklichkeit eine Prophetie. Mit dem Maxl war tatsächlich alles gut geworden. Es waren zwar recht stürmische 26 Jahre, Jahre voller Herausforderungen und Plagen, aber auch Jahre voller Glanz, Ruhm und Stolz. Am Anfang und am Ende seiner Herrschaft war Max Joseph sehr populär. Der in der Öffentlichkeit bieder und behäbig auftretende Monarch war nämlich mit der Zeit selbst zur Verkörperung des stets nur mäßig interessierten, gutmütig-nörglerischen Münchner Volkscharakters geworden. Wäre der Begriff des «Bürgerkönigs» nicht schon an einen anderen europäischen Monarchen vergeben – nämlich an Louis Philippe von Frankreich –, so würde er auf Bayerns ersten König passen. Nicht allein deshalb, weil zum Entsetzen anderer deutscher Höfe schon von 1799 an in München auch Bürgerliche hoffähig waren, zur Hoftafel geladen wurden und in Spitzenstellungen einrücken konnten, sondern auch weil der Monarch selbst am liebsten als wohlhabender Privatmann auftrat. Die größte Freude Max Josephs war es nämlich, sich an Schrannentagen ganz unauffällig-auffällig unter die Menge zu mischen und mit den Münchnern und dem Landvolk mittels eines beachtlichen Dialektvorrats ungezwungene Konversation zu machen. Dabei ließ er auch seiner gewohnten und von seinem Sohn so gefürchteten Freigebigkeit gerne die Zügel schießen.

Als ihn am 13. Oktober 1825 im Nymphenburger Schloß ein sanfter Tod erlöste, war in München die Trauer ehrlich. Man kann aus den obligaten Kondolenzgedichten, Leichenpredigten und Traueradressen jenseits aller üblichen Sprachregelungen und Stereotypen den ungeheuchelten Schmerz über den plötzlichen Verlust des «guten Vater Max» deutlich heraushören.

Ludwig I.
Kunstförderung und Kunstpolitik

Von Frank Büttner

Am 29. Februar 1868 starb Ludwig I. in Nizza, knapp zwanzig Jahre nach seiner Abdankung. Tags darauf schrieb der «Fränkische Kurier»: «Mit König Ludwig I. von Bayern [...] starb ein bayerischer und deutscher Fürst, dem wir zwar kein ungeeignetes Lob spenden können ob seiner Herrschereigenschaften, der aber unvergeßlich bleiben wird trotz aller politischen Umwälzungen, weil er seinen Namen an die Geschichte der Kunst, an die Pflege des Schönen geknüpft, weil ohne seine Förderung und sein Verständnis Bildhauerei und Baukunst wohl kaum den hohen Standpunkt der Gegenwart erklommen hätten.»[1] Auch die Nachrufe anderer Zeitungen, und keineswegs nur der bayerischen, stellten als Ludwigs Lebensleistung vor allem das heraus, was er für die Künste getan hatte: die Bauwerke, Kirchen und Denkmäler, die auf seine Veranlassung entstanden waren, und die Museen, die er gegründet und ausgestattet hatte. In diesen ersten Bilanzen seines Lebens traten die anderen Leistungen seiner Regierungszeit zurück und seine Fehler, an denen auch königstreue Beobachter spätestens nach der peinlichen Lola-Montez-Affäre und nach Ludwigs Abdankung am 19. März 1848 nicht mehr vorbeisehen konnten, wurden, wenn überhaupt, nur am Rande erwähnt. Diese Wertung entsprang nicht nur der während der Staatstrauer gebotenen Zurückhaltung. Auch spätere und kritischere Beurteilungen kamen zu dem Ergebnis, daß die Kunstpolitik Ludwigs alle anderen Bereiche seiner Politik in den Schatten stellte, nicht nur wegen ihrer Wirkung und der bleibenden Sichtbarkeit ihrer Resultate, sondern auch in der Selbsteinschätzung des Königs.

Die Regierungszeit Ludwigs I. war von Kriegen ganz, von anderen Katastrophen weitgehend verschont geblieben. Die großen umwälzenden Ereignisse in Europa – die Französische Revolution, die Napoleonischen Kriege, der Untergang des Heiligen Römischen Reiches, Bayerns Erhebung zum Königreich, das Ende Napoleons I. und die Bemühungen um eine Neuordnung Europas –, die die politische Tagesordnung Bayerns zu Beginn des Jahrhunderts unabweislich mitbestimmt hatten, waren bei seiner Thronbesteigung im Oktober 1825 bereits Vergangenheit.

Aber diese Ereignisse haben Ludwig in seiner Jugend und Kronprinzenzeit nachhaltig geprägt. 1789, als er gerade drei Jahre alt war, mußte die pfalzgräfliche Familie vor der Revolution aus Straßburg, der Geburtsstadt Ludwigs, fliehen. Es folgten Jahre der Unsicherheit, die erst ein Ende fanden, als sein Vater Max Joseph 1799 das bayerische Erbe Kurfürst Karl Theodors antrat und mit seiner Familie nach München übersiedelte. Ludwigs Ausbildung wurde noch von seiner früh verstorbenen Mutter dem Theologen Sambuga anvertraut, der in ihm eine christlich und ethisch begründete Auffassung des Herrscheramtes festigte. In diese Richtung wirkte auch Johann Michael Sailer, dem Ludwig bei seinen Universitätsstudien in Landshut begegnete. Mit dem religiösen wuchs sein historischer Sinn, gefördert durch intensive Lektüre von Historikern und genährt durch ein starkes Nationalgefühl, das sich bei ihm wie bei vielen herausragenden Zeitgenossen mit den Erfahrungen der Napoleonischen Kriege nur noch steigerte und ihn in ein ausgesprochen schwieriges Verhältnis zu Napoleon brachte, obwohl dieser es doch war, dem Bayern seine Krone verdankte. So konnte sein Urteil über die kriegerischen Unternehmungen, die Bayern als dem Verbündeten Frankreichs auferlegt wurden, nur zwiespältig sein. In seiner Kronprinzenzeit nahm er bei verschiedenen Gelegenheiten Einfluß auf wichtige politische Entscheidungen. So setzte er sich dafür ein, daß sich Bayern 1813 der Allianz gegen Napoleon anschloß. Ludwig nahm am Wiener Kongreß teil und arbeitete beharrlich auf die Entlassung von Montgelas 1817 hin, der zwei Jahrzehnte lang die treibende Kraft der Reform des bayerischen Staatswesens gewesen war. Der Kronprinz beteiligte sich auch mit einer langen Denkschrift an der Ausgestaltung der Verfassung von 1818.

Den Zeitgenossen galt der Kronprinz als liberal. Bezeichnend war sein Verhalten während seines Aufenthaltes in Rom 1818. Er pflegte enge Kontakte zu der großen Gruppe deutscher Künstler. Als Zeichen seiner Sympathie für ihre deutsch-nationale Einstellung trug er wie sie den «Altdeutschen Rock», in dem er sich schon 1816 von Joseph Stieler hatte portraitieren lassen, obwohl im Zuge der Demagogenverfolgungen das Tragen dieser Kleidung auch in Bayern verboten war.

Seine Regierung begann er voller Elan mit Reformen der Staatsverwaltung und der Staatsausgaben. Die Verlegung der Universität von Landshut nach München und die Berufungen des Philosophen Friedrich Wilhelm Schelling, des Kirchenhistorikers Ignaz von Döllinger, des Naturforschers Gotthilf Heinrich Schubert und von Joseph von Görres als Historiker waren das Fanal einer neuen Kulturpolitik im Zeichen der Romantik, mit deutlich katholischem

Akzent. Dem ersten Landtag seiner Regierungszeit, der am 17. November 1827 eröffnet wurde, legte Ludwig eine Reihe von Gesetzesentwürfen vor, die den Ausbau des Staates in liberalem Sinne vorantreiben sollten. Zu seiner großen Enttäuschung wurden nur wenige davon verabschiedet, wie auch seine rigorose Sparpolitik nicht so freudig begrüßt wurde, wie er es erwartet hatte.

Noch deutlicher wurden die Gegensätze auf dem Landtag von 1831. Schon im Vorfeld hatte es Auseinandersetzungen gegeben. Die Wellen der französischen Julirevolution hatten im Winter auch München erreicht. In der Folge verfügte Ludwig I. die Wiedereinführung der Pressezensur. Der Landtag war zudem belastet durch die Ausschließung von fünf gewählten oppositionellen Abgeordneten. Die Konflikte traten offen zutage bei den Budgetberatungen, wo es um die sogenannte Zivilliste und die Ausgaben für die Kunstpflege ging. Den König traf die Ablehnung durch den Landtag tief und sie hat seine Einstellung zur Verfassung nachhaltig geändert. Man kann sagen, daß sein Herrschaftsverständnis eine wesentliche Ursache des Konfliktes war. Ludwig hatte das System der Ministerregierung, das ihm nicht zuletzt am Beispiel der Macht eines Montgelas fragwürdig geworden war, abgeschafft und durch ein autokratisches System ersetzt. Er, der König, war es, der Entscheidungen traf, die er zumeist in Form von Signaten mitteilte, die dann durch die Minister umzusetzen waren.[2] Daß dieser Regierungsstil nicht den sich verbreitenden Vorstellungen von einer konstitutionellen Monarchie entsprach, braucht nicht betont zu werden. Ludwig hat seine Auffassung des monarchischen Prinzips, die ihre höhere Begründung im Gottesgnadentum hatte, nach der Niederlage von 1831 noch rigoroser und konsequenter vertreten. Die Erfolge der demokratischen Bewegungen haben ihn darin nur bestärkt. Das Hambacher Fest von 1832, das zur größten Massenveranstaltung der Vormärzzeit wurde und auf dem gefordert wurde, die Volkssouveränität an die Stelle der Fürstenherrschaft zu setzen, brachte sogar eine Annäherung Ludwigs an Metternich, zu dem er zuvor deutliche Distanz gehalten hatte.

Die vordringlichsten Aufgaben seiner Regierungszeit waren innenpolitisch die Konsolidierung der bayerischen Einheit, der Ausbau der Verfassung, die Verbesserung der Verkehrsinfrastruktur als Voraussetzung für die Modernisierung der Wirtschaft und nicht zuletzt eine Hebung des Bildungswesens, außenpolitisch in erster Linie die Festigung der Stellung Bayerns als Mittelstaat im Deutschen Bund und das Bemühen um internationales Gewicht, das vor allem mit dem Engagement in Griechenland vergrößert werden sollte. Die Erfolge, die Ludwig auf allen diesen Gebieten erzielen konnte, waren nicht gering. Gleichwohl lag über seiner Regierungszeit der Schatten, daß er das Gewicht der konstitutionellen Tendenzen der Vormärzzeit, die auf eine Durchsetzung des Prinzips der Volkssouveränität hindrängten, verkannte. Zwischen seiner Auffassung der Monarchie und dem daraus resultierenden autokratischen Regierungsstil einerseits und den Forderungen des erstarkenden Bürgertums andererseits verstand er keine tragfähigen Brücken zu bauen. Zusätzlich polarisierend wirkte sich seine Kirchenpolitik aus, vor allem in dem Jahrzehnt des Ministeriums Abel. Hier ließ sich Ludwig von dem Selbstverständnis leiten, daß er der Beschützer des Katholizismus in Deutschland zu sein habe. Die in den dreißiger Jahren aufbrechenden konfessionellen Konflikte waren eine ernste Belastung für das Projekt der bayerischen Einigung.

Die Lola-Montez-Affäre brachte die Problematik seiner Herrschaftsauffassung und seines Regierungsstils noch stärker ins Bewußtsein. Explosiv wurde die Situation, als die Nachrichten von der Revolution in Frankreich, der Abdankung des Königs Louis Philippe und der Proklamation der Republik am 24. Februar 1848 nach Deutschland drangen. Auch in München wurde die Stimmung revolutionär. Die Münchner Bürger brachten ihre Forderungen vor: Daß dabei neben der Pressefreiheit und der Gerichtsreform die Einführung der Ministerverantwortlichkeit ganz vornan stand, war bezeichnend für die bayerische Situation. Der König und seine Regierung reagierten am 6. März mit der sogenannten Märzproklamation, in der die Erfüllung der zentralen Bürgerverlangen versprochen wurde. Nach neuerlichen Unruhen spitzte sich die Lage endgültig zu. Daß diese in Bayern immer noch etwas mit Lola Montez zu tun hatten, ist nur die eine Seite. Man darf jedoch die gleichzeitigen Ereignisse im übrigen Deutschland, insbesondere in Wien und Berlin, nicht außer acht lassen, die alle auf die Durchsetzung des revolutionären Forderungskataloges drängten. Angesichts der unmittelbar bevorstehenden Eröffnung des vorgezogenen Landtags besprach sich Ludwig am 18. März mit Hermann Freiherrn von Rotenhan. Dieser riet Ludwig, ein Ministerkabinett zu bilden, das die Mehrheit der Kammer hinter sich habe, und im Sinne des «modernen Repräsentativsystems» zu regieren oder, wenn er dies nicht mit seinen Überzeugungen vereinbaren könne, abzudanken. Ludwig resignierte. Seine Reaktion dokumentiert, wie tief seine Herrschaftsauffassung in seinem individuellen Selbstverständnis verwurzelt war: «Ich habe 23 Jahre als wahrer König geherrscht, und soll jetzt noch ein bloßer Unterschreibkönig sein, gebunden und gefesselt an beiden Händen, nein, das kann ich nicht.»[3] Ludwig übertrug am 19. März die Krone seinem Sohn, am Tag darauf unterzeichnete er die Abdankungsurkunde. Treitschke bemerkte später, Ludwig habe «ohne Not» abgedankt; vielleicht kann man das so sehen, aber er tat es aus innerer Konsequenz. In seinem Tagebuch notierte er knapp zwei Monate später: «Ekel bekam ich, ferner die Krone zu tragen. Dennoch harten inneren Kampf kostete mir, den Entschluß zu fassen, sie niederzulegen; was ich dadurch aufgeben mußte für Künste, Befreiungshalle»[4].

Die Frage der Fortführung der unvollendeten Kunstprojekte, insbesondere der Befreiungshalle bei Kelheim, war ein zentraler Punkt in den Abdankungsvereinbarungen, die Ludwig I. mit seinem Sohn und Nachfolger Maximilian II. traf. Die Kunst war ihm ein wirkliches Anliegen. Nach wie vor jedoch wird kontrovers darüber diskutiert, wie dieses Wirken für die Kunst zu werten ist. War es uneigennütziges Mäzenatentum, das aus einer tiefen Liebe zur Kunst entsprang, wie es die den König verherrlichende Literatur schon zu Ludwigs Lebzeiten und noch lauter nach seinem Tode verkündete? Oder waren seine eigentlichen Motive eitle Ruhmsucht und egoistischer Eskapismus, also die Flucht aus der politischen Wirklichkeit in die heilen Welten der Kunst, wie Kritiker behaupten; eine Ansicht, die auch in neuerer Zeit mit Vehemenz vertreten worden ist.[5] Der Historiker, der wertende Vorurteile vermeiden will, wird sich keiner dieser extremen Meinungen anschließen. Er kann und muß von der Feststellung ausgehen, daß die Kunst als Gegenstand und Ziel des autokratischen Regierungshandelns bei Ludwig I. eine zentrale Stellung innehatte, sowohl was den Umfang der Aktivitäten als auch was die investierten Mittel betrifft. Die Kunstförderung kann nicht als privates Vergnügen des Königs eingestuft werden, wie man dies von den poetischen Versuchen Ludwigs wohl sagen darf, sondern sie war für ihn ein Zweck und ein Mittel seiner Politik. Mit vollem Recht kann man bei ihm von Kunstpolitik sprechen und man kann sogar so weit gehen zu sagen, daß die Kunstpolitik ein wesentlicher Bestandteil seiner Politik war, womit sich seine Regierungszeit deutlich von der seiner Vorgänger und anderer Fürsten im Reich unterscheidet.

Es drängt sich die Frage auf, wie es dazu kommen konnte, daß die Kunstpolitik bei Ludwig einen derart hohen Stellenwert erhielt. Ein ganzes Bündel von Gründen und Voraussetzungen ist hier anzuführen. Ein Quellpunkt von Ludwigs politischem Handeln war das Trauma, das die Französische Revolution bei ihm verursacht hatte. Europa war tiefgreifend verändert worden, und die Aufgabe der Politik, die sich danach für die deutschen Fürsten stellte, war es, das System monarchischer Herrschaft in Deutschland behutsam an die neugeschaffenen politischen und gesellschaftlichen Verhältnisse anzupassen. Der entscheidende neue Faktor war dabei das Volk, das nicht mehr die berechenbare Größe der Untertanen war, die sich in die absolutistisch getroffenen Entscheidungen fügten, sondern das seinen Willen und seine Forderungen zu artikulieren begann. Die neue Politik hatte es immer mit dem Forum der Öffentlichkeit zu tun, vor dem sie Bestand haben und vor dem sie sich zunehmend auch rechtfertigen mußte. Stabile Verhältnisse waren nicht einfach auf verfügtem Recht und dem Machtmonopol des Staates zu begründen. Man glaubte, die Lektion der Französischen Revolution begriffen zu haben: Dort war die Monarchie gestürzt worden durch ein von der Aufklärung fehlgeleitetes Volk. Die Bildung des Volkes war also ein besonders wichtiger Faktor für die von einer konservativen Politik angestrebte Stabilität der Verhältnisse.

Aus Ludwigs Biographie ergibt sich, daß für ihn drei Bildungsmächte entscheidend waren: die Religion, die Geschichte und die Kunst. Mit ihrer Stärkung konnten verläßliche Grundpfeiler für eine stabile Einheit von Volk und Monarchie errichtet werden. Daß von der Religion, der begeistert beschworenen Einheit von Thron und Altar, eine Stärkung des Gottesgnadentums erwartet werden konnte, braucht wohl kaum besonders hervorgehoben zu werden. Leicht einsehbar ist auch, daß die Geschichte, die mit der Geschichtsphilosophie der Aufklärung und dem beginnenden Historismus ein immer größeres Gewicht bekommen hatte, als Heilmittel betrachtet werden konnte. Die Besinnung auf die Traditionen sollte helfen, den tiefen Bruch, den die Revolution verursacht hatte, zu schließen, sie konnte das nationale Bewußtsein stärken und zugleich mit dem dynastischen Denken verbinden. Die Förderung der religiösen und national-historischen Bildung war an der Tagesordnung. Die Kunst hingegen spielte, wenn man sich in den Staaten des Deutschen Bundes zur Zeit der Befreiungskriege und danach umblickt, nur eine untergeordnete Rolle. Noch klangen die Vorwürfe der Aufklärer nach, die Fürsten hätten die Kunst zur Erhöhung des Glanzes ihrer Höfe mißbraucht, sie sei nur in den Palästen zu finden, die dem Volk verschlossen blieben. Weder für Friedrich Wilhelm III. in Preußen noch für Max I. Joseph in Bayern hatte die Kunstförderung besonderes Gewicht. Was ihre eigenen Höfe angeht, haben sie alles vermieden, was den Verdacht erregen konnte, hier sollten Pracht und Verschwendung des Absolutismus erneuert werden.

Ganz anders dagegen war die Einstellung Ludwigs I. zur Kunst. Sie stand für ihn gleichrangig neben den anderen Bildungsmächten, sie erhielt sogar eine Führungsrolle, indem er sie zum zentralen Medium seiner Bildungspolitik machte. Sicher spielte die ästhetische Sensibilität Ludwigs dabei eine entscheidende Rolle. Prägend wurde für ihn das Kunsterlebnis seiner ersten Italienreise 1804, die Begegnung mit der Antike und der neuesten klassizistischen Kunst. Insbesondere Canovas Marmorfigur der «Hebe» hatte es ihm angetan. In seinem Tagebuch schreibt er: «Es ergriff mich wunderbar [...], aber ich blieb wie festgewurzelt; es war nicht Sinnenreiz, nicht Sinnenlust, es war die Macht der Kunst»[6]. Hinter dieser persönlichen Erfahrung steht der Kunstbegriff der deutschen Klassik. Nie zuvor war der Kunst ein derart hoher Stellenwert zugewiesen worden. Sie wurde als Gipfel menschlicher Tätigkeit betrachtet. Das Kunstwerk galt als autonom, nur um seiner selbst willen geschaffen. Gleichwohl, so waren die Theoretiker der deutschen Klassik überzeugt, vermag das Kunstwerk auf den Betrachter eine tiefgehende Wirkung auszuüben, indem es ihn in seine Sphären emporzieht, um ihn dann geläutert wieder in die Gefilde seines Alltagslebens zu entlassen. Für sie hat wahre Kunst eine eminent sittliche Wirkung, sie vermag den Menschen zu veredeln.

Mit diesem höchsten Kunstbegriff verband sich bei Ludwig die schon in der Aufklärung vorgetragene Idee einer Erziehung durch Kunst. Kunst solle, so hatten Rousseau und andere gefordert, den Menschen Beispiele edlen Handelns vor Augen führen. Während der Revolution wurden die aufklärerischen Erziehungsgedanken weiterentwickelt. Die «instruction publique», die Volkserziehung, wurde zu einem vorrangigen Anliegen. Die Ideen der Revolution sollten dem Volk nahegebracht werden, es sollte sich mit dem neuen Frankreich identifizieren. Dazu hatten auch die Künstler beizutragen, mit der Ausgestaltung der Nationalfeste in Paris, mit der Schaffung großer Denkmäler und mit der Thematik ihrer Gemälde und Skulpturen.

Unter Napoleon wurde daraus der systematische Einsatz der Kunst zu Zwecken der politischen Propaganda. Das war aber nur die eine Seite napoleonischer Kunstpolitik. Die andere war die Schaffung des «Musée Napoléon», die Ausgestaltung des Louvre zum Schatzhaus abendländischer Kunst mit den bedeutendsten Meisterwerken, die überall in Europa geraubt worden waren und mit denen Paris für gut ein Jahrzehnt zur Welthauptstadt der Kunst wurde. Die Konzentration des europäischen Kunstbesitzes in Paris war Ausweis der imperialen Macht und des nationalen Prestiges. Wer die Kunst Europas kennenlernen wollte, mußte nach Paris reisen. Als Ludwig im Februar 1806 von seinem Vater, seit wenigen Wochen König von «Napoleons Gnaden», für sieben Monate nach Paris geschickt wurde, in der Hoffnung, ihn so von seiner Skepsis gegenüber der Allianz mit Frankreich abbringen zu können, hat er dort die Kunst mit Intensität und Begeisterung studiert; nicht weniger als dreiunddreißigmal besuchte er das «Musée Napoléon». Mit gleichem Interesse dürfte er die imponierenden Bauunternehmungen in der Hauptstadt gesehen haben. Hier wurden ihm die Möglichkeiten einer ausgreifenden Kunstpolitik vor Augen geführt.

In Deutschland lagen damals die Gedanken an eine solche Kunstpolitik notgedrungen fern. Die Napoleonischen Kriege forderten andere Prioritäten. Gleichwohl folgte man dem französischen Vorbild darin, der Nationalerziehung größte Bedeutung zuzumessen. Im Winter 1807/1808 hielt Fichte seine vielbeachteten «Reden an die deutsche Nation»[7]. Einzelne Künstler wie Peter Cornelius oder Franz Pforr suchten mit ihren Werken die Besinnung auf die nationale Identität zu fördern, durch die Auswahl ihrer Themen und mehr noch durch ihre Orientierung an der altdeutschen Kunst. Nach dem Ende der Befreiungskriege trat Cornelius dann mit der Forderung hervor, daß die Kunst mit der Wiedereinführung monumentaler und öffentlicher Freskomalerei einen Beitrag zur nationalen Identitätsstiftung leisten könne und solle.

Ludwig dachte voraus. Wider seinen Willen in die Kriegsführung an Napoleons Seite hineingezogen, faßte er im Sommer 1807, während eines Aufenthaltes in dem von den Franzosen besetzten Berlin, den Entschluß, einst eine Ruhmeshalle der Deutschen zu errichten. Vorbild dafür war das Pariser Pantheon, das seit der Revolution systematisch zur Gedenk- und Begräbnisstätte großer Franzosen ausgebaut worden war. Ludwig setzte sich von diesem Vorbild ab, indem er seinem Projekt auf Anraten des Schweizer Historikers Johannes von Müller den Namen «Walhalla» gab. Das Denkmal sollte dazu beitragen, daß sich Deutschland auf seine «Nationalkraft», wie Johannes von Müller es nannte, besinne, es sollte ein sichtbares Zeichen gegen die französische Fremdherrschaft sein. Fern aller Möglichkeit der Verwirklichung dieses Projektes, bestellte der Kronprinz gleich die ersten Büsten, die in dem Nationaldenkmal aufgestellt werden sollten: darunter die Bildnisse von Rudolf von Habsburg, Maria Theresia und Friedrich dem Großen. Ludwig wollte die Kunst in den Dienst der Nationalerziehung stellen, sie für politische Zwecke nutzbar machen.

So wie die Walhalla hat Ludwig zahlreiche seiner großen Projekte, und gerade die bedeutendsten, während seiner langen Kronprinzenzeit geplant. Dazu gehören die Befreiungshalle und die Bayerische Ruhmeshalle, die Museumsbauten in München, nämlich die Glyptothek (das einzige Bauwerk, das in seiner Kronprinzenzeit wirklich begonnen wurde) und die Pinakothek, die Neubauten der Münchner Residenz, die Hofkirche und die Basilika. Auch die großen städtebaulichen Planungen in München, die Anlage des Königsplatzes und der Ludwigstraße, sind hier zu erwähnen.

Natürlich legte Ludwig die Ausarbeitung seiner Ideen zu realisierbaren Bauplänen in die Hand von Fachleuten. Bei seinen ersten Projekten, der Glyptothek und der Walhalla, fragte er zunächst verschiedene Architekten, mit denen er in Kontakt stand, Karl von Fischer und Haller von Hallerstein. In seiner späteren Kronprinzenzeit räumte er Leo von Klenze eine dominierende Stellung ein. Nach Begegnungen in Wien 1814 und im darauffolgenden Jahr in Paris holte Ludwig Klenze 1816 nach München und setzte seine Ernennung zum Hofarchitekten und 1818 zum Hofbauintendanten durch. Die bestimmende Rolle, die Klenze in diesem Amt für das gesamte Staatsbauwesen spielte, hat Ludwig nach der Thronbesteigung wieder beschnitten, indem er systematisch jüngere Architekten förderte und zu ernsthaften Konkurrenten Klenzes machte, allen voran Friedrich von Gärtner. In ihren Schriftzeugnissen finden sich immer wieder Klagen, daß Ludwig ihnen für seine Projekte allzu einengende Vorgaben gemacht und sich laufend in die Planung eingemischt habe. Diese Klagen belegen einen bestimmenden Einfluß Ludwigs. Für die bei ihm erfolgreichen Architekten, wie für die bevorzugten Maler, Peter von Cornelius und Julius Schnorr von Carolsfeld, oder den Bildhauer Ludwig von Schwanthaler gilt, was der österreichische Gesandte Graf Colloredo 1840 über die führenden politischen Gestalten in Bayern schrieb: «Bei der Persönlichkeit des Königs kann nur derjenige einflußreich und mächtig genannt werden, der in die Ideen S. Majestät eingeht und sie auf die am wahrsten verwirklichende Art in Vollzug zu bringen vermag.»[8]

Meinungsverschiedenheiten bestehen in der Literatur darüber, ob es ein diese Ideen verbindendes Band gebe, ob hinter den Projekten ein festes Programm stehe. Von einigen Forschern wurde dies verneint mit dem Hinweis auf die Uneinheitlichkeit der Stilerscheinung der Bauten, während andere gerade die historistische Stilvielfalt als Programm nehmen wollten und Ludwig die Intention zuschrieben, er habe Bauten verschiedener Stile gesammelt wie Bilder. Daß es hinsichtlich der Bedeutung, die Ludwig seinen Kunstprojekten zumaß, richtig ist, nach einem dahinterstehenden Programm zu fragen, bleibt außer Frage. Die These, daß von einem programmatischen Vorgehen nicht gesprochen werden könne, weil Ludwig in seinen Planungen sprunghaft war, sich von Stimmungen und wechselnden Assoziationen leiten ließ, wird man schon angesichts der Beharrlichkeit, mit der Ludwig seine Pläne über Jahre hinweg verfolgte, nicht halten können. Der gemeinsame Fehler der bislang vorgetragenen Deutungen liegt darin, daß sie die Antwort auf die Frage nach einem kunstpolitischen Programm Ludwigs von den äußeren formalen Qualitäten der Bauten abzuleiten suchten. Zu untersuchen ist hingegen, ob sich nicht jenseits der jeweils speziellen Erscheinung und Funktion der einzelnen Bauten ein gemeinsamer Zweck, ein einheitliches Ziel erkennen läßt, das im Ideellen oder Politischen liegt. Dies ist in der Tat der Fall. Der gemeinsame Nenner ist mit den Begriffen Bildung und Öffentlichkeit auf die kürzeste Formel zu bringen. Hier liegt die innere Wirkungsabsicht, die äußere ist mit dem Schlagwort «nationales und internationales Prestige durch Kunst» zu bezeichnen.

Daß Bildung und Öffentlichkeit entscheidende Gesichtspunkte bei den Museumsprojekten der Glyptothek wie der Alten und Neuen Pinakothek waren, liegt auf der Hand. Im 18. Jahrhundert hatte man damit begonnen, die fürstlichen Sammlungen einem breiteren Publikum zu öffnen. Ein wichtiger Schritt war die Einrichtung der Vatikanischen Museen unter Clemens XIV. und Pius VI. Den endgültigen Durchbruch hin zu einer neuen Museumskonzeption brachten die monumentalen Museumskonzepte der Französischen Revolution und der Ausbau des Louvre zum «Musée Napoléon». Ziel dieser Sammlungen war nicht mehr die Geschmacksbildung, sondern die Dokumentation der Kunstgeschichte und des historischen Wissens zum Nutzen und zur Bildung der Bürger. Die Münchner Glyptothek kann für sich in Anspruch nehmen, der erste eigenständige Museumsbau Europas zu sein, der allerdings im Sinne höfischer Traditionen noch Festsäle enthalten sollte. So entstanden jene dann von Cornelius ausgemalten Säle. Diese Relikte wurden bei der Pinakothek fallengelassen. Deren Gestaltung, Einrichtung und Nutzung dokumentieren den Status des für die Öffentlichkeit errichteten Museums. Die Ankaufspolitik für die Museen wurde angetrieben vom Ehrgeiz, mit den größten europäischen Sammlungen zu konkurrieren. Anhand der ikonographischen Programme wurde über die Präsentation der Objekte hinaus die Bildungsabsicht der Museen unterstrichen. Die Darstellung des Systems der griechischen Mythologie in den Cornelius-Fresken der Glyptothek, der Überblick über Geschichte und Theorie der Kunst in den ebenfalls von Cornelius entworfenen Fresken der Loggien der Alten Pinakothek sowie Kaulbachs satirischer Abriß der Geschichte der zeitgenössischen Kunst in den Außenbildern der Neuen Pinakothek sollten dem Besucher eine Einführung in die Kunst geben, die in dem jeweiligen Museum zu finden war.

Besonders bemerkenswert ist der Stellenwert von Bildung und Öffentlichkeit in der Ausgestaltung des Königsbaus der Residenz.

Die Herrschaftsarchitektur des Absolutismus hatte mit der architektonischen Pracht das Volk blenden, den unüberbrückbaren Abstand unmißverständlich herauskehren und nach innen gerichtet die höfische Gesellschaft mit Dekorationsreichtum und symbolischer Bedeutung beeindrucken wollen. Ludwig I. verfolgte mit der Residenzausstattung eine völlig andere Konzeption. Noch ehe überhaupt Einzelheiten festgelegt waren, hatte er sich entschlossen, in der Residenz Bilderzyklen der Odyssee und der Nibelungen, des griechischen und des deutschen Nationalepos, malen zu lassen. Die von Schnorr ausgemalten Nibelungensäle waren damals wie heute Räume ohne spezifische Funktion, waren der Kunst und der Bildung geweiht. Genau in dieses Konzept fügt sich der Vorschlag, den Cornelius gegen den Widerstand von Klenze beim König durchsetzte, die Staatsräume des Baues, die Appartements des Königs und der Königin, mit literarischen Arabesken auszuschmükken. Die Werke der bedeutendsten Dichter der römischen und griechischen Antike sollten in den Räumen des Königs dargestellt werden, die größten deutschen Dichter in den Räumen der Königin. Hier feierte sich die Dynastie nicht selber, wie es in den Dekorationszyklen des Absolutismus üblich gewesen war, sondern sie huldigte der Poesie. Adressat dieser Dekorationen war das Volk. Die Nibelungensäle waren täglich wie ein Museum zu besuchen. Die Staatsappartements konnten an bestimmten Tagen der Woche von jedermann besichtigt werden, und Ludwig ordnete an, daß die beteiligten Künstler die Führungen selbst übernehmen und den Besuchern die literarischen Themen und Anspielungen erklären und so die Bildungsabsicht der Dekorationen zu ihrem Ziele führen sollten.

Ludwigs Projekt der Bildung des Volkes durch Kunst wurde für die Münchner Bevölkerung am unmittelbarsten erfahrbar in der Ausgestaltung der Arkaden des Hofgartens. Der Hofgarten war schon in den 1770er Jahren dem allgemeinen Publikum geöffnet worden und seither einer der beliebtesten Orte für den sonntäglichen Spaziergang. Nach der Errichtung des neuen Tores und des Basargebäudes durch Klenze waren auch die westlichen Arkaden erneuert worden, und 1826 schlug Cornelius vor, von seinen Schülern einen Zyklus mit Darstellungen aus der Geschichte Bayerns und der Wittelsbacher malen zu lassen. Nach ihrer Vollendung erhielt Rottmann den Auftrag, in einer Bilderfolge die bedeutendsten Stätten Italiens wiederzugeben. Die Auswahl dieser Orte traf Ludwig selbst, und er begleitete jedes Bild mit einem von ihm selbst gedichteten Epigramm. Dem Betrachter bot der Zyklus eine virtuelle Bildungsreise durch Italien, auf der ihm der König sozusagen als Reiseführer zur Seite stand.

Besonderes Gewicht maß Ludwig in seinen Kunstprojekten der Beförderung historischer Bildung bei. Dabei stand in den Fresken der Hofgartenarkaden und in den von Schwanthaler entworfenen Reliefs des Stiftersaales der Alten Pinakothek der dynastische Aspekt im Vordergrund. Die Auswahl der dargestellten Ereignisse setzte die Geschichte Bayerns mit der Geschichte seiner Herrscher gleich. Mit den Wandbildern von Julius Schnorr von Carolsfeld in den drei Kaisersälen des Festsaalbaus der Residenz, die ab 1835 geschaffen wurden, weitete sich der Blick auf die Reichsgeschichte. Karl der Große, Friedrich Barbarossa und Rudolf von Habsburg wurden als exemplarische Herrscher des Reiches gefeiert. Im anschließenden Thronsaal allerdings wurde der Blick wieder zurückgeführt auf die eigene Dynastie. Hauptschmuck des Saales waren die zwölf von Schwanthaler modellierten und von Ferdinand von Miller gegossenen Statuen der bedeutendsten Vertreter des Hauses Wittelsbach.

Gleichzeitig legte Ludwig größten Wert auf die Förderung eines regionalen historischen Bewußtseins. Hier ist an erster Stelle die Begründung der Denkmalpflege zu erwähnen. Im Januar 1826 erließ der König eine Verordnung zur Erhaltung der mittelalterlichen Stadtbefestigungen, im folgenden November eine Verordnung zur «Erhaltung öffentlicher, unbeweglicher Einzelkunstwerke», in der es vor allem um die sachgerechte Restaurierung ging. Im Mai 1827 schließlich folgte der sogenannte Denkmalpflegeerlaß, den Ludwig in der Villa Colombella unterzeichnete.[9] In der Denkschrift, mit der der spätere Innenminister Eduard von Schenk die Verordnung vorbereitete, wurden die hinter der Sorge um den Erhalt historischer Denkmäler stehenden Ziele unmißverständlich formuliert: «Das historische Studium hat seit dem Befreiungskriege mit der wiederhergestellten Würde des deutschen Namens unverkennbar einen ungemeinen Aufschwung genommen. Nach einem langen Vandalismus ist die gebührende Sorgfalt für die Überreste der deutschen Vorwelt wieder erwacht und das richtige Gefühl ist ziemlich herrschend geworden: Daß die Historie ein spezifisches Gegengewicht wider revolutionäre Neuerung und wider ungeduldiges Experimentieren sey, – wer seinen Sinn ernst und würdig auf die Vergangenheit richte, sey nicht zu fürchten in der Gegenwart – und es gebe kein kräftigeres Bindemittel zwischen Volk und Dynastie als eine recht nationale Geschichte.»[10]

Ludwig selbst setzte Maßstäbe mit den von ihm angeregten und finanzierten Restaurierungen der Dome in Regensburg, Bamberg und Speyer. Die von Gärtner geleiteten Arbeiten waren radikal purifizierend, von dem Wahn geleitet, einen Zustand ursprünglicher Stilreinheit herstellen zu können. In Speyer kam der problematische Entschluß Ludwigs zur Ausmalung hinzu, mit der der Denkmalcharakter unterstrichen werden sollte. Beides wird man aus heutiger Perspektive nur als fatalen Irrweg verurteilen. Dennoch kann man nicht daran vorbeigehen, daß Ludwig mit seinem Eintreten für den Denkmalschutz einen entscheidenden Beitrag für das Verständnis der historischen Bedeutung der Baudenkmäler und für die Entwicklung der Denkmalpflege geleistet hat. Natürlich geschah auch dies, wie die zitierte Begründung belegt, nicht ohne politische Absichten. Die Bewahrung der Denkmäler sollte der Stiftung einer im Historischen gründenden Identität dienen, die sich auf Bayern und die Dynastie seiner Herrscher bezog, zugleich aber sollte sie die regionale Identität stärken. Insofern hatte die Denkmalpflege auch die wichtige integrationspolitische Aufgabe der Vermittlung regionaler Eigenständigkeit mit der neugeschaffenen Einheit des Königreichs Bayern.

Dies gilt in besonderem Maße für Ludwigs Förderung der Errichtung von Denkmälern. Während seiner Regierungszeit und in den Jahren danach hat er eine große Zahl von Persönlichkeitsdenkmälern errichten lassen. Es entstanden Monumente für den Markgrafen Friedrich von Brandenburg in Erlangen, für Fürstbischof Julius Echter in Würzburg, für Jakob Fugger in Augsburg, für Fürstbischof von Erthal in Bamberg und Bischof von Sailer in Regensburg, für die Generäle Tilly und Wrede in München, für Jean Paul in Bayreuth, für die Komponisten Christoph Willibald Gluck und Orlando di Lasso, wie für Goethe und Schiller in München. Die Persönlichkeiten, die so geehrt wurden, sollten den Bürgern als Vorbild und lokaler Bezugspunkt vor Augen gestellt werden.

Auch bezüglich dieses Aufgabengebietes spielten natürlich dynastische Überlegungen eine Rolle, wie die Münchner Denkmaltopographie zeigt. An der Ausgestaltung des Denkmals für König Max I. Joseph, von der Stadt München bei Christian Daniel Rauch in Auftrag gegeben, hatten Ludwig und Klenze entscheidenden Anteil. Das Denkmal ehrt den König als «Pater Patriae» und schlägt damit ein Grundmotiv der Herrschaftsauffassung an, das auch für Ludwig gültig bleiben sollte. Programmatische Bedeutung hatte gleichermaßen das von Thorvaldsen geschaffene Denkmal für Kurfürst Maximilian I., das kunsthistorisch wohl bedeutendste Personendenkmal in München. Görres hatte 1825 zur Thronbesteigung Ludwigs I. einen fiktiven Appell Maximilians I. an Ludwig verfaßt, in dem der Kurfürst den neuen König auffordert, wie er «Schirmvogt und Hort des Glaubens» zu sein, «damit Baiern wieder werde, was es zuvor gewesen.»[11] Das Denkmal ist eine Demonstration der Erinnerung an dieses für Ludwig verpflichtende Vorbild.

Am deutlichsten werden die Intentionen der ludovizianischen Denkmalpolitik bei den großen Projekten, den Nationaldenkmälern im eigentlichen Sinne des in der Revolutionszeit geprägten Wortes. Die Walhalla und die Ruhmeshalle sind Pendants, die beide den auf historischer und kultureller Leistung gründenden Patriotismus fördern wollen, in dem einen Fall auf Deutschland, im anderen auf Bayern gerichtet. Die Idee zu diesen Denkmälern war, wie schon angedeutet, durch das französische Pantheon vorgegeben. Sie sollten sichtbare Zeichen dafür sein, daß die Nation ihre großen Persönlichkeiten ehrt, und sie sind bis heute Orte öffentlicher Erinnerung. Ihr hoher Stellenwert wird durch die Sakralisierung des Gedächtnisses zum Ausdruck gebracht. Der Tempel ist der diesem Erinnern angemessene Ort, besonders in seiner von den Griechen geschaffenen und als überzeitlich gültig anerkannten Form. Bei der Walhalla ist dieser Zusammenhang offensichtlich, er ist aber auch bei der Ruhmeshalle gegeben. Bei ihr hatte man zeitweilig an einen gotischen Zentralbau gedacht. Das war eine Reaktion auf das Monitum von Cornelius, daß die Erinnerung an Größen der deutschen Geschichte auch einen deutschen Stil erfordere. Klenze, der zunächst einen am römischen Pantheon orientierten Rundbau vorgeschlagen hatte, hielt sich schließlich an einen Denkmalentwurf Schinkels, hinter dem wiederum das Konzept hellenistischer Tempelanlagen vom Typus des Pergamonaltares steht: eine dreiflügelige Säulenhalle, deren Mittelpunkt der Altar bildet, der aber hier ersetzt ist durch das monumentale Erzstandbild der Personifikation Bayerns. Auch diese Idee des Altares und der Versinnbildlichung des Vaterlandes hatte ihre Vorbilder in der Kunst der Französischen Revolution. Die Botschaft ist klar: Die Persönlichkeiten, die hier geehrt werden, haben sich aufgeopfert für ihr Vaterland, haben Bayern groß gemacht. Diese Feier historischer Größe hat eine subtile Kehrseite. Sie wurzelt fest in der Genielehre, hinter der wiederum die lange, bis in die Antike zurückreichende Tradition der «viri illustres» und der Apotheose bedeutender Menschen steht. Mit dem Kult der Geniereligion, der letztlich in den Führerkult des 20. Jahrhunderts hineinführen sollte, wandten sich diese Denkmäler letztlich doch wieder gegen die revolutionäre Gleichheit («égalité») und waren so durchaus geeignet, das System monarchischer Herrschaft zu stützen.

Noch vor der Geschichte war die Religion für Ludwig ein Grundpfeiler des Staates. Religionspolitik spielte in seiner Regierung eine zentrale Rolle. Sie verband sich immer wieder eng mit der Kunstpolitik, wozu vor allem der Kirchenbau Anlaß bot. Exemplarisch ist die Entstehungsgeschichte der Ludwigskirche in München. Mit dem Anwachsen der Maxvorstadt war die Errichtung einer neuen Pfarrkirche notwendig geworden. Die Pflicht dazu oblag der Stadt. Der König gab lediglich einen Zuschuß für die von ihm gewünschte Freskoausmalung, die Cornelius ausführen sollte, und nahm sich zugleich das Recht, über die architektonische Erscheinung des Neubaus zu bestimmen. Die Stadt plante mit sparsamsten Mitteln und beabsichtigte entsprechend bescheiden zu bauen. Das wollte Ludwig im Interesse der Homogenität der Erscheinung der Ludwigstraße verhindern. Zugleich verfolgte er religionspädagogische Absichten. Die Religion sollte durch die Kunst geschmückt und verherrlicht werden. Dies gilt gleichermaßen für die Allerheiligen-Hofkirche und für die Bonifazius-Basilika. Diese Kirchenbauten, zu denen noch die Maria-Hilfkirche in der Au mit ihren farbigen Glasfenstern hinzuzunehmen ist, können mit ihren Dekorationsprogrammen belegen, daß es Ludwig auch um die Förderung religiöser Bildung ging.

Auf diesen notgedrungen flüchtigen Überblick über die unter Ludwig I. entstandenen Bauten und Denkmäler soll der Versuch einer politischen Analyse und Wertung folgen. Die jüngst geäußerte These, daß in den Kunstunternehmungen Ludwigs ein eskapistisches Moment wesentlich sei, kann als unbegründet verworfen werden. Anders als später Ludwig II. hat sich Ludwig I. mit seinen Kunstprojekten nirgendwo ein persönliches Refugium geschaffen. Private Zwecke waren bei allen diesen Monumenten, wenn überhaupt vorhanden, sekundär. Seine bewußt an die Öffentlichkeit gerichtete Kunstförderung war nicht eskapistisch. Bei der Suche nach Begründungen fällt meist auch schnell der Begriff der Legitimation. Man sollte diesen arg strapazierten Begriff auf Ludwigs Kunstunternehmungen aber nicht anwenden. Seine religiös fundierte, auf dem Prinzip des Gottesgnadentums aufbauende Herrschaftsauffassung hatte für ihn absolute Gültigkeit und bedurfte dementsprechend keiner Legitimation. Notwendig war es jedoch nach den Erschütterungen der Französischen Revolution, die monarchische Herrschaft im Volk, in der neuen politischen Öffentlichkeit zu festigen. Systemstabilisierend sollte die Kunstpolitik dadurch wirken, daß sie Wertsetzungen öffentlich zur Anschauung brachte, daß sie zur Schaffung und Festigung eines historisch begründeten dynastischen Bewußtseins wie zu einem regional verankerten Patriotismus beitrug. So erfüllte die Kunstpolitik eine wichtige innenpolitische und integrationspolitische Aufgabe. Sie sollte die Bindung der neuen Landesteile an die Monarchie stärken und zur Schaffung eines gesamtbayerischen Nationalgefühls, das die regionale Eigenständigkeit nicht verleugnete, beitragen. Wesentlich und folgenreich war dabei, daß trotz aller regionalen Akzente München in Ludwigs Kunstpolitik eindeutig bevorzugt wurde und dadurch kulturell maßstabsetzend werden konnte. Dieser kulturelle Zentralismus stärkte den politischen Zentralismus der Monarchie. Mit den Mitteln der Kunstpolitik wurde Münchens Wandel von einer Residenzstadt zur Landeshauptstadt deutlich gemacht.

Ein zweites Moment der Kunstpolitik Ludwigs I. ist ihre kompensatorische Funktion. Im Deutschen Bund konnte Bayern als Mittelstaat nie mit dem militärischen und wirtschaftlichen Gewicht der beiden Führungsmächte Österreich und Preußen konkurrieren. Bei dem damals allgemeinen Konsens über den hohen Stellenwert, den die Kunst für die Gesellschaft habe, war die Kunstförderung eine Möglichkeit, sich Ansehen und damit politisches Gewicht zu verschaffen. Der unübersehbare Wettstreit mit dem Paris Napoleons und der Anspruch, daß Deutschland nicht kenne, wer das unter Ludwig I. geschaffene München nicht gesehen habe, verfehlten bei den Zeitgenossen ihre Wirkung nicht. Am Ende der Regierungszeit Ludwigs I. konnte München als eine der großen Kunstmetropolen Europas gelten. Die Kunstpolitik dieses Königs war ein erfolgreiches Mittel für Bayern, national und international Prestige zu gewinnen.

Es gibt vielfältige Belege dafür, daß Ludwig mit seiner Kunstpolitik auch Bundespolitik betreiben wollte. Mit der Walhalla und der Befreiungshalle bei Kelheim, den ersten wirklich bedeutenden Nationaldenkmälern, die nach dem Ende der Befreiungskriege realisiert wurden, setzte sich Bayern, das in diesen Kriegen eine zwiespältige Rolle gespielt hatte, an die Spitze der deutschen Bewegung. Mit der parallel entstehenden Bayerischen Ruhmeshalle wurde zugleich Ludwigs These von der deutschen Einheit in Vielheit unterstrichen.

Nicht zu vernachlässigen ist schließlich die wirtschaftspolitische Seite der Kunstförderung. Die Aufträge des Königs brachten eine systematische Förderung neuer Gewerbezweige mit sich, allen voran Bronzegießerei und Glasmalerei, denen sich im Gefolge der teilweise spektakulären Kunstunternehmungen neue Märkte erschlossen. Auch der Münchner Kunstmarkt expandierte. Die Münchner Schule der Kunst war unter Ludwig zu einem europaweit bekannten Begriff geworden. Malerei und Skulptur wurden zu einem wichtigen Exportartikel. Der Erfolg dieser Politik spiegelt sich in der bis zur Jahrhundertwende kontinuierlich anwachsenden Zahl von in München tätigen Künstlern.

Diesen politischen Zielen der Kunstförderung Ludwigs wird man nicht abstreiten können, daß sie in der damaligen Lage Bayerns sinnvoll und erfolgreich waren. Warum dann aber deren große Ablehnung, die sich bis zur totalen Verdammung steigern konnte?

Die Ursachen dafür sind in den Grundlagen der ludovizianischen Kunstpolitik zu finden. Ihre Umsetzung stand auf einem brüchigen Fundament, weil sie an entscheidenden Stellen auf Fehleinschätzungen aufbaute, insbesondere auf einer Fehleinschätzung vom Status und von den Entwicklungstendenzen der Öffentlichkeit und der Kunst. Ludwig hat die Öffentlichkeit als einen von der Politik zu berücksichtigenden Faktor ernst genommen. Er machte sie zum Adressaten seiner Kunstpolitik und reagierte damit auf die Forderungen der Zeit. Sein Fehler war jedoch, daß er die Öffentlichkeit nur als passiven Empfänger begriff. Anläßlich der Enthüllung der Geschichtsfresken im Hofgarten sagte Ludwig einem Berliner Journalisten: «Dem öffentlichen Leben muß die Kunst wiedergegeben werden; das Volk soll sich daran erfreuen und erbauen. Ich biete ihnen ein schönes Gut und weiß, meine Bayern werden es würdigen»[12]. Kunst war seine gnädige Gabe an das Volk, für die er Dankbarkeit und Anhänglichkeit erwartete. Ludwig agierte in der Kunstpolitik, genauso wie in allen anderen Bereichen der Politik, autokratisch. Er verstand sich als Bildner seines Volkes. Joseph von Hormayr schrieb in seinen Erläuterungen der Arkadenfresken: «Möge der lebhafte Bildnergeist eines Regenten auch über seinem Volke stehen, wenn er nur in seiner Zeit steht! – Dann wird er sein Volk zu sich erheben. – In diesem schönen Werke des Erziehens, Einwirkens und Schaffens wird das ehrwürdige Familiengefühl zwischen dem Herrscher und seiner Nation immer wärmer, immer wechselseitiger, immer unauflöslicher, und der Fürst setzt sein geliebtes Volk auf die Stelle, zu der seine reichen, kraftvollen, nachhaltigen Anlagen es längst berufen hatten.»[13] Der Idee der Volkssouveränität standen diese Vorstellungen diametral gegenüber. Es ist sehr bezeichnend, daß es in dem unruhigen Winter vor dem Landtag von 1831 zu Schmierereien im Hofgarten kam, die sich nicht gegen die Fresken, sondern gegen die Distichen Ludwigs richteten. Das Volk protestierte gegen Ludwigs Auffassung von Volksbildung.

In den vierziger Jahren radikalisierte sich diese Kritik. Am schärfsten formulierte sie Anton Springer 1845: «Wir legen den entschiedensten Protest ein gegen diese Anmaßung der Münchner Schule, eine nationale und historisch bedeutsame Kunst heißen, die Blüthe des modernen Zeitbewußtseins bilden zu wollen. Zuerst, weil ihr der Athem der Freiheit fehlt. Nur die freie Kunst kann in der Gegenwart historische, allgemeine Bedeutung erlangen. [...] Die freie Kunst als unmittelbarer Ausfluß des modernen Geistes ist demokratisch, nimmt ihren Ursprung vom Volke und kehrt wieder zu diesem zurück»[14]. Gerade das war von den Produkten der ludovizianischen Kunstpolitik nicht zu sagen. Die Angriffe gingen noch einen Schritt weiter und sprachen den Werken jeden Kunstwert ab: «Besäßen wir eine höfische Poesie, sie könnte nicht schlimmer lügen als Schnorr.»[15] Einen härteren Vorwurf konnte es für einen nazarenischen Künstler kaum geben, für den die Wahrheit im Zentrum seines Kunstbegriffes stand.

Die Attacken, die sich letztlich gegen das autokratische Regime Ludwigs richteten, waren wohl auch deshalb so aggressiv, weil sich Ludwig mit seiner Kunstförderung, dem Einsatz der Kunst als Mittel seiner Politik, eines Mediums bediente, das die Französische Revolution für sich in Anspruch genommen hatte und das somit auf demokratische Traditionen zurückblicken konnte, die von Ludwig umfunktioniert wurden. Im Hinblick auf den Kunstanspruch dieser Werke opponierten die Kritiker so vehement, weil sie den Kunstbegriff Ludwigs nicht akzeptieren konnten. Ludwig setzte auf das Kunstverständnis der deutschen Klassik und verkannte, daß deren Bildungsutopie bereits zur idyllisierenden Versöhnungsästhetik des Biedermeier verkommen war, für das Kunst nur mehr Mittel zur Kompensation der nicht zu heilenden Brüche zwischen Ideal und Wirklichkeit war. Er sah nicht das emanzipatorische Potential der Kunst, das sich bei Goya oder im frühen Realismus zu entfalten begann und immer größeres Gewicht bekam. Auf der anderen Seite hat er die Möglichkeiten der Kunst, den Menschen Bildung und Sittsamkeit einzupflanzen, wie dies der Kunstbegriff der deutschen Klassik behauptete, gewaltig überschätzt. Das aber wird man ihm nur bedingt als Fehler vorwerfen können, denn Ludwig setzte damit auf einen Kunstbegriff, der damals noch von der Mehrheit des Bildungsbürgertums geteilt wurde. Aus der kritischen Distanz unseres Jahrhunderts ist der Umgang des konservativen Bürgertums mit der Kunst als eskapistisch verurteilt worden, nicht zu Unrecht. Die Beschäftigung mit der schönen Welt der Kunst war eine Flucht vor den Realitäten des politischen Alltags. Dieser Eskapismus war zwar nicht das ursprüngliche Ziel von Ludwigs Kunstpolitik, die ja die Indienstnahme der Kunst zu Bildungszwecken anstrebte, gleichwohl kam er den dahinter stehenden Absichten ganz gelegen, so daß man vom Ergebnis her sagen muß, daß die Kunstpolitik Ludwigs den bildungsbürgerlichen Eskapismus nutzte und ihn zu nähren suchte. Der Bürger, der sich mit der Kunst und dem Schönen beschäftigt, ist, so hoffte nicht nur Ludwig I., wenig anfällig für revolutionäre Tendenzen. Wenn man aber Ludwig selbst diesen Eskapismus unterstellt, verkennt man seinen bewußten Einsatz der Kunstförderung als Mittel der Politik. Kunstpolitik war bei Ludwig nicht nur Politik für die Kunst, sondern stets auch Politik mit der Kunst.

Die in der popularisierten klassischen Ästhetik verbreitete starre Auffassung vom Begriff des autonomen Kunstwerks wies dem Betrachter die Rolle des passiv Empfangenden zu, der durch das Kunstwerk in höhere Sphären gehoben wird. Eine solche Auffassung lag auch Ludwigs Kunstpolitik zugrunde, und es ist ganz sicher kein Zufall, daß dieses Konzept auch seiner generellen Vorstellung vom Verhältnis des Fürsten zu «seinem» Volk entsprach. In den Rezeptionstheorien der aufkommenden Moderne hingegen spielte die Vorstellung vom «aktiven Sehen» eine zunehmend größere Rolle.

Der klassischen Ästhetik galt Kunst als eine absolute Größe, die ihren Wahrheitsanspruch daraus ableitete, daß sie sich über das Individuelle hinaus zum Ideal und zur überzeitlichen Gültigkeit erhoben hat. Diese Auffassung, die sich für die führenden Münchner Künstler genauso wie für Ludwig nachweisen läßt, verkannte die Bedeutung künstlerischer Individualität, die beispielsweise ganz elementar in der künstlerischen Handschrift des Malers manifest ist. Von daher gesehen war das Vorgehen, Kunstwerke arbeitsteilig herstellen zu lassen, das fast überall in der Kunstförderung Ludwigs angewandt wurde, von vornherein problematisch. Die so geschaffenen Werke wurden zunehmend fragwürdiger, weil die generelle Tendenz der Kunstentwicklung der künstlerischen Individualität immer größeres Gewicht geben sollte. Dies führte nicht nur in München zu einer Spaltung in offizielle und private Kunstausübung, wobei letztere, etwa auf dem Gebiet der Ölskizze, immer mehr an Ansehen gewann. Am Ende des Jahrhunderts sollten dann die daraus hervorgehenden avantgardistischen Tendenzen, der Impressionismus und die auf ihn folgenden Richtungen, der offiziellen Kunst den Kunstanspruch streitig machen.

Damit wird der Wandel der Wertung erreicht, der sich zu Lebzeiten des Königs zwar schon abzeichnete, aber noch nicht umschlug in die konsequente Ablehnung der von ihm geförderten Kunst. Erst in den folgenden Generationen kam es dazu, daß ihr der Kunstcharakter abgesprochen und damit ihrer Wertschätzung die Grundlage entzogen wurde. Dies gilt auch für das Urteil über die Architektur der ludovizianischen Epoche, die nicht mehr in ihrem Ausdruckscharakter und ihrer Wirkungsintention verstanden werden konnte, nachdem Funktionalität und Materialgerechtigkeit zu Leitbegriffen der modernen Architektur geworden waren. Erst mit der Relativierung dieser Wertsetzungen der Moderne, die gegen Ende des 20. Jahrhunderts beobachtet werden kann, jenseits von absoluten Kunstbegriffen, ist eine Annäherung an die Kunst der Epoche Ludwigs I. möglich geworden. Heute denkt wohl keiner mehr daran, sich des von Ludwig hinterlassenen Erbes zu entledigen wie noch vielerorts nach 1945, etwa beim Wiederaufbau des Festsaalbaus der Münchner Residenz, der als trauriger Mißgriff bezeichnet werden kann.

Ludwig I. hat mit seiner Kunst- und Denkmalpolitik seine Epoche geprägt. München verdankt ihm den Aufstieg als die Kunststadt Deutschlands, die es um die Jahrhundertmitte sogar wagen konnte, sich mit Paris zu vergleichen. Die Leistungen seiner Kunstpolitik haben alle anderen politischen Verdienste überdauert. Ludwig war sich dessen bewußt, daß der Ruhm der Kunst der dauerhafteste ist, und man hat ihm Ruhmsucht vorgeworfen, weil er sein Andenken durch Kunst zu verewigen suchte. Aber ist das wirklich ein Grund, seine Kunstpolitik zu verurteilen? Zwar wird man nicht leugnen können, daß er tatsächlich erreicht hat, daß die Erinnerung an ihn vor allem in seinen «Kunstschöpfungen» lebendig ist, aber er hat zugleich den Ruhm, das internationale Prestige Bayerns und seiner Landeshauptstadt nachhaltig gemehrt, und man muß zugeben, daß auch wir heute noch davon profitieren.

Max II.
Die soziale Frage

Von Johannes Merz

Fragt man nach den großen Herrschergestalten der bayerischen Geschichte, dann wird man kaum zuerst an König Maximilian II. denken, der von 1848 bis 1864 regierte. Fast ohne Kontur steht er zwischen seinem Vater Ludwig I. und seinem Sohn Ludwig II., die beide in viel größerem Maße als er im allgemeinen Geschichtsbewußtsein fortleben. Ist diese unterschiedliche Beachtung, die man Max II. einerseits, seinem Vorgänger und seinem Nachfolger andererseits widmet, Zufall, der Laune des historisch interessierten Publikums entsprungen, von den Beteiligten selbst in Szene gesetzt oder doch auf tatsächliche Unterschiede in der Persönlichkeit und dem politischen Wirken zurückzuführen?

Wenn man nicht von der Person her fragt, sondern auf die Zeitumstände schaut – nach dem Motto: Große Zeiten bringen große Herrscher hervor –, dann waren die Regierungsjahre von Max II. nicht weniger bedeutsam als die seines Vaters oder die seines Sohnes. Gleich am Beginn standen die Bewältigung der Revolution von 1848 sowie die Auseinandersetzung mit der liberalen und demokratischen Bewegung; daneben schob sich immer drängender die «deutsche Frage» nach den verfassungsrechtlichen und politischen Formen der Kooperation von Österreich, Preußen und dem sogenannten Dritten Deutschland, also den kleineren deutschen Königreichen und Staaten, unter denen Bayern eine hervorgehobene Stellung einnahm, in den Vordergrund. Freilich fehlt das spektakuläre Ereignis, im politischen Bereich eben der Ausbruch der Revolution 1848 oder die Reichsgründung 1871, im persönlichen die Liebesaffäre oder der tragische Untergang. Es gibt keine folgenreiche politische Situation, die man mit dem Namen von Max II. verbinden würde, kein Ereignis, keine Entscheidung, mit der der Monarch in den Gang der Geschichte eingegriffen hätte. Aber vielleicht hat es auch Vorteile, nicht zuerst danach zu fragen, warum Max II. diese eine Entscheidung getroffen oder jene wichtige Handlung unterlassen habe. Die Beschäftigung mit ihm erscheint nur sinnvoll, wenn man sein gesamtes Wirken in den Blick nimmt und feststellt, unter welchen Bedingungen er sein Amt angetreten hat, wie er auf die Herausforderungen seiner Zeit reagierte und wo er über sie hinausgegangen ist. Diesen Weg der Reflexion wählte Maximilian selbst, als er zwischen 1854 und 1859 in seinen Memoiren begann, seine politische Tätigkeit zu bilanzieren.

Am 20. März 1848 trat Ludwig I., politisch geschwächt durch die Liaison mit Lola Montez, die sich zur Staatsaffäre ausgeweitet hatte, zurück. Seine letzte große politische Handlung war es, gegen seine tiefsten Überzeugungen vom Wesen der Monarchie, den liberalen und demokratischen Forderungen seiner recht friedlich revoltierenden Untertanen nachzugeben. Dazu gehörten insbesondere die Pressefreiheit, die Verantwortlichkeit der Minister vor dem Landtag, ein verbessertes Wahlgesetz und ein Initiativrecht des Landtags für eigene Gesetzesvorhaben; hinzu kamen die Abschaffung von Grundherrschaft und Patrimonialgerichtsbarkeit sowie verschiedene weitere Reformen im Justizwesen.[1] Nun lag es an seinem überraschend plötzlich zur Regierung gekommenen Sohn, diese Versprechungen umzusetzen. Was bedeutete dies für die Stellung und die praktische Wirksamkeit des Monarchen?

Das autokratische System, das Ludwig I. bisher praktiziert hatte, war unter dem revolutionären Druck von 1848 nicht mehr aufrechtzuerhalten – dies war der Hauptgrund für die Abdankung. Ludwig I. formulierte knapp und klar: «Ich habe 23 Jahre als wahrer König geherrscht und soll jetzt noch ein bloßer Unterschreibkönig sein, gebunden und gefesselt an beiden Händen, nein, das kann ich nicht.»[2] Die Reformmaßnahmen von 1848 waren in Gesetze gefaßt, die Verfassungsrang hatten und damit über dem Monarchen standen. Sie konnten höchstens durch einen Oktroi, durch eine einseitige obrigkeitliche Verfügung des Königs, revidiert werden.[3] Ein solches einseitiges Verfassungsdiktat des Königs schloß aber immer die Möglichkeit ein, daß sich die Revolutionsereignisse wiederholten.

Unter den so abgesicherten Gesetzen im Verfassungsrang war das wichtigste das über die Ministerverantwortlichkeit. Die Minister wurden zwar weiterhin ausschließlich vom König ernannt und entlassen; sie konnten vom Landtag nicht durch ein Mißtrauensvotum gestürzt werden. Dennoch führte die Tatsache, daß die Minister dem Landtag Rechenschaft über ihre Regierungstätigkeit ablegen mußten, faktisch dazu, daß sich keine der vom König eingesetzten Regierungen dauerhaft gegen den Widerstand des Landtags behaupten konnte. Dies gab den Ministern freilich auch die Chance, in Einzelfragen relativ bestimmt und selbständig gegenüber dem König aufzutreten, wenn sie das Parlament hinter sich wußten. Neben der Ministerverantwortlichkeit war der zweite zentrale Punkt der Verfassungsänderungen ein neues Wahlgesetz, das durch die Ausweitung des Wahlrechts auf alle volljährigen Steuerzahler eine

Vertretung breiterer Bevölkerungsschichten im Landtag und damit eine Verstärkung des demokratischen Elements brachte.

Max II. hat diese und weitere Reformmaßnahmen von 1848 nur als Beschneidung seiner monarchischen Rechte erlebt. Er propagierte sich zwar als konstitutionellen König, der sich stets im Rahmen der Verfassung bewegte, aber er arbeitete dennoch fortwährend an einer Revision der Reformen und an der Rückkehr zum autokratischen Regierungssystem seines Vaters. Im Gegensatz zu anderen Monarchen, etwa König Friedrich Wilhelm IV. von Preußen, die auch unter Einsatz militärischer Mittel die erzwungenen Zugeständnisse von 1848 zumindest teilweise zu revidieren wußten, ist Max II. eine solche Revision jedoch nie gelungen. Er war daher auf den politischen Konsens mit seinen Ministern und dem Landtag angewiesen, wenn er politisch etwas zu bewegen versuchte. Wollte er selbst grundlegende Regelungen erreichen, mußte er ihre Durchsetzungsfähigkeit erst abklären. Brachten Minister oder der Landtag Gesetzesvorschläge ein, dann blieben ihm eigentlich nur zwei Punkte, an denen er in der politischen Willensbildung einhaken konnte: Er mußte zunächst zustimmen, wenn die Minister dem Landtag einen Gesetzentwurf vorlegen wollten, und er mußte das letztlich verabschiedete Gesetz unterschreiben, wenn es in Kraft treten sollte.

Wie ging Max II. mit dieser Verfassungslage und den politischen Verhältnissen bei seinem Regierungsantritt um? Am Beginn stand eine ernüchternde Bestandsaufnahme, die er in seinen Memoiren wie folgt formuliert: «Die Schwierigkeiten, die ich vorfinde sind folgende: Das Ansehen der Regierung und des Königthumes geschwächt, das Volk gewöhnt an ungesetzlichen Widerstand, das Heer in ungenügender Verfassung, die früheren Ueberschüsse in den letzten [Jahren] aufgezehrt durch die Eisenbahnen. [...] Durch die Proclamation vom 6ten März war die Krone ihrer wichtigsten Rechte beraubt, das monarchische Prinzip erschüttert; dieses Zugeständniß enthielt den Keim zu noch größerer Schwächung derselben. [...] Ich besaß keine Widerstandsmittel, keinen verlässigen, treu monarchischen Minister, keine Erfahrung in den Regierungsgeschäften, denen ich immer ferne gehalten, so stehe ich dem täglich wachsenden Ungewitter gegenüber; ein unerfahrener Pilot mit leckem Schiffe auf stürmischer See.»[4]

Die Erlebnisse von 1848/1849 blieben prägend für Maximilian, der sich zeitlebens vor einer Wiederholung der Revolution fürchtete und sich deshalb gegen seine Überzeugung tatsächlich weitgehend im Rahmen der Verfassung bewegte. Die Hilflosigkeit und Orientierungslosigkeit in der verfahrenen Situation seines Regierungsantritts bestärkten ihn darin, keine übereilten Entscheidungen unter dem Druck aktueller Verhältnisse zu treffen. Diese Ausgangsdisposition traf sich mit einer starken wissenschaftlichen Veranlagung von Max II. Durch sein Studium in Göttingen und Berlin und auf ausgedehnten Reisen nach London, Paris, Rom, Konstantinopel und Athen hatte er führende Staatsmänner, Wissenschaftler und Künstler seiner Zeit kennengelernt und seinen Gesichtskreis durch ausführliche Gespräche und Briefwechsel mit ihnen zu erweitern gesucht. Unübertroffen im Ausmaß seiner Wißbegierde und seiner breitgestreuten Interessen, strebte Maximilian nicht nur nach vordergründigen, einfachen Antworten, sondern versuchte, den Dingen auf den Grund zu gehen, Vor- und Nachteile abzuwägen, komplexen Erscheinungen in ihrer ganzen Differenziertheit nachzuspüren.[5]

So nutzte er schon in der Kronprinzenzeit seine hervorgehobene Stellung, um sich von führenden Fachleuten Gutachten zu bestimmten Fragen einzuholen. Er befragte dabei selten nur eine Person, sondern zumeist Spezialisten und allgemein Gebildete, z. B. in einer politischen Frage den katholischen, konservativen Staatsmann Karl von Abel ebenso wie den protestantischen, liberalen Minister Ludwig von der Pfordten und den preußisch geprägten Historiker Wilhelm von Dönniges. Je unterschiedlicher die Grundeinstellung der Berater war, desto besser; Hauptsache waren Fachkenntnis und begründete Urteile. Aus dem Spektrum der Positionen und Argumente in den Gutachten, ergänzt durch schriftliche und mündliche Rückfragen, rang sich Maximilian dann grüblerisch, sich selbst und anderen gegenüber mißtrauisch, allmählich zu einer eigenen Ansicht durch, an der er dann auch zumeist zäh festhielt.

Diese Form der Meinungsbildung wurde schon von den Zeitgenossen und ebenso vom Großteil der historischen Forschung über Max II. scharf kritisiert. Er habe sich mit einer Kamarilla unverantwortlicher Ratgeber, zumeist Landfremder aus dem protestantischen Norden, umgeben, die den König nach ihrem Gutdünken lenkten und die Geschicke Bayerns schädlich beeinflußten. Die Kritik zielte und zielt dabei in zwei Richtungen: Sie geißelt zum einen die Unfähigkeit des Herrschers, selbstbewußt eine eigenständige und klare politische Linie zu verfolgen, und zum zweiten die Überfremdung der bayerischen Politik durch Außenstehende, deren Interessen naturgemäß nicht deckungsgleich mit den bayerischen sein konnten. Nach diesem Bild wurde auch die Arbeit der bayerischen Ministerialbürokratie zu wenig gewürdigt und deren administrative Kompetenz und Erfahrung durch die Übertragung fremder Verhältnisse ausgehebelt. Diese kritische Charakterisierung der unsicheren und zu zögerlichen Haltung Maximilians ist ebenso zutreffend wie der Hinweis darauf, daß er sich – beschwert mit einem starken Kopfleiden – mit großem Pflichtbewußtsein immer wieder zur Regierungstätigkeit zwingen mußte, dann aber oft doch untätig blieb. Stets kränkelnd und mit seinen zahlreichen Reisen im In- und Ausland in zunehmender Distanz zur Tagespolitik, ist Max II. 1864 bereits früh im Alter von 52 Jahren an einer Blutvergiftung gestorben.

Aus heutiger Sicht wird man die langwierigen Entscheidungsprozesse trotzdem insgesamt sehr viel positiver beurteilen. Die Herausforderung der Zeit war nicht mehr so sehr die Durchsetzbarkeit von Regierungsmaßnahmen – hier war seit den Reformen des Ministers Montgelas eine leistungsfähige Bürokratie entstanden. Die komplexe wirtschaftliche und gesellschaftliche Situation, die Notwendigkeit zur Integration der nach der Säkularisation erworbenen neubayerischen Gebiete in Franken und Schwaben, generell die rasch expandierende Initiative und Verantwortung des modernen Anstaltsstaates, all dies verlangte ebenso nach neuen Grundlagen der Entscheidungsfindung. Hier bestand ein gewaltiger Nachholbedarf in der Erhebung und Verarbeitung flächendeckender Informationen über Voraussetzungen, Sinnhaftigkeit und Wirksamkeit von Regierungsmaßnahmen. Seit dem späten 18. Jahrhundert gab es in Bayern wie überall zahlreiche statistische Erhebungen und umfassende Fragenkataloge an die unteren und mittleren Verwaltungsstellen, mit deren Beantwortung die Grundlage für sachgerechtes politisches Handeln geschaffen werden sollte. Doch noch fehlten ausgereifte statistische Methoden, es fehlten ausgebildete Beamte, die nicht nur eine regelmäßige Berichterstattung garantiert, sondern auch deren Auswertung sichergestellt hätten. Erst nach vielen ergebnislosen Anläufen entwickelte sich seit den 1830er Jahren allmählich eine wirksame Informationsverarbeitung im neugegründeten Statistischen Bureau. Neben der methodisch nun einigermaßen zuverlässigen Quantifizierung und der qualitativen Behandlung von Detailfragen fehlten jedoch fundierte Bestandsaufnahmen zu den komplexen Grundproblemen der wirtschaftlichen und sozialen Entwicklung.[6] Symptomatisch dafür ist etwa das Ansinnen Maximilians II. 1852, ihm die Berichte der inneren Verwaltung, die er bisher nicht gesehen hatte, vorzulegen. Nach einigen Recherchen stellte sich heraus, daß es Berichte für die Zeiträume 1830 bis 1833, 1833 bis 1839 und 1839 bis 1844 gab, die aber nur in statistischer Aufbereitung ausgewertet und nie dem König vorgelegt worden waren; seit 1844 war die Berichterstattung sogar vollends eingeschlafen.

Max II. wurde also nicht nur durch seine Unsicherheit und Unentschlossenheit, sondern auch durch seine mangelnde administrative Praxis, die Unzulänglichkeiten der Bürokratie und seine wissenschaftliche Veranlagung und nicht zuletzt durch eine allgemein zeittypische Wissenschaftsgläubigkeit dazu gebracht, einen breiten Beraterkreis in einen langwierigen Meinungsbildungsprozeß einzubeziehen. In diesem Licht erscheinen zahlreiche seiner Entscheidungen als wohlüberlegt, sachgerecht und auf Dauerhaftigkeit angelegt. Wie sein Vater hat auch Max II. große Bauwerke hinterlassen, ja sogar einen eigenen, freilich umstrittenen Baustil geprägt, der sich in der Maximilianstraße, im Maximilianeum, im ehemaligen Bayerischen Nationalmuseum (heute Völkerkundemuseum) oder auch im Glaspalast zu München ablesen ließ. Daneben stehen aber ebenso langwirkende Maßnahmen wie die Etablierung der modernen Lehr- und Forschungsuniversität, die in den 1850er Jahren in Bayern fortschrittlicher war als im Ursprungsland Preußen, die Stiftung Maximilianeum für Hochbegabte, die Gründung der Historischen Kommission bei der Bayerischen Akademie der Wissenschaften und zahlreiche weitere Maßnahmen im wirtschaftlichen, sozialen, wissenschaftlichen und künstlerischen Bereich.

Vor allem die Wissenschafts- und Kunstpolitik, die Maximilian in enger Verbindung mit dem bedeutenden Berliner Historiker Leopold von Ranke betrieb und die zu zahlreichen Berufungen auswärtiger Gelehrter und Künstler führte, sollte dazu dienen, Bayern zum kulturellen Zentrum Süddeutschlands zu erheben, so wie dies Preußen für Norddeutschland war. Dieses Anliegen entsprang nicht nur den persönlichen Neigungen Maximilians, sondern viel mehr noch seinem politischen Ziel, Bayern neben den rivalisierenden Großmächten Preußen und Österreich als führende Kraft des Dritten Deutschland zu etablieren. Wenn schon keine militärische, so sollte Bayern doch eine geistige Vormacht in diesem Dritten Deutschland sein und durch sein Vorbild und seine Innovationskraft auch seine politische Führungsstellung ausbauen. Gleichzeitig sollte eine derart erfolgreiche Politik wiederum die Bedeutung und Leistungsfähigkeit der Monarchie herausstreichen.[7]

Tatsächlich entwickelte sich München unter Max II. zu einem bedeutenden kulturellen Zentrum; den damit verbundenen politischen Anspruch freilich vermochte der König nicht einzulösen. Die von seinem leitenden Minister Ludwig von der Pfordten verfolgte Trias-Politik, Bayern an der Spitze der deutschen Mittel- und Kleinstaaten zu einem Partner der Großmächte Preußen und Österreich zu machen, scheiterte in den entscheidenden Punkten daran, daß sich entweder die Staaten des Dritten Deutschland nicht auf eine einheitliche Politik verständigen konnten oder aber die beiden rivalisierenden Großmächte doch zu bilateralen Lösungen kamen.

Auch das nach innen gerichtete Ziel, durch herausragende Leistungen im kulturellen Bereich den bayerischen Nationalstolz zu heben, konnte gerade durch die vielen Berufungen der so bezeichneten Nordlichter nicht verwirklicht werden. Dennoch gelang es Maximilian, auf breite Schichten einen starken Einfluß im Hinblick auf eine eigene bayerische Volkskultur auszuüben. Wenn heute in Bayern die Tracht auch im gesellschaftlichen Rahmen als korrekte Kleidung gilt, dann geht dies letztlich auf Max II. zurück, der als erster bayerischer König die Tracht hoffähig machte, durch zahlreiche Anreize die Pflege von Tracht und Brauchtum förderte und nicht zuletzt durch die Berufung von Wilhelm Heinrich Riehl auch die wissenschaftliche Erforschung der sogenannten Volkskultur in Bayern fest verankerte. Eines der großartigen Ergebnisse zahlreicher breit angelegter Erhebungen ist das Werk «Bavaria. Landes- und Volkskunde des Königreichs Bayern». In sechs Bänden von 1860 bis 1867 erschienen, trägt dieses Werk maßgeblich die Handschrift des Königs, der es in Auftrag gab, finanzierte und organisatorisch begleitete.[8]

Doch Max II. beschränkte sich nicht auf die Förderung von Wissenschaft und Kunst, auch wenn ihm nachgesagt wurde, sein Lieblingsberuf wäre der des Professors gewesen. Gerade im wirtschaftlichen und sozialen Bereich ergriff er mehrfach die Initiative, so schon beim Regierungsantritt 1848 durch die Errichtung eines Ministeriums für Handel und öffentliche Arbeiten, das sein sozialpolitisch uninteressierter Nachfolger Ludwig II. 1871 dann aber wieder auflöste. Im Zentrum dieser Bemühungen stand die soziale Frage, deren Lösung für Max II. ein integraler Bestandteil seiner Konzeption des monarchischen und eigenständigen bayerischen Nationalstaates mit Führungsanspruch in Süddeutschland war.

Das ganze 19. Jahrhundert ist geprägt von einer vielerorts verbreiteten Verarmung, ja Verelendung großer Bevölkerungsteile in Europa. Diese Entwicklung hängt ganz wesentlich mit der Ende des 18. Jahrhunderts sprunghaft einsetzenden Bevölkerungszunahme zusammen. Sie wurde verstärkt durch die Umbrüche um die Jahrhundertwende: die Französische Revolution mit den ihr folgenden Kriegen und die staatliche Neuordnung Europas mit ihren schwerwiegenden Begleiterscheinungen im wirtschaftlichen und sozialen Bereich. Im weitestgehend agrarischen Bayern hatten in dieser angespannten Situation Mißernten wie die im schlimmen Hungerjahr 1816/1817 und dann nochmals 1846/1847 katastrophale Ausmaße. Gerade in Bayern zeigten sich in den alten und neuen Landesteilen sehr unterschiedliche Ursachen für das allgemeine Phänomen des – schon zeitgenössisch so benannten – «Pauperismus». In Altbayern etwa, wo weithin das Anerbenrecht galt (der älteste Sohn erbt den Hof), glitten die nachgeborenen Kinder zunehmend in die Unterschicht ab. In neubayerischen Gebieten mit Realteilung (jedes Kind erbt gleich viel) konnte ein Großteil der Bevölkerung auf extrem parzellierten landwirtschaftlichen Anwesen kaum das Existenzminimum erwirtschaften. In Schwaben brachen in den rücksichtslos mediatisierten Klosterstaaten die Wirtschafts- und Sozialsysteme zusammen. Entgegen landläufigen Fehlurteilen ist die soziale Frage also nicht Folge der Industrialisierung, sondern die Industrialisierung war grundsätzlich eine wesentliche Voraussetzung für ihre Lösung.[9] Dabei brachte allerdings die Umstellung der Produktionsweisen vielerorts nochmals Anpassungskrisen und verstärkte damit zeitweise die Probleme. Eine realistische Alternative hat sich jedoch nirgends abgezeichnet.

Das Ausmaß der Massenarmut – in Bayern insgesamt noch weniger gravierend als in anderen Bundesstaaten – war mit herkömmlichen Mitteln nicht mehr zu bewältigen. Die enge Verflechtung mit dem politischen Umbruch der Säkularisation und der Veränderung der Wirtschaftsstrukturen trug dazu bei, daß die Armut fortan nicht mehr als moralisches und individuelles Problem angesehen wurde, sondern eben als Folge all dieser Veränderungen, für die man die Herrschenden verantwortlich machte. Es gab verschiedene Konzepte, wie man dieser Situation begegnen könne. Während die einen nach dem Staat riefen, der die von ihm mitverschuldete Krise zu bewältigen habe, setzten vor allem Vertreter der liberalen und demokratischen Bewegung des Vormärz auf die Selbstregulierung und die Selbstheilungskräfte der Gesellschaft.

In den süddeutschen Staaten und gerade in Bayern zielte die staatliche Gesetzgebung seit den 1820er Jahren darauf ab, den «Nahrungsstand» der Erwerbstätigen zu sichern. Nur wer über ein ausreichendes Einkommen verfügte, durfte heiraten und eine Familie gründen. Eine Gewerbekonzession wurde nur vergeben, wenn dadurch die übrigen Gewerbetreibenden nicht in ihren Subsistenzmöglichkeiten betroffen waren. Die entsprechende Gesetzgebung von 1825 wurde 1834 durch ein Vetorecht der Gemeinden gegen die staatliche Gewerbe- oder Niederlassungserlaubnis massiv verschärft. Nirgends im Deutschen Bund waren die Repressionen für Heiratswillige größer. Die Motive formulierte 1834 der Parlamentarier von Seinsheim in der Kammer der Abgeordneten wie folgt: «Wollen wir eine Bevölkerung, welche, auf einen hinreichenden Besitz gegründet, mit diesem zufrieden ist, und nicht nach stäten Aenderungen, nicht nach stäter Herrschaft der Willkür hinstrebt, welche mit ihrem durch einen hinreichenden Nahrungsstand gesicherten Besitz nicht besorgen läßt, daß sie ihren Gemeinden je zur Last falle; oder wollen wir eine Bevölkerung, die auf leichtsinnige Speculationen und auf einen unverhältnißmäßig kleinen Besitz sich ansässig gemacht, immer nach Veränderung strebt, mit ihrem bedauernswerten Zustande stets unzufrieden, mit Freuden jedes Mittel ergreift, von dem sie sich Hülfe verspricht, sey das Mittel auch noch so verderblich und schädlich, und daher die beste Gehülfin aller Umwälzungen und staatsverderblichen Pläne ist?»[10]

Diese Mentalität der materiellen und politischen Besitzstandswahrung suchte nicht die Probleme zu lösen, sondern ihre Folgen einzudämmen. Mehrere große Auswanderungswellen waren eine der Auswirkungen. In der ersten Hälfte der fünfziger Jahre waren es knapp vier Prozent der bayerischen Bevölkerung, die einen Neuanfang im bevorzugten Auswanderungsziel Nordamerika wagten. Es gab bereits vor 1848 vereinzelte soziale Proteste, und die in Bayern relativ schwach ausgeprägte, aber um so wirkungsvollere Revolution baute auch auf einem starken sozialen Protestpotential auf.

Ludwig I. hatte sich wenig um die soziale Frage gekümmert.[11] Sein Sohn Maximilian informierte sich schon in seiner Kronprinzenzeit detailliert und ergriff sofort nach seinem Regierungsantritt 1848 umfangreiche Maßnahmen. Die sogenannte Bauernbefreiung, also die Abschaffung der Grundherrschaft, der Gerichtsbarkeit des Adels und seiner Jagdrechte auf fremden Grund sowie die finanzielle Ablösung der Grundlasten und Lehensbeziehungen durch die Bauern, war allerdings in erster Linie eine gesellschaftspolitische Maßnahme. Sie sollte die Bauern stärker in den Staat einbinden, brachte jedoch durch die Ablösungszinsen auch langandauernde Belastungen für die Betroffenen.

Neben der Errichtung des Handelsministeriums, die von der Idee der staatlichen Anreizpolitik für die Wirtschaftsentwicklung getragen war, schrieb Max II. noch 1848 eine Preisfrage aus. Sie lautete: «Durch welche Mittel kann der materiellen Not der untern Klassen der Bevölkerung Deutschlands und insonderheit Bayerns am zweckmäßigsten und nachhaltigsten abgeholfen werden?» Ausgesetzt waren 100 Gulden für die beste Lösung. Es gingen 656 Preisschriften ein, darunter 547 aus Bayern, 101 aus den übrigen Staaten des Deutschen Bundes, weitere aus der Schweiz, Paris, Dublin, Wales, Leeds und Nauplia. Eine vom König eingesetzte Kommission bezeichnete 160 Einsendungen als tauglich, weitere 14 als konkurrenzfähig; den Preis erhielt der Augsburger Assessor August Freiherr von Holzschuher. Alle sinnvoll erscheinenden Vorschläge wurden in einer systematischen Übersicht zusammengetragen. Sie zielten vor allem auf verbesserte Bildung und Hebung der Sitten, Reform der Armengesetzgebung und Armenpflege, Mitarbeit der Kirche, Arbeitsbeschaffungsmaßnahmen, Verbesserung der landwirtschaftlichen Anbaumethoden, Förderung der Industrie und der Infrastruktur.

Maximilian verlangte von den Ministerien Gutachten über die Durchführbarkeit der Vorschläge, erhielt jedoch im allgemeinen entweder den Hinweis, daß in diesen Bereichen bereits viel geschehen sei, oder die Auskunft, daß man nicht mehr machen könne. Insbesondere beim immer wieder vorgebrachten zentralen Punkt des Ehe- und Niederlassungsrechts, das nicht nur extreme soziale Härten (und einen starken Anstieg der unehelichen Geburten) nach sich zog, sondern vor allem wettbewerbsfeindlich war, gab es keine Aussicht auf gravierende Änderungen. In diesem Punkt wurden die gewählten Volksvertreter im Landtag von der Lobby der klein- und mittelständischen Gewerbetreibenden dominiert.

Max II. vertiefte seinen Informations- und Meinungsbildungsprozeß noch bis etwa 1852, indem er stetig weitere Gutachten aus der Verwaltung anforderte. Sein Hauptberater war dabei – schon seit der Kronprinzenzeit – der bedeutende Nationalökonom und Sozialpolitiker Friedrich Benedikt Wilhelm von Hermann, der als langjähriger Leiter des Statistischen Bureaus ein vorzüglicher Sachkenner war. Die Hauptursachen der Armut und deren Beseitigung ließ sich der König ab 1850 einmal monatlich in einer Tabelle vorlegen. Darin wird unterschieden zwischen unverschuldeter und selbstverschuldeter Armut. Die Vorsorge gegen die Armut wird sowohl zur Aufgabe des Staates erklärt, insbesondere durch die Verbesserung der Bildungsmöglichkeiten, der Gesetzgebung, durch Einrichtung von Sparkassen und Versicherungen sowie den Ausbau des Verkehrs, aber ebenso zur Aufgabe der Privatwohltätigkeit. Auch die Armenpflege war demnach zuerst Aufgabe des Staates, der sich vor allem um Arbeitsbeschaffungsmaßnahmen zu kümmern habe, und daneben wiederum der Privatwohltätigkeit.

Diese bestand, soweit sich der König selbst engagierte, jedoch nicht im einfachen Almosengeben, sondern setzte sich grundsätzlich eine Initiativwirkung zum Ziel. So gründete er 1853 den St. Johannisverein für freiwillige Armenpflege mit den Rechten einer öffentlichen Korporation und spendete selbst anfänglich 30000 Gulden, danach jährlich 10000 Gulden aus seinem Privatvermögen. 1859/1860 bestanden bereits 634 lokale Zweigvereine mit 88015 Mitgliedern; die Einnahmen aus Spenden und Mitgliedsbeiträgen beliefen sich auf 641390 Gulden, die Ausgaben auf 592823 Gulden.[12] Das Aufgabenspektrum umfaßte die Spendung von Essen und Kleidung, die Förderung des Schulbesuchs der verarmten Kinder, die Errichtung von Beschäftigungsschulen für verwahrloste Kinder, von Kleinkinderbewahranstalten, von Armenwohnungen, die Gründung von Krankenvereinen usw.

Wegen der Abhängigkeit der Agrarwirtschaft von Ernteschwankungen unterstützte Maximilian die Errichtung von Getreidemagazinen im Land. Er suchte durch die finanzielle Dotierung des sogenannten Königsstiftungshauses in Nürnberg den Bau von erschwinglichen Arbeitermietwohnungen durch Private anzuregen und wirkte auf die Errichtung von Beschäftigungsanstalten hin sowie auf die Fürsorge für ganz unterschiedliche Randgruppen: Strafentlassene, Taubstumme, Geisteskranke. Schließlich engagierte sich der König in zahlreichen Einzelfällen, sei es durch die Gründung einer Schnitzereischule in Berchtesgaden, um berufliche Perspektiven für die dortigen verarmten Kinder zu schaffen, sei es durch Spenden an Hilfsorganisationen und Einzelpersonen, die jährlich mit 140000 bis 160000 Gulden ein knappes Viertel des dem König zur persönlichen Verfügung stehenden Geldes ausmachten.

Nimmt man nur diese Wohltätigkeit in den Blick, dann ist man geneigt, den Urteilen in der Forschungsliteratur zuzustimmen, nach denen sich Maximilian in den herkömmlichen Bahnen der patrimonialen, persönlich ausgeübten Wohltätigkeit bewegte und damit auch die Verbundenheit des Volkes mit Monarchie und Staat befördern wollte. Er wäre demnach eher rückwärtsgewandten Lösungen als sozialpolitischen Innovationen verhaftet gewesen.[13] Wenn diese Motivation jedoch vorherrschend gewesen wäre, dann hätte sich Maximilian nicht in einem jahrelangen Informationsprozeß so detailliert mit der sozialen Frage befassen müssen und statt komplizierter organisatorischer Initiativmaßnahmen sich lediglich auf die publikumswirksame Verteilung von Spenden und Geschenken beschränken können. Die soziale Situation und der Umgang mit ihr ist vielmehr bezeichnend für die politische Situation in Bayern um die Mitte des 19. Jahrhunderts.

Wie in den anderen angeführten Bereichen, insbesondere der Verfassungspolitik, war der König seit 1848 trotz seiner formal souveränen Stellung nur mehr ein Teil des politischen Entscheidungsprozesses. Er mußte seinen Ministern einen gewissen Freiraum lassen und die Beschlüsse des Landtags akzeptieren, wenn er nicht eine harte Restaurationspolitik unter Zuhilfenahme militärischer Mittel betreiben wollte. Dazu konnte sich Max II. nie entschließen. Wenn er 1848 feststellte, «Ich bin stolz, Mich einen constitutionellen König zu nennen», dann benannte er seine Absichten womöglich nicht reinen Herzens, aber er faßte die Realität in Worte. Ein Symbol für diesen Wandel der Monarchie fand Maximilian selbst in der verglasten Kutsche für repräsentative Auftritte; er bemerkte dazu: «Der Glaswagen, allen Blicken durchsichtig, ist das Bild des modernen Thrones, keine Purpurdecken verhüllen ihn mehr der argwöhnisch forschenden Menge; mögen die ihn inne haben, dieß nie vergessen, so handeln, daß sie diesen Blick nicht zu scheuen brauchen.»[14]

Obwohl Max II. bis in die späten fünfziger Jahre seine Minister immer wieder aufforderte, die den Lebensnerv der Bevölkerung treffende Niederlassungs- und Gewerbegesetzgebung zu reformieren, wurde er entweder auf die Mehrheitsverhältnisse im Landtag hingewiesen oder mit Schönfärbereien des Problems beschwichtigt. Immer wieder mußte der König von seinen Ministern erfahren, daß die Zeitumstände, genauer wohl die öffentliche Meinung, für eine Reform der Sozialgesetzgebung nicht günstig seien. Nur wenig vermochte er direkt über Ministerialentschließungen durchzusetzen, so zur verbesserten Durchführung der Armenpflege, zur Regelung der Kinderarbeitszeit und zur besseren Besoldung der unteren Staatsdiener. Bezeichnend für die Haltung der Regierung ist der einleitende Satz der insgesamt negativen Stellungnahme des leitenden Ministers von der Pfordten 1853 bei der vom König angeordneten Gründung des St. Johannisvereins: «Der treugehorsamst Unterzeichnete leistet diesem Befehle nur zaghaft Gehorsam, weil die Armenpflege ein Feld ist, auf welchem er selbst noch wenig thätig war, und weil es ihm schwer fällt, Bedenken gegen einen Plan zu erheben, auf welchen Euer Majestät, wie er weiß, großen Wert legen.»[15] Da für eine umfassende Sozialgesetzgebung weder die Regierung noch die Mehrheit des Landtags zu gewinnen war, verlegte sich Max II. darauf, bei seinen Ministern in steter Wiederholung zumindest günstigere Rahmenbedingungen einzufordern, also etwa die Verbesserung der Infrastruktur durch Straßen- und Eisenbahnbau. Weil er in diesem Bereich der allgemeinen Politik und Gesetzgebung weitgehend erfolglos war, bleiben allein seine zahlreichen gelungenen Initiativen übrig, durch beispielhafte Hilfsmaßnahmen kommunales, genossenschaftliches und privates Engagement herbeizuführen.

Hat also die liberale Bewegung versagt, hat sich die bayerische Bevölkerung in den ersten allgemeinen Wahlen die eigenen Unterdrücker ausgesucht? Fast möchte es so scheinen, gerade wenn man die im Vergleich zum Lobbyismus der Abgeordneten überwiegend fortschrittliche, sachbezogene und differenzierte Haltung des Königs in den Blick nimmt, die adäquat auf die Herausforderungen der Zeit einging. Dennoch bliebe ein solches Urteil einseitig. Durch die Reformen von 1848 wurde der Volksvertretung die Verantwortung für Fehlentwicklungen aufgebürdet, die sich schon lange aufgestaut hatten und nur durch unbequeme und langwierige Strukturanpassungsmaßnahmen zu lösen waren. Das politische System war durch die Verknüpfung dieser Fehlentwicklungen mit einer zeitweise sehr ungünstigen allgemeinen Wirtschaftslage, der aufgeschobenen Industrialisierung und den schwierigen außenpolitischen Bedingungen schlichtweg überfordert.

Die soziale Frage, die in Bayern im ganzen 19. Jahrhundert drängend blieb, sich aber auch nicht so drückend äußerte wie in vielen anderen europäischen Staaten, hat Max II. im Rahmen seiner konstitutionellen Möglichkeiten umfassend behandelt und durch zahlreiche Initiativen gelindert. Wenn er dabei keinen durchschlagenden Umschwung erzielte, dann bewegte er sich ganz im Rahmen seiner sonstigen gewissenhaften, sachgerechten, zeitgemäßen Amtsführung. Er war keine politische Führernatur, sondern handelte systemgerecht. Diese Bemühtheit, im vorgegebenen System seine Rolle zu finden und seine Pflicht zu erfüllen, steht in auffälligem Kontrast zur kraftvollen und verfassungswidrigen Politik, die noch zu seinen Lebzeiten Otto von Bismarck in Preußen durchsetzte. Dieses Gegenbild verweist darauf, daß es sicher auch Alternativen zur Regententätigkeit dieses bayerischen Königs gegeben hat. Es mag aber dahingestellt bleiben, welcher Weg die bessere Alternative war.

Ludwig II.

Das Leiden am Reich

Von Hermann Rumschöttel

Am 7. Dezember 1864, der neunzehnjährige Ludwig war bereits seit neun Monaten König von Bayern, sucht Kabinettssekretär Franz Seraph Ritter von Pfistermeister den vierunddreißigjährigen Münchner Philosophieprofessor Johannes Huber auf, um ihm einen königlichen Wunsch zu überbringen. «Mein lieber Professor, Sie müssen uns jetzt helfen. Der König ist ganz unglücklich; die Geschäfte eckeln ihn an; er muß etwas Süßigkeit haben, wir Andern sind ihm zu nüchtern und zu prosaisch. Wenn nicht bald geholfen wird, so liegt er uns in 14 Tagen darnieder. Er will studieren, er will philosophieren; und als ich ihn auf Sie aufmerksam machte, sagte er, den Professor Huber kenne ich, zu ihm habe ich Vertrauen, holen Sie ihn mir.»[1]

Sorgfältig protokolliert Huber die etwa zwanzig Gespräche, die er, oft mehrmals in einer Woche, zwischen dem 8. Dezember 1864 und dem 20. April 1865 mit Ludwig über philosophische, religiöse, politische, soziale und persönliche Probleme führt, und zeichnet dabei ein plastisches Bild des ihm mit «gewinnender Liebenswürdigkeit» begegnenden jungen Herrschers. Es komme ihm vor, als rühre dessen «Unglück» davon her, «daß den idealen Bedürfnissen seines Gemüths bisher kein Verständnis bei seiner Umgebung entgegengekommen», und den Einfluß Richard Wagners leitet er davon ab, daß dieser der erste sei, «der mit dem König in der von ihm gewünschten Weise zu verkehren weiß.» «Wie er so neben mir saß an seinem Schreibtisch [...] ergriff mich der ganze Adel und die Schönheit seiner äußern Erscheinung mit bezwingender Gewalt.»

Der König fühle sich einsam und unglücklich in der Prosa der wirklichen Welt. Er sei ein Mensch mit einer bis zur Schwärmerei idealen Natur, «der bisher von seiner Umgebung in seinen idealen Forderungen verkannt worden sei und darum es vorgezogen habe, für sich eine Art Einsiedlerleben zu beginnen.» Zugleich wohne ihm ein stolzes Bewußtsein seiner Würde inne, er sei durch und durch eine aristokratische Natur und denke «daher geringschätzig von der Menge». «Er scheint überhaupt von niemanden viel zu halten, mit Ausnahme von Wagner.»

Huber notiert, daß Ludwig seinen Vater, König Maximilian II., nicht geliebt habe, «und dies mag zum großen Theil seinen Grund haben in der strengen Art, wie er erzogen wurde»: acht Stunden tägliche Plage. Ludwig beklagt die steife preußische Erziehung seiner hohenzollerischen Mutter Marie, kritisiert seine Lehrer, von denen nichts zu lernen gewesen sei. Festgehalten werden zugleich jedoch Ludwigs Wissensdrang, sein gutes Gedächtnis, seine Belesenheit, seine von Kirchendistanz und Romskepsis relativierte, aber zugleich noch starke persönliche Gläubigkeit. Allerdings komme ihm vor, «als habe der Glaube Seiner Majestät schon einen starken Stoß erhalten» und diejenigen irrten sich gewaltig, «die in ihm ein frommes Kind vermuthen.»

Aber auch andere kritische Beobachtungen macht der Lehrer des Königs. So glaubt er bei Ludwig einen tyrannischen Grundzug zu erkennen und fährt fort: «Es ist ohne Zweifel etwas Unheimliches in ihm bei aller Offenherzigkeit und Liebenswürdigkeit.» Er sei unbedachtsam gegenüber seiner Umgebung, woraus Kränkungen und Erbitterungen resultierten. «[. . .] aber ich werde dem König bei nächster Gelegenheit sagen, daß man sich nur dann zu einem liberalen Fürsten ausbilde und der Gefahr, Tyrann zu werden, entkomme, wenn man die Menschen achte. Leider ist die Umgebung Seiner Majestät nicht dazu angethan, ihm Menschenachtung beizubringen.»

Ludwigs persönliche Vertraulichkeiten flößen Huber Bangigkeit ein, und als der Professor ausführt, «daß die Liebe zum Weib das Leben des Mannes nicht ausfüllen könne, daß sie für die kräftige Mannesnatur mehr oder minder eine Episode sei», antwortet der König, daß bei manchem Mann diese Episode wohl gar nicht vorkomme. «Und ich merkte, daß er sich damit meinte.»[2]

Johannes Huber entwirft ein Charakterbild des jungen Monarchen, das zwar in vielen Einzelheiten den Beobachtungen anderer Zeitgenossen entspricht, in seiner dichten Zeichnung des Ambivalenten, Zwiespältigen und Widersprüchlichen jedoch unvergleichlich ist: lebhafte Herzlichkeit und kühle Distanz, liebenswürdig und rücksichtslos, Wirklichkeitssuche und Weltflucht, ein realistisch-analytischer Geist mit einer bedrängenden und ausschwärmenden Phantasie, ein ausgeprägtes Selbstbewußtsein und ein hochgesteigerter monarchischer Machtanspruch neben Selbstvorwürfen, persönlicher Unsicherheit und republikanischen Gedankenspielen. Außerdem schildert Huber das Spannungsverhältnis zwischen Pflichtgefühl und Arbeitsbereitschaft auf der einen und Ludwigs Künstlertum mit einem tiefsitzenden Widerwillen gegen Verwaltungs- und Regierungsaufgaben auf der anderen Seite, darüber hinaus scheinbar feste Ansichten und zugleich eine ausschweifende Intelligenz. Breite literarische Interessen und Kenntnisse stehen der mangelhaften Vorbereitung auf die Regierungsgeschäfte und fehlendem staatsrechtlich-politischen Sachverstand gegenüber. Dazu kommt bei Ludwig noch der ständige Kampf mit sich selbst, seiner homoerotischen Veranlagung und den königlichen Rollenzwängen in der zweiten Hälfte des 19. Jahrhunderts. Er ist ein begabter, mit Komplexen belasteter junger Mensch vor der Aufgabe, das Königreich Bayern in der seit der napoleonischen Zeit schwierigsten Phase seiner Geschichte zu regieren und den hohen Erwartungen gerecht zu werden, mit denen der am 10. März 1864 proklamierte neue Herrscher von der Bevölkerung begrüßt wird.

In den sieben rechtsrheinischen Kreisen (Regierungsbezirken) und im Rheinkreis leben rund 4,8 Millionen Bayern, drei Viertel davon auf dem Land, ein Viertel in den Städten. Sieben von zehn Bayern sind katholisch. Die Wirtschaftsstruktur ist noch ganz von der Landwirtschaft geprägt. Handwerk und Gewerbe, Handel, Verkehr und der Dienstleistungsbereich nähern sich erst der Marke von 40 Prozent, nur punktuell macht sich die Industrialisierung bei der Verbrauchsgüterherstellung bemerkbar, die bayerische Arbeiterbewegung ist erst im Entstehen begriffen. Bayern hat die Schwelle von der Agrar- zur Industriegesellschaft noch nicht erreicht. Trotz einer gewissen Urbanisierung, dem wichtigen Eisenbahnbau mit seiner Rückkehr zum Staatsbahnprinzip, einer bescheidenen Industrialisierungswelle, der Belebung des Handels und einer langsamen Bevölkerungszunahme ist die Veränderung der wirtschaftlichen und gesellschaftlichen Struktur des Königreichs bis zum Ende von Ludwigs Regierungszeit noch nicht offensichtlich. Die Prozesse vollziehen sich im Vergleich zum Gesamtreich mit deutlicher Verzögerung und vielfach unter der Decke gesellschaftlicher Stabilität und einer noch wenig entwickelten politischen Streitkultur. Merkliche Beschleunigungsprozesse sind erst in der anschließenden Prinzregentenzeit zu beobachten.

Nach der Verfassungsurkunde von 1818, die im wesentlichen auch über das Jahr 1848 hinaus in Geltung bleibt, vereinigt der König als Oberhaupt des Staates alle Rechte der Staatsgewalt in seiner heiligen und unverletzlichen Person. In Ausübung dieser allumfassenden Gewalt beruft und entläßt er das Gesamtstaatsministerium, also die nur ihm verantwortlichen Minister. Deren Recht und Pflicht der Gegenzeichnung – für alle königlichen Entscheidungen mußte der zuständige Minister unterschriftlich Mitverantwortung übernehmen – begrenzen die politischen Möglichkeiten des Königs weit mehr als die Zuständigkeiten der Ständeversammlung, des Parlaments.

Diese Ständeversammlung besteht aus der die soziale Führungsschicht des Landes repräsentierenden Kammer der Reichsräte und der aus allgemeinen, zugleich jedoch das Besitz- und Bildungsbürgertum privilegierenden Wahlen hervorgehenden Kammer der Abgeordneten. Ihr Kennzeichen ist seit 1869, dem Jahr der ersten Landtagswahl unter Ludwig II., ein Zweiparteiensystem: Der konservativ-katholischen, bäuerlichen, großdeutsch-antipreußischen, föderalistisch-partikularistischen und antiliberalen Patriotenpartei – bis 1886 und bis 1918 als Zentrum immer die stärkste Fraktion – stehen die liberalen Gruppierungen gegenüber, die ihre Wählerschwerpunkte im Bildungs- und Besitzbürgertum haben, die sogenannte Sozialgesetzgebung und den Kulturkampf mittragen und auf eine kleindeutsche Lösung der nationalen Frage hinzielen. Aus diesem Lager der liberalen Minderheit holt sich Ludwig II. seine Minister.

Die Rechte der Kammern sind beschränkt. Nur wenig begrenzt aber sind die Rechte des Königs. Die Verfassung setzt eine starke Herrscherpersönlichkeit voraus. Kann der Monarch den ihm zustehenden Machtrahmen nicht füllen, wie das seit 1848 zunehmend der Fall ist, erhalten das Ministerium, also die Minister und die hohe Ministerialbürokratie, sowie, mit rückläufiger Tendenz, der als Beratungsorgan des Königs fungierende Staatsrat Regierungsaufgaben, die ihnen die Verfassung eigentlich nicht zubilligt. Eine diese Institutionen besetzende, selbstbewußte, staatskonservativ-liberale Führungsschicht bestimmt so in erheblichem Umfang die bayerische Politik. Man hat von «Ministeroligarchie» gesprochen, ein kritisch-abwertender Ausdruck, der verdeckt, daß die Leistungen dieser aktiven, verantwortungsbewußten, effizienten und selbstverständlich dem monarchischen Prinzip verpflichteten bayerischen Spitzenbürokratie bemerkenswert sind. In das Vakuum der Krone stoßen diese Exekutive und eine außerhalb der Verfassung stehende Einrichtung, das Kabinettssekretariat, die Schaltstelle zwischen Regierung und König.

Erstens die konstitutionell gebändigte, aber zumindest theoretisch immer noch umfassende Monarchenrolle, zweitens die vom König eingesetzte und sich zugleich als der eigentliche Träger des staatlichen Willens verstehende Regierung, das Gesamtstaatsministerium, drittens der einflußreiche, fast übermächtige Kabinettssekretär und schließlich viertens die beiden Kammern, in denen sich Reichsräte und Abgeordnete artikulieren, aber nur wenig betätigen können und in denen die gesamtgesellschaftlichen Kräfte und der soziale Strukturwandel ein Ventil finden, das ist das komplizierte Herrschaftssystem, in das Ludwig II. Anfang März 1864 als König eintritt. Spätestens ab 1866 kommen als von außen stark einwirkende Kräfte Preußen, dessen Ministerpräsident und späterer Reichskanzler Otto von Bismarck und Georg von Werthern, preußischer Gesandter in München von 1867 bis 1888, hinzu.

Ein Grundkonflikt ist von Anfang an gegeben: Die Vorstellungen Ludwigs II. vom Königtum sind unzeitgemäß vorkonstitutionell, sie orientieren sich an den absolutistischen Herrschaftsformen des französischen 17. und 18. Jahrhunderts. Nicht nur in seinen Bauten zeigt sich die Hochschätzung für Ludwig XIV. und dessen Zeit. Im Sonnenkönig hat für Ludwig II., der 1845 am Tag des heiligen Ludwig von Frankreich, am 25. August, geboren wurde, die wirkliche monarchische Selbstherrschaft ihre reinste Ausprägung gefunden. Auch im engsten Familienkreis macht sich dieses Majestätsgefühl bemerkbar. Im April 1875 schreibt er an seinen gleichaltrigen Vetter Ludwig, den späteren König Ludwig III.: «Durchlauchtigster Fürst! Wie schon früher habe Ich auch bei Gelegenheit des jüngsten Besuches Euerer Königlichen Hoheit und Liebden bemerkt, daß dieselben mit Mir in einem zu freien und die verwandtschaftlichen Beziehungen unpassend hervorkehrenden Tone Sich bewegen, wie solcher vor dem Könige nicht angemessen erscheint. Ich bin der Ueberzeugung, daß Euere Königliche Hoheit [...] in künftigen Fällen jene Form des Benehmens wählen, welche in Gegenwart des Königs von allen Unterthanen beobachtet werden muß.»[3]

Bei allem guten Willen, sich nach 1864 ernsthaft auf das bestehende politische System Bayerns einzulassen, ist das erste «Leiden am Reich» Ludwigs Leiden am Königreich Bayern der zweiten Hälfte des 19. Jahrhunderts. Einerseits kann der sachlich unvorbereitete, politisch schwache und sehr junge Monarch die von der Verfassung eingeräumten Kompetenzen nicht nützen. Andererseits widerspricht es seinem Majestätsgefühl, daß er beim Herrschen und Regieren Kompromisse eingehen muß, lediglich über zwar «permanente», aber doch nur begrenzte Geldmittel verfügen kann (bis 1876 3,76 Millionen, danach 4,23 Millionen Mark jährlich) und das Volk nicht nur über die Kammer der Abgeordneten immer näher an ihn heranrückt. Das Regierungsprinzip, das von einschränkenden rechtlichen Bindungen frei ist («legibus absolutus»), das läßt sich nur mehr im engsten Umkreis verwirklichen. Am 3. September 1885 – schon seit über zwei Jahren verkehrt Ludwig mit dem Kabinettssekretariat nur mehr schriftlich und über untergeordnetes Personal – bedankt sich der Kabinettssekretär Alexander von Schneider beim König für eine Belobigung mit folgender schriftlichen «allerunterthänigsten Meldung»: «Euerer Majestät wagt der allerunterthänigst treugehorsamst Unterzeichnete für den ihn hoch beglückenden Ausdruck Allerhöchster

Anerkennung, welcher ihm aus Anlaß der allerunterthänigsten Vorlage des Werkes ‹Description historique de la ville de Paris et de ses environs› Allergnädigst zu Theil wurde, seinen tiefstgefühlten, allerehrerbietigsten Dank zu Füßen zu legen. In allertiefster Ehrfucht und Unterwürfigkeit erstirbt Euerer Majestät allerunterthänigst, treugehorsamster Alexander von Schneider.»[4] – Die Gesamtlänge der Eisenbahnen in Bayern beträgt zur gleichen Zeit bereits über 5000 Kilometer.

Lähmt der Widerspruch von absolutistischem Herrscherideal und konstitutionellem Regierungsalltag im vorindustriellen Bayern den König? Oder regiert Ludwig II. dennoch als oberster Leiter und Initiator der Politik des Landes, soweit es sein wechselnder Gesundheitszustand zuläßt? Beaufsichtigt er die Arbeit des Gesamtstaatsministeriums und dessen nachgeordnete Bereiche? Diese Fragen beantwortet die Forschung bisher unterschiedlich. Einerseits ist von einem Ausstieg aus der Politik schon 1866 die Rede, andererseits wird darauf hingewiesen, daß er seiner Aufsichtspflicht über die Verwaltung bis in die letzten Tage seines Lebens nachgekommen sei. Erstaunlich ist jedenfalls, wie wenig Ludwigs konkrete Regierungsarbeit bisher wissenschaftlich untersucht worden ist, obgleich bereits Otto von Bismarck darauf aufmerksam gemacht hatte, daß die «Welt [...] ihr Urteil über König Ludwig bedeutend ändern [werde], wenn man nicht bloß seine Kunstschöpfungen bewundern, sondern auch in seine staatsmännische Korrespondenz Einsicht nehmen kann.»[5]

Zwar sind die meisten Kabinettsakten nach seinem Tode vernichtet worden und viele erhalten gebliebene Teile im Zweiten Weltkrieg verbrannt, doch finden sich in den Akten der Ministerien Tausende, ja Zehntausende von königlichen Willensäußerungen in Form von Signaten und Briefen, die er zwar grundsätzlich nur unterzeichnet, also nicht selbst schreibt, die man aber deshalb nicht als bloß gebilligte Vorgaben des Kabinettssekretärs abtun darf. Bei vielen königlichen Bemerkungen ist nicht zu übersehen, daß er sich mit dem Akteninhalt persönlich auseinandergesetzt hat, manchmal fast mit der Intensität und Präzision seines Großvaters Ludwig I., für den das «Der König herrscht, aber er regiert nicht» selbst in der modifizierten Form «Der König herrscht, regiert, aber er verwaltet nicht» («Le roi règne, gouverne et n'administre pas») zeitlebens ein Greuel war.

1865 beispielsweise teilt Ludwig II. dem Kriegsminister mit, daß die Ehrenzeichen, die Unteroffiziere und Soldaten nach 25 und 40 Jahren Dienstzeit bekämen, sehr unschön seien, er habe deshalb neue Entwürfe machen lassen und sich für einen davon entschieden. Außerdem wolle er, daß auch die Offiziere solche Zeichen verliehen bekommen. Das sei ein «Sinnbild der Zusammengehörigkeit der einzelnen Glieder der Armee.»[6] Als ihm die Erledigung dieser Anweisung zu lange dauert, schreibt er: «Herr Kriegsminister Generalmajor von Lutz! Seit geraumer Zeit warte Ich auf das Erscheinen der von Mir in Anregung gebrachten und bereits bewilligten Dienstalterszeichen für Offiziere und Soldaten. Ich will, ohne weitere Einwendungen dagegen zu hören, daß am 25ten August d. J. jedenfalls die Vertheilung dieser Ehrenzeichen an die damit Begnadigten erfolge. Mit wohlwollenden Gesinnungen Ihr wohlgewogener König Ludwig.»[7] 1874 verweigert er einer Änderung des bayerischen Raupenhelms seine Zustimmung, und als man ihm 1875 einen neuen Vorschlag unterbreitet, formuliert er scharf: «Ich bin nicht gewillt, in meiner Armee den Gendarmeriehelm oder einen diesem nachgebildeten einzuführen; gestatte Ihnen aber ein Helmmuster, in welchem die Raupe durch einen Metallkamm oder Aehnliches ersetzt wird, in Vorlage zu bringen.»[8]

Solche in ihrer Bedeutung eher nachrangigen Signate, zu denen der König sicher auch durch seine ästhetisch-künstlerischen Neigungen bewegt worden ist, scheinen aber zahlenmäßig viel geringer zu sein als Äußerungen zu wichtigen und grundsätzlichen Fragen der Politik. Als es 1873 um die Übertragung der Gesetzgebungskompetenz für das bürgerliche Recht auf das Reich ging, Verfassungsvoraussetzung für die Erarbeitung des Bürgerlichen Gesetzbuches, erteilt Ludwig seine grundsätzliche Zustimmung mit der Einschränkung, «daß der Landesgesetzgebung die volle Competenz für alle jene Rechtsinstitute gewahrt bleibe, welche wie einzelne Theile des Erbrechtes, das eheliche Güterrecht u. ähnl. ihrer Natur nach Gegenstand partikulärer Rechtsbildung sind. Daß Ich auf Erhaltung des Obersten Gerichtshofes das größte Gewicht lege, habe Ich zum öftern kund gegeben und will es bei diesem Anlasse wiederholen.»[9] Ganz konkret teilt er bei einem damit zusammenhängenden Vorgang seinem Vorsitzenden im Ministerrat von Pfretzschner mit, wo die äußerste Grenze seiner Zugeständnisse liege und daß er als zusätzliches Verhandlungsziel vorgebe, daß ein eventuell zu errichtender Reichsgerichtshof «in Bayern seinen Sitz erhalte».

Auch auf Personalvorschläge antwortet der König mit eigenen Vorstellungen. Als es im November 1865 um die Besetzung der bayerischen Gesandtschaft in Italien geht und Außenminister von der Pfordten den Grafen Hompesch vorschlägt, reagiert der König zunächst offiziell mit einem Signat: «Bisher war Ich der Meinung, daß Sie Mir den Geh. Legationsrath v. Dönniges für Florenz vorschlagen würden. Auch Dönniges hofft auf eine solche Verwendung, und Ich würde seine Kenntnisse nicht ungern verwerthet sehen. Ich wünsche deshalb, erst über ihn und die ihm etwa zugedachte Zukunft etwas Näheres von Ihnen zu hören, ehe Ich diesen Antrag verbescheide.»[10] Seinen Wunsch übermittelt er parallel Minister von der Pfordten in einem persönlichen Handschreiben.[11] Den ausführlichen Gegenvorstellungen des Außenministers folgt der König dann, aber wenige Jahre später wird Dönniges 1870 von ihm doch zum bayerischen Gesandten in Italien ernannt.

Diese Beispiele sollen zeigen, daß eine konkrete Untersuchung der königlichen Signate auf den verschiedenen politischen Feldern Ludwig vom Vorwurf des Nichtregierens befreien wird, wobei freilich die Rolle der Kabinettssekretäre in die Interpretationen einbezogen werden muß. Franz Seraph von Pfistermeister, August von Eisenhart und Friedrich von Ziegler, um nur die wichtigsten zu nennen, gehören zweifellos zu den einflußreichsten Männern im Königreich. Sie regeln die persönlichen Angelegenheiten des Königs der Öffentlichkeit gegenüber, sie vermitteln auf politischem Gebiet zwischen Regierung, Ministern und Monarchen. Macht und Einfluß bezahlen sie unter anderem mit den Spannungen und persönlichen Unannehmlichkeiten, die die Unberechenbarkeit des Königs zur Ursache haben und die dann zum plötzlichen Ausscheiden aus diesem zentralen Amt führen können. Pfistermeister muß wegen Richard Wagner gehen, die Umstände von Eisenharts Entlassung 1876 sind undurchsichtig, Friedrich von Ziegler verläßt das Amt 1883 mit der Bemerkung, daß «die Situation am Hofe unerträglich und nicht auszuhalten sei»[12].

Ludwigs Abwendung von den Regierungsgeschäften, sein zunehmendes Gewährenlassen des Ministeriums – seit 1870 empfängt er seine Minister überhaupt nicht mehr zum persönlichen Vortrag, in den letzten Jahren auch nicht mehr die Kabinettssekretäre – und sein weitgehender Rückzug aus dem politischen Geschäft um 1880 müssen also noch einmal im Lichte der Signate und anderer politischer Willensäußerungen untersucht werden. Eine in Vorbereitung befindliche Münchner Studie wird hier Aufklärung bringen. Tatsache ist schon jetzt, daß Ludwig bis in das Jahr 1886 hinein täglich mit rund einem Dutzend zu entscheidenden Anträgen befaßt wird. Daß er unter diesem «Verwaltungselend» litt, steht auf einem anderen Blatt.

Nicht übersehen darf man außerdem Ludwigs personalpolitische Aktivitäten. Nicht nur seine Kabinettssekretäre wechselt er aus, auch die Vorsitzenden des Ministerrats bzw. Minister des Königlichen Hauses und des Äußern. Sechsmal bildet der König die Regierung um: Ludwig Freiherr von der Pfordten (1864–1866), Chlodwig Fürst zu Hohenlohe-Schillingsfürst (1866–1870), Otto Graf von

Bray-Steinburg (1870–1871), Friedrich Graf von Hegnenberg-Dux (1871–1872), Adolph von Pfretzschner (1872–1880), Johann Freiherr von Lutz (1880–1890). Dabei wird zwar immer die Linie weltanschaulicher Liberalität, konfessioneller Neutralität, staatskirchlicher Orientierung und meist kleindeutsch-föderalistischer Programmatik beibehalten, doch mindestens dreimal lassen sich mehr oder weniger konsequente Vorbereitungen eines grundsätzlichen politischen Richtungswechsels beobachten.

Da ist zunächst 1870 die Berufung des gemäßigt liberalen und eher großdeutsch gesinnten, aber doch mit Bismarck in Verbindung stehenden Grafen von Bray-Steinburg, dann in der Krise 1872 der an massiven Vorstößen Preußens und dem Rücktritt der Regierung scheiternde Versuch, einer gemäßigt liberalen, betont bayerischen Linie zum Durchbruch zu verhelfen. 1875 versucht Ludwig II. schließlich – abermals sind Wahlen –, den patriotischen Politiker Georg Arbogast Freiherr von und zu Franckenstein bzw. den diesem nahestehenden bayerischen Diplomaten Rudolph von Gasser mit der Bildung einer konservativen Regierung zu beauftragen. Konservativ heißt für den König, ausgeprägt föderalistisch zu sein, eigenständig in Politik und Kultur. Eine massive Wahlkreismanipulation sichert den Liberalen eine annehmbare Zahl an Mandaten – 76 gegenüber 79 der Patrioten, obwohl sie eine Million Stimmen weniger erhalten – und erleichtert Ludwig das Nichthandeln. Darüber hinaus ist Preußen in Bayern höchst aktiv, und Kabinettssekretär Friedrich von Ziegler beschwört den König geradezu, den bisherigen Kurs beizubehalten und keine Parteienregierung zuzulassen. Bayern sei zusammen mit Württemberg und Sachsen «der Hort einer conservativen Politik»[13]. Ähnlich argumentiert 1881 Bismarck, wenn er an Ludwigs Majestäts- und Königsgefühl appelliert, das durch eine Parlamentarisierung angegriffen werden würde. Ludwig versichert Bismarck daraufhin, er werde den Gelüsten «nach parlamentarischer Majoritätsregierung, welche gegenwärtig auch in Bayern [. . .] auftauchen» widerstehen. «Ich werde dafür sorgen, daß ihr Ziel, das mit dem monarchischen Prinzip nicht zu vereinen ist und nur endlose Unruhe und Unfrieden herbeiführen würde, unerreicht bleibt.»[14]

Man kann diese Erwägungen eines Kurswechsels als aus persönlich-politischer Schwäche steckengebliebene Versuche, richtungsweisend zu handeln, interpretieren. Bismarck spricht in anderem Zusammenhang von der «Willensschwäche» Ludwigs. Es ist aber eben auch ein bewußtes Festhalten am monarchischen Prinzip gegen jede Parlamentarisierungstendenz, freilich um den Preis der Machtstärkung des Ministeriums. Ludwig sieht und billigt das, weil die Minister seine Politik ausführen oder zumindest ihm gegenüber den Eindruck erwecken, als würden sie dies tun. Dennoch leidet der König unter diesen Machtverhältnissen. Das ist für ihn Grund genug, die Minister wenig, möglichst überhaupt nicht zu sehen.

Innenpolitische Hauptprobleme sind die Wahlrechtsreform, die, Ludwigs Vorstellung vom unbedingten Vorrang der Krone vor dem Parlament entsprechend, lediglich durch die Einführung der geheimen Wahl einen Schritt weiterkommt, sowie der Kulturkampf und eine Spezialgesetzgebung mit umfassenden inneren Reformen. In der zweiten Hälfte der sechziger Jahre wird dieses Reformpaket verwirklicht, das zwar großenteils von Maximilian II. auf den Weg gebracht worden ist, das aber Ludwigs Namen trägt. Es ist ein aus gesellschaftlichen und wirtschaftlichen Entwicklungen resultierender, zugleich auf diese aktiven Einfluß nehmender Modernisierungsschub: Gewerbefreiheit durch eine neue Gewerbeordnung, kommunale Selbstverwaltung durch eine neue Gemeindeordnung, Freizügigkeit und Erleichterung der Eheschließung durch ein neues Heimatgesetz, Sozialfürsorge durch das «Gesetz die öffentliche Armen- und Krankenpflege betreffend», Wehrgerechtigkeit durch ein neues Wehrverfassungsgesetz. Nur die Neuordnung des Schulwesens scheitert, was Ludwig nicht gefällt.

Bei dieser Gesetzgebung ist Ludwigs persönliches Interesse weniger deutlich als bei der Auseinandersetzung zwischen Staat und katholischer Kirche. Die Konzentration auf das Staatskirchenrecht, der im Vergleich zum Reich gemäßigtere Verlauf des Kulturkampfes, bremsende Einwirkungen auf Kultusminister Lutz dürfen unmittelbar dem Monarchen zugeschrieben werden, der einen auswärtigen Politiker mit «staunenswerten» Kenntnissen des Kirchenrechts überrascht. Dem päpstlichen Nuntius in München Bianchi sagt er 1875: «[. . .] ich bin katholisch und aufrichtig dem Heiligen Vater verbunden. Wenn ihr ihm schreibt, sagt ihm das»[15].

Ambivalenz kennzeichnet auch sein Verhalten zur deutschen Frage, die in Ludwigs ersten sechs Regierungsjahren entschieden wird, und deren Auswirkungen, die Reichsgründung, das Zusammenwachsen im Reich, die wirtschaftliche Verflechtung, die Verreichlichung, bis zu seinem Tod politikbestimmend bleiben. Von 1864 an geht es dem Monarchen darum, die Selbständigkeit und Integrität seines Königreichs zu bewahren und jede Beschränkung seiner Souveränitätsrechte zu verhindern. Gleichzeitig regiert er seit 1866, von kleinen Unterbrechungen abgesehen, immer mit liberal-konservativen und reichsfreundlichen Ministerien. Nach dem Scheitern einer Politik der bewaffneten Neutralität zwischen Österreich und Preußen vor dem Krieg von 1866, den Bayern dann an der Seite Österreichs verliert, nach den bitteren Bedingungen des Friedensvertrages mit Preußen – Gebietsabtretungen, Entschädigungszahlungen – und nach dem als schmerzlicher Eingriff in die Souveränitätsrechte und in sein Majestätsgefühl empfundenen geheimen Schutz- und Trutzbündnis mit Preußen, das die bayerischen Truppen im Konfliktfall dem Befehl des preußischen Königs unterstellt, holt Ludwig den liberalen Fürsten zu Hohenlohe-Schillingsfürst als leitenden Minister, obgleich dessen Ziel ein deutsches Verfassungsbündnis ist. Ludwig befiehlt eine abwartende Politik Bayerns – «unter möglichster Anbahnung freundschaftlicher völkerrechtlicher Beziehungen zum norddeutschen Bunde»[16] – und das Anstreben eines Südbundes.

Im preußisch-französischen Konflikt tritt der König dann, gegen die Mehrheitsmeinung im Ministerrat, klar auf die preußische Seite und erteilt am 16. Juli 1870 den Mobilmachungsbefehl. Dahinter stehen wohl die Befürchtung, nach dem Krieg wieder Souveränitätsrechte zu verlieren, und die Einsicht in Zwangsläufigkeiten der politischen Entwicklung, denen man nur durch aktive Beteiligung eine annehmbare Wendung geben könne. Da die patriotische Opposition in dieser Frage zerfällt, muß Ludwig den Landtag nicht auflösen. Bei den Bündnisverhandlungen in München und in Versailles, die für Bayern Bray-Steinburg führt, tritt Ludwigs politische Zielsetzung, Gründung eines Südbunds und dessen lockere Vereinigung mit dem Norddeutschen Bund, rasch hinter den Beitritt Bayerns zum Norddeutschen Bund zurück. Eine allgemeine nationale Begeisterung in der Bevölkerung und die von Preußen ferngesteuerte Presse tun das ihrige. Am 23. November 1870 werden die Versailler Verträge unterschrieben, am 7. Dezember 1870 vom König ratifiziert. «Ich habe», hält Ludwig im März 1871 fest, «seit dem Abschluß jener unseligen Verträge selten frohe Stunden, bin traurig und verstimmt [...]. – Dazu kommt, daß ich als der ‹deutschgesinnte König Ludwig, der Deutsche› – und wie jene Phrasen alle heißen, verschrien werde; die verblendete Volksmasse meint mir die größte Freude mit solchen sogenannten Huldigungen zu machen.»[17]

Die von Bismarck gewünschte Wiedergeburt des deutschen Kaisertums ist ohne Mitwirkung der süddeutschen Staaten und insbesondere Ludwigs II. nicht möglich. Geheimverhandlungen seit September 1870 stoßen im Haus Wittelsbach, vor allem bei Ludwigs Bruder Otto, auf Widerstand. Dennoch schreibt Ludwig schließlich den von Bismarck entworfenen Brief, mit welchem dem preußischen König Wilhelm I. der Kaisertitel angetragen wird, und er leitet ihn am 30. November über den Oberststallmeister Graf von Holnstein weiter. Sind die preußischen Zahlungen aus dem Welfenfonds, die seit 1871 und bis 1886 in einem Gesamtumfang von rund fünf Millionen Mark über Schweizer Banken in die Privatschatulle des Königs fließen, ursächlich für den Vertragsabschluß in Versailles und die Unterzeichnung des Kaiserbriefes? Nicht erst seit jüngsten Forschungen, die neue Quellen aus dem Nachlaß des preußischen Gesandten Werthern heranziehen konnten, sind unmittelbare Zusammenhänge unbestreitbar. Dennoch wird man den politischen Ansätzen bei Bismarck wie bei Ludwig den Vorrang einräumen müssen.

Am 30. Oktober 1870 legt Professor Johannes Huber, der Gesprächspartner Ludwigs aus den ersten Regierungstagen, dem König ein Gutachten zur «Reichsgründung» vor, in dem er ausführlich begründet, warum ein föderales Reich nur erhalten werden könne, wenn der König unverzüglich «die Initiative ergreife, um dem König von Preußen die deutsche Kaiserkrone anzubieten.»[18] Vom Sturmschritt der nationalen Erhebung, die über alles hinwegzugehen drohe, ist ebenso die Rede wie von günstigen Auswirkungen auf die Versailler Verhandlungen und von einer durch den deutschen Kaisertitel zu erwartenden Schwächung Preußens. Es handele sich um einen einzigartigen welthistorischen Moment, den Ludwig nützen müsse, um als Retter des Königreichs Bayern und als derjenige, der die alte Idee von Kaiser und Reich neu belebt habe, unsterblich in die Geschichte einzugehen.

Ob diese ideologische Überhöhung Ludwig überzeugt hat oder ob er sich mehr der normativen Kraft des Faktischen beugt, soll hier offenbleiben. Klar scheint zu sein, daß er der alten, mittelalterlich-frühneuzeitlichen Reichsidee, vielleicht sogar mit einem europäischen Aspekt, positiv gegenübersteht. Unter Hinweis auf die «Sachzwänge» schreibt er an seinen Bruder Otto: «Könnte Bayern allein, frei vom Bunde stehen, dann wäre es gleichgültig, da dies aber geradezu eine politische Unmöglichkeit wäre, da Volk und Armee sich dagegen stemmen würden und die Krone mithin allen Halt im Land verlöre, so ist es, so schauderhaft und entsetzlich es immerhin bleibt, ein Akt von politischer Klugheit, ja von Notwendigkeit im Interesse der Krone und des Landes, wenn der König von Bayern jenes Anerbieten stellt»[19].

Die Verbindung von Geld und politischen Entscheidungen, Korruption aus der Sicht des heutigen Rechtsstaates, hat eine lange geschichtliche Tradition. Aus dem Ancien Régime ist sie über die mit einem unvorstellbaren Maß an persönlichen Zuwendungen verbundenen Entschädigungsverhandlungen der napoleonischen Zeit ins 19. Jahrhundert übernommen worden. Montgelas hat bis zum Sommer 1802, also noch bevor das große Geld zu fließen begann, bereits eine Million Gulden für direkte Zuwendungen und Geschenke an französische Beamte aufgewendet. Korruption war, jedenfalls in vorkonstitutioneller Zeit, ein wichtiger Politik- und Wirtschaftsfaktor.

Die Bismarcksche Verfassungskonstruktion als freiwilliger Zusammenschluß der deutschen Fürsten und freien Städte sichert die föderative und monarchische Ordnung des Reiches als Bundesstaat und schließt eine unitarische Entwicklung ebenso aus wie das parlamentarische Regierungssystem. Die in den Novemberverträgen von Bismarck überlegt und mit Gespür eingeräumten bayerischen Reservat- und Sonderrechte geben dem Königreich Ludwigs eine Sonderstellung: Militärhoheit in Friedenszeiten, eigene Eisenbahn, weitgehende Unabhängigkeit der Post und des Telegrafenwesens, Besteuerung von Bier und Branntwein, eigenes Immobilienversicherungs-, Heimat-, Niederlassungs- und Verehelichungsrecht, der stellvertretende Vorsitz im Bundesrat, der Vorsitz im Bundesratsausschuß für Auswärtige Angelegenheiten und der ständige Sitz im Ausschuß für das Landheer.

Trotz aller Zugeständnisse bedeutet die Reichsgründung für Bayern und seinen König eine deutliche Beschränkung der Souveränitätsrechte, den Verlust der staatsrechtlichen Unabhängigkeit. Im Landtag wird das klar gesehen, dennoch stimmt dieser den Verträgen am 21. Januar 1871 zu, drei Tage nach der Kaiserproklamation in Versailles, an der der bayerische König nicht teilnimmt. Wieder war die patriotische Fraktion gespalten.

Die neue verfassungspolitische Lage kann Ludwigs Interesse an bayerischer Politik nicht stärken. Zwar wird Bismarck nicht müde, in einem lockeren, gleichermaßen von politischer Motivation und persönlicher Neigung getragenen Schriftwechsel mit dem bayerischen König immer wieder dessen zentrale Mitwirkungsrolle bei der Reichsgründung dankbar zu erwähnen. In den Briefen geht es, neben oft ausführlichen Analysen der politischen Situation, regelmäßig um die nationale Erhebung von 1870, das Problem von Föderalismus und Unitarismus im Reich, die bayerischen Reservat- und Sonderrechte, den Verfassungsrang der deutschen Dynastien gegenüber den Parlamenten und die Gefahren einer Parlamentarisierung. Dieser theoriegesättigte schriftliche Meinungsaustausch – als König ist Ludwig dem Reichskanzler nie persönlich begegnet – vermittelt den Eindruck, als sähe der bayerische Monarch in dem preußischen Staatsmann weniger den geistigen Urheber und Motor der Reichsgründung, den Preußen-Deutschen, der größtes Interesse an reichsfreundlicher bayerischer Politik hat, als vielmehr einen vaterähnlichen politischen Berater auf der Basis wechselseitiger Offenheit und gegenseitigen Vertrauens. Dabei spielt immer auch Geld eine Rolle. Jährlich kommen aus Preußen 300000 Mark, 1884 zusätzlich eine Million, um Ludwig in finanzieller Not zu helfen.

In den Briefen des Jahres 1886 geht es schließlich nur mehr um die königlichen Schulden und die Möglichkeiten zur Deckung. Richard Wagner, auch Johannes Huber, Otto von Bismarck: Die Strukturen der Beziehungen Ludwigs zu diesen Vaterfiguren ähneln sich sehr.

Trotz der Bismarckschen Versicherungen zum Verfassungsrecht kann Ludwig einen fortschreitenden Macht- und Souveränitätsschwund in der Verfassungswirklichkeit nicht übersehen. Die Freiheit vom Reich ist zwar formal gesichert, aber begrenzt, eine erwähnenswerte Macht im Reich gibt es nicht. Allein aus wirtschaftlichen Gründen ist eine stärkere Abkehr vom Reich, das ja auch ein Zollverband ist, aussichtslos. Daraus resultiert das Leiden am Deutschen Reich. In zahlreichen Mandaten Ludwigs II. zur Reichssymbolik, zum Reichsrecht, zum kaiserlichen Militärinspektionsrecht usw. schafft sich ein ständiger Leidensdruck wohl nur vorübergehend Entlastung. Als der preußische Kronprinz Friedrich, Ludwig zutiefst verhaßt, den bayerischen Militär-Max-Joseph-Orden erhalten soll, verweigert Ludwig seine Unterschrift, weil das Dekret neben dem bayerischen Wappen das preußische Eiserne Kreuz zeigt. Es muß ein anderes Dekret angefertigt werden.[20]

Über die Feier des 80. Geburtstages Kaiser Wilhelms I. am 22. März 1877 in München läßt sich Ludwig vom Münchner Polizeidirektor am nächsten Tag minutiös berichten. Befriedigt kann er zur Kenntnis nehmen, daß von 10000 Häusern nur 400 beflaggt waren, die meisten mit bayerischen Farben, daß man dafür gesorgt hat, daß eine kommunale Glückwunschadresse nicht von einer Deputation überreicht, sondern nur per Post nach Berlin gesandt wird. Der erste Toast beim Festdiner im Bayerischen Hof – so Max von Feilitzsch an den Monarchen, dessen Innenminister er ab Juli 1881 sein wird – «wurde von Professor Bursian auf Euere Königliche Majestät ausgebracht, war sowohl dem Inhalte als dem Vortrage nach sehr gelungen und fand enthusiastischen Wiederhall bei allen Anwesenden. [...] Hierauf folgte ein Toast auf den deutschen Kaiser, ausgebracht von dem k. Staatsrathe v. Schlör. Dieser Toast war nach dem einstimmigen Urtheile aller Anwesenden sehr trocken und formell nicht gelungen. [...] Der Bericht, welchen der kgl. preußische Gesandte nach Berlin über den Verlauf der Festfeier zu erstatten haben wird, dürfte sehr mager ausfallen und in dem Gedanken gipfeln, daß die Einwohnerschaft von München treu zu ihrem Könige und Herrn hält, daß dieselbe glücklich ist, bayerisch zu sein, und daß erst in zweiter Linie die Gefühle für den König von Preußen als deutschen Kaiser einigermassen zum Ausdrucke kommen.»[21] Das will der König hören.

Es ist also ein doppeltes «Leiden am Reich», mit dem der vorkonstitutionell empfindende Ludwig II. fertig zu werden versucht. Im Königreich Bayern, innenpolitisch, wird er vom Ministerium und der Ministerialbürokratie eingeschränkt, von der Ständeversammlung bedrängt, vom Kabinettssekretär gelenkt. Im Deutschen Reich, außenpolitisch, sind seine Aktionsmöglichkeiten noch enger. Was bleibt der Majestät, dem Herrscher? Die Zivilliste, also seine unmittelbaren Finanzmittel, seine künstlerischen Interessen, das Bauen als «Hauptlebensfreude», die menschenleere Berglandschaft, das Hofsekretariat mit der Zuständigkeit für die Hofkasse, die Theaterangelegenheiten und die königlichen Bauten. 1884 fehlen in dieser Hofkasse 8,25 Millionen Mark, nach Deckung durch eine Anleihe sind es im Sommer 1885 schon wieder 6 Millionen.

Die letzten Jahre, die letzten Monate tragen den Charakter der Zwangsläufigkeit. Systemgerecht wird die Staatskrise vom Ministerium im Interesse der Stabilität von Staat und Gesellschaft auf Kosten des monarchischen Prinzips gelöst. Die ausweglose Situation des Königs ist selbstverschuldet, aber wie ist diese Schuld angesichts seiner Krankheit zu gewichten? Vom Landtag, den sogar Bismarck als Rettungsanker vorschlägt, ist vor dem Hintergrund des strukturellen Antiparlamentarismus nichts zu erwarten.

Am 2. Mai 1886 teilt Kabinettssekretär Alexander von Schneider dem König mit, daß nach Gesprächen mit den Fraktionsvorsitzenden eine finanzielle Rettung über die Kammer der Abgeordneten nicht möglich sei. Weiter heißt es: «Sehr deutlich trat der Umstand hervor, daß nicht nur wegen des Mangels der Garantien gegen eine Wiederkehr ähnlicher Verhältnisse der Kabinettskasse, wie sie gegenwärtig bestehen, sondern auch wegen der zunehmenden Mißstimmung über das Allerhöchst Persönliche Gesamtverhalten Euerer Majestaet die Geneigtheit, der Kabinettskasse zu Hilfe zu kommen, fehlte. [...] Bei dem furchtbaren Ernste der Situation dürfte jetzt als der einzige mögliche Ausweg die alsbaldige Ergreifung folgender Maßregeln erscheinen: Rückkehr Euerer Majestaet in die Hauptstadt und Wiederanknüpfung des Allerhöchst Persönlichen mündlichen Verkehrs mit den Ministern, Beseitigung der Soldaten als Bedienung Euerer Majestaet, dann aber inbesondere die alsbaldige wirksame Allerhöchste Verfügung von radikalen Ersparungen auch in solchen Dingen, welche Euerer Majestaet Allerhöchste Person Selbst betreffen, wie Einstellung der Bauten auf unbestimmte Zeit hinaus, Zurücknahme der noch nicht in Ausführung begriffenen Bestellungen, energische Ersparungen im Stalle, Wegfall von Separatvorstellungen im Theater, wesentliche Beschränkung der Allerhöchsten Geschenke. [...] Der treugehorsamst Unterzeichnete würde nicht gewagt haben, Obiges allerunterthänigst vorzustellen, wenn nicht die allerdringendste Noth bevorstünde. Er kann nur allerehrerbietigst flehentlich bitten, Euere Majestät möchten den demnächst einkommenden Rathschlägen des Gesammtministeriums Allergnädigstes Gehör zu schenken geruhen.»[22]

Zornig oder abwägend – wir wissen es nicht – unterstreicht der König einige Worte in diesem Bericht, dessen Ton sein Majestätsgefühl im Kern treffen mußte: «Gesamtverhalten», «mündlicher Verkehr mit den Ministern», «Beseitigung der Soldaten», «Ersparungen im Stalle», «Wegfall von Separatvorstellungen im Theater». Die dienstlichen Geschäfte des Ministeriums mit dem Monarchen gehen auch in diesen Wochen routinemäßig weiter. Am 9. Juni ist für den Ministerrat nach Verlesung des ärztlichen Gutachtens der Zeitpunkt für den verfassungsmäßigen Eintritt der Regentschaft des Prinzen Luitpold von Bayern gegeben. Am 13. Juni, dem Pfingstsonntag des Jahres 1886, sterben der noch nicht einundvierzigjährige König Ludwig II. und Professor Gudden gegen 19 Uhr. Auch nach umfangreichen, das gesamte Quellenmaterial auswertenden Untersuchungen bleiben die genauen Todesumstände ungeklärt. Aber es spricht viel dafür, daß der vorkonstitutionelle Monarch mit seinem hochgesteigerten Majestäts- und Herrschergefühl seine aussichtslose, kränkende und demütigende Lage erkannt hat und im Starnberger See in den Tod gegangen ist. Das Leiden, und es ist natürlich nicht mehr nur das «Leiden am Reich», ist in Berg zur Qual geworden. – Der distanzierte Historiker wird nicht dadurch weniger kritisch, daß er dem Leid des Königs Mitleid entgegenbringt.

Prinzregent Luitpold
Die Inszenierung der Volkstümlichkeit?

Von Katharina Weigand

Im Jahr 1994 erschien David Cannadines knappe Studie «Die Erfindung der britischen Monarchie 1820–1994» in deutscher Übersetzung. Cannadine fragt darin nach den Ursprüngen der bis heute in Großbritannien anscheinend erfolgreich praktizierten Riten und Zeremonien des Königshauses. Er kommt – entgegen der weit verbreiteten Annahme, daß diese (etwa die Krönung von Queen Elisabeth II. 1953 oder die Investitur des Prinzen von Wales 1969) auf «Prunk und Pracht einer tausendjährigen Tradition»[1] zurückgingen – zu dem Urteil, daß sie tatsächlich Erfindungen, ja bewußte Neuschöpfungen des 19. und 20. Jahrhunderts seien. Das heißt, sie sind und waren lediglich, um es scharf zu formulieren, Reaktionen auf wechselnde Zeitumstände, auch auf veränderte Bedrohungen der monarchischen Staatsform, Mittel also, um diese Staatsform unter der Vortäuschung einer seit tausend Jahren unveränderten und damit unverletzlichen Tradition weiter am Leben zu erhalten.

Deutschen Historikern gegenüber genießt Cannadine einen eindeutigen Vorteil: Es gibt die britische Monarchie noch, man kann die feierliche Parlamentseröffnung durch die englische Königin miterleben, es finden noch immer prächtige königliche Hochzeiten statt. Cannadine konnte also die Entwicklung solcher monarchischer Großereignisse über einen langen Zeitraum hinweg erforschen und analysieren und damit zu recht stichhaltigen Ergebnissen gelangen.

Stellt man dagegen die Frage, ob und inwieweit die vielfach überlieferte Volkstümlichkeit des Prinzregenten Luitpold von Bayern entweder als eine Art von glücklicher Fügung für die bayerische Monarchie und das Haus Wittelsbach oder aber als bewußte Inszenierung zum Zweck des Systemerhalts zu betrachten sei, so endet der Untersuchungszeitraum mit dem Jahr 1918. Gleichzeitig muß man sich darauf beschränken, Quellen des späten 19. und frühen 20. Jahrhunderts heranzuziehen, muß man versuchen, eine einigermaßen gesicherte Antwort zu finden und zwar ohne die Möglichkeit, Weiterentwicklungen der spezifischen Volkstümlichkeit des Prinzregenten über längere Zeit hinweg beobachten und analysieren zu können. Einen Vorteil aber hat man gegenüber

Cannadine: den der größeren und die Objektivität des Historikers fördernden Distanz.

Seit Jahren hatte König Ludwig II. von Bayern Schulden angehäuft. Die Fülle seiner Bauten und die Schnelligkeit, mit der sie verwirklicht werden sollten, die Üppigkeit, mit der Neuschwanstein oder Herrenchiemsee ausgestattet wurden, sowie die kostspieligen Privatvorstellungen im Hoftheater waren dafür die wichtigsten Gründe. Schon zu Beginn der achtziger Jahre war die Finanzlage des Königs durchaus bedrohlich zu nennen; die Situation des Jahres 1884 ließ sich nur dadurch retten, daß Bismarck eine Million Mark aus dem sogenannten Welfenfond zur Verfügung stellte, während das bayerische Ministerium eine Bankanleihe von siebeneinhalb Millionen Mark vermittelte. Die nächsten männlichen Verwandten, zu denen auch Prinz Luitpold gehörte, stimmten der Aufnahme der Anleihe nur widerwillig zu; und bis nach der Jahrhundertwende sollte es dauern, bis allein diese Summe auf Kosten der Zivilliste zurückgezahlt war.

Nur ein Jahr später, im Sommer 1885, war die Kabinettskasse erneut mit Schulden belastet, dieses Mal mit sechs Millionen Mark. Ludwig II. forderte aber noch weitere Summen zur Fortführung seiner teuren Bauten. Rettung für den König war freilich kaum in Sicht. Bismarck weigerte sich, zusätzliche Millionen als Dank für den Kaiserbrief des Jahres 1870 zu zahlen und riet statt dessen, den bayerischen Landtag wegen der Übernahme der Schulden anzugehen. Dies mußte dem König, der sich in die absolutistische Herrschaftsauffassung eines Ludwig XIV. von Frankreich hineingeträumt hatte, von Grund auf widerstreben, abgesehen davon, daß der Landtag seinem Wunsch nicht ohne eigene Forderungen nachkommen würde. Inzwischen war die Lage Ludwigs II. jedoch tatsächlich aussichtslos: Es drohten gerichtliche Klagen von Gläubigern des Königs. Als das liberale Ministerium von den königlichen Plänen erfuhr, dem mehrheitlich katholisch-konservativen Landtag gleichwohl eine entsprechende Finanzvorlage zu unterbreiten, sahen sich die Minister, die in den zurückliegenden Jahren nicht unerheblich vom Rückzug des Königs aus der aktiven Politik hinein in seine kostspielige Phantasiewelt profitiert hatten, der Gefahr ausgesetzt, einem konservativen Ministerium weichen zu müssen. Vor allem die Minister Johann von Lutz und Friedrich Krafft von Crailsheim waren jedoch nicht gewillt, sich in dieser Situation aus dem Amt jagen zu lassen. Sie sannen auf Gegenmittel und kamen zu dem Entschluß, die Krise auf radikale Art und Weise und zugleich zu ihrem eigenen Vorteil zu lösen: Dafür mußten die Regierungsunfähigkeit Ludwigs II. erklärt und eine Regentschaft eingesetzt werden.

Staatsrechtlich stellte sich dieses Ansinnen als nicht gerade einfach zu lösendes Problem dar. Der einschlägige Artikel in der bayerischen Verfassung lautete: «Sollte der Monarch durch irgend eine Ursache, die in ihrer Wirkung länger als ein Jahr dauert, an der Ausübung der Regierung gehindert werden, und für diesen Fall nicht selbst Vorsehung getroffen haben oder treffen können, so findet mit Zustimmung der Stände, welchen die Verhinderungs-Ursachen anzuzeigen sind, gleichfalls die für den Fall der Minderjährigkeit bestimmte gesetzliche Regentschaft statt.»[2] Unklar war damit aber, ob eine solche Verhinderung allein schon durch dauerndes Schuldenmachen des Königs gegeben war, unklar war darüber hinaus, wer die Initiative zur Einsetzung der Regentschaft ergreifen dürfe, und vor allem, wann genau die Stände in den Entscheidungsprozeß einzubeziehen waren, wobei der bayerische Landtag von den politischen Gegnern des Ministeriums beherrscht wurde. Und dabei hatte man noch nicht einmal das Problem berührt, wer feststellen könne, daß der König regierungsunfähig sei: etwa Mitglieder des Hauses Wittelsbach in einer Art Familienrat, aufgrund ihrer Zugehörigkeit zur regierenden Dynastie?

Weniger Schwierigkeiten bereitete eine andere Bestimmung der bayerischen Verfassung: So sollte die vom bayerischen Ministerium angestrebte «Reichs-Verwesung» – also die Regentschaft – «demjenigen volljährigen Agnaten» gebühren, «welcher nach der festgesetzten Erbfolge-Ordnung der Nächste ist.»[3] Der nächste in der bayerischen Thronfolge nach Ludwig II., der keine Nachkommen hatte, und seinem jüngeren gleichfalls kinderlosen Bruder Otto, der damals schon seit einigen Jahren entmündigt und unter ständiger Aufsicht im Schloß Fürstenried verwahrt wurde, war Luitpold, der dritte und einzig noch lebende Sohn König Ludwigs I. Luitpold mußte dem Verfahren der Entmündigung zumindest zustimmen und sich bereit erklären, dann als Regent an die Spitze Bayerns zu treten.

Johann von Lutz, 1886 Minister des Innern für Kirchen- und Schulangelegenheiten und gleichzeitig Vorsitzender im Ministerrat, hatte sich daher schon einige Zeit zuvor an Prinz Luitpold, der 1886 sein 65. Lebensjahr vollendete, gewandt. Doch dieser wollte lange nichts von den Plänen des Ministeriums hören. Nicht daß Luitpold das Verhalten seines königlichen Neffen gutgeheißen hätte; Ludwigs Verschwendungssucht mußte seinem Onkel, der ein vergleichsweise einfaches Leben führte, mehr als fremd erscheinen. Darüber hinaus hatte auch Luitpold für den 1884 aufgenommenen Kredit bürgen müssen. Und Ludwigs seltsamer Lebensstil – in den Bergen, auf Schlössern, die Ausgeburten einer fieberhaften Phantasie zu sein schienen, mit nächtlichen Schlittenfahrten, seine Flucht vor anderen Menschen, gerade auch vor seinen Untertanen – widersprach völlig dem militärisch bestimmten Pflichtgefühl des Prinzen Luitpold.

Am 12. März 1821 hatte Luitpold als viertes von insgesamt acht Kindern und als dritter Sohn des Kronprinzen Ludwig, des späteren Königs Ludwig I., in Würzburg das Licht der Welt erblickt. Damals herrschte noch Luitpolds Großvater, Max I. Joseph, in Bayern, seit 1799 als Kurfürst, seit 1806 als König. Kronprinz Ludwig, der sich nicht allzu gut mit seinem Vater und dessen mächtigem Minister Montgelas verstand, hatte es vorgezogen, weitab von München zu residieren, die meiste Zeit davon im heutigen Unterfranken. So bewohnte Ludwig zusammen mit seiner Gemahlin Therese, einer geborenen Prinzessin von Sachsen-Hildburghausen, unter anderem das ehemalige fürstbischöfliche Schloß zu Würzburg, wo der spätere Prinzregent geboren wurde.

Die Geburt dieses dritten Sohnes kommentierte Kronprinz Ludwig, der sich gerade in Italien aufhielt, mit folgenden Worten: «Treffliches, geliebtes Weib! nun mit einem neuen starken Band mit mir vereint! Der Jubel, drei Söhne, ich Vater dreier Söhne!»[4] – Nicht genug, daß dieser Wittelsbacher also ein geborener Würzburger war, auch seine ersten Lebensjahre verbrachte Luitpold mit seinen Eltern hauptsächlich in Unterfranken. Und selbst nachdem sein Vater 1825 als Ludwig I. den bayerischen Thron bestiegen hatte, reiste die königliche Familie jedes Jahr für mehrere Wochen, ja oft für mehrere Monate nach Aschaffenburg, Würzburg, Bad Brückenau.

Über Luitpolds Kindheit und Jugend sind wir nur spärlich unterrichtet, was nicht zuletzt daran liegt, daß er bis heute keinen ernst zu nehmenden Biographen gefunden hat. Bekannt ist jedoch, daß sich ab seinem siebten Lebensjahr vor allem Offiziere der Erziehung des jungen Prinzen widmeten. Dies mag in ihm den Wunsch befördert haben, als nachgeborener Prinz, ohne realistische Aussicht, einmal auf den bayerischen Thron zu gelangen, die Militärlaufbahn einzuschlagen. Luitpolds Lehrer, darunter der Naturphilosoph Gotthilf Heinrich Schubert, der Germanist und Turner Hans Ferdinand Maßmann, der Maler und Zeichner Domenico Quaglio und der spätere Bischof von Eichstätt, Georg Oettl, lobten besonders die Begabung ihres Zöglings für praktische Mathematik sowie seine Leistungen beim Zeichnen und beim Sport.

Luitpolds militärische Karriere nahm an seinem siebten Geburtstag ihren Anfang, überraschenderweise jedoch bei der Artillerie, einer Truppengattung, die von adligen Kreisen damals eher gemieden wurde. 1828 wählte ihn die Münchner Landwehrartillerie zu ihrem Hauptmann, mit 14 Jahren erhielt er das Hauptmannspatent und mit 18 das Kommando des Ersten Bayerischen Artillerieregiments. Nach weiteren Stationen der militärischen Laufbahn wurde Prinz Luitpold schließlich 1869 zum Generalinspekteur des bayerischen Heeres ernannt. Daß Luitpold in der Artillerie vor allem mit Bürgerlichen zusammentraf, dürfte seine später so vielgerühmte Fähigkeit, sich mit Vertretern aller gesellschaftlichen Schichten des bayerischen Königreichs auf einfache und natürliche Weise verständigen zu können, noch einmal befördert haben.

Im aktiven Militärdienst erlebte Prinz Luitpold zwei für Bayern einschneidende Ereignisse. Am Feldzug von 1866 war er als Kommandeur der 3. Division beteiligt und mußte die Niederlage der mit Österreich verbündeten bayerischen Armee gegen Preußen miterleben. 1870/1871, während des Krieges gegen Frankreich, vertrat er Bayern im Großen Hauptquartier; er hat es aber anscheinend bedauert, nicht bei der kämpfenden Truppe sein zu können. Diese Stellung im Großen Hauptquartier zog dann noch nach sich, daß der eher großdeutsch gesinnte, und nicht nur durch mannigfaltige verwandtschaftliche Beziehungen zu Habsburg hin orientierte Prinz die für ihn sicherlich schmerzliche Aufgabe zu erfüllen hatte, dem preußischen König Wilhelm am 3. Dezember 1870 den sogenannten Kaiserbrief zu überreichen – im Auftrage seines Neffen, Ludwigs II., eigentlich aber in Ausführung der Pläne Bismarcks.

Was den Charakter Luitpolds anbelangt, so hat man es zumeist mit Schilderungen zu tun, die seine Zeit nach 1886, also nach der Übernahme der Regentschaft betreffen. Zur Schilderung der Charaktereigenschaften des jungen Prinzen soll dagegen noch einmal der Vater, Ludwig I., zu Wort kommen. Anläßlich des 22. Geburtstages seines Sohnes schrieb der König: «Zwei und zwanzig Jahre sind Dir schon geworden, noch niemals hast Du die Eltern gekränkt, Freude bereitend allein.»[5] Luitpold scheint überhaupt der Lieblingssohn Ludwigs I. gewesen zu sein, weil dieser ohne allzu großen Eigensinn bereit war, sich dem autokratischen Vater unterzuordnen. Das Mißtrauen und die Zurückhaltung, mit der der König dagegen seinem Erstgeborenen, dem späteren Maximilian II., und dessen Gemahlin, der preußischen Prinzessin Marie, begegnete, gingen so weit, daß Ludwig I. einmal seinem Tagebuch den Wunsch anvertraute, Maximilian möge nur Töchter, Luitpold dagegen Söhne bekommen, die Thronfolge also auf die Linie Luitpold übergehen.[6] Ludwig I. konnte freilich nicht ahnen, daß in nicht allzu ferner Zukunft, wenn auch unter ganz anderen Voraussetzungen, genau dies eintreten würde.

Bis zu einem Alter von 65 Jahren verlief Luitpolds Leben wenig aufsehenerregend. Zuerst einmal wurde er, wie andere Prinzen auch, auf Reisen geschickt. In Neapel lernte er seine spätere Gemahlin kennen, Erzherzogin Auguste Ferdinande, Tochter des Großherzogs Leopold II. von Toskana, die er am 15. April 1844 in Florenz ehelichte. Anders als dem Prinzen Luitpold sagte man ihr durchaus Ehrgeiz und politische Ambitionen nach. Als 1845 dem bayerischen Kronprinzenpaar Maximilian und Marie endlich der lang ersehnte Sohn, der spätere König Ludwig II., geboren wurde, soll Auguste zu ihrem eigenen Erstgeborenen gesagt haben: «So [...], bisher warst Du etwas, jetzt bist Du nichts mehr!»[7] Denn bis zur Geburt Ludwigs II. hatte tatsächlich Augustes Sohn, der spätere König Ludwig III., nach seinem Vater Luitpold den ersten Platz in der bayerischen Thronfolge innegehabt.

Sieht man von solchen Ambitionen ab, so lebten Luitpold und seine Familie ruhig und zurückgezogen. Auguste förderte zwar damals schon Kontakte ihres Gatten zu Künstlern und Wissenschaftlern, doch hob der Historiker Karl Theodor von Heigel in seinem Nachruf auf Luitpold im Jahre 1912 hervor, daß dessen Name vor 1886 in der Öffentlichkeit kaum genannt worden war.[8] Die Tatsache, daß Prinz Luitpold seit seiner Volljährigkeit in der Kammer der Reichsräte saß, daß er einen Sitz im Staatsrat innehatte, daß er sogar einige Male gegen die politischen Positionen seines Vaters Stellung bezogen hatte, änderte daran nichts. Die meiste Zeit versah er pflichtbewußt seinen militärischen Dienst, und Prinz Leopold erinnerte sich später, daß sein Vater – was damals anscheinend eher ungewöhnlich war – auch privat zumeist Uniform getragen habe.

Nur während der Revolution von 1848 hatte Luitpold mehr Aufmerksamkeit auf sich gezogen. Angesichts der Lola-Montez-Affäre stand er entschieden auf seiten seiner Mutter, der Königin Therese, und versuchte schließlich – wenn auch vergebens –, zusammen mit seiner Gemahlin Auguste zwischen dem König und den Münchner Bürgern zu vermitteln. Als die revolutionäre Situation in München eskalierte und klar wurde, daß Ludwig I. als König abdanken werde, war Luitpold viel populärer als der Thronfolger. Weite Kreise hätten wohl lieber Luitpold denn Maximilian als neuen bayerischen König gesehen. Doch der jüngere Bruder verhielt sich loyal, der Kronprinz trat im März 1848 die Nachfolge von Ludwig I. an.

Vielleicht trug zu dieser Zurückhaltung auch bei, daß Luitpold eben nicht auf die Rolle eines regierenden Monarchen vorbereitet worden war. Und selbst wenn Ludwig I. dem Erzieher seines Nachgeborenen eingeschärft hatte, zum «Soldaten soll sich mein Sohn

Luitpold bilden, aber auch daß er Herrscher sein kann, in Fülle des Wortes. Gottes Fügung kennt niemand; auch mein Vater wurde, ein Nachgeborener, König»[9], so dominierte doch rasch der militärische Aspekt in Luitpolds Leben. Daneben scheute Prinz Luitpold jedoch offensichtlich schon damals – und nicht erst 1886 – vor Veränderungen zurück, die sein Leben schwieriger, unübersichtlicher machen mußten, die ihn mehr beanspruchen und ihn mit größerer Verantwortung konfrontieren würden.

Von politischer Betätigung hielt sich Prinz Luitpold in den folgenden Jahren völlig fern, das war sichtlich nicht seine Welt; und sie mußte ihm wohl noch ferner gerückt sein, nachdem im Jahre 1864 seine Gemahlin verstorben war. Repräsentative Aufgaben nahm Luitpold dagegen immer wieder wahr, zuerst für seinen oft kränkelnden Bruder, König Maximilian II., dessen schlechte Gesundheit 1853 sogar zu Gerüchten geführt hatte, Luitpold werde die Regentschaft übernehmen. Doch auch der junge König Ludwig II. ließ sich schon bald bei Anlässen, die ihm unangenehm erschienen, von seinem Onkel vertreten, etwa wenn der bayerische Landtag feierlich zu eröffnen war.

1886 zögerte dieser sichtlich unpolitische wittelsbachische Prinz also, wollte er trotz der Bemühungen des Ministers Lutz lange von einer Entmündigung Ludwigs II. nichts wissen. Hier dürften, wie vielleicht schon 1848, vordergründig wieder die Scheu des Prinzen Luitpold vor größerer Verantwortung, ja vor Veränderungen ganz allgemein eine Rolle gespielt haben. Der eigentliche Grund für seine abwehrende Haltung war jedoch seine legitimistische Grundhaltung, seine Auffassung von der einzigartigen Stellung des Monarchen. Für ihn war die Absetzung eines Herrschers von Gottes Gnaden gegen dessen Willen im Grunde unvorstellbar. Erst das Drängen von Lutz, der mit unübersehbaren Schäden für das System der konstitutionellen Monarchie drohte, wenn der König eine neue, ihm vom Landtag als Preis für die so erkaufte Zustimmung zur Schuldentilgung aufgezwungene Regierung berufen würde, bewirkte einen Meinungsumschwung bei Prinz Luitpold. Dazu kam noch, daß Ludwig II. alle vorgeschlagenen Sparmaßnahmen rundweg ablehnte und statt dessen überall in Europa versuchte, weitere Finanzmittel aufzutreiben, auch bei zweifelhaften Geldgebern. Als schließlich der Münchner Psychiater Bernhard von Gudden König Ludwig II. nicht nur rundweg für geisteskrank erklärte, sondern außerdem bereit war, ein umfassendes medizinisches Gutachten als rechtliche Grundlage für die Entmündigung zu erstellen – wenngleich ein derartiges Gutachten in den einschlägigen Verfassungsbestimmungen nicht erwähnt wurde –, stimmte Luitpold widerstrebend einem solchen Verfahren zu.

Am 8. Juni lieferte von Gudden sein Gutachten ab; am selben Tag verständigte Prinz Luitpold den Deutschen und den Österreichischen Kaiser sowie weitere Herrscher davon, daß die Einsetzung einer Regentschaft in Bayern in Kürze vollzogen werde. Einen Tag später wurde in einer Konferenz der bayerischen Minister, an der auch der künftige Regent teilnahm, die Regierungsunfähigkeit Ludwigs II. offiziell festgestellt, und Luitpold übernahm unter Vorbehalt – der bayerische Landtag mußte noch zustimmen – sein neues Amt; am 10. Juni 1886 wurde die Einführung der Regentschaft amtlich verkündet.

«Denn damals hat noch Seine Königliche Hoheit, der Prinzregent regiert, ein kunstsinniger Monarch, denn der König war schwermütig. Aber das Bier war noch dunkel [. . .], und die Menschen waren typisch: die Burschen schneidig, die Dirndln sittsam und die Honoratioren ein bisserl vornehm und ein bisserl leger. [. . .] Man spürte über allem die unsichtbare milde und freundlich-tolerante Urvaterautorität [. . .] Seiner Königlichen Hoheit des Prinzregenten.»[10] – Stammen diese Zeilen auch aus der zweiten Hälfte des 20. Jahrhunderts, so geben sie vielleicht doch eine in Bayern an der Wende vom 19. auf das 20. Jahrhundert weit verbreitete Stimmung wieder: eine Art tiefer behaglicher Sympathie – zumindest in großen Teilen der bayerischen Gesellschaft – für Prinz Luitpold, des Königreichs Bayern Verweser. Der Antritt der Regentschaft im Jahre 1886 hatte dagegen unter einem ganz anderen Stern gestanden.

Bereits die Tatsache der Übernahme, vor allem aber die Art und Weise des Regentschaftsantritts und damit Ereignisse, für die er gar nicht oder zumindest nicht allein verantwortlich war, wurden Luitpold von nicht wenigen in Bayern verübelt. Diejenigen, die streng legitimistisch dachten, die also die Absetzung eines Königs von Gottes Gnaden grundsätzlich ablehnten, warfen Luitpold vor, daß er aus Ehrgeiz und Machtgier und völlig aus eigenem Antrieb gehandelt habe. Kritisiert wurde darüber hinaus, daß das von Minister Lutz angeforderte ärztliche Gutachten über den Geisteszustand des Königs nur anhand von Zeugenaussagen und Schriftstücken aus der Hand des Königs abgefaßt worden war, nicht aber auf der Grundlage einer eingehenden Untersuchung. Andere empörten die Umstände der Gefangennahme Ludwigs II. und seiner gewaltsamen Verbringung nach Schloß Berg. Und außerdem hatte dieser seltsame König vor allem im bäuerlichen Altbayern gerade aufgrund seiner wunderlichen Lebensweise eine nahezu mythische Verehrung erfahren: Erst seine Andersartigkeit, seine Entrücktheit machten ihn anscheinend zu einem wahren Monarchen, der eben nicht zum Anfassen, der eben nicht wie jedermann war.

Die eigentliche Katastrophe im Zusammenhang mit der Regentschaftsübernahme des Prinzen Luitpold ereignete sich jedoch erst am 13. Juni 1886, als Ludwig II. im Starnberger See zusammen mit seinem Arzt den Tod fand. Luitpold selbst befürchtete Schreckliches. So berichtet Ferdinand von Miller, der Prinzregent sei völlig außer sich gewesen und habe unter Tränen ausgerufen: «Man wird sagen, ich sei der Mörder»[11]. Mehrere Tage lang traute sich der Regent nicht, sein Palais zu verlassen, und wenn, dann nur im geschlossenen Wagen. Zahlreiche Zeitungen wurden beschlagnahmt, da man fürchtete, daß die darin abgedruckten Berichte, die den Tod Ludwigs II. zum Teil kaum verhüllt in die Nähe eines Mordes rückten, zu einer offenen Volkserhebung führen könnten. Im Umkreis von Füssen sei das Landvolk, so meldeten die dortigen Behörden, tatsächlich knapp vor einem Aufstand gewesen. Und noch 1894 wurde in Garmisch-Partenkirchen eine Büste Luitpolds vom Sockel gestürzt und in die Loisach geworfen, ähnliches geschah wenige Wochen später in Neuhausen.

Doch bereits 1891, zu seinem 70. Geburtstag, spätestens aber 1901 und besonders augenfällig dann 1911, als Luitpold das Alter von 90 Jahren erreichte, wurde er allgemein gelobt und besungen als «Vater des Vaterlands», als «edler Fürstengreis», als «Segen seines Hauses» wie als «Segen des Vaterlandes», als «edler Wittelsbacher» oder ganz schlicht als «Vater Luitpold». Wie konnte es, sieht man von den wenigen Ausnahmen einmal ab, so rasch zu einem derartig tiefgreifenden Stimmungsumschwung kommen? Die Antwort darauf kann im folgenden nur knapp skizziert werden. Zwei Bemerkungen in methodischer Hinsicht sind allerdings voranzustellen.

1. Wenn man sich mit Fragen nach Popularität und Emotionen oder gar Mentalitäten beschäftigt, kommt man auch als Historiker nicht umhin, sich mit literarischen und künstlerischen Produktionen zu befassen, deren Kennzeichnung als Kitsch oder Schwulst nicht eigentlich weiterhilft. Man muß nämlich in Betracht ziehen, daß – trotz aller Bemühungen von seiten des Hofes und der Regierung – immer nur ein vergleichsweise geringer Teil der bayerischen Bevölkerung die Möglichkeit hatte, den Prinzregenten leibhaftig zu erleben. Daß solche persönlichen Begegnungen dann freilich einen besonders nachhaltigen Eindruck hinterließen, davon kann man sich anhand der reichen Memoirenliteratur des 19. und frühen 20. Jahrhunderts überzeugen. Mit Hilfe von preiswerten Öldrucken oder kleineren Huldigungsschriften – also auch mit Hilfe dessen, was uns heute als Kitsch und Schwulst erscheint – gelang es jedoch, auch jene anderen Untertanen zu erreichen.

2. Im folgenden wird häufiger vom Persönlichkeitsprofil des Regenten zu reden sein, von dessen Charaktereigenschaften. In der

Perspektive der hier gewählten Fragestellung muß man sich bewußt sein, daß damit nicht vorrangig auf die Biographie Luitpolds gezielt wird, sondern auf Phänomene der Rezeption, der Wahrnehmung, also auf das Bild, das sich die Öffentlichkeit von Luitpold machte, machen konnte bzw. machen sollte und auf seine mediale Vermittlung. Wollte man dieser Dimension systematisch nachgehen, so müßte man sich etwa mit dem Sortiment von Verlagen, die derartige Produkte vertrieben, beschäftigen. Zu untersuchen wäre darüber hinaus, wie stark Hof und Regierung auf dieses Angebot Einfluß nahmen, in welchen Stückzahlen derartige Öldrucke und Kleinschriften verkauft, wie sie in Zeitungen beworben wurden und wie teuer sie waren; vor allem aber wäre zu analysieren, welches Image des Prinzregenten bevorzugt transportiert wurde, welche Bilder des Prinzregenten sich besser verkauften: Luitpold in Uniform, Luitpold in Zivil oder Luitpold als Jäger?

Es würde zu weit führen, um von hier aus den Bogen zu schlagen zu einer der großen Streitfragen in der bayerischen Landesgeschichte, bei der es um das Problem der Einordnung der Prinzregentenzeit geht: ob sie tatsächlich als gute alte Zeit, in der München «leuchtete», zu deuten sei oder ob man sie wesentlich als Vorgeschichte der Revolution von 1918 verstehen müsse, in der politische und gesellschaftliche Entwicklung immer entschiedener auseinanderdrifteten, in der emanzipatorische Anstrengungen einerseits und eine Abschließungstendenz der Oberschichten und des herrschenden Systems andererseits einen vorrevolutionären Zustand herbeiführten. Dennoch ist zu bemerken, daß eine intensive Beschäftigung mit den Strategien, die den Regenten zur Integrationsinstanz stilisierten, möglicherweise dazu führen könnte, die angedeutete Polarisierung bei der Interpretation der Prinzregentenzeit zumindest zu relativieren.

Nun war es durchaus nicht allen bayerischen Untertanen in den Sinn gekommen, einen Aufstand gegen Luitpold anzuzetteln. Beide Kammern des Landtags, die Kammer der Reichsräte und die Kammer der Abgeordneten, billigten Ende Juni 1886 das bei der Übernahme der Regentschaft angewandte Verfahren. So konnte Prinz Luitpold am 28. Juni seinen Regenteneid auf die Verfassung schwören – die Regentschaft bestand nun für den Bruder Ludwigs II., für den nominellen König Otto. Und gerade in bürgerlichen, in gebildeten Kreisen war zuvor auch Kritik am Verhalten König Ludwigs geübt worden. Andererseits hatte man teilweise nicht mehr richtig wahrgenommen, daß es da überhaupt noch einen König gab, denn dieser zeigte sich seinen Untertanen nie, er reiste nicht zu ihnen, er nahm keinen erkennbaren Anteil an den Geschehnissen im Lande. So mußte es nun, nach Luitpolds Antritt der Regentschaft, im Interesse sowohl des Regenten als auch des Ministeriums liegen, neue Maßstäbe zu setzen. Das hieß, der Prinzregent sollte – als oberste Spitze des Königreiches – zum einen wieder sichtbar werden, den Untertanen in Erinnerung rufen, daß es eine solche Staatsspitze tatsächlich noch gab. Zum anderen galt es, den Prinzen Luitpold dem bayerischen Volk auf eine Art und Weise zu präsentieren, die mithalf, Ludwig II. und die Umstände seiner Entmachtung rasch vergessen zu lassen. Mehrere Faktoren trugen schließlich dazu bei, daß genau dies gelang – trotz der 1886 so hoch gegangenen Emotionen und Aversionen.

Zu diesen Faktoren gehört, daß Luitpold bereit war, sich dem bayerischen Volk zu zeigen und daß er, trotz aller Anfeindungen, damit überaus rasch begann. Bereits kurze Zeit nach der bayerischen «Königskatastrophe» begab sich der Prinzregent auf ausgedehnte Reisen durch Schwaben, Mittel- und Unterfranken, wobei freilich die Hochburgen der Verehrer Ludwigs II. ausgespart blieben. Aber auch beim Münchner Oktoberfest von 1886 war Luitpold – wie ab jetzt jedes Jahr – nicht nur zur Stelle, sondern er verteilte eigenhändig Preise, er gratulierte und feierte zusammen mit dem bayerischen Volk. Bei all solchen Anlässen – bei Begrüßungen durch Bürgermeister, bei der Ankunft auf geschmückten Bahnhöfen, beim geduldigen Anhören von Huldigungs- und Preisgedichten durch Scharen weißgekleideter Ehrenjungfrauen, bei Denkmalenthüllungen und feierlichen, ihm zu Ehren ausgerichteten Festmählern – kamen Luitpold darüber hinaus einige seiner Charaktereigenschaften zugute, über die er freilich nicht erst seit dem Antritt der Regentschaft verfügte: sein ausgeprägtes Pflichtbewußtsein, eine gewisse Leutseligkeit, das Bedürfnis, denen zu helfen, die unverschuldet in Not geraten waren, die Gabe, bei seinen Untertanen den richtigen Ton zu treffen, ein gerüttelt Maß an Geduld und seine, vor allem den eigenen Lebensstil betreffende, Schlichtheit. Ein aussagekräftiges Beispiel für diese einfache Lebensweise liefert indirekt eine Liste der nach dem Tode des Prinzregenten vorgefundenen Gegenstände. Von einer zu üppiger Verschwendung neigenden Garderobe läßt sich wahrhaftig nicht sprechen, wenn auch solche wie die folgenden Kleidungsstücke als aufbewahrungswürdig erachtet wurden: «grüne Lodenjoppe mit Nutrialfutter stark mottig», «schwarzer Fußsack mit Lammfellfutter, abgetragen mit Mottenstellen», «gehäkelter Fußsack, schwarz, Futter, Mottenstellen», «Otterschweif Jagdmuff abgerieben»[12]. Und selbst rein persönliche Eigentümlichkeiten, die vielfach in Anekdoten überliefert wurden, taugten bald schon zur Beförderung der Anhänglichkeit an den Regenten: etwa sein Bedürfnis, wann immer es möglich war, schwimmen zu gehen – bis er sich dafür sogar im Winter das Eis auf den Kanälen im Park von Nymphenburg aufhacken ließ. Daneben aber verfügte Prinz Luitpold gleichzeitig über ein sicheres Empfinden für seine eigene hohe Stellung und die seines königlichen Hauses, ein Empfinden, das ihn eben auch unbeirrbar am strengen spanischen Hofzeremoniell festhalten ließ.

Ein besonders wichtiger Faktor von Luitpolds rasch wachsender Popularität mußte freilich weder vorgetäuscht noch inszeniert werden: sein Alter. Dies allein konnte schon als Synonym für Weisheit und Milde gelten; da sich der Prinz jedoch bis ins hohe Alter seine straffe militärische Haltung bewahrte, umgab ihn außerdem eine Aura ungekünstelter Autorität. Abgesehen davon hatte 1886 niemand ahnen können, daß der damals fünfundsechzigjährige Prinz bis 1912, also mehr als 26 Jahre, an der Spitze des Königreiches stehen würde. So aber verkörperte er in doppelter Weise Tradition und Stabilität, in steigendem Maße von Jahr zu Jahr. Einerseits versinnbildlichte er schon aufgrund seiner langen Regentenzeit Kontinuität. Andererseits stellte Prinz Luitpold, der ja noch einer biedermeierlichen Welt entstammte und Elemente dieses biedermeierlichen Lebensstils – wie Courtoisie und grandseigneurhaftes Auftreten – bewahrt hatte, allein schon durch seine lange Lebenszeit einen ruhigen Pol inmitten einer sich immer rascher wandelnden Welt dar. Er war gleichsam die lebendige Verkörperung der vielleicht tatsächlich so verstandenen guten alten Zeit und damit ein wohltuendes Kontrastprogramm gegen die stürmischen gesellschaftlichen und politischen Veränderungen um die Jahrhundertwende, gegen die wachsende Undurchschaubarkeit der Verhältnisse: ein alter Monarch als Linderungsmittel, als Palliativ gegen die Probleme der durchbrechenden Moderne. Eine ähnliche Rolle spielten wohl – und hier könnte ein systematischer Vergleich durchaus zu interessanten Ergebnissen führen – auch Kaiser Franz Joseph in Österreich und Königin Victoria in Großbritannien. Da Luitpold aber selbst noch im höchsten Alter rüstig war – Zahl und Dauer seiner Jagdaufenthalte im Hochgebirge wurden Jahr für Jahr wie ärztliche Bulletins gehandelt –, verkörperte er scheinbar die Garantie für eine lange Fortdauer dieser ruhigen Zeiten.

Daß Luitpold bis an sein Lebensende den Titel «Regent» beibehielt, daß er es ablehnte, sich zum König ausrufen zu lassen, lag vor allem an seinen legitimistischen Grundüberzeugungen: Otto, der Bruder Ludwigs II., lebte noch bis 1916. Zudem wollte es Luitpold sicherlich vermeiden, mit der Absetzung eines Monarchen von Gottes Gnaden, selbst wenn dieser nachweislich regierungsunfähig war, an die Krise des Jahres 1886 zu erinnern. Auch diese, nicht bewußt auf Popularitätssteigerung abzielende Haltung hat ihm Anerkennung und Treue in Bayern eingebracht.

Das Bild, das sich seine bayerischen Untertanen von Luitpold machten, kannte noch weitere, eher politische Facetten, und das trotz des unverkennbaren Umstandes, daß er ein im Grunde unpolitischer Mensch war. So sah man in ihm den energischen Verteidiger der bayerischen Sonderstellung im Verfassungsgefüge des Deutschen Kaiserreichs. Schaut man jedoch genauer hin, so wird klar, daß der Prinzregent die fortschreitende Integration Bayerns ins Reich durchaus tolerierte, vielleicht sogar akzeptierte, und nur gewissen Zentralisierungstendenzen im militärischen Bereich verschiedentlich Widerstand entgegensetzte.[13] Als es 1896 etwa um die Vereinheitlichung der Militärgerichtsbarkeit ging, die von der bayerischen Regierung und auch von Luitpold persönlich aus diversen Gründen abgelehnt wurde, mußte Bayern gleichwohl eine Niederlage hinnehmen. Luitpold war also, wenn überhaupt, zumindest kein allzu erfolgreicher Kämpfer für Bayerns Sonderstellung im Reich. Doch man kannte seine engen Beziehungen zum Hause Habsburg. Und nicht zuletzt weil der Regent aufgrund seiner ihm eigenen soldatischen Haltung den preußisch-deutschen Kaisern Wilhelm I. und Wilhelm II. zumindest rein äußerlich Paroli bieten konnte – vor allem im Kontrast zu seinem gänzlich unmilitärischen Sohn, dem späteren König Ludwig III. –, ließ sich die Illusion eines energischen Einsatzes für Bayern gegen das Reich aufrechterhalten, ließ sich ein solches Bild in der Öffentlichkeit vermitteln.

In ähnlich verklärender Weise dichtete man dem Prinzen das positive Image der innenpolitischen Unparteilichkeit an. Inzwischen weiß man längst, daß auch hier die Wirklichkeit anders aussah: Besonders deutlich wird dies, wenn man Luitpolds zum Teil widersprüchliche Haltung während des bayerischen Kulturkampfes betrachtet, der in den Jahren unmittelbar nach 1886 nochmals zu verschärften Auseinandersetzungen führte. Einerseits schrieb man dem Regenten eine durchaus tiefgehende persönliche Frömmigkeit zu, andererseits aber trennte er sich nicht vom regierenden liberalen Ministerium und somit von Minister Johann von Lutz. Da Lutz aber einer der eifrigsten Verfechter einer antikatholischen Politik war, stützte der Prinzregent – indem er dieses Ministerium 1886 im Amt beließ – durchaus die harte Position der bayerischen Regierung gegen die Kirche und den politischen Katholizismus. Liberale und Kulturkämpfer waren damals freilich nicht nur im bayerischen Landtag in der Minderheit, sondern im gesamten Königreich. Das bedeutete, daß Luitpold eine gegen die katholische Mehrheit in Bayern gerichtete Politik zuließ. Ja, man muß wohl noch einen Schritt weiter gehen: Aus dem Bewußtsein seiner Stellung an der Spitze des bayerischen Königreiches heraus deckte der Regent diese Politik wohl auch deshalb, weil sie für den Erhalt des 1818 im Religionsedikt festgeschriebenen bayerischen Staatskirchentums zu bürgen schien.

Und dennoch wurde nicht Prinz Luitpold, sondern wurden nur Lutz und seine Ministerkollegen in Bayern als Feinde der Kirche bekämpft und kritisiert. Lag es daran, daß die Mehrheit seiner katholischen Untertanen Luitpolds Rückhalt für die Lutzsche Politik nicht wahrnahm, daß sie statt dessen und in erster Linie den Prinzregenten als aktiven Teilnehmer an den Münchner Fronleichnamsprozessionen erlebte? Der Bekanntheitsgrad der folgenden Zeilen – und hier haben wir es tatsächlich mit einem solchen, zuvor angesprochenen, medialen Mechanismus zu tun, der sich trivialer Form bedient – auch weit über die Stadtgrenzen von München hinaus deutet darauf hin: «Und dann kommt der Prinzregent, Sakrament, der Prinzregent / Tragt a Kerzn in de Händ / De wo scho nimma brennt»[14]. Vielleicht hatte sogar der liberale Minister und Kulturkämpfer Johann von Lutz Luitpold den Rat gegeben, gut sichtbar an der Prozession teilzunehmen. Das Ergebnis war jedenfalls sehr erwünscht: Die katholische Bevölkerungsmehrheit sah das Staatsoberhaupt bei der Ausübung eines wichtigen religiösen Ritus und als treuen Sohn der Kirche; die Liberalen lobten ihn für die Beibehaltung des Ministeriums; beide Gruppen sahen ihre Interessen vom Regenten vertreten.

Möglicherweise erleichterte eine seiner vielfach belegten Charaktereigenschaften, nämlich die vor allem im persönlichen Verkehr praktizierte Toleranz, die Verbreitung dieses Mißverständnisses, daß Luitpold sein Amt gänzlich unparteiisch ausübe. Dagegen anzugehen konnte jedoch weder im Interesse des Regenten, des Hofes und der Regierung noch im Interesse all jener sein, die das Königreich in seinem verfassungsmäßigen Zustand erhalten sehen wollten. Denn gerade ein als unparteiisch geltendes Staatsoberhaupt eignete sich besonders gut als integrierende Klammer für alle Teile sowie für alle Bevölkerungsschichten Bayerns.

Als letzten und nur auf den ersten Blick peripheren Faktor im Zusammenhang mit der Aufgabe, nach 1886 die Sympathien des bayerischen Volkes für das Haus Wittelsbach wiederzugewinnen bzw. zu steigern, kann man Prinzregent Luitpolds Begeisterung für die Jagd nennen. Auch sie verhalf ihm zu wachsender Popularität, wofür es mehrere Gründe gibt: Der Prinz entdeckte diese Leidenschaft zwar keineswegs erst nach 1886, aber nun trug sie dazu bei, ihn erneut in den verschiedensten Teilen Bayerns für seine Untertanen sichtbar, präsent werden zu lassen. Denn er jagte nicht nur im Gebirge, sondern Jahr für Jahr auch im Umkreis von München und im Spessart. In unzähligen Anekdoten, die ebenfalls in den erwähnten Zusammenhang von Kitsch und Trivialität gehören, wurden die gerade bei solchen Jagdausflügen zu beobachtende einfache Lebensart des Prinzregenten sowie sein unkomplizierter Umgang mit den ihn begleitenden Jägern überliefert. Da hagelt es nun – seit 1886 – verschenkte Zigarren, die heute noch in einigen Familien wie Reliquien aufbewahrt werden; da fragt ein Jäger den anderen, welcher der Herren denn der Prinzregent sei, und bekommt zur Antwort: «der mit der schiach'n Jopp'n»[15]. Da ertrug es Luitpold, von einem älteren Jäger belehrt zu werden, daß jeder älter und dümmer werde, und daß man es dann selbst zumeist gar nicht mehr wahrnehme.[16] – Abgesehen davon war die Jagd ein herrscherliches Privileg, andererseits gehörte sie zu den Aktivitäten, mit denen sich diejenigen Bürgerlichen gerne schmückten, die den Aufstieg zu Macht und Reichtum geschafft hatten. Aber vielleicht trug noch viel mehr die von Luitpold bevorzugte einfache Jagdkleidung – die «schiache Joppn», die kurze Lederhose sowie der Hut mit Gamsbart – zur wachsenden Volkstümlichkeit des Regenten bei. Denn diese Kleidung stand am Ende des 19. Jahrhunderts für Heimatverbundenheit und Heimatliebe, für die Wiederentdeckung der Tracht und der Volksbräuche und damit für eine wichtige kulturelle und gesellschaftliche Strömung, die vor allem vom Bürgertum getragen wurde. Prinz Luitpold schien diese Bewegung zu unterstützen, er erweckte den Anschein, ein Teil des heimatbewegten Bürgertums zu sein, er wurde auf diese Weise geradezu einer der ihren. Daneben suggerierte auch die vom Regenten betriebene Kunstförderung sowie sein intensiver gesellschaftlicher Kontakt mit Künstlern und Wissenschaftlern seine Teilhabe an Bereichen des großbürgerlichen Lebens; und dies wurde erneut in kleinen, zum Schmunzeln anregenden Geschichten weitererzählt und überliefert. Es kann daher nicht überraschen, daß schließlich gerade das Bürgertum mit besonderer Treue an Prinz Luitpold hing.

Ob Luitpold selbst die planbaren Teile dieses Programms zur Wiederbelebung der Bande zwischen dem Hause Wittelsbach und seinen Untertanen entwarf, darf bezweifelt werden. Dazu hatte er zu wenig eigenes politisches Interesse, dazu fehlte es ihm an Eigeninitiative. Es ist daher eher anzunehmen, daß solche Vorschläge von seiten des Ministeriums bzw. von seiten seines engsten politischen Beraters, des jeweiligen Chefs der Geheimkanzlei kamen. Aber davon, daß derartige Strategien entwickelt und auch umgesetzt wurden, darf man ausgehen. Und der Münchner Journalist Karl Wetzstein, der den Prinzregenten auf allen offiziellen Reisen begleitet haben soll, den man somit als eine Art von staatlich autorisiertem Hofberichterstatter ansehen müßte, gehört – wenn weitere Untersuchungen eine derartige Rolle Wetzsteins bestätigen sollten – gleichfalls in diesen Zusammenhang.

Wenn der Regent also demnach nicht selbst planerisch tätig geworden sein dürfte, bei ihm, Luitpold, konnten sich seine Ratgeber sicher sein, daß er solche Empfehlungen annahm, daß er dieses Programm, das auch und vor allem zur Hebung der angeschlagenen eigenen Popularität beitragen konnte, nicht nur innerlich befürwortete, sondern daß er es dann mit zähem Pflichtgefühl tragen und umsetzen würde. Und die diesbezüglichen Hoffnungen haben sich schließlich, zumindest was Luitpolds Person anbelangt, verwirklicht. Gerade die führenden gesellschaftlichen Schichten, daneben aber gleichermaßen viele einfache Leute, liebten und verehrten ihn schließlich ganz aufrichtig als ihren «Vater Luitpold».

So entpuppte sich jener fünfundsechzigjährige königliche Prinz, der 1886 aufgrund seiner Stellung in der Thronfolgeordnung des Hauses Wittelsbach für eine Regentschaft in Frage kam, als besonderer Glücksfall für das System der liberalen bayerischen Ministerregierung. Ein Prinz, der sich, wenngleich nach langem Zögern, auf die Vorgehensweise der Minister einließ und der ihnen schon vor der Entmündigung Ludwigs II. – auch aus politischer Schwäche heraus – zugesichert hatte, ihr taktisch gemeintes Rücktrittsangebot nicht anzunehmen; ein Prinz, der – anders als sein Vater – kein Interesse daran hatte, selbst die Zügel der Regierung in die Hand zu nehmen, sondern weiterhin das Ministerium und die Ministerialverwaltung das eigentliche Machtzentrum im Königreich Bayern sein ließ; ein Prinz schließlich, dem es aufgrund seiner Art, seines spezifischen Persönlichkeitsprofils recht mühelos gelang, die Sympathien seiner bayerischen Untertanen zu erringen. Gleichzeitig besaß der Regent aber den festen Willen, das zu tun, was ihm als seine Pflicht präsentiert wurde und was er selbst für seine Pflicht hielt: nämlich die ihm eigene Volkstümlichkeit nicht nur im kleinen Kreis, sondern im ganzen bayerischen Königreich wirksam werden zu lassen. Prinz Luitpold gelang es auf diese Weise zum einen, das Ansehen des Hauses Wittelsbach wieder neu zu begründen und zu festigen, zum anderen sicherte er damit gleichzeitig demjenigen Ministerium auf einige Jahre die Weiterexistenz, das die Entmündigung seines Neffen beschlossen und durchgeführt hatte, und schließlich trug er zur Stabilität der nationalliberalen Orientierung der Ministerien bis weit über die Jahrhundertwende hinaus nicht unwesentlich bei.

Als Luitpold am 12. Dezember 1912 sanft entschlief, überzog große und ungeheuchelte Trauer das Land. Man dankte ihm für sein aufrichtiges, fleißiges, wenngleich im Grunde doch recht unpolitisches Wirken für Bayern; ja man dankte ihm auch für Dinge, die gar nicht in seiner Verantwortung gelegen hatten. Und als dann zwei Jahre später ein mörderischer Krieg Europa mit seinem Schrecken zu erschüttern begann, da lag es nicht mehr fern, voll wehmütiger Erinnerung an die scheinbar so gute alte und vor allem friedliche Zeit, diese Jahre von 1886 bis 1912 die «Prinzregentenzeit» zu nennen. Eine solche Ehre, einer Epoche den Namen gegeben zu haben, ist keinem anderen Wittelsbacher je zuteil geworden.

Ludwig III.
Totengräber der Monarchie?

Von Hans-Michael Körner

«Wenn wir eine Reichsverfassung hätten, nach der der Kaiser vom Volk gewählt würde und in der die Vorschrift enthalten wäre, der Kaiser muß aus einem der regierenden Fürstenhäuser gewählt werden, – ich gebe Ihnen mein Wort, Prinz Ludwig hätte die größte Aussicht, deutscher Kaiser zu werden. Ich glaube, meine Parteigenossen, so wenig sie monarchistisch gesinnt sind, stimmten einstimmig für ihn.»[1] Vom Führer der deutschen Sozialdemokratie, von August Bebel, stammt diese Einschätzung und sie zielt, in den politischen Auseinandersetzungen um die Wahlrechtsreform von 1906, auf Prinz Ludwig von Bayern, den nachmaligen König Ludwig III., der gleichwohl 1918 dann der erste deutsche Monarch ist, der in der Novemberrevolution seinen Thron verliert. Mit der Person und der politischen Biographie Ludwigs ist somit unweigerlich die Frage nach der Revolution vom November 1918 verknüpft, die Frage nach deren Ursachen, deren Zwangsläufigkeit, deren konkreten Anlässen.

Im November 1918 gehen 738 Jahre wittelsbachischer Herrschaft in Bayern zu Ende. Angesichts der Dramatik einer solchen Zäsur haben sich Zeitgenossen und Historiker eben diese Fragen nach Anlässen und Ursachen immer wieder gestellt. Und sie haben dabei ganz unterschiedliche Antworten gefunden. War diese Revolution, um den Reigen denkbarer Antworten gleich wieder mit einer Frage zu eröffnen, vielleicht doch nur eine Art «Theatercoup», ausgeführt von einer Handvoll landfremder Revoluzzer, denen ein einziges zuverlässiges Bataillon hätte ein Ende bereiten können? Obwohl uns diese Variante, vielfach abgewandelt, immer wieder begegnet, wird man heute doch Abschied zu nehmen haben von der Vorstellung einer Revolution aus gleichsam heiterem, weißblauem Himmel.

Von ganz anderen Voraussetzungen her hat sich in der bayerischen Landesgeschichte, ausgehend von wichtigen Anregungen bei Karl Bosl, eine Deutungsvariante eingenistet, die die Revolution von 1918 nur noch als den letzten Akt einer lange währenden Verfallsgeschichte der bayerischen Monarchie betrachtet, einer Verfallsgeschichte, die spätestens mit dem Thronverzicht Ludwigs I. 1848 beginnt und über die Königskatastrophe von 1886 bis hin zur Regentschaftsbeendigung von 1913 reicht.[2] Es wird dabei der Nachweis zu führen versucht, daß zumindest die ganze Prinzregentenzeit als die eigentliche Vorgeschichte der Revolution zu gelten habe, daß sich der Gegensatz zwischen dem Herrschaftsanspruch der politischen und gesellschaftlichen Oberschichten auf der einen und den Emanzipationstendenzen im Volk auf der anderen Seite im Laufe der Jahrzehnte nach 1886 dergestalt vergrößerte, daß er nicht mehr überbrückbar war und nur noch im gewaltsamen Umbruch lösbar schien. Die Revolution wird in solcher Sicht dann zum zwangsläufigen Ergebnis einer politischen Entwicklung, die von Reformverzögerung und Reformunfähigkeit, vom Auseinanderklaffen zwischen gesellschaftlicher und politischer Wirklichkeit gekennzeichnet war.

Noch grundsätzlicher argumentiert eine dritte, ins Staatstheoretische gewendete Variante. Sie versteht die Revolution von 1918 als den gleichsam logischen Schlußpunkt einer Entwicklung, die davon gekennzeichnet sei, daß die Idee der konstitutionellen Monarchie von Anfang an – weil als Typus ohne eigenständiges Recht in der Verfassungsentwicklung – zum Untergang verurteilt war, als zwar notwendiges, aber notwendigerweise transitorisches Stadium zwischen der absoluten Monarchie und der parlamentarisch-republikanischen Demokratie.

Prinz Ludwig wird am 7. Januar 1845 in München als ältester Sohn des Prinzen Luitpold geboren. 1845 regiert in Bayern König Ludwig I., dessen ältester Enkel Prinz Ludwig ist; die Jahre seiner Kindheit fallen in die Regierungszeit von König Max II., seinem Onkel; beim Regierungsantritt König Ludwigs II., seines Vetters, 1864, ist er, wie dieser selbst, neunzehn Jahre alt.

1866 wird Ludwig schwer verwundet, als Bayern an der Seite Österreichs Krieg gegen Preußen führt. 1870 setzt er sich in der Kammer der Reichsräte für die Annahme der Bundesverträge ein, die zur Gründung des Deutschen Reiches führen; 1871 kandidiert er bei den ersten Reichstagswahlen für die Bayerische Patriotenpartei, 1886 avanciert er faktisch zum Thronfolger, als sein Vater, Prinz Luitpold, nach dem Ende Ludwigs II., des Königreichs Bayern Verweser wird. 1912, also noch während der Regentschaft Luitpolds, aber maßgeblich unter dem Einfluß des Prinzen Ludwig, wird Georg von Hertling Vorsitzender im Ministerrat, im selben Jahr wird Ludwig, nach dem Tod Luitpolds, dessen Nachfolger als Regent. 1913 nimmt er die Königswürde an, 1918 flieht er vor der Revolution aus der Residenzstadt, aus Bayern, 1921 gerät die Beisetzung des Königs in München zur Demonstration des monarchischen Gedankens im neuen republikanischen Staat.

Zeitgenossen und Biographen haben immer wieder Ludwigs bürgerlichen Zuschnitt hervorgehoben. Von der betonten Einfachheit seiner privaten Lebensführung, von Leutseligkeit, von untadeligem Pflichtbewußtsein ist dabei die Rede, wie auch davon, daß er keine sonderliche Faszination ausstrahlte, daß ihm das Grandseigneurhafte seines Vaters abging. «Ich», urteilte der Prinz über sich selbst, «für meine Person habe nur sehr einfache Bedürfnisse und ich will nichts für mich»[3]. Und noch 1921, in seiner Trauerrede, konnte Kardinal Faulhaber formulieren: «Wenn man die Menschen in zwei Klassen einteilen kann, in solche, die etwas aus sich machen, und in solche, die etwas sind, so gehört König Ludwig zur zweiten Klasse.»[4] Die nüchterne Erscheinung dieses Monarchen, dem die höfische und vornehmlich die militärische Repräsentation schwerfiel, dessen persönliche Interessen und dessen politisches Engagement konkreten wirtschafts- und sozialpolitischen Fragen galten, ist dabei durchaus unterschiedlicher Bewertung offen. Diese kann von der Bewunderung für einen als «Bürgerkönig» verstandenen Monarchen bis hin zum ironisierenden Spott reichen, auf Ludwig den «Vielfältigen» etwa, der in Kleiderfragen nur geringe Sorgfalt walten ließ.

Gerade wenn man die bürgerliche, redliche und jeglicher Popularitätshascherei abholde Lebensführung Ludwigs betont, wenn man von seiner vielzitierten Volksnähe spricht, drängt sich die Frage nach den Umständen auf, die angesichts solcher Voraussetzungen zur Revolution von 1918 führen konnten.

In diesem Zusammenhang sind aber auch skeptische Zweifel angemeldet worden, ob der Stabilisierung der monarchischen Idee im ausgehenden 19. und beginnenden 20. Jahrhundert tatsächlich mit einem König gedient sein konnte, der das weite Feld der monarchischen Repräsentation weithin ungenutzt liegen ließ, der den staunenerweckenden Pomp der Monarchie ersetzen wollte durch die Untadeligkeit der privaten Lebensführung und die Bescheidenheit im öffentlichen Auftreten. Dem Mißverständnis, als ob Volksnähe und tatsächliche Verehrung durch das Volk Synonyme seien, wird man entgegentreten: Gerade die Wirkungsgeschichte seines Vetters, Ludwigs II., ist wohl ein Hinweis darauf, daß staatspolitische Qualitäten und verantwortungsbewußtes monarchisches Handeln nicht als Garantie für emotionale Zuneigung zur monarchischen Idee im allgemeinen und zum Träger des monarchischen Gedankens im besonderen gelten können. Die verfassungsgeschichtliche Problematik, inwieweit die Konstruktion eines Bürgerkönigs tatsächlich eine Schutzfunktion für die monarchische Idee hätte wahrnehmen können, bleibt davon unberührt, ebenso allerdings die Feststellung, daß es Ludwig an der Ausbildung eines souveränen Herrschergefühls mangelte, daß er ein solches in die innenpolitischen Entwicklungen und Auseinandersetzungen in Bayern selbst und in die Reichspolitik – besonders nach 1914 – nur in überaus eng bemessenen Grenzen einbringen konnte.

Bei einem knappen Überblick über die individuellen Charaktereigenschaften Ludwigs wird man die religiös-kirchliche Ausrichtung seiner Persönlichkeit auf keinen Fall übersehen dürfen. Die religiöse Erziehung des jungen Prinzen, die weithin in den Händen seiner tieffrommen Mutter lag, führte zu einem unspekulativen Religions- und Kirchenverständnis, dem Glaubenszweifel und Schwanken in religiösen Dingen fernlagen. Die Vorschriften der Kirche galten ihm nicht nur als objektive Norm, sondern auch als individuelle Richtschnur, und es gibt keinen Anlaß, an dieser dezidierten Kirchlichkeit des Prinzen zu zweifeln. Echte Frömmigkeit, demonstrative Religiosität und das eigene Selbstverständnis als eines treuen Sohnes der Kirche bildeten jedoch nicht nur Konstanten seines privaten Lebens, sie hatten auch vielfältige Auswirkungen hinein in den politischen Raum.

Zeichnete sich schon die gesamte luitpoldinische Linie durch ein höheres Maß an Kirchlichkeit und Religiosität aus, so nahm Ludwig innerhalb dieses Zweiges der wittelsbachischen Familie nochmals eine Sonderrolle ein. Das brachte ihn in Gegensatz zum weltanschaulichen Liberalismus der zweiten Jahrhunderthälfte, näherhin zum politischen Liberalismus im letzten Drittel des 19. Jahrhunderts, der gerade in Bayern die beherrschende politische Kraft war. Seine Frontstellung gegen die Kulturkampfpolitik des Ministeriums Lutz war das Resultat einer politischen Überzeugung, aber auch eines religiösen Bekenntnisses.

Von der zivilen Orientierung Ludwigs war schon die Rede. Damit stand Ludwig in seiner Familie weithin allein da. Sein Vater, Prinz Luitpold, wird auf Wunsch König Ludwigs I. zum Soldaten erzogen. Ludwigs Brüder, Leopold und Arnulf, und sein eigener Sohn Rupprecht werden jeweils Inhaber des Generalkommandos des I. Bayerischen Armeekorps. Leopold rückt 1892 zum Generalinspekteur der IV. Armeeinspektion des Reichs auf, 1905 zum Generalfeldmarschall, 1916 zum Oberkommandierenden der Ostfront bis Kriegsende. Kronprinz Rupprecht folgt seinem Onkel nach in der IV. Armeeinspektion, ist 1914 Oberbefehlshaber der 6. Armee an der Westfront, 1916 bis 1918 Oberbefehlshaber der Heeresgruppe Kronprinz Rupprecht. Ganz anders Ludwig: Eine griffige Spiegelung dieses unmilitärischen Geistes, der so ganz den Tendenzen des Wilhelminischen Zeitalters zuwiderlief, ist die berühmte Karikatur im Simplicissimus von 1909[5], die ihn an der Seite Kaiser Wilhelms II. zeigt und die den Kontrast zwischen dem preußischen

Militaristen und dem in mehr als ziviler Attitüde verharrenden bayerischen Prinzen vor Augen führt, versehen mit der Bildunterschrift: «Seine Majestät erklären dem Prinzen Ludwig von Bayern die feindlichen Stellungen».

Den Zeitgenossen war dieses bürgerlich-zivile Element in Ludwigs Wesen durchaus gegenwärtig, und in seiner Leichenpredigt konnte Kardinal Faulhaber gerade auch darauf anspielen: «Nicht Kleider machen Leute, nicht die Uniform macht den König.»[6] Bei aller Sympathie für diese Charaktereigenschaft Ludwigs, die sich in vielerlei Hinsicht wohltuend abhob von der übertriebenen Wertschätzung des Militärischen im Reich von 1871, wird man doch hinzufügen müssen, daß die fehlende Kompetenz in militärischen Angelegenheiten ein eigenes, sicheres Urteil in diesen Fragen zumindest erschwerte. So kontrastiert etwa der nüchterne Blick seines Sohnes Rupprecht auffällig mit den Illusionen des Vaters; während der Kronprinz im Ersten Weltkrieg frühzeitig das Schwinden der Siegesaussichten erkannte und daraus auch politische Konsequenzen ziehen wollte, kennzeichnete er das Verhalten seines Vaters als erstaunlichen Optimismus.

Fiel Ludwigs unmilitärische Grundhaltung, wie erwähnt, aus dem typischen Verhaltensmuster seiner eigenen Familie, der luitpoldinischen Linie des Hauses Wittelsbach, heraus, so war er in anderer Hinsicht einer ihrer repräsentativen Vertreter. Wie sein Vater und sein Bruder Leopold heiratete auch Ludwig habsburgisch; zwei Jahre nach dem preußisch-österreichischen Krieg vermählte er sich mit der Erzherzogin Maria Theresia von Österreich-Este. Die habsburgischen Heiraten haben viel zur Sonderrolle der luitpoldinischen Linie beigetragen, sie lassen sich leicht mit einer grundsätzlich großdeutsch orientierten, österreichfreundlichen Haltung dieses Familienzweigs in Verbindung bringen. Das gilt auch für Ludwig, bei dem sich großdeutsche Überzeugungen und vielfältige Bindungen an das habsburgische Kaiserhaus gegenseitig ergänzten. Auch wenn diese großdeutsche Gesinnung diversen Anfechtungen durch die Attraktivität des preußisch-deutschen Nationalstaates ausgesetzt war und sich kaum noch politisch zu artikulieren vermochte, so blieben doch eine lebenslange Skepsis gegenüber Preußen und die erwähnte emotionale Zuwendung zu Österreich erhalten.

Eine biographische Skizze Ludwigs bliebe unvollständig, würde man nicht auf seine eigentlichen Interessenschwerpunkte zu sprechen kommen, die eindeutig im Bereich der Wirtschafts-, Verkehrs- und Landwirtschaftsangelegenheiten zu finden sind. Dem Militärdienst hatte Ludwig das Studium vorgezogen; die erste Ausfahrt des volljährigen Prinzen mit eigenem Pferd und Wagen führte ihn zur Münchner Universität. Und noch im hohen Alter rühmte er von sich selbst seine Gründlichkeit und seinen Fleiß im Vorlesungsbesuch. In der Wahl der Fächer erkennt man seine Orientierung aufs Praktische hin: Jura, Geschichte und vor allem Nationalökonomie. Schon die Zeitgenossen haben bei Ludwig in ökonomischen und verkehrspolitischen Angelegenheiten ein hohes Maß an Sachkompetenz, ja an Expertenwissen registriert, und es steht außer Zweifel, daß Ludwig in diesen Fragen einen sicheren Blick hatte, daß ihm beispielsweise der gesellschaftliche und wirtschaftliche Umbruch im landwirtschaftlichen Bereich im Detail bekannt war, daß er Defizite im bayerischen Verkehrswesen oder in der Energieversorgung genau erkannte. Und es gilt auch, daß Entdekkungen und Erfindungen, Errungenschaften der modernen Technik seine Aufmerksamkeit weckten, daß er diese für die weitere Entwicklung der bayerischen Wirtschaft genutzt wissen wollte.

Er sorgt sich persönlich um die Gründung des Deutschen Museums in München, er drängt den Magistrat der Stadt München zum Ankauf des Ausstellungsgeländes an der Theresienwiese, auf seine Initiative hin wird der Bayerische Kanalverein gegründet, der den Bau einer Großschiffahrtsstraße vom Rhein zur Donau und die Nutzung der Wasserkräfte zum Ziel hat, er übernimmt das Protektorat über diesen Verein, wie er schon 1868 das Ehrenpräsidium im Zentralkomitee des Landwirtschaftlichen Vereins übernommen hatte. Dieser Einsatz vor allem für die Landwirtschaft und seine eigene landwirtschaftliche Praxis sind gleichzeitig mehr als bloß fürstliches Dilettieren: 1875 kauft er Leutstetten und macht daraus ein Mustergut, um das er sich selbst persönlich kümmert.

Und doch wird man, bei aller Wertschätzung dieses pragmatischen, der bayerischen Volkswirtschaft dienlichen Engagements nicht übersehen dürfen, daß damit auch eine gewisse Verengung des Blickwinkels einherging. Noch hinter Ludwigs annexionistischen Forderungen während des Ersten Weltkriegs sieht man primär den in Zahlen und Daten denkenden und argumentierenden Wirtschaftspolitiker, dem die Sensibilität für weiterreichende politische Perspektiven häufig abging. Seine Fortschrittsgläubigkeit, seine ungebrochene Vorliebe für den wirtschaftlich-materiellen Bereich verband ihn dann doch wieder mit dem Geist der Reichsgrundungszeit, nicht zuletzt auf dem Umweg über die Faszination, die das preußische Industriepotential auf ihn ausübte. Und wollte man diese kritische Sicht noch intensivieren, so könnte man fragen, in welchem Umfang wirtschaftliches Expertenwissen und Kompetenz in landwirtschaftlichen Fragen unerläßliche Qualifikationen für den Träger des monarchischen Gedankens zu sein haben.

Es fällt nicht leicht, eine schlüssige Zusammenfassung dieser teils stimmigen, teils widersprüchlichen individuellen Voraussetzungen im Persönlichkeitsbild Ludwigs zu formulieren: bürgerlich-zivil und ausgesprochen unmilitärisch, ökonomisch-pragmatisch und entschieden katholisch, unprätentiös, unspekulativ, gefühlsmäßig der großdeutschen Idee und Habsburg zugewandt. Und hinzuzunehmen hat man noch das frühe Urteil seiner Mutter und das späte seines ersten Biographen. Seine Mutter bemerkt mit Sorge: «Mein Vater ist unschlüssig, mein Mann ist unschlüssig, ja was soll denn daraus werden, wenn diese Eigenschaft sich bei meinen Kindern verdoppelt!»[7] Und bei Otto Riedner, dessen Würdigung ansonsten von tiefer Sympathie für Person und Wirken Ludwigs geprägt ist, heißt es: «Aber eines vermochte die Mutter nicht: ihm für dauernd starke selbständige Entschlußkraft zu verleihen. Immer steckte in ihm eine geheime Neigung, in Dingen von Wichtigkeit Anlehnung an andere zu suchen und sich auf deren Verantwortung zu stützen.»[8]

Drei Schwerpunkte wird man benennen können, wenn man sich der konkreten politischen Rolle des Prinzen, des Regenten, des Königs zuwendet: seine Haltung in der nationalen Frage, gegenüber dem Reich und Preußen, sein innenpolitisches Engagement im Spannungsfeld zwischen dem System der nationalliberalen Beamtenregierung und der katholisch-konservativen Landtags- und Bevölkerungsmehrheit und schließlich seine Entscheidung, die Regentschaft zu beenden.

Da ist einmal seine wache Sorge gegenüber allen zentralistischen Tendenzen der Wilhelminischen Ära, sein Einsatz für Buchstaben und Geist der föderativen Ordnung, wie sie die Bismarcksche Reichsverfassung kennt. 1896 urteilte der preußische Gesandte in München in einem Bericht an den Reichskanzler, daß gerade in Prinz Ludwig «der ganze Stolz und Trotz des Hauses Wittelsbach»[9] lebe, und er spielte dabei an auf die Haltung Ludwigs in der Frage der Reichskompetenzen, der Stellung der Bundesstaaten im Reich von 1871.

Von der grundsätzlich großdeutschen Orientierung der luitpoldinischen Linie und vornehmlich Ludwigs war schon die Rede. Konfrontiert mit dem politischen Entscheidungsdruck des Jahres 1870 spricht sich Prinz Ludwig in seiner eigenen Stellungnahme im Reichsrat am 30. Dezember 1870 zwar grundsätzlich für die Annahme der Versailler Verträge aus, verbindet dieses Plädoyer aber gleichzeitig mit Reserven und Bedenken, in denen man die Grundlinien seiner Reichspolitik und seines Verhältnisses zu Berlin erkennt, wie sie für Ludwig zumindest bis zum Beginn des Weltkriegs bestimmend bleiben. Ludwig spart dabei nicht mit kritischen Rückblicken, wenn er die preußische Haltung von 1863 und ihre Desavouierung der Beschlüsse des Deutschen Fürstentags erwähnt oder das preußische Vorgehen 1866 anprangert, das von einem Bündnis mit auswärtigen Mächten gekennzeichnet gewesen sei. Uneingedenk der Schädigungen, die Bayern 1866 erfahren habe, sei das Königreich 1870, entsprechend seiner nationalen Pflicht, für die deutsche Sache eingetreten, habe es seine Verpflichtungen aus dem Schutz- und Trutzbündnis von 1866 ernst genommen. Ludwig bemängelt gleichzeitig, daß diese nationale Bereitschaft Bayerns nicht genügend honoriert worden sei. Statt einer angemessenen Entschädigung würden Bayern im Gegenteil schwere Bürden auferlegt: höhere Lasten für Militär und Marine und vor allem der Verlust wesentlicher Kron- und staatlicher Souveränitätsrechte. Geschaffen worden sei nicht ein echter Bundesstaat, sondern vielmehr eine preußische Hegemonie, und es bestehe die Gefahr, daß die Kräfte des vereinigten Deutschland den Interessen der Präsidialmacht, preußisch-dynastischen Sonderzwecken also, dienstbar gemacht würden.

Und doch entscheidet sich Ludwig dann für die Annahme der Versailler Verträge: Bayern befinde sich in einer Zwangslage, und die nationalstaatliche Einigung habe unstrittig auch Vorteile, das Ende des Parteihaders in Bayern selbst, die Unauflöslichkeit des Zollvereins, die Schaffung eines mächtigen Gemeinwesens, die Sicherung des Schutzes nach außen, die bessere Verwirklichung föderativer Prinzipien als im Norddeutschen Bund und schließlich die Hoffnung auf eine politische Annäherung an Österreich.

Was sich in der Situation des Jahres 1870 als Dilemma angesichts einer konkreten Entscheidungsalternative darstellt, wird für die Dauer des Kaiserreichs zur permanenten Herausforderung. Grundsätzlich bleibt Ludwig ohne wirklich separatistische Tendenzen, auch wenn ihm das die preußische Diplomatie immer wieder unterstellt. Besonders Graf Philipp Eulenburg hat sich in dieser Hinsicht hervorgetan, von ihm sind die schärfsten Urteile überliefert: «Der letzte heimliche Gedanke der partikularistischen Herzenswünsche Bayerns ist ein süddeutsches blauweißes Reich, das auf Grund alter pfälzischer Ansprüche Baden verschluckt und Württemberg zugeteilt erhält – sei es von Österreich, von Frankreich oder wer sonst der Verteiler sei.»[10]

Tatsächlich war Ludwig, im Unterschied zur nationalliberalen Position, nicht geneigt, jedem Wink aus Berlin unbesehen Folge zu leisten. Diese an sich eher gemäßigte Haltung, die es nicht absichtsvoll auf den Konflikt mit Preußen und dem Reich anlegte, mußte allerdings immer dort zur schärferen Betonung des föderativen Charakters des Reichs und der eigenstaatlichen Rolle Bayerns herausgefordert werden, wo man in Berlin zentralistischen oder borussifizierenden Absichten huldigte, die zwar dem tatsächlichen Übergewicht Preußens, nicht aber der Reichsverfassung entsprachen. Doch wird man sehen müssen, daß einem politisch wirkungsvollen Widerstand gegen solche Berliner Tendenzen letztlich die Basis fehlte: Eine entschiedene Kritik am Berliner Zentralismus lief immer Gefahr, sich gegen den Anspruch der monarchischen Idee auch in Bayern selbst zu wenden; die Reichsbegeisterung und das Schlagwort von der Reichstreue wurden das politische Credo bis tief in die Reihen der vormaligen Patriotenpartei hinein; die wirtschaftliche Verankerung Bayerns im Reich schließlich ließ keinen Raum für wirkliche nationalpolitische Alternativen.

Berühmt geworden ist in diesem Zusammenhang der Moskauer Vorfall des Jahres 1906. Ludwig war zu den Krönungsfeierlichkeiten des Zaren Nikolaus II. nach Moskau gereist. Im dortigen deutschen Wohltätigkeitsverein fand ein Festabend statt, bei dem neben Prinz Heinrich, dem Vertreter Wilhelms II., auch Prinz Ludwig sowie eine Reihe anderer bundesfürstlicher Repräsentanten anwesend waren. Seine Begrüßungsrede richtete der Vorstand des Vereins an Prinz Heinrich und «die in dessen Gefolgschaft hier erschienenen deutschen Fürstlichkeiten». Diese Formulierung war Prinz Ludwig Anlaß genug, in einer Erwiderung die verfassungsrechtliche Stellung der deutschen Bundesfürsten zu betonen; sie seien hier anwesend nicht als «Vasallen sondern Verbündete des deutschen Kaisers»[11]. Diese aufsehenerregende Replik des Wittelsbachers verursachte in Moskau selbst einen Eklat und in der Folge eine hektische diplomatische Betriebsamkeit zwischen München und Berlin. Mit einem entschuldigenden Telegramm an den Kaiser und einem Sühnebesuch bei diesem in Kiel wurde der Zwischenfall dann beigelegt. Beides zusammengenommen erscheint typisch für Ludwigs Reichspolitik nach der Jahrhundertwende: das entschiedene Eintreten für die verfassungsmäßige Ordnung im Reich einerseits und sein Verzicht andererseits, den Konflikt auf die Spitze zu treiben, weshalb er sich dann zu dem erwähnten Besuch in Kiel bereit fand, der sich in demütigenden Formen vollzog: «Er hat mir einen Marsch geblasen»[12].

«Bayerns Beruf ist es, die katholische Vormacht im Reich zu sein. Daß es diese Aufgabe mehr als vierzig Jahre nicht begriffen hat, ist traurig genug: der jetzige König aber ist durchaus davon erfüllt»[13]. So formuliert 1917 der bayerische Ministerpräsident Hertling in einem Brief an den Zentrumspolitiker Matthias Erzberger, und tatsächlich verweist eine solche Einschätzung auf einen biographisch wie politisch überaus wichtigen Zusammenhang.

Seit den sechziger Jahren des 19. Jahrhunderts ist die innenpolitische Situation in Bayern davon bestimmt, daß «ein weltanschaulich liberales, politisch staatskonservatives, reichsfreundlich und staatskirchlich orientiertes Ministerium fortgesetzt gegen eine konservative, betont bayerisch-eigenstaatlich und katholisch bestimmte Mehrheit der Kammer der Abgeordneten regiert»[14]. Prinz Ludwig ist von allen Mitgliedern des Hauses Wittelsbach der ministeriellen Vorherrschaft der Nationalliberalen in Bayern am entschiedensten entgegengetreten und hat sich dabei am weitesten der patriotischen Landtagsmehrheit angenähert. Ohne damit gleichwohl parlamentarische Tendenzen befördern zu wollen, liegen ihm, Ludwig, die Berührungsängste seines königlichen Vetters, Ludwigs II., völlig fern. Er identifiziert sich mit den kirchenpolitischen Forderungen der Landtagsmehrheit, er setzt sich im Reichsrat ein gegen die Simultanschule, gegen die Kulturkampfpolitik des Ministeriums Lutz. – Von da aus führt ein geradliniger Weg zur Berufung von Georg von Hertling zum Vorsitzenden im Ministerrat im Jahre 1912. Hertling war zu diesem Zeitpunkt eine der führenden Gestalten des deutschen Katholizismus, Vorsitzender der Görres-Gesellschaft, Fraktionsvorsitzender der Zentrumspartei im Reichstag, prominenter Vertreter der katholischen Gesellschafts- und Soziallehre. Mit Hertling geht die Vorherrschaft des Liberalismus in Bayern zu Ende, und bei eben dessen Ernennung spielt Prinz Ludwig die entscheidende Rolle. Damit knüpft er bewußt an seine patriotische und katholische Orientierung seit den späten sechziger Jahren an, die ihm den Ruf des «schwarzen Prinzen» eingebracht hatte, ein Feindbild, das vor allem von Eulenburg gepflegt wurde: «Ich kenne diese Schweinehunde gar zu gut – dieses Zentrumspack lernt man in katholischen Ländern nach seinem wahren Wert schätzen: So lange der deutsche Kaiser protestantisch ist, wird er der katholischen Kirche zu mißtrauen haben!»[15]

Zeit seiner Regentschaft hatte sich Prinz Luitpold geweigert, dem Gedanken an deren Beendigung näherzutreten, hatte er alle mit diesem Ziel an ihn herangetragenen Aktivitäten zurückgewiesen und sich in dieser Haltung auch nicht von möglicherweise anders gelagerten persönlichen Ambitionen oder politischen Überzeugungen seines Sohnes abbringen lassen. Letzten Endes ging es bei den Auseinandersetzungen der Jahre 1912/1913 um einen Kernpunkt der monarchischen Idee, um das Legitimitätsprinzip. Konnte – und wenn ja, unter welchen Voraussetzungen und mittels welcher Modalitäten – die Absetzung des noch lebenden, wenn auch unheilbar kranken Königs Otto erfolgen? Die Positionen in dieser Frage waren durchaus unterschiedlicher Natur. Die strengen Legitimisten verneinten diese Frage rundweg und vollständig. Und auch wenn diese Legitimisten in der Situation von 1912/1913 keinen bedeutenden politischen Faktor darstellten, so ist doch zu sehen, daß in der Volksmeinung der Griff Ludwigs nach der Krone durchaus Antipathien hervorzurufen imstande war.

Das Ministerium, unter der Federführung von Hertling und wohl auch mit Zustimmung Ludwigs, war indes schon im Dezember 1912 dem Gedanken einer Verfassungsänderung nähergetreten. Dadurch sollte die Möglichkeit eröffnet werden, die Regentschaft vorzeitig zu beendigen, wenn das Gebrechen des Monarchen länger als zehn Jahre dauerte und der Landtag der vom Regenten ausgesprochenen Regentschaftsbeendigung zustimmte. In diesem ministeriellen Vorschlag war die Rolle des Landtags der entscheidende Punkt. Bezeichnenderweise war es hier nicht das Ministerium und war es auch nicht Ludwig selbst, die legitimistische Bedenken geltend machten. Vielmehr wandte sich die Zentrumsfraktion bei ersten Sondierungsgesprächen gegen ein Verfahren, nach dem der König letztlich einem Landtagsbeschluß seinen Thron verdanke.

Erst knapp ein Jahr später bot dann das Ministerium eine Lösung an, die zwar weiterhin auf der Zustimmungsbedürftigkeit der Verfassungsänderung durch den Landtag basierte, ein unmittelbares Eingreifen der Volksvertretung jedoch ausschloß, indem der Thronwechsel vor der Befassung des Landtags erfolgen sollte. Das verfassungsändernde Gesetz wurde am 4. November 1913 verkündet, am Tag darauf erklärte Ludwig, daß die Regentschaft beendet, der Thron erledigt sei und er die Regierung als König angetreten habe. Am 7. November stimmte nachträglich der Landtag dahingehend zu, daß am 4. November 1913 die verfassungsmäßigen Voraussetzungen für die Beendigung der Regentschaft bestanden hätten, am gleichen Tag erfolgte das Einverständnis des Reichsrats, am 8. November 1913 leistete Ludwig III. den Eid auf die Verfassung. Nach einem Hochamt im Dom zu München am 12. November huldigte die Stadt dem neuen König vor dem Rathaus, das Land im Thronsaal der Residenz.

Jenseits einer idyllisierenden Sicht der Prinzregentenzeit und ihrer Stilisierung als der guten alten Zeit, jenseits aber auch der vermuteten Verfallsgeschichte der bayerischen Monarchie bereits seit der Mitte des 19. Jahrhunderts oder der These vom bloß transitorischen Charakter der konstitutionellen Monarchie wird man heute den Blick in erster Linie auf den Weltkrieg lenken, wenn man die Revolution erklären will.

Wichtig vor allem erscheint die Entwicklung der inneren Lage in Bayern. Wenn man diese zusammenfaßt, dann benennt man damit gleichzeitig die Ursachen und Voraussetzungen für den Umsturz vom 7./8. November 1918: die anwachsenden Probleme im Ernährungsbereich, der daraus folgende Gegensatz zwischen Stadt und Land, die steigenden Ablieferungsquoten an Preußen, die fehlenden Kräfte in der Landwirtschaft; der Vorwurf einer ungleichen Verteilung der Kriegslasten, die damit verbundene Kritik an der staatlichen Autorität, den Herausforderungen des Krieges nicht gewachsen zu sein; die zunehmende antipreußische Haltung, der Zorn auf die preußischen Urlauber, das Gefühl, von Preußen in politischer, militärischer und wirtschaftlicher Hinsicht übergangen, benachteiligt zu werden; das Empfinden, zum Befehlsempfänger der Obersten Heeresleitung degradiert worden zu sein; die völlige Ausschöpfung aller Reserven, der Unwille, weiteren Durchhalteappellen Folge zu leisten; schließlich 180 000 bayerische Kriegstote.

Nicht die strukturelle Schwäche der monarchischen Idee, auch nicht die vermuteten oder tatsächlichen Verfallserscheinungen innerhalb der bayerischen Monarchie, auch nicht die angeblich unüberwindlichen sozialen und gesellschaftlichen Spannungen der Prinzregentenzeit lassen am Ende des Krieges die Revolution siegen. Resignation, Kriegsmüdigkeit und Friedenssehnsucht bestimmen das Bewußtsein, haben eine Stimmung geschaffen, in der dann der Umsturz erfolgreich sein kann. Auf diesem Hintergrund konnte die Beseitigung der Monarchie unter dem Motto der Kriegsbeendigung erfolgen. Die Demonstration auf der Theresienwiese am Nachmittag des 7. November 1918 war in erster Linie eine Friedensdemonstration und nicht primär ein Unternehmen mit dem Zweck der Herbeiführung des revolutionären Umsturzes. Das Haus Wittelsbach war nicht der eigentliche Adressat dieser Aktion, ihre Tendenz richtete sich viel eher und vor allem gegen den Krieg, damit allerdings auch gegen jene, die für die Verlängerung des Kriegs Verantwortung trugen. In diesen Sog gerät dann auch die bayerische Monarchie; sie findet keine Verteidiger mehr, sie kommt mit ihren Verfassungsreformen vom 2. November zu spät, sie hat im Krieg zu viel an Autorität verloren.

Je tiefer man in die Problematik von Krieg und Revolution eindringt, um so weiter entfernt man sich vom Anliegen einer biographischen Skizze Ludwigs III. In den Vordergrund rückt eine Autoritätskrise des Systems, dem an der Verlängerung des Krieges Schuld gegeben wird, dessen Unfähigkeit, mit dem Krieg fertig zu werden, als Schuld verstanden wird. – Weder gelingt es Ludwig III., diese Autoritätskrise zu entschärfen oder aufzuhalten, noch kann man in seiner politischen Biographie oder in seiner Persönlichkeitsstruktur, bei aller kritischen Reflexion im Detail, die Ursachen für die Revolution, für das Ende der Monarchie in Bayern erkennen.

Am 13. November 1918 entbindet Ludwig III. die Staatsdiener von ihrem ihm geleisteten Treueid: «Nachdem ich infolge der Ereignisse der letzten Tage nicht mehr in der Lage bin die Regierung weiterzuführen, stelle ich allen Beamten, Offizieren und Soldaten die Weiterarbeit unter den gegebenen Verhältnissen frei und entbinde sie des mir geleisteten Treueides.»[16]

Anhang

Anmerkungen

Friedrich Prinz: Die Agilolfinger

1 Vgl. Gregorii Turonensis Opera, Teil 1: Libri historiarum decem, Buch 4, Kap. 4. Hrsg. von Bruno Krusch und Wilhelm Levison; Hannover [2]1937–1951, S. 140 f. (Monumenta Germaniae Historica, Scriptores rerum Merovingicarum, Bd. 1, Teil 1).
2 Vgl. Lex Baiwariorum. Hrsg. von Ernst von Schwind; Hannover 1926, S. 293, Titulus II,2 (Monumenta Germaniae Historica, Leges nationum Germanicarum, Bd. 5,2).
3 Annales regni Francorum [. . .], qui dicuntur Annales Laurissenses maiores et Einhardi. Hrsg. von Friedrich Kurze; Hannover 1895, ad annum 763, S. 20, S. 22 (Monumenta Germaniae Historica, Scriptores rerum Germanicarum [Bd. 6]).
4 Einhardi Vita Karoli Magni, Kap. 11. Hrsg. von Oswald Holder-Egger; Hannover, Leipzig 1911, S. 14 (Monumenta Germaniae Historica, Scriptores rerum Germanicarum [Bd. 25]).
5 Annales regni Francorum (Anm. 3), ad annum 787, S. 78.

Peter Schmid: Die Karolinger

1 Die Urkunden Pippins, Karlmanns und Karls des Großen. Hrsg. von Engelbert Mühlbacher; Hannover 1906, S. 219 f., Nr. 162 (Monumenta Germaniae Historica, Diplomata, Die Urkunden der Karolinger, Bd. 1).
2 Annales regni Francorum [. . .], qui dicuntur Annales Laurissenses maiores et Einhardi. Hrsg. von Friedrich Kurze; Hannover 1895, S. 84 (Monumenta Germaniae Historica, Scriptores rerum Germanicarum [Bd. 6]).
3 Vgl. Peter Schmid: Regensburg. Stadt der Könige und Herzöge im Mittelalter; Kallmünz 1977, S. 38, S. 141, S. 309–319.
4 Vgl. Capitularia regum Francorum. Hrsg. von Alfred Boretius; Hannover 1883, Bd. 1, S. 271, Nr. 136 (Monumenta Germaniae Historica, Leges, Capitularia regum Francorum, Bd. 1); Egon Boshof: Ludwig der Fromme; Darmstadt 1996, S. 94, S. 129 ff.
5 Zu Ludwig dem Deutschen vgl. allgemein Rudolf Schieffer: Die Karolinger; Stuttgart, Berlin, Köln [3]1997, S. 139–169.
6 Vgl. Schmid, Regensburg (Anm. 3), S. 39, S. 48 ff., S. 67 ff., S. 90 ff., S. 187 ff., S. 274, S. 319 ff., S. 436 ff.; Ders.: Civitas regia: Die Königsstadt Regensburg; in: Ders. (Hrsg.): Geschichte der Stadt Regensburg, Regensburg 2000, Bd. 1, S. 102–147, hier S. 105 ff.
7 Vgl. Schieffer, Karolinger (Anm. 5), S. 170 ff.
8 Vgl. ebd., S. 187 ff.

9 Vgl. Kurt REINDEL: Die bayerischen Luitpoldinger 893–989. Sammlung und Erläuterung der Quellen; München 1953.

10 Vgl. Conversio Bagoariorum et Carantanorum. Hrsg. von Herwig Wolfram; Wien 1979, S. 34–59.

11 Vgl. zum Folgenden Herwig WOLFRAM: Grenzen und Räume. Geschichte Österreichs vor seiner Entstehung; Wien 1995, S. 211–273.

Ludwig Holzfurtner: Die Luitpoldinger

1 Zur Problematik dieses Begriffs vgl. Karl BOSL: Das «jüngere» bayerische Stammesherzogtum der Luitpoldinger; in Zeitschrift für bayerische Landesgeschichte 18 (1955), S. 144–172, hier S. 148–151.

2 So zuletzt noch bei Rudolf HIESTAND: Pressburg 907. Eine Wende in der Geschichte des ostfränkischen Reiches?; in: Zeitschrift für bayerische Landesgeschichte 57 (1994), S. 1–20, hier S. 3.

3 Hiervon gänzlich abweichend Hans-Werner GOETZ: «Dux» und «Ducatus». Begriffs- und verfassungsgeschichtliche Untersuchungen zur Entstehung des sogenannten «jüngeren» Stammesherzogtums an der Wende vom neunten zum zehnten Jahrhundert; Bochum ^{2}1981, S. 404–409. Goetz geht von einer autogenen Machtgrundlage Arnulfs sowie von einem begrenzten Machtbereich aus.

4 Die von der Literatur allgemein übernommene Darstellung in der Historiographie, Arnulf wäre zu den Ungarn geflohen, ist erheblichen Zweifeln zu unterwerfen. Die scheinbar zahlreichen Überlieferungen dieses Ereignisses sind voneinander abhängig und gehen alle auf eine Primärquelle, die Antapodosis Liudprands von Cremona, zurück, die über Arnulf keineswegs objektiv berichtet. Die betreffenden Belege bei Kurt REINDEL: Die bayerischen Luitpoldinger 893–989. Sammlung und Erläuterung der Quellen; München 1953, S. 107–111, Nr. 55. Vgl. auch Alois SCHMID: Das Bild des Bayernherzogs Arnulf (907–937) in der deutschen Geschichtsschreibung von seinen Zeitgenossen bis zu Wilhelm von Giesebrecht; Kallmünz 1976, S. 48f. Alle außerhalb dieses Überlieferungskomplexes stehenden Quellen, vor allem zeitgenössische, unterstützen die Darstellung Liudprands vom Verlauf der Kämpfe Konrads I. gegen Arnulf in keiner Weise.

5 Zur Diskussion dieser Frage in der Literatur vgl. HIESTAND, Pressburg (Anm. 2), S. 19f.

6 Vgl. SCHMID, Bild (Anm. 4), S. 10.

7 Die Bezeichnung «regnum» kann nicht einseitig mit «Königreich» interpretiert werden und war auch bereits für das agilolfingische Bayern – wie für andere Stammesherzogtümer – üblich gewesen. Herzog Arnulf selbst benutzte die Bezeichnung «regnum» auch im Zusammenhang mit dem Titel «dux». Vgl. REINDEL, Luitpoldinger (Anm. 4), S. 77–80, Nr. 48. Zum Begriff «regnum» vgl. allgemein Karl Ferdinand WERNER: Regnum; in: Lexikon des Mittelalters; München 1995, Bd. 7, Sp. 587–596; Hans-Werner GOETZ: Regnum. Zum politischen Denken der Karolingerzeit; in: Zeitschrift der Savigny-Stiftung für Rechtsgeschichte, Ger-

manistische Abteilung 104 (1987), S. 110–189. Goetz beschränkt sich auf den karolingischen Gebrauch des Begriffs «regnum».

8 So Sigmund von RIEZLER: Geschichte Baierns, Bd. 1/1: bis 995; Stuttgart [2]1927 [Neudruck Aalen 1964], S. 527.

9 Vgl. u. a. Ludwig HOLZFURTNER: Die Grafschaft der Andechser. Comitatus und Grafschaft in Bayern 1000–1180; München 1994, S. 358–364.

10 So etwa das Heimfallrecht, das von den bayerischen Herzögen des 12. und 13. Jahrhunderts machtvoll ausgeübt wurde. Vgl. ebd.; Andreas KRAUS: Das Herzogtum der Wittelsbacher: Die Grundlegung des Landes Bayern; in: Hubert GLASER (Hrsg.): Wittelsbach und Bayern, Bd. 1/1: Die Zeit der frühen Herzöge. Von Otto I. zu Ludwig dem Bayern. Beiträge zur Bayerischen Geschichte und Kunst 1180–1350; München 1980, S. 165–200; Andreas KRAUS: Heinrich der Löwe und Bayern; in: Wolf-Dieter MOHRMANN (Hrsg.): Heinrich der Löwe; Göttingen 1980, S. 151–214, hier S. 181.

Rudolf Schieffer: Ottonen und Salier

1 Vgl. Widukind von Corvey: Res gestae Saxonicae, Buch 1, Kap. 27. Hrsg. von Hans-Eberhard Lohmann und Paul Hirsch; Hannover 1935, S. 40 (Monumenta Germaniae Historica, Scriptores rerum Germanicarum [Bd. 60]).

2 Adalbold von Utrecht: Vita Heinrici II. imperatoris, Kap. 14. Hrsg. von Georg Waitz; in: Monumenta Germaniae Historica, Scriptores, Bd. 4; Hannover 1841, S. 679–695, hier S. 687.

3 Vgl. Wipo: Gesta Chuonradi imperatoris, Kap. 6. Hrsg. von Harry Bresslau; Hannover, Leipzig 1915, S. 27 ff. (Monumenta Germaniae Historica, Scriptores rerum Germanicarum [Bd. 61]).

Ferdinand Kramer: Die Welfen

1 Vgl. Andreas KRAUS: Heinrich der Löwe und Bayern; in: MOHRMANN, Wolf-Dieter (Hrsg.): Heinrich der Löwe; Göttingen 1980, S. 151–214.

2 Vgl. Bernd SCHNEIDMÜLLER: Die Welfen. Herrschaft und Erinnerung (819–1252); Stuttgart 2000.

3 Vgl. Jochen LUCKHARDT/Franz NIEHOFF (Hrsg.): Heinrich der Löwe und seine Zeit. Herrschaft und Repräsentation der Welfen 1125–1235; Bde. 1–3, München 1995.

4 Erich KÖNIG (Hrsg.): Historia Welforum; Sigmaringen [2]1978.

5 Ebd., S. 4.

6 Vgl. Otto von FREISING und Rahewin: Die Taten Friedrichs oder Chronica. Übers. von Adolf Schmidt, hrsg. von Franz-Josef Schmale; Darmstadt 1974, S. 389 ff.

7 Vgl. Heinrich APPELT: Privilegium Minus. Das staufische Kaisertum und die Babenberger in Österreich; Wien, Köln, Graz [2]1976.

8 Vgl. Peter SCHMID: Regensburg. Stadt der Könige und Herzöge im Mittelalter; Kallmünz 1977.

9 Vgl. Die Urkunden Friedrichs I. Hrsg. von Heinrich Appelt u. a.; Hannover 1975, Bd. 1, S. 363 ff., Nr. 218 (Monumenta Germaniae Historica, Diplomata, Die Urkunden der deutschen Könige und Kaiser, Bd. 10).

Alois Schmid: Die frühen Wittelsbacher

1 Annales Ratisponenses. Hrsg. von Wilhelm Wattenbach; in: Monumenta Germaniae Historica, Scriptores, Bd. 17; Hannover 1861, S. 579–590, hier S. 589.

2 Vgl. Monumenta Boica, Bd. 24; München 1821, S. 9 f.: «Ottoni de Witilinesbac».

3 Vgl. Theodor BITTERAUF: Die Traditionen des Hochstifts Freising; München 1909, Bd. 2, S. 319 f.: «Otto comes de Skyrun».

4 Vgl. Albert SIEGMUND/Franz GENZINGER: Zur Scheyerer Tabula Perantiqua; in: Hubert GLASER (Hrsg.): Wittelsbach und Bayern, Bd. 1/1: Die Zeit der frühen Herzöge. Von Otto I. bis zu Ludwig dem Bayern. Beiträge zur Bayerischen Geschichte und Kunst 1180–1350; München 1980, S. 151–163.

5 Vgl. Chounradi Schirensis Chronicon. Hrsg. von Philipp Jaffé; in: Monumenta Germaniae Historica, Scriptores, Bd. 17; Hannover 1861, S. 615–623.

6 Vgl. Continuatio Zwetlensis altera. Hrsg. von Wilhelm Wattenbach; in: Monumenta Germaniae Historica, Scriptores, Bd. 9; Hannover 1851, S. 541–544, hier S. 541.

7 Vgl. Ingrid HEEG-ENGELHART: Das älteste bayerische Herzogsurbar. Analyse und Edition; München 1990.

8 Vgl. Ottonis episcopi Frisingensis Chronica sive Historia de duabus civitatibus. Hrsg. von Adolf Hofmeister; Hannover ^{2}1912, S. 269, S. 272, S. 349 (Monumenta Germaniae Historica, Scriptores rerum Germanicarum [Bd. 45]).

9 Vgl. Johannes TURMAIR's genannt Aventinus: Sämmtliche Werke, Bd. 3: Annales ducum Boiariae. Hrsg. von Sigmund Riezler; München 1884, S. 243.

10 Vgl. Franz M. WITTMANN: Monumenta Wittelsbacensia. Urkundenbuch zur Geschichte des Hauses Wittelsbach, Bd. 1: Von 1204 bis 1292; München 1857, S. 314–319, Nr. 130, hier S. 315: «suum precipuum in Lantshut habuerint domicilium».

11 Vgl. Helmut FLACHENECKER: Herzog Ludwig der Kelheimer als Prokurator König Heinrichs (VII.); in: Zeitschrift für bayerische Landesgeschichte 59 (1996), S. 835–848.

Michael Menzel: Ludwig der Bayer

1 Hilary Seton OFFLER: Empire and papacy. The last struggle; in: Transactions of the Royal Historical Society. Fifth series 6 (1956), S. 21–47.
2 Vgl. Constitutiones et acta publica imperatorum et regum. Hrsg. von Jakob Schwalm; Hannover 1909–1911, Bd. 5, S. 616–619, Nr. 792 (Monumenta Germaniae Historica, Leges, constitutiones et acta publica imperatorum et regum, Bd. 5).
3 Vgl. ebd., S. 641–646, Nr. 824, S. 655–659, Nr. 836, S. 722–754, Nr. 909 f.
4 Vgl. ebd., S. 692–699, Nr. 881.
5 Vgl. ebd., S. 779–788, Nr. 944.
6 Vgl. Constitutiones et acta publica imperatorum et regum. Hrsg. von Jakob Schwalm; Hannover 1914–1927, Bd. 6,1, S. 344–350, Nr. 436 (Monumenta Germaniae Historica, Leges, constitutiones et acta publica imperatorum et regum, Bd. 6,1).
7 Die wichtigsten Dokumente sind ediert in: Edmund E. STENGEL (Hrsg.): Nova Alamanniae; Berlin 1921, Bd. 1, S. 330 ff., Nr. 509, S. 339–343, Nr. 519 ff., S. 355–359, Nr. 540, S. 365 ff., Nr. 547; Hans-Jürgen BECKER: Das Mandat «Fidem catholicam» Ludwigs des Bayern von 1338; in: Deutsches Archiv 26 (1970), S. 454–512, hier S. 493–512; Karl ZEUMER: Ludwigs des Bayern Königswahlgesetz «Licet iuris» vom 6. August 1338; in: Neues Archiv 30 (1905), S. 85–112, hier S. 100 ff., S. 110 ff.
8 Ediert in: Annales ecclesiastici auctore Odorico Raynaldo, Bd. 16; Rom 1652; zu 1346 Abschnitt 7. Übersetzung nach Carl MÜLLER: Der Kampf Ludwigs des Baiern mit der römischen Curie, Bd. 2: Ludwig der Baier, Benedict XII. und Clemens VI.; Tübingen 1880, S. 214 f.

Joachim Wild: Die Herzöge von Straubing und Ingolstadt

1 Sigmund von RIEZLER: Geschichte Baierns, Bd. 3: 1347 bis 1508; Gotha 1889 [Neudruck Aalen 1964], S. 335.
2 Theodor STRAUB: Bayern im Zeichen der Teilungen und der Teilherzogtümer (1347–1450); in: Andreas KRAUS (Hrsg.): Handbuch der bayerischen Geschichte, begründet von Max Spindler, Bd. 2: Das Alte Bayern. Der Territorialstaat vom Ausgang des 12. Jahrhunderts bis zum Ausgang des 18. Jahrhunderts; München [2]1988, S. 196–287, hier S. 201.
3 Zitiert nach Fridolin SOLLEDER: Urkundenbuch der Stadt Straubing; Straubing 1911–1918, S. 180, Nr. 180.
4 Bayern-Ingolstadt, Bayern-Landshut 1392–1506. Glanz und Elend einer Teilung; Ingolstadt 1992, S. 41.
5 Vgl. «Erclärung der Landsfreyhait in Obern und Nidern Bairn widerumb verneut im fünfftzehenhundertdreiundfünfftzigistem Jar», 3. Teil, Art. 14; in: Gustav von LERCHENFELD: Die altbaierischen landständischen Freibriefe mit den Landesfreiheitserklärungen; München 1853, S. 250.

Walter Ziegler: Die Herzöge von Landshut

1 Vgl. Erich STAHLEDER: Die drei «reichen» Herzöge; in: Hans BLEIBRUNNER (Hrsg.): Große Niederbayern; Passau 1972, S. 27–42.
2 Vgl. Veit ARNPECK: Sämtliche Chroniken. Hrsg. von Georg Leidinger; München 1915, S. 371.
3 Vgl. Hermanni Altahensis Annales. Hrsg. von Georg Heinrich Pertz; in: Monumenta Germaniae Historica, Scriptores, Bd. 17, Hannover 1861, S. 381–407, hier S. 397.
4 Vgl. Walter ZIEGLER: Studien zum Staatshaushalt Bayerns in der zweiten Hälfte des 15. Jahrhunderts. Die regulären Kammereinkünfte des Herzogtums Niederbayern 1450–1500; München 1981, S. 93, S. 191.
5 Vgl. Reinhard STAUBER: Herzog Georg von Bayern-Landshut und seine Reichspolitik; Kallmünz 1993, S. 787–804.
6 Ulrich FÜETRER: Bayerische Chronik. Hrsg. von Reinhold Spiller; München 1909, S. 211. Vgl. auch ZIEGLER, Staatshaushalt (Anm. 4), S. 53.
7 Vgl. Stephanie RILLING: Studien zu Heinrich dem Reichen von Bayern-Landshut; in: Verhandlungen des Historischen Vereins für Niederbayern 116/117 (1990/1991), S. 141–208, hier S. 170–178.
8 Vgl. Michael CRAMER-FÜRTIG/Reinhard STAUBER: Der Burghauser Schatz der Reichen Herzöge; in: Verhandlungen des Historischen Vereins für Niederbayern 114/115 (1988/1989), S. 5–27.
9 Vgl. ZIEGLER, Staatshaushalt (Anm. 4), S. 168.
10 Vgl. Peter KURMANN: Die Frauenkirche des Jörg von Halspach: Beschreibung der Baugestalt und Versuch einer Würdigung; in: Hans RAMISCH (Hrsg.): Monachium Sacrum. Festschrift zur 500-Jahr-Feier der Metropolitankirche Zu Unserer Lieben Frau in München; München 1994, Bd. 2, S. 21–43, hier S. 39f.
11 Vgl. Laetitia BOEHM: Das Hochschulwesen in seiner organisatorischen Entwicklung; in: Andreas KRAUS (Hrsg.): Handbuch der bayerischen Geschichte, begründet von Max Spindler, Bd. 2: Das Alte Bayern. Der Territorialstaat vom Ausgang des 12. Jahrhunderts bis zum Ausgang des 18. Jahrhunderts; München ^{2}1988, S. 919–965, hier S. 933.
12 Vgl. Heinrich LUTZ/Alois SCHMID: Vom Humanismus zur Gegenreformation; in: KRAUS, Handbuch (Anm. 11), S. 861–875, hier S. 862.
13 Vgl. STAUBER, Herzog Georg (Anm. 5).
14 Vgl. ebd., S. 104–112; für das Folgende S. 817–822.

Reinhard Stauber: Die Herzöge von München

1 Zitiert nach Alois SCHMID: Krise und Modernisierung im Herzogtum Bayern an der Schwelle zur Neuzeit: der Landshuter Erbfolgekrieg (1503–1505); in: Wolfgang E. J. WEBER (Hrsg.): Der frühmoderne Staat in Ostzentraleuropa; Augsburg 2000; S. 125–147, hier S. 137f.
2 Zitiert nach Herbert SCHADE: Die Monumentalisierung des Gewissens und der Kampf zwischen Licht und Finsternis. Zur Fassade der St. Mi-

chaelskirche in München und zur «Genealogie» ihrer Herrscherbilder; in: Karl Wagner/Albert Keller (Hrsg.): St. Michael in München. Festschrift zum 400. Jahrestag der Grundsteinlegung und zum Abschluß des Wiederaufbaus; München, Zürich 1983, S. 23–80, hier S. 58.

3 Josef Anton Aettenkhover: Kurzgefaßte Geschichte der Herzoge von Bayern von Herzog Otto dem Großen von Wittelsbach an bis auf gegenwärtige Zeiten; Regensburg 1767.

4 Bayerisches Hauptstaatsarchiv, Kurbayern Äußeres Archiv 1989, fol. 136.

5 Veit Arnpeck: Sämtliche Chroniken. Hrsg. von Georg Leidinger; München 1915, S. 673.

6 Ebd.

7 Vgl. Bayerisches Hauptstaatsarchiv, Kurbayern Äußeres Archiv 1679, fol. 65 f. (Ende 1478).

8 Bayerisches Hauptstaatsarchiv, Pfalz-Neuburg Urkunden, Auswärtige Staaten 865.

9 Bayerisches Hauptstaatsarchiv, Kurbayern Äußeres Archiv 1501, fol. 158v.

10 Bayerisches Hauptstaatsarchiv, Pfalz-Neuburg Urkunden, Landesteilungen und Einigungen 766. Abdruck in: Karl Bosl (Hrsg.): Dokumente zur Geschichte von Staat und Gesellschaft in Bayern, Bd. 1/2: Altbayern von 1180–1550. Bearb. von Karl-Ludwig Ay; München 1977, S. 179.

11 Ulrich Füetrer: Bayerische Chronik. Hrsg. von Reinhold Spiller; München 1909, S. 3, S. 5.

12 Vgl. Hans Ramisch: Das Grabmal Kaiser Ludwigs des Bayern in der Münchner Frauenkirche; Regensburg 1997.

13 Bayerisches Hauptstaatsarchiv, Geheimes Hausarchiv, Korrespondenzakten 961 ½.

14 Bayerische Staatsbibliothek, cgm 5384, fol. 7.

15 Bayerische Staatsbibliothek, cgm 1229.

16 Vgl. Sigmund von Riezler: Geschichte Baierns, Bd. 4: 1508 bis 1597; Gotha 1899 [Neudruck Aalen 1964], S. 12.

17 Arnpeck, Chroniken (Anm. 5), S. 673.

Manfred Weitlauff: Wilhelm IV. und Ludwig X.

1 Leopold von Ranke: Deutsche Geschichte im Zeitalter der Reformation; Meersburg, Leipzig 1933, Bd. 2, S. 85–105.

2 Zitiert nach Franz von Krenner: Der Landtag im Herzogthum Baiern vom Jahre 1514. Erste und zweyte Handlung. Aus authentischen Handschriften gesammelt; o. O. 1804, S. 299 f.

3 Johannes Aventinus: Baierische Chronik. Hrsg. von Georg Leidinger; Düsseldorf, Köln ^{3}1977.

4 Onus ecclesiae; Landshut 1524.

5 Martin Luther: Von der Freiheit eines Christenmenschen; in: Ders.: Werke. Kritische Gesamtausgabe; Weimar 1897, Bd. 7, S. 12–38.

6 Ders.: An den christlichen Adel deutscher Nation. Von des christlichen

Standes Besserung; in: DERS.: Werke. Kritische Gesamtausgabe; Weimar 1888, Bd. 6, S. 381–469.

7 Zitiert nach Edelgard METZGER: Leonhard von Eck (1480–1550). Wegbereiter und Begründer des frühabsolutistischen Bayern; München, Wien 1980, S. 87.

8 Wilhelm IV. an Bischof Philipp von Freising (und die anderen Bischöfe Bayerns), Augsburg, 11.3. 1521. Zitiert nach August von DRUFFEL: Ueber die Aufnahme der Bulle «Exsurge Domine» – Leo X. gegen Luther – von Seiten einiger Süddeutscher Bischöfe; in: Sitzungsberichte der Philosophisch-Philologischen Classe der Königlich bayerischen Akademie der Wissenschaften zu München; München 1880, S. 571–597, hier S. 590 ff.

9 Vgl. Klaus KOPFMANN (Bearb.): Die Religionsmandate des Herzogtums Bayern in der Reformationszeit (1522–1531). Edition mit Einleitung und Kommentar; München 2000.

10 Zitiert nach Georg PFEILSCHIFTER (Hrsg.): Acta reformationis catholicae ecclesiam Germaniae concernentia saeculi XVI. Die Reformverhandlungen des deutschen Episkopats von 1520 bis 1570; Regensburg 1959, Bd. 1, S. 156.

11 Ich folge hier voll und ganz der Argumentation von Heinrich LUTZ/ Walter ZIEGLER: Das konfessionelle Zeitalter. Erster Teil: Die Herzöge Wilhelm IV. und Albrecht V.; in: Andreas KRAUS (Hrsg.): Handbuch der bayerischen Geschichte, begründet von Max Spindler, Bd. 2: Das Alte Bayern. Der Territorialstaat vom Ausgang des 12. Jahrhunderts bis zum Ausgang des 18. Jahrhunderts; München ^{2}1988, S. 322–392, hier S. 343–351. Vgl. auch Walter ZIEGLER: Von der Reformation bis zum Westfälischen Frieden. Altbayern 1517–1648; in: Walter BRANDMÜLLER (Hrsg.): Handbuch der bayerischen Kirchengeschichte, Bd. 2: Von der Glaubensspaltung bis zur Säkularisation; St. Ottilien 1993, S. 1–64, hier S. 1–32.

12 Vgl. Manfred WEITLAUFF: Die Reichskirchenpolitik des Hauses Bayern im Zeichen gegenreformatorischen Engagements und österreichisch-bayerischen Gegensatzes; in: Hubert GLASER (Hrsg.): Wittelsbach und Bayern, Bd. 2/1: Um Glauben und Reich. Kurfürst Maximilian I. Beiträge zur Bayerischen Geschichte und Kunst 1573–1657; München 1980, S. 48–76.

Reinhold Baumstark: Albrecht V.

1 Vgl. Jakob STOCKBAUER: Die Kunstbestrebungen am Bayerischen Hofe unter Herzog Albert V. und seinem Nachfolger Wilhelm V.; Wien 1874; Karl von REINHARDSTÖTTNER: Zur Geschichte des Humanismus und der Gelehrsamkeit in München unter Albrecht dem Fünften; in: Jahrbuch für Münchener Geschichte 4 (1890), S. 45–174; Max G. ZIMMERMANN: Die Bildenden Künste am Hof Herzog Albrecht's V. von Bayern; Straßburg 1895; Otto HARTIG: Die Kunsttätigkeit in München unter Wilhelm IV. und Albrecht V. 1520–1579. Neue Forschungen; in: Münchner Jahrbuch der bildenden Kunst. Neue Folge 10 (1933), S. 147–225.

2 Vgl. Sigmund von RIEZLER: Geschichte Baierns, Bd. 4: 1508–1597; Gotha 1899 [Neudruck Aalen 1964], S. 483.

3 Gedruckt bei Sigmund von RIEZLER: Zur Würdigung Herzog Albrechts V. von Bayern und seiner inneren Regierung; in: Abhandlungen der Königlich Bayerischen Akademie der Wissenschaften. Historische Klasse 21 (1898), S. 65–132, hier S. 114, S. 125, S. 124, S. 123, S. 119, S. 127.

4 Vgl. Horst LEUCHTMANN: Orlando di Lasso, Bd. 1: Sein Leben. Versuch einer Bestandsaufnahme der biographischen Einzelheiten; Wiesbaden 1976; Helmut HELL/Horst LEUCHTMANN (Hrsg.): Orlando di Lasso. Musik der Renaissance am Münchner Fürstenhof. Ausstellung zum 450. Geburtstag; Wiesbaden 1982.

5 Gedruckt bei Hermann-Joseph BUSLEY: Zur Finanz- und Kulturpolitik Albrechts V. von Bayern. Studie zum herzoglichen Ratsgutachten von 1557; in: Erwin ISERLOH/Konrad REPGEN (Hrsg.): Reformata Reformanda. Festgabe für Hubert Jedin zum 17. Juni 1965; Münster 1965, Bd. 2, S. 209–235.

6 Vgl. Michael PETZET: Das ehemalige Marstall- und Kunstkammergebäude in München und sein Ausbau zur Königlichen Münze; in: Jahrbuch der bayerischen Denkmalpflege 40 (1986), S. 15–100; Lorenz SEELIG: Die Münchner Kunstkammer. Geschichte, Anlage, Ausstattung; in: Jahrbuch der bayerischen Denkmalpflege 40 (1986), S. 101–138.

7 Vgl. ebd.; Rudolf BERLINER: Zur älteren Geschichte der allgemeinen Museumslehre in Deutschland; in: Jahrbuch der bildenden Kunst. Neue Folge 5 (1928), S. 328–331; Otto HARTIG: Der Arzt Samuel Quiccheberg, der erste Museologe Deutschlands, am Hofe Albrechts V. in München; in: Das Bayerland 44 (1933), 630–633. Quicchebergs Traktat ist gedruckt bei Harriet ROTH: Der Anfang der Museumslehre in Deutschland. Das Traktat «Inscriptiones vel Tituli Theatri Amplissimi» von Samuel Quiccheberg; Berlin 2000.

8 Vgl. Renate von BUSCH: Studien zu deutschen Antikensammlungen des 16. Jahrhunderts; Tübingen 1973. Vgl. auch HARTIG, Kunsttätigkeit (Anm. 1), S. 211–225; Ellen WESKI/Heike FROSIEN-LEINZ (Bearb.): Das Antiquarium der Münchner Residenz. Katalog der Skulpturen; Bde. 1–2, München 1987; Franz Georg KALTWASSER: Die Bibliothek als Museum. Von der Renaissance bis heute, dargestellt am Beispiel der Bayerischen Staatsbibliothek; Wiesbaden 1999.

9 Vgl. Wolfgang LIEBENWEIN: Studiolo. Die Entstehung eines Raumtyps und seine Entwicklung bis um 1600; Berlin 1977; Julius von SCHLOSSER: Die Kunst- und Wunderkammern der Spätrenaissance. Ein Beitrag zur Geschichte des Sammelwesens. Ein Handbuch für Sammler und Liebhaber; Braunschweig ²1978; Elisabeth SCHEICHER: Die Kunst- und Wunderkammern der Habsburger; Wien 1979; Oliver IMPEY/Arthur MACGREGOR (Hrsg.): The Origins of Museums. The Cabinet of Curiosities in Sixteenth- and Seventeenth-Century Europe; Oxford 1985; Horst BREDEKAMP: Antikensehnsucht und Maschinenglauben. Die Geschichte der Kunstkammer und die Zukunft der Kunstgeschichte; Berlin 1993.

10 Vgl. Gabriele WIMBÖCK: Der Ingolstädter Münsteraltar; München 1998.

11 Gedruckt bei Walter ZIEGLER: Das Testament Herzog Albrechts V. von Bayern (1578); in: Johannes Egon GREIPL/Alois SCHMID/Walter ZIEGLER (Hrsg.): Aus Bayerns Geschichte. Forschung als Festgabe zum 70. Geburtstag von Andreas Kraus; St. Ottilien 1992, S. 259–309.

Marianne Sammer: Wilhelm V.

1 Vgl. Friedrich SCHMIDT: Geschichte der Erziehung der Bayerischen Wittelsbacher von den frühesten Zeiten bis 1750; Berlin 1892, S. 3–27.
2 Vgl. Horst LEUCHTMANN (Hrsg.): Die Münchner Fürstenhochzeit von 1568. Massimo Troiano: Dialoge; München, Salzburg 1980, Buch 2, Buch 3.
3 Ebd., Buch 2, S. 218.
4 Vgl. Maximilian LANZINNER: Fürst, Räte und Landstände. Die Entstehung der Zentralbehörden in Bayern, 1511–1598; Göttingen 1980.
5 Zitiert nach Josef OSWALD: Die baierischen Landesbistumsbestrebungen im 16. und 17. Jahrhundert; in: Zeitschrift der Savigny-Stiftung für Rechtsgeschichte, Kanonistische Abteilung 33 (1944), S. 224–264, hier S. 235.
6 Zitiert nach Uwe MÜLLER: Der Versuch Herzog Wilhelms V. von Bayern, das Reichsheiltum in seinen Besitz zu bringen; in: Mitteilungen des Vereins für Geschichte der Stadt Nürnberg 72 (1985), S. 117–135, hier S. 125.
7 Vgl. ebd., S. 135.
8 Barbara BAUER/Jürgen LEONHARDT (Hrsg.): Triumphus divi Michaelis archangeli Bavarici. Triumph des Heiligen Michael, Patron Bayerns (München 1597). Einleitung, Text und Übersetzung, Kommentar; Regensburg 2000.
9 Günther HESS/Sabine M. SCHNEIDER/Claudia WIENER (Hrsg.): Trophaea Bavarica. Bayerische Siegeszeichen. Faksimilierter Nachdruck der Erstausgabe München 1597 mit Übersetzung und Kommentar; Regensburg 1997.
10 Zitiert nach Karl Theodor HEIGEL: Die Censur in Altbaiern; in: Archiv für die Geschichte des Deutschen Buchhandels 1 (1876), S. 5–32, hier S. 7.
11 Zu den Marianischen Kongregationen vgl. Maximilian SATTLER: Geschichte der Marianischen Congregationen in Bayern; München 1864; Joseph PICHLER: Die Marianische deutsche Kongregation der Herren und Bürger am Bürgersaale zu München. Festgabe zur Jubelfeier der Kongregation und des Bürgersaales im Jahre 1910; München 1910. Zu den kulturellen Leistungen der Marianischen Kongregationen vgl. Marianne SAMMER: Die Fastenmeditation. Gattungstheoretische Grundlegung und kulturgeschichtlicher Kontext; München 1996. Zu einer unter Wilhelm V. gegründeten Bruderschaft, die bis heute existiert, vgl. Dieter J. WEISS: Die Corporis-Christi-Erzbruderschaft bei St. Peter. Ein Beitrag zur altbayerischen Kirchen- und Frömmigkeitsgeschichte; München 1989.

12 ABRAHAM A SANCTA CLARA: Gack/Gack/Gack/Gack/à Ga. Einer Wunderseltzamen Hennen in dem Herzogthumb Bayrn. Das ist: Ein außführliche und umbständige Beschreibung der berühmten Wallfahrt Maria-Stern in Taxa; München 1685 [Neudruck hrsg. von Fritz Gebhardt, München 1991].

13 Der 595 Seiten starke Folioband von Ludwig Müller ist teilweise abgedruckt: Befehle, und Anordnungen Wilhelms Vten, Herzogs aus Baiern, die hohe Fronleichnams Procession betreffend 1580; in: Lorenz WESTENRIEDER (Hrsg.): Beyträge zur vaterländischen Historie, Geographie, Statistik, und Landwirthschaft, samt einer Uebersicht der schönen Literatur; München 1794, Bd. 5, S. 76–181.

Gerhard Immler: Maximilian I.

1 Acta Pacis Westphalicae, Serie II/C: Die schwedischen Korrespondenzen, Bd. 2: 1645–1646. Bearb. von Wilhelm Kohl; Münster 1971, S. 414 f., Nr. 167.

2 Acta Pacis Westphalicae, Serie II/B: Die französischen Korrespondenzen, Bd. 3/1: 1645–1646. Unter Benutzung der Vorarbeiten von Kriemhild Goronzy bearb. von Elke Jarnut und Rita Bohlen; Münster 1999, S. 362 f., Nr. 107, hier S. 363.

3 Vgl. Helmut DOTTERWEICH: Der junge Maximilian. Biographie eines bayerischen Prinzen; München [2]1980, S. 41 f., S. 90 f., S. 127–133.

4 Herzog Maximilian an Herzog Wilhelm V., München, 21.6.1598; in: Briefe und Acten zur Geschichte des Dreißigjährigen Krieges in den Zeiten des vorwaltenden Einflusses der Wittelsbacher, Bd. 4: Die Politik Baierns 1591–1607. Bearb. von Felix Stieve; München 1878, S. 479 f. Zur Finanzpolitik vgl. allgemein Heinz DOLLINGER: Studien zur Finanzreform Maximilians I. von Bayern in den Jahren 1598–1618. Ein Beitrag zur Geschichte des Frühabsolutismus; Göttingen 1968.

5 Vgl. Walter ZIEGLER: Maximilian I. von Bayern und der Kampf um Böhmen 1620; in: Georg JENAL (Hrsg.): Gegenwart in Vergangenheit. Beiträge zur Kultur und Geschichte der Neueren und Neuesten Zeit. Festgabe für Friedrich Prinz zu seinem 65. Geburtstag; München 1993, S. 55–74.

6 Zu den gegenreformatorischen Aspekten der Politik Maximilians I. vgl. Robert BIRELEY: Maximilian von Bayern, Adam Contzen S. J. und die Gegenreformation in Deutschland 1624–1635; Göttingen 1975.

7 Vgl. Friedrich WEISSENSTEINER: Liebeshimmel und Ehehöllen. Heiraten zwischen Habsburgern und Wittelsbachern; Regensburg 1999, S. 11–34.

8 Vgl. Konrad REPGEN: Die römische Kurie und der Westfälische Frieden. Idee und Wirklichkeit des Papsttums im 16. und 17. Jahrhundert; Bde. 1–2, Tübingen 1962/1965; Fritz DICKMANN: Der Westfälische Frieden. Hrsg. von Konrad Repgen; Münster [6]1992.

9 Vgl. Gerhard IMMLER: Bayerisch-spanische Beziehungen während des Dreißigjährigen Krieges, insbesondere in den Jahren 1643–1645; in: Egon Johannes GREIPL/Alois SCHMID/Walter ZIEGLER (Hrsg.): Aus Bay-

erns Geschichte. Forschungen als Festgabe zum 70. Geburtstag von Andreas Kraus; St. Ottilien 1992, S. 311–332; Gerhard IMMLER: Kurfürst Maximilian I. von Bayern und der Westfälische Friedenskongreß. Die bayerische auswärtige Politik von 1644 bis zum Ulmer Waffenstillstand; Münster 1992, S. 27–47; daraus auch im folgenden.

10 Vgl. Die diplomatische Korrespondenz Kurbayerns zum Westfälischen Friedenskongreß, Bd. 1: Die Instruktionen von 1644. Bearb. von Gerhard Immler; München 2000.

Manfred Heim: Ferdinand Maria

1 Zitiert nach Hans PÖRNBACHER: Die Literatur des Barock; München 1986, S. 336 f.

2 Sigmund von RIEZLER: Geschichte Baierns, Bd. 5: 1597 bis 1651; Gotha 1903 [Neudruck Aalen 1964], S. 687.

3 Zitiert nach PÖRNBACHER, Literatur (Anm. 1), S. 348 f.

4 Michael DOEBERL: Bayern und Frankreich. Vornehmlich unter Kurfürst Ferdinand Maria; Bde. 1–2, München 1900/1903, hier Bd. 1, S. 30 f. Vgl. auch Michael STRICH: Das Kurhaus Bayern im Zeitalter Ludwigs XIV. und die europäischen Mächte; Bde. 1–2, München 1933; Walter FÜRNROHR: Kurbaierns Gesandte auf dem Immerwährenden Reichstag. Zur baierischen Außenpolitik 1663 bis 1806; Göttingen 1971.

5 Michael DOEBERL: Entwicklungsgeschichte Bayerns, Bd. 2: Vom Westfälischen Frieden bis zum Tode König Maximilians I.; München [3]1928, S. 18.

6 Sigmund von RIEZLER: Geschichte Baierns, Bd. 7: 1651 bis 1704; Gotha 1913 [Neudruck Aalen 1964], S. 4.

7 Zitiert nach der paraphrasierten Version bei RIEZLER, Geschichte (Anm. 6), S. 5. Der vollständige Wortlaut des Berichtes von Öxl an Maximilian Graf von Kurz (Regensburg, 9.12.1653) findet sich als Anhang Nr. 4 bei: Karl Theodor von HEIGEL: Die Vermählung des Kurfürsten Ferdinand Maria mit Adelaide von Savoyen und die Beziehungen zwischen Bayern und Savoyen 1648–1653; in: DERS.: Abhandlungen zur neueren Geschichte Bayerns. Neue Folge; München 1890, S. 1–47, hier S. 44–47.

8 Benno HUBENSTEINER: Bayerische Geschichte. Staat und Volk, Kunst und Kultur; München 1980, S. 185.

9 DERS.: Maximilian I. Versuch eines historischen Porträts; in: Hubert GLASER (Hrsg.): Wittelsbach und Bayern, Bd. 2/1: Um Glauben und Reich. Kurfürst Maximilian I. Beiträge zur Bayerischen Geschichte und Kunst 1573–1657; München 1980, S. 185–195, hier S. 193.

10 Eberhard STRAUB: Die Wittelsbacher; Berlin 1994, S. 121 f.

11 DERS.: Repraesentatio Maiestatis oder churbayerische Freudenfeste. Die höfischen Feste in der Münchner Residenz vom 16. bis zum Ende des 18. Jahrhunderts; München 1969, S. 179.

12 Andreas KRAUS: Bayern im Zeitalter des Absolutismus (1651–1745). Die Kurfürsten Ferdinand Maria, Max II. Emanuel und Karl Albrecht; in: DERS. (Hrsg.): Handbuch der bayerischen Geschichte, begründet von

Max Spindler, Bd. 2: Das Alte Bayern. Der Territorialstaat vom Ausgang des 12. Jahrhunderts bis zum Ausgang des 18. Jahrhunderts; München [2]1988, S. 458–532, hier S. 461.

13 RIEZLER, Geschichte (Anm. 6), S. 7 ff.

14 Vgl. Helmut RANKL: Landvolk und frühmoderner Staat in Bayern 1400–1800; Bde. 1–2, München 1999, hier Bd. 2, S. 700 f., S. 746 ff.

15 Vgl. HEIGEL, Vermählung (Anm. 7), auch zum Folgenden.

16 Zitiert nach ebd., S. 29.

17 Zitiert nach Christine PITZKE: Eine «welsche Prinzessin» in München. Die bayerische Kurfürstin Henriette Adelaide (1636–1676); München 1999, S. 3.

18 HEIGEL, Vermählung (Anm. 7), S. 31.

19 Vgl. August GEBESSLER: Fürstenbesuch im Barock; in: Herbert SCHINDLER (Hrsg.): Bayerns Goldenes Zeitalter. Bilder aus dem Barock und Rokoko; München 1968, S. 24–35, hier S. 28.

20 Zitiert nach PITZKE, Prinzessin (Anm. 17), S. 5.

21 Zitiert nach HEIGEL, Vermählung (Anm. 7), S. 32.

22 Ebd., S. 33.

23 Vgl. Gerhard P. WOECKEL: Pietas Bavarica. Wallfahrt, Prozession und Ex voto-Gabe im Hause Wittelsbach in Ettal, Wessobrunn, Altötting und der Landeshauptstadt München von der Gegenreformation bis zur Säkularisation und der «Renovatio Ecclesiae»; Weißenhorn 1992, S. 357.

24 Zitiert nach Georg SCHWAIGER: München – eine geistliche Stadt; in: DERS. (Hrsg.): Monachium Sacrum. Festschrift zur 500-Jahr-Feier der Metropolitankirche Zu Unserer Lieben Frau in München; München 1994, Bd. 1, S. 1–289, hier S. 143.

25 Bayerische Staatsgemäldesammlungen München, Inventar-Nr. 7356. Eine Abbildung findet sich bei WOECKEL, Pietas (Anm. 23), S. 107, Abb. 69.

Marcus Junkelmann: Max Emanuel

1 Hubert GLASER: Einleitung. Max Emanuel – Perspektiven nach zweihundertfünfzig Jahren; in: DERS. (Hrsg.): Kurfürst Max Emanuel. Bayern und Europa um 1700, Bd. 1: Zur Geschichte und Kunstgeschichte der Max-Emanuel-Zeit; München 1976, S. IX-XVII, hier S. IX.

2 Abdruck in: GLASER, Kurfürst (Anm. 1), S. 206.

3 Richard ALEWYN: Das große Welttheater. Die Epoche der höfischen Feste; München [2]1985, S. 47.

4 Reinhold BAUMSTARK: Abbild und Überhöhung in der höfischen Malerei unter Henriette Adelaide und dem jungen Max Emanuel; in: GLASER, Kurfürst (Anm. 1), S. 171–205, hier S. 178.

5 Caesar AQUILINIUS: Ausführliche Historie des jetzigen bayerischen Krieges; Köln 1703, Bd. 1, S. 68.

6 Abdruck in: Hubert GLASER (Hrsg.): Kurfürst Max Emanuel. Bayern und Europa um 1700, Bd. 2: Katalog der Ausstellung im Alten und Neuen Schloß Schleißheim; München 1976, S. 158, Nr. 358, Nr. 359.

7 Abdruck in: GLASER, Kurfürst (Anm. 6), Farbtafel XX.

8 Paraphrase des Textes in: Helmut BÖRSCH-SUPAN: Joseph Vivien als Hofmaler der Wittelsbacher; in: Münchner Jahrbuch der bildenden Kunst. Dritte Folge 14 (1963), S. 129–212, hier S. 145.

9 Jürgen von KRUEDENER: Die Rolle des Hofes im Absolutismus; Stuttgart 1973, S. 23.

10 Ebd., S. 25.

11 Norbert ELIAS: Die höfische Gesellschaft. Untersuchungen zur Soziologie des Königtums und der höfischen Aristokratie; Frankfurt/M. 1983, S. 417.

12 GLASER, Einleitung (Anm. 1), S. XIV.

13 Karl BOSL: Bayerische Geschichte; München 1971, S. 191.

14 Sigmund von RIEZLER: Geschichte Baierns, Bd. 8: 1651 bis 1726; Gotha 1914 [Neudruck Aalen 1964], S. 396.

15 Vgl. Arte et Marte. In memoriam Hans Schmidt. Eine Gedächtnisschrift seines Schülerkreises, Bd. 1: Marcus JUNKELMANN: Theatrum Belli. Die Schlacht von Höchstädt 1704 und die Schlösser von Schleißheim und Blenheim; Herzberg 2001, S. XVI.

16 GLASER, Einleitung (Anm. 1), S. XVI.

Egon Johannes Greipl: Karl Albrecht

1 Zitiert nach Peter Claus HARTMANN: Karl Albrecht – Karl VII. Glücklicher Kurfürst – Unglücklicher Kaiser; Regensburg 1985, S. 106.

2 Zitiert nach Lorenz SEELIG: Die Ahnengalerie der Münchner Residenz; in: Hubert GLASER (Hrsg.): Quellen und Studien zur Kunstpolitik der Wittelsbacher vom 16. bis zum 18. Jahrhundert; München 1980, S. 253–327, hier S. 263.

3 Zitiert nach Notker HAMMERSTEIN: Karl VII. und Frankfurt am Main; in: Rainer KOCH/Patricia STAHL (Hrsg.): Wahl und Krönung in Frankfurt am Main. Kaiser Karl VII. 1742–1745. Bd. 1: Der Forschungsstand; Frankfurt/M. 1986, S. 49–65, hier S. 50.

4 Zitiert nach Maria Theresia und ihre Zeit. Zur 200. Wiederkehr des Todestages. Ausstellung: 13. Mai bis 26. Oktober 1980, Wien, Schloß Schönbrunn; Wien 1980, S. 80 f.

5 Zitiert nach ebd., S. 81.

6 Zitiert nach HAMMERSTEIN (Anm. 3), S. 49.

7 Zitiert nach ebd., S. 54.

8 Andreas KRAUS: Bayern im Zeitalter des Absolutismus (1651–1745). Die Kurfürsten Ferdinand Maria, Max II. Emanuel und Karl Albrecht; in: DERS. (Hrsg.): Handbuch der bayerischen Geschichte, begründet von Max Spindler, Bd. 2: Das Alte Bayern. Der Territorialstaat vom Ausgang des 12. Jahrhunderts bis zum Ausgang des 18. Jahrhunderts; München ^{2}1988, S. 458–532, hier S. 517 f.

9 HARTMANN (Anm. 1), S. 267.

10 Zitiert nach Bernd HEIDENREICH: Der Aufenthalt Karls VII. in Frankfurt am Main im Spiegel der zeitgenössischen Memoiren; in: KOCH/STAHL (Anm. 3), S. 67–71, hier S. 70.

Winfried Müller: Max III. Joseph

1 Vgl. Günter BIRTSCH: Der Idealtyp des aufgeklärten Herrschers. Friedrich der Große, Karl Friedrich von Baden und Joseph II. im Vergleich; in: DERS. (Hrsg.): Der Idealtyp des aufgeklärten Herrschers; Hamburg 1987, S. 9–47.

2 Karl Otmar von ARETIN: Aufgeklärter Herrscher oder Aufgeklärter Absolutismus. Eine notwendige Begriffsklärung; in: Ferdinand SEIBT (Hrsg.): Gesellschaftsgeschichte. Festschrift für Karl Bosl zum 80. Geburtstag; München 1988, Bd. 1, S. 78–87, hier S. 82.

3 Vgl. Klaus MAURICE: Der drechselnde Souverän. Materialien zu einer fürstlichen Maschinenkunst; Zürich 1985, S. 26.

4 Zitiert nach ebd., S. 16.

5 Vgl. Horst SCHLECHTE (Hrsg.): Das geheime politische Tagebuch des Kurprinzen Friedrich Christian 1751 bis 1757; Weimar 1992.

6 Alois SCHMID (Hrsg.): Die Berichte der diplomatischen Vertreter des Kaiserhofes aus München an die Staatskanzlei zu Wien während der Regierungszeit des Kurfürsten Max III. Joseph, Bd. 2: 1747–1749; München 2000, S. 832 f.

7 Ludwig HAMMERMAYER: Staatliche Herrschaftsordnung und altständische Repräsentation; in: Andreas KRAUS (Hrsg.): Handbuch der bayerischen Geschichte, begründet von Max Spindler, Bd. 2: Das Alte Bayern. Der Territorialstaat vom Ausgang des 12. Jahrhunderts bis zum Ausgang des 18. Jahrhunderts; München ^{2}1988, S. 1236–1266, hier S. 1246.

8 Vgl. Christoph HENZLER: Maximilian III. Joseph und die bayerische Landständeverordnung. Der Kampf eines bayerischen Kurfürsten um seinen absoluten Herrschaftsanspruch; in: Georg JENAL (Hrsg.): Gegenwart in Vergangenheit. Beiträge zur Kultur und Geschichte der Neueren und Neuesten Zeit. Festgabe für Friedrich Prinz zu seinem 65. Geburtstag; München 1993, S. 131–153.

9 Vgl. Andreas KRAUS: Probleme der bayerischen Staatskirchenpolitik 1750–1800; in: Harm KLUETING (Hrsg.): Katholische Aufklärung – Aufklärung im katholischen Deutschland; Hamburg 1993, S. 119–141.

10 Vgl. Winfried MÜLLER: Die Aufhebung des Jesuitenordens in Bayern. Vorgeschichte, Durchführung, administrative Bewältigung; in: Zeitschrift für bayerische Landesgeschichte 48 (1985), S. 285–352, hier S. 311 ff.

11 Peter von OSTERWALD: Akademische Rede [...] darinnen der Zusammenhang und die Ordnung aller Wissenschaften nebst dem Nutzen, welchen sie dem gesellschaftlichen Leben der Menschen gewähren, dargethan worden; München 1762, unpaginiert [S. 3].

12 Vgl. Alois MITTERWIESER: Kurfürst Maximilian III. Joseph der Mildtätige; in: Zeitschrift für bayerische Landesgeschichte 1 (1928), S. 48–51.

Dietz-Rüdiger Moser: Karl Theodor

1 Wolfgang Amadeus Mozart an seinen Vater, 12.11.1778, zitiert nach Wilhelm A. BAUER/Otto Erich DEUTSCH (Hrsg.): Mozart. Briefe und Aufzeichnungen. Gesamtausgabe, Bd. 2: 1777–1779; Kassel u. a. 1962, S. 505, Nr. 504. Vgl. hierzu Karl BÖHMER: W. A. Mozarts «Idomeneo» und die Tradition der Karnevalsopern in München; Tutzing 1999, S. 151.

2 [ANONYMUS]: Patriotische Traenen bei dem Hoechstbetruebten Leichenzuge weiland Sr. Churfürst. Durchlaucht zu Pfalzbaiern [...] Karl Theodors, geweint von einem biederen Baier; München 1799. Vgl. auch Alfried WIECZOREK/Hansjörg PROBST/Wieland KOENIG (Hrsg.): Lebenslust und Frömmigkeit. Kurfürst Karl Theodor (1724–1799) zwischen Barock und Aufklärung, Bd. 2: Katalog; Regensburg 1999, S. 514.

3 Peter FUCHS: Kurfürst Karl Theodor von Pfalzbayern (1724–1799); in: Kurt BAUMANN (Hrsg.): Pfälzer Lebensbilder; Speyer 1977, Bd. 3, S. 65–105, hier S. 67. Zur schwankenden Bewertung des Kurfürsten vgl. auch Franz SCHNABEL: Die kulturelle Bedeutung der Carl-Theodor-Zeit; in: Mannheimer Geschichtsblätter 25 (1924), S. 236–252; Ludwig HAMMERMEYER: Bayern im Reich zwischen den großen Mächten; in: Andreas KRAUS (Hrsg.): Handbuch der bayerischen Geschichte, begründet von Max Spindler, Bd. 2: Das Alte Bayern. Der Territorialstaat vom Ausgang des 12. Jahrhunderts bis zum Ausgang des 18. Jahrhunderts; München ^{2}1988, S. 1198–1235, hier S. 1211–1224.

4 FUCHS, Kurfürst (Anm. 3), S. 65. Vgl. dagegen Günther EBERSOLD: Rokoko, Reform und Revolution. Ein politisches Lebensbild des Kurfürsten Karl Theodor; Frankfurt/M. u. a. 1985, S. 395. Ebersold spricht von Karl Theodor als dem «Vielgerühmten und Vielgelästerten».

5 In Mannheim hält man traditionell daran fest, Karl Theodor mit «C», also als Carl Theodor zu schreiben, während man für den Kurfürsten in Bayern das «K» bevorzugt. Beide Schreibweisen sind historisch belegt, so daß es eine richtige und eine falsche Variante in dieser Hinsicht nicht gibt. Wir folgen dem in Bayern eingebürgerten Gebrauch. Als Ursache für die Änderung der Schreibweise wird man den Erlaß vom 6.12.1795 ansehen müssen, demzufolge die Schreibung von «Kurfürst» mit «Ch» statt mit «K» verboten wurde. Vgl. EBERSOLD, Rokoko (Anm. 4), S. 297. Diese Bestimmung mußte logischerweise auch für den Namen des Kurfürsten gelten. Da der erwähnte Erlaß aus München kam, sahen sich die Pfälzer nicht an ihn gebunden.

6 Reskript vom 23.6. 1778, zitiert nach Friedrich WALTER: Geschichte des Theaters und der Musik am kurpfälzischen Hofe; Leipzig 1898, S. 354. Vgl. auch BÖHMER, W. A. Mozarts «Idomeneo» (Anm. 1), S. 55.

7 Ebd., S. 151.

8 Vgl. ebd., S. 159–164.

9 Zitiert nach ebd., S. 163.

10 Wolfgang Amadeus Mozart an seinen Vater, 14.11. 1777, zitiert nach BAUER/DEUTSCH, Mozart (Anm. 1), S. 123–126, Nr. 373, hier S. 125. Vgl. auch WIECZOREK/PROBST/KOENIG, Lebenslust (Anm. 2), S. 345.

11 Vgl. Christian Friedrich Daniel SCHUBART: Leben und Erinnerungen; Stuttgart 1791, Bd. 1, S. 185–237. Vgl. auch DERS.: Ideen zu einer Aesthetik der Tonkunst. Hrsg. von Ludwig Schubart; Wien 1806 [Neudruck Hildesheim 1990]; WIECZOREK/PROBST/KOENIG, Lebenslust (Anm. 2), S. 379.

12 Vgl. Hans RALL: Kurfürst Karl Theodor. Regierender Herr in sieben Ländern; Mannheim, Leipzig, Wien, Zürich 1993, S. 199–231; BÖHMER, W. A. Mozarts «Idomeneo» (Anm. 1), S. 129–169.

13 Charles BURNEY: Tagebuch einer musikalischen Reise durch Frankreich, Italien, Flandern, die Niederlande und am Rhein bis Wien, durch Böhmen, Sachsen, Brandenburg, Hamburg und Holland 1772/1773, Bd. 2: Durch Flandern, die Niederlande und am Rhein bis Wien. Hrsg. von Richard Schaal; Kassel u. a. 1959, S. 73.

14 Vgl. Ludwig ERK/Franz Magnus BÖHME: Deutscher Liederhort; Leipzig 1894, Bd. 3, S. 315, Nr. 1454.

15 Zitiert nach FUCHS, Kurfürst (Anm. 3), S. 96. Vgl. auch EBERSOLD, Rokoko (Anm. 4), S. 381. Zu Westenrieder vgl. Wilhelm HAEFS: Aufklärung in Altbayern. Leben, Werk und Wirkung Lorenz Westenrieders; Neuried 1998.

16 So in einem Brief von Wolfgang Amadeus Mozart an seinen Vater, 27.12. 1780, zitiert nach Wilhelm A. BAUER/Otto Erich DEUTSCH (Hrsg.): Mozart. Briefe und Aufzeichnungen. Gesamtausgabe, Bd. 3: 1780–1786; Kassel u. a. 1963, S. 71 ff., Nr. 570, hier S. 72. Vgl. auch Hans F. NÖHBAUER (Hrsg.): Die Chronik Bayerns; Dortmund ²1987, S. 273.

17 Rudolph ANGERMÜLLER (Hrsg.): Wolfgang Amadeus Mozart. Sämtliche Opernlibretti; Stuttgart 1990, S. 478.

18 Werner A. WIDMANN: Bayern. Bilderbogen der bayerischen Geschichte; Zürich, München 1980, S. 112. Vgl. auch DERS.: Die ersten Pfälzer Regenten in München; in: NÖHBAUER, Chronik (Anm. 16), S. 269 f., hier S. 270.

Richard Bauer: Max I. Joseph

1 Immer noch grundlegend zur Biographie: Adalbert von BAYERN: Max I. Joseph von Bayern. Pfalzgraf, Kurfürst und König; München 1957.

2 Vgl. zur damaligen Situation Eberhard WEIS: Montgelas 1759–1799. Zwischen Revolution und Reform; München ²1988.

3 Vgl. Manfred Peter HEIMERS: Die Trikolore über München. Vorgeschichte, Ablauf und Folgen der französischen Besetzung 1800/1801; München 2000.

4 Vgl. Richard BAUER: Stadt und Stadtverfassung im Umbruch. Niedergang, Ende und Neubegründung kommunaler Eigenständigkeit 1767 bis 1818; in: DERS. (Hrsg.): Geschichte der Stadt München; München 1992, S. 244–273.

5 Vgl. Ralf ZERBACK: München und sein Stadtbürgertum. Eine Residenzstadt als Bürgergemeinde 1780–1870; München 1997.

6 Gustav DIEZEL: Baiern und die Revolution; Zürich 1849, S. 36.

7 August von PLATEN: Tagebücher; Zürich 1990, S. 42.
8 Vgl. Winfried NERDINGER (Hrsg.): Leo von Klenze. Architekt zwischen Kunst und Hof 1784–1864; München, London, New York 2000, hier die beiliegende CD-ROM: Leo von Klenze: Schriften und Briefe.
9 Karl Heinrich von LANG: Skizzen aus meinem Leben und Wirken, meinen Reisen und meiner Zeit; Braunschweig 1842, Bd. 2, S. 196.
10 Jakob BAUER: Grundzüge der Verfassung und Vermögensverwaltung der Stadtgemeinde München; München 1845, S. 39f.
11 Vgl. NERDINGER, Leo von Klenze (Anm 8), hier die beiliegende CD-ROM: Leo von Klenze: Schriften und Briefe.
12 Vgl. Hans LEHMBRUCH: Ein neues München. Stadtplanung und Stadtentwicklung um 1800. Forschungen und Dokumente; München 1987.
13 Vgl. NERDINGER, Leo von Klenze (Anm 8), hier die beiliegende CD-ROM: Leo von Klenze: Schriften und Briefe.

Frank Büttner: Ludwig I.

1 Fränkischer Kurier, 1.3. 1868.
2 Vgl. Max SPINDLER/Andreas KRAUS (Hrsg.): Signate König Ludwigs I.; Bde. 1–7, München 1987–1997.
3 Zitiert nach Werner UHDE: Hermann Frhr. von Rotenhan. Eine politische Biographie; München 1933, S. 136.
4 Zitiert nach Heinz GOLLWITZER: Ludwig I. von Bayern. Königtum im Vormärz. Eine politische Biographie; München 1986, S. 717.
5 Vgl. Johann Nepomuk SEPP: Ludwig Augustus, König von Bayern und das Zeitalter der Wiedergeburt der Künste; Schaffhausen 1869; Hans REIDELBACH: König Ludwig I. von Bayern und seine Kunstschöpfungen; München 1888. Die entschiedenste Kritik bei Winfried NERDINGER: Weder Hadrian noch Augustus. Zur Kunstpolitik Ludwigs I.; in: DERS. (Hrsg.): Romantik und Restauration. Architektur in Bayern zur Zeit Ludwigs I. 1825–1848; München 1987, S. 9–16.
6 Zitiert nach Max SPINDLER: Die Regierungszeit Ludwigs I. (1825–1848); in: DERS. (Hrsg.): Handbuch der bayerischen Geschichte, Bd. 4/1: Das Neue Bayern 1800–1970; München 1974, S. 87–223, hier S. 92, Anm. 2.
7 Johann Gottlieb FICHTE: Reden an die deutsche Nation; Berlin 1808.
8 Anton CHROUST: Gesandtschaftsberichte aus München 1814–1848, Abt. II: Die Berichte der österreichischen Gesandten, Bd. 3: Die Berichte aus der Zeit des Ministeriums Abel bis zur Thronentsagung König Ludwigs I. (vom November 1837 bis zum März 1848); München 1942, S. 95.
9 Allerhöchste Entschließung vom 21.11.1826, die Erhaltung öffentlicher Kunstwerke betreffend, zitiert nach: Neue Gesetz- und Verordnungen-Sammlung für das Königreich Bayern mit Einschluß der Reichsgesetzgebung, Bd 2: 1819 bis 1834; Nördlingen 1882, S. 365. Allerhöchste Entschließung vom 29.5.1827, Sammlung der Alterthümer und Kunstwerke betreffend, zitiert nach ebd., S. 379.
10 Zitiert nach Max SPINDLER (Hrsg.): Briefwechsel zwischen Ludwig I. von Bayern und Eduard von Schenk 1823–1841; München 1930, S. 377.

11 Joseph GÖRRES: Der Kurfürst Maximilian der Erste an den König Ludwig von Baiern bei seiner Thronbesteigung; in: DERS.: Schriften der Straßburger Exilszeit 1824–1827. Aufsätze und Beiträge im «Katholik». Hrsg. von Heribert Raab; Paderborn u. a. 1987, S. 102–116, hier S. 105.

12 Die Fresko-Malereien in den Arkaden des Hofgartens zu München; in: Berliner Kunstblatt 1828, S. 309–312, S. 335–340, hier S. 310.

13 Josef von HORMAYR: Die geschichtlichen Fresken in den Arkaden des Hofgartens zu München; München 1830, S. 7.

14 Anton SPRINGER: Kritische Gedanken über die Münchner Kunst; in: Jahrbücher für die Gegenwart 1845, S. 1022–1034, hier S. 1023 f., S. 1033. Im gleichen Sinne, wenn auch nicht ganz so scharf, äußerte sich Jacob BURCKHARDT: Bericht über die Kunstausstellung zu Berlin im Herbst 1842; in: Kunstblatt 1843, S. 1–15, hier S. 15.

15 SPRINGER, Gedanken (Anm. 14), S. 1033.

Johannes Merz: Max II.

1 Zur Situation von 1848 vgl. Heinz GOLLWITZER: Ludwig I. von Bayern. Königtum im Vormärz. Eine politische Biographie; München 1986; S. 668–720. Zur Sicht Maximilians vgl. seine Memoiren: Achim SING: Die Memoiren König Maximilians II. von Bayern 1848–1864; München 1997. Die Reformen im einzelnen bei Horst HESSE: Gesetzgeber und Gesetzgebung in Bayern 1848–1870; Bde. 1–2, Weilheim 1984/1987, hier Bd. 1, S. 68–92, Bd. 2, S. 25–35.

2 Zitiert nach GOLLWITZER, Ludwig I. (Anm. 1), S. 717.

3 Zur Verfassungsfrage vgl. Reinhard HEYDENREUTER: Maximilian II. und die Verfassung; in: König Maximilian II. von Bayern 1848–1864. Hrsg. vom Haus der Bayerischen Geschichte; Rosenheim 1988, S. 101–113; Marita KRAUSS: Herrschaftspraxis in Bayern und Preußen im 19. Jahrhundert. Ein historischer Vergleich; Frankfurt/M., New York 1997, S. 93–106.

4 SING, Memoiren (Anm. 1), S. 153.

5 Zum Beraterkreis und zur Regierungsweise vgl. Achim SING: Die Wissenschaftspolitik Maximilians II. von Bayern (1848–1864). Nordlichterstreit und gelehrtes Leben in München; Berlin 1996, S. 14–59; DERS., Memoiren (Anm. 1), S. 31–43; KRAUSS, Herrschaftspraxis (Anm. 3), bes. S. 69–85.

6 Zur Berichterstattung der Verwaltung vgl. die Hinweise bei Johannes MERZ: Die Verwaltungsberichte der Würzburger Regierung in der ersten Hälfte des 19. Jahrhunderts; in: Ernst-Günter KRENIG (Hrsg.): Wittelsbach und Unterfranken. Vorträge des Symposions: 50 Jahre Freunde Mainfränkischer Kunst und Geschichte; Würzburg 1999, S. 154–166.

7 Vgl. umfassend SING, Wissenschaftspolitik (Anm. 5); zur Trias-Konzeption zusammenfassend DERS., Memoiren (Anm. 1), S. 39 f.

8 Vgl. Walter HARTINGER: König Max II. und die bayerische Volkskultur; in: Zeitschrift für bayerische Landesgeschichte 52 (1989), S. 353–372; Manfred HANISCH: Für Fürst und Vaterland. Legitimitätsstiftung in Bay-

ern zwischen Revolution 1848 und deutscher Einheit; München 1991; Hans-Michael KÖRNER: Staat und Geschichte im Königreich Bayern 1806–1918; München 1992, insbes. S. 196–204.

9 Vgl. Lothar GALL: Von der ständischen zur bürgerlichen Gesellschaft; München 1993, S. 41. Zur sozialen Frage im 19. Jahrhundert einführend Richard H. TILLY: Vom Zollverein zum Industriestaat. Die wirtschaftlich-soziale Entwicklung Deutschlands 1834 bis 1914; München 1990, bes. S. 130–133; daneben Gerhard A. RITTER: Der Sozialstaat. Entstehung und Entwicklung im internationalen Vergleich; München [3]1998, insbes. S. 46–49. Zur Situation in Bayern: Günter MÜLLER: König Max II. und die soziale Frage; München 1964; Edward L. SHORTER: Social Change and Social Policy in Bavaria 1800–1860; Diss. masch., Cambridge/Mass. 1967; Klaus-Jürgen MATZ: Pauperismus und Bevölkerung. Die gesetzlichen Ehebeschränkungen in den süddeutschen Staaten während des 19. Jahrhunderts; Stuttgart 1980; Claus GRIMM (Hrsg.): Aufbruch ins Industriezeitalter; Bde. 1–4, München 1985.

10 Zitiert nach MATZ, Pauperismus (Anm. 9), S. 161.

11 Zusammenfassend Reinhard HEYDENREUTER: König Ludwig I. und die Sparkassen; in: Zeitschrift für bayerische Sparkassengeschichte 14 (2000), S. 457–478.

12 Vgl. Bayerisches Hauptstaatsarchiv, Geheimes Hausarchiv, Nachlaß König Max II. 75/5/20a. Die Zahlenangaben bei MÜLLER, König (Anm. 9), S. 62, sind fehlerhaft.

13 Vgl. KRAUSS, Herrschaftspraxis (Anm. 3), S. 115 f.

14 SING, Memoiren (Anm. 1), S. 155.

15 Bayerisches Hauptstaatsarchiv, Geheimes Hausarchiv, Nachlaß König Max II. 75/5/20a (14.12.1853); vgl. MÜLLER, König (Anm. 9), S. 61.

Hermann Rumschöttel: Ludwig II.

1 Bayerisches Hauptstaatsarchiv, Geheimes Hausarchiv, Autographen 551. Vgl. auch Reinhard HEYDENREUTER: König Ludwig II. und die Religion; in: Wilhelm LIEBHART/Reinhard HEYDENREUTER/Eduard HANSLICK: Ludwig II. zwischen Wirklichkeit und Verklärung. Ein Beitrag zum 100jährigen Todestag des Königs; Augsburg 1986, S. 68–92.

2 Bayerisches Hauptstaatsarchiv, Geheimes Hausarchiv, Autographen 551.

3 Bayerisches Hauptstaatsarchiv, Geheimes Hausarchiv, Nachlaß König Ludwig III., Nr. 84 (Schreiben vom 17.4. 1875).

4 Bayerisches Hauptstaatsarchiv, Geheimes Hausarchiv, Kabinettsakten König Ludwig II., Nr. 402.

5 Zitiert nach Anton MEMMINGER: Der Bayernkönig Ludwig II.; Würzburg [13]o. J., S. 175.

6 Bayerisches Hauptstaatsarchiv, Kriegsarchiv, MKr 3455, Stück 32.

7 Bayerisches Hauptstaatsarchiv, Kriegsarchiv, MKr 3455, Stück 64.

8 Bayerisches Hauptstaatsarchiv, Kriegsarchiv, Alter Bestand, IX d 20 Bund IX, Helme, Stück 2.

9 Bayerisches Hauptstaatsarchiv, MJu 11718 (9.12.1873).
10 Bayerisches Hauptstaatsarchiv, MA 605 (16.11.1865).
11 Bayerisches Hauptstaatsarchiv, Nachlaß von der Pfordten 77 (29.11.1865).
12 Zitiert nach Karl MÖCKL: Die Prinzregentenzeit. Gesellschaft und Politik während der Ära des Prinzregenten Luitpold in Bayern; München, Wien 1972, S. 91.
13 Bayerisches Hauptstaatsarchiv, Geheimes Hausarchiv, Kabinettsakten König Ludwig II., Nr. 249.
14 Zitiert nach Wilhelm LIEBHART: Ludwig II. und die Politik; in: DERS.: Bayerns Könige. Königtum und Politik in Bayern; Frankfurt/M. ^{2}1997, S. 143–185, hier S. 154.
15 Zitiert nach Peter HERDE: Der Wechsel in der Münchner Nuntiatur 1874/75 und die bayerische Politik; in: Andreas KRAUS (Hrsg.): Land und Reich, Stamm und Nation. Probleme und Perspektiven bayerischer Geschichte. Festgabe für Max Spindler zum 90. Geburtstag, Bd. 3: Vom Vormärz bis zur Gegenwart; München 1984, S. 277–302, hier S. 298.
16 Bayerisches Hauptstaatsarchiv, MA 628.
17 Zitiert nach Rupert HACKER (Hrsg.): Ludwig II. von Bayern in Augenzeugenberichten; Düsseldorf ^{2}1966, S. 197.
18 Bayerisches Hauptstaatsarchiv, Geheimes Hausarchiv, Autographen 551.
19 Zitiert nach Michael DOEBERL: Bayern und die Bismarckische Reichsgründung; München, Berlin 1925, S. 311.
20 Vgl. Bayerisches Hauptstaatsarchiv, Kriegsarchiv, MMJO II K 1, F 10.
21 Bayerisches Hauptstaatsarchiv, Geheimes Hausarchiv, Kabinettsakten Ludwig II., Nr. 251.
22 Bayerisches Hauptstaatsarchiv, Geheimes Hausarchiv, Kabinettsakten Ludwig II., Nr. 405.

Katharina Weigand: Prinzregent Luitpold

1 David CANNADINE: Die Erfindung der britischen Monarchie 1820–1994; Berlin 1994, S. 7.
2 Verfassungs-Urkunde des Königreichs Baiern; München 1818, S. 12f., Titel II, § 11.
3 Ebd., S. 12, Titel II, § 10.
4 Zitiert nach Ludwig SCHROTT: Der Prinzregent. Ein Lebensbild aus Stimmen seiner Zeit; München 1962, S. 8.
5 Zitiert nach ebd., S. 22.
6 Vgl. Heinz GOLLWITZER: Ludwig I. von Bayern. Königtum im Vormärz. Eine politische Biographie; München ^{2}1987, S. 322.
7 Zitiert nach SCHROTT, Prinzregent (Anm. 4), S. 27.
8 Vgl. Karl Theodor von HEIGEL: Nachruf auf Prinzregent Luitpold von Bayern, gest. 12. Dezember 1912; in: DERS.: Deutsche Reden; München 1916, S. 128–135, hier S. 129.
9 Zitiert nach SCHROTT, Prinzregent (Anm. 4), S. 14.

10 Georg LOHMEIER: Königlich Bayerisches Amtsgericht; München [7]1988, S. 5 f.
11 Zitiert nach SCHROTT, Prinzregent (Anm. 4), S. 101.
12 Bayerisches Hauptstaatsarchiv, MJu 13773.
13 Vgl. Dieter ALBRECHT: Luitpold, Prinzregent von Bayern; in: Neue Deutsche Biographie 15 (1987), S. 505 f.
14 Zitiert nach Norbert GÖTZ/Clementine SCHACK-SIMITZIES (Hrsg.): Die Prinzregentenzeit. Katalog der Ausstellung im Münchner Stadtmuseum; München 1988, S. 9.
15 Zitiert nach Paul Ernst RATTELMÜLLER: «... der mit der schiachn Joppn». Zum 150. Geburtstag des Prinzregenten Luitpold; in: Bayerland 73/3 (1971), S. 95 f., hier S. 95.
16 Vgl. Hans RIEHL: Märchenkönig und Bürgerkönige. Wittelsbacher Geschichte(n) 1806–1918; Bindlach 1987, S. 277.

Hans-Michael Körner: Ludwig III.

1 Zitiert nach Otto RIEDNER: Ludwig III.; in: Deutsches Biographisches Jahrbuch 4 (1929), S. 318–341, hier S. 330.
2 Vgl. Karl BOSL (Hrsg.): Bayern im Umbruch. Die Revolution von 1918, ihre Voraussetzungen, ihr Verlauf und ihre Folgen; München, Wien 1969.
3 Zitiert nach Hans REIDELBACH: Prinz Ludwig von Bayern. Ein Lebens- und Charakterbild; München 1905, S. 91.
4 Zitiert nach Ludwig SCHROTT: König Ludwig III. Volkskönig ohne Volk; in: DERS.: Die Herrscher Bayerns. Vom ersten Herzog bis zum letzten König; München [2]1967, S. 226–235, hier S. 233.
5 Gedruckt in Johannes ERICHSEN/Evamaria BROCKHOFF (Hrsg.): Bayern & Preußen & Bayerns Preußen. Schlaglichter auf eine historische Beziehung; Augsburg 1999, S. 126.
6 Zitiert nach SCHROTT, König Ludwig III. (Anm. 4), S. 233.
7 Zitiert nach RIEDNER, Ludwig III. (Anm. 1), S. 318.
8 Ebd., S. 319.
9 Zitiert nach Karl MÖCKL: Die Prinzregentenzeit. Gesellschaft und Politik während der Ära des Prinzregenten Luitpold in Bayern; München, Wien 1972, S. 114.
10 Zitiert nach John C. G. RÖHL (Hrsg.): Philipp Eulenburgs politische Korrespondenz, Bd. 2: Im Brennpunkt der Regierungskrise 1892–1895; Boppard 1979, S. 836.
11 Zitiert nach MÖCKL, Prinzregentenzeit (Anm. 9), S. 394.
12 Zitiert nach Hugo Graf LERCHENFELD-KÖFERING: Kaiser Wilhelm II. als Persönlichkeit und Herrscher. Hrsg. von Dieter Albrecht; Kallmünz 1985, S. 31.
13 Zitiert nach Hans-Michael KÖRNER: Staat und Kirche in Bayern 1886–1918; Mainz 1977, S. 173.
14 Dieter ALBRECHT: Von der Reichsgründung bis zum Ende des Ersten Weltkrieges (1870–1918); in: Max SPINDLER (Hrsg.): Handbuch der baye-

rischen Geschichte, Bd. 4/1: Das Neue Bayern 1800–1970; München 1974, S. 283–386, hier S. 329.

15 Zitiert nach John C. G. Röhl (Hrsg.): Philipp Eulenburgs politische Korrespondenz, Bd. 1: Von der Reichsgründung bis zum Neuen Kurs 1866–1891; Boppard 1976, S. 210.

16 Faksimile bei Alfons Beckenbauer: Ludwig III. von Bayern 1845–1921. Ein König auf der Suche nach seinem Volk; Regensburg 1987, S. 270.

Literatur

Friedrich Prinz: Die Agilolfinger

DIEPOLDER, Gertrud: Die Orts- und «in pago»-Nennungen im bayerischen Stammesherzogtum zur Zeit der Agilolfinger; in: Zeitschrift für bayerische Landesgeschichte 20 (1957), S. 364–436.

HAIDER, Siegfried (Hrsg.): Die Anfänge des Klosters Kremsmünster. Symposion 15. bis 18. Mai 1977; Linz 1978.

HOLZFURTNER, Ludwig: Gründung und Gründungsüberlieferung. Quellenkritische Studien zur Gründungsgeschichte der bayerischen Klöster der Agilolfingerzeit und ihrer hochmittelalterlichen Überlieferung; Kallmünz 1984.

JAHN, Joachim: Ducatus Baiuvariorum. Das bairische Herzogtum der Agilolfinger; Stuttgart 1991.

JARNUT, Jörg: Agilolfingerstudien; Stuttgart 1986.

PRINZ, Friedrich: Herzog und Adel im agilulfingischen Bayern. Herzogsgut und Konsensschenkungen vor 788; in: Zeitschrift für bayerische Landesgeschichte 25 (1962), S. 283–311.

DERS.: Frühes Mönchtum im Frankenreich: Kultur und Gesellschaft in Gallien, den Rheinlanden und Bayern am Beispiel der monastischen Entwicklung (4. bis 8. Jahrhundert); München, Wien ^{2}1988.

REINDEL, Kurt: Grundlegung: Das Zeitalter der Agilolfinger (bis 788); in: SPINDLER, Max (Hrsg.): Handbuch der bayerischen Geschichte, Bd. 1: Das Alte Bayern. Das Stammesherzogtum bis zum Ausgang des 12. Jahrhunderts; München ^{2}1981, S. 97–176.

STOCKMEIER, Peter: Tassilo III., Herzog von Bayern; in: SCHWAIGER, Georg (Hrsg.): Bavaria Sancta; Regensburg 1973, Bd. 3, S. 48–66.

WOLFRAM, Herwig: Das Fürstentum Tassilos III., Herzogs der Bayern; in: Mitteilungen der Gesellschaft für Salzburger Landeskunde 108 (1968), S. 157–179.

Peter Schmid: Die Karolinger

BOSHOF, Egon: Das ostfränkische Reich und die Slawenmission im 8. Jahrhundert: die Rolle Passaus; in: BAUER, Dieter R./HIESTAND, Rudolf/KASTEN, Brigitte/LORENZ, Sönke (Hrsg.): Mönchtum, Kirche, Herrschaft 750–1000; Sigmaringen 1998, S. 51–76.

HLAWITSCHKA, Eduard: Vom Frankenreich zur Formierung der europäischen Staaten- und Völkergemeinschaft 840–1046; Darmstadt 1986.

KRAH, Adelheid: Bayern und das Reich in der Zeit Arnolfs von Kärnten; in: KRIECHBAUM, Maximiliane (Hrsg.): Festschrift für Sten Gagnér zum 3. März 1996; Ebelsbach 1996, S. 1–31.

REINDEL, Kurt: Bayern im Karolingerreich; in: BRAUNFELS, Wolfgang (Hrsg.): Karl der Große. Lebenswerk und Nachleben; Düsseldorf 1965, Bd. 1, S. 220–246.

SCHIEFFER, Rudolf: Karl III. und Arnolf; in: SCHNITH, Karl Rudolf/PAULER, Roland (Hrsg.): Festschrift für Eduard Hlawitschka zum 65. Geburtstag; Kallmünz 1993, S. 133–149.

SCHNITH, Karl Rudolf (Hrsg.): Mittelalterliche Herrscher in Lebensbildern; Graz, Wien, Köln 1990.

SVETINA, Robert: Zur Bedeutung Karantaniens für die Politik der ostfränkischen Karolinger Arnulf «von Kärnten» und Karlmann; in: Carinthia I 188 (1998), S. 157–183.

Ludwig Holzfurtner: Die Luitpoldinger

BOSL, Karl: Das «jüngere» bayerische Stammesherzogtum der Luitpoldinger; in: Zeitschrift für bayerische Landesgeschichte 18 (1955), S. 144–172.

BRUNNER, Karl: Herzogtümer und Marken. Vom Ungarnsturm bis ins 12. Jahrhundert; Wien 1994.

FAUSSNER, Hans Constantin: Zum Regnum Bavariae Herzog Arnulfs (907–938); Wien 1984.

GOETZ, Hans-Werner: «Dux» und «Ducatus». Begriffs- und verfassungsgeschichtliche Untersuchungen zur Entstehung des sogenannten «jüngeren» Stammesherzogtums an der Wende vom neunten zum zehnten Jahrhundert; Bochum ^{2}1981.

HIESTAND, Rudolf: Pressburg 907. Eine Wende in der Geschichte des ostfränkischen Reiches?; in: Zeitschrift für bayerische Landesgeschichte 57 (1994), S. 1–20.

HOLZFURTNER, Ludwig: Gloriosus Dux. Studien zur Geschichte Herzog Arnulfs von Bayern (907–937) [im Druck].

REINDEL, Kurt: Die bayerischen Luitpoldinger 893–989. Sammlung und Erläuterung der Quellen; München 1953.

DERS.: Bayern unter den Luitpoldingern; in: SPINDLER, Max (Hrsg.): Handbuch der bayerischen Geschichte, Bd. 1: Das Alte Bayern. Das Stammesherzogtum bis zum Ausgang des 12. Jahrhunderts; München ^{2}1981, S. 277–302.

SCHIEFFER, Rudolf: Otto von Freising ein Urkundenfälscher?; in: KOLMER, Lothar/SEGL, Peter (Hrsg.): Regensburg, Bayern und Europa. Festschrift für Kurt Reindel zum 70. Geburtstag; Regensburg 1995, S. 245–256.

SCHMID, Alois: Das Bild des Bayernherzogs Arnulf (907–937) in der deutschen Geschichtsschreibung von seinen Zeitgenossen bis zu Wilhelm von Giesebrecht; Kallmünz 1976.

WOLF, Gunther: Das sogenannte «Gegenkönigtum» Arnulfs von Bayern 919; in: Mitteilungen des Instituts für österreichische Geschichtsforschung 91 (1983), S. 375–400.

Rudolf Schieffer: Ottonen und Salier

ALVERMANN, Dirk: Königsherrschaft und Reichsintegration. Eine Untersuchung zur politischen Struktur von regna und imperium zur Zeit Kaiser Ottos II. (967) 973–983; Berlin 1998.

KELLER, Hagen: Reichsstruktur und Herrschaftsauffassung in ottonisch-frühsalischer Zeit; in: Frühmittelalterliche Studien 16 (1982), S. 74–128.

KOTTJE, Raymund: Zur Bedeutung der Bischofsstädte für Heinrich IV.; in: Historisches Jahrbuch 97/98 (1978), S. 131–157.

MÜLLER-MERTENS, Eckhard: Die Reichsstruktur im Spiegel der Herrschaftspraxis Ottos des Großen; Berlin 1980.

DERS./HUSCHNER, Wolfgang: Reichsintegration im Spiegel der Herrschaftspraxis Kaiser Konrads II.; Weimar 1992.

REINDEL, Kurt: Bayern vom Zeitalter der Karolinger bis zum Ende der Welfenherrschaft (788–1180). Die politische Entwicklung; in: SPINDLER, Max (Hrsg.): Handbuch der bayerischen Geschichte, Bd. 1: Das Alte Bayern. Das Stammesherzogtum bis zum Ausgang des 12. Jahrhunderts; München ²1981, S. 249–349.

SCHMID, Peter: Regensburg. Stadt der Könige und Herzöge im Mittelalter; Kallmünz 1977.

STÖRMER, Wilhelm: Zum Wandel der Herrschaftsverhältnisse und inneren Strukturen Bayerns im 10. Jahrhundert; in: SEIBT, Ferdinand (Hrsg.): Gesellschaftsgeschichte. Festschrift für Karl Bosl zum 80. Geburtstag; München 1988, Bd. 2, S. 267–285.

DERS.: Bayern und der bayerische Herzog im 11. Jahrhundert. Fragen der Herzogsgewalt und der königlichen Interessenpolitik; in: WEINFURTER, Stefan (Hrsg.): Die Salier und das Reich, Bd. 1: Salier, Adel und Reichsverfassung; Sigmaringen 1991, S. 503–547.

ZOTZ, Thomas: Die Gegenwart des Königs. Zur Herrschaftspraxis Ottos III. und Heinrichs II.; in: SCHNEIDMÜLLER, Bernd/WEINFURTER, Stefan (Hrsg.): Otto III. – Heinrich II. Eine Wende?; Sigmaringen 1997, S. 349–386.

Ferdinand Kramer: Die Welfen

AY, Karl-Ludwig/MAIER, Lorenz/JAHN, Joachim (Hrsg.): Die Welfen. Landesgeschichtliche Aspekte ihrer Herrschaft; Konstanz 1998.

EHLERS, Joachim: Heinrich der Löwe. Europäisches Fürstentum im Hochmittelalter; Göttingen 1997.

FELDMANN, Karin: Welf VI. und sein Sohn (mit Regesten); Diss. masch., Tübingen 1971.

FREUND, Stephan: Die Regensburger Bischöfe und das Herzogtum Heinrichs des Löwen; in: KOLMER, Lothar/SEGL, Peter (Hrsg.): Regensburg, Bayern und Europa. Festschrift für Kurt Reindel zum 70. Geburtstag; Regensburg 1995, S. 257–280.

GOES, Rudolf: Die Hausmacht der Welfen in Süddeutschland; Diss. masch., Tübingen 1960.

HECHBERGER, Werner: Staufer und Welfen 1125–1190. Zur Verwendung von Theorien in der Geschichtswissenschaft; Köln 1996.
HEIGEL, Carl Theodor/RIEZLER, Sigmund Otto: Das Herzogthum Bayern zur Zeit Heinrichs des Löwen und Otto I. von Wittelsbach; München 1867.
JEHL, Rainer (Hrsg.): Welf VI.; Sigmaringen 1995.
JORDAN, Karl: Heinrich der Löwe. Eine Biographie; München ²1980.
KÖNIG, Erich (Hrsg.): Historia Welforum; Sigmaringen ²1978.
KRAUS, Andreas: Heinrich der Löwe und Bayern; in: MOHRMANN, Wolf-Dieter (Hrsg.): Heinrich der Löwe; Göttingen 1980, S. 151–214.
LUCKHARDT, Jochen/NIEHOFF, Franz (Hrsg.): Heinrich der Löwe und seine Zeit. Herrschaft und Repräsentation der Welfen 1125–1235; Bde. 1–3, München 1995.
REINDEL, Kurt: Das welfische Jahrhundert in Bayern; in: SPINDLER, Max (Hrsg.): Handbuch der bayerischen Geschichte, Bd. 1: Das Alte Bayern. Das Stammesherzogtum bis zum Ausgang des 12. Jahrhunderts; München ²1981, S. 324–349.
ROEDER, Elmar: Heinrich der Stolze und die Kirche; in: Zeitschrift für bayerische Landesgeschichte 55 (1992), S. 1–12.
SCHMID, Alois: Heinrich der Löwe als Herzog von Bayern; in: LUCKHARDT, Jochen/NIEHOFF, Franz (Hrsg.): Heinrich der Löwe und seine Zeit. Herrschaft und Repräsentation der Welfen 1125–1235; München 1995; Bd. 2, S. 173–179.
SCHNEIDMÜLLER, Bernd: Die Welfen. Herrschaft und Erinnerung (819–1252); Stuttgart 2000.
SEIBERT, Hubertus: Heinrich der Löwe und die Welfen. Ein Jubiläum und sein Ertrag für die Forschung; in: Historische Zeitschrift 268 (1999), S. 375–406.

Alois Schmid: Die frühen Wittelsbacher

BAYERN, Adalbert von: Die Wittelsbacher. Geschichte unserer Familie; München ²1995.
FLOHRSCHÜTZ, Günther: Zur Genealogie der Grafen von Scheyern; in: FRIED, Pankraz (Hrsg.): Forschungen zur schwäbischen Geschichte; Sigmaringen 1991, S. 37–60.
DERS.: Zur Genealogie der Grafen von Scheyern (II); in: FRIED, Pankraz (Hrsg.): Jahrbuch für bayerisch-schwäbische Geschichte 1995. Beiträge und Berichte; Sigmaringen 1996, S. 59–72.
FRIED, Pankraz: Die Chronik des Abtes Konrad von Scheyern (1206–1225) über die Gründung des Klosters Scheyern und die Anfänge des Hauses Wittelsbach; Weißenhorn 1980.
GLASER, Hubert (Hrsg.): Wittelsbach und Bayern, Bd. 1/1: Die Zeit der frühen Herzöge. Von Otto I. zu Ludwig dem Bayern. Beiträge zur Bayerischen Geschichte und Kunst 1180–1350; München 1980.
HEIGEL, Carl Theodor/RIEZLER, Sigmund Otto: Das Herzogthum Bayern zur Zeit Heinrichs des Löwen und Otto I. von Wittelsbach; München 1867.

HOFMANN, Siegfried: Urkundenwesen, Kanzlei und Regierungssystem der Herzoge von Bayern und Pfalzgrafen bei Rhein 1180 bzw. 1214 bis 1255 bzw. 1294; Kallmünz 1967.

MOEGLIN, Jean-Marie: Les ancêtres du prince. Propagande politique et naissance d'une histoire nationale en Bavière au Moyen Age (1180–1500); Genf 1985.

RIEZLER, Sigmund von: Geschichte Baierns, Bd. 1/1: bis 995; Stuttgart ²1927 [Neudruck Aalen 1964].

DERS.: Geschichte Baierns, Bd. 1/2: 995–1180; Stuttgart ²1927 [Neudruck Aalen 1964].

DERS.: Geschichte Baierns, Bd. 2: 1180–1347; Gotha 1880 [Neudruck Aalen 1964].

SCHAAB, Meinrad: Geschichte der Kurpfalz, Bd. 1: Mittelalter; Stuttgart 1988.

SCHMID, Alois: Kelheim in der Zeit der frühen Wittelsbacher; Abensberg 1999.

SCHWERTL, Gerhard: Die Beziehungen der Herzöge von Bayern und Pfalzgrafen bei Rhein zur Kirche 1180–1294; München 1968.

SPINDLER, Max: Die Anfänge des bayerischen Landesfürstentums; München 1937.

Michael Menzel: Ludwig der Bayer

BENKER, Gertrud: Ludwig der Bayer. Ein Wittelsbacher auf dem Kaiserthron; München 1980.

HUNDT, Barbara: Ludwig der Bayer. Der Kaiser aus dem Hause Wittelsbach, 1282–1347; München 1989.

KAUFHOLD, Martin: Gladius spiritualis. Das päpstliche Interdikt über Deutschland in der Regierungszeit Ludwigs des Bayern (1324–1347); Heidelberg 1994.

MIETHKE, Jürgen: Kaiser und Papst im Spätmittelalter. Zu den Ausgleichsbemühungen zwischen Ludwig dem Bayern und der Kurie in Avignon; in: Zeitschrift für Historische Forschung 10 (1983), S. 421–446.

DERS./BÜHLER, Arnold: Kaiser und Papst im Konflikt; Düsseldorf 1988.

MOELLER, Richard: Ludwig der Bayer und die Kurie im Kampf um das Reich; Berlin 1914.

MÜLLER, Carl: Der Kampf Ludwigs des Baiern mit der römischen Kurie; Bde. 1–2, Tübingen 1879/1880.

PREGER, Wilhelm: Der kirchenpolitische Kampf unter Ludwig dem Baier und sein Einfluß auf die öffentliche Meinung in Deutschland; in: Abhandlungen der Königlich Bayerischen Akademie der Wissenschaften. Historische Klasse 14,1 (1878), S. 1–70.

PRINZ, Friedrich: Ludwig der Bayer – München, Avignon und Rom; in: DERS: Bayerische Miniaturen; München 1988, S. 48–66.

SCHÜTZ, Alois: Die Prokuratorien und Instruktionen Ludwigs des Bayern für die Kurie (1331–1345); Kallmünz 1973.

DERS.: Die Verhandlungen Ludwigs des Bayern mit Benedikt XII. Ein Beitrag zum päpstlichen Anspruch auf Approbation des Römischen Königs 1335–1337; in: Zeitschrift für bayerische Landesgeschichte 60 (1997), S. 253–315.

THOMAS, Heinz: Ludwig der Bayer (1282–1347). Kaiser und Ketzer; Regensburg 1993.

Joachim Wild: Die Herzöge von Straubing und Ingolstadt

BAYERN-INGOLSTADT, Bayern-Landshut 1392–1506. Glanz und Elend einer Teilung; Ingolstadt 1992.

BOEHM, Laetitia: Das Haus Wittelsbach in den Niederlanden; in: Zeitschrift für bayerische Landesgeschichte 44 (1981), S. 93–130.

BOER, Dick de: Ein Dreieck wird gespannt. Der Weggang Albrechts von Bayern-Straubing in die Niederlande im Licht der Territorienbildung; in: Jahresbericht des Historischen Vereins für Straubing und Umgebung 89 (1987), S. 33–56.

BOSL, Karl: Straubing, das neue und alte Gesicht einer Stadt im altbayerischen Kernland. Festschrift aus Anlaß des 750. Gründungsjubiläums; Straubing 1968.

HOFMANN, Siegfried/STRAUB, Theodor (Hrsg.): Das Herzogtum Bayern-Ingolstadt; Ingolstadt 1980.

HUBER, Alfons/PRAMMER, Johannes (Hrsg.): 1100 Jahre Straubing 897–1997. Vortragsreihe; Straubing 1998.

KREMER, Renate: Die Auseinandersetzungen um das Herzogtum Bayern-Ingolstadt 1438–1450; München 2000.

MÜLLER, Theodor/REISSMÜLLER, Wilhelm (Hrsg.): Ingolstadt. Die Herzogsstadt, die Universitätsstadt, die Festung; Bde. 1–2, Ingolstadt 1974.

STRAUB, Theodor: Herzog Ludwig der Bärtige von Bayern-Ingolstadt und seine Beziehungen zu Frankreich in der Zeit von 1391 bis 1415; Kallmünz 1965.

DERS.: Bayern im Zeichen der Teilungen und der Teilherzogtümer (1347–1450); in: KRAUS, Andreas (Hrsg.): Handbuch der bayerischen Geschichte, begründet von Max Spindler, Bd. 2: Das Alte Bayern. Der Territorialstaat vom Ausgang des 12. Jahrhunderts bis zum Ausgang des 18. Jahrhunderts; München ²1988, S. 196–287.

Walter Ziegler: Die Herzöge von Landshut

BECKENBAUER, Alfons: Eine Momentaufnahme aus der europäischen Geschichte. Die Polenhochzeit in Landshut; in: Verhandlungen des Historischen Vereins für Niederbayern 120/121 (1994/1995), S. 9–51.

BLEIBRUNNER, Hans (Hrsg.): Große Niederbayern; Passau 1972.

DERS.: Niederbayern. Kulturgeschichte des bayerischen Unterlandes, Bd. 1; Landshut ²1982.

ETTELT, Beatrix: Bayern-Ingolstadt, Bayern-Landshut 1392–1506; Ingolstadt 1992.

ETTELT-SCHÖNEWALD, Beatrix: Kanzlei, Rat und Regierung Ludwigs des Reichen von Bayern-Landshut (1450–1479); Bde. 1–2, München 1996/1999.

KLUCKHOHN, August: Ludwig der Reiche, Herzog von Bayern; Nördlingen 1865.

KRAUS, Andreas: Sammlung der Kräfte und Aufschwung (1450–1508); in: DERS. (Hrsg.): Handbuch der bayerischen Geschichte, begründet von Max Spindler, Bd. 2: Das Alte Bayern. Der Territorialstaat vom Ausgang des 12. Jahrhunderts bis zum Ausgang des 18. Jahrhunderts; München ^{2}1988, S. 288–321.

RIEZLER, Sigmund von: Geschichte Baierns, Bd. 3: 1347 bis 1508; Gotha 1889 [Neudruck Aalen 1964].

RILLING, Stephanie: Studien zu Heinrich dem Reichen von Bayern-Landshut; in: Verhandlungen des Historischen Vereins für Niederbayern 116/117 (1990/1991), S. 141–208.

SPITZELBERGER, Georg: Das Herzogtum Bayern-Landshut und seine Residenzstadt 1392–1503; Landshut 1993.

STAHLEDER, Erich: Niederbayern als Staat (1250–1505); Landshut 1970.

STAUBER, Reinhard: Herzog Georg von Bayern-Landshut und seine Reichspolitik; Kallmünz 1993.

STRAUB, Theodor: Bayern im Zeichen der Teilungen und der Teilherzogtümer (1347–1450); in: KRAUS, Andreas (Hrsg.): Handbuch der bayerischen Geschichte, begründet von Max Spindler, Bd. 2: Das Alte Bayern. Der Territorialstaat vom Ausgang des 12. Jahrhunderts bis zum Ausgang des 18. Jahrhunderts; München ^{2}1988, S. 196–287.

ZIEGLER, Walter: Studien zum Staatshaushalt Bayerns in der zweiten Hälfte des 15. Jahrhunderts. Die regulären Kammereinkünfte des Herzogtums Niederbayern 1450–1500; München 1981.

Reinhard Stauber: Die Herzöge von München

BASTERT, Bernd: Der Münchner Hof und Fuetrers «Buch der Abenteuer». Literarische Kontinuität im Spätmittelalter; Frankfurt/M. 1993.

CRAMER-FÜRTIG, Michael: Landesherr und Landstände im Fürstentum Pfalz-Neuburg. Staatsbildung und Ständeorganisation in der ersten Hälfte des 16. Jahrhunderts; St. Ottilien 1996.

KRAMER, Ferdinand: Oberbayern. Grundzüge seiner Geschichte in Mittelalter und Neuzeit; München 1994.

KRAUS, Andreas: Sammlung der Kräfte und Aufschwung (1450–1508); in: DERS. (Hrsg.): Handbuch der bayerischen Geschichte, begründet von Max Spindler, Bd. 2: Das Alte Bayern. Der Territorialstaat vom Ausgang des 12. Jahrhunderts bis zum Ausgang des 18. Jahrhunderts; München ^{2}1988, S. 288–321.

MOEGLIN, Jean-Marie: Les ancêtres du prince. Propagande politique et naissance d'une histoire nationale en Bavière au Moyen Age (1180–1500); Genf 1985.

RIEZLER, Sigmund von: Geschichte Baierns, Bd. 3: 1347 bis 1508; Gotha 1889 [Neudruck Aalen 1964].

Schmid, Alois: Krise und Modernisierung im Herzogtum Bayern an der Schwelle zur Neuzeit: der Landshuter Erbfolgekrieg (1503–1505); in: Weber, Wolfgang E. J. (Hrsg.): Der frühmoderne Staat in Ostzentraleuropa; Augsburg 2000, S. 125–147.

Schmid, Peter: Ratispona metropolis Baioariae. Die bayerischen Herzöge und Regensburg; in: Ders. (Hrsg.): Geschichte der Stadt Regensburg; Regensburg 2000, Bd. 1, S. 51–101.

Silbernagl, Isidor: Albrecht IV., der Weise, und seine Regierung; München 1857.

Stauber, Reinhard: Staat und Dynastie. Herzog Albrecht IV. und die Einheit des «Hauses Bayern» um 1500; in: Zeitschrift für bayerische Landesgeschichte 60 (1997), S. 539–565.

Störmer, Wilhelm: Die innere Konsolidierung der wittelsbachischen Territorialstaaten in Bayern im 15. Jahrhundert; in: Seibt, Ferdinand/Eberhard, Winfried (Hrsg.): Europa 1500. Integrationsprozesse im Widerstreit; Stuttgart 1987, S. 175–194.

Weinfurter, Stefan: Die Einheit Bayerns. Zur Primogeniturordnung des Herzogs Albrecht IV. von 1506; in: Dickerhof, Harald (Hrsg.): Festgabe für Heinz Hürten zum 60. Geburtstag; Frankfurt/M. 1988, S. 225–242.

Manfred Weitlauff: Wilhelm IV. und Ludwig X.

Bosl, Karl (Hrsg.): Dokumente zur Geschichte von Staat und Gesellschaft in Bayern, Bd. 1/2: Altbayern von 1180–1550. Bearb. von Karl-Ludwig Ay; München 1977.

Druffel, August von: Die Bairische Politik im Beginne der Reformationszeit 1519–1524; in: Abhandlungen der Historischen Classe der Königlich Bayerischen Akademie der Wissenschaften 17 (1886), S. 595–706.

Iserloh, Erwin (Hrsg.): Johannes Eck (1486–1543) im Streit der Jahrhunderte. Internationales Symposion der Gesellschaft zur Herausgabe des Corpus Catholicorum aus Anlaß des 500. Geburtstages des Johannes Eck vom 13. bis 16. November 1986 in Ingolstadt und Eichstätt; Münster 1988.

Markmiller, Fritz: «Als es zu Dingolfing gut lutherisch war». Niederbayerische Pfarreien des Isar-, Vils-, Kollbach-, Bina- und Aitrachtals im Reformationszeitalter; in: Beiträge zur Geschichte des Bistums Regensburg 33 (1999), S. 99–372.

Metzger, Edelgard: Leonhard von Eck (1480–1550). Wegbereiter und Begründer des frühabsolutistischen Bayern; München, Wien 1980.

Pfeilschifter, Georg (Hrsg.): Acta reformationis catholicae ecclesiam Germaniae concernentia saeculi XVI. Die Reformverhandlungen des deutschen Episkopats von 1520 bis 1570; Bde. 1–6, Regensburg 1959–1974.

Rankl, Helmut: Das vorreformatorische landesherrliche Kirchenregiment in Bayern (1378–1526); München 1971.

Riezler, Sigmund von: Geschichte Baierns, Bd. 3: 1347 bis 1508; Gotha 1889 [Neudruck Aalen 1964].

Ders.: Geschichte Baierns, Bd. 4: 1508 bis 1597; Gotha 1899 [Neudruck Aalen 1964].

Weitlauff, Manfred: Die Gründung der Gesellschaft Jesu und ihre Anfänge in Süddeutschland; in: Jahrbuch des Historischen Vereins Dillingen an der Donau 94 (1992), S. 15–66.

Ders.: Die bayerischen Wittelsbacher in der Reichskirche; in: Römische Quartalschrift 87 (1992), S. 306–326.

Ders.: Die Anfänge der Ludwig-Maximilians-Universität München und ihrer Theologischen Fakultät (1472) und deren Schicksal im Reformationsjahrhundert; in: Münchener Theologische Zeitschrift 48 (1997), S. 333–369.

Ders.: Die bayerischen Herzöge Wilhelm IV. und Ludwig X. und ihre Stellung zur Reformation Martin Luthers; in: Beiträge zur altbayerischen Kirchengeschichte 45 (2000), S. 59–110.

Reinhold Baumstark: Albrecht V.

Busley, Hermann-Joseph: Zur Finanz- und Kulturpolitik Albrechts V. von Bayern. Studie zum herzoglichen Ratsgutachten von 1557; in: Iserloh, Erwin/Repgen, Konrad (Hrsg.): Reformata Reformanda. Festgabe für Hubert Jedin zum 17. Juni 1965; Münster 1965, Bd. 2, S. 209–235.

Heil, Dietmar: Die Reichspolitik Bayerns unter der Regierung Herzog Albrechts V. (1550–1579); Göttingen 1998.

Lanzinner, Maximilian: Fürst, Räte und Landstände. Die Entstehung der Zentralbehörden in Bayern 1511–1598; Göttingen 1980.

Lutz, Heinrich/Ziegler, Walter: Das konfessionelle Zeitalter. Erster Teil: Die Herzöge Wilhelm IV. und Albrecht V.; in: Kraus, Andreas (Hrsg.): Handbuch der bayerischen Geschichte, begründet von Max Spindler, Bd. 2: Das Alte Bayern. Der Territorialstaat vom Ausgang des 12. Jahrhunderts bis zum Ausgang des 18. Jahrhunderts; München ^{2}1988, S. 322–392, hier S. 373–392.

Riezler, Sigmund von: Geschichte Baierns, Bd. 4: 1508 bis 1597; Gotha 1899 [Neudruck Aalen 1964].

Ders.: Zur Würdigung Herzog Albrechts V. von Bayern und seiner inneren Regierung; in: Abhandlungen der Königlich Bayerischen Akademie der Wissenschaften. Historische Klasse 21 (1894), S. 65–132.

Roth, Harriet: Der Anfang der Museumslehre in Deutschland. Das Traktat «Inscriptiones vel Tituli Theatri Amplissimi» von Samuel Quiccheberg; Berlin 2000.

Seelig, Lorenz: Die Münchner Kunstkammer. Geschichte, Anlage, Ausstattung; in: Jahrbuch der bayerischen Denkmalpflege 40 (1986), S. 101–138.

Ziegler, Walter: Das Testament Herzog Albrechts V. von Bayern (1578); in: Greipl, Egon Johannes/Schmid, Alois/Ziegler, Walter (Hrsg.): Aus Bayerns Geschichte. Forschung als Festgabe zum 70. Geburtstag von Andreas Kraus; St. Ottilien 1992, S. 259–309.

Marianne Sammer: Wilhelm V.

ALBRECHT, Dieter: Das konfessionelle Zeitalter. Zweiter Teil: Die Herzöge Wilhelm V. und Maximilian I.; in: KRAUS, Andreas (Hrsg.): Handbuch der bayerischen Geschichte, begründet von Max Spindler, Bd. 2: Das Alte Bayern. Der Territorialstaat vom Ausgang des 12. Jahrhunderts bis zum Ausgang des 18. Jahrhunderts; München ²1988, S. 393–457.

BAADER, Berndt Philipp: Der bayerische Renaissancehof Herzog Wilhelms V. (1568–1579). Ein Beitrag zur bayerischen und deutschen Kulturgeschichte des 16. Jahrhunderts; Leipzig, Straßburg 1943.

BAUERREISS, Romuald: Kirchengeschichte Bayerns, Bd. 6: Das sechzehnte Jahrhundert; St. Ottilien ²1975.

BAUMSTARK, Reinhold (Hrsg.): Rom in Bayern. Kunst und Spiritualität der ersten Jesuiten. Katalog zur Ausstellung des Bayerischen Nationalmuseums München, 30. April bis 20. Juli 1997; München 1997.

DIEMER, Dorothea: Quellen und Untersuchungen zum Stiftergrab Herzog Wilhelms V. von Bayern und der Renata von Lothringen in der Münchner Michaelskirche; in: GLASER, Hubert (Hrsg.): Quellen und Studien zur Kunstpolitik der Wittelsbacher vom 16. bis zum 18. Jahrhundert; München 1980, S. 7–82.

DUHR, Bernhard: Geschichte der Jesuiten in den Ländern deutscher Zunge, Bd. 1: Geschichte der Jesuiten in den Ländern deutscher Zunge im XVI. Jahrhundert; Freiburg/Br. 1907.

GLASER, Hubert (Hrsg.): Wittelsbach und Bayern, Bd. 2/2: Um Glauben und Reich. Kurfürst Maximilian I. Katalog der Ausstellung in der Residenz in München 12. Juni–5. Oktober 1980; München 1980, S. 49–93.

HARTMANN, Peter Claus: Der bayerische Reichskreis im Zeichen konfessioneller Spannungen und türkischer Bedrohung. Die Zeit der letzten Regierungsjahre Herzog Wilhelms V. (1594–1598); in: Zeitschrift für bayerische Landesgeschichte 60 (1997), S. 599–616.

LANZINNER, Maximilian: Herrschaftsausübung im frühmodernen Staat. Zur Regierungsweise Herzog Wilhelms V. von Bayern; in: Zeitschrift für bayerische Landesgeschichte 51 (1988), S. 77–99.

LIETZMANN, Hilda: Valentin Drausch und Herzog Wilhelm V. von Bayern. Ein Edelsteinschneider der Spätrenaissance und sein Auftraggeber; München, Berlin 1998.

LOJEWSKI, Günther von: Bayerns Weg nach Köln. Geschichte der bayerischen Bistumspolitik in der zweiten Hälfte des 16. Jahrhunderts; Bonn 1962.

Der MÖNCH im Wappen. Aus Geschichte und Gegenwart des katholischen München; München 1960.

SCHELLHASS, Karl: Der Dominikaner Felician Ninguarda und die Gegenreformation in Süddeutschland und Österreich; Bde. 1–2, Rom 1930/1939.

SCHREIBER, Friedrich Anton Wilhelm: Geschichte des Bayerischen Herzogs Wilhelm V. des Frommen nach Quellen und Urkunden dargestellt. Ein Beitrag zur vaterländischen Geschichte; München 1860.

STOCKBAUER, Jakob: Die Kunstbestrebungen am Bayerischen Hofe unter Herzog Albert V. und seinem Nachfolger Wilhelm V.; Wien 1874.

WAGNER, Karl/KELLER, Albert (Hrsg.): St. Michael in München. Festschrift zum 400. Jahrestag der Grundsteinlegung und zum Abschluß des Wiederaufbaus; München, Zürich 1983.

ZIEGLER, Walter: Von der Reformation bis zum Westfälischen Frieden. Altbayern 1517–1648; in: BRANDMÜLLER, Walter (Hrsg.): Handbuch der bayerischen Kirchengeschichte, Bd. 2: Von der Glaubensspaltung bis zur Säkularisation; St. Ottilien 1993, S. 1–64.

Gerhard Immler: Maximilian I.

ALBRECHT, Dieter: Das konfessionelle Zeitalter. Zweiter Teil: Die Herzöge Wilhelm V. und Maximilian I.; in: KRAUS, Andreas (Hrsg.): Handbuch der bayerischen Geschichte, begründet von Max Spindler, Bd. 2: Das Alte Bayern. Der Territorialstaat vom Ausgang des 12. Jahrhunderts bis zum Ausgang des 18. Jahrhunderts; München ²1988, S. 393–457.

DERS.: Maximilian I. von Bayern 1573–1651; München 1998.

BURKHARDT, Johannes: Der Dreißigjährige Krieg; Frankfurt/M. 1992.

GLASER, Hubert (Hrsg.): Wittelsbach und Bayern, Bd. 2/1: Um Glauben und Reich. Kurfürst Maximilian I. Beiträge zur Bayerischen Geschichte und Kunst 1573–1657; München 1980.

DERS. (Hrsg.): Wittelsbach und Bayern, Bd. 2/2: Um Glauben und Reich. Kurfürst Maximilian I. Katalog der Ausstellung in der Residenz in München 12. Juni–5. Oktober 1980; München 1980.

KRAUS, Andreas: Maximilian I. Bayerns großer Kurfürst; Graz, Wien, Köln, Regensburg 1990.

PARKER, Geoffrey: Der Dreißigjährige Krieg; Frankfurt/M., New York 1987.

SCHORMANN, Gerhard: Der Dreißigjährige Krieg; Göttingen ²1993.

Manfred Heim: Ferdinand Maria

BARY, Roswitha von: Henriette Adelaide von Savoyen. Kurfürstin von Bayern; München 1980.

DOEBERL, Michael: Bayern und Frankreich. Vornehmlich unter Kurfürst Ferdinand Maria; Bde. 1–2, München 1900/1903.

HEIGEL, Karl Theodor von: Die Vermählung des Kurfürsten Ferdinand Maria mit Adelaide von Savoyen und die Beziehungen zwischen Bayern und Savoyen 1648–1653; in: DERS.: Abhandlungen zur neueren Geschichte Bayerns. Neue Folge; München 1890, S. 1–47.

HOPFENMÜLLER, Annelie: Der Geistliche Rat unter den Kurfürsten Ferdinand Maria und Max Emanuel von Bayern (1651–1726); München 1985.

HÜTTL, Ludwig: Caspar von Schmid (1622–1693), ein kurbayerischer Staatsmann aus dem Zeitalter Ludwigs XIV.; München 1971.

KELLER, Katrin/KRAMER, Ferdinand: Vergleichende Aspekte der Absolutismusforschung in Sachsen und Bayern; in: Zeitschrift für bayerische Landesgeschichte 61 (1998), S. 663–697.

KRAUS, Andreas: Bayern im Zeitalter des Absolutismus (1651–1745). Die

Kurfürsten Ferdinand Maria, Max II. Emanuel und Karl Albrecht; in: DERS. (Hrsg.): Handbuch der bayerischen Geschichte, begründet von Max Spindler, Bd. 2: Das Alte Bayern. Der Territorialstaat vom Ausgang des 12. Jahrhunderts bis zum Ausgang des 18. Jahrhunderts; München ²1988, S. 458–532.

LUIN, Elisabeth Jeanette: Das künstlerische Erbe der Kurfürstin Adelaide in ihren Kindern, Enkeln und Urenkeln; in: GOETZ, Walter (Hrsg.): Festgabe für Seine Königliche Hoheit Kronprinz Rupprecht von Bayern; München 1953, S. 152–179.

PITZKE, Christine: Eine «welsche Prinzessin» in München. Die bayerische Kurfürstin Henriette Adelaide (1636–1676); München 1999.

RANKL, Helmut: Landvolk und frühmoderner Staat in Bayern 1400–1800; Bde. 1–2, München 1999.

RIEZLER, Sigmund von: Geschichte Baierns, Bd. 5: 1597 bis 1651; Gotha 1903 [Neudruck Aalen 1964].

SCHWAIGER, Georg: München – eine geistliche Stadt; in: DERS. (Hrsg.): Monachium Sacrum. Festschrift zur 500-Jahr-Feier der Metropolitankirche Zu Unserer Lieben Frau in München; München 1994, Bd. 1, S. 1–289.

STRAUB, Eberhard: Repraesentatio maiestatis oder churbayerische Freudenfeste. Die höfischen Feste in der Münchner Residenz vom 16. bis zum Ende des 18. Jahrhunderts; München 1969.

STRICH, Michael: Das Kurhaus Bayern im Zeitalter Ludwigs XIV. und die europäischen Mächte; Bde. 1–2, München 1933.

WOECKEL, Gerhard P.: Pietas Bavarica. Wallfahrt, Prozession und Ex voto-Gabe im Hause Wittelsbach in Ettal, Wessobrunn, Altötting und der Landeshauptstadt München von der Gegenreformation bis zur Säkularisation und der «Renovatio Ecclesiae»; Weißenhorn 1992.

Marcus Junkelmann: Max Emanuel

ARTE et Marte. In memoriam Hans Schmidt. Eine Gedächtnisschrift seines Schülerkreises, Bd. 1: JUNKELMANN, Marcus: Theatrum Belli. Die Schlacht von Höchstädt 1704 und die Schlösser von Schleißheim und Blenheim; Herzberg 2001.

BÖRSCH-SUPAN, Helmut: Joseph Vivien als Hofmaler der Wittelsbacher; in: Münchner Jahrbuch der bildenden Kunst. Dritte Folge 14 (1963), S. 129–212.

BÜRKLIN, Heidi: Franz Joachim Beich (1665–1748). Ein Landschafts- und Schlachtenmaler am Hofe Max Emanuels; München 1971.

ELIAS, Norbert: Die höfische Gesellschaft. Untersuchungen zur Soziologie des Königtums und der höfischen Aristokratie; Frankfurt/M. 1983.

GLASER, Hubert (Hrsg.): Kurfürst Max Emanuel. Bayern und Europa um 1700, Bd. 1: Zur Geschichte und Kunstgeschichte der Max-Emanuel-Zeit; München 1976.

DERS. (Hrsg.): Kurfürst Max Emanuel. Bayern und Europa um 1700, Bd. 2: Katalog der Ausstellung im Alten und Neuen Schloß Schleißheim 1976; München 1976.

HOJER, Gerhard/RALL, Hans: Max Emanuel, der Blaue König; München 1979.

HÜTTL, Ludwig: Max Emanuel, der Blaue Kurfürst. Eine politische Biographie; München 1976.

JUNKELMANN, Marcus: Kurfürst Max Emanuel von Bayern als Feldherr; München 2000.

KRUEDENER, Jürgen von: Die Rolle des Hofes im Absolutismus; Stuttgart 1973.

SCHMID, Elmar D.: Schloß Schleißheim; München 1980.

Egon Johannes Greipl: Karl Albrecht

BEKH, Wolfgang J.: Ein Wittelsbacher in Italien. Das unbekannte Tagebuch Kaiser Karls VII.; München 1971.

HARTMANN, Peter Claus: Karl Albrecht – Karl VII. Glücklicher Kurfürst – Unglücklicher Kaiser; Regensburg 1985.

HEIGEL, Karl Theodor: Der österreichische Erbfolgestreit und die Kaiserwahl Karls VII.; Nördlingen 1877.

KOCH, Rainer/STAHL, Patricia (Hrsg.): Wahl und Krönung in Frankfurt am Main. Kaiser Karl VII. 1742–1745; Bde. 1–2, Frankfurt/M. 1986.

KRAUS, Andreas: Bayern im Zeitalter des Absolutismus (1651–1745). Die Kurfürsten Ferdinand Maria, Max II. Emanuel und Karl Albrecht; in: DERS. (Hrsg.): Handbuch der bayerischen Geschichte, begründet von Max Spindler, Bd. 2: Das Alte Bayern. Der Territorialstaat vom Ausgang des 12. Jahrhunderts bis zum Ausgang des 18. Jahrhunderts; München ^{2}1988, S. 458–532, hier S. 514–532.

KURFÜRST CLEMENS AUGUST. Landesherr und Mäzen des 18. Jahrhunderts. Ausstellung im Schloß Augustusburg zu Brühl 1961; Köln 1961.

LIPOWSKY, Felix Joseph: Lebens- und Regierungsgeschichte des Churfürsten von Bayern, Karl Albrecht, nachmaliger Kaiser Karl VII.; München 1830.

MARIA THERESIA und ihre Zeit. Zur 200. Wiederkehr des Todestages. Ausstellung: 13. Mai bis 26. Oktober 1980, Wien, Schloß Schönbrunn; Wien 1980.

PRESS, Volker: Das wittelsbachische Kaisertum Karls VII. Voraussetzungen von Entstehung und Scheitern; in: KRAUS, Andreas (Hrsg.): Land und Reich, Stamm und Nation. Probleme und Perspektiven bayerischer Geschichte. Festgabe für Max Spindler zum 90. Geburtstag; München 1984, Bd. 2, S. 201–234.

SCHMID, Alois: Karl VII. (1742–1745); in: SCHINDLING, Anton/ZIEGLER, Walter (Hrsg.): Die Kaiser der Neuzeit 1519–1918. Heiliges Römisches Reich, Österreich, Deutschland; München 1990, S. 215–231.

SEELIG, Lorenz: Die Ahnengalerie der Münchner Residenz; in: GLASER, Hubert (Hrsg.): Quellen und Studien zur Kunstpolitik der Wittelsbacher vom 16. bis zum 18. Jahrhundert; München 1980, S. 253–327.

STAUDINGER, Karl: Geschichte des kurbayerischen Heeres unter Kurfürst Karl Albrecht, Kaiser Karl VII. und Kurfürst Max III. Joseph 1726–1777; Bde. 1–2, München 1908/1909.

WAGNER, Fritz: Kaiser Karl VII. und die großen Mächte 1740–1745; Stuttgart 1938.

Winfried Müller: Max III. Joseph

DENZEL, Markus A.: Profession und Professionisten. Die Dachsbergische Volksbeschreibung im Kurfürstentum Baiern (1771–1781); Stuttgart 1998.

ELHARDT, Rudolf: Max III. Joseph. Kurfürst zwischen Rokoko und Aufklärung; München 1996.

HAMMERMAYER, Ludwig: Geschichte der Bayerischen Akademie der Wissenschaften, Bd. 1: Gründungs- und Frühgeschichte; München ²1983.

DERS.: Geschichte der Bayerischen Akademie der Wissenschaften, Bd. 2: Zwischen Stagnation, Aufschwung und Illuminatenkrise 1769–1786; München 1983.

KREH, Fritz: Leben und Werk des Reichsfreiherrn Johann Adam von Ickstatt (1702–1776). Ein Beitrag zur Staatsrechtslehre der Aufklärungszeit; Paderborn 1974.

MÜLLER, Waltraud: «Zur Wohlfahrt des gemeinen Wesens». Ein Beitrag zur Bevölkerungs- und Sozialpolitik Max III. Josephs (1745–1777); München 1984.

MÜLLER, Winfried: Universität und Orden. Die bayerische Landesuniversität Ingolstadt zwischen der Aufhebung des Jesuitenordens und der Säkularisation 1773–1803; Berlin 1986.

PRINZ, Friedrich: Bayerische Miniaturen. Ludwig der Bayer, Max III. Joseph, Ludwig II., Franz von Lenbach und andere; München 1988.

SCHMID, Alois: Max III. Joseph und die europäischen Mächte. Die Außenpolitik des Kurfürstentums Bayern von 1745–1765; München 1987.

Dietz-Rüdiger Moser: Karl Theodor

ARETIN, Karl Otmar von: Kurfürst Karl Theodor (1778–99) und das bayerische Tauschprojekt. Ein Beitrag zur Geschichte des bayerischen Staatsgedankens der Montgelaszeit; in: Zeitschrift für bayerische Landesgeschichte 25 (1962), S. 745–800.

BÖHMER, Karl: W. A. Mozarts «Idomeneo» und die Tradition der Karnevalsopern in München; Tutzing 1999.

FUCHS, Peter: Kurfürst Karl Theodor von Pfalzbayern (1724–1799); in: BAUMANN, Kurt (Hrsg.): Pfälzer Lebensbilder; Speyer 1977, Bd. 3, S. 65–105.

GIGL, Caroline: Die Zentralbehörden Kurfürst Karl Theodors in München 1778–1799; München 1999.

KRAUSS-MEYL, Sylvia: Das «Enfant terrible» des Königshauses. Maria Leopoldine, Bayerns letzte Kurfürstin (1776–1848); Regensburg 1997.

MEINHARD, Olbrich: Die Politik des Kurfürsten Karl Theodor von der Pfalz zwischen den Kriegen (1748–1756); Bonn 1966.

MÖRZ, Stefan: Aufgeklärter Absolutismus in der Kurpfalz während der Mannheimer Regierungszeit des Kurfürsten Karl Theodor (1742–1777); Stuttgart 1991.

PFLICHT, Stephan: Kurfürst Carl Theodor von der Pfalz und seine Bedeutung für die Entwicklung des deutschen Theaters. Die Begründung des Mannheimer und des Münchener Nationaltheaters im Zusammenhange wittelsbachischer Kultur- und Bildungspolitik im Zeitalter der Aufklärung; Reichling/Obb. 1976.

RALL, Hans: Kurfürst Karl Theodor. Regierender Herr in sieben Ländern; Mannheim, Leipzig, Wien, Zürich 1993.

SCHATTENHOFER, Michael: Der Kniefall des Münchner Rats vor dem Bild des Kurfürsten Karl Theodor am 21. Mai 1791 in der Maxburg. Ein Beitrag zur Geschichte des Münchner Rats in der 2. Häfte des 18. Jahrhunderts; in: Zeitschrift für bayerische Landesgeschichte 27 (1964), S. 302–339.

SVOBODA, Karl J.: Prinzessinnen und Favoritinnen. Kurpfälzische Frauengestalten; Mannheim 1989.

DERS.: Eine kurfürstliche Winterreise nach Italien. Die Reise des Grafen von Veldenz alias des Kurfürsten Carl Theodor von der Pfalz von Mannheim nach Rom im Jahre 1774/75; Ubstadt-Weiher 1998.

WEBER, Hermann: Die Politik des Kurfürsten Karl Theodor von der Pfalz während des Österreichischen Erbfolgekrieges (1742–1748); Bonn 1956.

WIECZOREK, Alfried/PROBST, Hansjörg/KOENIG, Wieland (Hrsg.): Lebenslust und Frömmigkeit. Kurfürst Carl Theodor (1724–1799) zwischen Barock und Aufklärung. Handbuch und Ausstellungskatalog; Bde. 1–2, Regensburg 1999.

Richard Bauer: Max I. Joseph

BAUER, Richard (Hrsg.): Geschichte der Stadt München; München 1992.

BAYERN, Adalbert von: Max I. Joseph von Bayern. Pfalzgraf, Kurfürst, König; München 1957.

HEIMERS, Manfred Peter: Die Trikolore über München. Vorgeschichte, Ablauf und Folgen der französischen Besetzung 1800/1801; München 2000.

LEHMBRUCH, Hans: Ein neues München. Stadtplanung und Stadtentwicklung um 1800. Forschungen und Dokumente; München 1987.

NERDINGER, Winfried (Hrsg.): Leo von Klenze. Architekt zwischen Kunst und Hof 1784–1864; München, London, New York 2000.

WEIS, Eberhard: Montgelas 1759–1799. Zwischen Revolution und Reform; München ²1988.

ZERBACK, Ralf: München und sein Stadtbürgertum. Eine Residenzstadt als Bürgergemeinde 1780–1870; München 1997.

Frank Büttner: Ludwig I.

BÜTTNER, Frank: Peter Cornelius. Fresken und Freskenprojekte, Bd. 1; Wiesbaden 1980.

DERS.: Peter Cornelius. Fresken und Freskenprojekte, Bd. 2; Stuttgart 1999.

DERS.: Bildung des Volkes durch Geschichte. Zu den Anfängen öffentlicher Geschichtsmalerei in Deutschland; in: MAI, Ekkehard (Hrsg.): Historienmalerei in Europa. Paradigmen in Form, Funktion und Ideologie; Mainz 1990, S. 77–94.

DERS.: Bildungsideen und bildende Kunst in Deutschland um 1800; in: KOSELLECK, Reinhart (Hrsg.): Bildungsbürgertum im 19. Jahrhundert, Bd. 2: Bildungsgüter und Bildungswissen; Stuttgart 1990, S. 259–285.

BUTTLAR, Adrian von: Leo von Klenze. Leben, Werk, Vision; München 1999.

ERICHSEN, Johannes/PUSCHNER, Uwe (Hrsg.): «Vorwärts, vorwärts sollst Du schauen... ». Geschichte, Politik und Kunst unter Ludwig I.; München 1986.

GÖTZ, Norbert: Aspekte der Denkmalpflege unter Ludwig I. von Bayern; in: NERDINGER, Winfried (Hrsg.): Romantik und Restauration. Architektur in Bayern zur Zeit Ludwigs I. 1825–1848; München 1987, S. 44–53.

GOLLWITZER, Heinz: Ludwig I. von Bayern. Königtum im Vormärz. Eine politische Biographie; München 1986.

HALTRICH, Günter Alexander: Leo von Klenze. Die Allerheiligenhofkirche in München; München 1983.

HOJER, Gerhard: Die Prunkappartements Ludwigs I. im Königsbau der Münchner Residenz. Architektur und Dekoration; München 1992.

KÖNIG LUDWIG I. von Bayern: Fragen zur Forschung. Kolloquium an der Universität München; in: Zeitschrift für bayerische Landesgeschichte 58 (1995), S. 89–140.

KÖRNER, Hans-Michael: Staat und Geschichte im Königreich Bayern 1806–1918; München 1992.

NERDINGER, Winfried: Weder Hadrian noch Augustus. Zur Kunstpolitik Ludwigs I.; in: DERS. (Hrsg.): Romantik und Restauration. Architektur in Bayern zur Zeit Ludwigs I. 1825–1848; München 1987, S. 9–16.

DERS. (Hrsg.): Friedrich von Gärtner. Ein Architektenleben 1791–1847; München 1992.

DERS. (Hrsg.): Leo von Klenze. Architekt zwischen Kunst und Hof 1784–1864; München, London, New York 2000.

REIDELBACH, Hans: König Ludwig I. von Bayern und seine Kunstschöpfungen; München 1888.

SPINDLER, Max: Die Regierungszeit Ludwigs I. (1825–1848); in: DERS. (Hrsg.): Handbuch der bayerischen Geschichte, Bd. 4/1: Das Neue Bayern 1800–1970; München 1974, S. 87–223.

TRAEGER, Jörg: Der Weg nach Walhalla. Denkmallandschaft und Bildungsreise im 19. Jahrhundert; Regensburg 1987.

Johannes Merz: Max II.

BRUNNER, Max: Die Hofgesellschaft. Die führende Gesellschaftsschicht Bayerns während der Regierungszeit König Maximilians II.; München 1985.

DIRRIGL, Michael: Maximilian II., König von Bayern 1848–1864; Bde. 1–2, München 1984.

DOEBERL, Michael: Entwicklungsgeschichte Bayerns, Bd. 3. Hrsg. von Max Spindler; München 1931.

HANISCH, Manfred: Für Fürst und Vaterland. Legitimitätsstiftung in Bayern zwischen Revolution 1848 und deutscher Einheit; München 1991.
HESSE, Horst: Gesetzgeber und Gesetzgebung in Bayern 1848–1870; Bde. 1–2, Weilheim 1984/1987.
KÖNIG MAXIMILIAN II. von Bayern 1848–1864. Hrsg. vom Haus der Bayerischen Geschichte; Rosenheim 1988.
KRAUSS, Marita: Herrschaftspraxis in Bayern und Preußen im 19. Jahrhundert. Ein historischer Vergleich; Frankfurt/M., New York 1997.
MÜLLER, Günter: König Max II. und die soziale Frage; München 1964.
NERDINGER, Winfried (Hrsg.): Zwischen Glaspalast und Maximilianeum. Architektur in Bayern zur Zeit Maximilians II. 1848–1864; München 1997.
SHORTER, Edward L.: Social Change and Social Policy in Bavaria 1800–1860; Diss. masch., Cambridge/Mass. 1967.
SING, Achim: Die Wissenschaftspolitik Maximilians II. von Bayern (1848–1864). Nordlichterstreit und gelehrtes Leben in München; München 1996.
DERS.: Die Memoiren König Maximilians II. von Bayern 1848–1864; München 1997.

Hermann Rumschöttel: Ludwig II.

ALBRECHT, Dieter: König Ludwig II. und Bismarck; in: Historische Zeitschrift 270 (2000), S. 39–64.
HACKER, Rupert (Hrsg.): Ludwig II. von Bayern in Augenzeugenberichten; Düsseldorf ²1966.
HANSLICK, Eduard/WAGNER, Jürgen: Ludwig II. König von Bayern (1845–1886). Internationale Bibliographie zu Leben und Wirkung; Frankfurt/M. u. a. 1986.
HÜTTL, Ludwig: Ludwig II. König von Bayern. Eine Biographie; München 1986.
KÖRNER, Hans-Michael: Ludwig I. (1786–1868) und Ludwig II. (1845–1886). Anmerkungen zur bayerischen Geschichte im 19. Jahrhundert anläßlich des Gedenkjahres 1986; in: Schönere Heimat 75 (1986), S. 267–276.
LIEBHART, Wilhelm: Ludwig II. und die Politik; in: DERS.: Bayerns Könige. Königtum und Politik in Bayern; Frankfurt/M. ²1997, S. 143–185.
DERS./HEYDENREUTER, Reinhard/HANSLIK, Eduard: Ludwig II. zwischen Wirklichkeit und Verklärung. Ein Beitrag zum 100jährigen Todestag des Königs; Augsburg 1986.
RALL, Hans/PETZET, Michael: König Ludwig II. Wirklichkeit und Rätsel; München ⁷1985.
WÖBKING, Wilhelm: Der Tod König Ludwigs II. von Bayern; Rosenheim 1986.

Katharina Weigand: Prinzregent Luitpold

ALBRECHT, Dieter: Von der Reichsgründung bis zum Ende des Ersten Weltkrieges (1871–1918); in: SPINDLER, Max (Hrsg.): Handbuch der bayerischen Geschichte, Bd. 4/1: Das Neue Bayern 1800–1970; München 1974, S. 283–386.

GÖTZ, Norbert/SCHACK-SIMITZIES, Clementine (Hrsg.): Die Prinzregentenzeit. Katalog der Ausstellung im Münchner Stadtmuseum; München 1988.

GRAUERT, Hermann: Die Anfänge der Regentschaft in Bayern; in: Hochland 8/2 (1911), S. 257–289.

KÖRNER, Hans-Michael: Staat und Kirche in Bayern 1886–1918; Mainz 1977.

DERS.: Parlamentarisierung und Eigenstaatlichkeit. Gibt es um 1900 eine Wende in der bayerischen Politik?; in: BECKER, Winfried/CHROBAK, Werner (Hrsg.): Staat, Kultur, Politik. Beiträge zur Geschichte Bayerns und des Katholizismus. Festschrift zum 65. Geburtstag von Dieter Albrecht; Kallmünz 1992, S. 287–299.

MÖCKL, Karl: Die Prinzregentenzeit. Gesellschaft und Politik während der Ära des Prinzregenten Luitpold in Bayern; München, Wien 1972.

DERS.: Prinzregent Luitpold von Bayern (1886–1912); in: SCHWAIGER, Georg (Hrsg.): Christenleben im Wandel der Zeit, Bd. 2: Lebensbilder aus der Geschichte des Erzbistums München und Freising; München 1987, S. 200–214.

PRINZ, Friedrich/KRAUSS, Marita (Hrsg.): München. Musenstadt mit Hinterhöfen. Die Prinzregentenzeit 1886 bis 1912; München 1988.

SCHROTT, Ludwig: Der Prinzregent. Ein Lebensbild aus Stimmen seiner Zeit; München 1962.

DERS.: Prinzregent Luitpold. Im Abendrot der Monarchie; in: DERS.: Die Herrscher Bayerns. Vom ersten Herzog bis zum letzten König; München ²1967, S. 216–225.

WEIGAND, Katharina: Krone und Tracht – Dynastie und Heimat: das Beispiel der Häuser Wittelsbach und Habsburg; in: DIES. (Hrsg.): Heimat. Konstanten und Wandlungen im 19./20. Jahrhundert, Vorstellungen und Wirklichkeiten; München 1997, S. 165–178.

Hans-Michael Körner: Ludwig III.

ALBRECHT, Dieter: Von der Reichsgründung bis zum Ende des Ersten Weltkrieges (1871–1918); in: SPINDLER, Max (Hrsg.): Handbuch der bayerischen Geschichte, Bd. 4/1: Das Neue Bayern 1800–1970; München 1974, S. 283–386.

ARNSWALDT, Verena von: Die Beendigung der Regentschaft in Bayern 1912/13; in: Zeitschrift für bayerische Landesgeschichte 30 (1967), S. 859–893.

BECKENBAUER, Alfons: Ludwig III. von Bayern. Ein König auf der Suche nach seinem Volk; Regensburg 1987.

Körner, Hans-Michael: Ludwig III. von Bayern (1913–1918); in: Schwaiger, Georg (Hrsg.): Christenleben im Wandel der Zeit, Bd. 2: Lebensbilder aus der Geschichte des Erzbistums München und Freising; München 1987, S. 215–231.
Möckl, Karl: Die Prinzregentenzeit. Gesellschaft und Politik während der Ära des Prinzregenten Luitpold in Bayern; München, Wien 1972.
Reidelbach, Hans: Ludwig Prinz von Bayern. Ein Lebens- und Charakterbild; München 1905.
Riedner, Otto: Ludwig III.; in: Deutsches Biographisches Jahrbuch 4 (1929), S. 318–341.
Schrott, Ludwig: König Ludwig III. Volkskönig ohne Volk; in: Ders.: Die Herrscher Bayerns. Vom ersten Herzog bis zum letzten König; München ^{2}1967, S. 226–235.

Die Autoren

Richard Bauer, geb. 1943, Dr. phil., Direktor des Stadtarchivs München und 1. Vorsitzender des Historischen Vereins von Oberbayern.

Reinhold Baumstark, geb. 1944, Dr. phil., Generaldirektor der Bayerischen Staatsgemäldesammlungen, Honorarprof. für Kunstgeschichte an der Ludwig-Maximilians-Universität München.

Frank Büttner, geb. 1944, Dr. phil., Prof. für Kunstgeschichte mit besonderer Berücksichtigung der Kunst Bayerns an der Ludwig-Maximilians-Universität München.

Egon Johannes Greipl, geb. 1948, Dr. phil., Generalkonservator des Bayerischen Landesamtes für Denkmalpflege, München.

Manfred Heim, geb. 1961, Dr. theol., Prof. für Bayerische Kirchengeschichte an der Ludwig-Maximilians-Universität München.

Ludwig Holzfurtner, geb. 1954, Dr. phil., Apl. Prof., Wissenschaftlicher Mitarbeiter der Kommission für bayerische Landesgeschichte bei der Bayerischen Akademie der Wissenschaften, München.

Gerhard Immler, geb. 1961, Dr. phil., Archivoberrat, Leiter des Geheimen Hausarchivs, München.

Marcus Junkelmann, geb. 1949, Dr. phil., Historiker und Schriftsteller, Ratzenhofen.

Hans-Michael Körner, geb. 1947, Dr. phil., Prof. für die Didaktik der Geschichte an der Ludwig-Maximilians-Universität München und Vorstand des Universitäts-Archivs.

Ferdinand Kramer, geb. 1960, Dr. phil., Prof. für Landesgeschichte mit besonderer Berücksichtigung Bayerns an der Katholischen Universität Eichstätt und Vorsitzender der Konferenz der Landeshistoriker an den bayerischen Universitäten.

Michael Menzel, geb. 1956, Dr. phil., Privatdozent, Wissenschaftlicher Mitarbeiter der Akademie der Wissenschaften und der Literatur zu Mainz.

Johannes Merz, geb. 1964, Dr. phil., Privatdozent, Wissenschaftlicher Mitarbeiter der Kommission für bayerische Landesgeschichte bei der Bayerischen Akademie der Wissenschaften, München.

Dietz-Rüdiger Moser, geb. 1939, Dr. phil., Prof. für Bayerische Kulturgeschichte an der Ludwig-Maximilians-Universität München.

Winfried Müller, geb. 1953, Dr. phil., Prof. für Sächsische Landesgeschichte an der Technischen Universität Dresden und Direktor des Instituts für Sächsische Geschichte und Volkskunde, Dresden.

Friedrich Prinz, geb. 1928, Dr. phil., Prof. em. für bayerische Geschichte an der Ludwig-Maximilians-Universität München.

Hermann Rumschöttel, geb. 1941, Dr. phil., Generaldirektor der Staatlichen Archive Bayerns, Honorarprof. für Geschichte an der Universität der Bundeswehr München.

Marianne Sammer, geb. 1966, Dr. phil., Privatdozentin, Wissenschaftliche Assistentin am Institut für Bayerische Geschichte an der Ludwig-Maximilians-Universität München.

Rudolf Schieffer, geb. 1947, Dr. phil., Prof. für Mittelalterliche Geschichte an der Ludwig-Maximilians-Universität München und Präsident der Monumenta Germaniae Historica.

Alois Schmid, geb. 1945, Dr. phil., Prof. für Bayerische Geschichte und Vergleichende Landesgeschichte mit besonderer Berücksichtigung des Mittelalters an der Ludwig-Maximilians-Universität München und 1. Vorsitzender der Kommission für bayerische Landesgeschichte bei der Bayerischen Akademie der Wissenschaften, München.

Peter Schmid, geb. 1945, Dr. phil., Prof. für Bayerische Landesgeschichte an der Universität Regensburg.

Reinhard Stauber, geb. 1960, Dr. phil., Privatdozent, Wissenschaftlicher Mitarbeiter der Historischen Kommission bei der Bayerischen Akademie der Wissenschaften, München.

Katharina Weigand, geb. 1960, Dr. phil., Akademische Rätin am Institut für Bayerische Geschichte an der Ludwig-Maximilians-Universität München.

Manfred Weitlauff, geb. 1936, Dr. theol., Prof. für Kirchengeschichte des Mittelalters und der Neuzeit an der Ludwig-Maximilians-Universität München.

Joachim Wild, geb. 1942, Dr. phil., Direktor des Bayerischen Hauptstaatsarchivs und Honorarprof. für Bayerische Geschichte und Geschichtliche Hilfswissenschaften an der Ludwig-Maximilians-Universität München.

Walter Ziegler, geb. 1937, Dr. phil., Prof. für bayerische Landesgeschichte an der Ludwig-Maximilians-Universität München.

KARTEN

Das bayerische Stammesherzogtum 788

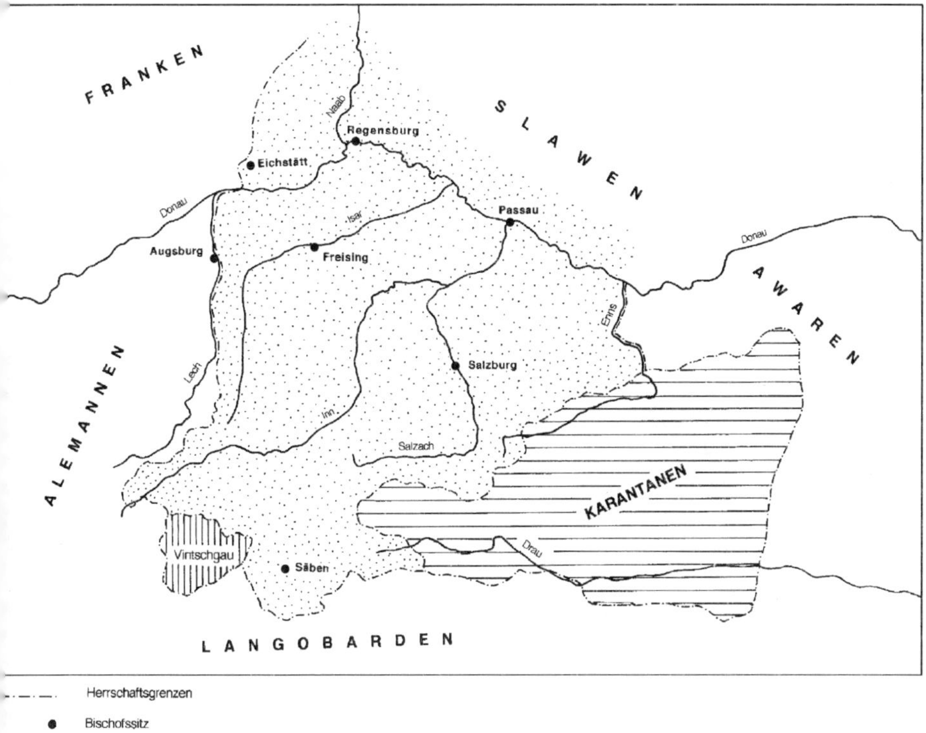

Die bayerischen Teilherzogtümer und die Oberpfalz um 1350

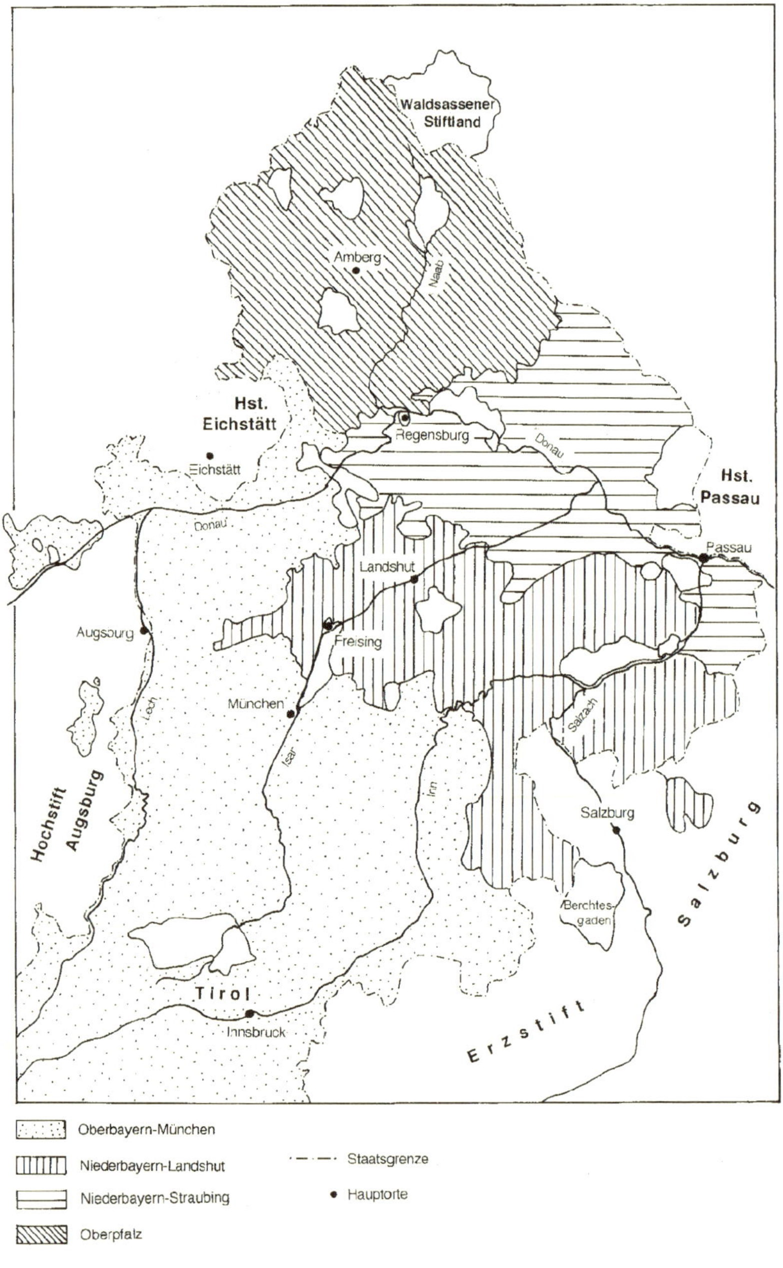

Das Kurfürstentum Bayern 1777

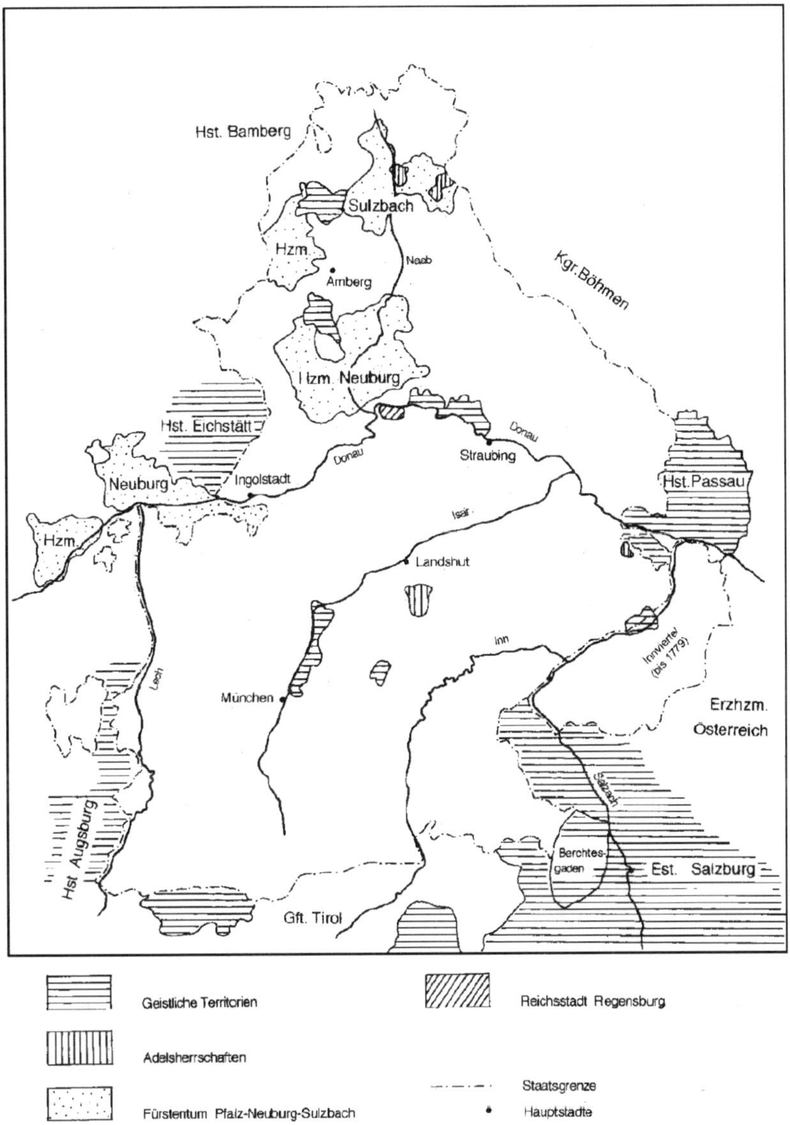

Das Königreich Bayern 1862

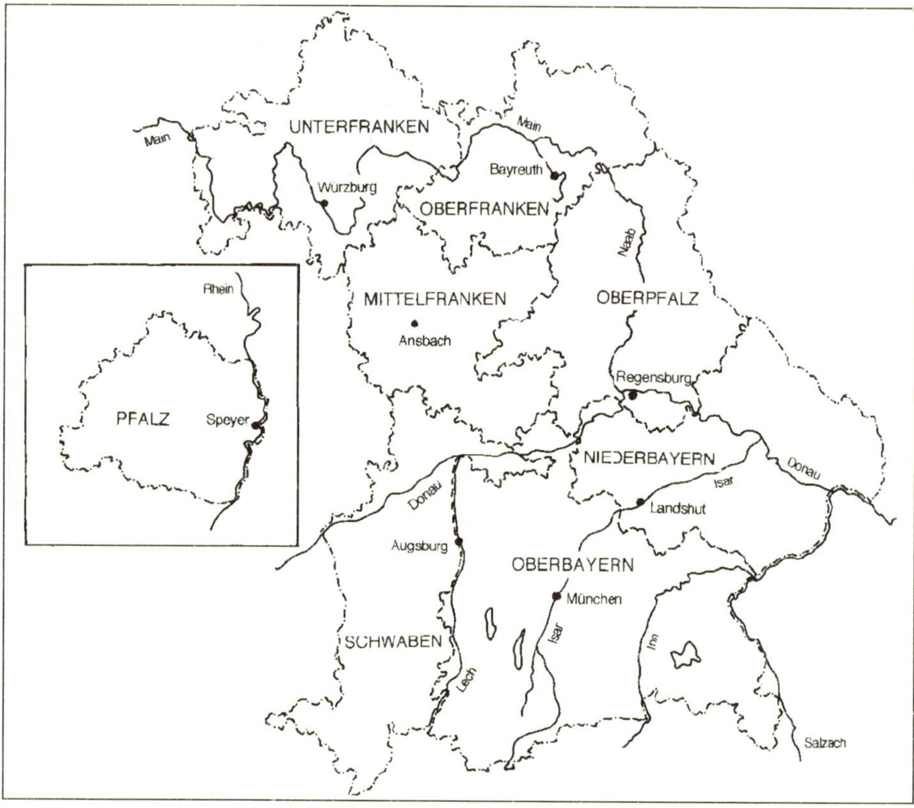

--- Kreisgrenze

–·– Staatsgrenze

• Sitze einer Kreisregierung

Stammtafeln

Aus Gründen der Übersichtlichkeit wurden bei den folgenden Stammtafeln nicht alle Angehörigen des jeweiligen Herrscherhauses aufgenommen.

Die Agilolfinger

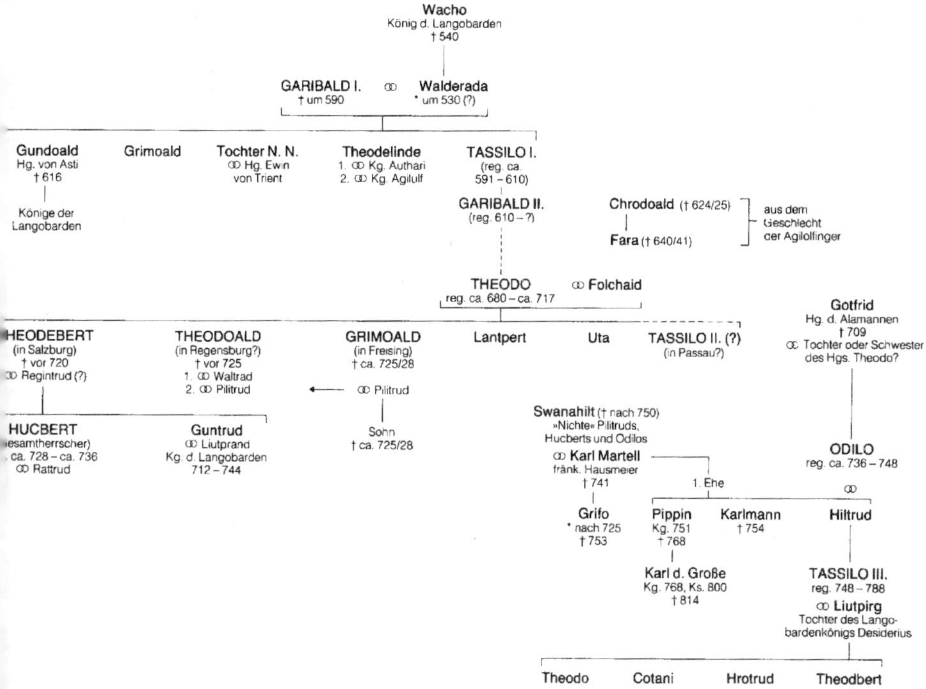

Nachweis der Stammtafeln

S. 439: Aus Hermann Dannheimer/Heinz Dopsch (Hrsg.): Die Bajuwaren. Von Severin bis Tassilo 488–788, © Prähistorische Staatssammlung München 1988 – S. 440, 442: Aus Gebhardt. Handbuch der deutschen Geschichte. Hrsg. von Herbert Grundmann, Bd. 1, © Union Verlag, Stuttgart, 9., neu bearbeitete Auflage, 1970 – S. 441: Aus Max Spindler (Hrsg.): Handbuch der bayerischen Geschichte, Bd. 1: Das Alte Bayern. Das Stammesherzogtum bis zum Ausgang des 12. Jahrhunderts, © C.H.Beck, München 2., überarbeitete Auflage 1981 – S. 443: Aus Bernd Scheidmüller, Die Welfen. Herrschaft und Erinnerung (819–1252), © W. Kohlhammer, Stuttgart 2000 – S. 444/445, 446, 447: Gefertigt von Michael Tieke, Münster.

Die Karolinger

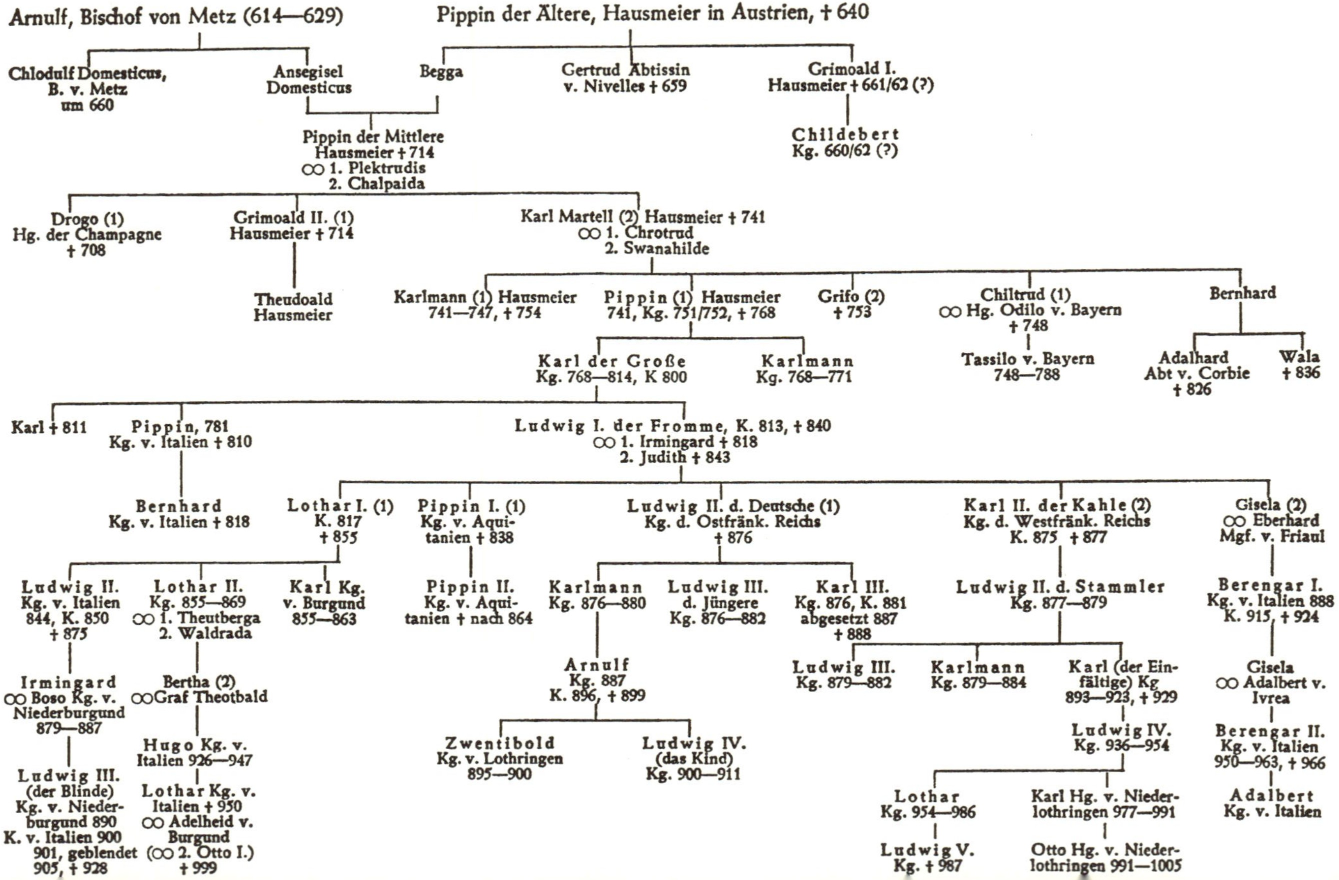

Die Luitpoldinger

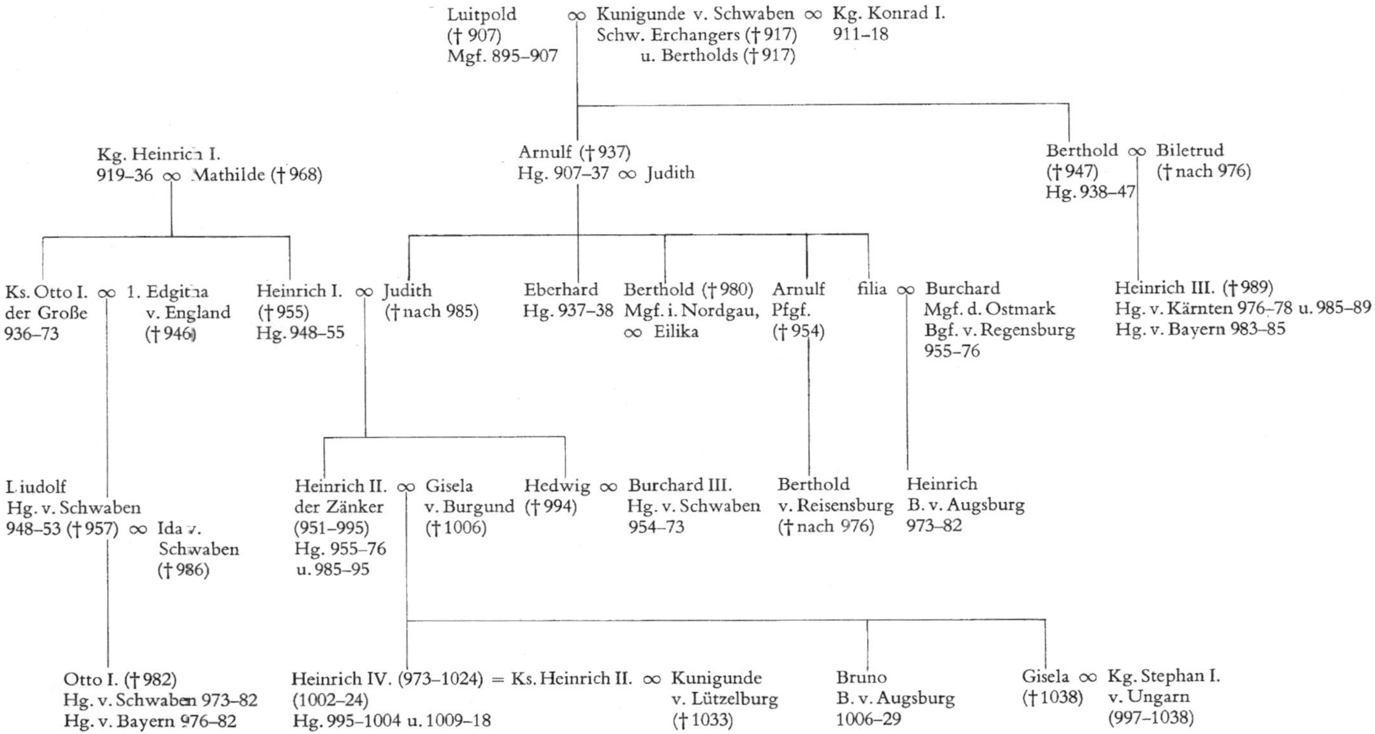

Die Ottonen und Salier

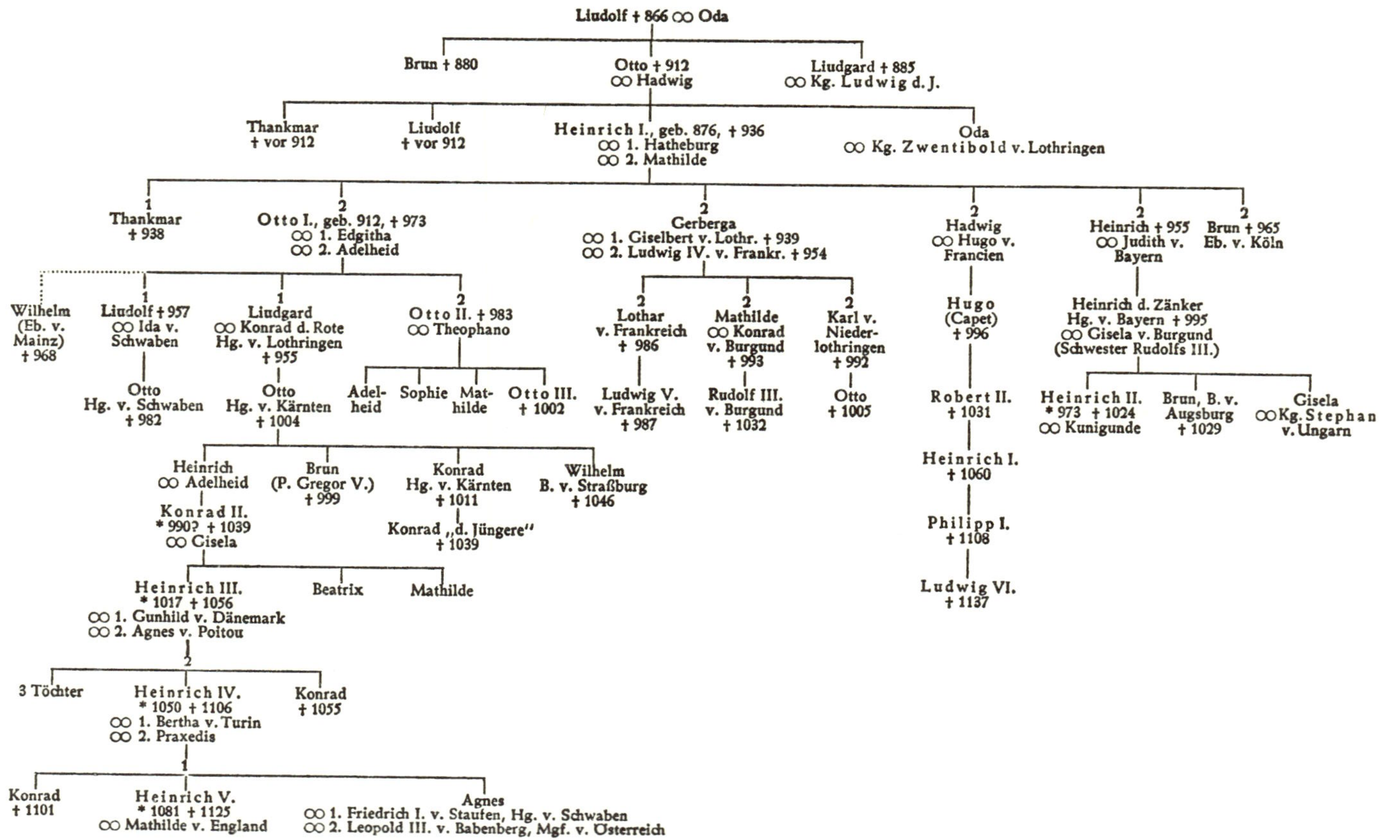

Die Welfen

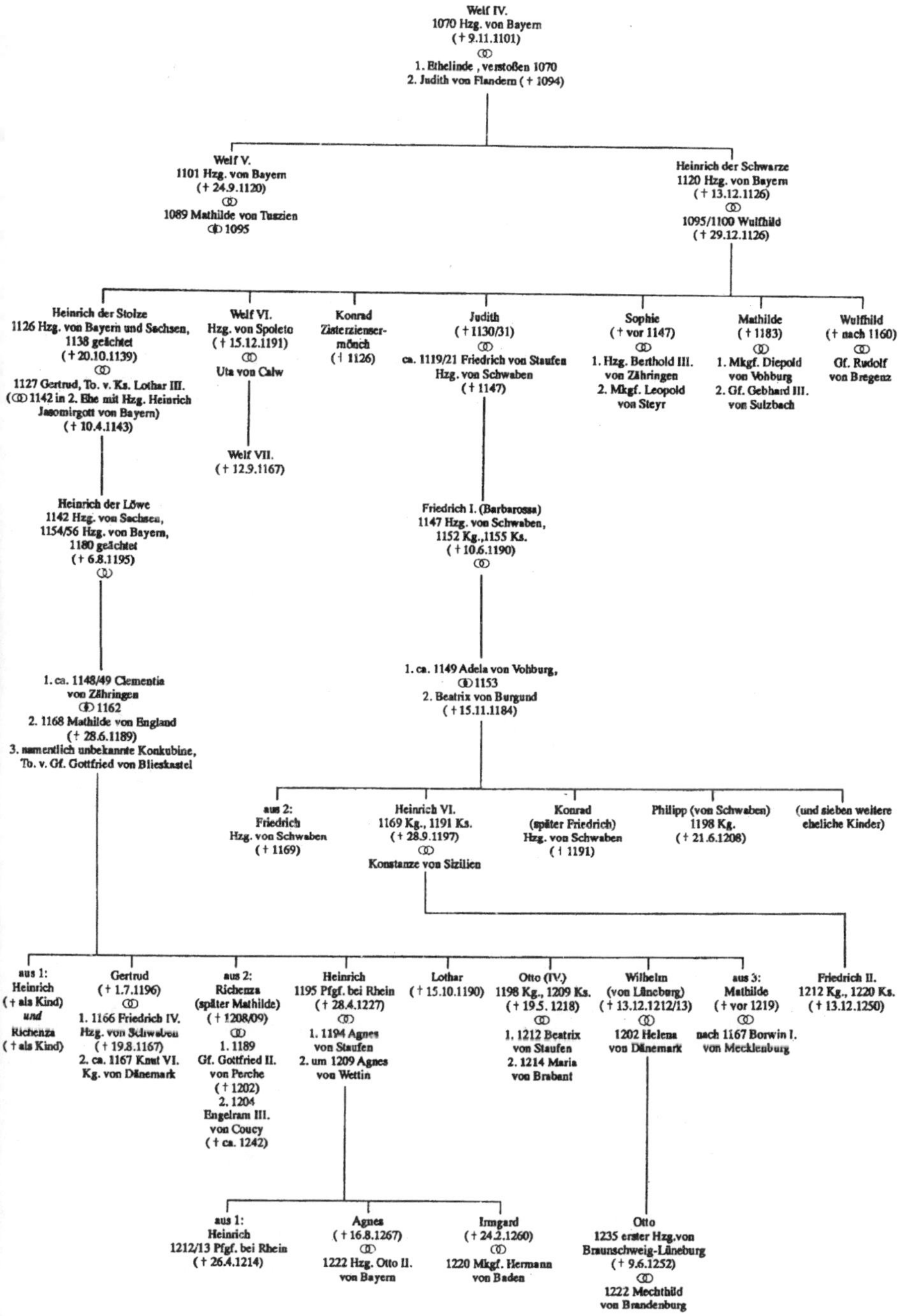
Welf IV.
1070 Hzg. von Bayern
(† 9.11.1101)
⚭
1. Ethelinde, verstoßen 1070
2. Judith von Flandern († 1094)
Welf V.
1101 Hzg. von Bayern
(† 24.9.1120)
⚭
1089 Mathilde von Tuszien
⚮ 1095
Heinrich der Schwarze
1120 Hzg. von Bayern
(† 13.12.1126)
⚭
1095/1100 Wulfhild
(† 29.12.1126)
Heinrich der Stolze
1126 Hzg. von Bayern und Sachsen,
1138 geächtet
(† 20.10.1139)
⚭
1127 Gertrud, To. v. Ks. Lothar III.
(⚭ 1142 in 2. Ehe mit Hzg. Heinrich
Jasomirgott von Bayern)
(† 10.4.1143)
Welf VI.
Hzg. von Spoleto
(† 15.12.1191)
⚭
Uta von Calw
Konrad
Zisterziensermönch
(† 1126)
Judith
(† 1130/31)
⚭
ca. 1119/21 Friedrich von Staufen
Hzg. von Schwaben
(† 1147)
Sophie
(† vor 1147)
⚭
1. Hzg. Berthold III.
von Zähringen
2. Mkgf. Leopold
von Steyr
Mathilde
(† 1183)
⚭
1. Mkgf. Diepold
von Vohburg
2. Gf. Gebhard III.
von Sulzbach
Wulfhild
(† nach 1160)
⚭
Gf. Rudolf
von Bregenz
Welf VII.
(† 12.9.1167)
Heinrich der Löwe
1142 Hzg. von Sachsen,
1154/56 Hzg. von Bayern,
1180 geächtet
(† 6.8.1195)
⚭
Friedrich I. (Barbarossa)
1147 Hzg. von Schwaben,
1152 Kg., 1155 Ks.
(† 10.6.1190)
⚭
1. ca. 1148/49 Clementia
von Zähringen
⚮ 1162
2. 1168 Mathilde von England
(† 28.6.1189)
3. namentlich unbekannte Konkubine,
To. v. Gf. Gottfried von Blieskastel
1. ca. 1149 Adela von Vohburg,
⚮ 1153
2. Beatrix von Burgund
(† 15.11.1184)
aus 2:
Friedrich
Hzg. von Schwaben
(† 1169)
Heinrich VI.
1169 Kg., 1191 Ks.
(† 28.9.1197)
⚭
Konstanze von Sizilien
Konrad
(später Friedrich)
Hzg. von Schwaben
(† 1191)
Philipp (von Schwaben)
1198 Kg.
(† 21.6.1208)
(und sieben weitere
eheliche Kinder)
aus 1:
Heinrich
(† als Kind)
und
Richenza
(† als Kind)
Gertrud
(† 1.7.1196)
⚭
1. 1166 Friedrich IV.
Hzg. von Schwaben
(† 19.8.1167)
2. ca. 1167 Knut VI.
Kg. von Dänemark
aus 2:
Richenza
(später Mathilde)
(† 1208/09)
⚭
1. 1189
Gf. Gottfried II.
von Perche
(† 1202)
2. 1204
Engelram III.
von Coucy
(† ca. 1242)
Heinrich
1195 Pfgf. bei Rhein
(† 28.4.1227)
⚭
1. 1194 Agnes
von Staufen
2. um 1209 Agnes
von Wettin
Lothar
(† 15.10.1190)
Otto (IV.)
1198 Kg., 1209 Ks.
(† 19.5.1218)
⚭
1. 1212 Beatrix
von Staufen
2. 1214 Maria
von Brabant
Wilhelm
(von Lüneburg)
(† 13.12.1212/13)
⚭
1202 Helena
von Dänemark
aus 3:
Mathilde
(† vor 1219)
⚭
nach 1167 Borwin I.
von Mecklenburg
Friedrich II.
1212 Kg., 1220 Ks.
(† 13.12.1250)
aus 1:
Heinrich
1212/13 Pfgf. bei Rhein
(† 26.4.1214)
Agnes
(† 16.8.1267)
⚭
1222 Hzg. Otto II.
von Bayern
Irmgard
(† 24.2.1260)
⚭
1220 Mkgf. Hermann
von Baden
Otto
1235 erster Hzg. von
Braunschweig-Lüneburg
(† 9.6.1252)
⚭
1222 Mechthild
von Brandenburg

Otto I. (ca. 1117-1183)
Hg. v. Bayern 1180-1183
∞ Agnes v. Loon (ca. 1150-1191)

Ludwig I. (1174-1231)
Hg. v. Bayern 1183-1231
∞ Ludmilla v. Böhmen (ca. 1170-1240)

Otto II. (1206-1253)
Hg. v. Bayern 1231-1253
∞ Agnes v. d. Pfalz (ca. 1201-1267)

Ludwig II. (1229-1294)
Hg. v. Bayern 1253-1255
Hg. v. Oberbayern u. d. Pfalz 1255-1294
∞ 1. Maria v. Brabant (ca. 1226-1256)
∞ 2. Anna v. Glogau (ca. 1240-1271)
∞ 3. Mechtild v. Habsburg (ca. 1251-1304)

3. **Rudolf I.** (1274-1319)
Hg. v. Oberbayern u. d. Pfalz 1294-1317
∞ Mechthild v. Nassau (ca. 1280-1323)

3. **Ludwig IV.**, d. Bayer (1282-1347)
Hg. v. Oberbayern u. d. Pfalz 1294-1329
Hg. v. Oberbayern 1329-1340
Hg. v. Bayern 1340-1347
Kg. 1314-1347
Ks. 1328-1346
∞ 1. Beatrix v. Glogau (ca. 1292-1322)
∞ 2. Margarete v. Holland (ca. 1296-1356)

1. **Ludwig V.** (1315-1361)
Hg. v. Bayern 1347-1349
Hg. v. Oberbayern 1349-1353
Hg. v. Oberbayern u. Tirol 1353-1361
∞ 1. Margarete v. Dänemark (ca. 1305-1340)
∞ 2. Margarete v. Tirol (1318-1369)

2. **Meinhard** (1344-1363)
Hg. v. Oberbayern u. Tirol 1361-1363
∞ Margarete v. Österreich (1346-1366)

1. **Stephan II.** (1319-1375)
Hg. v. Bayern 1347-1349
Hg. v. Niederbayern 1349-1353
Hg. v. Niederbayern-Landshut 1353-1375
Hg. v. Oberbayern u. Tirol 1363-1375
∞ 1. Elisabeth v. Sizilien (ca. 1309-1349)
∞ 2. Margarete v. Nürnberg (ca. 1333-1377)

1. **Stephan III.** (ca. 1337-1413)
Hg. v. Oberbayern u. Tirol 1375-1392
Hg. v. Niederbayern-Landshut 1375-1392
Hg. v. Bayern-Ingolstadt 1392-1413
∞ 1. Thaddea Visconti (ca. 1350-1381)
∞ 2. Elisabeth v. Kleve (ca. 1378-1439)

1. **Ludwig VII.** (1368-1447)
Hg. v. Bayern-Ingolstadt 1413-1443
∞ 1. Anna v. Bourbon (ca. 1380-1407)
∞ 2. Katharina v. Alençon (ca. 1395-1462)

1. **Ludwig VIII.** (1403-1445)
Hg. v. Bayern-Ingolstadt 1443-1445
∞ Margarete v. Brandenburg (ca. 1410-1465)

1. **Ludwig VI.** (ca. 1328-1365)
Hg. v. Bayern 1347-1349
Hg. v. Oberbayern 1349-1353
∞ 1. Kunigunde v. Polen (ca. 1314-1357)
∞ 2. Ingeburg v. Mecklenburg (1340- ca. 1395)

1. **Friedrich** (ca. 1339-1393)
Hg. v. Oberbayern u. Tirol 1375-1392
Hg. v. Niederbayern-Landshut 1375-1392
Hg. v. Bayern-Landshut 1392-1393
∞ 1. Anna v. Neuffen (1327-1380)
∞ 2. Magdalena Visconti (ca. 1366-1404)

2. **Heinrich XVI.** d. Reiche (1386-1450)
Hg. v. Bayern-Landshut 1393-1450
∞ Margarete v. Österreich (1395-1447)

Ludwig IX. d. Reiche (1417-1479)
Hg. v. Bayern-Landshut 1450-1479
∞ Amalia v. Sachsen (1435-1502)

Georg d. Reiche (1455-1503)
Hg. v. Bayern-Landshut 1479-1503
∞ Hedwig v. Polen (1457-1501)

Die Wittelsbacher
Die Herzöge des Mittelalters

Heinrich XIII. (1235-1290)
Hg. v. Bayern 1253-1255
Hg. v. Niederbayern 1255-1290
∞ Elisabeth v. Ungarn (ca. 1236-1271)

Otto III. (1261-1312)
Hg. v. Niederbayern 1290-1312
Kg. v. Ungarn 1305-1312
∞ 1. Katharina v. Österreich (ca 1256-1282)
∞ 2. Agnes v. Glogau (ca. 1280-1361)

Ludwig III. (1269-1296)
Hg. v. Niederbayern 1290-1296

Stephan I. (1271-1310)
Hg. v. Niederbayern 1290-1310
∞ Judith v. Schweidnitz (ca. 1280-1320)

2. **Heinrich XV.** d. Jg. (1312-1333)
Hg. v. Niederbayern 1312-1333
∞ Anna v. Österreich (1311-1343)

Heinrich XIV. d. Ä. (1305-1339)
Hg. v. Niederbayern 1310-1339
∞ Margarete v. Böhmen (1314/15-1341)

Otto IV. (1307-1334)
Hg. v. Niederbayern 1310-1334
∞ Richarde v. Jülich (1314-1360)

Johann I. (1329-1340)
Hg. v. Niederbayern 1339-1340
∞ Anna v. Oberbayern († 1361)

2. **Wilhelm I.** (1330-1388)
Hg. v. Bayern 1347-1349
Hg. v. Niederbayern 1349-1353
Hg. v. Niederbayern-Straubing 1353-1358
∞ Mathilde v. Lancaster (1339-1362)

2. **Albrecht I.** (1336-1404)
Hg. v. Bayern 1347-1349
Hg. v. Niederbayern 1349-1353
Hg. v. Niederbayern-Straubing 1353-1404
∞ 1. Margarete v. Brieg (1342-1386)
∞ 2. Margarete v. Kleve (ca. 1375-1412)

2. **Otto V.** (ca. 1341-1379)
Hg. v. Bayern 1347-1349
Hg. v. Oberbayern 1349-1351
∞ Katharina v. Böhmen (1342-1395)

1. **Johann II.** (ca. 1341-1397)
Hg. v. Niederbayern-Landshut 1375-1392
Hg. v. Oberbayern u. Tirol 1375-1392
Hg. v. Bayern-München 1392-1397
∞ Katharina v. Görz (1350-1391)

1. **Wilhelm II.** (1365-1417)
Hg. v. Niederbayern-Straubing 1404-1417
∞ Margarete v. Burgund (1374-1441)

1. **Johann III.** (1373(?)-1425)
B. v. Lüttich 1389/90-1418
Hg. v. Niederbayern-Straubing 1417-1425
∞ Elisabeth v. Böhmen (1390-1451)

Ernst (1373-1438)
Hg. v. Bayern-München 1397-1438
∞ Elisabeth Visconti (ca. 1374(?)-1432)

Wilhelm III. (1375-1435)
Hg. v. Bayern-München 1397-1435
∞ Margarete v. Kleve (1416-1444)

Albrecht III. (1401-1460)
Hg. v. Bayern-München 1438-1460
∞ 1. (morgan.) Agnes Bernauer († 1435)
∞ 2. Anna v. Braunschweig (ca. 1420-1474)

2. **Johann IV.** (1437-1463)
Hg. v. Bayern-München 1460-1463

2. **Sigmund** (1439-1501)
Hg. v. Bayern-München 1460-1467

2. **Albrecht IV.** (1447-1508)
Hg. v. Bayern-München 1465-1508
∞ Kunigunde v. Österreich (1465-1520)

Die Wittelsbacher
Die Herzöge und Kurfürsten der Neuzeit

Albrecht IV. (1447-1508)
Hg. v. Bayern-München 1465-1508
∞ Kunigunde v. Österreich (1465-1520)

Wilhelm IV. (1493-1550)
Hg. v. Bayern 1508-1550
∞ Jakobäa v. Baden (1507-1580)

Ludwig X. (1495-1545)
Hg. v. Bayern 1516-1545

Ernst (1500-1560)
Administrator v. Passau 1517-1540
Administrator v. Salzburg 1540-1554

Albrecht V. (1528-1579)
Hg. v. Bayern 1550-1579
∞ Anna v. Österreich (1528-1590)

Wilhelm V. (1548-1626)
Hg. v. Bayern 1579-1597/98
∞ Renata v. Lothringen (1544-1602)

Maximilian I. (1573-1651)
Hg. v. Bayern 1597/98-1651
Kf. v. Bayern 1623-1651
∞ 1. Elisabeth-Renata v. Lothringen (1574-1635)
∞ 2. Maria Anna v. Österreich (1610-1665)

2.
Ferdinand Maria (1636-1679)
Kf. v. Bayern 1651-1679
∞ Henriette Adelheid v. Savoyen (1635-1676)

Maximilian II. Emanuel (1662-1726)
Kf. v. Bayern 1679-1726
∞ 1. Marie Antonie v. Österreich (1669-1692)
∞ 2. Therese Kunigunde v. Polen (1676-1730)

2.
Karl Albrecht (1697-1745)
Kf. v. Bayern 1726-1745
Ks. 1742-1745
∞ Maria Amalie v. Österreich (1701-1756)

Maximilian III. Joseph (1727-1777)
Kf. v. Bayern 1745-1777
∞ Maria Anna v. Sachsen (1728-1797)

Karl IV. Theodor (1724-1799)
Pfgf. 1733-1799
Kf. v. d. Pfalz 1742-1799
Kf. v. Pfalz-Bayern 1777-1799
∞ 1. Elisabeth Auguste v. Pfalz-Sulzbach (1721-1794)
∞ 2. Maria Leopoldine v. Österreich-Este (1776-1848)

Maximilian (IV.) I. Joseph (1756-1825)
Pfgf. 1795-1799
Kf. v. Pfalz-Bayern 1799-1805
Kg. v. Bayern 1806-1825
∞ 1. Auguste Wilhelmine Maria v. Hessen-Darmstadt (1765-1796)
∞ 2. Karoline Friederike Wilhelmine v. Baden (1776-1841)

Die Wittelsbacher
Die Könige

Maximilian (IV.) I. Joseph (1756-1825)
Pfgf. 1795-1799
Kf. v. Pfalz-Bayern 1799-1805
Kg. v. Bayern 1806-1825
∞ 1. Auguste Wilhelmine Maria v. Hessen-Darmstadt (1765-1796)
∞ 2. Karoline Friederike Wilhelmine v. Baden (1776-1841)

1. **Ludwig I.** (1786-1868)
Kg. v. Bayern 1825-1848
∞ Therese v. Sachsen-Hildburghausen (1792-1854)

Karl (1795-1875)
Prinz v. Bayern
∞ 1. Sophie v. Bayrstorff (1796-1838)
∞ 2. Henriette v. Frankenburg († 1866)

Maximilian II. (1811-1864)
Kg. v. Bayern 1848-1864
∞ Marie v. Preußen (1825-1889)

Otto I. (1815-1867)
Kg. v. Griechenland 1832-1862
∞ Amalia v. Oldenburg (1818-1875)

Luitpold (1821-1912)
Prinzregent v. Bayern 1886-1912
∞ Auguste v. Österreich (1825-1864)

Adalbert (1828-1875)
Prinz v. Bayern
∞ Amalie v. Spanien (1834-1905)

Ludwig II. (1845-1886)
Kg. v. Bayern 1864-1886

Otto I. (1848-1916)
Kg. v. Bayern 1886-1913

Ludwig III. (1845-1921)
Prinzregent v. Bayern 1912-1913
Kg. v. Bayern 1913-1918
∞ Maria-Theresia v. Österreich-Este (1849-1919)

Leopold (1846-1930)
Prinz v. Bayern
∞ Gisela v. Österreich (1856-1932)

Arnulf (1852-1907)
Prinz v. Bayern
∞ Theresia zu Liechtenstein (1850-1938)